最后一碗米送去做军粮

最后一尺布送去做军装

最后一件老棉袄盖在担架上

最后一个亲骨肉送去上战场

小推车推出来的

胜利

淮海战役支前纪实

下册

徐州市政协文化文史委员会
淮海战役烈士纪念塔管理中心 ——
★ 编

中国文史出版社

淮海全党全民总动员支前方案

全党全民总动员起，为组织全面力量，解放全华中，使大支前作务，而奋斗！

1948 年 10 月 27 日中共华中第六地委关于淮海全党全民总动员支前方案

形势及生产支前的动员口号：

I. 形势方面的：

1. 北面打了大胜仗，华野也要动手打，
   华中解放的时间已不长！

2. 现在共产党力量样样比蒋介石大，
   革命二十多年来到了大捷关；

3. 一数太平勿称数，翻身还是不牢靠，
   只有歼灭全国蒋匪，才能保证永远翻身！

4. 蒋介石是我们的对头星，打不过就弄个假和平，
   大家要当心！

5. 蒋介石眼死要拼命，烧杀抢劫还要抓壮丁，
   备战还要紧！

6. 形势跑得真正快，解放全华中就要来，
   支前工作我们当，立即准备快快快！

II. 生产方面的：

1. 支援前线，彻底消灭蒋匪，
   定心生产，永远翻身发财！

2. 劳动兴家，生产发财！

3. 种好了田是根本，副业生产也要紧！

4. 精耕细作，提高技术；改良种子，积肥增产！

5. 劳动最光荣，不劳动是耻辱！

6. 你帮我，我帮你，自愿伴工，两不吃亏，生产
   起劲，又快又好！

7. 争取做生产模范，又发财又光荣！

8. 各人都有田，做做有饭吃；再出一把劲，丰衣
   又足食；懒汉不劳动，没得白食吃！

9. 荒年饿不死手勤力，多种冬菜，遇渡荒年！

10. 精耕细作，多创茎趟，长好花地，增加粮食！

11. 做查抢耕抢种，选举劳动模范，互助伴工研究
    ，挖好薯芋花生，趁快种好麦麦！

— 1 —

1948 年 11 月 7 日中共东南县委宣传部印《形势及生产支前的动员口号》

担架民工动员要点　民委修订

一、为了保证任务很好完成，担架民工必须在不减灭秘密下很好进行动员教育，使民工以高涨的情绪来密切组织积极参加后勤工作。

二、民工教育内容为下：
甲．政治教育
（一）反攻形势教育——根据坦率材料说明我们不但要坚持得好还要随时准备加强反攻准备，在部队行动后则要说明一名反攻一名坚持的形势，以免敌形势变化时的波动。
（二）连系翻身教育——进行期军教育并加强主力观念——说明部队反攻和我们翻身的关系，更要提民后勤做得好部队才能打胜仗，做后勤是为了翻身，同时使民工认识要有强大主力反攻才能胜利，提出"后勤做得好，翻身才牢能"，"拥护军队帮助军队，胜利反攻求翻身"。
（三）反霸复仇行教育——教发群众仇恨敌伪提高，部队打仗帮我们报仇，提仇要自己动手做好后勤。
乙．纪律教育：
（一）爱护你员，爱护物资；
（二）勇敢胆大，服从指挥；
（三）吃苦耐劳，有头有尾。
丙．军事常识：
（一）在前线侦查利用地形不要于弹炮火不要乱动不要暴露现目标要听部队同志指挥。
（二）火线上不要烧饭（带乾粮）夜里不要灯火不许抽烟不许讲话。
（三）不怕飞机老眼康康不到人头上，飞机在天上飞只要不动就看不清楚，打仗飞机没有炸死过几个人．飞机离得远可以照样走路，飞机在头上，伏下不要动，过了再走，成群结队走时要听负责同志指挥。
（四）飞机来时不口要沉着不要自己先怕要能掌握以任不要一哄散掉。
（五）民工队伍行动时要派照大机并的傲实兵听号电看见他旗很误全一哄而散，更可防备突然情况，集中后晚上睡觉时也要轮流听三动静。

三、担架民工中要贯澈立功，号召竞赛，同来时要进行做到民主评功慰过。

四、为保守秘密在各个阶段要提民适应动员口号，初期可提民"准备反攻撤团后勤"但集中时不作规些时间答应调候。

五、参加担架民工主工O不缩支部但在集中时要仍是其如何掌握起督干作则。

注意：
每配三份 由电书保存
待民伏集中后检查掌握
民伏的同志

为东 国秀 〔十一、廿一〕

1948 年 11 月 21 日中共如东县委关于担架民工动员要点

新歌曲

D調

¾ 民 工 謠　　月亮詞曲

```
:5 3̇5   6 5̇6 1·  5  -  | 1 6̇5   3 5  | 2  -  |
```

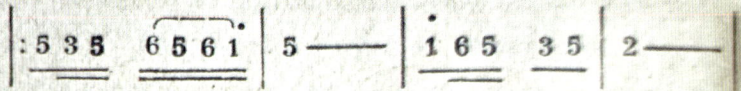

拿起了　　換　身　　衣　　　叫聲　　我的　　妻
扛起了　　擔　架　　床　　　叫聲　　我的　　娘
說動身　　就　動　　身　　　婆娘　　送出　　門

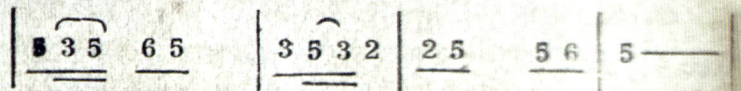

```
5 3̇5   6 5  | 3 5̇3 2   2 5  | 5 6  | 5  -  |
```

在家　　努力　　把田　種　我去　　做民　工
我今　　英勇　　上前　方　爲的　　打老　蔣
家中　　一切　　莫掛　念　有我　　兩個　人

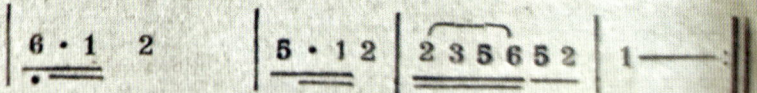

```
6 · 1̇   2  | 5 · 1̇ 2   2 3̇5 6 5̇2   1  -  |
```

做民　工　　　眞光榮　三月勝利回家　中
打老　蔣　　　不久長　蔣匪就要消滅　光
兩個　人　　　有章程　保證穿吃還飽　剩

《盐阜文娱》第七期刊登的歌曲《民工谣》

报道篇

　　淮海战役在黄淮大地激烈进行时，一场轰轰烈烈的支前运动随之展开。在各级党组织、人民政府和支前机构的领导下，苏、鲁、豫、皖、冀五省解放区人民全力以赴保障粮秣衣被，运送弹药物资，抢送转运伤员，为战役胜利做出了巨大贡献。他们的英雄事迹可歌可泣，通过报纸、广播广为传颂，也客观反映了战火硝烟中生死与共、戮力同心的党群关系、军民关系。

千百万人民热情支前
保证了淮海战役的彻底胜利①

——华东、中原、华北人民的伟大贡献

　　由于华东、中原、冀鲁豫各地千百万人民的共同努力，自淮海战役以来两个月中，供应了前方大量的军需给养与转运伤员，克服了大兵团作战及运动的供应困难，完成了淮海战役以来的供应任务。

　　在这样大兵团作战中，能保证大量供应前线，这主要是由于翻身人民高度支前热情与艰苦努力的结果，特别是陇海、平汉、津浦铁路的数万工人，表现了高度的支前热情，在极短的时间内，艰苦奋斗，将铁路修复通车，使军需给养立刻到达前线。其他城市工厂工人，都自动增加工时，热烈竞赛，为前方制造弹药、缝衣、磨面，显示了工人阶级的革命精神。各解放区翻身农民大批出工上前线，不辞艰苦为前方转运。如

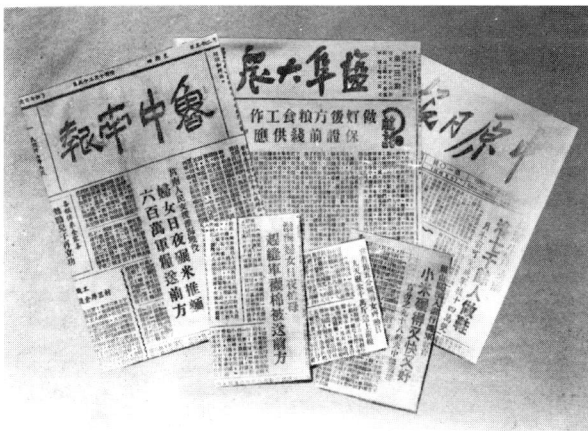

解放区人民全力支援淮海战役的报道

---

　　① 本文原载 1949 年 1 月 29 日《大众日报》，选自中共党史资料出版社 1988 年版《中国共产党历史资料丛书·淮海战役》第三册。

莒沂县四百辆小车，运送十一万斤白面上前线，到新区后搞不到粮食吃，干部为了爱护民工，叫吃车上的面，但民工一致拒绝说："这面我们已经过了山东、江苏、安徽三省运到这里，还没有送到部队，前方同志正等着我们的粮食吃，我们无论怎样饿，也不能吃车上的面。"他们在两天一夜中，只吃了一餐饭，车上粮食一点也没动，干部极受感动。华东支前委员会第一民管处和前方办事处的一批民工，由后方运送八万斤粮食到萧县一带时，也遇到了同样情形，大家也宁愿挨饿，未动车上一点粮食。又如民工在二线转运中，因为部队前进神速，补给线不断延长，民工们说："部队打胜仗打得远了，我们不把粮食运上去，他们吃什么？"就坚决地把粮食送上去。鲁中南二地委运粮民工，在途中遭敌机三次袭扰，仍坚决按时把粮食送到目的地。类此可歌可咏的英雄模范事迹，不胜枚举。

华东数十万民工服务前线①

全华东解放区数十万民工不辞一切辛劳，热烈地支援淮海战役。成千成万的担架、大车、小车、担子和驮驴奔驰于数百里的淮海前线，在寒风冷水中日日夜夜地为解放军运送给养弹药和转运伤员。他们来自各个不同的地区，北从黄河以北、胶东半岛，南自长江边，包括华中、鲁中南、胶东、渤海、冀鲁豫、豫皖苏及新恢复或新解放的萧铜、泗灵睢等地。他们的语言、生活习惯与服装各有不同，但怀着一个共同的信念——协助解放军全部消灭当前的国民党军队，争取伟大的淮海战役的彻底胜利。

战役开始，华中淮海区 7600 余担运团员，盐阜区 20000 余人的支前纵队，即于星夜驰赴前线；运粮车船络绎于途，淮海区第一批 8500 余民工运送数百万斤军粮后，第二批 30000 民工与 10000 辆以包运制转运军粮的小车又开赴前线。山东滨海区自 10 月 20 日以后的月余间，先后已出三批常备民工，计担架 5500 副，小车 12500 辆，挑子 4000 副及后方运粮小车 30000 余辆，驴 3000 头，大车 320 辆，投入支前的民工达 13 万余人。渤海党政军民全力动员，向前线运送大批军粮。各地均做到出发一批，准备一批，民工陆续出发，沂源已动员了第五批担架赴前线。江淮三专区宿东一县，最近一周来即有 1300 副担架、700 余辆大车、270 余辆小车、驴子队参加支前。

山东有些民工团服务期满后，因战线迅速南移，后备民工尚未赶上，

① 本文原载 1948 年 12 月 10 日《大众日报》，选自中共党史资料出版社 1988 年版《中国共产党历史资料丛书·淮海战役》第三册。

华东人民支援前线的报道

继续留前线服务，情绪仍甚高涨。莒南担架团提出："部队前进到哪里，咱们跟到哪里。"民工对伤员爱护备至。在追歼运河东岸西逃敌人时，胶东四大队民工，在白昼冒敌机轰炸扫射，抢运伤员渡河，胜利地完成了任务。莒南民工集款买白糖给伤员吃，扶助伤员大小便，做草扇子给伤员伪装防空，过河涉水都预先派人探测。莒南"钢铁担架团"朱正章连续三夜抬送伤员，腿上生疮不好走，就拿根木棒拄着，旁人劝他休息，他坚持不肯。胶东威海民工远征2000余里，500人中无一减员。泗宿担架队员赵季才、孟广良、宗恒贵等在碾庄战斗中，冒着猛烈炮火，带着一副担架一连五次冲上去抢救伤员，顾明祥和其他民工在火线上四餐饭没有吃，也不叫苦，还鼓励大家。来自苏中的民工，他们对久别重逢的华野大军更是倍感亲热。

民工们均能注意对新区群众宣传，介绍自己的翻身故事和老解放区的建设，并帮助群众劳动。华中民工会见山东民工时，他们说："山东民工组织好，工作好，能吃苦，能走远路，懂道理多。"提出向山东民工学习。

现广大的民工们正广泛展开立功运动，在民工驻村的墙壁上，张贴着大幅的功劳榜。

山东数万随军常备民工　涉寒流攀崎岖忠诚服务^①

随华东野战军服务淮海前线的山东解放区数万常备民工，两月来忍饥耐寒，战胜艰难和困苦，完成任务。胶东 3000 余常备民工，期满后不返家，一致响应上级号召："支援淮海战役彻底胜利。"各中队担架减少了，即买树木添制，在最前线买不到麻绳，就以背包带子扎担架。民工因病发生减员时，炊事员、通讯员、干部一起出动抬担架。他们不但做到"减员不减担架"，反而超过原有担架数量。如三中队原有担架 91 副，但每次出动均增至 107 副，病倒 30 余人后，仍能出去 100 多副；四中队一小队在炮火下一夜转运了九次伤员，忙不过来时，五人抬一副的担架就改作四人抬。该部民工在长期艰苦工作中，已涌现大批支前模范，并有 160 多个民工同志光荣入党。二中队郭天会同志伤愈后，上级决定要他复员回家，送出 300 里路后，他仍赶回原队。渤海担架团在战线向南急移时，紧跟部队，日夜不歇地转运。三连 172 副担架，三日夜往返走了 450 里。某夜在崎岖的山路上，有些民工跌倒碰伤了，仍继续抢抬担架，风刮大了，民工把棉袄盖在伤员身上。该团虽距复员期仅半月，但都表示不愿回家。鲁中南沂水担架团，在运送伤员过瀛河时，全团在黄政委带领下，响亮提出："伤员为咱们拼命流血，咱也要爱护伤员。"全团民工脱了衣服，涉过水深及腰的寒流。上岸后，大家虽然冻得全身发麻，但为了减少伤员在途中的痛苦，未经休息即继续迅速前进。在九次出发支前的华东支前英雄高启文领

---

① 本文原载 1949 年 1 月 5 日《大众日报》，选自中共党史资料出版社 1988 年版《中国共产党历史资料丛书·淮海战役》第三册。

导下的平邑（原属费县）运输团四连，渡过宽达一里的庙子河时，一排同志脱衣抬着 200 斤重的粮车涉水而过。二排王庆云、陈洪才二人又帮助别人扶车往返七次。山东解放区翻身劳动人民的此种高贵品质，已获得华野各纵首长的嘉奖与慰问。

鲁中南出动百万民工[①]

　　鲁中南人民在具有伟大历史意义的淮海战役中，坚决响应了党的号召，充分发挥了英勇顽强的精神，全力以赴地支援前线。

　　当支援济南战役时，鲁中南尚仅动用民工20万余人，而此次支援淮海战役动用之民工则不下百万名。仅滨海区即动用常备与临时民工45万名之巨，超过济南战役的数倍。在服务前线的民工行列中，涌现了大批的英雄模范，其中成千上万优秀的共产党员成为民工立功运动中的中坚。滨海第二批20000民工中，即有党员10000余人出来带头，莒南担架团中的共产党员朱正章，忍着腿上疮痛，连续完成8次转运伤员任务，荣获滨海支前办事处赠予第一名"钢铁担架员"光荣称号。该团还掀起了革命英雄主义的竞赛，又有128人荣膺"钢铁担架员"之光荣称号。他们在转运中利用一切办法，克服各种困难，处处设法减少伤员的痛苦。

　　尤其艰巨的是征、运粮食，保证前线供给，而且数量巨大。支援济南战役时，才只征借秋粮以数千万斤计，运粮不过以数百万斤计；而淮海战役中，征运粮食的任务则均需以万万斤计，同样亦需加工，并自远离战场数百里外运到前线。滨海区群众碾子很少，在淮海战役第一阶段接受碾米4000多万斤的任务，但在群众积极努力下完全克服了困难。日照城东区山口村杨大娘，连夜卡碾赶办加工粮；一般青壮年每天最多能卡70斤小米，但杨大娘用半天一夜时间，竟卡出98斤顶好的小米。台庄乡群众创造以磨

---

　　① 本文原载1949年1月3日《大众日报》，选自中共党史资料出版社1988年版《中国共产党历史资料丛书·淮海战役》第三册。

代碾，克服碾少困难，超额完成碾米任务。宁阳七区民工，冒着严寒冰雪，强渡大河十多道，腿被冰片划破流出鲜血，但仍然一日百里，完成26万斤的运粮任务。临沂运输团二营四连，远征苏鲁皖三省，历时三月，行程3000里，完成连续转运102000余斤军粮的艰巨任务，无一减员。有37人被提升干部，6人光荣入党。

在保证战时交通、军需供应、通讯联络上，全区北起胶济铁路，南达陇海铁路，东自黄海海岸，西至运河，纵横全区150余华里之主要公路干线全部修通；临沂西南、陇海铁路以北，1280余华里的广大新解放区内电话、公路亦同时修复架设完竣，使全区公路电话畅通无阻。与此同时，全区担负了征购枕木37万条和修复胶济、津浦铁路的工程，数万铁路员工及农村铁匠、木匠手工工人，都有组织地夜以继日地赶制道木、夹板、道钉。一些新解放的铁路员工，看到解放区人民这种积极的工作热情而大受感动，亦热情参加工作。

在执行上述各项空前巨大的支前任务中，后方人民还于11月底欢送出8114名青壮年参军。沂东葛沟镇军属公振东，1946年送大儿参军，现又送二儿参军，荣获"一门双英"光荣称号。在参军中，同时又抓紧了冬季生产。广大的劳动妇女除碾米、磨面赶办加工粮外，费县20000名有组织的妇女并搜集百万斤糠菜备春荒。全区妇女冬季做军鞋担负将近百万双的任务，沂中城郊区妇女更掀起了做鞋竞赛。本来鞋底规定标准纳72行，杨家庄子牛庆秀纳了110行；长安街应做160双，结果竟做了200双。按任务，老大娘是用不着做的，但刘方德母亲63岁了，仍要求村干分给她做，并且做了5双都是一等鞋。

人民的支前热情为什么如此高涨？苍山县柴林区有几段民谣说得很清楚，跟民工修理车子的木匠说："不管蒋军败兵百万，我有斧头一面，车轴、车耳砍好，好去支援前线，打倒蒋军已不难。"老大娘说："出夫，出夫！福来到，来年的日子更好了！"

要问他们为什么如此艰苦顽强坚决完成任务，莒南担架团的民工答复得好，他们说："前方同志为我们流血，我们不积极转运，那就对不住自己的良心。怎么累也没有前方战士累，现在不吃苦，什么时候吃苦?！"钢铁的担架员、模范的运输连都是这样炼成的。

人民支援着战争，胜利也是人民的。在庆贺胜利的 1949 年到来时，鲁中南人民必能继续发挥更大力量，支援解放大军，全歼蒋军残余主力于江北！打到南京去，活捉蒋介石！

江淮、苏北22万民工参加担架运输[①]

　　江淮、苏北两解放区22万民工劳动人民参加担架运输，支援淮海前线人民解放大军胜利作战。新老解放区还有更多群众日夜为前方磨面和短途转送，各地群众由数十里到四五百里，由区、县、专区分别集中，再沿几条主要运输线每天把80万斤以上的米面送到前线。全线每天有132000辆小车子，一辆接着一辆，轮番地在路上奔走转运、起卸。在每一个粮食转运站的周围，从傍晚到天大亮，每条大路小路上都汇成了人流车流，忙碌地在起卸和装运粮食，每晚有10000到20000名民工和车子住满了粮站周围的村庄。恢复不久的江淮二专区每天在后方磨面的约41500余人，光由县里送米面到专区，每天即需73700辆小车的运输力，加上已出发的担架民工，该专区前后方使用民力已达13.3万人以上。江淮三专区过去是游击区，这次战役中收复睢宁，打下宿县、灵璧，迅速打开局面。战役开始时，后方粮食未及运输，铜睢、邳睢、萧铜等新区群众踊跃响应部队就地征借办法，将粮食供给当地正在英勇作战的解放军，先后达八九百万斤。对沿线粮站民站工作，新区群众亦给予很大帮助。转运站工作人员，除支前司令部派去少数骨干外，大都由当地群众中的积极分子担任，保证按时过秤起卸，使运输力不致冻结停滞。沿运输线的民站大都是刚与民主政权同时建立起来的，附近一般群众能家家户户为来往民工摊煎饼吃，有的民站一天中能摊到10000到20000张的煎饼，使过宿民工都能吃饱饭休息或

　　[①] 本文原载1948年12月5日《江淮日报》，选自中共党史资料出版社1988年版《中国共产党历史资料丛书·淮海战役》第三册。

赶路。

此次战役的大规模支前运动，特别是粮食运输工作，是十分艰巨的。从征借、集中、加工、运输到供应的全部过程，都要在战争迅速发展的情况下，在短促时间内同时进行，同时受到农村运输力、干部、新区条件及敌机空袭破坏等种种的限制，但在老区及新收复区人民雄厚力量的全力支援、干部百倍努力工作克服困难之下，保证了前线大军源源不绝的供应。

豫皖苏人民贡献宏伟[①]

中共豫皖苏中央分局发出"党、政、军、民全体动员起来，支援徐州前线战役"的号召后，全区人民及各级干部热烈响应，贡献伟大力量，争取了淮海战役的伟大胜利。宿西县（新设县，宿县西部）的担架队，两批即达 2710 副，大车 2000 余辆，并动员 3000 余人，修路 225 华里。柳子乡 44 副担架，18 天内，先后转运伤员两次，无一逃亡，两次来往于 320 华里的路程，还不到两天两夜。当几个担架员请假拿棉衣时，他们恐怕延缓时间，增加伤员痛苦，四个人抬两副担架前往赶运。乡长许成奎同志以身作则，同另一个人抬一副担架，一直坚持到目的地，虽然双脚磨破，但终不落后，及时地率领全队胜利完成了任务。全队且对伤员照顾周到，多半把自己的棉袄脱给伤员盖着，把自己节余下的柴票拿出换柴火给伤员烧开水、烤火，并有的拿钱买东西给伤员吃，两次转运的伤员临别时，都和他们亲热地握手。亳县玉皇阁村徐广法完成转运任务，又去拉大车，老婆儿子都有病，他也不肯在家，他说："病人哪有上前方要紧。"他在家只住一夜便走了。徐广义带病出征，说："我的病是匪军吓的，一打徐州就好了，得有我一份。"徐广华原要到界首经商，听到打徐州，他要求出担架，说："生意晚做点不碍事，打掉匪军到徐州做生意去。"许昌市医师也卷入这宏伟的运动中，组织临时医院医治伤员。开封工人更起了积极的带头作用。各校学生自己捐助并动员家庭节约支援前线。

---

① 本文原载 1949 年 1 月 1 日《中原日报》，选自山东人民出版社 1978 年版《淮海战役·资料选》。

各级干部更是积极负责，以身作则，保证了支前任务的胜利完成。沙土区副区长张士青 53 岁了，整天奔忙，嗓子累哑，有时整夜不睡。雪枫县阎集区谢区长看见民工穿着破烂不能遮体的衣裤，便把自己穿着的三条单裤脱下

解放区男女老幼抢修公路，保证运输畅通

两条给民工穿，同时又动员其他干部捐赠了 30 多件衣裤，并经县里批准后，用一部分面袋给民工补好，大大感动和团结了民工。某村农会刘主任，在敌飞机和炮火下，挺身而出，鼓舞和稳定了大家情绪，勇敢地给连队送弹药和抬运三次伤员。另外，参战民工的家庭困难亦得到解决，同样起了保证作用。担架出发前，一一征求民工意见，有啥困难由村里帮助解决。刘大庄在担架出发后，怕坏分子扰乱，马上组织看家队，打更防夜，保护民工家庭的安全。吴韩庄村长亲自替参战家属挑水，并动员别人帮助民工家属干活。桃园的李延修出去抬担架，第三天回来拿东西，干部对他照顾得比自己在家时还好，他很满意地说："这可放心啦！不抬好担架也亏心啊！"此次支前之所以如此热烈，主要是思想动员成熟，提高了群众觉悟，使群众认识到过去出差，是被抓被迫去支应匪军，今天是为了自己解放，成为群众自觉自愿的行动。这一精神贯彻到广大群众中，就变成伟大的力量。

冀鲁豫大车小车滚滚涌向前线[①]

南援淮海，北援平津，我冀鲁豫广大人民，正以无比的热情，搭桥修路，赶运军粮，卷入光荣而伟大的支前浪潮中。在一切为了前线，快碾、快运，保证前方供给，争取全国早日胜利的口号下，12月15日我全区碾米工作已完全结束，随后上千上万的人民，数万辆大车、小车滚滚涌向前线。前几日天降大雪，但亦不能阻止这支充满着争取早日胜利的运粮大军的前进。小车、大车在银幕似的原野上，踏开了一条条坦阔的大道。三专区单县、砀山的运粮民工，在车辆全不能通行时，有的便扛着在雪雨中送至前方粮站。雪后的道路更难行走了，各运粮沿线的人民便开始搭桥和扫雪修路，二、三、五、七专区分段布置了以村为单位扫雪。各县的桥梁均很快修好。仅砀山一县，专为七专区运粮线修好了大徐庄、旧黄河底、张寨、董庄、修庄、孔集、孟庙等七座大桥，三专区指挥部亦亲自在砀山旧黄河底公路上修桥一座。九专区除将往济南以北运粮的两条道路上之桥梁加修坚固外，并又修了两条回头空车道路上的桥梁。现各运输线均畅通无阻。因此，我冀鲁豫艰巨的运粮任务，在旧历十二月二十五日前可能全部完成。

获得以上成绩的主要原因：一、广大翻身农民的觉悟与报仇雪恨的热情。如我黄河南岸的人民，两年来备受国民党反动派奸淫、烧杀等种种摧残，此次听说要消灭五军邱清泉等国民党军（按：该敌已于本月10日被

---

① 本文原载1949年1月15日《冀鲁豫日报》，选自中共党史资料出版社1988年版《中国共产党历史资料丛书·淮海战役》第三册。

我全歼），一致反映："这二年可叫它糟蹋够了，不把这些孬孙消灭，咱真没法子过啦。"因之，在运粮等战勤工作中就表现了空前的积极。如定陶县之眼药李庄，村长派三辆大车运米，村里群众一拥齐上，争着前往。成武县机动

运送粮食物资的大车队

担架的民夫，在砀山城连续七天将敌人屯塞的三个关口全部打通，使三、七专区的粮站交通不受任何阻碍。二、有组织有计划。一般的大车夫都以区或县为单位建立了班、排、连、营或分队、中队、大队。八专区在行动时，分批前进，使车辆不过于拥挤，并将吃饭住宿地点告诉民工，同时每次都是派人先交涉吃饭与住宿问题，还在工作差的地区帮助当地建立食宿站。七专区南旺县之民夫，每晚宿营后，带领车辆的区村干部便开讨论会，检查纪律、大车、牲口、粮柴吃用，并计划第二天的走法。巨野县每天都有汇报制度，好的表扬，坏的批评。三、实行运输包干制每百斤一里地一两米。不少群众反映说："又能支援前线，还能得粮食。"如定陶黄店区贾庄住的逃荒灾民孙平，推运250斤米往返五天，净收入豆子39斤，非常高兴。四、有组织地互相帮助。如南旺有的车坏了，便把米移到本村别的车上，修理好赶上再装，这样可以多赶路。三专区虞城县旧黄河一带，因是新地区，不断有小股土匪扰乱，我三专区便马上派一个连的民兵前往保护运输。由于互助也加快了运输的速度，但同时运粮中还存在着一些缺点。主要表现在：一、有的专区急于完成任务，数百万斤粮食一拥齐上，导致过于拥挤，加上食宿站布置得不好，一时无法应付，吃饭住宿、草料烧柴都成了问题。更加天降大雪，大部运输队没带医生，致民工、牲口有因冻与饮食不好而病死者。二、不少带领运粮民夫大车之干部，到前方粮

站后，即认为自己已经完成任务，对民工放弃领导，结果形成有秩序地去，无秩序地回。三、运粮民夫带的给养、烧柴、草料、大小车轴、木匠较少，甚至有的不带，导致造成车坏了不好收拾、牲口没草吃、人没饭吃等困难。目前我冀鲁豫战勤总指挥部已提出：一、健全食宿站；二、对民工有领导地去，有领导地回；三、民工一定要按规定带足给养、草料。

新区人民奋起支前①

　　淮海战役开始后，广大新区和恢复区人民热情欢迎与支援解放军。11月10日夜，当解放军某部为了追歼逃敌，亟待渡过徐州东北的不老河时，南岸人民迅速把所有的小船集中起来载解放军渡河。他们不顾疲劳、寒冷和敌机的轰炸，不停地把部队一船一船送到南岸。船夫赵苍义划了一昼夜的船还不肯休息，他说："俺们就盼同志们来帮助俺们翻身。"解放军在宿迁西北窑湾镇歼敌六十三军时，该镇三个老大爷深夜里从战场上把伤员李庆生抢救下来，动员镇民用木床做了一副担架，把棉衣脱下来给李盖上，然后迅速地抬到解放军的包扎所。当解放军某部进抵睢宁西北的古邳镇时，该镇人民纷纷拥到街上来欢迎解放军。当过妇女会长的郑大娘，奔到门外，拉住解放军的战士说："只要活着有一口气，我就要等着你们，你们可真来

支前民工运送木料，构筑工事

---

　　① 本文原载1948年12月21日《大众日报》，选自中共党史资料出版社1988年版《中国共产党历史资料丛书·淮海战役》第三册。

了!"镇上人民纷纷向解放军控诉国民党军队侵占该地两年多以来屠杀数百人的暴行。铜(山)睢(宁)县男子出发抬担架,妇女儿童在家日夜为解放军磨面,全县每天可供给白面15万斤。宿县东十八里谢家村的村长谢明云,为支援前线的工作忙了十天十夜,眼都熬肿了。宿县东二铺集的小贩沈世魁,听说解放军来了,晚上自动等着带路,几天中间一连带了11次。徐州解放后,人民到处向解放军的人员欢欣点头说:"俺这就得过太平年了。"在追歼徐州逃敌邱清泉等三个兵团的途中,解放军到达宿县西北的谢家圩时,大娘们端着家藏的咸菜辣椒等,坚持要战士们吃了饭再走。萧县、永城东南十八里一带的人民听到邱清泉等部敌军终于陷入解放军的重围时,都兴奋地说:"那可不能再跑了!"纷纷自动协助捉拿散兵。

新收复和新解放区以及战地群众热烈支援解放军。

宿北县唐店镇于11月8日解放,9日,解放军经过,群众争先为解放军带路。晌午,区里来信要民工砌石桥,乡干一去动员,即有140人自动报名参加。兴化村周大娘老早将房子打扫干净,铺好铺草,等着伤员来住。新安镇解放后,和平乡妇女一昼夜就磨面4000斤送到部队,并在两天中帮助伤员洗了780余件血衣。

你们在前方打胜仗　家中生产用不着焦①

　　泗南县在秋收秋种中，帮助军属代收代耕成绩巨大。由于干部群众能够切实帮助军属解决劳力不足和缺少耕牛种子等具体困难，使全县 4000 户军属 21678.8 亩秋禾按时收割，收割后又送粪 22429 担下田，耕种 31449.5 亩麦地，其中有 878 户缺少种子，均由当地干部群众设法从农会保存的浮财里及民主政府以贷种或换种解决，总计帮助与贷换麦种共 23820 多斤。获得成绩的原因，主要是由于干部群众对人民解放军流血作战完全是为了群众翻身安全的思想认识明确，因此认真地做到优待军属。如鲍集区钱乡长开群众会讨论替军属收割时，黄二说："军属的儿子上前线拼命打国民党反动派，使我们在后方安稳生产，我们应该帮助。"其余的人都说："对!"当场自我报名的有 32 个劳动力，组成 4 个小组，第二天一天割掉 42 亩庄稼。管镇区杨庄村优待军人家属会主任佟国珍动员 7 张犁替军属种完麦子后又挑 8 亩秫秸。魏营区赵圩村一向优待军属很认真，在帮军属做活时，不吃军属家里饭。刘符村军属李土祥母亲生病，该村妇女会长张国兰等 3 人积极帮助她家烧茶、弄饭、洗衣服。李母不幸病故后，群众高秀树等又从浮财里抽出树段子打棺材，又料理一切后事安葬。陈圩区王岗村长王加正与优军委员洪华文等带头砍红草替两户军属盖房子。其他如带头挑粪、帮助军属解决烧草问题等，使军属非常满意。

---

　　① 本文原载 1948 年 11 月 28 日《江淮日报》，选自中共党史资料出版社 1988 年版《中国共产党历史资料丛书·淮海战役》第三册。

豫西群众踊跃缴粮　保证前线饱食暖衣[①]

1948年秋屯，豫西不少地区现已全部完成了入仓任务。自行署发起秋屯号召后，各地先集训干部，打通"怕难"思想，同时向群众宣传合理负担政策，立即掀起了群众缴公粮的热情。鲁山八区苍头村，经过合理负担政策的讲解，群众想起过去国民党的强征硬派，保甲长的压榨，认清了人民政府处处为了人民，都争着碾米，抢着缴粮，评讲后全村十几盘碾子日夜不停地转动。临汝苇子营等村因碾子少忙不过来，就用车拉到宝丰县的村庄去碾。鲁南（新设县）一区的徐老太太亲自背着粮食去缴，村长说："你这大把年纪了，让别人给你捎去吧。"她不高兴地说："中央（国民党军队）在这儿我跑着要饭，现在地也有了，自己出点力有啥啦！"在缴粮时，村与村之间展开了竞赛。他们的口号是："要快、要净、要干。"郏县吴村的吴老汉到收粮处缴粮，见别人碾的比自己净，就把粮拿回来又碾了一遍才去缴。吴孟礼连杂粮都用筛子筛出来。他说："都是咱自己吃，解放军为了咱还能给他糠吃？"许西（新设县）桂村老百姓耐心地把粮食用簸箕簸得干干净净，两天完成了72000斤公粮的任务。因为穷，被大家讨论不缴公粮的王义照急得跳起来说："解放军为咱除害，我不吃也得缴。"结果也缴了秋粮。郏县吴村五天完成了秋屯40000斤。宝丰一带产烟区，今年因交通不便关系，烟叶外流停滞，烟价下跌，秋屯时种烟户都感到困难，宝丰县工商管理局就在该县产烟区代农民折缴公粮1000石，解决了种

[①] 本文原载1949年1月2日《中原日报》，选自中共党史资料出版社1988年版《中国共产党历史资料丛书·淮海战役》第三册。

人民群众踊跃缴粮支援前线

烟户的心事，普遍得到了群众的赞扬，都反映："解放军真是处处为老百姓打算。"在有土匪扰乱的地区，更配合政治攻势发动群众号召土匪回家。嵩县莘药区寺庙村结合胜利消息宣传"不但对回家者宽大，而且秋屯中按人口计算负担"，结果争取了 8 人回家。豫西还有些地区，因 11 月初连雨成灾，秋季歉收，行署为减轻人民负担，减征了全区秋粮任务 399 万斤。

滨海区 45 万民工支前
妇女后方磨粮 4000 万斤[①]

　　为继续贯彻全力支前，争取淮海战役的彻底胜利，中共滨海地委总结淮海战役第一阶段支前工作，该区已有 45 万民工先后投入支前。计常备民工 17 万人，短期民工 28 万人。前四批常备民工 11.9 万余人中，即配备了中共党员 9839 名。全区并抽调坚强干部 1500 人带民工支前，莒南 159 名支前干部中，县长、部长、局长、干事、科员等即有 33 人，地专机关干部 44 人。妇女白天黑夜不停完成加工粮近 4000 万斤，已就地供给或赶运前线 3000 万斤。全境已修好公路 39 条，全长 1813 里，修桥 190 座；此外建立民站 73 处，粮站 65 处，配备干部 600 余人，对战争胜利起了重大作用。总结指出完成任务的原因主要由于掌握了下列三个环节：第一，掌握了全力支前的中心任务。除对可能和必需的工作结合进行外，其他一切不可能或不急需的工作即暂不办或缓办。11 月初地委接到鲁中南区党委《关于全力支援淮海战役指示》后，即召开紧急会议，各部长并分头到各县传达。地委接着发出紧急指示和全力支前的宣传提纲。当战争迅速西移后，地委根据干部可能产生的"认为战区离远了，支前可以松一松"的思想，又重申全力支前的工作方针。至 20 日部队又有新进展，在区党委指示下，又紧急动员赶运大批军粮上前方。莒南一县，直接运往前线的粮食即达 700 万斤。在全力支前下，各县也注意结合进行生产。全区还同时结合完成

---

　　① 本文原载 1948 年 12 月 22 日《大众日报》，选自中共党史资料出版社 1988 年版《中国共产党历史资料丛书·淮海战役》第三册。

35000 余名的建军任务。第二，在全党及群众中进行了战争动员。在济南战役和东北连续大捷后，干部中普遍存在着松懈麻痹思想，认为支前"不成问题"。淮海战役打响后，支前任务突然繁重，地委即于11月初派员分赴各县继续进行紧急战争动

解放区妇女用石臼舂米，筹备军粮

员和形势教育。在群众中以祝捷大会及诉苦、对比、集市宣传等方式进行教育，迅速扭转了被动情况。莒南县在完成 700 多万斤加工粮和动员 3600 名民工中，很多干部连续几天几夜不睡。地委为多运军粮至前方，号召莒南、莒县、竹庭、日照等四县每县增加小车 1000 辆，各县都在极困难条件下，均增至最大限度；莒南、竹庭即增至近 2000 辆。第三，初步贯彻执行了支前中的各种具体政策。在淮海战役前，地委即强调了贯彻支前政策，各地通过民力动员清算了旧工账，小车、口袋统一记分顶工，莒南较普遍贯彻后，全县群众增添修补小车 1000 余辆。总结最后号召全区党政民紧张动员起来，在宣传解放徐州及第一阶段胜利下，进一步进行战争动员和形势教育，全力以赴，争取淮海战役的彻底胜利。

冀鲁豫五专区 9 天碾米千万斤送前线[①]

此次支援淮海战役中，冀鲁豫五专区（黄河南接近淮海前线）160 万人，在"早送上公粮，早把反动派消灭光"的口号下，冒着风雪，9 天内将 1000 万斤公粮碾好送上前方，充分表现了老解放区群众在胜利形势鼓舞下高度的支前热情。当磨粮碾米的任务传达各村后，男女老少不分昼夜碾磨粮食，并创造了许多新工具、新方法。如嫌石磨太重，便用鞋底垫在磨脐上，转动轻快，解决了石磨缺乏的困难。安陵县安陵集全村男女老少组织起来，具体分工，男人运输，妇女碾米，并根据劳力强弱划分小组，在旷场上挖小地窖，用木槌或石锤进行集体捣米，男女一边唱歌，一边竞赛，互相鼓励和督促，使大家忘却疲劳，每人每天捣米达 15 至 30 斤。全专区把米碾好后，立即动员了数万辆大小车向前方赶运。有一个县 6 天完成了 150 万斤的输送任务。另一个县一位民工推着 350 斤粮，路遇大雪，他把身上的棉袄脱下盖在米包上，他说："咱身上冷了，棉袄湿了，都不要紧，为了咱部队吃好饭，早日打垮国民党反动军队，可不能使米粮湿坏了。"

---

① 本文原载 1949 年 1 月 14 日《中原日报》，选自中共党史资料出版社 1988 年版《中国共产党历史资料丛书·淮海战役》第三册。

妇女在家忙推磨　男子推面上前方①

　　泗宿全县干部群众日夜赶忙军粮。11月9日一天一夜，杨圩、重岗、归仁、闸塘、潘山、凌城、苏圩8个新区，完成350万斤小麦干面运送前方的任务。闸塘区先进乡助理员季绍林在接到推运军粮消息后，忙得三天三夜没有睡觉。归仁区四河乡沈庄村农会长徐士林，领了2斗小麦自家带头先推得干干净净，影响全村群众很快完成任务。区妇联主任力云在风登张亲自帮助妇女会和姊妹团参加推磨。沈庄村群众在接到任务后，因没有驴子，就大家动手，一夜推好700斤小麦，到天亮装得好好的用小车推送到前方。何新刚家新娘子，一夜也推了2斗小麦。风登张村妇女夜里推公粮，白天修筑公路，三天内姊妹团修好3里长公路。泗河群众一面推粮一面唱，大家反映说："这次吃一次苦，以后过好日子了，快磨！快送！让部队快吃饱，快消灭蒋介石！"全县自11月9日到13日五天内，已完成510万斤粮运送至前方。第三批到11月23日止，还将完成大秫秫面280万斤。

---

　　① 本文原载1948年11月23日《江淮日报》，选自中共党史资料出版社1988年版《中国共产党历史资料丛书·淮海战役》第三册。

鲁中南妇女不畏严寒
完成首批军鞋百万双[①]

　　鲁中南各地广大妇女（包括滨北在内）在担负着繁重的碾米、磨面等支前任务的同时，并且克服了严冬做鞋的种种困难，于去年年底完成了第一批百万双军鞋的缝制任务，并有 50 万双已送到前线，其余也正在运送中。现在第二批春季军鞋 100 万双又正在白黑赶做中。临朐妇女担负了 4600 双军鞋的任务，于去年 12 月 20 日即全部完成，并做袜子 40000 双。米山区于 12 月 8 日布置做军鞋 5000 双、袜子 4000 双，四天时间就全部完成。寺头村 63 个妇女做了 60 双军鞋、80 双袜子，妇女会小组长饶克全之妻，自告奋勇做了 5 双袜子 1 双鞋。全区妇女获工资 22800 万元（北海币）。九山区×崮前村 25 个妇女，五天五夜做了 80 双军鞋，每人合 3 双，速度惊人，赚工资 256000 元（北海币）。大家商量将钱不分，现已买羊积肥。这种可歌可泣的事迹被益（都）临（朐）生产推进社的党报通讯员编成快板说："九山区里×崮前，25 个妇会员，政府布置做军鞋，该庄妇女都争先，五天完成 80 双，挣了 256000 元。支前任务做得好，团结挣钱很喜欢，大家商量钱不分，买羊积肥种荒田。这件事情商议妥，全村妇女都称赞，村里老少都说好，这些妇女真能干，也生产来也支前，打倒国民党反动派不犯难。"安邱上马町村有 18 名妇女没有鞋壳子，她们就把梳头掉下的头发集中起来卖了，买来破布打壳子，解决了困难。南部区崖泉村党员

------

　　① 本文原载 1949 年 1 月 19 日《大众日报》，选自中共党史资料出版社 1988 年版《中国共产党历史资料丛书·淮海战役》第三册。

孙中义之妻、孙锡庆之妻均带头做鞋。军属李永业大嫂说："这鞋是给他（即她弟，在前方）做的，得做得好一点。"该县因县支前指挥部工作马虎，本来上级要求在 12 月 15 日前完成军鞋任务，但县指挥部竟疏忽了，通知为 25 日完成，后

解放区妇女赶做军鞋

来又紧急改变，因此妇女们就黑天突击。沂北诸葛区新庄烈属卢振英大娘，59 岁，未派她做军鞋，但她要求组长给她两双，她说："做两双鞋叫前方战士穿上，打倒国民党反动派给我的孩子报仇！"妇女们赶做军鞋，不但有力支援了前线，同时由于做鞋赚工资，对生产防荒也起了很大的作用。如沂源的妇女，去年共做军鞋 12 万双，得工资 8323 万元，按 400 元一斤粮食计，可买 20 万斤，因之均争先抢做。淮安官庄区两河村 47 户，因去年该村遭水灾，粮食收入较少，现已有十几户讨饭，自布置做军鞋后，该庄 23 个妇女共做了 48 双，净赚工资 24 万元，对备春荒帮助甚大。如军属刘江庭家做鞋 3 双，赚工资 15000 元，除给他母亲买 7 尺布花 6300 元做一条棉裤外，下余 8700 元买了 40 斤地瓜，还籴了 3 升谷子（每升 3 斤）。刘大娘喜得说："做军鞋既给儿子在前方穿上鞋打败国民党反动派，咱又赚钱解决困难，真是一举两得。"现她又买鞋料正在做第二批。

如东、南通妇女赶做军鞋送前方①

如东、通如、南通各地妇女投入支前工作，积极赶做军鞋。如东苴丰区丁家村妇女小组长刘国平听到动员做军鞋的消息，立即到乡干家去拿鞋样，回去自己动手先做。29 日晚小组会上，她带头保证做两双，推动了全组保证完成 30 双鞋底的任务。30 日天亮就起床做。李井村妇女代表黄桂兰到乡里开会，带了鞋样回去后，和李本贞等七八个妇女合伙上街买布。天阴，糊鞋底的糨糊不得干，就用火炉烘，影响了其他组的妇女积极动手做鞋底。该区妇联讨论全区在 11 月 5 日前 10 天中要做好军鞋 15000 双。城东区斗争乡妇联会向全区各乡发出挑战书，保证完成 1500 双。掘马北区公学村妇女分小组合伙用灯，连夜赶做，甚至民兵中队长等 5 个男村干也和妇女伴工做鞋底，全村 150 双鞋底，3 天中就完成了 7 成。栟丰区沈家村蒋长庆的老婆，日里同人家伴工膙麦，夜里赶做军鞋，她一个人保证做 5 双。通如边区某村妇女代表田兰英一人做 5 双，她说："我们要想想田地房屋是哪里来的。"南通怀民村 14 岁的妇女陆瑞荣与母亲比赛做军鞋。各地妇女做军鞋不但做得快，而且还讲究，如：保林乡一妇女组长吴玉贞做的鞋底老秤 8 两重，长 66 针，宽 30 多行；贡安乡妇女提出做鞋比赛，陆中如等做到 34 行 62 针，超过了原定要求；苴丰区区乡妇干会上讨论规定军鞋底标准保证做到宽 24 行，长 52 针，重 7 两 6 钱，并制订鞋样。根据如东一个区和两个乡两个村，及通如一个村的不完全统计，上述区乡村在本月 5 日前可完成的军鞋底有 18180 双。

---

① 本文原载 1948 年 11 月 21 日《新华日报》，选自 2013 年国家图书馆出版社《淮海战役史料汇编·支前卷》。

碾米送前方　保证打胜仗①

　　12月9日晚上，在徐州解放的胜利空气里，南旺县郭堂村的碾子迅速地转动着，推碾的人们像追赶什么似的向前奔跑，一边兴奋地谈论着：

　　"打开徐州，咱这里可不拉锯啦，再也不用爬豆棵啦！"人们像摆脱了一件沉重的东西，碾子更快地转了起来。

　　"咱脱了衣服干吧！这样穿着棉袄太热。"

　　"只要打倒蒋介石，咱三天不睡觉也行。"

　　"我看是这样吧，咱七个轮流替换班歇着，叫人闲碾不闲，咱领这2000斤谷子，明天上午就缴到村公所。"

　　郭堂群众这种自发的热情，使10盘大碾同时不停地昼夜飞转着。有几个露天的碾子，怕夜里露水潮了谷子不好碾，就在上面搭起了棚子。碾子不够用，他们就把已经破旧了的也修起来，为了头石灰，刘效竹曾自动捐出1500块钱。

　　13号下午，村干从区里回来，说是从徐州逃跑的三个兵团被咱包围住啦，苦害我区最厉害的那个贼五军也在里头。人们立时沸腾起来，相互鼓舞着，要赶快把米碾好，送到前方去，保证咱军队吃得饱饱的，好干净彻底消灭这伙贼匪军。妇女们也参加了碾米，象凤阁家不碾完两布袋就不去睡觉。另外她们还接受了一项十分紧急的任务，要一个晚上缝420个米袋子，一时布不现成，她们有的便把自己准备做衣裳的好布也拿了出来。贫

---

　　① 本文原载1948年12月30日《冀鲁豫日报》，选自山东人民出版社1978年版《淮海战役·资料选》。

解放区妇女日夜加工军粮，支援前线

农张作玲把自己刚做好的新被里撕下来，她说："咱盖被套也能过冬，军队没饭吃却不能打仗。"她们在两年多游击战争中与蒋匪斗争的体验，到今天变成了支前热情的源泉。张作符家向大家说："这时候咱们是推车子上岗，加加劲就过去啦！咱队伍正打得紧的时候，可不能缺给养，可不能缓劲，咱今天不睡一点觉也要缝完。"

第二天早饭后，满街上跑着的是送米的，送米袋的，推的推，扛的扛，人声攘攘。在这种似乎很杂乱的情形下，工作是有条不紊，有分工有领导地进行着，验米的，过秤的，写袋的，装袋的，缝口的，写账的，各人做着各人的工作，却又怀着一个共同的热望——心向着胜利。到中午，就有12000斤米装好堆在一起。33000斤谷子，经过六昼夜不停的努力，变成了金黄色的军米，等待装运。

秋征刚完毕 又投入支前[①]

赵镈县向城区，西城前村，村干在区里开会，听指导员布置秋征支前工作，回家即开支部会议。会上特别提出党员要起带头作用，并提出"五要"口号：要先交、交好、交快、交足，要保证全村一粒不拖欠。支部为了支前、秋征互不受影响，抓着空隙，首先完成秋征，要求全村一天粮食入仓，并将村中干部具体分工：周言样、贾忠义负责督促；周景章、周桂元负责检查粮食好坏（配合检查组、评议组）；村长周言祥负责率领缴粮户到收粮点缴粮。支部会后，又召集小组开会，发起竞赛。

当天晚上又开了村民大会，贾村长在会上进行了阶级教育，说明目前形势及今年秋季为什么要提前征收，启发群众觉悟："回忆去年还乡团驻在咱庄受尽压迫凌辱，今年春间要不是共产党民主政府想尽一切办法救济咱，贷种、贷款、贷农具、发放救济粮，咱们能活到现在吗？"群众在会上经他这样动员教育后，大为感动，所以一致呼声说："咱们大家伙听上级的话，布置咱什么任务，咱都积极去干，不打折扣，坚决到底。咱们虽不能亲自去打蒋介石，马上缴纳报仇粮，支援前线，叫咱队伍替咱报仇。"

村民会结束后，群众情绪真是十分的高涨，第二天群众即打场，没有牛的即用人拉着打场，有用碾轧秫穗子的，也有用棒打的（因为牛大部下湖耕地）。群众兴高采烈地说："快缴公粮，共产党领导咱得到的地，别忘本。"村里接到区里明天送公粮的通知，第二天大清早，群众都将粮食扬

---

① 本文原载《粮食通讯》第十三期，选自山东人民出版社 1978 年版《淮海战役·资料选》。

好簸干净，检查组检查一趟，没有一家孬粮食。村长没吃饭就带领缴粮户缴送公粮，没有半天时间，全村共摊 7000 斤公粮全部入了仓。缴粮速度为全区第一，粮食又好。

粮食缴完后，村干回家组织劳力运粮，编担架床，出长期民工，群众都自动报名。现在村里全部力量投入了支前工作，妇女儿童姊妹团推面，民兵参加前线服务。

淮海前线军粮充裕[①]

在华北、华东和中原三大解放区党政军民全力支援下，淮海前线人民解放军食粮充裕，生活显著改善，大量的大米、小米、白面由华中、山东、豫皖苏及冀鲁豫源源不断运抵前方，晶亮的淮盐亦已从陈家港等地区运来。每个

集中起来准备运往前线的面粉

指战员都分外欢喜地吃着雪白的大米、白面和小米，莫不衷心感谢解放区党政军民的热爱。为保证在严寒雨雪期间部队给养充足，野战军后勤机关与华东、华中、豫皖苏、冀鲁豫等支前战勤机关已商定日夜继续赶运大批大米与小米来前方，同时积极设法解决大批燃料，进行调剂食粮，使部队少吃红粮，多吃大米；并计划为部队采办大批蔬菜、肥猪及香烟。解放军的全副冬季装备早已上身，此刻正赶制赶运 10 多万顶棉帽及 1 部棉衣、棉被，准备补充给即将解放的国民党官兵。解放军吃得饱，穿得暖，与当面被包围之蒋军杜聿明部官兵陷入饥寒死亡绝境，恰好是强烈的对照。

---

① 本文原载 1948 年 12 月 24 日《大众日报》，选自中共党史资料出版社 1988 年版《中国共产党历史资料丛书·淮海战役》第三册。

华支购猪肉 87 万斤　供应前方部队过年[①]

　　华东支前委员会于新旧年关供应前方部队猪肉共 87 万斤，保证了前方部队年节时的丰富肉食。阳历年前，接到部队要求八天内购买猪肉 30 万斤的通知后，华支研究后，立即派干部分头出发布置，并用电报、电话告知各专区，专区再布置到县、区、村。当时虽下着雨雪，但由于群众热爱主力，及各级干部的艰苦努力下，只几天时间，即购买猪肉 46 万斤，迅速送往前方。购买时群众说："就是慰劳也是应该的，何况是给钱呢！赶快杀好赶快送，别耽误部队过年。"并且好多群众都拣肥的、大的猪杀。如泰

大批猪肉送往前线

安、郯城送来的肥猪，最大者一只 200 余斤，一般也均在 60 斤以上。旧历年节，华支也购买猪肉 41 万斤，送给前方部队。大批猪肉经过徐州车站时，市民惊异地说："这样肥大的猪，过去在徐州是看不到的，解放区食品真是丰富！"

---

　　① 本文原载 1949 年 2 月 2 日《大众日报》，选自中共党史资料出版社 1988 年版《中国共产党历史资料丛书·淮海战役》第三册。

　　由于大批猪肉及菜蔬运往前方，也稳定了前方及徐州的物价和节省了巨大的开支。总计两次购买猪肉，如与前方物价相比，共节省北海币167000万元。

铁路工人支援战争①

与淮海战役开始的同时，陇海、津浦、平汉各铁路员工和某些城市的广大工人一样先后获得了解放，已解放了的数十万工人均以国家主人翁的姿态，创造了惊人的劳动效率，积极支援前线，完成了各项伟大任务。

自郑州解放后，陇平路2万余员工，在10月26日起即日夜抢修被敌人破坏的铁路桥梁。至12月初开封、洛阳、新郑完全通车，使后方的军需供应很快到达前方。当开封的2万余铁路工人在11月6日听到商丘被解放的消息后，工程队即连夜赶到民权县，在两天内即铺修好路轨，至徐州解放次日，开出了第一批东进列车，和徐州接上通车。津浦路在兖州至临城段的铁路被敌人破坏得最为厉害，但解放后的工人在40天内即抢修竣工，使济南火车直通徐州。西、北两线的铁路交通，本来估计在半年内修不完竣的工程，现在他们以不到两个月的时间即全部修好。为了支援淮海战役的胜利，工人们日以继夜地工作着，"人歇工不歇"，在寒风刺骨的冬夜里，冒着冰天雪地的寒冷，不少同志虽身受创伤仍不肯休息，表现了我工人阶级忠于国家、忠于人民的伟大革命精神。使数十万吨军需供应顺利迅速地运达前线，不但大大减轻了人民负担，而且给解放战争的胜利以有力的保证。

平汉路郑州800余工人抢修队，当他们一开始工作时，即遇到连绵数日的大风雪，路基路轨全掩在大雪里，寒冷和冰冻侵袭着他们。但是工人

① 本文原载《淮海大捷纪实》，选自中共党史资料出版社1988年版《中国共产党历史资料丛书·淮海战役》第三册。

们没有停息，整日在
弥漫的大风雪里坚持
工作，路轨枕木在他
们手上移动开去，又
紧张又迅速，他们说：
"冻是冻闲人，我们一
点不冷，前方战士在
雪地里不是也一样打
仗吗？"风雪越来越
大，抢修的工作也越
来越紧张，并且超过
了平常的速度，清道

铁路工人加紧抢修铁路，确保快速通车

工人毫不畏缩，使尽力气扫除积雪，铺道工人随即铺下枕木，钉道工人不
顾地冻土硬，拼命钉下钉子，积雪冻结的整个道路，在抢修队克服了一切
困难之下，一段一段地向前延伸。前后七天时间，列车即从郑州向南
开出。

陇海路开封桥梁队和徐州坚守岗位的 2000 余位工人，在徐州解放后，
与津浦路工程队只用三天半的时间，就修复了茅村铁路大桥，次日又南
下，将铁路线抢修至宿县，使铁路军运向南开展。修配厂的翻砂工人在配
合南下抢修洛河桥梁时，以一天完成 50 根桩尖，创造了高效的生产纪录。
津浦路第二桥工队仅 50 余人，一个月内修好铁桥 20 座，并大量利用过去
遗弃的材料，克服了器材缺乏的困难。一个姓任的监工说："国民党时代，
16 副架子钉夹板，每副两人至三人，一天最多钉二公里四，现在只 12 副
架子，一天能钉三公里还多。"这是什么原因呢？很简单，在铁路交通变
为工人自己所有时，工人阶级就发挥了高度的工作效能，为消灭人民公敌
而贡献一切。

津浦陇海铁路抢修工作获巨大成就①

　　新华社徐州分社记者综述自徐州解放二旬来抢修铁路情形称：以徐州为中心，东西南北周围共长达1600余华里的铁路线，自12月7日全15日短短的九天内已全部修竣通车。这是中国工人阶级与人民具有伟大建设力量的有力证明。由于铁路的畅通，对于及时供应前线及解放区物资交流均十分有利，这与目下正被围歼的杜聿明集团内无粮草、外无援兵的情景，成为一个明显对照。当敌人狼狈逃窜后，徐州市军管会即一面进行接管工作，一面立即抢修铁路，军管会铁道部干部于4日开始接管，至7日上午便已组织了一部分铁路员工出发抢修茅村铁路桥，紧接着8日又有一批铁路员工向南抢修。9日成立了陇海、津浦铁路临时管理委员会，傅秋涛担任主任委员，统一领导整个抢修铁路工作，及时保证了人力与物力的支前。自7日开始抢修茅村铁路桥，在铁路员工积极努力下，仅历三天半即完成。正如原津浦办事处工务段乐工程师说："第一天45个铁路员工自10时出发，当时我计划到24时至多能铲平3个桥座，由于工人努力，到15时即铲平3个座子，17时搭起1个半座子，到24时3个崭新的座子都砌好了。"铁路员工本来是白天一班、黑夜一班轮班工作，后来则不分昼夜全部出动突击抢修。

　　在这次抢修中，之所以能在短短的时间内获得如此巨大成绩，其主要原因为：首先是由于徐州市军管会及津浦、陇海铁路临时管理委员会的正

---

　　① 本文原载1948年12月22日《新徐州日报》，选自中共党史资料出版社1988年版《中国共产党历史资料丛书·淮海战役》第三册。

确领导；同时正确掌握了大胆运用技术人员的原则，发挥了他们的技能与积极性，并初步解决了他们的生活，使他们认识到只有依靠共产党才有工人的地位，表现了为人民交通事业服务的高度热忱。如千余

火车满载军用物资通过修复的茅村铁路桥

员工在向南抢修时，他们一面排除沿途的敌工事碉堡，一面收集枕木，在严寒的黑夜里仍坚持工作。其次是在共产党领导下，陇海、津浦两铁路员工表现了空前的团结，这是以前没有的。由于国民党反动派有计划地分裂破坏工人队伍，因而两路的员工们经常闹不团结，而现在截然不同了，茅村铁路桥是陇海、津浦铁路员工合作抢修的。另洛阳的500余员工由徐州向南抢修，修至宿县后又立即到达临城向北抢修。第三是广大农村群众及地方政府的努力帮助配合，铁路上的土方完全是由农村民工完成的，许多农民从百里甚至数百里路以外，源源运送刚制成的崭新的枕木，而且一根根地摆好在路基上，节省了铁路员工们抢修的时间。

人民力量无限雄厚①

——记津浦路兖临段修复经过

　　津浦铁路兖（州）临（城）段，自 11 月 17 日动工，至 12 月 20 日仅 33 天，长达 110 公里、大小 47 座桥梁的抢修工程即提前全部竣工（原计划 1 月 15 日方能通车），使济徐段得以顺利通车。修复中表现了人民力量的无限雄厚。抢修兖临段共需枕木 17 万根，夹板 2500 副，道钉 7500 个，螺丝 50000 个，土方 20000 余。开始时，有些工程师、监工感觉材料奇缺，对完成抢修任务缺乏信心，某工程师说："这些东西从美国运来也得三个月。"

　　可是，人民的力量是无限雄厚的。沿线人民踊跃应征道木，仅滋阳一县即征购枕木达 15000 根。凫山、邹县、滕县、济北、曲阜等县各区村一面准备木材，一面发动木匠赶制枕木，并动员组织大小车辆运送枕木。同时沿线各县动员 240 多个铁匠炉打夹板、道钉，单济宁市即组织了 80 余家铁匠炉，日夜赶做。许多铁工自动合炉，成立小组。四区打绳巷铁工张玉柱等三家合炉，20 天中，完成夹板 269 个。永顺号铁工一连四天昼夜赶做，眼都熬红了，半月完成 2000 多个螺丝钉。打绳巷铁工孙兴邦打伤了头，稍加包扎继续干活；孙凤年脚趾砸掉，不能抡锤就拉风箱。在打夹板时，铁工们一连打六七遍，夹板结实耐用。各种器材，由于广大农村人民及城市工人一齐动手，从四面八方源源运来，17 万根枕木，不到 20 天全

---

① 本文原载 1949 年 1 月 7 日《大众日报》，选自中共党史资料出版社 1988 年版《中国共产党历史资料丛书·淮海战役》第三册。

津浦路徐州至兖州段修复通车，兖州车务段临城车站全体职工荣立集体二等功

部送齐。

铁路工人在"建立一条人民铁路"的口号下积极工作，一人一天钉道钉430多个，工人田法才被铁锤打破头，休养七天，伤还未好又回铁路干工。据监工任士信说："国民党时，16副架子钉夹板（每副二人至三人），一天顶多钉二公里四，现在只12副架子，一天能钉三公里还多。"轨道队铺完轨道又参加修桥，在修两下店大桥时，17个轨道工人一天打三个桥座子。桥工队在邹县南关抢修沙河大桥时，因桥坍下河底，石满才带头下深水捞出铁轨200多条做桥梁，一天半即抢修完成。

沿铁路两侧广大农民除供运器材外，男女老少亦齐动手，修路基，扒石子，铺道床，添土方，扛道木。四分区武装也在周司令员亲自带领下，驻在路旁，一面护路，一面参加抢修，白黑不息。沿路村庄农民妇女识字班组织了护路小组，搭起草栅，拿起土枪大刀巡回铁路两侧。

淮海、渤海两区公路全部修竣畅通无阻①

苏北淮海区公路全部畅通，保证了淮海战役军需及时供应。组织了 10 余万群众已在全区 85000 余平方华里的平原上修通了公路 13 条，全长 1300 华里。另新修公路 7 条，牛车路 4 条，计长 306 华里；公路、牛车路低洼处筑涵洞 58 个，建桥 41 座；并修好各要道口大小船 133 艘。现在东至盐河，西、南至运河，北至陇海路，全淮海地区内之交通干线，均畅通无阻。各地农民在修路中，表现出高度的支前热情。沭（阳）海（州）公路百余里，在东海 10000 农民从去年 12 月 13 日到 20 日八天的努力下，已全部修竣。韩山区因修路任务紧急，全区 2175 个民工中，就有 207 个妇女，40 多个村干。全区 13 里路长的工程，提早两天完成。沭阳张刘村在修理苏鲁公路时，全村男子都出动，村里 64 名年轻妇女和 20 余老年人都踊跃参加。工程浩大的运河上之大桥，经涟水县 400 余铁木工友 50 天的努力，已修筑完竣。张兆常等 82 个铁木工友光荣立功，并得到奖励。

渤海区在过去一年来，在全区人民及渤海公路管理分局的努力下，已使全区新筑和修复的 26 条公路全部通车，其中尤以惠（民）德（州）、惠（民）蒲（台）、惠（民）张（店）、德（州）滨（县）等路已成全区交通中之主要干线。一年来计修路 17 次（长 1378 里），新筑 4 条（长 345 里），修村路 300 里，筑桥 2 座，打涵洞 7 个，以上共用工 116516 个，用款 8300 余万元，及工资粮 6600 余斤。另在主要干线上建立了 11 处公路

① 本文原载 1949 年 1 月 16 日《大众日报》，选自中共党史资料出版社 1988 年版《中国共产党历史资料丛书·淮海战役》第三册。

站，1 处公路段，保证完成了支前任务，打下今后建设工作的基础。在修筑公路中，表现了渤海人民对交通建设的高度积极性。如在 1946 年国民党军疯狂进攻之际，小清

汽车队将粮食运往火车站

河以南、胶济线以北各县均为敌占据，公路亦多遭破坏，从胶西战役及潍坊战役后，全区始告解放，公路沿线亦皆收复，在全区人民积极抢修下，不久即全部通车。为了支援当时的胶西及准备济南战役，又新筑博（兴）羊（口）公路之石村至高尔港段 65 里，临邑至泺口段 140 里，青阳店至济阳、济阳至泺口 140 里。由于本区土质含沙分量大，又多铁轮牛车，很易压毁公路，故护路工作亦很重要。故在各主要干线上设有公路站及公路段，使各公路皆获妥善保护。

商丘火车站千余员工奋勇支前[①]

商丘火车站千余员工在抢修复工和支援淮海战役中，发挥了高度积极性，获得了显著成绩。该站为陇海路上第二等大站，郑徐间之交通枢纽。去年 11 月间国民党匪军逃走时，曾将该站所有机车房、各段室、医院等部门的物资，抢掠一空，仅枕木、道钉、钢轨及各种零件即被抢走 30 余车厢，工程车被拉走，并强迫员工运去机务器材 4 车厢，站内门窗大部被拆毁，还以预支薪饷为饵，多次企图利诱员工跟随他们逃窜，员工们对蒋匪此种卑鄙强暴行为极表愤恨，拒不受骗。11 月 6 日商丘解放，该站员工即由站长王连璧、监工徐亮等代表向我商丘市府登记，并组织复工委员会，得到政府临时救济费。在 "紧急抢修，支援前线" 的口号下，全体员工一齐动手。警务人员在短期内清查出失散的物资机煤 8 吨，夹板 17 副，铁条 21 根，枕木、抽水铁管等甚多。机务段向朱集 "一心池" 浴室借煤 5 吨做燃料，工人禹政山、张富贵等将保存起来的铁钳、钻床、砂轮、铁砧等机器及零件献出，即日开动机器，制造机件成品。全段人员以惊人的速度——4 个小时装修共纳水 24 吨之两座水泵房，11 日商汴班车得以畅通。12 月初，砀山水泵房遭敌破坏，火车无法东行。12 月 6 日由新任段长王云峻，工人吴德兴、殷芝辂等，冒着敌机的炮火，在我部队掩护下，加紧抢修，迅即竣工。当天即运送了 20 余车厢的给养、弹药到前线。同时，砀山以东 3 座被敌炸毁之铁桥，在员工们高度工作热情下，以较原计划少 1/2

---

① 本文原载 1949 年 1 月 12 日《中原日报》，选自山东人民出版社 1978 年版《淮海战役·资料选》。

的工程，提前修复。被蒋匪逼迫押送 4 车厢零件至徐州之 21 名员工，在徐州匪军逃窜前后，徐州站账房及员工家属财产均遭抢劫的情况下，他们自动组织纠察队，器材在他们严密保管之下，得以幸免，徐州

火车满载支前物资开进商丘火车站

解放后，他们即与商丘站取得联系，将全部机务器材完好地运回。该站在物力有限、人员缺少情况下，做了很大的努力，效率且日益提高。工人们利用旧铁打成老虎钳、拉杆、铁钉、钉道锤等，普遍产量较前增加一倍。警务人员现有 68 人，却完成了过去 186 人的工作。什么原因使商丘车站员工发挥了如此惊人的力量？工人张道宗提供了答案："国民党不把我们工人看成人，任意打骂解雇，整天劳苦挣的钱养不活两口人，谁还愿意多干活？咱解放军来了，工人都翻了身，生活也有了保障，咱们都晓得要想打倒蒋介石，就得加紧干！"该站正加倍努力，紧张地把军需品源源运向前线。

华东支前邮局完成淮海战地邮递[①]

华东支前邮局各站全体同志，克服了人少任务繁重及寒风雨雪的困难，完成了淮海战地的邮件递送任务。当敌人从徐州逃走后，该局同志连民兵在内不及40人，经七八天的急行军才赶到萧、永、宿三角地带，他们就绕战场周围设上3个直属站，开始日以继夜地工作。一站只有6个交通员，但每天接到从徐州方面运来的大批邮件，他们即分头出发到"临沂"部队、"长春"部队，经过五六十里的步行，第二天拂晓才送到，下午4时回来，自己再做上一顿饭，吃了后又出发。他们曾冒着风雪严寒，踏着半尺深的泥路，连续运送了五天五夜。一次半路上遇特务射击，他们仍机警地前进完成任务。该站站长王彦彬同志平时亦亲自参加挑报。干事孔庆斌同志为了调整邮线，从睢宁到运河站，到邳县、苍山、兰陵，从兰陵又到徐州，日以继夜往返300余里，有时还吃不上饭，终于使华支邮件没有走弯路。

1949年1月山东省政府、华东财政经济办事处颁布的《支前邮局组织办法》

[①] 本文原载1949年1月27日《大众日报》，选自中共党史资料出版社1988年版《中国共产党资料丛书·淮海战役》第三册。

于世田同志脚上害疮在流脓血，亦出发三次去调整邮路。二站刘保全、王徽银、王本松三同志因紧急任务去"扬州"部队，他们连饭都没吃上，即冒着风雪交加的黑夜摸了50里泥泞路挑回邮件，跌得满身是泥。两个邮袋冻得像玻璃包的一样，棉衣经火烤后，轻轻一捏水就直淌。今年才18岁的袁为志同志，一次去军邮联系，当夜未找上，饭也没有吃，就在一个马棚里过了一夜，第二天完成任务才回来。第二次他又踏雪出发，因路上泥水太深，鞋子掉了，他就赤足在冰冷的泥窝里走，完成了运送四五十斤邮件的任务。三站虽靠战场近些，但不论大风大雪天，或伸手不见五指的黑夜，甚至敌机扫射轰炸的白天，只要邮件一到立即出发。各站民兵同志亦都争先恐后地抢着出发，肩挑邮件60余斤，夜摸50余里，分头到东军邮、西军邮送东西。有几次下雨下雪的晚上，他们棉衣给雨雪打湿了，里面小褂给汗浸透了，还光着足走泥水路，但没有谁叫一声苦。江淮二分区尹集通宿县四十里堡邮线南段临时站长郑少新同志，完成了运河站通尹集的建线工作后，又抱病配合地邮完成尹集通四十里堡的建线任务。由于该局同志们不顾艰苦困难，完成战地邮件运送的任务，现各站正在准备评功鉴定中。

爷儿俩争着上前线[①]

送子参军

　　淮北县高里区西营庄，接到了区里动员6个月的常备民工的通知后，这消息很快被李延政的儿子李春化知道了，他心里暗想："这回是我立功的时候了。"他回家偷着收拾鞋子和袜子，做出发的准备工作。这时村干部正召集会议，讨论和研究出工的工作。李春化就第一个报了名，他和村干们说："别看我年纪小，出工没有经验，这回我一定上前线立功，不管时间多长，坚决完成任务，这回看俺青年的吧！"说完他高兴得一蹦一跳地跑出去，心里觉得无上光荣。

　　李延政听说庄上要出常备民工，又知道他儿子偷着报了名，心中很不服气，他想："你这些孩伢伢还要出工？能中用吗？我从去年6月上了前线，到11月才回来，一满肚子的出工经验，这回不叫我去还行吗？"他心急似火，天不亮就跑到办公处去报名，他说："年轻的去了不顶事，我得要求去！"村长和他解释说："你年纪大啦，撑不了，再说你刚从前线回

────────────

　　① 本文原载《群众文化》第二期，选自山东人民出版社1978年版《淮海战役·资料选》。

来，也得好好休息休息！"李延政把眼一瞪，很不服气地说："你拨一个青壮年和咱比一比，老将出马，一个赶俩，你为什么看不起我？"村长给他解释了半天，仍然无效，也只好答应了他。

李延政回到家里和他儿子商量说："你是青救会长，庄里的工作很忙，离不开，你年轻没有出工经验，还是我去吧！"他的儿子李春化说："你在家生产办公不是一样吗？再说你已经去过一次，还能老叫你去吗？这回该我立功了，你老啦，不中用了！"这句话可触动了李延政，他气得把脸一板，胡子都乍了起来说："好小子，你看不起我……谁不知道再有一年就打垮国民党反动派，谁不知道不彻底打垮老蒋就没有好日子过，别看你是青救会长，老子比你懂得多！"爷俩越吵声音越大，争了半天都没有结果。这时站在旁边的大娘就插上嘴说："你爹要去，还是让他去吧。"村干部也来动员说："你父亲一定要去，就叫他去吧，他的经验比你多。"这时李春化看见别人都不叫他去，也没有办法，很不高兴地垂着头走了。

李延政胜利了，李延政捻着胡子笑了。

临出发时，庄里老少都来送他，他对大家说："你们在家好好生产，前线的工作不用你们挂心，我一定完成任务！"

两 封 信[①]

华中九分区东南县启西区决心乡里，有一对没有结婚的夫妻。女的叫钱秀清，今年23岁，当妇联主任，家住永济河边。男的叫蒋锦斋，今年21岁，是个积极分子，家住永济河东面。

他们两个住得很近，碰头的机会很多，可是从来没有说过话。碰见面，不是她面孔一红，就是他面孔一红，很快就跑开了。

这次区里开农代大会，两人都是代表，会上又碰到了，还是和过去一样，没有说话。

区里袁政委号召参军，钱秀清心里想："没有解放军，哪有今天翻身当妇联主任，这次参军要动员心腹人去。"算算自己弟弟还小，只有动员他去，但又从来没有说过话，有点不好意思。

她想了又想，就去请指导员写一封信给他，她说一句，指导员信上写一句，信上写着："蒋锦斋同志：现在形势很好，我们青年再出一把劲，胜利就会很快到来，希望你这次光荣去参军，解放全中国，那时太太平平我们再结婚，接信后抽空谈谈。钱秀清。12月21日。"信写好了，她又在自己名字下面盖了个指印。然后又请指导员告诉蒋锦斋说："我们虽自小订的婚，但意志相同，两人都是共产党员，我劝他去参军有三个保证：第一，我绝没有两条心；第二，我保证积极工作进步；第三，他家当我自己家一样来照顾。"

---

① 本文原载1948年12月27日《江淮日报》，选自山东人民出版社1978年版《淮海战役·资料选》。

蒋锦斋接到信后，想起了去年三月初六被"还乡团"追到长江边上，打得半死的情景，应该报名去参军，但是有点舍不得她。他把信看了又看，想想信上的话一句不错，就写了一封回信："秀清姊：来信收到，我带头参军已准备好。

送郎参军

不过爹娘要拖尾巴，希望你帮助我打通，希望你在乡里做好全乡优抚工作，等全国胜利回来再团圆。弟蒋锦斋。21 日。"

22 日上午，他俩第一次讲话了，钱秀清说："你有决心去，我有决心照顾你家里。"蒋锦斋说："我不但决心去，还保证动员一个好兄弟一起去。"两个人的面孔比以前几次还要红。

郑信劝子参军①

郑信是在共产党领导下劳动发家的一位莒南劳动英雄，他家现在喂着一头牛一头驴，种着 28 亩地，过着安安稳稳的庄户日子。

这些日子他听到前方的一连串的胜利消息，心里就高兴得了不得，他想，这往下可更得过好日子了。11 月 17 日，在全乡干部开大会讨论扩大武装的任务，郑信想到虽然再有一年左右就可打倒国民党反动派了，可是打仗总是件不容易的事，要想快些胜利，咱的队伍就得更多更多。他就在大会上慷慨地说：“要想保住好日子，就要连根打倒国民党反动派，现在胜利已经到了这样了，我的小孩也不小了，我一定动员培荣儿参加咱的队伍！”

回村后他又想起了：培荣这孩子很拗，动员他他要不去怎么办呢？再说前些日子才把他大姐送到报社去工作，再叫培荣去，恐怕他妈妈不赞成。他有些发愁了。但是这些困难并没有动摇郑信送儿参军的决心。19 号这天，他和培荣铡牛草时，爷两个就拉起呱来了。郑信说：“上年这时咱叫国民党逼得跑到外边还没回来，现在国民党眼看就要完蛋啦！听说咱的军队连着拿下了很多的大城市，消灭了这么多国民党军队，可是要快些胜利，咱的队伍还得再扩大才行……”培荣说：“我看还得参参军才行。”郑信说：“对，参军打国民党反动派又光荣，对个人进步也快。是的，我想起来了，你整天想学习，在家也没个空学，我看你约着前边大蓝去参军

---

① 本文原载 1949 年 1 月 4 日《大众日报》，选自山东人民出版社 1978 年版《淮海战役·资料选》。

欢送参军青年奔赴战场

吧?"培荣看了他爸爸一眼说:"只要你同意,人家不去我也去。"郑信一听很高兴,铡完草后,就去和村干说:"培荣是没问题了,就是还有他妈和他二姐(培英)不知同意不同意。"村干程见儒说:"这个算我的,我动员她们。"当天晚上全家便都同意了。第二天吃饭的时候,培荣忽然说:"我去参军别的我不惦挂,就是你年纪这么大了,俺俩兄弟还小,大姐参加工作了,就怕生产要成问题。"郑信接着说:"家庭你别挂念,我虽然59岁了,干活小青年还不赶我,还有你二姐,也很能干,你俩兄弟虽小,也能干些活了。"他娘就说:"去就去吧,这是个光荣事。"

22号的早饭后,村里的男女老少与郑信全家,打着锣鼓,呼着口号,把培荣和另外3个新参军的青年一直送到会场上。

华东强大后备兵团源源开赴淮海前线①

华东强大后备兵团经 3 个月整训，现正源源开赴淮海前线。有好多个教导师和步兵师中的千万指战员曾经是多次配合华东野战军英勇作战，并获得功绩者；有数万名则来自经土改翻身、要求参军保田而涌入后备兵团之农民，和成千成万的济南、兖州之解放战士。他们均经过良好的反复深入的形势教育、阶级教育和军事教育，觉悟日益提高，更受淮海战役第一阶段辉煌胜利所鼓舞，上月以来，彼等即陆续要求开赴前线作战，现已获华东军区批准。那些久经战斗者和翻身参军农民，杀敌士气极为高昂，而数万济、兖解放战士，尤其是长江两岸和南方的解放战士，他们于誓师出征、与千万欢送者告别时，均高喊"打倒蒋介石，打回家乡去，解放我们的家乡！"等口号。上月中旬当某师集结准备出发时，有一个连队正挑选精壮出征，一个 38 岁的解放战士最初被大家劝了下来，他愤愤不平地说："你走百里我也能走百里，你走 150 里我也能走 150 里，你们冲锋我也能冲锋呀！过去跟敌人扛了 7 年的枪，今天却为自己打仗，你们无论如何不能撤掉我。"全体深为感动。当另一路出征师行到某地，距离一个济南解放战士的家只有 3 里，他有点想家，适逢母亲来看他，严正对他说："你快替我打国民党反动派去，不用愁，我们的家已经分得了地啦！"

---

① 本文原载 1948 年 12 月 7 日《大众日报》，选自中共党史资料出版社 1988 年版《中国共产党历史资料丛书·淮海战役》第三册。

胶东 25000 健儿从军①

　　胶东各地人民经普遍的形势与阶级教育后，阶级觉悟普遍提高，迄今已有 25000 名青壮年参加解放军。自淮海战役以来，各地农民纷纷订出支前、生产计划。在青壮年当中普遍提出"参军参战人人有责"的口号。自 12 月中旬至 1 月中旬，参军即形成热烈的运动。许多动人的故事在运动中不断涌现出来。莒北从 12 月 18 日至 28 日，即有 2800 名健儿入伍。积沟镇有 113 名参军青年，成立了一个积沟光荣连。据该县 5 个区的统计：送子参军的有 215 人，劝夫从军的模范妇女 26 人，送兄弟的 265 人。莱东有 1700 名青壮年立功上前线。五龙县姜疃区北黄村报名参军的青壮年，都分别举行了家庭会，互相打通思想。东、北海两专区人民共有 6000 余青年参军。参军运动中，广大农村党员、干部发挥了高度的积极带头作用。胶河牛沟区 177 名参军青年中有党员 23 名，村干 10 名，又有 23 名党员送子、劝郎参军。沙河区袁家窝洛子村袁丙德召开家庭会，除动员三子参军外，还昼夜动员别人。在他的影响下，有十几名青年同上前线。莱东赤山区在动参开始时的扩大支委会上，以党的斗争史联系当地烈士事迹进行教育，当提起 1946 年在国民党反动派屠刀下高呼"共产党万岁"英勇牺牲的 18 位烈士，大家都悲愤落泪，呼出："没有烈士的鲜血，哪能有今天的胜利！坚决向反动派算血账！"参军运动的同时，各地群众还掀起了广泛的拥军优属热潮，"吃水不能忘了打井人！"是农民自己提出来的口号，他们保证

---

① 本文原载 1949 年 2 月 3 日《大众日报》，选自中共党史资料出版社 1988 年版《中国共产党资料丛书·淮海战役》第三册。

解放区人民踊跃参军参战

做好优军工作，来报答解放军。高密大部地区都做到了参军青年起程前当场交代代耕问题的处理，消除了新战士的家庭生产顾虑。莱东鹤山区人民开展了支援运动，提出："人人尽责，人力物力大支援，争取早日解放全中国！"在后方生产的农民和青妇都订立优军立功计划。后望岚村首先整理了优军组织，分配了代耕，34 名青妇提出保证参加田野生产，使参军的青年无牵挂地到前线去。姜疃区北黄村在新战士起程前，村中特召开茶话会，请新军属和报名参军的青年交谈生产和生活困难，村干都一一记着，领导村民照办。黄县城北区在动员中，全区普遍加强了拥军工作。曲家村妇会一面动员青年参军，一面领导妇女慰问军属，帮助干活。

地方兵团升级　后备军整装待命①

渤海各分区地方兵团响应"到前线去，到主力去"的号召，业已大批升级，组成强大后备兵团，正整装待命开赴前线。一、四分区 16 个县的地方武装已光荣升级，并组成两个强大的后备兵团；三分区广饶、博兴、高青等县地方武装已集中完毕；二分区 10 个县的地方武装正热烈订立出征计划。该各地方兵团全体指战员，均充满杀敌立功决心。某基干兵团接受出征任务后，立时掀起广泛的挑战竞赛，订立杀敌立功计划。惠民一连向二连挑战："我们保证克服家庭观念，不开小差，冲锋在前，誓歼蒋匪军……"战士们纷纷表明杀敌决心，保证坚决到前线杀敌立功。共产党员刘金海提出："我刚参军时认识模糊，党的教育使我认识到过去所受的压迫剥削是谁造成的，我入党时下的决心，表明的态度，我还牢牢记着。无论在任何时候，我立誓不动摇，不退缩，指挥到哪里打到哪里，坚决为人民立功！"一营三连九小组的党员订出三项计划：一、保证全组党员没有思想顾虑；二、每个党员保证和老同志密切团结，协助老战士一齐带领新同志到前线去，在生活上照顾他们；三、积极向落后同志进行阶级教育，启发新同志的觉悟。振华一连的同志们说："再有一年左右就可以从根本上打倒国民党反动统治，咱们如果捞不到打仗，老百姓如问咱时，咱说'在后方练过兵'，这不丢人吗？现在形势像马跑的一样快，咱们得上前方去，一面打仗，一面学习！"基干某团战士们都积极要求上前线去，一面打仗，一面

① 本文原载 1948 年 12 月 15 日《大众日报》，选自山东人民出版社 1978 年版《淮海战役·资料选》。

练兵，他们提出："赶快到淮海前线去！"齐东地方武装准备好充足的被服、鞋袜和日用品，准备命令一到立即启程。禹城地方武装某连两个排，正总结济南战役时的战斗经验，并向全体同志讲解新的歼敌任务。四分区升级地方武装，于 12 月 1 日举行出征誓师大会，战士代表在大会上说："我们决心克服地域观念，上级说打到哪里去，就打到哪里去，坚决为解放全中国而战。"

胶东万余民兵誓师出征①

胶东集结待命之万余民兵，经整训后，已开赴前线。在整调中，以中共中央负责人评军事形势和淮海战役之伟大意义及民兵支前的基本任务等内容，进行了教育。由于干部、共产党员、荣军和英模、功臣等的带头，掀起了紧张的学习热潮，迅速完成了一周的整训任务。学习中不仅打破了部分"怕家庭生产照顾不好""怕路远过江"等顾虑，更明确认识了"一年左右就可从根本上打倒国民党反动政府"的胜利形势，更提高了支前热情，并学习了军事技术。二支队二团二营十连三排集体写信回家向村干部和群众表示决心。一支队二团的安会宪回忆起国民党统治时期父亲纳不上捐税被打死，自己被迫从寿光逃荒到牙前的苦史，想到在共产党领导下过了好日子的翻身经过，坚决表示："一定要为父亲报仇！"为了熟悉业务，更好完成任务，一支队二团二营五连晚上还在操场上演习班疏开，八连在起床前即跑到野外演习防空动作。临出发前，各单位和个人都纷纷订出立功计划。一支队二团非党队员提出，这次坚决完成任务，争取参加共产党。二支队三团三营30余人要求入党，纷纷表示："军队打到哪里，就支援到哪里！"三营一排的计划提出保证完成任务不打折扣，爱护伤员，执行俘虏政策等，并保证全排立功。通讯班提出不虚报情况，尊重群众风俗习惯，任何情况下不泄密、不丢文件等。一切准备就绪后，该批民兵于11月15、16两日举行了检阅大会，举行了雄壮的军事演习。大会上，胶东区

① 本文原载1949年1月4日《大众日报》，选自中共党史资料出版社1988年版《中国共产党历史资料丛书·淮海战役》第三册。

武装部王一民副部长号召大家要团结一致，在争取淮海战役彻底胜利中人人立下功劳，并特别对干部提出要深入连队，关心队员生活，帮助解决困难。17、18 两日，这支精神饱满的民兵队伍浩浩荡荡地向着淮海前线出发了。

押送俘虏护运物资积极完成战勤工作^①

鲁中南近 20000 民兵积极安心服务淮海前线。他们担负着护送伤员、战俘及警卫运输、维持治安等工作，均能吃苦耐劳，保证完成任务。一次，二专区 465 名民兵，接到 180 里的紧急架线任务，就三天三夜没有休息，突击完成了。六专区一营民兵押送大批俘虏向后方转移时，国民党的飞机在空中低飞盘旋，民兵们一点也不慌乱，谨慎地看守住俘虏，六班长张长顺说："解放军同志拼命流血，把他们从敌人奴役下解放了出来，我们就得好好地护送他们到后方去，教育改造他们为人民服务。"因为连续行军，很多民兵脚上都起了水泡，但仍忍痛坚持。莒南的民兵郭玉松和王玉东，他们的脚虽跑得全红肿了，脓水破皮外流，但仍随着队伍到一二百里外的地方去接收俘虏。回来时，看到他们一拐一歪地很难走，同志们要抬着他们回来，他们坚持不肯。民兵们在参加运粮及输送军用品中，都积极起模范作用；有些民兵团在修桥、补路中，他们一方面教育民工，一方面还专心学习技术，曾得到上级的表扬与物质的奖励。到了新区，民兵就帮助当地政府动员支前，开展战地新区工作，五专区千余民兵并帮助当地政府进行秋征，对支援战争曾起了重要作用。有些民兵团已满 3 个月的服务期，而后方来接替的后备民兵尚未到达时，仍情绪饱满，安心服务，并开展了挑战立功竞赛，推动了各项战勤任务的完成。

---

① 本文原载 1948 年 12 月 24 日《大众日报》，选自中共党史资料出版社 1988 年版《中国共产党历史资料丛书·淮海战役》第三册。

萧永地区人民协助我军捕捉敌散兵①

民兵配合解放军作战时缴获轻机枪

萧永地区人民普遍协助解放军捕捉零星溃散之敌军散兵。3 日拂晓，萧县八区颜店李子原等 8 人捉了 6 个敌军散兵，缴步枪 6 支。同日下午及 4 日拂晓，李子原又带着本村 5 个农民继续捉了 12 个敌人，缴步枪 12 支。该村朱小楼、朱传扬、朱传德等 8 人带 3 支"土压五"上庄北 3 里的马庄，冲进一间住着 14 个敌军的房子，当即缴获步枪 11 支。五区王屯、杨庄、崔小庄的群众于 4 日看到庄前停着敌人一辆满载军火的大卡车，大家拿着镢头蜂拥而上，把 5 名押车的敌兵吓跑，缴获重机枪 4 挺、轻机枪 1 挺及电台、炮弹、军用物资等。当日下午，他们便把全部缴获品交给了正在追击逃敌的某部解放军。五区民主政

① 本文原载 1949 年 1 月 4 日《大众日报》，选自中共党史资料出版社 1988 年版《中国共产党历史资料丛书·淮海战役》第三册。

府区公所，于数日内即收到各庄群众送来缴获的步枪 90 支、重机枪 2 挺、轻机枪 1 挺、电台 3 部、弹药 10 余箱。该区各乡办公处亦普遍收到群众缴来的枪。五十吴楼的吴忠奎老先生自己双目失明，便叫两个孩子去路上拾子弹，在 13 日下午他亲自背了 1700 发子弹送到了区政府。

战地人民全力支援解放军作战①

在围歼杜聿明集团的伟大战役中，豫皖苏地区的雪枫（永城）、萧县等遭国民党军队残酷蹂躏的战区，广大群众献出了全部人力物力支援自己的军队，要求全歼国民党军队，为人民报仇。当杜聿明集团自徐州逃窜时，沿途"退一庄光一庄"，如在萧县袁圩区欧庙、杨庄等地盘踞五天，将各村牲口吃光，家具、农具烧光，抢去的粮食未吃光临走也糟蹋光了。红庙村青壮年被抓走 300 余人，李石林区后谢庄村被捉青年不肯跟国民党军队当炮灰打自己军队，当场竟遭枪杀 30 余名。雪枫县薛湖区孙场村，全村仅 70 余户，即遭国民党军队屠杀 15 人，有数户全家被杀绝，打伤抓走 37 人，烧毁房屋 453 间，杀耕牛 17 头、驴 54 头，临逃时又把全村留在家里的男女老少逼在一个房子里放火焚烧。这时解放军某部正冲进该村，听到群众呼救，全体指战员立即投身火中，将所有群众拯救出来。萧县李石林战斗结束后，解放军某师特派工作队前去慰问，报告前线胜利消息，并带去被敌人从群众那里抢去又从敌人手里夺回来的棉被 12 床、衣服 113 件发给灾民。群众从战争的实际教育中，深刻认识到只有支援解放军，彻底消灭国民党军队，才能永远过太平日子，纷纷投入支前热潮。处在中心战区的薛湖、陈集、汉集、苗桥、刘河等五个区群众，除老弱者疏散外区，所有青壮男女全在原地协助解放军作战。雪枫县 40 天出担架 3700 余副，大小车 9500 辆参加了运输工作，踊跃征借出 600 万斤秋粮，260 万余斤麦

---

① 本文原载 1949 年 1 月 26 日《中原日报》，选自中共党史资料出版社 1988 年版《中国共产党历史资料丛书·淮海战役》第三册。

粮，迅速送到前线。在家群众日夜磨面、捣米、照顾伤员，薛湖集30个中老年自动组成带路队，给部队带路。陈集区群众自动把3000根木料、3000副门板，送到前线构筑工事。欧庙区老大娘看见部队吃煮的豆子（因面一时未供应上），就说："这不甚好吃，我给您推推吧！"部队同志不愿麻烦群众，但她很坚决，连夜和她儿子推出40斤面。

前线民工奋勇运粮[①]

淮海前线 10 余万民工冒雨雪严寒，为最后全歼杜聿明匪部的解放军供给了充裕的粮食。豫皖苏三分区数万民工在雨雪天坚持人力扛面，每日供给 14 个单位 32 万斤以上的面粉。其中夏邑县万余民工距前线 120 里路程上设立 4 个站（每站 30 里），进行接力转运。在泥泞的道路上，他们每人扛 50 斤面，一昼夜运完白面 10 余万斤。雪商亳县（新设的县，即雪枫、商丘、亳县各一部）担架团临时接受扛面任务，全团 2784 人，在 50 至 90 里的雨雪途中，10 天扛面 38 万斤。除夕前夜大雪纷飞，平地积雪数寸，该县中共县委书记丁希凌同志亲率民工冒雪踏泥执行任务，民工同志棉衣被淋透了，有的脚也冻裂了，但无一人拿草烤火。

山东莒南小车团在 12 月 22 日至 25 日同样冒雪运粮，4 日内运 20 余万斤粮食至第一线部队。23、24 两日雨雪交加，该团为保证前线供应，全团实行总动员，自杨政委起一直到炊事员、随队的木匠、伙夫全体参加运粮。该团在 30 里的运粮线上，有时一天往返达 5 次之多，他们的口号是："前方需要什么，我们保证送到什么""不怕寒冷，向前线战士看齐"。民工们在风雪中沿途说笑着："包围圈里的匪军过年，每人只有 2 两米。贼老蒋的美国飞机还比不上咱这土飞机！"

---

① 本文原载 1949 年 1 月 19 日《大众日报》，选自山东人民出版社 1978 年版《淮海战役·资料选》。

渤海提前完成亿斤军粮运输任务①

　　渤海行署于 11 月下旬下达运粮 1 亿斤的任务后，在全区党政民干部和广大群众积极努力下，本预定一个月完成的任务，仅历时 16 昼夜，即于 12 月 13 日胜利完成。所以能如此迅速完成，是由于：（一）由上而下党政领导的重视与下定决心。各级党委、政府于接到运粮任务后，即明确指出这是全区支援淮海战役的重大任务，提出全力紧急动员起来，突击运送军粮；强调明确分工、按级负责与负责同志亲自动手。在群众中广泛进行教育，使大家认识运粮支援淮海战役的重大意义，因而一致奋发，全力以赴完成运粮任务。（二）在土改整党的基础上和胜利形势的鼓舞下，全区干部、群众表现了高度的支前热情。各地干部都废寝忘食地突击运粮工作。如桓台于 11 月 24 日晚布置运粮任务后，各区书记、区长、区粮库主任连夜赶回，突击工作。崔楼区驻桓台城之粮库干部，白天征粮，晚上装袋子，三昼夜不眠，收发粮食 13 万多斤。田庄区带车干部王如怀，昼夜不息，照顾运粮民工车辆，曾有一天刚喝了一碗粥又去紧张工作。全区成千成万的民工、妇女及大车、船舶争先恐后地运粮、碾米、缝袋子。如桓台张桥乡群众，自动插伙组织大车队运粮。很多村群众修理好坏碾子，赶碾军米，如临邑耿刘区忠店乡即修理起坏碾子 9 盘。各地妇女们都积极做粮袋子，临邑狮杜区东吕家村妇女刘青兰，白天碾米晚上缝袋子，上级要求每条袋子缝 400 到 500 针，她用双线缝了 700 多针。（三）由下而上地建立

---

　　① 本文原载 1949 年 1 月 3 日《大众日报》，选自中共党史资料出版社 1988 年版《中国共产党历史资料丛书·淮海战役》第三册。

民工赶着毛驴向前线运送粮食

了严格的报告制度，使领导上及时掌握每天所发生的问题，发挥了高度的领导作用。如二专署从汇报中发现济阳急于完成任务，不按规定数送粮，造成卸粮点混乱拥挤，专署立即用电话通知纠正，并通告各县，免得再有同类偏向产生。（四）周密组织，科学调度运输力，使运粮车辆、船舶随装随走，随到随卸，迅速及时。（五）注意了运粮与运输副业的结合，全区实行了包运军粮制，提高了运粮民工的积极性。阳信何坊区二堡孙村两辆车，在七天运粮中，加上拉回脚，即赚粮 360 斤，他们高兴地说："又支了前，又赚了粮，一举两得。"但在运粮中，个别地区亦产生如下偏向：（一）某些地区单纯以赚运资多少来动员群众运粮，忽视支前教育，致造成某些民工的单纯营利观点，如有的群众反映："运粮不如跑运输赚钱多！"影响运粮积极性。（二）个别干部的官僚主义，造成舞弊现象。如德县发现坏分子将两袋粮倒出，装上两袋子土（经查出后，已判该犯半年徒刑），也有的往军粮中掺砖头、沙子。（三）运粮开始时缺乏具体周密组织，形成一度紊乱现象。另外，由于缺乏认真检查，拨用的河务局麻袋大部霉破，造成运粮中的洒漏现象。现各地领导上已对以上偏向进行检讨，注意在今后克服。

忍饥不吃车上粮　攀山填道向前进①

泗水运输团在解放军追歼黄百韬兵团时，历经艰难险阻，胜利完成了转运任务。11 月 9 日，该团载运加工粮 10 万斤，日夜兼程，经 400 里长途奔波，抵目的地卸下粮食后，接着又装运面粉、油盐送向前线去。一次，途经毛子庄以南数十里山岭地带，路上有着陡直的交通沟，民工们又要推车，又要填沟，虽是在漆黑的夜里，仍秩序很好，胜利通过。途经贾汪尤集时，迭遭敌机空袭，大家均能沉着伏卧公路两旁，未伤一人，飞机走后又继续前进。他们经过的地区，大多是贫困的新解放区，筹办不到大宗粮食，有时一天只吃到一顿饭，个别的队甚至两天吃不上一顿饭，但对自己车上所载的面粉、油盐，不肯擅自动用丝毫，虽有个别民工要求先暂时借着吃，但大家马上解释劝阻："部队在前方打仗比咱还辛苦，不能动他们的东西。"因此曾得部队 1000 斤面粉的慰劳。当天气变冷时，全团有将近 50 人没有棉裤，有的棉衣已极破烂，他们提出要求补充，一时没法解决时，他们仍积极推运，并无怪话；当民管处给予补充后，民工情绪更加高涨。他们在紧张转运中，还注意帮助新区农民劳动。如一中队某分队在新解放区毛子庄时，曾给一户贫农修理旧屋 2 间，使他们在寒天有房子住。歇宿在古县时，六中队某班并调查出潜匿的 1 个蒋匪的连长、2 个班长和 4 个士兵，解送区公所，并协同区公所搜出 3 支步枪。该团民工表现这样好，除领导上随时抓紧教育外，基层干部起骨干作用亦为重要原因之一。如分

---

① 本文原载 1949 年 1 月 7 日《大众日报》，选自山东人民出版社 1978 年版《淮海战役·资料选》。

队长席长春、张叠凤同志，经常与民工共甘苦，熟悉全排民工思想情况，及时鼓励教育；每当行军遇到困难时，皆自己带头做榜样，设法克服。所以一中队 200 余人没有一个逃亡的。

苏北粮食运输 700 里送到前线①

苏北盐阜、淮海区及江淮 24000 多民工运粮队，把苏北的支前大米第一批运到淮海前线时，受到前线部队的热烈欢迎。据西线粮食接收总站 10 日至 15 日的报告，包括五专区淮安、阜东、阜宁、涟水、滨海，六专区泗沭县的骡子队，邳睢、铜睢等县运粮队，将数百万斤大米送到前方。还有许多运粮大队正在络绎赶到。这次他们从运河两侧出发，横越津浦路直达豫皖苏淮海前线，经过了 700 余里的长途运输，先后 20 多天，终于坚决完成了第一批运粮任务。在前线的解放军，从本月 1 日起追歼徐州逃敌，向萧县、永城地区集中后，一时后方粮食供应不上，有一个时期大部粮食由新解放的萧（县）宿（县）地区就地征借，吃的是 2/3 的红粮

1948 年 12 月 26 日《新华日报》新闻《五六分区和江淮民工运输第一批大米长征七百里送到前线》

---

① 本文原载 1948 年 12 月 26 日《新华日报》华中版，选自中共党史资料出版社 1988 年版《中国共产党历史资料丛书·淮海战役》第三册。

（即高粱面）掺 1/3 细粮（即小麦面），后又减少为 3/4 红粮掺 1/4 细粮，特别是初到的一两天，还吃了山芋。这次华中民工由 700 里外运来大米，消息一传到各作战单位，大家都喜出望外，纷纷前来领取，在某地成立粮食接收委员会，每晚用 10 根到 20 根大秤，连续 7 小时地工作，漏夜接收；部队派出汽车、大小车、挑子等运输工具，亲自前来领取。本来粮食原只供应当面部队的，但西线北线部队听到了都争着要弄一些大米吃吃。山东部队一般吃面在行，原拟只拨一批白面给他们，但他们不愿意，都说："也给咱们尝尝大米。"现在围歼国民党军邱、李、孙三兵团的整个作战部队都已拨到，在 12 日开始吃大米，到 13 日都已普遍吃开。这次大米的运达前线，对战士情绪与供给机关的工作都起了很大影响和鼓舞。新区群众听说接收总站要打扫仓房，准备接收大米，开始都不相信，说："哪里来的大米，怕又是秫秫吧?"第二天果然大米运到，而且是成万辆小车络绎不绝地涌到，给他们以很大的鼓舞，一方面减轻了新区群众的负担，并使他们认识到各区群众组织起来力量的伟大，深信解放军必胜的前途，因此他们都积极地参加，帮助粮站进行接收工作。

豫皖苏数万民工冒雪扛面支援前线[①]

　　豫皖苏三专区数万民工在获得全胜的淮海战役中，踏着雪泥坚持人力扛面，保证了淮海前线部队、民工的充裕供给。该专区供给的部队、医院和民工团等14个单位，日需面粉33万斤，晴天用小车运输，平均每日送面车辆即需3000以上。上月23日初次降雪，道路泥泞，车运发生严重困难，后勤机关立即主动指示各县，组织人力扛面。25日起，数万民工开始担起雪中扛面的艰巨任务。夏邑一个县即组织了万余民工，至前方120里的路程上，30里一站，接力转运，一天一夜运面10余万斤。雪商亳（新设县，在亳县、永城、商丘之间）担架团因无伤员转运，临时接受扛面任务，全团2784人，在50里至90里的雪泥途中，8天扛面38万斤。南鹿、商南、砀南（均新设县）等县人民，亦组织了扛面队，在雪泥中坚持扛面。因此不但保证了前方供给充裕，且使前方粮库经常有200万斤的存余。雪商亳民工听到杜聿明集团投诚官兵述说他们过年每人只吃2两大米时，兴奋地说："蒋介石的美国飞机，还比不上老百姓的土飞机（指人力扛面）哩！"同时，部队供给机关，也动员了全部非战斗人力、畜力，投入自粮站至前线的运面工作，使前线部队在大雪中吃着雪白的馒头与肥烂的猪肉，于锣鼓喧天中欢度1949年新年，与相隔50米远的杜匪阵地，因空投断绝，饥寒交迫的惨状，恰成强烈的对照。

---

　　① 本文原载1949年1月24日《中原日报》，选自中共党史资料出版社1988年版《中国共产党历史资料丛书·淮海战役》第三册。

送 军 鞋①

　　胶南县民工大队在集合起来之后，接受的任务是送鞋子到×地。太阳偏西了，仓库的门前，拥挤着一辆辆木轮小车。

　　李清心编在一中队三分队三小队里，车子推在较远的地方，他眼看着一个席包一个席包装在车上，接着又"吱吱呀呀""吱吱呀呀"地推上大路。一小队、二小队走光之后，轮到他们了，但是因为席包不够，只剩了一堆堆的散鞋了，这就增加了他的思想负担："眼看天就要黑了，这样捆不结实的话，掉上个一双半双的，我怎样负责啊？再说真掉了即使个人掏腰包赔上，那也不算圆满完成任务啊！"

　　当仓库负责人喊了一声："160 双，捆着走吧。"李清心便一方面小心地查点，一方面和其他同志五花大绑地捆了个结实。

　　夜幕拉了开来，除小车上隔断着的灯光而外，再无其他的光亮了。李清心推着小车不断地腾出一只手来摸一摸这边的鞋子，转眼又摸摸那边的，小车不停地"吱吱呀""吱吱呀"地响。

　　"妈的！×样的车，要是不怪叫的话，掉了鞋也可以听见啊。"他吐了口唾沫，对小车抱怨着。

　　"你哇啦什么？"拉车的宋连克透过一口气来发问。

　　"老宋，高低想个办法，不叫它三尺肠子挂着二尺半。"他又心平气和了。

---

　　① 本文原载 1948 年 12 月 16 日《大众日报》，选自山东人民出版社 1978 年版《淮海战役·资料选》。

因为连续的行军，一点多余的时间也没有，所以老李、老宋的心事也就连续了八九天。昨天，到达×地不久，小车队长就传达了，要休整一两天再到前方。

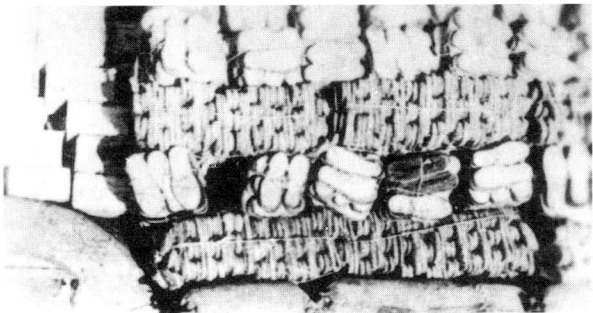

大量军鞋集中起来送往前方

李清心、宋连克一夜也没有睡好，办法是想了一些，但是远水救不得近火。"弄两条麻袋装起来多好！但是麻袋在哪里呢？""多加几道绳也不妥当，这几天已加了不少了。"在磕了第四袋烟灰后，宋连克呼的一声爬了起来。

"不困，爬起来干什么？"

"你起来干什么？"

老宋掏出了小烟袋，嘴里鼻孔里冒着袅袅的青烟。他们叽叽喳喳地咬了一会儿耳朵，起身走了。迎着初出的朝阳，踏着轻快的脚步，李清心向一个早起的老大爷，用200元钱买了一捆高粱秸，宋连克转眼从野外割了一扎葛条回来，两个人就在天井里打起箔帘来。他们嘴角挂着微笑，为这独出心裁的办法而欢喜着。

全小队的同志们都起来了，不一会儿，这个办法传播了全队。

"在哪里弄的秫秸？"

"买的呀！"

"钱呢？"

"自己掏腰包哇，这虽然是公家的东西，但是咱们应该把它看作比自己的还要紧。"李清心似乎是在做政治动员。

"我们才花了200元，200元就能保险完成任务！"宋连克得意得不得了。

一转眼李开友、宋越堂也抱了秫秸回来，宋学茂提了一捆葛条，手里还拿着一把镰刀，忙忙活活地照样织起来了。

接着，全分队中没有席包的鞋捆都学习了这个办法，忙着买秫秸、割葛条，也打起箔帘来包装军鞋了。

胜利完成军火供给任务①

　　在支援淮海战役中，平原支队二十大队二中站与当地党、政机关全体工作人员，废寝忘食及时完成军火供应的紧急任务。1948 年 11 月 30 日，国民党军由徐州逃跑，我野战军司令部限令该站于两天内将弹药全部运往 180 里的前线某地。当时该站刚建立不久，全部干部仅数人，而驻地又是新解放不过一星期的新区。他们接到这一紧急任务后，立即通令集中驻地全部运输工具，按包运制发给代价，并得到当地政府协助，进行紧急动员；又通过以前的汽车工会、马车行等旧关系了解情况，一晚上将该地架子车 110 辆、三轮车 126 辆、马车 47 辆、汽车 23 辆全部集中。在"早送弹药一时，早得胜利一时"的口号下，该站及当地党政各机关，上至负责人，下至全体干部、勤杂人员及所有汽、马车夫等数百人，一齐动手，有的干部连饭都顾不得吃，彻夜将弹药装上车。驻站部队某部两个排，于 1 小时 25 分钟内装好 38 部马车，第一批于第二天即送至前线，以后又连续运送六七天。这批弹药在消灭黄维兵团的战斗中起了很大的作用。在运送途中担任护送的战士们表现了高度的英勇精神，副班长朱祥全护送弹药卡车一辆，中途翻了车，腿被砸伤，车亦跌坏，他知道若送不上弹药就不能很快消灭敌人，便忍住了创痛，一口气爬行 6 里，终于找到另一辆车，将坏车拖至前站。车修好后仍随车继续前进，在离火线 10 余里时，又遇到敌人的扰乱，他始终坚持将弹药胜利送达目的地。另一卡车摔进水沟里，连

---

　　① 本文原载 1949 年 1 月 14 日《中原日报》，选自中共党史资料出版社 1988 年版《中国共产党历史资料丛书·淮海战役》第三册。

长李炳华带领六七个战士脱下棉裤，跳到水里打捞一个钟头，将全部弹药捞出来。该站全部完成任务后，现已进行总结工作，进一步健全组织，迎接继续南进的新的工作任务。

新区群众满心欢喜运粮送弹药①

当我军把黄维兵团围困在南平集一带时，刚解放的津浦路宿县附近的群众就热烈支前。离宿县城 7 里的杨家圩子，只 17 户人家，从解放后的第二天起，就有 4 辆大车、7 个短勤民工出发前线，运送粮食和弹药枪械。雇工老杨上工才一天，听说追歼宿县逃走的敌人，连忙赶着牛车和几百辆大车一起，替队伍驮送炮子儿。因为怕飞机炸，他们都是在晚上走路，部队问他们要不要歇息，他们都不肯，一夜连送 60 里。庄上有个杨焕宣，家里一头驴子配车帮解放军送粮，刚到宿县城半里的小东京，驴子被一颗流弹打中了，杨焕宣心想死了只好就拉倒，却不料解放军给他 2 担大白米赔这条驴子，他回来走一路夸一路。全庄人都说："有这等事，过去只听说八路军好，现在真是百闻不如一见。"中农孙正顺出发到南平集前线 12 天，一路上看到国民党俘虏和来来往往的支前队伍，亲耳听到不少胜利消息，回来后逢人就高兴地说："国民党在江北完了！"他家的女人和小姑娘高兴得连夜为解放军磨面，宿县解放以来，他家已为解放军磨过 160 斤面。全庄 17 户中，有 13 户借粮草给解放军，当部队晚上从庄上过时，连老头子和姑娘们都出来带路。寇开景的女儿黑夜为赶赴前线的解放军带路 10 多里，孙明伦老大爷说："现在为咱的人做事是有名誉的，庄前庄后大的小的个个都说乐意，咱八路做事正派，过去未见过，现在真是眼见事实。"他讲了过去蒋匪统治时的无底黑洞的日子后，松口气说："俺 67 岁了，现在可熬到太平日子了，眼前再下点劲，以后可再没有苦吃了！"

---

① 本文原载 1948 年 12 月 6 日《新华日报》，选自山东人民出版社 1978 年版《淮海战役·资料选》。

徐少云独推十斛粮①

涟水出现运输英雄徐少云，他推八斛，立特等功，影响 18 个英雄推九斛。他的家住在永和乡徐大庄上，成分是贫农，这次运输任务到来，他在 10 月 23 日参加运米，他一人推八斛大米（每斛 44 斤多），走起路来雄赳赳的，人家都叫他"徐八斛"。有一次走在路上有病，他始终坚持着完成任务，得到工资稻头 200 斤。在评功大会上被评为特等功，奖小布 1 块、袜子 1 双。由于普遍贯彻立功运动和包运制办法执行得好，再加上徐八斛的影响，民工情绪普遍提高，浅集区花月成第一趟推 300 斤，回来半路上听说徐少云推八斛受表扬，他恨不得一步赶到地头，非比徐八斛多推一斛不可，结果就推了八斛（375 斤）。即又出现同兴区陈溪乡左偕礼、谷同礼等 17 位推九斛英雄，一月 370 斤任务一天完成。他们除了比别人多推，来回都能抓紧时间，每天早上黑青青的就起身。一天晚上，他们住在泗沭穿城东汤老庄，一家老百姓不愿意，左偕楚等 3 人拿起车襻，帮他把场上一小堆粪推下湖去，这家也感动，马上铺现成铺给他们住。这次在评功运粮会上都立了功，得到了毛巾、帽子等奖品。

八斛英雄徐少云听到自己立了特等功后，影响了 18 位民工英雄推九斛粮的消息后，发扬革命英雄主义的竞赛的精神，比九斛英雄又多推一斛，共 425 斤。在他的影响下，全队民工都普遍多推，刘洪藻推 395 斤，赵振声推 325 斤，少的也都推四斛以上。盐四区运输队共 88 辆车子（内双人车

---

① 本文原载 1948 年 12 月 23 日《新华日报》华中版，选自中共党史资料出版社 1988 年版《中国共产党历史资料丛书·淮海战役》第三册。

1 辆，其余均单人车），平均每辆推米 180 斤。民工情绪非常高，二等功朱其生说："我们保证完成支援淮海战役运粮任务，上级叫推到哪里，就推到哪里。"

扛面模范窦方志[①]

雪商亳（永城、商丘、亳县各一部）县民工团窦方志，原是张王庄的村农会主任，支前时任民工分队长。此次雪里送面，由于他的努力，全队238个民工，始终无一逃亡，光荣完成任务。在庆功表模大会上，张王庄村被评为全区的模范村，获得"支前模范"锦旗一面。窦方志为全区的模范干部，荣获"参战模范"的功劳证。

窦方志在每次运面中，与分队副毛尚三分头负责，一人在前，一人在后，照顾各班有次序地行军。在领面时，他均将每班排好队，有次序地领。交面时，他站在门口，袋子一一过手，然后再向屋里放，账目从未错过。领面交面都比别人快。他身上带着针线，面袋破了便立即缝好再走。一次冒着大雪，途上积水三寸深，到了交面站，因人多秩序不好，在雪水中站了两个多钟头，窦方志恐怕民工叫苦，便到各班解释："咱们虽说苦些，但是前方将士在雪地里打仗，比我们还苦得多哩！"在窦方志的耐心教育与正确的领导下，该区民工连续4次，往返400里，扛送21000斤面粉运往前方，顺利完成任务，民工情绪始终高涨。

窦方志照顾民工非常周到，每天晚上他总要到各班去看看是否有铺草，有无受冻生病的。在第一次扛面回来后，民工鞋子在泥水中拔坏了，他把自己的好鞋脱给民工穿，把坏了的鞋子补起来自己穿。第二次扛面途中，民工李世毛生了病，他便将李世毛的面袋扛着，一人扛了两个袋子，

---

① 本文原载1949年1月24日《中原日报》，选自山东人民出版社1978年版《淮海战役·资料选》。

送到粮站时，因天上下着雪，地下泥水又深，一连跌了 7 次跤，浑身衣服尽是泥水，他还去帮助掉队的民工扛面。全队的民工都说："有了窦队长，什么困难也没有了！"

虽然雪雨连天，窦方志在驻地休息时，仍常常替房东打水、喂牲口、做零活，并动员各班搞好群众关系，他说："我们在家

老百姓雪中向前线扛运面粉

也是老百姓，住在那里无事要像在家一样干活。"在他的"人过留名，雁过留声"的口号下，全队未违犯过一次群众纪律。在三座楼村住宿时，各班经常把房东的水缸挑得满满的。他见房东鞋子穿湿了，便动员各班会打毛窝（用芦苇同麻编成的鞋子）的民工给房东打毛窝，全分队共打了 50 双，感动得房东请他们吃饭，可是被他们婉言谢绝了。第三次扛面在雪地泥水中往返百里，衣服鞋子全都湿透，第一班住的房东老大爷拿了柴草点着让他们烤火，全班无一人去烤，并且说："咱们住在你家就够麻烦了，还能烤火吗？前方将士还在雪地里打仗哩。我们应该将柴省下来送往前方。"结果民工们在铺草中取了暖。他们完成任务复员时，房东留恋不舍地送他们三里地，分手时说："下次出担架再到咱家来住呀！"

窦方志是雪商亳县曹集区张王庄人，35 岁，雇工出身，家中有 6 口人，原来只有 5 亩地，土改中又分得 6 亩，为人忠诚老实。他立了功、受了奖，可是却说："我一人有什么功劳，功劳是大家的。"

艰苦完成任务的模范——沂东担架团①

鲁中南沂东担架团开到前方时，正是黄百韬即将消灭，邱、李兵团拼命增援的时候。因为那时担架赶到的还少，他们在阻击方面的转运工作便担负了特别繁重的任务。从 11 月 12 日到 25 日 13 天中，每晚最短路程是往返 80 里，当中还有两次是一晚上运两趟，往返 160 里，4 次上下担架，直到第二天中午才能回来，得不到休息，晚上又得接着出发。在这种情况下，民工占半数腿脚都肿了，个别还有肿脸的，但 15 日一夜赶运了两次，16 日晚又有任务时，团里的干部，连翟政委、高团长在内，一律编成了干部担架，自己动手带领民工，这样又完成了任务。他们每个民工在 13 天当中，都走了往返双程不下 1000 里路，干部差不多每人也都参加抬了几天。仅据该团一营统计：全营 13 天中，转运总路程双程 772483 里，平均每人跑路 1090 里，全营有 53 个干部参加抬担架，双程 4209 里。

他们在艰苦的转运中，出现了很多模范事迹：一营四连排长孙振荣，13 天中参加抬运 12 次（按：排长规定不抬担架），往返 482 里，腿肿了叫他休息，他说："咱还能说累，咱要说累民工怎么办？"一连排长陈达是二等荣军，抬担架的不够时他就说："我也算一个。"他抬运路程 720 里，和普通民工相差不多。三连排长杨乐华参加抬送 13 次，担架路过水沟过不去，他怕耽误时间不叫别人脱鞋，自己脱了鞋，到水里找石头放上当桥，并站在水里叫民工扶着他走。一排二班长高振荣，接受任务时就发了疟

① 本文原载 1949 年 11 月华东支前总结委员会编《人民的力量》，选自中共党史资料出版社 1988 年版《中国共产党历史资料丛书·淮海战役》第三册。

毒，别人睡着休息，他只能仰在床上，还得使手撑着被子，但是他还是坚持抬担架，别人劝他不去，他说："咱不去谁去？咱是共产党员啊！不去怎么领导群众？"有一次抬到台儿庄，半路上实在不行了，排长替下他来，他已经不能走了，就在路上爬，别人说："你在这里等着吧，我们卸下担架回来抬你回去。"但他到底还是自己挣扎着回去了。三连二排五班郭奎三是个军属，脚肿得穿不上鞋，他就光穿着袜子抬了一趟，回来袜子磨烂了，又光穿着鞋抬。在这些干部和积极分子的带头推动下，民工们都说："上级不用动员，俺能爬动俺就干。"二营四连李森班只有 9 个人，每次完成 10 个人的任务；一营四连九班全班 8 个人，也每次出两副担架，没少去一次，并且不发怨言。

他们在转运当中对爱护伤员非常注意。一营四连排长郭东余经常对民工说："咱虽然累得厉害，还是稀松的，你看咱抬的伤员同志，到院都得住两三个月。常言'伤筋动骨一百天'，咱要不好好抬，就对不起伤员。"五连班长朱立明是军属，他常对班里说："咱不干谁干？咱儿子也在部队里，抬着伤员还不和抬着自家人一样？"五连六班郭西广在班里说："俺哥参加部队，打兖州挂彩，我虽没看着，但这几天看着这些同志就像看见他一样。"他向全班提出："伤员就和咱弟兄一样。"有一次出发碰上下雨，他们全班的被子衣服都拿给伤员盖，到了八里屯，又叫伤员烤火。伤员都说："你们都湿透了，你们先烤吧，俺别说没湿透，湿着也不能先烤。"一营二连有一次在汴塘接受任务，因医院转移，和团部失去联系两天，民工自己也吃不上饭，还想办法照顾伤员，有的买东西给伤员吃，有的伤员口部负伤，就找稀饭用竹筒给他灌，把伤员感动得叫了民工的指导员去，亲口嘱咐说："这些民工你回去千万别忘了给他们评功啊。"

在群众关系方面，他们做得也很好。一营在鲁庄子住时，帮群众苫房子、凿磨、搬庄稼、拾草、编席、出粪，说做哪样就做哪样。在这地方才住几天，一营三连六班邵世田，就给房东纺了 14 两线；四营二连七班因为房东太苦，全班凑了 8000 多元，给房东买粮食吃，下雪以后，他们又普遍帮助群众扫雪。由于他们艰苦模范完成任务，后勤医院特奖励给他们每个营一面大旗。

快速小队①

当解放军总攻碾庄黄百韬匪军司令部的那天晚上，胶东招（远）北担架大队的二中队五分队抬了 25 副担架，到野战军×师转运所去。第二天早上，因另有任务，其他小队都走了，只留下第一小队，单独担负从师到纵队的转运工作。

从张韩庄到良口要经过运河铁桥，铁桥已被敌机炸得不能通行，靠舢板摆渡，而白天为了防空，舢板不能摆渡。一小队队员为了在天明前赶到渡口，所以加快了速度。他们两手扶稳担架杠，疾速划一地移动着脚步，好像一叶小艇行驶在静静的水面上，没有颠簸。

王吉云那个小组抬了一位负伤的解放军营长。他舒服地躺在担架上，听见脚步声好像在奔跑，他把头伸出被外，一阵凉风从他脸上掠过，他诧异得很，当了多年解放军，才第一次睡上这样快的担架，他便注意记下了出发的时间，到目的地他看了看手表，整整走了 40 分钟。他又问了问路程，而路程是 18 里路。他立刻写了一封信请担架队员交给师的卫生处，他向卫生处建议，应该称这个小队为"快速小队"，他把精确的时间记录也写上以做确切的证明。

从此，一小队便正式为"快速小队"了。他们得到野战军东海部队四二支队奖励的一面红色锦旗，上面描着四个鲜明的大字："快速小队。"人们对于快速小队的时间记录暗地里是表示怀疑的：一个空身人一个钟头最

---

① 本文原载 1949 年 3 月 2 日《大众日报》，选自中共党史资料出版社 1988 年版《中国共产党历史资料丛书·淮海战役》第三册。

多不过走十三四里路，而他们抬着伤员，还不使伤员有丝毫痛苦，却在 40 分钟内走了 18 里。当从后王堂向戴士元转运的时候，四小队的小队长说："你们是快速小队，咱倒要看看是怎么个快法，咱一定跟上你。"

按照老方法，他们有秩序地抬起担架，整齐划一挪动脚步，耳边的风便呼呼地响起来了。快速小队转运这趟任务的时候，还额外增加了 1 副担架，而他们小队中却有 4 个病号——2 个重一点和 2 个轻一点的，轻病员、小队长、炊事员都一个顶一个。每

1949 年华东支前委员会给山东招远县担架队的"快速小队"奖旗

副担架 4 个人，他们共是 24 个，不折不扣，连一个替换休息的都没有。四小队跟在快速小队的后面很起劲，跟了 3 里、5 里，眼看跟到靠 10 里的时候，再也跟不上了。这时候，快速小队却更加快速起来。汗液湿了衬衣，后来连棉衣也浸湿了。46 岁的战月元咬牙切齿，狠劲地说："我奉陪你们年轻的干，奉陪到底。"快速小队转运两趟 90 多里，完成任务的时候，天刚拂晓，他们睡了一觉，晌午起身吃早晨饭时，还有个别的小队没回来。

因为速度快，所以常常任务要比别的小队繁重一些。从苏庄向后王堂转运的时候，来回 24 里，别的小队转运了 2 趟，他们却连运了 3 趟，还早一个多钟头回来。当淮海战役第一阶段结束，黄百韬兵团被完全消灭干净的时候，由 26 个担架队员组成的快速小队，共转运伤员 108 名，而一般小队平均转运的仅是 80 名到 90 名。快速小队成绩高出一般小队约 27%，因此便又得到野战军东海部队司政机关奖赠"快速小队"红旗一面。

记得在淮海战役开始时，在邳县城北太平庄附近，1 里多宽的沂河阻挡在前面，战场便在距离南岸 5 里路远的地方，天空上又有敌人 8 架战斗

机在来往飞旋，企图封锁河面。小队从行军的行列当中被调到前面来了，队员曹金殿凭着他支前三次的经验，领着一小队走在前面。他们拉开约 20 步的距离，等第一个人走下河床，第二个人才到河边去脱衣服，他们极有秩序而且镇静地开始了抢渡。飞机上的机关炮一梭一梭地向地面扫射，打出的电火光在空中疾驰闪射，在水面上飞溅起一排排水花。但人们在水深齐胸的河水中仍旧继续镇定地前进，而没有受到任何伤害。登岸以后，11 月的寒风吹在被淋着凉水的赤裸裸的身体上，可是连擦干的时间都没有，裹起衣服就跑。一小队的安全渡过，使得后面几个小队减少了很多顾虑。师后勤处的胡宝庆夸奖说："战士过河也不过这样。"

快速小队的特色还不仅是不怕艰苦，不怕疲劳，甚至在团结友爱和团结互助上，也能称为好榜样。有一次转运伤员到戴士元时，他们一鼓劲走了 25 里路，到目的地后刚想抽袋烟歇歇，但看见二小队卸伤员不大胆不熟练，就赶忙上去帮助他们。行军小山口歇宿时，他们先找好房子了，三小队赶到还没找上，他们便把好房子让给三小队，自己则挤在两间又矮又小的锅屋里。

许多人都问过快速小队的担架队员们："为什么你们能这样快速呢？"特等功臣小队长王吉辉这样回答他们说："我们首先是平日的生活快，集合快，吃饭睡觉简单，衣服、担架、被子随时随地准备好，要集合扛起就跑。再一个是抬卸伤员快，平日将管担架的，管铺被揭被的，管抬的，谁抬头谁抬脚等都固定好，大家都有了经验了。每抬伤员时，只要问一声：'同志，伤口在哪里？'问清楚了，就用各种不同方法来抬，又大胆，又爽快，从不迁磨，伤员也能减少受苦。再有，抬卸伤员都有秩序，从不抢先，从不推让，一组、二组……挨着来。还有是在路上转运时不休息，管他 20 里 30 里，一股劲到头，扣好到一处替伤员检查伤口的时间，才吸袋烟休息休息。"

勇敢顽强火线转运①

鲁中南沂南担架团在劳动英雄朱富胜率领下，1948年11月7日开到淮海战役前线，那时许多预定的担架团未及赶到，他们便担负了阻击邱、李兵团的战场上运送伤员的任务。在繁重任务下连续工作八九天，每个干部的眼睛都熬红了。

其中二营一连被分配在离前线最近的柳园，民工们两天找不着房子住，9日晚上从柳园到边塘15里，来回运送伤员3趟，走了90里。四排在运河口管理渡河，一夜不停地来回送伤员30多趟。三排负责转运要升刀的伤员，从柳园到半截楼6里路，一夜即送了5趟，而且赶在人家担架前面走，有时有敌人飞机亦坚持着设法抬送。三排来回运了两天半，因为太疲劳了，才换了二排去。二排连运了四天四夜，仅仅统计了8副担架，10天就运了112名伤员。

18日打得最激烈，后面黄百韬兵团快要

担架队日夜转送伤员

① 本文原载1949年1月16日《大众日报》，选自中共党史资料出版社1988年版《中国共产党历史资料丛书·淮海战役》第三册。

被全部歼灭，前面邱、李兵团拼全力企图增援，民工一批批奉命转移，柳园医院搬到河北去了。有些民工看见背靠大河，心里沉不住气，二营的二、三两个连也退到河北去了，只有一连仍坚持着不动。连长对民工说："你们沉住气睡觉，我和通讯员站岗，有了事叫你们。"这时敌人的大炮已经打到庄头，30多架敌机在上空盘旋，房子里的泥土都簌簌地往下掉。这天，又来了任务，他们冒着敌机的轰炸和敌人炮火，接连抢运了8次伤员。

20日奉命撤到河北，但又到河南接运了2次担架，那时情况更紧张，炮弹常在他们附近爆炸，他们都不换担架即往下运。由于他们的勇敢坚持完成任务，使战斗最激烈时受伤的战士仍能及时得到转运。

黄百韬兵团歼灭后，经过连续急行军，走到新地区常常吃不上饭，但经过两个多月的锻炼和考验，该连没有一个民工动摇逃跑，一直到现在仍保持着满额的人数。因此在评功时，他们被评为全团第一，荣获"沂南担架团第一连"的称号，并得到团部红色奖旗一面。

坚如钢铁的担架队①

胶东招北担架队六分队在淮海战役中获得了"钢铁担架分队"的称号。他们是 1948 年 9 月 14 日出来的。11 月 10 日，在邳县前线转运伤员的第二天正午，给敌机发现了目标，即接连投下了 3 枚重磅炸弹，不久，又遭第二次轰炸。傍晚时，跑散的民工集中后，他们又随部队向运河边前进。11 月 13 日，碾庄外围打得很激烈。二更天光景，他们上火线来回抬了两趟伤员，前面有一部分伤员，还需抬一趟。但天已大亮，怕有敌机，后勤科孙科长不敢叫他们去抬，但民工们很坚决地说："不碍，要去这就去。"他们抬下了伤员，回来的路上又遇到 12 架敌机低空盘旋，担架队员迅速地用柳树枝伪装好，盖在伤员身上，依然继续赶路。当敌机俯冲或翻侧时，他们才迅速隐蔽下来。

秦楼战斗的炮火比以前几次战斗都要猛烈，敌人的炮弹在营部包扎所附近的地方爆炸，机枪弹不断飞过头顶，他们敏捷地把伤员抬下。前方战士牺牲奋战的情景，给了担架队员以极大的感动，胆子亦大了许多。

被敌机炸毁了 7 副担架后，在刘培典提议下，他们将节约的菜金北海币 67500 元买了树木，分队部和木匠日夜加工赶制，补足了原数。人数不够，原来 5 人一副的改为 4 人，轻伤的或伤愈的人都自动要求参加。接着，他们开始 400 余里的急行军，随部队追歼逃跑的杜聿明匪部。在永城东北的战场上，过分紧张的追击，分队里多了 8 个病员，炊事班长余通海提早

---

① 本文原载 1949 年 3 月 5 日《大众日报》，选自中共党史资料出版社 1988 年版《中国共产党历史资料丛书·淮海战役》第三册。

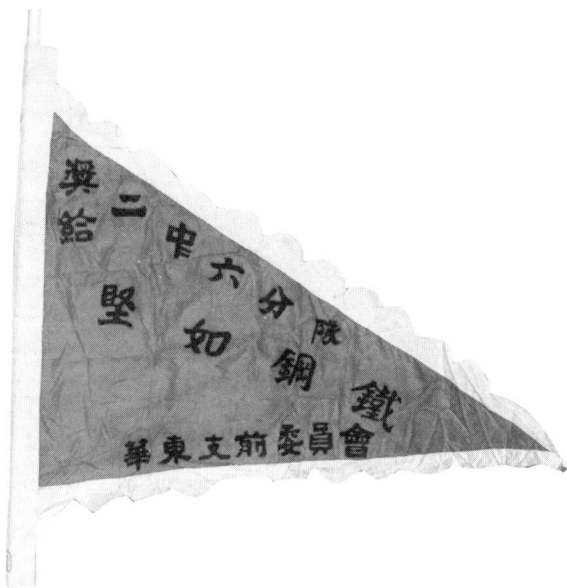

1949 年华东支前委员会给山东招北担架队六分队的"坚如钢铁"奖旗

烧好晚饭，便请求指导员允许他上火线；小队长王希贤、李克齐亦补上了缺额。他们先到李庄找营部包扎所，而李庄是在敌人的火力圈内，那里不仅炮能轰到，甚至步枪也能射到，没有找到包扎所，连一个解放军战士也没有找到。黑夜中，对面的枪声很紧，他们等了一个多钟头，才等到师部派人来带领他们到营部包扎所进行转运任务。

由于这些光辉的功绩，东海部队四二支队特奖予写着"轰不垮，拖不乱，担架越毁越多，从无逃亡的钢铁分队"字样的一面锦旗。

从淮海战役开始到结束，钢铁担架队共运伤员 50 次，计 999 名，其中火线转运的就有 483 名。在大风、大雨、大雪、轰炸、炮击之下，除光荣牺牲 7 人外，143 人全部立了功，这里面有 2 个特等功，8 个一等功，40 个二等功，91 个三等功。

他们从前方凯旋时，高擎着野战军赠送的 3 面红旗，在后方庆功大会上又获得华东支前委员会赠送的"坚如钢铁"红旗 1 面。

盐东模范担运连①

盐东第一期担运营一连，从 7 月 2 日离家，服务了 5 个月，90 多人没有一个人开小差，全连涌现 17 个功臣和模范，特等功臣王永忠、刘荣田都是这个连的。根据这些条件，评功大会上获得"模范连"的光荣称号。

坚决完成任务

有次一连从钱集走到沭北前线时，已走了七八十里路，天刚亮，3 架轰炸机在头顶上打转，这时上级来命令要 12 副担架，因民工人数不够，有 6 个排以上干部争着报名去抬，半个钟头内搓好绳子网好 14 副担架床，还超出 2 副。刚下过大雨路滑，深水处齐屁股，但民工们还是有秩序地跟上走，把担架抬在肩上，不让伤员靠水，有两天两夜未合眼，把伤员安安全全地送到了目的地。

在歼灭黄百韬兵团战斗中，连送四天四夜炮弹，大家情绪都很高，连有病的王者富、王者高都不肯休息，抢着挑。部队规定每人挑 4 个，但民工们都自告奋勇最少挑 6 个，最多的挑 12 个，光荣地完成了任务。

有次在铜山县凤凰山附近，住草棚子，一个星期没油盐吃，但民工们不叫一声苦，还照样坚持工作，有的人还挑双担子。大家都说："努把力，把敌人歼灭光，回去过好日子。"

---

① 本文原载 1948 年 12 月 15 日《盐阜大众》，选自山东人民出版社 1978 年版《淮海战役·资料选》。

热心爱护伤员

有次雨后行军，大家都跌了不少跟头，但伤员始终未受半点损伤。石金城把腿筋跌坏了，有人劝他歇歇，他不肯："我不能做孬种，伤员比我们还疼呢！"他把平时吃省下来的大卷子留下来，路上烧给伤员吃。住下来后，他找好软草打铺，烧茶烧水，把伤员服侍得好好的。

严子荣同志还帮伤员洗血衣，王永忠、沈长发二同志把自己的衣服被子都给伤员穿和盖，弄了脓血也不嫌脏。伤员都非常感动地说："你们待我太好了。"

全连团结像一个人

天气渐渐冷了，很多同志衣服不够穿，连内大家发动互助，连长蔡保云、指导员周玉祥等干部，首先把自己毯子、衣服借给民工同志穿、盖，解决了很多缺衣民工的困难。蔡连长还经常帮助力气小的民工挑担子，平常行军时遇到缺口，他总是一个个挽着过去。排级干部亲自参加担运更是常事。全连团结得像一个人一样。

热心帮助群众生产

他们住下来一有闲空就帮群众生产，据不完全统计，秋收中帮助割黄豆 12 亩、玉米 8 亩、高粱 31 亩，翻山芋 38 亩，推灰 79 车，打草鞋 121 双，做斗篷 4 个、麻篮 26 个，编篓子 7 个，挑水 366 担。最好的典型模范王永忠，有次暴风雨来了，他帮助群众从田里抢挑完 6 亩豆子，还挑送上场。整训时房东老奶奶病了，王永忠把她当亲妈妈一样服侍，老奶奶感动地说："连我自己儿子也没有这样好。"

普遍提高了文化

一连原有 53 个文盲，经开展学习运动后，只剩下 3 个人完全不识字。现在识 20 个字的有 8 个人，识 50 个字的有 16 个人，识 50 字到 100 字的有 19 人，100 字到 150 字的有 16 人，150 字到 250 字的有 11 人，250 字到 300 字的有 8 人，300 字到 3000 字的有 8 个人。有 16 个人学会写路单，16 个人学会写信，20 人学会写通知，进步最快的王永忠、陈元兰、王子顺，过去一字不识，现在能写简单信，给俱乐部写墙报稿，领导大家进行文娱活动；并建立了通讯组织，发展了 12 个工农通讯员，2 个普通通讯员，曾向《盐阜大众》投稿 14 篇；又学会了好几支歌子。

热爱伤员①

　　淮海战役中光荣负伤的指战员到处受到担运民工与后方群众的热爱。战役开始时，民工们冒着刺骨的寒风，到前线抢运伤员。淮阴县民工蒋锦文，在徐州东南半山、陈楼庄战斗中，连续三夜转运伤员，第四天黎明，当敌人八辆坦克向我阵地冲锋时，他仍四次冲上火线救下伤员。盐阜区民工排长陈宝陆在西梁山战斗转移时，肚子剧痛，一天屙十几次。他在山坡旁边发现了 13 个走不动的轻伤员，当时大队已经走远，他熬着肚痛，把伤员一个个背到山脚下偏僻的圩沟里后，又翻过两个山岭追上大队，动员担架跑步赶来抢救伤员出险。这时，敌人离山坡已不到 1 里，伤员同志望着陈宝陆痛得失色的脸，紧握着他的手，流下一颗颗的热泪。盐阜区民工大队，在接受任务前，将担架垫好软草，铺上自己的被子，举行实地试验。转运伤员

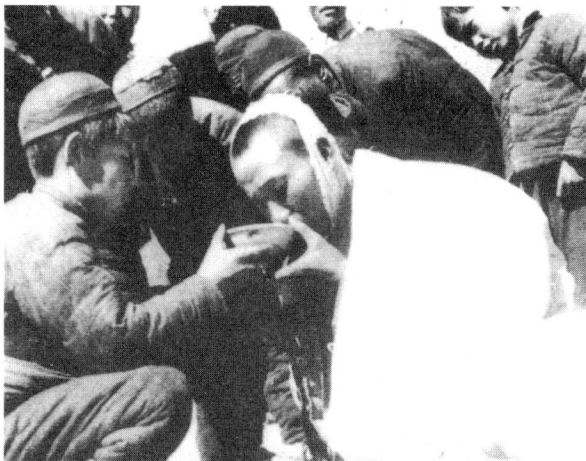

后方人民热情照料伤员

---

　　① 本文原载 1948 年 12 月 6 日《淮海报》，选自山东人民出版社 1978 年版《淮海战役·资料选》。

时，并将自己预先买来的香烟等慰问伤员。陈国恩、吴中席看到伤员在床上抖动，立即脱下棉衣给伤员盖上，自己穿着单衣抬担架。夜行军中要翻山越岭，这对绝大多数连山也没见过的民工来说是艰苦的，大家一个挨着一个摸了又摸，把自己的绳子拉牢，怕伤员伤口疼痛，轻脚小步小心前进。二连民工吴日怀和排长姚香在山上跌了一跤，腿上流出了血，但两手仍紧握住担架。淮海包孔龙担架小队 12 个人把每天

担架队员将伤员抬下火线

1800 元菜金省下 1000 元给伤员买东西吃，他们吃菜时，把黄芽菜的菜心留给伤员吃，自己吃那外面的老菜叶。后方的群众也同样热情爱护伤员，当伤员来到时，都让出自己的住房，打扫干净铺好床铺。宿迁、沭阳两县的妇女、儿童在紧张赶磨军粮的空隙里，成群结队到医院里慰问伤员，洗涤血衣，有的更自动担任看护在医院里服务。宿北兴化村，50 多岁的丁四嫂日夜喂饭服侍住在家里的十几个重伤员，并给伤员洗衣服。周东学 60 多岁的老母亲，也同年轻人一样亲切地侍候伤员，看到伤员要吐痰，连忙把手伸到他嘴边说："吐在我手上，让我捧出去。"新年里，各地普遍展开慰劳伤员的热潮，沭阳县合心乡儿童组织秧歌队向伤员们拜年，赠送胜利烟，千余群众更团团围住伤员，不使透进冷风，上演《胜利舞》《蒋匪末路》等剧给伤员们看，祝贺伤员早日健康，重上前线。

"钢铁担架员" 朱正章①

朱正章曾被授予"钢铁担架队员"的称号，他的事迹在民工队中广为流传。"朱正章光荣事迹全团知晓，钢铁担架员的旗帜到处飘"，这是山东莒南县担架团杨伯年连长夸奖朱正章的话。

济南战役时，朱正章就参加了莒南担架团，被选为二营三排副班长。他常想到自己是有5年多党龄的共产党员，是翻身的农民，又是副班长，事事应当带头。济南战役中，该团未担任过大任务，他同大家都很着急。淮海战役开始后，战役发展迅速，民工常常需要紧随部队转运伤员。朱正章的右腿正生疮，疮口有杏子般大，仍坚持与其他担架员一样，紧紧地随着部队追赶敌人。到新安镇南诸葛江时，第一夜转运医院伤员，第二、三两夜转运前线伤员，朱正章一手扶拐棍，一面抬担架，每夜往返40公里，一连三夜不休不眠。炊事员朱正宽要替他抬，怎样也夺不下担架来，指导员胡延琛劝说好一会儿，才接抬几里路，又被他抢回去。他对伤员的爱护无微不至，节约下钱给伤员买东西吃，600元买了2两白糖，1200元买了两包香烟。转运途中，喂饭喂水，侍候伤员大小便，烧水点烟，都是常事。一次，伤员不愿吃他的白糖和烟，他就偷偷把糖化在水里，非要让伤员喝。他还用捡来的稻草织成草衣盖在伤员身上防空。伤员常被感动地说："我知道你是莒南县的，待我比亲兄弟还好，我好了多打胜仗多抓俘虏报答你。"

---

① 本文原载1948年12月22日《大众日报》，选自中共党史资料出版社1988年版《中国共产党历史资料丛书·淮海战役》第三册。

在担架团中，他平日挑水最多，带粮最重。全班做饭他总是事先量好，以免浪费。有时饭少些，他就慢慢吃，等大家吃完了，他才放量吃饱。在崇庄时上级指示要带熟给养，他自己半夜起来抱着磨棍推磨，做好了全班的饼。

天气冷了，大家带出来的都是单被，他就领导着全班推豆腐吃豆渣，节约菜金1万元，以解决棉被的困难。钱不够买棉花的，朱正章又借出5000元，并说："能省出菜金来就还我，省不出来回家再说，回家没有就罢了。"在他的推动下，班里6人也借出2500元，300元买了6斤棉花，缝成3条被子。另一民工没钱也没单被，朱正章就拿出自己的被服和他共用。

他经常帮助驻地群众干活，在胡家庄帮群众刨花生，在黄土崖一次为房东割了3亩豆子。

朱正章的名字人人说、个个传，评功会上得到运输总站批准的"钢铁担架员"的光荣称号。团部通报全团表扬，他回答团首长葛政委的慰问信说："共产党拉拔咱成人，解放军开辟昌南流了多少血，现在又在前方流血牺牲，咱家中得到翻身太平，现在应当报答。"

"你这样爱护我，比亲父母兄弟还周到"[①]

新泰县担架营一连二排七班副班长聂来顺同志，热心爱护伤员。当传达接运伤员的任务以后，聂来顺就马上动员出本班杨双喜的蓑衣，又动员了曹发先的大袄，事先铺好了担架，又把自己的破皮大衣叠了个枕头。当晚 12 点，来了转运任务，聂来顺一见到伤员，就细心地问了情况。伤员告诉他是伤的左腿，这时聂来顺就吩咐一人抬头，一人托腰，一人托着右腿，自己就小心地一手托左腿上部，一手捧着脚，轻手轻脚地抬上了担架，然后又把自己的被子给伤员盖上。走在路上时，伤员嫌压得伤痛，聂来顺就又放下担架，想了个办法：从担架上抽出两根秫秸，支起了个"黄瓜架"。把被子架高了，又恐怕下边透风，就又动员出杨双喜的狗皮铺在下面，伤员同志感到舒坦，就讲起了战场的故事给他们听。在行军中，聂来顺教育队员说："抬伤员要迈碎步，随上劲地走，又快又稳，伤员也舒坦。"路上伤员同志要小便，又不能动，怎么办？聂来顺就赶快取下了饭瓢，伤员同志怎么也不同意，聂来顺又再三地解释说："您的命和血都不顾了，别说俺一个吃饭瓢！"伤员说："我宁愿尿到我的裤里，也不尿在你那吃饭瓢子里。"聂来顺只好跑去在路旁的庄上找了个盆岔子。伤员感动地说："你这样地关心爱护我，比我亲父母、亲兄弟还周到，这真使我伤痛也不好意思再出声了。"

聂副班长的这种热爱伤员的精神，团结了全班同志，鼓舞了民工积极完成任务的决心。

---

① 本文原载 1949 年 1 月 13 日《鲁中南报》，选自中共党史资料出版社 1988 年版《中国共产党历史资料丛书·淮海战役》第三册。

人民战士的母亲①

凡是从前线下来经过雪涡（新设县，在安徽永城、涡阳之间）、丹城转运站的解放军伤员，没有一个不感激该区妇女联合会干事许秀英的。她今年38岁，家住在靠近转运站的一个村庄。伤员从前方转来时，她就提着茶壶在路旁等候伤员，给伤员喝水。她听到重伤员呻吟时，总是亲热地去安慰，使他们减少痛苦。伤员脱下血衣和脏衣服，她很快就收集起来去洗。

她心里想：支援前线光靠一个人不行，要大家都动起来才好。她又想：要叫别人干，就得自己家里人先下手。于是她先劝丈夫参加转运站的工作，天一亮她丈夫就为转运站打水、烧茶、做饭，然后给伤员打扫房子，有信时

安徽省雪涡县妇女干部许秀英照顾伤员无微不至，被誉为"人民战士的母亲"

---

① 本文原载 1949 年 1 月 2 日《中原日报》，选自山东人民出版社 1978 年版《淮海战役·资料选》。

送信，做得很起劲。她又把 14 岁的儿子送去照顾伤员。然后她就动员全村妇女，把全村的妇女都动员起来参加了转运站的工作。她分配的活她们都抢着去干，连五六十岁的老大娘也不落后。大家忙着为伤员洗血衣、做军鞋、推军面，一天忙到晚。洗血衣冻僵了她们的手，大家还说："人家在前方拼命流血，咱受点凉有啥要紧。"许秀英做什么都以身作则走在前面，她在半天里面洗了血衣 20 多件。在她的推动下，头一回，十几个妇女三天洗血衣 600 多件，做袜子 30 多双；第二回，十几个妇女一天就洗血衣两小车和一挑子。由于她这样爱护伤员，伤员临走时都要向她告别。识字的人把她的名字写在本子上，不识字的人也把她的名字念几遍，牢牢记在心里。

许秀英这样爱护解放军的伤员，是因为她靠共产党和解放军获得了翻身，认识到了她的利益和解放军分不开的缘故。她以前是没有房子没有地的贫农，过了不少辛酸苦辣的日子。直到当地民主政府建立，实行减租减息时，她才参加了妇女会，向恶霸地主进行清算斗争。但是 1946 年秋天，解放军西调，国民党匪军重来，匪军们对过去参加过群众团体的劳动人民实行赶尽杀绝政策，杀了许多无辜人民。许秀英只得带领 6 个幼小的孩子逃难他乡，讨饭过日子，有一次过河，她的一个孩子竟被大水淹死了。该县重获解放后，今年 4 月她才回家。回家后，分得了十几亩地，自己又动手开了十几亩荒地。从此，她才开始建立起自己的家业。

许秀英对民主政府的工作一贯是积极地参加。去秋该区进行参军运动时，她曾送 40 多岁的丈夫去参军，因为丈夫老了没验上，她又送 16 岁的儿子去参军，又因为儿子小了也没验上。许秀英急得没办法，终于劝她的一个亲戚参加了解放军。许秀英的丈夫是一个忠诚老实的生产能手，终日不声不响地做活，今年秋收时，他的一亩半地砍了 25 捆高粱穗子。现在许秀英的名字在丹城区的农民中是没有一个不知道的。

华东慰问团抵达淮海前线
举行隆重慰问大会^①

华东后方党政军民各机关团体前线慰问团，由总团长郭子化带领，日前到达华东野战军司令部、政治部驻地，并开始进行慰问。该团是由鲁中南、胶东、渤海、济南、徐州、潍坊、昌潍、济宁及华中等9个分团组成，内文工团、平剧团10余个，共千余人。慰劳品据不完全统计：锦旗166面；现款85000万元；慰问信10万封；日用品22000件；被服452件；药品29种，229件；文具9种，4000件；食品26种，1200斤又770件；鸡鸭猪羊海味蔬菜33种，25400斤又2900件；慰问袋1531件（各地现仍纷纷来电报告捐献慰劳物品）。

解放区人民慰问子弟兵

1月31日，在华野指挥部驻地隆重地举行慰问大会，华野

---

① 本文原载1949年2月8日《大众日报》，选自中共党史资料出版社1988年版《中国共产党历史资料丛书·淮海战役》第三册。

军政首长、慰问团均全体参加，大会在愉快、兴奋、紧张、活泼的气氛中进行，锦旗遮满了会场的幕布，在雷鸣般的掌声、口号声和悠扬雄壮的军乐中，举行赠旗仪式：郭团长代表华东后方党政军民献旗，粟裕副司令员代表华野接受。红绸锦旗上显目地衬出"将革命进行到底"七个黄色大字，全场掌声雷动。华东野战军代表席中口号响起："感谢华东党政军民对前线的伟大支援！"郭团长代表华东局讲话，首先说明慰问团是代表华东后方全体人民的，接着介绍华东后方人民受淮海战役伟大胜利的欢欣鼓舞，及对前线将士英勇奋斗的钦佩与感谢的热烈情绪；又介绍后方生产情绪的高涨，及紧张支前情况，引证在中途和复员民工的谈话，都表示"回家过年，休息休息，收拾收拾，还要随军渡江"，所有后方的人民和自华东局以下的机关团体，从思想到行动，一致做打过长江去的准备，要求将人民这些表现传播到连队去，同时要将前线指战员的英勇奋战创造的奇迹和新的作风都带到后方去，好好学习，共同进步。郭子化说："在野战军全体同志配合兄弟部队打过长江去时，华东后方同志与广大人民将决心如支援淮海战役一样地努力支援你们解放全中国。"继由华东军区代表王子光向华野全体指战员致敬，并要求对后方提出意见，以便后方更好地提高支前工作，密切配合前方，更有利于及早渡江南下。山东省政府代表马保三副参议长讲话时，首先表示对淮海大捷的祝贺，继指出淮海战役的伟大胜利，打下了全歼国民党军的有力基础，这一胜利应受到人民的感谢，由于连续胜利鼓舞，后方稳定，人民生产情绪高涨，都自觉自愿地支前，特别是踊跃参军，并郑重地提出保证加强今后的拥优工作。马副议长最后表示欢送部队渡江南下，解放全中国。参加全国劳大的工人代

解放区人民抬着物品参加军民联欢会

表孙纲，以肯定干脆的语气提出保证：要加紧工业特别是军事工业生产，要增加产量，提高质量，满足部队需要，加强建设，恢复交通，解放军打到哪里，铁路修到哪里。山东省农会代表管戈讲话时说：由于战争的胜利，使农民生活改善，今年过年都吃上肉，都吃上饺子，这都是部队的奋战给予人民的幸福，应受到人民衷心感谢。并保证今后更加紧农业生产，供给部队食用不缺。

最后，华野副司令员粟裕将军在热烈的掌声、欢呼的口号声中起立讲话，对华东后方人民的爱戴与慰问表示兴奋和感谢。他着重指出淮海战役的胜利除了毛主席的领导英明，朱总司令的指挥卓越，和华东局的正确领导外，便应归功于华东后方人民和各机关团体，因为后方用大批人力代替了近代化的交通运输，适应了战争需要，虽在敌人重点进攻之后，遭受残酷摧残与损失，仍能坚决地节衣缩食积极支前，才取得胜利，这应记大功。后方无论过去、现在都支付了很大代价，将来也还要支付很大的代价。粟裕将军郑重严肃地表示：今后前方只有更积极加倍努力，迅速消灭任何敢于顽抗到底、不愿按照毛主席八项条件实行真正的民主和平的国民党反动派，来答谢后方人民。并代表华野向华东后方党政军民各机关团体的慰勉，除表示崇高谢意外，并要求慰问团不要光鼓励，还要多批评，因为华野是人民自己的部队，是自己的子弟兵。粟副司令员结语时，勉励全军以后要更好地完成任务，爱护人民利益，遵守政策、纪律，目前应努力准备向江南大进军，以回答广大人民和后方同志的热望和爱护。讲话完毕，由华东军政直属文工团、胶东胜利剧团、华野文工团演出节目助兴。

中原慰问团抵前线慰问两大野战军①

　　中原人民慰问团已于 7 日抵达前线某地，晋谒军区诸首长致敬。所携之全部慰劳品，已在 8 日分别献赠中原、华东两大野战军，由各部供给机关点收，再运赴前线转发。活跃于战地的电影制片人员，并拍摄该团各种活动影片。军区政治部于 9 日特举行盛大的欢迎晚会。该团团员于 10 日分成两大组，分别转往前线，向胜利结束淮海战役的两大野战军指战员亲致慰问。

中原人民慰问团在前线慰问部队

---

　　① 本文原载 1949 年 1 月 17 日《中原日报》，选自中共党史资料出版社 1988 年版《中国共产党历史资料丛书·淮海战役》第三册。

民工俱乐部①

　　沂中担架团十二连的民工俱乐部，是民工自己建立起来管理自己生活的，下设文娱、生活、评功、卫生、生产5个委员，由民工民主选举产生；并建立了早操、晚点名等生活制度，保证了民工们自始至终有紧张愉快的生活，因而有着饱满的政治情绪，全连92人无一逃亡，全部胜利完成任务复员。该连俱乐部的主要工作与成绩介绍如下：

　　文娱委员负责开展民工连的文化娱乐生活，密切配合了行政工作。当队内开展了诉苦运动后，大家就学会唱《反逃亡小调》，当初次进行评功时，文娱委员又教大家唱《庆功歌》；同时又根据本连民工中有一部分过去曾经干过伪事的思想情况，编出锣鼓剧《抬担架》，内容为在抬担架中立功的伪办事人员，群众对他一样看待。这个剧的演出，解除了这些人员怕人看不起、立功也白搭的想法，也激发了大家的进取心。民工们在看剧后反映："看这戏比上课还有用。"民工们情绪极高，要求更进一步地开展文娱生活。这时，俱乐部根据大家要求创办了民工壁报，各班成立壁报通讯组，提出"自己办，自己看"的口号，号召民工自己写稿，稿件交连部审阅后刊载，同时登载一些胜利消息。壁报形式很简单，每到一庄休息，便找一块平滑的墙壁，四周用粉笔画一下，就贴上稿件。在一个多月中，共收到民工自己写的稿件30篇，其中有武老二、诗歌、小言论等。壁报在民工中起的鼓动作用很大。如李常永、刘学圣两民工在某次转运渡河时，

---

　　① 本文原载 1949 年 2 月 13 日《鲁中南报》，选自中共党史资料出版社 1988 年版《中国共产党历史资料丛书·淮海战役》第三册。

华东支前委员会编撰的《支前画报》

往返 12 次划船运伤员，牛衍治在转运中自动把被子给伤员盖，壁报上都用快报、武老二表扬他们，并有很多民工背熟记牢，推动了大家向他们学习。同时壁报也刊载着行军、防空等常识。11 月底，部队南下追歼逃敌，民工产生复员思想，这时壁报各通讯组就集体写了小言论，批评这种思想，同时也登出《反对开小差》的诗歌，配合行政教育，逐步稳定了大家的情绪。另外在休息时进行各种游戏，进行思想教育。如有时用丢手帕的方法，在手帕中包着时事、政治问答题，谁失败了，谁就答题，题的内容大体为"开小差有哪些害处？""你家受过反动派哪些苦？""现在我们的军队比敌人多多少？"等，以提高民工的思想觉悟。民工们对文娱活动的反映很好，有的说："支前和上学一样，又有体操，又唱歌，又上课。"

生活管理上，以生活委员为主，成立了生活管理委员会，各排副、排长兼任委员。在每次出发时，首先问明转运路线，路过村子，确定伙房驻地，向大家宣布到哪里开饭，伙房事先前往准备，因此连队到达开饭地点后，都可以马上吃饭，克服了过去人等饭的现象。生活委员们都积极负责，有时亲自赶集买菜，并及时清算公布账目，做到经济民主，生活得到改善。

其他如卫生委员，除保证任何民工有病随叫随到外，平时并经常讲解卫生常识。评功委员则保证不遗漏每个民工的功绩，做到随报随评，并根据不同情况，提出不同立功口号，进行挑战。生产委员领导民工帮助房东生产和拾柴等事情。

民工心里的慰问棚①

二营创造的民工慰问棚，对民工及时进行慰问、表扬、记功、治疗疾病，给民工以很大鼓舞与安慰，并对前后营连联系与指挥也起了重大作用。慰问棚的建设，由能拉会唱的会计田化胜，卫生员张元江、常玉田等几位同志机动设在卫生处驻地、担架经过的路口处，棚里边有一块黑板，一个大红记功簿，及简单文娱器具、茶水和治病药品。周围挖好许多防空洞，在担架来的几条道路上都贴上宿县十大队二营慰问棚在庄里某处，使担架一进庄就可以很快找到。夜晚则派人在路口上等着接担架，免得担架找寻费工夫。担架将伤员交给卫生处后，即返回慰问棚，领取收到条，作为以后报功依据，一面喝水休息治疗疾病。这时慰问棚同志就进行慰问、读黑板报、传达胜利消息，同时收集全连情况进行民工功劳登记，把每个人的功劳事迹简单记上。像"李传义把新棉袄给伤员盖"，就是特别出色的一条，就编成快报登在黑板报上。

民工看到自己的功绩及时记上了功劳簿，精神上感到莫大安慰和高兴。记功处总是围着满满的民工自报和互报功绩。没立上功的看了也常常这样说："看下回的，一定立上一功。"三连有一次在韩庄执行两天一夜的任务，大家抬得非常疲劳，走到慰问棚一看，黑板报登上了他们的事："三连民工是模范，两天一夜未得闲，大家情绪真高涨，直到现在还猛干！"他们立即互相鼓励说："把剩下的伤员赶快运完。"情绪振发，任务

---

① 本文原载 1948 年 11 月 26 日《渤海日报》，选自山东人民出版社 1978 年版《淮海战役·资料选》。

就很快胜利完成了。营连间的联系指挥，也因有慰问棚而畅通无阻。连的报告由担架带着交给慰问棚，转到营部，营部命令和指示也能及时由担架带回连部，不管连

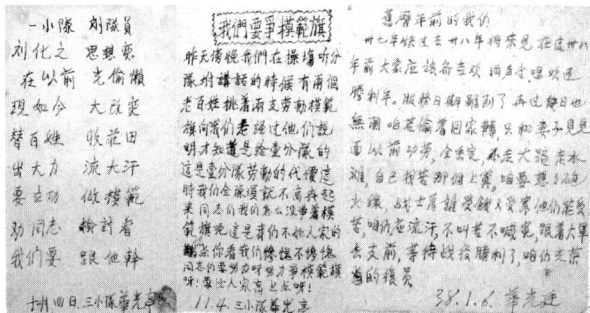

民工墙报稿

营移动如何频繁，均能做到及时联系，一般在慰问棚安下一小时后即可收到前面的报告，使指挥效能得到充分发挥。如一天头午，四连来信报告没有给养了，过午就送去了1000斤，使前面没有挨饿。又如前面担架来到卫生处时，营部及时知道需要多少副的二线转运担架，就马上通知二线担架立即吃饭喝水拾掇停当，做到主动准备，避免吃不上饭、捞不到休息的现象。如二线担架已全部到后面去，这时了解前面没有什么伤员下来了，营部就指挥他们继续向后运，这样使伤员不停留在卫生处。

豫皖苏 10 万民工凯旋返里①

豫皖苏区支援淮海前线的首批担架万余副 10 万余民工，已胜利完成任务，于 1948 年 12 月 16 日凯旋返里。该批担架队和民工，由于干部带头及时进行了思想教育，解除了顾虑，提高了政治觉悟，在前线表现了无比的英勇和顽强的艰苦作风，其中许多获得模范担架团、队和模范乡、模范村的光荣称号，得到所服务部队及战勤机关的嘉奖。如亳县担架团随军半月，连续转运 9 次，并于完成担架任务外，自动捕捉敌散兵 80 余名，缴美式机枪 1 挺，返里时解放军某部特赠给"随军转运，乡里争光"的大红旗 1 面，民工情绪异常兴奋，坚定了长期支援战争的信心。五专区（陇海路郑汴段以南，老黄河口以西地区，共辖 8 个县）远征 700 余里的担架团，半月内完成 8 次转运任务，出现了任营、北良桥、董庄、新庄、后留等无一逃亡的模范村，获得了战勤部鞋袜、衣服、毛巾等物质奖励。宿西县阎桥区柳子、赵桥两乡 108 副担架，不但始终无一人逃亡，并对伤员爱护非常周到，大部分民工都自动给伤员喂饭、扶持大小便，李尚三并用自己的钱买馍给伤员吃，获得该县战勤指挥部的通令嘉奖，赠给锦旗 2 面。鄢陵县担架队由于平日遵守群众纪律，房东关系搞得好，临返里时，驻村群众都依依不舍。为欢迎胜利归来的 10 万健儿，军区后勤司令部已电令各分区应于各地举行集体评功、庆功大会，表扬完成任务的模范；对个别逃亡和破坏分子，按情节轻重给予批评教育和处分；出征干部则进行工作鉴定。

---

① 本文原载 1949 年 1 月 7 日《中原日报》，选自中共党史资料出版社 1988 年版《中国共产党历史资料丛书·淮海战役》第三册。

民工凡完成任务者一律按工算账，发给工粮。各地并进一步检查村负担是否合理。通过这次支援前线的工作总结，做长期支援前线的思想与物质准备，巩固强大战勤力量，配合前线，早日彻底消灭国民党反动派。

华中盐阜区 10 万常备民工先后复员[①]

支前民工复员评功大会

华中盐阜区参加淮海战役的 10 万民工（计担架 8800 副，小车 38000 辆，挑子 5000 副）已胜利地完成了艰巨的支前任务，先后全部复员。其中随华野第三纵队的 30000 民工，在前线某地曾举行万人祝捷及复员大会。他们从 10 月 25 日出发后，在 900 多里的长途行军中，普遍开展了立功运动，加强了阶级教育及时事教育，清除了民工的思想疑虑。加上民工们看到解放军打了胜仗，成千成万的国民党军队俘虏和连成一片的广大解放区，大家胜利信心百倍提高，这样更坚定了大家完成任务的决心。白天敌机来要防空，下了雨夜晚走滑路，在冰天雪地中运送粮食，他们毫无怨言，总计单淮安等 5 个担运团就完成运送粮食 27 万多斤。担运第一团还积极帮助部队捕捉国民党军散兵 80 多名，盐东总队捉了国民党散兵 210 名。建阳总队中队长孙朗余空手捉住敌军官 1 名，缴驳壳枪 1 支、子

---

① 本文原载 1949 年 2 月 6 日《盐阜大众》，选自中共党史资料出版社 1988 年版《中国共产党历史资料丛书·淮海战役》第三册。

弹 51 发。评功时，评出功臣 470 多人。通过支援淮海战役的锻炼和考验，有 649 人光荣参加中国共产党。从民工中培养与提拔区、乡、村、组干部就有 859 人。

人民的歌声①

一、立功真光荣

人们知道，"不消灭蒋介石就没有好日子过"，"支援前线是为了自己"，所以人们便积极地发起革命英雄主义的竞赛，为支援自己的军队而积极立功。就在这轰轰烈烈的支前立功运动中，民工、民兵编出了诗歌、快板，鼓励着自己和推动了大家。

渤海四分区担架团全体民工一致提出在淮海战役中立功，有的营连还提出立集体功。各营连提出了立功竞赛。六营一连杨丙信班，全班讨论出了和全营竞赛的挑战书，贴到营部的门口，他们的挑战书是：

> 前方不怕火线，后方不怕流汗，
> 分开执行任务，更能单独去干。
> 真金不怕火炼，好货不怕试验，
> 担架队的同志们，谁敢来挑战！

接着连与连，班与班，全营掀起了热烈的立功竞赛。

鲁中南临沭担架团民工高佃三，在从郯城往新安镇行军时，把立功的内容编成了顺口溜，民工都跟着他唱了一路子：

---

① 本文原载 1949 年 11 月华东支前总结委员会编《人民的歌声》，选自中共党史资料出版社 1988 年版《中国共产党历史资料丛书·淮海战役》第三册。

担架团真英勇，顺着公路往南行，

压着膀子别嫌累，一气赶到徐州城，

消灭黄维杜邱李，立下功劳多光荣。

民工都说："走路唱着顺口溜，连累都忘了。"

渤海四分区担架一团，刚出来济南就解放了，民工都懊悔着说："上级为什么不叫咱早早来呢？人家在济南战役中都立了功，就是咱没捞着！"纷纷要求南下解放徐州。在随军南进时，他们自己编出了歌谣：

济南不给咱，咱往徐州赶，

遇上敌人就消灭，不立大功不复员。

渤海一分区担架团特等功臣李省三，在开展立功运动时，他编了一个立功秧歌，教育大家支前立功：

民工同志你要听，咱们支前立大功，

立功计划有条件，一条一条要记清：

第一吃苦能耐劳，不怕困难工作好；

第二教育各同志，不讲怪话情绪高；

第三纪律守得好，服从指挥听领导；

第四支前若不通，经过教育转变好；

第五逃亡要发现，说服教育能转变；

第六坏蛋来造谣，把他抓住不容宽；

第七下层有意见，实际情况要反映；

第八公物爱护好，爱护公物最为高；

第九团结和友爱，互助精神要比赛；

第十讲话和开会，讨论问题发言快。

以上十项做得全，支前大功咱占先。

渤海四分区担架团，淮海战役时到了复员期，有的民工要复员，这时文娱委员会就领导大家配合行政教育，开展了"担架诗"运动，有的民工在担架上写着：

犁不到头不卸牛，不立功劳不家走。

有的写着：

吃饭吃个饱，干活干个了，
支前支到底，才能立功劳。

民工高清淅还特别找了块红纸，他说着叫别人写好贴在担架上。他写的是：

淮海战役不打完，我是坚决不复员，
消灭蒋贼立下功，老婆孩子都喜欢。

渤海一分区担架团特等功臣李省三，在完成任务复员时，他编了一个支前功劳歌：

一、渤海区担架团，一年支前真勇敢，
　　同志们，咱谈谈，一团五营第四连，
　　不逃亡，不减员，功劳事迹说不完。
二、打济南称模范，日夜转运不得闲，
　　五营四连真英勇，火线抢救背伤员，
　　不怕飞机和大炮，"模范四连"旗一面。
三、宁阳休整帮群众，模范三连来响应，
　　帮助群众来生产，锄地拔草把地耕，
　　同志个个不落后，模范大旗群众送。
四、淮海战役称英雄，三天四夜忙不停，

> 跨大山，过大岭，抬着伤员往后送，
> 不怕风吹和寒冷，电台表扬第五营。

五、再把一连谈一谈，阻击五军特务团，
　　帮助军队挖战壕，火线抢救背伤员，
　　不怕敌人炮火猛，完成任务是好汉。

六、民工弟兄爱伤员，买东西用了四五万，
　　买冰糖，买香烟，各种东西买得全，
　　帮助伤员大小便，被子染血俺不嫌。

七、北风吹，雪花飘，夏天单衣变棉袄，
　　节约菜金买棉花，自己缝来自己套，
　　同志个个不叫苦，完成任务立功劳。

为了叫大家评功评得好，他们就提出了一些生动的口号：

> 淮海战役立下功，祖祖辈辈都光荣。
> 评功就是评进步，互相学习要团结。
> 评功要评好，对功要负责，对事不对人。

鲁中南沂中担架团，在淮海战役中出现了不少的功臣，为了庆祝功臣，民工就编了个庆祝功臣歌：

一、一祝功臣们功绩如山，千里遥远来支前，为了支援淮海战，爬山涉水黑白干，不怕天冷和饥寒。

二、二祝功臣们真呀真模范，执行任务多坚决，舍己不顾爱伤员，不怕血沾天寒冷，棉衣被子盖上边。

三、三祝功臣们遵守纪律严，房东工作做得好，帮助劳动又宣传，互助友爱团结好，大家好像铁一般。

四、四祝功臣们真呀真光荣，淮海战役立大功，为的全国老百姓，家中老少都欢喜，人人见了都尊敬。

　　鲁中南沂中担架团十二连，从丁家楼往铁佛寺转运伤员时，正遇一道大沂河拦住了去路，大家正在发愁，民工李常荣、刘学盛发现河边一只小木船，他们高兴地向大家说："同志们放心吧，俺两个保证把大家运过去！"他二人来回渡了20余趟，并未说一句怪话。以后大家即把它编成"武老二"登在壁报上表扬他们。编的是：

　　　　十一月初一那一天，深夜明月天怪寒，
　　　　团部下了行军令，快到前方抬伤员；
　　　　铁佛寺到丁家楼，一道沂河在中间，
　　　　水深水凉无法过，常荣同志开了言：
　　　　"只要有我和学盛，咱们渡河不困难！"
　　　　河边正有船一只，一气渡完两个连，
　　　　来回总有二十趟，从没说累发怨言，
　　　　这次班里来报功，一齐说他是模范。

　　鲁中南蒙阴县挑工第五连连长宋树安，对民工关心得和亲兄弟一样，深得全体民工的爱戴和拥护，九班民工就集体编写了个《连长宋树安》的歌子来表扬他：

　　　　一、城子区集合一个连，连长本是宋树安，
　　　　　　带领大家来支前，爱护民工称模范。
　　　　二、争模范，不费难，教育民工好好干，
　　　　　　多挑米，多担面，群众纪律别违犯。
　　　　三、宋连长领导好，叫声民工你听着：
　　　　　　来了飞机快卧倒，隐蔽目标最重要。
　　　　四、说他好，他真好，他的好处俺表表：
　　　　　　不怕吃苦和耐劳，哪个累了替他挑。
　　　　五、这批民工没丢松，回到后方来评功，
　　　　　　评来评去半月整，模范人物他有名。

二、人民的热爱

解放军同志为了人民的解放不惜流血牺牲，人民也至诚拥护爱戴自己的军队。在伟大的淮海战役中，民工对伤员的爱护，真是做到无微不至，正如一个伤员同志所说："比亲兄弟还强！"民工也到处编出了诗歌，鼓动大家爱护伤员。这伟大的军民之间的阶级友爱，是在长久年月同反动统治阶级千百万次斗争中巩固起来的。

渤海一分区担架团特等功臣李省三，在每次接受任务时，他总是要编出这类的歌子来教育提高大家。他编了一个爱护伤员的小调：

一、我们民工同志，好好爱护伤员；
　　伤员为咱流血，咱为伤员流汗。
　　为国为民，流血流汗；
　　伤员为咱，咱为伤员。

二、抬放伤员小心，遇事耐心沉着；
　　倘有飞机来扰，且莫惊慌乱跑。
　　沉着隐蔽，安置要好；
　　听从指挥，服从领导。

三、养成艰苦作风，不怕吃苦耐劳；
　　不分黑白冷热，不论饥饿疲劳。
　　爱护伤员，听从领导；
　　完成任务，立下功劳。

在转运伤员时，又提出：

走得快，走得稳，
走起路来不摔人；
伤员受伤不能动，
咱们耐心来侍奉；

帮助伤员大小便，
不嫌脏来不嫌烦；
伤员喝水和吃饭，
不怕辛苦要照管；
以上事情做得全，
头等功劳不费难。

胶东北海民工在担架床上制备了一些附属装备，如草帘、席子、草枕头、担架上的席棚等，并在各种工具上写着或刻着各种漫画、快板、口号。如在一副担架边上刻着非常精致的小对联：

快如飞，稳如山；
伤员喜，民工欢。

提高思想，支援前线；
立下功劳，争取模范。

草帘上、小席上也同样贴着和写着生动的小快板：

小草帘，亮光光，
祝伤员，早健康。

我的草帘平又平，
伤员铺着伤不痛。

小席不算强，
表表热心肠。

我编草席你打仗，
争取全国早解放。

有时民工还你一句我一句地集体编出些歌谣来，提高大家的情绪，有一次他们编了一个担架歌谣是：

担架床，长又方，
柳木框，麻绳网。
跟着民工去支前，
运输伤员真便当。

有的还编了一个饭瓢的歌谣：

小饭瓢，滴溜圆，
它随民工来支前。
能喝水，能吃饭，
有时也帮伤员大小便。
民工同志不嫌脏，
同志流血为了俺。

三、运送粮弹上前方

解放区人民为支援解放军消灭蒋介石，大批大批地缴出了自己用劳动生产出来的粮食，并忍受着一切艰苦，克服着一切困难，用小车和扁担跋山涉水千里遥远地运到前线上。在共产党领导下的翻身人民，并养成了一种珍爱公粮和一切战争物资的新观念与新道德。他们把公家的物资看成是人民自己的物资。从下面民工的诗歌中，就充分表现了人民的这种新的道德观念和情感。

渤海三分区运输第一大队，民工普遍发起了爱护公粮的运动，并编出了歌谣：

不怕苦，不怕难，
爱护公粮理当然。

粮食就是命根子，
打老蒋的老本钱。

他们又编了一个是：

小车吱吱赛凤凰，
咱上前方送军粮。
同志吃饱好有劲，
坚决消灭贼老蒋。

苏北盐城、建阳运粮团，在民工中开展了"舱门诗"运动，内容以船上各种不同的用具及当时宣传教育内容为主。如在舱门上写着：

船舱方又方，
舱里装的是军粮。
军粮运到前方去，
保证大军有给养。

船舱方又方，
我们应该爱军粮。
浪费损坏都不对，
要把军粮当己粮。

有的写着：

舱门开，亮堂堂，
舱里装的弹药箱。
送到前线打胜仗，
我们支前有荣光。

探研篇

　　战争的硝烟已离我们远去，革命先烈们为之牺牲奋斗的理想追求正在变为美好现实。淮海战役支前运动蕴含的崇高精神，具有穿越时空的永恒价值，为我们留下了极其宝贵的精神财富。作为后来者，我们要把光荣传统发扬好，把革命血脉传承好，深入践行以人民为中心的发展思想，不忘初心、牢记使命，自觉感恩人民、造福人民、不负人民。

淮海战役的人民支前①

于世景②

淮海战役，是中国人民革命战争史上消灭敌人最多的一次战役。这次战役，人民群众支援前线发动之广泛，组织之周密，规模之巨大，任务之浩繁，动用人力物力财力之众多，是古今中外战争史上所罕见的。计出动担架 20.6 万副，大小车 88.1 万辆，挑子 30.5 万副，牲畜 76.7 万头，船只 8536 只，汽车 257 辆。这是我军真正的优势，人民群众用小车扁担保障了部队作战。本文试就淮海战役人民支援前线取得如此成功的原因谈几点看法。

一、全国胜利形势的发展，给中原、华东战场造成了大规模组织人民群众支援前线的有利条件。中国人民解放战争经过头两年作战，到 1948 年 6 月底，共消灭国民党军 264 万人，迫使其只能固守若干战略重地和交通干线，进行所谓"重点防御"。当时，解放区的面积已达 235 万平方公里，人口达 1.68 亿，县以上城市有 586 座。在共产党领导下，解放区人民基本完成了土改整党运动，建成了巩固的革命根据地。在中原、华东战场，经豫东、襄樊、兖州、济南、郑州战役后，华东、中原、华北三大解放区已基本上连成一片，山东全境除青岛以外已基本解放。解放区人民解除了后顾之忧，掀起了积极生产支援前线的热潮，支前能力空前增强。辽沈战役后，毛泽东提出了"再有一年左右的时间，就可能将国民党反动政府从根

---

① 本文选自南京出版社 1989 年版《淮海战役研究》。
② 作者单位：淮海战役纪念馆。

本上打倒"的英明预见，极大地鼓舞了全国人民，使他们看到了胜利的曙光。同时，各级人民政府在历次战役中，积累了丰富的支前工作经验。所有这些，为淮海战役大规模地支援前线，奠定了坚实的基础。

二、中央军委及总前委对战役的后勤支前工作一再做出明确的指示，及时动员组织了华东、中原、华北三大解放区的人民全力保证我军供给。9月25日，中央军委在批准举行淮海战役的电文中就指示，应"做好这一战役的充分的准备工作"。9月28日，军委又明确指出，这次战役必比济南战役规模要大，比豫东战役规模要大，对全军作战所需包括全部后勤工作在内，有充分之准备，方能开始行动。为了做好统筹工作，军委副主席周恩来还派总后勤部部长杨立三参加了华野召开的曲阜会议，研究部署了后勤与支前工作。11月16日，军委为适应战局发展的需要，在决定成立总前委的电文中指出："中原、华东两军，必须准备在现地区作战3个月至5个月（包括休整时间在内），吃饭的人数连同俘虏在内，将达80万人左右，必须由你们会同华东局、苏北工委、中原局、豫皖苏分局、冀鲁豫区党委统筹解决。此战胜利，不但长江以北局面大定，即全国局面亦可基本上解决。望从这个观点出发，统筹一切。"战役进行中，军委还根据前方的需要，及时从渤海、冀鲁豫、豫皖苏行政区各调粮1亿至1亿5000万斤，并从华东、中原、华北解放区调拨了大批弹药物资，供应补充了部队。总前委根据军委的指示，在徐州召开了华东、华中、中原、华北冀鲁豫四方面代表参加的联合支前会议。会议协商了共同支前方案，明确了四个地区的分工，通过了关于粮食、民工问题的共同意见。这次会议，对保证圆满完成战役的支前任务起了重要作用。

三、中共华东、中原、华北局和各级党组织人民政府做了充分的准备和组织动员。10月初，华东局就专门召开会议，研究布置了淮海战役的支前工作，责成支前办公室制订了支前工作计划。各地为加强对支前工作的领导，迅速建立健全了各级后勤支前机构。中原局由邓子恢、李达同志负责后勤支前工作。战役中，成立了中原军区运输司令部。豫皖苏、豫西、冀鲁豫行政区分别成立了豫皖苏后勤司令部、豫西军区支前司令部、冀鲁豫战勤总指挥部。华东局于11月4日改组成立了统一负责华东全区的支前领导机关——华东支前委员会。渤海、鲁中南行政区均成立了支前委员会，胶东行政区的支前工作则由胶东行署直接领导。为了统一领导苏北、江淮人民的支前工作，11月22日，又成立了华中支前司令部。这样，在淮海战役发起前后，上自各中央局，下至各乡、村的一整套支前领导机构在各地迅速健全起来，为完成艰巨的支前任务，做好了组织准备。

为了完成繁重的支前任务，各级政府和支前领导机关还制定了一系列具体政策。对民力、物力、畜力工具实行耕战互助，合理负担，对常备民工实行供给制，对临时民工也实行了禁止无价派差和发价包运的政策。苏北、江淮、豫皖苏等战区和临战区的人民政府还及时发出了就地筹借粮草确保战役供应的决定。有的地区规定：贫农征借粮食不超过其收入的 8%，中农不超过 15%，地主、富农则按 15% 以上征借。各地对发动群众碾米、磨面、赶做军鞋、军衣方面也都具体规定了一定报酬和奖励的办法。这些具体政策，深受广大人民群众的欢迎，进一步调动激发了他们支前的积极性，各地很快掀起了党员干部带头，父子兄弟相争，青年妇女自动报名出工支前的热潮。

关于民工队伍的组成，一般由村、乡、区、县、专区分别组织小队、分队、中队、大队、支队，并由各该级党政干部充任各级领导。民工队伍又按任务，区分为归属部队领导调度使用的服务两三个月的随军常备民工；归属支前机关直接掌握的服务一个月以上的二线转运民工；归各地政府领导在当地完成各项临时运输任务和修桥筑路的后方临时民工。有些地区则根据支前任务的需要，组织支前期限不等的一次性服务的民工队伍。

在民工团队中，建立了党组织和政治工作制度，贯彻了"把民工队当成学校办"的方针，在民工中开展了立功创模、拥军爱民、阶级教育、时事政策文化学习等项活动，从而提高了民工的政治觉悟和政策文化水平，增强了军民团结，密切了民工与战区群众的关系，巩固了民工队伍，激发了民工的支前热情。并在民工中培养了积极分子，发展了党员，提拔了干部，评选了大批英雄集体和英模功臣。因而保证了各项支前任务的圆满完成。

根据战役发展的需要，各地支前领导机关和部队后勤部门，共同组织设立了粮站 110 余处，兵站 90 余处，医院 34 所，伤员转运站 40 余处，运输干线 10 余条，以及油盐供应站、弹药库、被服库、补给所等。在运输干线上，每隔 15 公里设一民站，两个民站之间设一茶水站。随着战役的发展，运输干线不断延长和增加，粮站、兵站、转运站、民站也不断调整、转移和增设。从后方到前方，从农村到城镇，形成一个庞大的运输网络。数百万民工采取长距离接力转运的办法，分别担负着长途随军运输、二线转运和后方临时运输的各项任务。他们将大批粮草弹药等军需物资源源不断运往前方，又将前方的伤病员及时转送到后方治疗。

四、苦难深重的三大解放区广大人民群众，在土改翻身后，认识到支前是自己的事业，迸发出空前的支前热情。华东、中原、华北三大解放区支援淮海战役的 8 个行政区域，东起黄海之滨，西至豫西地区，北自山东渤海，南达苏北江岸，纵横两三千公里，面积约 35 万平方公里，人口达 9000 多万。这一地区是有着光荣革命斗争传统的老区。广大人民对国民党反动派及其军队有着深仇大恨，对中国共产党和人民解放军有着深厚的感情。这些地区解放后，广大人民在共产党和人民政府领导下，政治上翻了身，生活上有了保障，他们更加热爱中国共产党，热爱人民解放军。

在支前中，解放军打到哪里，人民就支援到哪里。广大人民群众突击抢修公路、铁路、桥梁、架设电话线路，保证前后方交通运输和通讯联络畅通无阻。战役前，山东、苏北人民已将后方通往前方的公路桥梁、电话线路全部修复。战役期间，徐州铁路员工仅用了 3 天半时间，就修复了需 15 天才能完工的茅村铁路桥。商丘两万多铁路工人日夜抢修机车、铁路和通信设施。至徐州解放的第二天，即开出第一列东进列车，和徐州接轨通车。随着战役的发展，从后方到前方的所有公路迅速修竣，津浦、陇海、胶济铁路逐段相继提前通车，电话线路及时修复。徐州解放不到 20 天，东到新安镇，西迄洛阳，南抵宿县，北达济南的铁路干线，即修复通车，大大提高了运输效率。

在粮食等物资供应方面，战前，华中一、二、九专区人民 9 月份即向淮海地区运粮 2300 万斤。山东人民自鲁中南、渤海地区向前方运粮 1 亿 6300 万斤。战役发起后，部队追歼逃敌行动迅速，后方粮食一时供应不上，苏北、江淮、豫皖苏地区人民急部队之所急，就地筹借粮草，把节省下来的粮食，及时运往前线。萧县永城的群众，在遭敌人洗劫的情况下，三四天内筹粮 300 万斤，解决我军的急需。战役第二阶段后，两大野战军和地方武装云集豫、皖、苏三专区作战，吃粮人数达 150 万人，每天需粮四五百万斤，豫西人民将 1000 万斤粮食抢运前线，郑州、开封人民立即用火车运粮 65 万斤到砀山。渤海人民 16 昼夜赶运粮食 1 亿斤，冀鲁豫人民 12 月底前筹运小米 1 亿零 500 万斤。豫皖苏区人民筹粮 3 亿斤，超额一倍完成军委下达的任务。数百万民工冒风雪、涉冰河、跋泥泞、翻山岭、忍饥耐寒，日夜兼程，背扛、肩挑、车推、船载、毛驴驮、牛车拉、汽车送、火车运，冒着敌机的轰炸扫射，顽强奋战在运输线上，一切为着保证前线的供应。

在救护伤病员方面，各地民工抢救伤员奋不顾身，爱护伤员无微不至。他们冒着枪林弹雨将伤员抬下火线，转运途中稳走轻抬，热情照料，遇到敌机袭扰，总是先把伤病员隐蔽好，来不及隐蔽时，就扑到伤员身上，用肉体掩护伤员。他们还把节省下来的菜金买糖果、鸡蛋给伤病员吃，甚至用自己的茶缸、饭瓢给难以行动的伤员接大小便，后方人民热情接待殷切照料伤员，给伤员喂水喂饭，洗补衣服。

在参军参战方面，解放区各地党组织和人民政府广泛发动群众，热烈响应党的"到前线去，到主力去"的号召，欢迎地方武装光荣升级到主力部队。同时掀起了父送子、妻送郎、兄弟争相上战场的参军运动。豫西区参军运动大规模展开，山东、华中参军热潮轰轰烈烈。各地青壮年光荣入伍，万千子弟兵待命出征，强大后备兵团源源开赴前线。从 1948 年 9 月到 1949 年 3 月，仅山东就动员兵员 16.8 万余人，及时补充了部队。各地民兵积极配合部队作战。他们在后方保卫生产，肃清土顽，维护社会治安。同时组成大批子弟兵团开赴前线，担负着护送物资、保护交通、抢救伤员、押解俘虏、打扫战场等项战勤任务，成为我军强大的后备力量和有力助手。苏北、江淮、豫皖苏区的战地群众，全力投入战勤服务。他们破袭敌铁路，断绝敌交通，造成铁路"大翻身"，迟滞敌增援；他们帮助我军带路，指示目标，构筑工事，捕捉散兵，有力地配合了我军作战。广大民兵和人民群众动员起来，就造成了陷敌于灭顶之灾的汪洋大海。

人民战争，人民支援。淮海战役中千百万人民全力以赴支援前线的丰功伟绩将永载史册，将鼓励人们为社会主义的四化建设做出更大的贡献。

淮海战役人民支前历史研究①

祖 伟②

　　中国人民解放军中原、华东两大野战军从 1948 年 11 月 6 日到 1949 年 1 月 10 日在以徐州为中心，东达海州，西到商丘，北迄临城，南止淮河的广阔地区举行了闻名世界的淮海战役。这场战役，国共双方的参战兵力多达近 140 万，其中国民党参战兵力共 5 个兵团，接近 80 万；解放军出动中原、华东两大野战军，参战兵力达 60 万。其规模之大，影响之深，实属罕见。这场战役的最终结果是中国人民解放军取得了胜利，共歼灭国民党军 55.5 万人，基本解放了长江以北的华东、中原广阔地区，从根本上动摇了国民党的反动统治，为接下来中国人民解放军横渡长江，解放国民政府首都南京，进而解放全中国，打下了坚实的基础。

　　在淮海战役中，中国人民解放军面临的对手，绝大多数是蒋介石的王牌军队，训练有素，装备先进。但为什么最终取得胜利的却是解放军？国民党张治中将军曾说：得民心者得天下。陈毅元帅也有一句名言：淮海战役的胜利，是人民用小推车推出来的。这充分说明人民群众对淮海战役的支持是战役胜利的一个决定性因素。下面笔者根据自己掌握的有关资料，着重分析靠近淮海战役主战场的豫皖苏一分区，是怎样在淮海战役进行中积极进行支前工作的。

---

① 本文选自《淮海战役研究》。
② 作者单位：江苏省建筑职业技术学院。

一、建立支前机构

遵照中央军委的命令，中原军区早在 1948 年 11 月 13 日就发布《关于加强各级后勤组织的决定》。决定命令各地不惜一切代价，集中人力、物力、财力，尽全力支援前线。决定还要求豫皖苏分局加强支前机构建设，积极做好支援前线工作。还授权支前机构有征调粮草和民工担架的权限。最后决定强调，各地必须保证自己辖区的公路畅通，给支前工作提供坚强的交通保障。接到命令以后，豫皖苏分局要求所属各地委、各县委坚决完成上级交代的各项任务。归属豫皖苏分局的一分区迅速行动起来，成立了支前司令部和支前委员会。一分区专员夏仲远担任支前司令部司令，李超伯担任支前委员会主任。紧接着，一分区下属的睢县、杞县、太康、太北、开封、民权等县委也陆续成立了淮海战役支前指挥部，中心任务就是不惜一切代价支援前线。指挥长由各县县长担任，政委由县委书记担任，副县长担任副指挥长。与此同时，公路和铁路沿线也全都设置了兵站，兵站的站长也由沿线的地方领导担任。至此，支前物资的筹备、运输、调拨等繁杂的工作，基本达到了事事有人管处处有人问的地步，淮海战役一整套分工合理、运转高效的支前机构也由此建立了起来。

二、筹备支前物资

有了一套架构良好的支前机构以后，下一步的任务就是筹措支前物资了。在 1948 年 11 月 26 日，一分区颁布了《关于全力支援徐州大战的指示》，要求全区党政军民紧急动员起来，尽全力支援徐州大战。自从颁布这项指示以后，一分区很快就开始响应号召，从而掀起了支援淮海战役前线的高潮。当时一分区的具体情况并不是很好，除了睢县、杞县和太康县是原来的解放区以外，太北县、开封县、民权县则是刚刚解放。一分区由于饱受战火摧残，生产还没有完全恢复，生产率也比较低，粮食的亩产量也很低。当时，只要谁家的小麦能上桩子，也就是亩产能达到一百斤，就是非常不错的收成了。谁家一年四季都有面馍吃，就可以算得上是当地的上等生活条件了。就在这种条件下，一分区广大人民群众积极响应上级号召，宁可自己省吃俭用，也要从嘴里省下哪怕一点粮食，无条件地支援前线。据不完全统计：淮海战役中，睢县支前粮食多达 70 多万斤，蔬菜 34 万斤，烧火的柴草达 68 万斤，猪有 23520 头，棉布 56 万尺，纳的布鞋达 45000 双，棉鞋更是多达 88500 双。杞县支前粮食 37 万多斤，蔬菜多达 108 万斤，烧火的柴草 42 万斤，布鞋 14 万余双，袜子 30343 双，毛巾 18556 条，棉布 37 万尺，食用油 5 万多斤，食盐 29 万斤。太康支援前线白面 30 万斤，小麦 10 万斤，猪肉 10 万斤，鞋 10 万双。这里统计的仅仅是睢县、杞县、太康区的支前物资的具体数值，一分区其他县比如太北县、开封县、民权县也基本类似，在此就不再一一列举了。

三、成立支前担架队

要说一分区对淮海战役最大的贡献，那就不能不说一下一分区成立的支前担架队。在著名的淮海战役中，中国人民解放军中原和华东两大野战军付出了巨大的牺牲，两大野战军伤亡人数高达 13 万多人。为了迅速、及时地将伤亡的解放军战士从战火弥漫的前线抢救下来，使伤者能够及时得到治疗、阵亡的能够及时入土为安，一分区成立的担架队付出了极大的努力。据不完全统计，睢县组成担架 1200 副，太康区共有担架 2000 副，而杞县更是组成担架 8992 副。一分区的支前担架队共分"火线担架""二线担架""三线担架"三种。它们的分工安排是这样的："火线担架"每副担架由 6 人轮流运送，3 副担架组成一小队，从前线迅速把伤员运送到战地包扎所。其中"火线担架"组织最为严密，战斗力比较强悍，当战事吃紧时，还常常帮助解放军一起作战，搜寻俘虏；"二线担架"的任务是负责把伤员从战地包扎所运送到战地医院；"三线担架"最后再负责把伤病员从战地医院运送到后方医院。

一分区成立的支前担架队，当时八成以上是"火线担架"，主要任务是负责运送中原野战军攻打黄维兵团所产生的伤员。由于淮海战役爆发的季节正值寒冬腊月，担架队的工作环境是非常恶劣的，需要顶着刺骨的寒风，踏着厚厚的积雪并要闯过敌人的枪林弹雨运送伤病员。在战役进行过程中，也涌现出不少可歌可泣的动人事迹：如睢县副县长路文中，他率领1000副担架组成的担架队，由于领导有方，组织得力，1000副担架，6000个担架队员，没出过一个问题，从而受到上级的多次表扬。睢县长岗区老党员王培德，主要工作任务是负责一分区担架队的伙食供应。他除了把伙食供应搞好以外，还另外抽出时间，亲自3次到火线背下伤员3人。再比如，太康区委书记魏广聚率领担架队到火线运送伤员，他身先士卒，不搞特殊，和普通群众一样奋战在火线，渴了吃雪，饿了就啃随身携带的干粮。由于工作繁忙，他的　只鞋子都跑丢了，只好光着一只脚在冰雪里行走，直到脚被冻得青一块紫一块，还不忘把伤员从火线上运下来。榜样的力量是无穷的，他的一举一动，激发了周围群众的冲天干劲。他所率领的担架队，每次都是高质量和超额完成上级下达的任务，他本人也获得"支援前线模范区委书记"光荣称号。

四、组织支前运输队

在 20 世纪 40 年代，交通运输条件是十分落后的，几乎看不见任何的机动车辆。在路上，我们看到的能装运物品的车辆就只有畜力四轮"太平车"和人力三轮手推拱车。在长达 66 天的淮海战役进程中，据不完全统计，仅仅是睢县就出动大车（畜力四轮"太平车"）和小土车（人力三轮手推拱车）共计 5910 辆，杞县共出动两种车辆 3040 辆，太康也出动 3000 余辆。除了每个村庄的每家每户的青壮年劳动力出动支援前线以外，很多上年纪的老头老太，甚至还有小孩参加支援前线的运输队的也不在少数。在冰天雪地的运输环境中，常常会出现一些意想不到的状况，但不论是什么情况的出现，参加支援前线的每个运输队，都克服了各种艰难险阻，把各种部队所急需的军用物资毫发无损地送到了前线，保障了战事的顺利进行。

睢县长岗区民政助理朱流芳率领 200 多辆畜力四轮"太平车"（俗称

"大车"），运粮达 50 万斤，顶风冒雪安全送达民权火车站。当时车站上的正股道轨上却一时没有火车皮，朱流芳主动向车站站长请令，率领运输队人员把停在另一股道的火车皮推到正股轨道上，又率领人员把 50 万斤粮食装上火车，从而把支援前线的粮食安全快速地送达前线，保证了前线粮食的正常供应。还有一个动人的案例，长岗区有一个普通的农民，名字叫葛振明，他赶着牛拉的大车往前线运送物资。当时，国民党的飞机轰炸我军后方的运输线，和葛振明一起赶车的其他村民感到害怕，有人甚至想丢车逃跑。就在这危急时刻，葛振明高喊道："解放军为了让我们过上太平日子，在前方打仗流血牺牲，我们还能怕死吗？飞机没什么了不起，它来了我们停车隐蔽，它飞走了我们就走，把车丢下逃跑是要不得的，是可耻的。"由于葛振明的沉着坚定，鼓舞了其他人的斗志，顺利地把粮食运到了前线。当时，像朱流芳、葛振明这样动人的事迹在支前运输队中还有很多。总之，一分区组织的支前运输队为保障淮海战役的后勤做出了非常大的贡献。为了纪念当地人民的支前工作，解放后在徐州建立的淮海战役纪念馆里仍然保存着一辆当时支前运输车辆，以供后人瞻仰。

五、设立商丘兵站

商丘兵站的地位十分重要，它是整个淮海战役支援前线的总枢纽和核心，几乎所有支前物资在被运往前线之前都要在商丘兵站集结。商丘兵站的设立地朱集属于一分区管辖，所以它刚刚建立以后就得到了中共豫皖苏一地委支前司令部的大力支持。一分区专员兼支前司令员夏仲远、支前委员会主任李伯超就亲自来到朱集帮助商丘兵站解决成立过程中遇到的各种问题。兵站的领导分工情况如下：朱集办事处主任王焕主要承担动员群众进行陆路运输的任务，办事处副主任郑杰负责战略物资的铁路运输，而商丘车站站长王连壁主要是负责军车调度。除此以外，一分区还从其他地方抽调一批干部到商丘兵站开展工作，主要任务是接受和调拨各种后勤物资。

在支援前线的两个多月时间里，战役发生地的后方人民群众运送来大批物资，这些物资把整个车站都堆满了，很快仓库就放不下了，只好把这些物资临时堆放在站台上。站台也就变成了由炮弹、枪支、炸药、粮食、布匹、其他后勤物资等组成的几十米高、几百米长的军用物资岭。面对人民群众大力支援前线的动人画面，商丘兵站的所有工作人员秉持"放手收，大胆放"的工作原则，宁愿自己辛苦一点，多出一点汗，也不能拒收人民群众的支前物资，从而损伤了他们支援革命的积极性。

商丘兵站保障了中原野战军粮食、军鞋等至关重要的战略物资的需要，为淮海战役的最终胜利做了巨大的贡献。例如中原野战军四纵十一旅在参加围歼黄维兵团作战的十几天时间，一分区人民群众共计运送了43万斤粮食及其他给养。这使得十一旅参战指战员平均每人能吃到猪肉10两，食用油1.2斤，盐巴1.5斤。1949年元旦，解放军所有部队都改善了伙食，有的部队甚至还有饺子供应。这种局面同国民党军队食不果腹、狼狈困守的境地形成了鲜明的对比。解放军后勤物资的充裕，也从士气上瓦解了国民党士兵的斗志，一些国民党士兵在吃了解放军送给他们的餐饭以后，纷纷走出阵地，放下武器，举起双手向解放军投诚。

商丘兵站除了对中原野战军积极支援以外，还对参加淮海战役的另一支野战军华东野战军给予了大力支援。商丘兵站把从郑州运来的2亿元中钞转交给华东野战军；除此以外，商丘兵站陆续将从开封、郑州、豫西等地转运来的1000余万斤粮食转运到砀山，接着由豫、皖、苏三分区10万多群众把粮食运到永城，供应在陈官庄围歼国民党杜聿明部的华野。

1949年1月5日，国民党第十二兵团司令官黄维，副司令官兼八十五军军长吴绍舟、八十五军副军长张文心、参谋长陈振武、十八军军长杨伯涛、副军长兼十一师师长王元直、十五军军长覃道善等战俘被押运到商丘兵站，1月10日，经商丘兵站，这些淮海战役国民党战俘被转运到河北平山县。

淮海战役结束以后，商丘兵站清点剩余物资，还存炸弹1811箱，迫击炮弹81箱，汽油595桶，雷管2箱，其他诸如粮食、布匹、军鞋等物资堆积如山，难以胜数。中原军区运输司令部特意奖励商丘兵站一面锦旗，上书"在淮海战役运输工作中起了火车头作用"。这是对商丘兵站恰如其分的评价。

六、创建野战医院

医院是战时救助伤病员的场所，对于减少死亡，让受伤士兵尽快治愈有着非常重要的作用。淮海战役刚一打响，豫皖苏三分区就在宿县南的桃园，宿西的百善集，雪涡的殷庙，萧县和宿县交界区的瓦子口等地同时设置5个大型的转运站。这5个转运站的任务就是将淮海战役前线运送下来的伤员，直接运送到设立在商亳鹿柘县魏岗的中原野战医院。后来随着战事的进行，伤员越来越多，而中原野战医院离前线比较远，不利于及时救助伤员，野战医院就进行了搬迁，先是搬到柘城，最后野战医院又从柘城搬迁到一分区所在的睢县。在睢县白庙、田胖、保刘、殷楼、徐庄、苗楼、张井等地，设立8个医疗所，田胖村设立野战总医院。在淮海战役进行期间，睢县野战医院共救助伤病员5000余人。

野战医院从1948年12月由柘城搬迁到睢县，一直到1949年6月才最终撤离，历时长达半年。在这期间，当地政府曾多次筹集慰问品和组织文艺宣传队到各医疗所进行慰问和演出。由于战事激烈，伤病员数量较多，各医疗所的房子不够用，当地人民群众主动把自己住的房子腾出来供伤病员居住，自己就住在临时搭建的棚子里。当时战斗激烈，伤病员很多，野战医院的医护人员严重不足。人民群众主动丢下自己家的家务事，来到野战医院，要求服侍伤病员，因此，很多伤病员和睢县群众结下了深厚的友情。也涌现出了许多可歌可泣的事迹。例如，当淮海战役产生的第一批伤病员被送到田胖村野战总医院后，当地很多人民群众手拿刚做好的各种食品，来到伤员的床前慰问伤员。一位70多岁的老大娘端着自己亲自炖好的、还冒着热气的鸡汤一勺一勺地喂伤势严重的解放军某部谷连长。大娘边喂边说："孩子，喝下去吧，喝下就会好。"谷连长睁开双眼，用微弱的声音回答："大娘，我喝，我要活下去，我要重返前线。"如此动人的军民鱼水深情，每个医疗所每天都会上演。

睢县当时非常贫穷，当地人民群众喂的猪、鸡、鸭、鹅，自己家舍不得吃，绝大多数都是拿猪、鸡、鸭、鹅换些油、盐、酱、醋等用品。但是当伤病员到达睢县野战医院时，当地的人民群众却把他们辛辛苦苦喂养的猪、鸡、鸭、鹅等全部捐献给伤病员。1949 年 6 月以后，睢县野战医院搬走后，这 8 个医疗所在的附近村庄，几乎看不到一只家禽。

淮海战役进行期间，有数百名医治无效从而牺牲的革命烈士被埋在睢县的一抔黄土之中。当地的人民群众想尽一切办法，尽可能使每个烈士都得到更好的安葬。睢县野战中心医院所在地田胖村的村长杨振山，亲自带领人民群众，冒着风雪掩埋牺牲的烈士 200 多人。一直到 1949 年 6 月睢县野战医院搬迁完毕，当地的人民群众，对野战医院给予了最大程度的帮助，做了自己能做到的一切工作。

毛泽东主席曾说："革命战争是群众的战争，只有动员群众才能进行战争，只有依靠群众才能进行战争。"豫皖苏一分区人民群众的支前工作，充分证明了这一伟大真理。在中国人民解放战争浓墨重彩的一幅幅画卷上，也会永远闪耀着人民群众积极支援淮海战役前线的光辉画面。

淮海战役中的全民办后勤[1]

赵绪振[2]

　　淮海战役的后勤工作，在中央军委、总前委的直接领导下，在地方党政机关和人民群众的大力支持下，圆满完成了保障任务，并根据战局的变化，推进了后勤工作的发展。回顾历史，总结经验，以加速我军后勤建设，不无裨益。

一、集中统一的后勤领导机构，有效地保证了决战的胜利

　　首先，建立了集中统一的领导机构。军委周恩来副主席亲自抓后勤，并指派军委后勤部部长杨立三到华东具体组织协调。中共中央华东局为保障支前工作，及时将山东支前委员会扩建为华东支前委员会，由傅秋涛统一领导华东地区的支前工作。根据中央军委命令，华东军区和华东野战军也于 1948 年 7 月至 10 月，先后成立了后勤司令部，扩建了供给、卫生、军械和兵站部，统一负责后勤保障。这就从组织上保证了淮海战役能够迅速集中华东、中原和华北三大战略区以及苏、鲁、皖、豫、冀五省的军需物资和财粮民力，与敌展开决战，并取得胜利。

　　其次，加强了后勤保障的组织指挥。一是明确保障关系。华东军区和华东野战军后勤司令部，对战役前后方后勤保障工作做了明确分工，共同

---

　　① 本文选自南京出版社 1989 年版《淮海战役研究》。
　　② 作者单位：南京军区后勤部。

划分了保障区域。华野后勤立即根据任务，调整了部署，迅速由山东跟进到苏北，再转移到徐州附近，紧随主要作战方向的部队实施后勤保障和指挥。二是突出部门职责。明确规定了供给、卫生、军械、兵站四个部门的职责，由他们实施对各专业保障部（分）队的指挥和管理。对纵队以下各级后勤部门的设置和分工，也相应做了调整，使工作上下一致，职责分明，便于协调。三是实施靠前指挥。各级后勤司令部机关紧随部队靠前指挥，并依据战况变化，采取应急措施，就地解决问题。比如，第二阶段南北战场交错，部队纵横驰骋，粮食、弹药一时供应不上，野战军后勤立即采取按区域保障的办法，及时解决了困难。

再次，统一了供应标准和制度。针对冀鲁豫、山东、华中三个地区不同的供给待遇标准，统一了供给制度和规定。对战区流通的中州、冀南、北海、华中和中原五种货币的不同币值以及山东、豫皖苏地区不同的度量衡制度，统一做了调整，保证各作战部队和地区之间，能够相互流通，统一供应，以满足部队机动作战的需求，保证淮海决战的胜利。

在现代战争中，由于新的科学技术的运用，军队后勤保障更为复杂繁重，必须强化集中统一的领导体制，才能胜利完成党和国家赋予的光荣任务。广大后勤人员要进一步确立适应现代化、正规化革命军队建设，适应现代化战争要求的指导思想，不断深化改革，在统一指挥、统一计划、统一组织的基础上，逐步完善战略、战役、战术三级后勤保障体制，实行建制保障与划片保障相结合、统供与专供相结合的办法，努力扩大统供范围，向区域化、网络型保障和三军联勤的更高层次发展，以适应军队建设和现代战争的要求。

二、统筹统供、统一收治，为大兵团作战提供了物质保证

淮海战役规模空前，消耗巨大。组织好充分的后勤供应是取得作战胜利的关键。长期以来，我军采取自筹自供、分散救治的办法已不适应大兵团作战的要求。在粮食、弹药、伤员救治等问题上尤为突出。必须实行统筹统供，统一收治，才能保证决战的需要。

统一筹措粮秣，确保人有粮。战役期间，中央军委连续指示，要求两大野战军前委，会同中共华东局、苏北工委、中原局、豫皖苏分局、冀鲁区党委统筹解决吃粮问题。据此，各级后勤以极大的精力，首先抓粮食筹措。在华东支前委员会的支持下，采取后方支援、就地筹措（借）、部队自购、群众征集等途径，筹集粮食9亿多斤。为了把粮食及时供应到部队，各级后勤按战役部署和发展，及时采取有力措施。战役第二阶段采用南北战场分工筹措、划区供应的办法；第三阶段围困杜聿明集团，因部队集中，粮食需求量大，每天用粮达395万斤，局部地区已无法供应，野战军后司就召开山东、华东、冀鲁豫、豫皖苏四区领导紧急会议，重新划区，调整粮食供应任务，确保干部战士吃饱、吃好。1949年元旦，我军每人慰劳猪肉1斤，烟5包，从前沿阵地到后方机关，普遍组织了会餐，到处充满着团结胜利的喜悦，同包围圈内"饿犬争食，自相残杀"的国民党军形成鲜明的对比，显示了我军后勤保障的威力。

统一供应弹药，确保枪有弹。淮海战役参战部队多，运动战、阵地战、阻击战、追击战交错进行，弹药消耗巨大。各级后勤十分重视弹药供应，战前抓储备，战中抓补充。通过总部调拨、部队自制、利用缴获等途径加以保障。为了保证部队有充足的弹药，建立了一、二、三线屯集点，开辟了随军补给线（站），还组织部队自带、民工运送、缴获补充，努力避免弹药不济的状况出现。

统一救治伤员，确保伤有治。根据军委11月23日关于做好"10万至20万伤员医治"的指示，军区卫生部及时召开了卫生领导干部会议，确定了"统一部署，分级收治"的方针，调整了军区和野战军所属医院的序列和任务，动员部分地方卫勤力量协同开设近40所医院，使收治能力迅速由1万余人猛增到近10万人。广大医务人员夜以继日、忘我工作，认真组织战场救护、战伤早期手术处理、重伤急救、伤员后送和战地保健工作，积累了在严寒条件下，大兵团防冻保暖的经验；开展留治轻伤，多收快转，使纵队以下轻伤留治人数占伤员总数的32.5%，保证伤员及时治愈，迅速补入部队。

新时期，后勤广大官兵一方面要继承和发扬淮海战役中统筹统供、统一收治的传统，另一方面又要顺应改革开放、发展商品经济的历史趋势，不断改革物资供应和卫勤保障模式，坚持向社会开放，努力实现由封闭型、单纯供给型向开放型、经营供给型转变，解决好军队建设日益增长的需求与物资经费供应不足的矛盾，不断提高军事经济效益和军事效能，建立起自我发展、自我完善的后勤机制，促进军队战斗力的提高。

三、淮海战役中，我军转运手段由肩挑、马驮、小车推为主发展到和水路、公路、铁路运输相结合，有效地增强了综合保障能力

淮海战役的后勤保障，仍然建立在小农经济的基础上，分散落后的农村经济和运输力与大规模的现代战争矛盾十分突出。改善后勤保障转运手段，注重现实，把肩挑、马驮、小车推的简陋运输和水路、公路、铁路的近代运输结合起来，是做好后勤保障的重要环节。淮海战役将多种转运手段有机结合，综合利用，多渠道、多层次、全方位地实施后勤保障，胜利完成了任务。战役中，动员了543万名民工、41万辆大车小车、9300头牲畜、4.2424万副挑子、7.3924万副担架、1368条船只、857辆汽车以及42列1264个火车皮，完成了运送粮食9亿斤、弹药3268吨、军用物资330万吨、伤员6万余名、作战部队102792万人次的艰巨任务，创造了我军战时运输的奇迹，提供了许多可供借鉴的宝贵经验。

一是兵站线与民站线并举。淮海战役中军队和地方分别开设了兵站线和民站线，担负着一线作战物资运送和前运粮食弹药、后送伤员的任务。华东军区和野战军后勤兵站部，在战区主要方向，先后开设了2个兵站处、10个中站、19个分站和东西2条运输干线，组织人员车辆，做好延伸接敌保障。华东支前委员会民站部，领导专署、县、区各级民站机构，在作战区、接敌区和粮食调剂区开设了6条民站干线和197个民站、85个茶水站。纵横交错的兵站、民站线和星罗棋布的兵站、民站点，源源不断地供应部队作战所需物资，构成了摧不垮、难不倒的钢铁运输线。

二是前送物资与后送伤员统筹。战役中，伤员近10万，虽然伤员转运在战役发起前已采取有力措施：分3批补换了19个担架团，每个纵队编配

了约 3000 人的民工担架团，医院配备了 4 万多民工、7000 多副担架。但由于战局发展迅猛，部队多路追击，医院频繁转移，伤员收治仍不及时。在围歼碾轧顽敌时，伤员一天竟达上千名。后司立即组织前送弹药返空的几百辆汽车后送伤员，才解决了运输力不济的问题。

三是肩挑、马驮、车推与水路、公路、铁路运输相结合。淮海战场主要在农村。虽有津浦、陇海铁路和部分公路贯穿其间，但初期大部分掌握在敌人手里，这就决定了我军的转运手段，必须仍以肩挑、马驮、车推为主。事实证明，正是这种简陋的运输手段，承担了战役运输保障任务的 80%～90%。陈毅司令员曾热情地赞颂：淮海战役的胜利，是人民群众用小车推出来的。广大后勤人员也深深懂得近代运输工具的巨大作用，不失时机地组织水路、公路和铁路运输。各级后勤充分利用战区"两河"（运河、淮河）、"一湖"（微山湖）组织了 1648 条船只进行运输；修建各式公路 40 条、2185 公里，桥梁 191 座，保证部队前进方向和后续运输畅通；徐州解放后，立即组织铁路员工抢修铁路、机车，迅速逐段打通津浦、陇海铁路，在短期内就将前线急需的 16 万吨粮秣、弹药送到了部队，为组织近代交通运输、实施后勤保障摸索了经验。

在千方百计加强运输保障的同时，各级后勤认真贯彻了"取之于敌，以战养战"的方针，及时将缴获的大批武器装备和作战物资补充到部队。据不完全统计，战役中，前后缴获敌军坦克 215 辆，大炮 4215 门，机枪 1.45 万余挺，步枪及其他武器 15 万余支（件），枪炮弹 1.5 万余发，还有汽车 1700 多辆，骡马 6600 余匹。这些装备迅速补充前线，不仅提高了运输力，而且有效地增强了后勤保障实力和效果。

优化后勤转运手段对于夺取未来战争的胜利，有着重大的意义。现代战争是立体战争，敌我双方集结兵力之众，消耗物资之巨，空间范围之广，军队行动之速，都将大大超过淮海战役。因此，后勤工作人员既要注重运用符合我国生产力水平的交通运输手段，搞好后勤保障，更要探索适应未来战争要求的国防交通建设的新途径，自觉寓国防交通于国家建设之中，坚持"平战结合"，把战时转运保障能力提高到新水平。

四、全民支援战争，为新形势下全民办后勤积累了经验

淮海战役的后勤保障，离不开党政民的全力支援。广大根据地、恢复区和新区的人民群众，把党中央"全力支援前线，一切为了胜利"的号召，变成自己的自觉行动。他们不怕任何牺牲，不惜倾家荡产，全力支前，谱写了一曲人民战争的凯歌。历史证明，紧紧依靠人民群众，是我军克敌制胜的法宝，也是新形势下加强后勤现代化建设的保证。

淮海战役中，根据地人民全力支前创业绩。山东、华北等根据地的人民，经过土改整党，实施三大方案（清理资财、降低供给标准和精简机构），努力发展生产，生活水平日益提高。他们为了保卫胜利果实，对支援淮海决战，表现出极大的政治热情。上百万群众长途跋涉，运送粮食弹药；自动筹集舟船，抢修公路、铁路，保障军事运输；参加民工团，组织担架队，精心护理、运送伤员。根据地人民响亮地提出"要人出人，要粮出粮，不惜任何代价，全力支援前线""解放军打到哪里，我们就支援到哪里"。陈毅司令员《记淮海前线见闻》诗词生动地描绘了当时的动人情景："几十万，民工走不通。骏马高车送粮食，随军旋转逐西东。前线争立功。担架队，几夜不曾睡，稳步轻行问伤病：同志带花最高贵，疼痛可减退？"据不完全统计，淮海战役的 500 多万民工中，山东根据地占一大半，大批民工身带"三宝"（狗皮、蓑衣、葫芦瓢），袋装"三红"（红高粱煎饼、红辣椒、红萝卜咸菜），忘我奋战在千里运输线上。华东支前英雄唐和恩从家乡出发，忍饥挨冻，不畏艰险，支前足迹踏遍鲁、苏、皖三省的 88 个城镇和村庄。他的支前业绩和随身携带并刻有途经城镇名字的竹竿，至今还陈列在淮海战役纪念馆中。

淮海战役中，恢复区群众无私支援做贡献。他们既有翻身解放、安居乐业的亲身感受，又有饱尝国民党黑暗统治的辛酸经历，大家怀着对人民军队的无限热爱和对反动派的无比仇恨，在党组织的领导下，恢复生产，踊跃支前。广大群众，组织起来运送物资、救护伤员；配合部队修复交通、打扫战场、搜捕残兵、看押俘虏，并以大量的人力、财力、物力，保

障部队作战需要。山东郯城收复后，人民群众每天献粮 35 万斤，主动在交通要道开设民站、粮站。鲁中南部分恢复区人民，紧急动员抢修交通，在 1 个月的时间内，就修通了 1395 公里、31 条公路、大路和 380 余座桥梁，还组织民兵守桥护路，确保东起黄海、西迄运河、南抵陇海路、北至胶济路的广大地区交通畅通，为支前做出了贡献。

淮海战役中，新区老百姓鼎力相助立新功。他们虽受过国民党的欺骗宣传，对党和解放军一时尚缺少认识。但经过大批随军干部的细致工作和随军民工的现身说法，党的新区政策和我军严明的纪律，很快揭穿了国民党的反动宣传。新区老百姓幡然醒悟，纷纷用支前的实际行动争立新功。以徐州为例，解放军一进城，就受到各界人士尤其是青年学生的热烈欢迎，在地方党组织的领导下，工人立即恢复生产，工商业者迅速开业，汽车、火车司机自动组成运粮队，医务人员热情救治伤员，铁路员工昼夜奋战，抢修铁路，不到 20 天，就逐段打通了津浦、陇海铁路枢纽，把大批物资送到前线。

淮海战役后勤保障新格局的出现，一靠党中央、中央军委和地方各级党委的正确领导和支持；二靠人民；三靠深入的思想发动和严密的组织，引导群众自觉把自身的利益和革命战争的胜利紧紧联系在一起；四靠我军模范地执行党的政策，有严明的纪律，用自己光辉的形象把广大群众团结在我军的周围，赢得战争的胜利。这些都是新形势下建设现代化后勤必须遵循的准则。现代战争的后勤，更离不开人民的支援。广大后勤工作人员必须坚持发挥人民战争的优势，继承和发扬淮海战役中全民办后勤、全军办后勤的好传统、好经验，以全民后勤支援全民战争，开拓平战结合、军民结合、军民兼容、寓军于民的新路子，充分发挥国家的整体保障力量，做好后勤保障工作，夺取未来战争的更大胜利。

现代化的军队，必须有现代化的后勤。未来战争和现代科学技术的飞速发展，对后勤筹划、储备、管理、运输、防护、指挥的要求更高。我们一定要立足现实，着眼未来，不断增强现代战争条件下后勤的综合保障能力、组织指挥能力、后方防卫能力、快速反应能力和生存适应能力，在新的征途上，谱写后勤工作的新篇章。

耕战互助凝聚人民战争伟力①

王少亭② 贾 萍③

淮海战役是 1948 年 11 月至 1949 年 1 月间，人民解放军华东、中原野战军 60 余万人，在以徐州为中心，东起海州（今连云港）、西至商丘、北起临城（今枣庄市薛城）、南达淮河的广大地区，与国民党军 80 余万人展开的战略决战，历时 66 天，共歼国民党军 55.5 万人。淮海战役的胜利，彻底粉碎了国民党军的防御计划，做出了重大贡献。

一、劳务减征，出工与生产互不影响。淮海战役期间，劳务出工是人民支前的重要形式。各级党政机关坚持出工与生产并重，区分不同情形，采取出工与生产劳务相抵，特使长江中下游以北广大地区获得解放，从根本上动摇了国民党反动政府的统治，加速了人民解放战争的进程。淮海战役前夕，中共中央、中央军委对人民支前和后勤工作极为重视，一再强调"对于人民，必须实行耕战互助的方针"。淮海战役期间，各级党政机关积极开展"耕战互助"运动，实行人力、物力合理负担，工具、牲畜合理顶工，支前工、生产工合理顶替，照顾好民工家属生产，禁止无价派差，实行发价包运，累计动员民工 543 万人，向前线运送弹药 1295 万斤、粮食 9.6 亿斤，真正做到了要人有人，要粮有粮，要物有物，部队打到哪里，人民就支援到哪里，实现了支前、生产两手抓、两不误、两促进，既保证

① 本文选自《中国国防报》2022 年 2 月 10 日。
② 作者单位：徐州市军分区。
③ 作者单位：淮海战役烈士纪念塔管理中心。

充足的力量支援前线，又保证足够的劳力不误生产。淮海战役总前委教育部队特别是后勤部门不要对支前工作要求过高，尽力帮助支前群众解决好家庭生产生活困难，并以实际行动节省物资，珍惜民力。规定"凡服务军工机关、公营工厂之人，或生活来源全靠做工者，其本人不担任常备民工。小学老师不担任常备民工"，确保后方军工生产、工厂运行和学校教育不受影响。实行"前后方工的等价相换，解决支前与生产的具体矛盾"，提升了劳务出工计算、计酬方法的合理性、公平性。这些紧贴实际、实事求是的动员措施，减轻了人民群众的出工负担，人民群众不会因为支援前线导致生产生活受到影响，受到普遍欢迎和积极拥护。

二、粮食减免，支前与生活互相照应。战争年代，粮食生产受到严重影响，粮食供应成为关系战争胜负的重要因素。淮海战役期间，最多时每天需要粮食250多万斤。对此，各级党政机关针对佃户、荣誉军人、非解放区、灾荒地区的实际，制定出台具有当地特色、符合地区实际的粮食征收减免政策，并在后方积极开展代耕代种等活动，为支前民工外出后的粮食生产提供必要支持，保证无劳动力家庭有粮食吃、不断粮，基本生活不受影响。山东地区就出台政策规定："无劳动力之军、工、烈属、鳏、寡、孤、独、生活困难者，酌情减免其负担的20%～50%，特殊困难确无负担能力者，报区政府批准可予全部免征。""凡遭水、旱、虫、雹、风灾之土地，呈报本府批准后，视灾情轻重酌量减免其受灾部分负担。"减赋政策体现了"一切为了前线，一切为了胜利"的人民战争思想，增强了人民群众对支前工作的情感认同，赢得了人民群众对动员行动的理解支持。

三、计价定制，供应与收入互促并进。战役期间，各解放区把支前生产与个人收入挂钩，灵活采取给价包运制、包运提成制和供给提奖制等经济手段，对支前民工进行经济补偿，维护人民群众根本利益，激发人民支前积极性，提升支前保障质效。"所谓包运制就是动用民力车辆，完成按市价发给工资，不是义务动员，这对发展生产、繁荣经济、支援战争都是有利的……必须努力贯彻。"有的地方做军鞋不再采取妇女慰劳及派军鞋办法，改用按件计工，产量越高收入越多，质量越好收入越高，大大提升了生产效率和军品质量。1948年6月陈毅、邓小平给中央军委的报告中称："过去慰劳鞋、派军鞋穿上几天就坏，现在订购鞋则经久耐用，群众不但不感到支差之苦，反而增加他们的谋生之道。"这种政策既支援了前线，又促进了生产，群众支前积极性空前高涨，保证了源源不断的前方供给。

四、优抚补偿，物质与精神互为支撑。解放区把支前群众纳入表彰奖励、抚恤优待范畴，制定了详细的优抚政策，明确民工负伤、牺牲和复员后的待遇问题。比如，参战民工在完成任务中负伤的，在附近医院进行疗养，医药报销；牺牲的民工运往其原籍殡葬，并给予一定的抚恤补偿。豫西军区规定，牺牲的民工由各县政府发给棺材费小麦 500 斤，抚恤小麦 500 斤，家属享受烈属之政治待遇。同时，还对畜力、车辆损失做出补偿说明：参战畜力死亡的，除了卖掉皮肉外，另补助其能够买一头牲口的赔偿费。山东滨县还要地方领导进行慰问："我县支前牺牲一人……除政府抚恤粮外，该同志出丧时由本区区长亲自到他家给该同志及其家庭安慰。"这些措施，极大地提升了民工支前的积极性、自觉性和获得感、荣誉感。

从外部环境看，土改翻身后的人民群众认识到支前是自己的事业，迸发出空前的支前热情。而"耕战互助"方针坚持以人民为中心，顺应人民意愿，维护人民利益，进一步激发了人民群众千里远程、随军转战的斗志。人民群众是真正的铜墙铁壁。新的时代条件下，我们仍然需要坚持和传承人民战争思想，丰富和充实人民战争内涵，相信人民、发动人民、依靠人民，凝聚起磅礴力量，御敌于团结稳固的钢铁长城之外，歼敌于人民战争的汪洋大海之中。

论淮海战役的胜利是人民战争思想的胜利①

申海良② 袁 剑③

1948 年 11 月 6 日，根据中央军委和毛泽东确定的 "隔断徐蚌歼灭刘峙主力的总方针"，在以徐州为中心，东起海州，西至河南商丘，北起山东省临城，南抵淮河的广大地区，华东、中原野战军同国民党军队进行了一场战略大决战，并取得了全面胜利，"不但长江以北局面大定，即全国局面亦可基本上解决"。淮海战役的胜利是有多方面因素的，但归根到底是人民战争思想的胜利。如果没有中共中央、中央军委坚持高度集中的统一指挥，没有人民军队英勇顽强、敢打必胜的战斗精神，没有广大人民群众的积极参与和全力支持，要赢得淮海战役的胜利是不可能的。

一、以毛泽东为统帅的中共中央、中央军委实行高度集中的统一领导，坚持群众路线，集中集体智慧，绘就淮海战役战略蓝图

实行人民战争，必须要坚持中共中央、中央军委的统一领导。淮海战役发展成为南线战略决战并取得胜利的条件，不是一开始就成熟的，最初设想的是由华东野战军单独实施的 "小淮海" 战役，比后来实际发展的规模要小。中央军委、总前委审时度势，根据军事形势的发展和战场实际情况，统一筹划，因势利导，适时做出扩大战役规模的决策，把 "小淮海"

---

① 本文选自《淮海战役精神深刻内涵和时代价值·论文征集选编》，2018 年版。
②③ 作者单位：国防大学政治学院。

战役演变为南线战略决战的"大淮海"战役。

1948 年，我军作战捷报频传，战场形势逐渐向好，辽沈、济南战役的胜利再加上我军在其他战场的胜利，使得"中国的军事形势现已进入一个新的转折点，即战争双方力量对比已经发生了根本的变化。人民解放军不但在质量上早已占有优势，而且在数量上现在也已经占有优势"。9 月 24 日，粟裕给中央军委发电："建议即进行淮海战役。该战役可分为两阶段：第一阶段以苏北兵团（须加强一个纵队）攻占两淮，并乘胜收复宝应、高邮，而以全军主力位于宿迁至运河车站沿线两岸，以歼灭可能来援之敌；如敌不援或被阻，而改经浦口、长江，自扬州北援，则我于两淮作战结束前后，即进行战役第二步，以三个纵队攻占海州、连云港，结束淮海战役，而后全军转入休整。"

9 月 25 日上午，刘伯承、陈毅慎重考虑粟裕所发电报后，电告军委并华野："粟敬七时电悉。济南攻克后，我们同意乘胜进行淮海战役，以第一方案攻两淮，并吸打援敌为最好。"19 时，中央军委发出毛泽东起草的电报，表示"我们认为举行淮海战役，甚为必要"，同时指示战役"可于十月十号左右开始行动""第一个作战应以歼灭黄（百韬）兵团于新安、运河之线为目标""歼灭两淮高宝地区之敌""歼灭海州、连云港、灌云之敌"，以利于下一步进行徐州、浦口线上的作战，并要求"开一次像上月曲阜会议那样的干部会，统一作战意志"。此后，中央军委与中野、华野指挥员之间电报往来频繁，就淮海战役的作战方针和部署多次进行磋商研究。

10 月 11 日，中央军委下达了毛泽东起草的《关于淮海战役的作战方针》，计划分三个阶段进行淮海战役，战役第一阶段的重心是集中兵力歼灭第七兵团，第二阶段攻歼海州、新浦、连云港等地之敌，第三阶段在淮阴、淮安方向作战。确定主要作战任务是在一个半月至两个月的时间内，歼灭徐州刘峙集团主力之一部，开辟苏北战场，使山东和苏北打成一片。10 月 21 日午时，饶漱石、粟裕、谭震林给中共中央军委发电，建议根据敌情变化调整部署。第二天中央军委回电，"同意照淮海战役的修改部署执行"。11 月 7 日早晨，华野指挥机关到达临沂地区，粟裕与副参谋长张震分析全国战略态势，预判敌人可能采取的行动，权衡各种方案的利弊得失，认为应该把淮海战役发展为南线战略决战。他们立即报告中央军委、陈（毅）邓（小平）和华东局、中原局，建议"以主力转向徐（州）固（镇）线进击，抑留敌人于徐州及其周围，而后分别削弱与逐渐消灭之（或歼孙兵团，或歼黄维兵团），同时以主力一部进入淮南，截断浦蚌铁道，错乱敌人部署与孤立徐、蚌各点敌人"。11月9日，中央复电，"齐辰电悉。应极力争取在徐州附近歼灭敌人主力，勿使南窜。华东、华北、中原三方面应用全力保证我军的供应"，中央军委下定决心扩大淮海战役的原定规模。

11月16日，中央军委下达毛泽东起草的电报："由刘、陈、邓、粟、谭五同志组成一个总前委，可能时开五人会议讨论重要问题，经常由刘、陈、邓三人为常委临机处置一切，小平同志为总前委书记。"在战役实施过程中，总前委积极向中央军委上报情况提出建议，来往电报可见一斑，如《决心先打黄维兵团》《建议华野以四个纵队加入歼击黄维作战》等，中央军委都能全面了解和掌握部队情况，确保了统一指挥的贯彻实施。因为战况发展迅速，情况瞬息万变，毛泽东强调在总的战略意图下，前线指挥员有机断行事之权，授权总前委："情况紧急时机，一切由刘、陈、邓临机处置，不要请示。"

二、人民军队是进行人民战争的骨干力量，

我军参战官兵发扬敢打必胜的战斗精神，

硬是把淮海战役这"一锅夹生饭""吃下去了"

人民军队是人民力量在军事上的集中体现，其极端重要性主要表现在战场上消灭敌人。解放战争进入第三年后，随着人民解放军逐步发展壮大和国民党军力量的削弱，长期以来敌强我弱的情况发生了重大变化，在战略上我军逐渐占有主动地位。1948年11月1日，中共中央决定华东野战军16个纵队另1个军，中原野战军7个纵队，以及华东、中原军区的地方武装约60万人，联合进行淮海战役。国民党军投入刘峙集团共有4个兵

团、4 个绥靖区的部队，白崇禧集团的第十二兵团，加上战役过程中由其他战场调来的 4 个军，共约 80 万人。我军参战兵力、武器装备均不占优势，战场情况复杂多变，"我军没有飞机，从敌人手中缴获的坦克很少，大炮也不多，我们和敌人作战，还是靠小米加步枪，靠炸药，靠手榴弹和刺刀"。

淮海战役分三个阶段，每一个阶段的战斗都很激烈，最后的胜利是广大官兵流血牺牲铸就的。淮海战场上敌人的总兵力多于我军，武器装备优于我军，但我军在战略战术和军队质量上占有优势，内部高度团结，斗志旺盛士气高涨。我军经过前期战争的锻炼，积累了丰富的运动战和攻坚战经验，有着敢打必胜的战斗精神。党中央和中央军委指示我军"愈坚决、愈大胆就愈能胜利"，要下定决心把敌人的主力消灭在长江以北。华东野战军主力，首先指向徐州刘峙集团薄弱而要害的右翼——位于陇海路上新安镇地区的黄百韬兵团。这是一个大仗、硬仗，"黄百韬兵团的战斗力虽不算一等强，但也不弱，在敌徐州集团中算中等偏上的"。据《淮海战役通讯集》：南平集阻击战，敌军装备榴弹炮、化学炮和山炮等先进武器，在二十九辆坦克和八九架飞机支援下，企图冲破障碍增援徐州。我军毫不惧敌英勇阻击，其中六连固守的南平集西南杨庄突出阵地，在敌人炮火下阵地工事几乎全被摧毁，但负伤的人一声也不吭，咬着牙，继续打着枪。连长张乾静在阵地上到处喊着："人在阵地在，轻伤不下火线！"三班长张保周负了重伤，但躺在交通壕里坚持着不下去，他说："不要紧，敌人过来我躺着也能投弹！"十二班长刘玉奎负了伤，机枪也打坏了，他就把机枪挂在脖子上，端着步枪打。在追击黄百韬兵团的作战中，第九纵队"潍县团"第二连第一排共产党员范学福等 10 名勇士，用身体架起一座人桥，保证追击部队顺利通过 10 米宽的沂河，创造了"十人桥"的壮举。

据 1948 年 12 月 5 日的《大众日报》：在碾庄圩歼灭黄伯韬兵团作战中，敌人的一个营凭险据守前沿地堡。当时，六纵五十一团八连爆破员张树才便挺身而出，主动向连长请求任务说："连长，你让我去。我张树才不炸开前沿工事，坚决不回来！"他随即拿起炸药，飞快地向大张庄西南的地堡群跃进。当时敌人一枪未放，等到张树才离地堡只有十多步远了，三个敌兵突然跳出地堡，向他猛扑过来。在这个危急关头，张树才毫不畏怯，继续前进。他抱着炸药，拉开了导火线，拼着全身气力直向敌人地堡扑去，口里高喊着："只要完成任务，死也光荣，你们来吧！"敌人一见来势勇猛，吓得连忙掉头逃进了洞口。张树才便迅速地把炸药放在地堡顶上，立刻一声巨响，地堡全部炸毁，张树才同志也同时壮烈牺牲。这时，突击班立即从张树才所炸开的缺口杀进庄去，迅速解决战斗。

有的营、连干部全部负伤或牺牲，战士剩下三五人，文化干事、理发员和通讯员主动指挥战斗，无论付出多大牺牲，也要守住阵地。有的连队在淮海战场上，因伤亡过多，竟组建过三次。我军参战官兵发扬敢打必胜的战斗精神，前赴后继不怕牺牲，首战黄百韬兵团获胜并将其围歼。而后切断徐州、蚌埠之间的联系，将黄维兵团合围于以双堆集为中心的地区，歼灭孙元良兵团、黄维兵团，包围并全歼杜聿明集团，硬是把淮海战役这"一锅夹生饭""吃下去了"。

二、广泛动员群众、组织群众，把支援战争的伟力扎根于群众之中，有力地保证了淮海战役的胜利

真正的铜墙铁壁是什么？是群众，是千百万真心实意地拥护革命的群众。依靠民众则一切困难能够克服，任何强敌能够战胜，离开民众将一事无成。淮海战役规模巨大，后勤保障任务十分繁重，仅靠军队后勤部门是难以完成的。中共中央、中央军委十分重视这次决战的后勤工作，在战役中一再指示中原局、华东局，必须会同华北局统筹解决全军及民工130万人3至5个月的粮食弹药、草料，及10万至20万伤员的治疗工作；对人民参战，必须实行"耕战互助"的方针。中共中央制定的土地制度改革政策，改变了几千年来中国封建的土地关系，满足了广大农民获得土地的愿望，从而极大地调动了农民群众的生产和支援战争的积极性。我军在广大人民群众的大力支援下粮草充足、兵强马壮、士气高涨，形成鲜明对比的是，包围圈内的国民党军队处于外无援兵、内无粮弹、日益走向死亡的境地。

解放区的各级党委和政府广泛深入地动员群众组织群众，号召"一切为了前线，一切为了胜利"，掀起踊跃支前的热潮。在总前委和中共中央华东局、中原局的统一领导下，建立华东支前委员会、华中支前司令部、中原支前委员会和冀鲁豫战勤总指挥部等统一的支前机构。人民群众从后方生产、筹集物资到伤员救治对淮海战役予以了全面支援，特别是物资运输，主要依靠人民群众的肩挑车推。陈毅曾形象地讲：淮海战役的胜利，是人民群众用小车推出来的。

1948 年 11 月 17 日，因运输需要动工抢修津浦铁路兖（州）临（城）段，广大人民群众均以国家主人翁的姿态，创造了惊人的劳动效率，至 12 月 20 日仅 33 天，有大小 47 座桥梁的 110 公里铁路，即抢修完成（原计划 1949 年 1 月 15 日方能通车），使济南、徐州段得以顺利通车。各地除组织了大批担架队、小车队陆续开赴前线外，从靠近战线的地区到远离战线的非战区，从乡村到城市，从机关到工厂，到处都沸腾着为前线服务的热情，紧张地完成着后方的战勤工作。战役第二阶段，时逢寒冬腊月，连降大雪，水上运输需破冰前进，陆上运输需跋泥踏雪，给运输带来了严重的困难。各地民工和我军后勤人员满怀胜利激情，经过艰苦卓绝的共同努力，克服了难以想象的困难，将大批粮食、弹药、慰劳物资及时运达前线。冀鲁豫五分区（黄河南接近淮海前线）160 万人民，在"早送上公粮，早把将匪消火光"的口号下，冒着风雪，9 天内将 1000 万斤公粮碾好送上前方。

淮海战役中有大量女性踊跃支前，为战役的胜利做出了独特贡献。她们加工粮食供应前线，据《大众日报》："滨海在十月二十日以后的月余中，数十万妇女亦赶办了三批加工粮两千余万斤。莒南三批加工粮九百余万斤，均各在三天内完成，妇女们都一连数夜未眠。"她们赶制棉衣、棉被、鞋袜，据《渤海日报》："自县府把上万双军袜的任务分配到各区各村后，全县妇女热烈投入这一拥军工作中，她们昼夜加工，保证'做得好，做得快，做得结实'。"另外她们还织布洗衣，照顾伤员，雪涡县妇女会干部许秀英热情照料伤员，给伤员喂水喂饭、洗补衣裳，伤病员都尊称她是"人民战士的母亲"。

陈毅的词《记淮海前线见闻》，再现了当年人民支援前线的壮丽情景："几十万，民工走不通。骏马高车送粮食，随军旋转逐西东，前线争立功。担架队，几夜不曾睡，稳步轻行问伤病：同志带花最高贵，疼痛可减退？"胶东莱阳支前民工队长、特等功臣唐和恩，在战役中随军转战数千里，在他随身携带的小竹棍上，刻下了山东、安徽、江苏三省 88 个主要村镇地名，真实地记录了他的战斗历程。这是亿万人民踊跃支援前线的缩影，是真正的人民战争胜利进程的历史见证。据统计，除在后方动员的碾米、磨面和做军鞋的人力外，共出动包括随军、二线转运常备民工和临时民工在内的支前民工达 543 万人，为参战部队的 9 倍。共动用担架 206 万副、大小车 88 万余辆、挑子 35.5 万副、牲畜 76.7 万头、汽车 257 辆、船只 8500余只、前送弹药 7300 余吨、粮食近 44 万吨，后运伤病员 11 万余人，并组织民兵团 130 余个，担负警卫物资、看押俘虏和打扫战场等任务。

四、淮海战役留给我们的启示

淮海战役的硝烟早已散去，但给我们留下了深刻启示。当前，我国正处于决胜全面建成小康社会，实现中华民族伟大复兴的关键阶段，我军也正处在探索新时代强军之路，实现新时代强军目标，建设世界一流军队的关键关口。习主席在谈到"战争指导问题"时指出，"不论形势如何发展，人民战争这个法宝不能丢，但要把握新的时代条件下人民战争的新特点新要求，创新内容和方式方法，充分发挥人民战争的整体威力。"建设一流军队必须紧紧扭住能打仗、打胜仗这个关键，坚持实行人民战争，加强备战打仗，时刻做好战争准备。

（一）适应领导指挥体制要求，构建联合作战指挥体系。什么样的领导指挥体制才是最好的？有利于部队集中统一领导、满足打赢战争要求、顺应军事革命潮流的领导指挥体制就是最好的。近年来，世界新军事革命深入发展，战争形态加速由机械化向信息化演变，基于网络信息体系的联合作战特征更加凸显。在习主席的领导下，国防和军队改革在主要领域迈出历史性步伐、实现历史性突破、取得历史性成果。领导指挥体制的改革是深化国防和军队改革的重中之重，我军打破总部体制、大军区体制和大陆军体制，建立起"军委管总、战区主战、军种主建"的新体制，成立了军委的战略指挥中枢——军委联合作战指挥中心，构建了战区联合作战指挥体制，减少了指挥层级，提高了指挥效率，在军委和战区层级可以把诸军兵种力量统起来、联起来、用起来。联合作战体制设置虽然已经完成，但还缺乏相关制度和机制的建设，职能分工、指挥关系和运行模式等还需要进一步明确和磨合。战争最能检验军队建设成效，准备战争时期我们要更加强调实战化演练，确实高标准、严要求，真演真练，不断提高各级指挥机构指挥作战和联合作战的能力。按照习主席的要求，"努力建设绝对忠诚、善谋打仗、指挥高效、敢打必胜的联合作战指挥机构，构建平战一体、常态运行、专司主营、精干高效的战略战役指挥体系"，"努力构建能够打赢信息化战争、有效履行使命任务的中国特色现代军事力量体系"，全面提高新时代备战打仗能力。

（二）加强军队人才队伍建设，培养敢打必胜的战斗精神。人是决定战争胜负的决定性因素，战斗精神是军队战斗力的重要因素。当前，实现新时代强军目标，着眼建设世界一流军队，我们要强调全体官兵坚定理想信念，强化战斗精神培养，凝智聚力共同奋斗。未来我们面临的将会是信息化战争甚至是智能化战争，科技扮演的角色越来越重要，战斗精神的培育要重点着力于加强军队人才队伍建设，提高官兵的信息化素养。要加快实施人才强军战略，重点培养"深谙联合作战的指挥人才群体、精通军事谋略的参谋人才群体、掌握新型装备的战斗人才群体、善于创新攻坚的科技人才群体、专业技能精湛的保障人才群体"，把培养适应未来信息化战争需求的联合作战指挥人才、新型作战力量人才作为重中之重。通过多种渠道集聚人才选拔人才，让有才能高素质的人才愿意投身国防建设，献身强军事业，要不断完善军事人力资源政策制度，深化军官职业化制度改革，持续推进军人荣誉体系建设。

（三）不断推动国防动员建设发展，巩固军政军民团结。世界新军事革命深入发展，国家安全环境深刻变化，我们面临的战争，必将是比拼综合国力的信息化战争甚至是智能化战争。面对战场，要实现"有效塑造态势、管控危机、遏制战争、打赢战争"，除军队必须坚持战斗力标准，做好各种军事斗争准备……确保具备打赢能力外，还要通过战争动员迅速将战争潜力转化为战争实力。要健全国防动员机制，完善国防动员体系，制订国防动员预案，搞好军地双向对接，定期组织军地国防动员演练，确保动员的简约有序、顺畅高效。近年来，征兵形势不容乐观，多地面临征兵难题，我们要深入反思"征兵难"的症结在哪里。一个和平时期都不愿意到部队服役的人，就更不能指望国家危难时会挺身而出。和平时期尚且难征兵，战争爆发必然也会面临难动员的难题。要深化兵役制度改革，加强全民国防教育，增强全民国防观念，真正给予军人极大的荣誉和信仰，要让军人成为全社会尊尚的职业。建设一流军队，需要一流人才，也需要优秀的士兵、充足的兵员。我们的军队是人民军队，我们的国防是全民国防。把握新时代人民战争的特点和要求，创新内容和方式方法，充分发挥人民战争的整体威力，"军民团结如一人，试看天下谁能敌"。

人民群众的支援
是淮海战役胜利的一个决定性因素①

朱子文②

　　淮海战役是中国人民解放战争史上规模最大、歼敌最多的一次战役，它的胜利，大大推进了中国革命的进程。在这一战役中，我军投入总兵力60万，敌人投入总兵力80万，从1948年11月6日开始至1949年1月10日结束，经过三个阶段66天激战，我军以13万人的伤亡，歼敌1个总部的前进指挥部、5个兵团部、22个军部、56个师共55.5万人，其中包括敌人自诩为"五大主力"的最后两个：第五军和十八军。经过这一战役，蒋介石军队的主力精锐师团丧失殆尽，人民解放军直出长江，解放了长江中下游以北广大地区，国民党反动统治中心南京、上海以及长江中游战略重镇武汉等地处于人民解放军的直接威胁之下。正如中央军委所指出的："此战胜利，不但长江以北局面大定，即全国局面亦可基本上解决。"据苏联驻华大使尤金讲，斯大林听说后，在笔记本上写下："60万战胜80万，奇迹，真是奇迹。"这是中国革命战争史上的奇迹，在世界战争史上也是少见的。

　　这个战役之所以取得如此伟大的胜利，决定性因素之一，是解放区广大人民的大力支援。时任淮海战役总前委委员、华东野战军司令员的陈毅同志分析这次战役胜利的原因，认为有四点：首先，是毛主席的战略决策

---

① 本文选自江苏文史资料第100辑附录《淮海战役新论》。
② 作者单位：江苏省档案研究所。

的胜利；第二，贯彻了集中兵力打歼灭战的原则；第三，两大野战军的密切配合；最后一个原因，是人民群众的广泛支前。他很形象地说："淮海战役的胜利，是人民群众用小车推出来的。"还赋诗赞颂道：

> 几十万，民工走不通。
> 骏马高车送粮食，
> 随军旋转逐西东，
> 前线争立功。
> 担架队，几夜不曾睡，
> 稳步轻行问伤病：
> 同志带花最高贵，
> 疼痛可减退？

时任淮海战役总前委书记的邓小平认为，后方人民群众的历史功绩同人民军队的辉煌一样，将永远载入史册，值得世世代代称颂。

纵观这一战役的全过程，确实是这样，中原、华东、华北三大战略区的人民，不顾任何困难与代价，以全力支援前线，不仅在物质上使部队得到了充足的供给，而且在精神上给部队以极大的鼓励，使全军指战员无所顾虑，英勇杀敌。这是歼敌制胜的重要原因。

历史记载也充分证明这点。笔者近来翻阅江苏省档案馆馆藏有关档案、资料，众多史实，汇聚眼底。从总的方面看，当年苏鲁豫皖四省解放区动员民工543万人，组织驴骡等牲畜10万多头，担架20万多副，小车41万辆，挑子30万多副参战，并设立粮站110多处，供应粮食4亿5000万多公斤，建立伤员转运站150多处，运送伤员11万多人，协助部队运输物资弹药1000多万吨。还动员10多万子弟参加解放军，补充主力部队。组织上百个民兵团，执行战地勤务和维护后方安全。可以说是竭尽全力，支援战争。

再从当年靠近战场的淮海、盐阜分区来看，这一带地方当时连年灾荒，特别是淮海分区，1947年水灾为30年来前所未有，全区8个县有5

个被水全部淹没，所余淮、涟、泗三县亦被水淹 1/3，加上敌人屡次扫荡、抢劫，灾民达 99.6 万人，而断炊的就有 34.7 万人，占全区人口的 23%，而且苏北兵团从 1948 年 6 月份即开始在这里连续作战，粮食供给十分匮乏。为了克服这一困难，他们节衣缩食，除按时完成上级下达的筹粮任务外，还想方设法组建三个运粮办事处，筹集大批船只、车辆，在敌人严密封锁与分割的局面下，从江边泰州分区运粮到兴化以北，再转运到盐阜分区，陆运淮海。南北距离 225 公里，分水陆三节转运，到战争打响前运到淮海的粮食达 1150 多万公斤，保证了作战时期的粮食供应。同时，为了保证华东野战军顺利南下的军事交通，又动员大批人力、物力，着手抢修公路和桥梁，并有重点地架设电话通信设施。1948 年 11 月 13 日，华中工委、苏北军区、华中行政办事处遵照华东局关于"华中应全力支援前线，争取胜利"的指示，发出"党政军民紧急动员，争取淮海战役胜利"的号召，要求"一切为了战争，一切为了胜利，凡是可以动员的人力、车力、牲口、船只都要为支前服务，保证在服务期间不开小差，勇敢地抢救伤员，迅速地转移伤员，及时地供应粮草，满足前线的一切需要"。两分区立即行动起来，提早完成秋耕秋种，从思想上、组织上、领导上做好一切准备，任务一到，迅速全力去完成。1948 年底，淮海区动员担架 17365 副，小车 134586 辆，挑子 7441 副，牛车 4155 辆，船舶 350 艘，驴骡 5241 头，出人力工 17525980 个，运军米 550 万公斤，运麦秸 750 万公斤，修造桥梁 36 座，修建公路 750 公里，参军补充主力 22080 人。盐阜区动员担架 15818 副，小车 46937 辆，挑子 87872 副，牛车 3895 辆，船舶 26998 艘，驴骡 8042 头，长短工 264335 人，运粮 23843792 公斤，运子弹（包括炮弹）65143 发，运物资 62380 公斤，转运伤员 11054 人、7202 公里，送主力部队 1503 人，送分区部队 4876 人，送县队 4460 人，送区队 4296 人。几乎所有青壮男子都参加了前方长途服务。淮海区由于劳力不够，还动员了 8590 个妇女参加长途运输，551 个精壮妇女参加了担架队。后方生产、短途运粮、后勤服务全由妇女和老弱承担。《淮阴分区 1948 淮海战役中妇女支前后勤服务统计表》有个统计数据，当年有 60 万妇女参加磨面，磨面粉 1034.6 万斤，做军鞋 8686 双，缝洗军衣 9 万余件。真是全区上下齐动员，男女老少忙支前。

有些事迹非常感人。两分区组织 24000 个运米队，把 900 万斤大米从阜宁向淮河边上运到淮海前线，行程 700 公里，只花 20 天时间；在灾情严重的滨海县，一天时间就超额完成 1000 人、1010 副担架的任务，阜东千秋乡一次就有 62 人自动报告上前线，为了赶到黄维部队前头，正面阻击敌人，我军日夜兼程急行军，地方武装和民兵、群众不仅及时破坏掉桥梁、道路，而且把河流中的船只全部拖走或凿沉；大冈乡民工翻山越岭运伤员，60 里急行军不使担架颠簸，到达目的地，伤员躺在上面熟睡如常。尤其在运送伤员途中，有的拿自己饭碗给伤员当便壶，有的用手捧让伤员大便，在雨雪纷飞中，把仅有的被子加在伤员身上，不使伤员受寒；到了医院，除了尽心看护、及时救治外，必要时，争先恐后为伤员输血。这些对部队士气鼓舞极大。

据一些老同志回忆，在当年炮火连天的淮海战场上，到处是运粮、运弹、抢救伤员的群众。他们忍饥受寒，穿枪林，冒弹雨，历尽艰辛，全力支援子弟兵作战。

正是解放区广大人民群众全力以赴支援，人民解放军才终于克服了一切困难，在敌强我弱的情况下，取得了淮海战役的完全胜利。

据文献记载，1949 年，司徒雷登在仓皇撤离中国前，曾对国民党将领说："共产党战胜你们的不是飞机大炮，是廉洁，以及廉洁换得的民心。"民心向背决定战争胜负，古今同理。

今天，在进行建设有中国特色的社会主义的伟大事业中，我们一定要关心群众的疾苦，为群众谋利益。唤起民众千百万，同心干。这样，我们才能有作为，无往而不胜。

淮海战役人民支前的历史考察
——以军粮供给为中心

李泽昊①

自古以来，军粮的供给问题关系到战争的成败。对于 70 年前的淮海战役而言，由于作战区域主要在江淮徐州一带，属于国民党统治区，战场上所需的大部分军粮无法就地筹措，需要从远离战场的粮食征收地，主要是鲁中南山东解放区运往战争所在地。这对军粮的征收、运输、保管工作提出了严峻考验，而人民支前也成为战役中最动人心弦的一幕。正如粟裕将军所言："淮海战役的胜利，离不开山东的小推车和大连的大炮弹。"可见，充分的群众动员，使军粮工作的开展得以顺利进行，是取得胜利的重要保障，这样的胜利是伟大的，是我们不能忘记的。

一、军粮供给工作开展的背景和基础

（一）军粮供给工作开展的背景

1. 有利条件。到 1948 年 9 月止，解放区的面积已占全国总面积的 1/4，解放区人口占全国总人口的 1/3 以上。济南战役后，国民党在郑州、徐州、济南三足鼎立的态势陷于瓦解，我军华北、山东解放区逐渐连成一片，中原解放区渐趋巩固。同时，老解放区的土地改革基本完成，工农业生产也得到了一定的恢复和发展，为支援战争提供了坚实的人力、物力保

---

① 作者单位：常州大学。

障，特别是鲁中南革命老区在新的政策方针的指导下，端正了土改政策，实行了八项禁令、三大方案，加强了生产救灾，党群关系得到了改善，使得实行粮食征收政策时较为畅通。

为更好地争取支援，改善战局，中共中央适时地召开了九月会议，毛泽东向军队发出了"军队向前进，生产长一寸，加强纪律性，革命无不胜"的号召，确立了我军在长江以北和华北、东北作战的战略方针。这一方针逐步发展为：华东野战军主力由鲁南到苏北，先攻打淮阴、淮安，歼灭徐州增援敌人，然后攻占海州，举行淮海战役，史称"小淮海"。之后又随着情况的变化，"小淮海"战略思想逐步发展成横跨中原、华东两大战略区的南线战略决战，即淮海战役。

2. 不利因素。其一，从"小淮海"到"大淮海"，战役规模不断扩大，军队人数不断增多，粮食的供应任务随之日趋艰巨。战役过程中我军投入的兵力及动员支前民工，包括随军民工和后方临时民工，总计超过600万人。如以每人每天需要 2 斤加工粮计算，每天就需要 1200 万斤粮食。其二，淮海战役主要在江淮、徐州等国民党统治地区作战，我军物资供给本来就很困难，而作战区域高度集中，有水网、平原、丘陵等不同地形，又加大了难度。同时，济南战役对陇海线、津浦线铁路以及对沿线公路的破坏非常严重，因此，我军的粮食运输在战役前期只能大部分依靠民工用手推车在水网、丘陵间运输，这对粮食运输的安全性、有效性以及对民工的动员整合能力都提出了严峻挑战。其三，我军有华东野战军和中原野战军等多部队配合作战，各参战部队采用了运动战、阵地战、追击战、阻击战与分割围歼战等不同的战斗手段，加之战役又是连续的长时期的集中作战，这样的战局特点对后勤保障工作的精确性、统筹能力提出了更高要求。此外，1948 年淮海地区发生严重水灾，粮食大幅度减产。而一些群众认为明年除春荒以外可能还有夏荒，顾虑多，导致交粮、借粮积极性不高。

（二）军粮供给工作开展的基础

建立、健全各级组织机构，确保中央与地方的密切配合，是粮食工作顺利开展的基础。将粮食运送到前线部队手中，一般需要经过三个环节：

一是军队后勤部门将吃粮人数和需求统计出来，并上报给各军区后勤，军区后勤再将需求数量下派给各地方支前机构；二是各地方支前机构按需求数量征收或征借民众手中的粮食；三是各地方支前机构将征收或征借到的粮食统一运送到前线部队，由后勤部门完成分配。军队后勤再统计粮食需求，做好反馈，然后再循环往复。可见，粮食工作是一个庞大的系统工程，军队后勤部门、各军区后勤组织及各地方支前机构，缺一不可。只有分工明确，互相协作，才能保障部队供给。

为了做好军粮供给工作，战役伊始，周恩来就委派总后勤部部长杨立三，协同华野后勤司令刘瑞龙和中野后勤司令刘岱峰负责筹办淮海战役后勤与支前事宜。1948 年 11 月，由刘伯承、陈毅、邓小平、粟裕、谭震林组成的总前委成立，统一指挥淮海战役作战和后勤保障。同时，各地方各级党政军支前领导机关结合实际情况，贯彻执行了党中央、中央军委后勤部和总前委的指示，建立和健全了各级支前领导机构。

淮海战役主要涉及两大战区，华东军区和中原军区。华东军区下有苏北军区、胶东军区、江淮军区、渤海军区以及鲁中南军区，设立华东支前委员会，傅秋涛担任主任委员兼支前司令部司令。中原军区下有豫皖苏军区、冀鲁豫军区和豫西军区参与到淮海战役支前工作，成立华中支前委员会，贺希明任华中支前司令部司令员，政委曹荻秋。苏北军区、胶东军区、江淮军区、渤海军区、鲁中南军区、豫皖苏军区、冀鲁豫军区、豫西军区等 8 个军区分别成立了后勤司令部或支前委员会，主要负责人分别为：中共华中工作委员会和华中行政办事处，书记陈丕显，主任曹荻秋；中共胶东区委员会和胶东区行政公署，书记向明，代主任汪道涵；中共江淮区委员会，书记曹荻秋；中共渤海区委员会和渤海区行政公署，书记张晔，主任王卓如；中共鲁中南区委员会和鲁中南区行政公署，书记康生，主任李乐平；中共豫皖苏中央分局和豫皖苏区行政公署，书记宋任穷，主任吴芝圃；中共冀鲁豫区委员会和冀鲁豫区行政公署，书记兼主任潘复生；中共豫西区委员会和豫西区行政公署，书记张玺，主任李一清。上述各个军区在总原则与要求的指导下，依据各自地区的实际情况，分管各区划的后勤支前工作，并且相互配合、相互分工，保证了军粮工作的有序进行。

二、军粮供给工作的主要内容

淮海战役是一个不断变化发展的动态过程，军粮供给规划也必须依据战役的进程来不断调整。首先，在战役准备阶段，制定粮食供给政策和办法。

大军未动，粮草先行。由于淮海战役的作战范围主要集中在徐州江淮一带，我军背靠鲁中南，而华野也要从鲁中南行进到作战地点。因此，无论是部队行进中所带粮食还是战役初期战场上的粮食都主要依靠鲁中南的供应。

粮食征收方面，鲁中南是革命老区，群众基础较好，向老区人民征粮，最重要的是要注意合理负担问题。既要满足战场所需，也不能过多增加群众负担。因此，我军在鲁中南许多地区开展了形式多样的民主运动，成立了各种互助组、支前组等，动员群众积极支前，愿意拿出粮食来。同时，制定合理的粮食征收任务，避免群众负担过重。例如，华东支前委员会制定的征收任务是：依据水灾严重与否的情况，每亩平均征收 10 到 12 斤，每亩再上缴田赋 3 斤，此外，乡村财政每亩再收 2 斤左右。据统计，在部队最初行军的三天，共征收粮食 1370 万斤，充分保障了部队所需；而在战役的准备阶段，鲁中南共筹措粮食 1.5 亿斤，大大超过预期的数量，为战役的开局打下了坚实的物质基础。这反映支前粮食征收工作的巨大成功以及人民群众的巨大的支前热情。

粮食征借方面，随着战线的拉长，鲁中南的粮食极有可能不够战场所需，或者后方粮食跟不上前方部队行进的速度，因此，必须考虑就地征借，就地供应。与征粮不同，借粮主要针对的是新解放区，原则是有借有还。华野根据新区群众基础的强弱和干部人数的多少，制定了三种粮食征借办法：一是由各区县地方组织征粮队，随部队一起行动，到达新区后根据土地亩数向各村规定征粮数目，然后将粮食统一运送到粮站，部队再向粮站付粮票取粮；二是在地方干部不充足的情况下，不另外组织征粮队，直接抽调干部分派借粮工作，到达新区后向各村宣布借粮数目；三是部队到达新区驻扎后，直接向村借粮，交付粮票，留下证明信。

三种方法借粮虽然都要求有凭有据，凭票取粮，以便新政府将来偿还，但方法二给部队干部增加了额外的负担；方法三容易造成管理混乱、手续不全的问题，影响人民群众借粮的积极性；方法一则相对规范、合理，可以减轻群众顾虑，增强对人民军队的信心。因此，总的原则是要将方法一放在首位，优先考虑。同时规定，借粮一律使用山东粮草票，之前各区使用的不规范的红白条或借粮证一律作废。在具体借粮数目上，因地制宜，灵活调整借粮标准，大致为每亩借粮最多不超过10斤，每人平均拥有土地不到1亩的不借，遇到有灾情的地区，借粮数目酌情减免，地主、富农存粮较多的，单独考虑。

总之，征收、征借政策及方式的制定，不仅关系到部队所需，也关系到人民群众支前的积极性和信心，战役的进程是随时变化的，群众的支前热情也是一个动态变化的过程，我军针对不同地区、不同人群的粮食办法适应了不同情况，为部队提供了可靠的保障，也得到了民众的广泛认同和支持。虽然其中也有不完善的地方，如对粮食的保管问题没有做出明确的规定，很多地方出现了粮食烂在保管处的情况，客观反映了粮食工作的偏差及存在的浪费现象。但总的来说，为战役的顺利开展打下了坚固的基础，为后续的粮食工作树立了很好的典范。

其次，随着战局的发展，粮食运输问题成为重中之重。由于战争的破坏，当时津浦线上只有济南至兖州段畅通，运河线上只有东平、平阴至台儿庄一段畅通，豫西、豫皖苏、冀鲁豫、苏北、江淮等地区的粮食大部分只能通过民工用小车、挑子运到前线。济南战役之后，中央军委就立即要求后勤部门着手进行公路、桥梁的修筑工作。在淮海战役筹备阶段，粮食运输已走在战争之前，开始了紧锣密鼓的准备工作。我军在济南、临沂、豪山、沂河等交通要道或各个运粮线路的交会地带，设立运粮总站，对如何将渤海、胶东、滨北的粮食运至鲁中南进行汇总和中转进行了总的路线上的规划和指导。此外，分粮站和随军粮站各司其职，保证了后方粮食运往前线战场的有序进行。

淮海战役第一阶段以我军全歼黄百韬兵团顺利结束。这一阶段，部队作战的速度及战局不断扩大的规模，都超出我军的预计。部队进入到江淮、华中一带，随军运粮的民工、车辆无法跟上部队前进的速度，加之当地连年灾荒，国民党军队长期盘踞勒索，就地筹粮遇到困难，因此曾一度发生粮食恐慌。为解决困难，时任华野后勤司令的刘瑞龙首先建议华东局在台儿庄、运河站分别设立粮站，华中工委在宿迁重新组织支前机构。随后淮海战役总前委和华东局决定，华中支前司令部的领导工作暂分为南北两部分，北面以李干成为主留在苏北宿迁地区，领导苏北地区的支前工作；南面以贺希明、曹荻秋为主留在苏中，全面负责华中地区的支前工作。将华中地区的后勤工作分为南北两部分，是充分考虑到粮食工作开展的效率，分工合作，共同完成支前任务。

当时粮食的供应除依靠就地筹粮外，仍然主要依靠山东解放区的粮食调度。运输方式除了主要依靠民工以外，又增加了运河运输。运河运输相对于民工运粮便利得多，华东支前委员会在组织对船民进行思想政治教育的同时，制定了具体的运河运输奖励政策，规定：顺流载重3000斤以下者，每百里百斤按4%提成；载重3000斤以上万斤以卜者，其中3000斤按4%提成，余按3%提成；载重万斤以上者，其中3000斤按4%提成，7000斤按3%提成，余按2%提成；逆流均按5%提成。这种既对船民进行支前思想教育，打破其思想顾虑，又照顾船民利益的做法使得运河运粮超额完成了既定任务。

淮海战役第二阶段我军全歼黄维兵团后，部队人数、民工、俘虏人数直线上升，总数超过140万人。当时中央军委预计，淮海战役还要再持续3到4个月，需要4亿斤左右的粮食。而当时华东、华中只能筹到粮食2亿斤，远不够预计所需，势必依靠豫皖苏、江淮、冀鲁豫、豫西、鲁中南等地区筹粮。徐州解放后，运粮又增加了两种新的运输方式，汽车运输和火车运输。我军进入徐州后，迅速与相关公司达成合作协议，同时成立了新公司来组织汽车运粮，对司机和相关人员开展支前教育与立功运动，制定合理的运费和保险方案。在18天的时间中，从徐州到萧县共运粮400多万斤，最终在紧急时刻胜利完成了对追击部队的粮食供应任务。徐州解放后，济徐段、新徐段、徐宿段开始了大规模的火车运粮。后勤部门设立了干部专管的检查制度，不断完善了粮食数目统计和粮食入仓保管等工作内容，使得火车迅速成为运粮的重要交通工具，这对保证供给、节省人力、物力上，争取更大范围的粮食支援战争，都有重大的意义。

最后，民工动员对粮食供给工作功不可没。对于淮海战役的胜利，陈毅元帅曾多次强调："淮海战役的胜利是民工用小推车推出来的。"这充分说明广大支前的民工为淮海战役做出的不可磨灭的贡献。

淮海战役共征用民工543万，其中随军常备民工22万，二线转运民工130万，后方临时民工391万。他们主要承担向前线运送军粮，向后方转运伤员等任务。在战役的前期，制定合理的民工动员办法，并与民工达成服务协议，是最基础最重要的一步。1948年10月27日，渤海行署制定的《关于战时勤务负担暂行办法》中规定，民工的年龄应在18岁至55岁之间，可以酌情减免和照顾的情况包括：在军、工、烈属家中只有一个男劳动力的家庭；患有残疾、精神病及恶性疾病的；乡村的复员军人、学校现任的教职员及在城镇靠手艺维持生计的艺匠、小商、摊贩等。如有民工正在生产期劳作的适当照顾，可以缓工至生产期之后再支前。为避免对工商业造成影响，城镇中工厂、作坊的工人也予以照顾，可以雇人代替或酌情出勤。这些规定不仅针对性强，而且对减免和照顾的条件都做了明确的规定，对于农村及城镇的生产、发展以及保障群众基本生活都有积极的意义，成为当时各区制定政策的范本。

健全民站，解决民工的饮食、住宿、医疗等问题。在划定的供给线上，一般每隔30里左右设立一个民站，两个民站之间设一个茶水站。特别规定在民站工作中，要注意不能干涉到当地居民的生活，同时要不断促进当地居民与民工之间的良好关系。按照照顾民工利益的原则，统一规定民工供给的标准：一是伙食供给标准。按供给制供给的民工，每人每天可领秋粮3斤，菜金0.5斤（为野战军菜金标准的一半）；民工随军担运团，统一按照辎重兵的粮草菜金标准供应，即秋粮5斤，菜金1斤；因支前工作而生病的民工，按秋粮3斤，菜金1斤发放。二是黄烟费。服务三个月以上的常备民工，每月发黄烟4两；不需要烟草的民工，可折成现金发放。三是杂支费。包括办公费、运输工具的修理费、车油费、擦枪费、理发费、宣教费、医药费、负伤费、埋葬费、赔偿费和铺草费等，这些费用都做了详细合理的规定。可见，这些供给标准，涉及民工生活的方方面面，充分彰显了人文关怀，体现了我党的人民立场。

依靠党的思想政治教育，注重精神引领，提高民工的支前勇气与热情。教育内容包括：时事教育，让他们充分认识到我军胜利的必然性；阶级教育，对他们进行初步的无产阶级理论教育，讲清共产党的阶级性质，提高民工的阶级觉悟；政策教育，讲清民工的供给标准与办法，树立民工的集体性、纪律性意识，组织干部、党员、民工代表忆苦思甜，讲述本区本村的土地改革前后的生产生活等情况；关系教育，帮助民工遵守当地社会秩序，通过老区民工向新解放地区群众进行思想教育，消除新老地区群众之间的隔阂。典型塑造是开展思想政治教育的有效途径。通过鲜活的榜样人物和典型事例，帮助民工置身具体的情境之中，使之产生强烈的道德共鸣与价值认同。在具体的教育方式方法上，尽量采用民工喜闻乐见的形式，开展多种多样的文化娱乐活动，牢固树立他们的支前信心。同时，奖惩制度与宣传教育双管齐下。对做出突出成绩及有特殊贡献的，各级支前组织予以奖励，注重在优秀民工中培养积极分子，发展党员，提拔干部。而对于消极怠工、目无法纪、中途逃亡或投敌的民工，各级政治机关则按情节严重程度，用批评、警告、大会反省、记过等处分来帮助他们改正，号召他们继续为支前服务。这种奖惩结合的工作方法，有效地提高了民工的积极性。

三、军粮供给工作的特点及评价

据统计，淮海战役共筹运粮食 9.6 亿斤，不仅大大超过了战役所需（实际用粮为 4.3 亿斤），而且也为不久之后的渡江战役奠定了粮食基础。尽管受历史和时代的局限，军粮供给工作中存在着一定的缺陷和不足，如对军粮所需估计的偏差、粮食保管不完善、支前机构职能重叠造成的行政资源浪费等等，但从总体实践中看，军粮工作的成绩是主要的，是值得肯定的。综观淮海战役的军粮供给工作，具有立场的人民性、布局的系统性、政策的灵活性等特点。

第一，立场的人民性。在军粮供给工作开展的过程中，处处体现出尊重人民、重视人民利益的以民为本的特征。如前文所述，我党在征粮、借粮政策的制定与实施上，在对待船员、汽车司机、火车工人等粮食运输服务人员的态度上，在建立健全民站，照顾支前民工生活的方方面面上，都时刻把人民放在心中最高位置，尽量照顾人民群众的利益，这不仅经济意义重大，而且政治影响深远。

随着土地改革的不断深入，翻身农民深刻认识到，战争的成败与保卫已有的胜利果实紧密相连。没有胜利，便没有一切。因此，他们视共产党为大救星，视解放军为亲人，出现了"家家户户齐动员，男女老少忙支前"的热烈场面。同时，广大党员干部以身作则，充分发挥先锋模范作用。他们不仅平时严守"三大纪律八项注意"，而且在部队转移时做到"三不走"：房东院子不扫不走，水缸不满不走，借的东西不还不走。用实际行动做到了对党忠诚、为党分忧、为党担责、为党尽责。

人民战争教育了人民，人民支援了战争。一向视粮食为生命的农民懂得胜利比吃饭更重要，进而慷慨地奉献出自己的劳动果实。淮海战役第二阶段，渤海军区奉命1个月内突击筹运1亿斤粮食至前线，而他们只用了16天就完成了任务。粟裕将军感动地说："地方党政军民不顾任何困难与代价，以全力支援前线，这是战役取得胜利的决定性因素之一。"相较被围的国民党军队，每人每周分不到1斤粮食，到处剥树皮，吃草根，老百姓的鸡、狗、猫，甚至连田里的老鼠都吃光了。为争夺空投食物，自相残杀。整排、整连的官兵因饥饿难撑，向我军投降。国民党第十八军军长杨伯涛在淮海战场上被俘后，在回忆录里这样写道："这次我当了俘虏，被解放军由双堆集附近押送到临涣集集中"，经过几十里的行程，"但见四面八方，熙熙攘攘，车水马龙，行人如织，呈现出千千万万的人民群众支援解放军作战的伟大场面，路上我们经过一些市集，我从前也打这些地方经过，茅屋土舍，依稀可辨，只是那时门户紧闭，死寂无人，而这时不仅有人、户户炊烟，而且铺面上有卖馒头、花生、烟酒的，身上有钱的俘虏都争着去买来吃。押送的解放军亦不禁阻，他们对馒头、花生是久别重逢，过屠门而大嚼。还看见一辆辆大车从面前经过，有的车上装载着宰好刮净的肥猪，想是犒劳解放军的。我以前带着部队经过这些地方时，连一撮猪毛都没看见，现在怎么有了，真是怪事。通过村庄看见解放军和老百姓住在一起，像一家人那么亲切，有的在一堆儿聊天欢笑，有的围着一个锅台烧饭，有的同槽喂牲口，除了所穿的衣服，便衣和军装制式不同外，简直分不出军与民的界限。国民党军队每到一处，对老百姓是不信任的，有时还要加以监视。特别进入解放区，有了风吹草动，就要把老百姓集中在一块儿监视起来，唯恐他们与解放军里应外合，我军在菏泽、巨野作战也有这样办的。我们这些国民党军队将领，只有当了俘虏，才有机会看到这样的场面。在强烈的对照下，不能无动于衷，不能不正视铁的事实，承认共产党、解放军所在的地方和国民党、国民党军队所在的地方，有两个世界的天壤之别。我当时就大为感慨，认为十八军的最后败灭，非战之罪，应归咎于脱离人民群众，进而敌视人民群众，在人民群众的大海里淹没了。"

由此可见，坚持立场的人民性，绝不是仅仅停留于口头承诺，而是要坚持群众路线和群众观点，时刻把人民放在心中最高位置，时刻把群众冷暖挂在心头，真心实意地为人民服务。只有这样，才能最大限度地凝聚广大人民的力量，最大限度地发挥人民的革命精神，形成强大合力，取得胜利。

第二，布局的系统性。淮海战役我军的军粮供给工作是一个复杂的系统工程，涉及征收、运输、仓储、使用等环节，各个环节不仅是依次进行的关系，而且是相互交叉、紧密相连的。在布局中，要注重各环节之间的有机联系，才能协同推进，发挥系统的整体性最大功能。

战时军粮供给与平时军粮供给最大的区别在于其运行环境和各种不确定性影响因素，如作战环境不确定性、军事需求不确定性、仓储库存不确定性、物流系统不确定性等等。战时军粮供应的关键是在准确预测粮食需求和全面掌握粮食的基础上，做到无论部队是在转移还是在作战中，都能及时将充足的军粮送达战士手中。因此，这需要合理调剂使用人力物力，全面系统规划前方部队的需要和后方人民的供应能力，以便支持战争。淮海战役中我军的军粮供给工作面临战况变化快、战线流动性大、军粮需求量多而时间紧，同时受制于落后的交通基础设施和运输工具。尽管如此，党政军民依然全力以赴、合力保障，通过军粮需求预测、筹措、仓储、运输与前线配合等环节的运转，不断进行系统反馈和调整，构建了能够支撑大兵团运动作战的军粮供给系统，积累了不少宝贵经验。例如，淮海战役第三阶段开始前，中央军委指示，由华东、中原、华中、冀鲁豫在徐州召开四方联合支前会议，对粮食的供应做出统筹安排。会议布置了战役第三阶段、休整期以及进入江淮后的具体粮食供应安排，大体确定了粮食调度的方向、来源、具体调度数目、运输方式、粮站配备以及各种粮食直接的换算率等等。

同时，坚持军民融合，实行军政民一体化保障，确保了支援战争力量的有效发挥。淮海战役过程中，在中共中央和中央军委的领导下，支前范围扩大到冀鲁豫、华东、中原、华中等地区，集数省之力实行跨区域军政民联合保障。各地区各级政府建立了各级战地委员会或支前委员会，统合战时党政军联合工作机构，与参战部队共同担负保障工作，不断巩固与调整军粮供应的流程、策略与制度，系统调度使用几省的人力、物力、财力以支援战争。在整个军粮供应的过程中，大部分运输都是需要依靠民工来完成。因此，各地区不仅建立了一整套的民工的动员、整编、调拨使用和行政管理机制，而且各地支前机构专门在军粮运输路线上都建立健全了民站，民站可以调拨周围10里村庄的民工，实行接力运输。通过这种方式，聚合各方力量，有效地将分散的农村资源整合起来，用以集中供应战争需要。上述各项举措，为后来的战时物资供应保障积累了宝贵经验，奠定了我军后勤工作走向正规化的基础，对在新的历史条件下加快推进国防和军队现代化以及推动军民融合深度发展有积极的借鉴意义。

第三，政策的灵活性。淮海战役的粮食征收任务、征收制度、仓储方式以及组织机构的设立不是一成不变，而是随着战役的进程、战局的调整灵活变动的。这是粮食供给工作取得胜利的一个重要原因。

淮海战役初步布置好后，粟裕立即致电中央军委，计划筹措可供50万人吃两个月的粮食。但是战役开始后不久，战争发展就超过预期速度。中央军委迅速反应，命令华野和中野会同华东局、苏北工委、中原局、豫皖苏分局、冀鲁豫区党委因时制宜，统筹解决。随后华东支前委员会迅速组织粮食南运，华中支前司令部也马上行动，由华中调度粮食5500万斤，每天保持运到前方80万到100万斤，同时规定了调运粮食的路线和民站的设置路线。

1948年11月9日，中央军委和毛泽东在决定将"小淮海"变成一打黄百韬、二打黄维、三打杜聿明的"大淮海"计划的同时，即指示华东、华北、中原三方面可根据战区和非战区、老区和新区、较富区和贫困区等不同情况，以全力保证部队供给为目标，实行相对平衡、合理负担的供给政策。从华野后勤司令刘瑞龙的日记中可以看到，随着前方战局的不断变化，曾出现过转运站找不到部队，部队找不到转运站的情况。刘瑞龙与华东支前委员会及时对原有粮食筹措、仓储、运输等政策和制度进行调整，鲁中南、渤海、胶东等地区随之根据新策因地制宜地开展工作，采取增设粮站、分段运送和直接运送相结合的办法，并发动群众将一切可以使用的力量组织起来赶运，最终在黄百韬兵团被包围在碾庄地区的关键时刻，将粮食抢运到前线部队。

战役第二阶段，华中支前委员会制定了著名的整理陈粮、扩大征收面，尽量避免加重个体负担的借粮三原则，规定各地区可依据现实情况，灵活调整征收政策和比例。如没有经过土改的新解放区，可实行累进征收，照顾到中农利益；经过土改和地主富农倒租扒田的新收复区，按谁得益谁负担的原则确定比例。经过调整，10%～15%的征收比例在这一阶段得到了稳定，也得到了大多数群众的认可和接受，对于稳定社会秩序和保证部队粮食供应都有重大意义。

总之，我军的胜利因素是众多的，其中重要的一点是离不开有效的后勤支援工作，特别是军粮供给工作。鲁中南军区、苏北军区、胶东军区、江淮军区、渤海军区、豫皖苏军区、冀鲁豫军区、豫西军区等8个军区的广大党员干部及人民群众在党的领导下，克服重重困难、顾全大局、无私奉献，为前线军民提供了充足的物质保障。同时，500多万民工在解放全中国的旗帜下，形成的轰轰烈烈的淮海战役支前运动，不仅是粮食运送到前线的最关键一环，而且也体现了人心向背，对当时国内的政局产生了深远的影响。正如陈毅所言：在特定的意义上说，我们的胜利是用小推车推出来的，再加劲向前推，就推出一个新中国！

"支前文化"的形成机理与新时代价值

——以淮海战役为例

刘　薇① 　丁三青② 　蒋越锋③

"支前文化"是红色文化的重要组成部分。学术界对"红色文化"研究比较多，但对"支前文化"还没有专门的研究。本文以淮海战役为例，对"支前文化"的定义、形成机理、新时代价值等进行探讨。

一、"支前精神""支前文化"释义以及两者的关系

"支前精神""支前文化"是"中国语境"下的概念。"支前文化"最终形成于淮海战役过程中。要准确把握"支前文化"，必须提炼"淮海战役精神"以及"支前精神"。

在淮海战役中，中国共产党领导的人民解放军在战胜国民党军的过程中，形成了"淮海战役精神"。但究竟什么是"淮海战役精神"，目前还没有定论。笔者尝试着做如下概括："运筹帷幄、灵活机变的决战精神，攻坚克难、一往无前的决胜精神，团结协作、服务大局的制胜精神，人民至上、无私奉献的必胜精神。"

"支前精神"是在中国共产党领导的新民主主义革命历史中特别是在解放战争年代人民支前运动中形成的思维方式、心理特征、价值追求、思想感情的集中反映。"支前精神"形成于淮海战役过程中，体现了"淮海

---

① ② 作者单位：中国矿业大学。
③ 作者单位：淮海战役烈士纪念塔管理中心。

战役精神"的内涵，是"淮海战役精神"的重要组成部分，也是"淮海战役精神"在支前运动中的具体展示。"支前精神"可概括为："爱党爱军、信念坚定的革命精神，坚忍不拔、勇敢向前的斗争精神，服务大局、服务胜利的协作精神，吃苦耐劳、无私奉献的牺牲精神。""小推车精神"就是其典型代表。

所谓"支前文化"，是在中国共产党领导下，以支持人民革命战争胜利为目的、以人民群众为主体的体现人民群众支前活动的思想意识、活动方式、精神价值的总和。

"支前精神"是"支前文化"的内核，"支前文化"是"支前精神"的载体，是体现"支前精神"的革命文化或革命的政治观念意识形态。

二、"支前文化"的形成过程、特点及表现形态

(一)"支前文化"的形成过程

支前运动贯穿于党领导的新民主主义革命（全过程），到解放战争时期，支前活动发展成为支前运动，并形成了"支前精神"和"支前文化"。"支前文化"只有在中国共产党领导下的人民革命中才能产生。中国共产党自成立伊始，就认识到人民群众的伟大力量。因此，党一成立，就致力于发动群众，依靠群众进行革命。中国共产党的主张赢得了人民群众的热烈支持。

萌芽：北伐战争时期。北伐出师之前，广东革命根据地充分发动群众、消灭叛逆、镇压反动势力，巩固了革命政权，使北伐有了稳固的后方基地。北伐出师时，省港罢工工人组织了3000人的运输队、宣传队，冒暑随军出征；沿途人民送衣送饭，热烈欢迎，大力支持。

初步形成：土地革命战争时期。在根据地，中国共产党"打土豪，分田地"，成立民主革命政权，使根据地人民在经济上、政治上翻身解放。中国共产党也赢得了根据地人民的大力支持，到处是"送子送郎参军"的生动场景。

进一步发展：抗日战争时期。抗日战争时期，中国共产党制定了全面

抗战路线，强调"民力和军力相结合"。实施"减租减息"政策，建立"三三制"抗日民主政权，极大地调动了人民群众支持抗日、投身抗日的积极性。人民群众不仅支持八路军、新四军前线抗战，而且积极参军抗战。

最终形成：解放战争时期。解放战争可以说是人民解放自己的战争，是人民保卫胜利果实、捍卫自己利益的战争。解放战争是真正意义上的人民战争。三大战役共动员支前民工 880 余万人次，人民群众出动支前的大小车辆 141 万辆，担架 36 万余副，牲畜 260 余万头，粮食 4.25 亿公斤。支前规模最宏大的是淮海战役期间，共动员支前民工 543 万人，担架 20.6 万副，大小车辆 88.1 万辆，挑子 30.5 万副，牲畜 76.7 万头，船只 8539 只，汽车 257 辆；向前线运送弹药 1460 万斤、筹运粮食 9.6 亿斤，前方实际用粮 4.3 亿斤，向后方转运伤员 11 万余名。每一个战士身后，都有 9 个民工在支援保障。

（二）"支前文化"的特点

1. 全民性。"支前文化"是真正的人民主体、全民参与的文化。从党员到非党员，从农民到工人，从老人到小孩，从商户到职员，"家家户户齐动员，男女老少忙支前"。

2. 组织性。"支前文化"与其他在历史中形成的文化不同，其政治性、革命性的鲜明特征决定了其是在一定组织制度下形成的。中国共产党成立各类支前组织，明确责任、分工，各部门各司其职，从区到县，县到乡，组织完备，有条不紊，使得支前工作得以顺利进行。

3. 自觉性。"支前文化"尽管具有组织性，但更靠人民群众的自觉参与。人民群众从自身经济、政治地位的提高中获得了文化自觉，为捍卫自身的利益自觉投身到支前运动中去。

（三）"支前文化"的表现形态

文化结构包括三个层面或三种形态，即物质文化、制度文化、精神文化。下面就以淮海战役为例，对"支前文化"的三种形态进行分析。

1. 支前的物质文化

支前的物质文化表现为遗物、遗址等革命历史遗存与纪念场所等所蕴含的文化。如，淮海战役中人民群众在物质上对解放军的支持，粮食、弹药、独轮车、担架、被服等等，战役所涉区域内的各种历史遗物、遗址、纪念物，如淮海战役烈士纪念塔、纪念馆等。

2. 支前的制度文化

淮海战役的支前组织、支前制度中包含着极为深刻的历史文化。如组织上，成立华东支前委员会、华中支前司令部。制度上，涉及支前的方方面面，主要有：《中原军区对淮海战役后勤部署》《山东省支援前线委员会组织大纲》《关于加强人力的动员与组织，更好地支援前线的指示》《动员使用人力及运输工具办法》《关于实行常备民夫制及使用民夫的决定》《关于战时民兵待遇的几项规定》《关于自卫战争中后方部队行动、民兵、民工粮草供给问题的联合指示》《关于设立民站的决定》《关于开展立功活动的决定》《关于山东民兵、自卫队开展立功运动的暂行办法》《民工支援前线奖惩办法》，等等。

3. 支前的精神文化

支前的精神文化即"支前精神"，是"支前文化"的内核，最能反映"支前文化"的本质。人民群众支前不仅在物质上保证解放军作战的需要，而且也把战无不胜的精神力量送到指战员们的心中，这一切都化为巨大的精神力量，转化为战斗力，对战争胜利起到了重要作用。

三、"支前文化"的形成机理

（一）中国共产党及其领导的人民军队性质与"支前文化"形成的民心向背机理

合法性问题就是民心向背的问题。政治是什么？是民心，是人心向背。这是最大的政治。历史唯物主义认为，战争胜负是由敌对双方政治、经济、军事等诸多因素决定的，归根结底是要通过人民群众来体现的。政治上，人民群众对战争正义性与正当性是否认同，决定了人民群众在战争中的人心向背；物质上，人民群众支前积极性的发挥程度，决定着战争的胜负；军事上，人民群众的支持从根本上决定着军事力量的强弱。毛泽东反复强调："战争的伟力之最深厚的根源，存在于民众之中。""革命战争是群众的战争，只有动员群众才能进行战争，只有依靠群众才能进行战争。"习近平说："一个政党，一个政权，其前途和命运最终取决于人心向背。"

第一，中国共产党的性质以及和人民群众之间深厚的血肉联系，人民军队与人民群众的鱼水关系，是"支前文化"形成的最根本的民心基础。毛泽东说，共产党人区别于其他政党的一个显著标志，"就是和最广大的人民群众取得最密切的联系。全心全意地为人民服务，一刻也不脱离群众"。代表大多数人民的根本利益，是党及其军队赢得人民支持的基础。"得道者多助，失道者寡助"，这个"道"就代表了人民群众的根本利益，也就是合法性。

第二，中国共产党及其人民军队代表民意，维护正义。抗日战争胜利后，蒋介石国民政府违背民意，公然发动内战，大举进攻解放区，必然遭到人民的反对。中国共产党及其领导的军队代表正义，始终站在人民群众这一边，代表人民群众的根本利益而战，赢得了亿万民心。特别是解放区广大人民群众在共产党的领导下进行土地改革，初尝到了胜利果实，农民分得了土地和财产，工农业生产得到了恢复，人民生活蒸蒸日上，政治上也翻了身，当家做了主人。在这种情况下，他们不愿意已经到手的胜利果实再被夺去，不愿意再遭受国民党军队惨绝人寰的暴行和"还乡团"的反攻倒算，迫切希望解放军能打赢这场战争。他们把自己的命运和战争的胜负紧紧连在一起，并用实际行动全力支持战争。这是淮海战役能得到广大人民群众支持的最重要原因。

第三，中国共产党及其人民军队关心、爱护群众，维护人民群众利益。淮海战役中，党制定了各项方针政策，保护人民的实际利益，调动人民的支前积极性。如，耕战互助，合理负担，生活供应，精兵简政，等等。这些政策使人民群众更加拥护中国共产党及其军队。

第四，党员、干部的形象是沟通党群关系和军民关系的桥梁。在淮海战役中，各级领导干部和广大党员，时刻把群众的利益和疾苦放在心上，严格遵守"三大纪律八项注意"，随时随地为群众服务，和人民群众结下鱼水深情。解放军来自人民、服务人民、为人民扛枪。正因为党员、干部模范作用发挥得好，在群众中有威信，人民群众才拥护支持共产党。在服务前线的民工行列中，干部、党员立功受奖人数最多。

（二）土地问题的解决与"支前文化"形成的社会动员机理

第一，土地革命是诠释"支前文化"的形成乃至中国革命胜利的钥匙。可以说，土地革命是党进行社会动员的最重要法宝。群众动员不仅是政治上的动员，更重要的是经济上的动员。只有关心群众的切身利益，才能使广大群众认识到参加和支持革命战争的必要性。中国革命的基本问题是农民问题，而农民问题的根本就是土地问题。只有进行土地革命，彻底废除封建土地制度，实现"耕者有其田"，才能唤起广大农民的革命热情。土地革命是动员农民群众踊跃参加革命的关键因素。

第二，中国共产党在解放区进行的土地改革，使广大农民得到了最大的利益。因此，土地改革就是对农民最好的战争动员令。在解放战争初期，毛泽东说，我们能否胜利，"那就要看我们的土地改革工作完成得好不好。蒋介石肯定失败，因为他反对农民的土地要求。如果我们能够解决土地问题，我们就一定会胜利"。中共中央在 1946 年 5 月 4 日发出指示，改变土地政策，由减租减息改为没收地主阶级的土地分给农民。1947 年 9 月召开的全国土地会议，制定了中国土地法大纲，提出消灭封建性和半封建性剥削的土地制度、实行耕者有其田，按人口平均分配土地，极大地提高了广大农民的革命热情。仅两年内，北方约有 1.6 亿农民获得了土地。毛泽东说，解放战争主要就是靠这一亿六千万人民打胜的。

（三）各地各级支前机构及其政策与"支前文化"形成的组织机理

第一，未雨绸缪，科学谋划。毛泽东关于后勤支前工作中的"耕战互助"的方针，关于兵员实行随战随补、随补随战的方针，为支前工作提供了明确的指示。在淮海战役开始之前和之初，中共中央军委提出"必须准备在现地区作战 3 个月至 5 个月"的粮食筹备。华东局 1948 年 10 月 2 日专门召开会议，决定把支援淮海战役作为华东党政军民的头等任务。总前委成立后，根据中央军委《南线作战统筹指示》的精神，于 11 月 24 日发布了《中原军区对淮海战役后勤部署》的指示，部署中原军区后勤机关

"对于交通联络粮弹供给及伤员转运诸工作，均应加强组织，以保障此次作战之胜利"。为进一步搞好战区支前和后勤保障工作，总前委于 11 月 30 日批准成立交通司令部，专门管理铁路、汽车、船舶、车马和人力运输等事宜。淮海战役第二阶段结束后，根据中央军委指示，于 12 月 26 日至 29 日在徐州召开有华东、中原、华北等有关地区和两大野战军代表参加的联合支前会议，讨论当时急需解决的粮食供应及民力安排问题，明确任务分工。会议还具体安排了解放军新年期间每人慰劳 1 斤肉、5 包纸烟的供应问题。

第二，健全机构，统筹支前。为做好统筹安排工作，中央军委副主席周恩来，委派总后勤部部长杨立三，协同华野后勤司令刘瑞龙和中野后勤司令刘岱峰负责筹办淮海战役后勤与支前事宜。在淮海战役发起前两天，根据中央军委的指示，在原支前委员会的基础上，华东局在临沂正式成立了新的最高支前领导机构——华东支前委员会，傅秋涛任主任委员。华东支前委员会下设政治、人力、粮食、财政、交通、民站等 6 个部。为统一领导苏北、江淮的支前工作，11 月 22 日，又成立了华中支前司令部，下设政治、民力动员、财粮 3 个部及参谋处。自此，整个华中、华东地区的支前工作，走向更全面、更有组织和有计划的轨道。

淮海战役支前地区共分为 8 个行政区：渤海区、胶东区、鲁中南区、苏北区、江淮区、豫皖苏区、冀鲁豫区和豫西区，8 个区分别成立了后勤司令部或支前委员会，依据各区实际情况分管后勤支前工作。各级党组织亦普遍设立了支前指挥机构，行署、专署成立了支前司令部，县成立了支前指挥部，区、乡、村建立了支前生产委员会，分别委派党政军主要领导干部任支前机构主要负责人。在组建支前队伍时，华东局还将华东各地支前民工以县为基础，按照军队的编制组成民工团，并设团长、政委和政治处主任，均由县委和县政府部长或科长以上干部担任。团以下设营、连、排、班，营长、教导员由区级干部担任，连长、指导员由行政村的村长等主要村干部担任，排长、班长均由党员或支前积极分子担任。在淮海战役过程中，共设民站 132 个、兵站 36 个、粮站 165 个、弹药库 36 个、被装库 12 个，形成庞大的运输供应网。

第三，完善制度，广泛动员。一是制定和完善了民工动员政策，建立了民工动员机制。在解放战争初期，中共华东局就规定，16~55 岁的劳动力一律有出工支前的义务；公有和私有的车辆、牲口、船只，都有担负运输的义务。老解放区采取劳动力和地亩兼顾的办法出工，民工和运输工具都进行计工，实行支前工和后方交换；因支前服役牲畜死亡、车辆损坏者，实行按市价赔偿等政策。淮海战役前，华东局对以上规定和办法做了补充，重新制定了人力、物力的合理负担，工具、牲畜合理顶工，支前工、生产工合理顶替，禁止无偿派差，实行发价包运等一系列规定和办法，规定 20~45 岁的男子，均为常备民工，服役期限为一期两个月，进行轮流更换；常备民工配备到野战部队的各团、旅、师，随军行动。二是制定了民工战时各种待遇办法。华东局先后颁发了《关于战时民兵待遇的几项规定》《关于自卫战争中后方部队行动、民兵、民工粮草供给问题的联合指示》等文件，规定了参战民兵、民工生活供给标准。中共华东局还就民站的开设做了安排，要求有关各县均设立民站部，凡经上级划定的民站线路，每隔 30 里左右设一个民站，站与站之间设一个茶水站。三是制定了民工立功标准及奖励办法。规定了立功的标准、评功的条件、记功的权限。1948 年 11 月 1 日，华东局发布文件，要求在民工中开展立功运动。尤其是在淮海战役前线，各地民工团党委都制定了立功条例，组织开展立功活动。四是用政策保证解决好支前民工家属的生产、生活等困难，保证支前民工安心在前线为军队作战服务。各地认真贯彻以"耕战互助"为中心的一系列政策，尽力安排好民工家庭的生产、生活。

（四）思想政治工作与"支前文化"形成的思想发动机理

必须承认，农民存在着落后、保守的观念，农民也特别注重实际利益。这些都需要进行思想政治教育。同时，还要给农民以实际的利益。各地对农民成功地开展了思想政治教育工作，这成为"支前文化"形成的思想发动机理。

第一，在解放区，主要是引导农民认识支前的意义。各地贯彻"把支前民工队当成学校办"的方针，开展思想政治教育。一是开展"反蒋诉苦"教育。把群众控诉地主阶级和蒋介石及其反动军队的罪恶结合起来，使群众认识到，只有打倒地主阶级，打倒蒋介石，农民才能真正拔掉穷根。二是开展支前保田教育，使群众懂得，只有取得革命战争的彻底胜利，才能保住翻身做主人的地位和革命的果实。三是开展形势教育。教育群众认清淮海战役的正义性，认识到解放军"为谁打仗，咱们为谁支前"。四是进行有关支前的政策教育。消除农民怕"变天"、怕牺牲，怕耽误家庭生产、生活无人照顾等思想顾虑。

第二，在支前行军途中，主要是对支前民工进行纪律教育。比如在支前的物资面前不动摇、见财不眼红、不拿房东的一针一线等等。还要克服支前民工中普遍存在的狭隘的地域观念，使群众认识到，把敌人打远、全部消灭了，才能在家过上安稳的好日子。

第三，支前民工抵达前线，进行火线常识性的教育。一是及时提出政治口号，不断鼓励民工队伍不怕困难、勇往直前的顽强斗志。民工到前线后，常常会因任务的突然变化或部队转移，或某些生活、工作上的细小事故，引发思想波动。尤其是淮海战役发起于严冬，运输路上不是冰天雪地，就是泥雪没脚，给运输带来了极大的困难。在这种情况下，各级党组织对各地民工团不断进行鼓舞、激励。二是开展慰劳活动。由于淮海战役跨越农历新年，许多农民思乡心切。为鼓励民工在前方安心服务，各地组织慰问团或发来慰问信，稳定了支前民工的思想情绪。

第四，在民工中开展党建工作，发挥榜样带头作用。党员在执行任务和日常生活中严格要求自己，不争吃，不争宿，在执行任务中，不怕困难、处处带头、以身作则，团结和带领民工完成各项任务。党组织也及时在民工中培养积极分子，发展党员，提拔干部。据统计，华东地区 17 万民工中，立特等功的 197 名，立一等功的 4646 名，立二等、三等功的 2198 名。

第五，思想工作与物质激励相结合，保证人民群众的利益。一是爱惜民力。实行以战养战的方针，做到"四个结合"，即部队后勤供应与地方支前结合、取之于民与取之于部队自身结合、取之于我方与取之于敌方结合、部队打仗与爱惜民力结合。二是在征粮中，切实考虑人民的负担。如淮海地区是敌人长期掠夺和连年水害的灾荒地区，群众生活贫苦，所以战地一般不征粮。征借公粮过程做到有重有轻，秋征负担轻的地区多借，负担重的地区少借，非灾区一般按田亩计算，灾区一般不借，确保群众总负担率不超过 30%。华中支前委还规定部队与地区借粮一律使用山东粮草票，由政治处打印证明书，胜利后，政府再与农民结算清楚。江淮区规定：贫农征借粮食不超过其收入的 8%，中农不超过 15%，地主、富农则按 15% 以上征借。三是对征用的运输工具实施补偿。各地支前委员会一面动员船员支援战争，一面打破其思想顾虑，明确运粮的运费以及提成标准，使其有利可图，对于受损失的船只进行赔偿。汽车运粮也面临着如何动员车主与工人、打消其顾虑与补偿运费的问题。支前委员会制定适当的运费标准及保险办法来打消其疑虑。四是制定并实施民工的供给办法与供给标准。将民工分为随军常备民工、二线转运民工和后方临时民工三类，分别对其供给办法与供给标准做了严格的规定。关于民工的供给办法，常备民工采用分段供应办法，到达部队由部队负责，未达部队由地方民管处负责；后方专为运粮调集民工采用提成制或供给制与供给提奖制；临时动员之接力转运担架民工采用包运制，即每转运一个伤员，30 里路 15 斤秋粮。关于民工的供给标准，支前委员会对民工的伙食费、黄烟费、办公费、杂支费、宣教费、被服装具费、医药费、负伤费、埋葬费、赔偿费、民工铺草及民工干部供给都做了明确详细的规定，切实解决了民工支前途中的各种困难。

（五）中华民族优秀传统道德与"支前文化"形成的伦理学机理

"支前文化"的创造主体是植根中华文化沃土、承载中华优秀文化历史基因的中国共产党人和革命人民，他们创造的"支前文化"不但给中华传统文化赋予了时代的生命与活力，而且为马克思主义中国化提供了源源不断的思想文化历史养料。中华优秀传统文化一经人民在实践中的创造性转化，也就脱胎换骨，变成了"支前文化"。因此，"支前文化"是对中华民族优秀传统道德的创造性转化和创新性发展。

第一，创造性转化。淮海战役所发生的区域是以孔孟之乡为中心的中华民族优秀传统道德的发源地，传统的儒家伦理道德思想对其百姓影响至深，"修身、齐家、治国、平天下"的思想潜移默化地存在于民众的血液里。长期的儒家思想文化的影响，让民众自觉以国家利益和大局为重，将爱党爱军、不畏艰难、艰苦奋斗的优秀民族精神内化为自身的行动。"支前文化"正是中华民族优秀传统道德所提倡的重视整体利益和国家民族利益，强调对社会、民族和国家的责任意识和奉献精神的集中体现，表现出人民群众推崇博大的仁爱情怀，是对中华民族优秀传统道德的传承和创造性转化。由中华民族优秀传统道德转化而来的"支前文化"成为凝聚党心民心、鼓舞革命士气、增强革命斗志的强大精神动力。

第二，创新性发展。从发生学意义上说，文化的建构不能脱离传统，更不能脱离人的现实社会实践。"支前文化"一方面是对中华民族优秀传统道德的创造性转化，另一方面是在党领导的人民民主革命中对中华民族优秀传统道德的创新性发展。它是中华民族优秀文化的组成部分，是中华民族优秀传统道德的现代表现形式。

"支前文化"所体现的感召力和凝聚力最终使党赢得民心、民力。人民不仅愿意跟着中国共产党走，而且为了她的事业不惜倾其所有甚至自己的生命。淮海战役与其说是两党军队的大比拼，不如说是两党人心的大比拼。淮海战役中，支前民众"爱党爱军、信念坚定的革命精神，坚忍不拔、勇敢向前的斗争精神，服务大局、服务胜利的协作精神，吃苦耐劳、无私奉献的牺牲精神"，正是中华民族优秀传统道德在革命战争中的创新性发展。

四、"支前文化"的新时代价值

"支前文化"是兼容开放、与时俱进的思想价值体系，和我国主流价值一脉相承，是我国主流价值文化的重要组成部分。新时代，要全面建成小康社会，实现中华民族伟大复兴的"中国梦"，人民是关键因素。因此，"支前文化"在新时代具有多方面重大价值。

(一) 新时代政治定力之根

"政治定力"，即政治自信力。"支前文化"所蕴含的就是人民对中国共产党领导的认同、对人民军队的热爱，并且在此基础上确立对党所领导的事业的崇高信念和坚定信仰。新时代，尤其需要这样的政治定力。

1. 增进政治认同。政治认同的前提，是政治情感认同、政治价值认同、政治理论认同和政治制度认同。在革命战争年代，人民自觉拥护党的领导，敢于奉献，勇于牺牲。"支前文化"这种特有的精神感召、价值引领和文化渗透，是新时代增强人民群众对党的认同感和向心力，增进政治认同，维护当今中国的文化安全尤其是意识形态安全的精神动力。

2. 确立崇高信念。"支前文化"的内核——"支前精神"，首要的就是爱党爱军、信念坚定。"支前文化"昭示：党的根基在人民、血脉在人民、力量在人民。无论是战争年代还是和平年代，特别是在新时代，都要做到"三个牢记"：牢记"为了谁""依靠谁""我是谁"。新时代，大力传承"支前文化"，对于加强党性教育，践行党的群众路线，始终保持与人民群众的血肉联系，有着重大而深远的现实意义。

3. 坚定政治信仰。"支前文化"生动地证明，党的执政地位是历史的选择、是民心所向。"支前文化"是党存续和扩大政治认同的天然载体，是党进一步巩固政治合法性的宝贵资源，即"执政有效性之基""执政合法性之魂"。然而，党的政治合法性并不是一劳永逸的。提高党的执政能力需要不断完善党的执政理念，而执政理念的发展又依赖于红色文化资源。弘扬"支前文化"，发扬党的光荣传统和优良作风，特别有益于广大党员干部增强党性观念，牢固树立全心全意为人民服务的宗旨，自觉保持先进性和纯洁性，提高其执政能力和领导水平。

（二）新时代发展动力之本

1. 保证经济发展方向和持久动力。"支前文化"是建立在马克思主义基础之上的文化体系，能够保证社会主义市场经济的正确发展方向。同时，通过宣传引导，可以使各市场主体树立法治意识、规则意识，增强市场主体在竞争中的自觉性、主动性，使市场循着良性竞争的轨道运行，并持续推动经济发展。

2. 保障经济建设的良好环境。"支前文化"所蕴含的精神，能够让人们在市场经济环境下自觉做出应有的价值判断和取舍，形成符合社会主义市场经济健康发展要求的经济道德，为经济建设营造良好的舆论环境、诚信互利的市场贸易环境和安定祥和的社会心理环境。

3. 助推文化产业。"支前文化"产品作为传承和体现红色文化内涵和精髓的载体，是稀缺的文化产品，无论是革命历史事件的发生地、军事战场遗址，还是展示演示场馆、陵园陵区、碑林、名人故居等等，无不具有良好的知名度和品牌效应。"支前文化"融入影视文艺、新闻出版、策划展览、旅游教育等行业，可以推动文化创意产业的发展。红色旅游经济可以促进经济结构优化，形成特色产业，带动相关行业发展，使老区人民尽快脱贫致富。

（三）新时代文化实力之源

1. 社会主义先进文化的活水源头。"支前文化"孕育着社会主义先进文化的基因，二者有着一脉相承的精神追求、精神特质。"支前文化"等红色文化是滋养、涵育社会主义核心价值观的重要源泉，也是我们在当今世界文化激荡中站稳脚跟的底气之所在。建设社会主义先进文化要从"支前文化"等红色文化的源头汲取活水，增强对"支前文化"等红色文化创新性发展、创造性转化的自主能力。

2. 助力文化自信。"文化自信"底气源自何处？习近平提出，在5000多年文明发展中孕育的中华优秀传统文化，在党和人民伟大斗争中孕育的革命文化和社会主义先进文化，积淀着中华民族最深层的精神追求，代表着中华民族独特的精神标志。新时代，新的文化问题、新的对话语境、新的文化使命，要求我们必须站在新的历史起点上，以社会主义核心价值观为引领，以"支前文化"等红色文化为底色，以中华优秀传统文化为底蕴，构建"三位一体"的中国特色社会主义文化自信。

3. 抵御不良文化侵蚀。"支前文化"自身蕴含的优秀文化内核，对社会主义先进文化建设具有强有力的推动作用，它的有效传播能够消除和防止文化垃圾的滋生，特别是有助于消除否定中国共产党、中国革命等历史虚无主义。要发展社会主义先进文化就必须坚持中国特色社会主义文化发展道路。"支前文化"独有的优秀品质和丰富深邃的文化内涵，使其为发展社会主义先进文化提供了良好的文化氛围。

（四）新时代教育效力之魂

1. 为思想政治教育提供正确方向。"支前文化"蕴含着爱国主义精神，衍生了社会主义核心价值观。作为珍贵的历史人文教育资源，"支前文化"等红色文化蕴含着革命精神，具有道德教育价值，是思想政治教育之魂，将其融入思想政治教育，可以使学生陶冶情感、升华心灵、激励精神。

2. 增强教育的感染力和实效性。"支前文化"具有爱国主义教育和革命传统教育的丰富内涵，是我们超越历史时空感知史实的客观载体。每一位革命志士，每一件珍贵文物，每一处革命遗址，每一个革命事件，都以无可辩驳的事实再现了革命先辈英勇斗争的革命历程，都以不容置疑的证据诠释了革命先辈的理想信念、爱国情怀、革命精神和道德诉求。"支前文化"是一种高品质的教育资源，利用"支前文化"开展教育，能够极大地增强教育的感染力和实效性。

3. 提供教育的有效载体。"支前文化"承载和传递光荣革命传统、崇高价值追求及优良民族品质，集科学性、革命性、教育性与趣味性、娱乐性于一体，为教育活动的开展提供了现实生动的环境和载体，使人们摆脱传统枯燥的教育方式，用眼睛观察，用心灵感受，在潜移默化中产生情感共鸣，进而接受民族自豪感和爱国主义、革命精神教育。

（五）新时代社会合力之基

1. 促进社会和谐。社会的和谐稳定，离不开人们高尚的思想道德构建，离不开民族文化的滋润。"支前文化"所蕴含的精神是实现人与人之间、人与社会之间、人与自然之间以及人与自我之间和谐发展的重要精神支撑，能够规范和引导人们的行为，为全面建成小康社会和中华民族的伟大复兴提供精神动力。

2. 培育与弘扬革命传统、民族精神。革命传统、民族精神是在充满爱国主义正能量的革命和建设过程中形成的，是社会合力之基，是新时代现代化建设的强大精神源泉。"支前文化"等红色文化的传承与弘扬应该在与弘扬革命传统和培育民族精神相统一的过程中进行，并在弘扬革命传统和培育民族精神中挖掘红色文化的内涵。反过来，在"支前文化"等红色文化的传承和发展中不断弘扬革命传统和培育民族精神，使二者相互促进，共同发展。

民心的失与得：淮海战役精神的历史背景研究①

王　慎②

　　淮海战役精神源于革命战争年代中国共产党及其军队为民族解放事业所做的巨大奉献，其历史背景则是冷战时期的国共两党的民心之争。诚然，国共两党相争主要表现在军事方面，似乎只要在战场上取得胜利，就可以取得政权，从而稳坐江山。故而，当国民党败局已定，退守台湾的蒋介石，在惊魂未定中做出了这样的总结："失败的原因很多，而主要的原因是由于我们军事的崩溃。"对于蒋介石的这个结论，有的学者时至今日仍给予肯定的态度，认为国民党的失败虽然是"历史合力作用"的结果，但军事才是主要因素，其他都是次要因素，是由军事派生而来。其实，这样的理解失之于偏颇，忽略了影响军事对抗的诸多因素，如政党在革命中的凝聚力和组织力、土地政策，特别是民心向背等。所谓的"军事失利"只能被认为是导致国民党败亡大陆的直接原因，并非根本原因。

　　毕竟，军事是政治的延续，战争的结果深受很多因素制约。孙膑认为："天时、地利、人和，三者不得，虽胜有殃。"此即表明自然气候条件、地理环境和人心的向背，三者在战争中不可或缺。孟子也曾阐述："天时不如地利，地利不如人和。"换言之，就是在作战中，有利的时令和气候不如有利的地势，有利的地势不如得人心。如果赢取人心，就意味着可以获得源源不断的民力、物力甚至精神力量。故具有战略眼光的统帅往

①本文选自《淮海战役精神深刻内涵和时代价值·论文征集选编》，2018年版。
②作者单位：中国矿业大学。

往极其重视民心的作用，并积极争取。

淮海战役就充分体现出民心对战争，或者政权得失的影响。淮海战役是三大战役中参战人数最多、政治影响最大、战争样式最复杂的战役。这场战役的一个特点就是双方参战兵力的不对等，国民党军参战80万人，共产党军队60万人。根据以往的作战经验，这样的情况，中共军队一般是避免进行决战的。可是，解放军却主动出击并大获全胜。那么，中国共产党为什么能够在兵力悬殊的情况下赢得战役呢？诸多因素中，最重要的原因就在于民众的大力支援。

民众之所以大力支持中共的部队，究其原因，就是民心向背于得失之间发生了逆转。此刻，蒋介石集团已经被广大民众抛弃，其形势完全迥异于抗战胜利之初。不过，迄今为止，学界虽然认可1949年大陆政权的更替是民心变迁的结果。然而，大量的研究成果却偏重于"失民心"说，即认为国民党政府由于腐朽、专制、残暴而逐渐失去了民众的支持，丧失了民心，进而导致军事失利，败亡大陆。显然，这样的叙述及其结论于无意间遮蔽了中国共产党在争取民心过程中所做的各种努力，并容易让后人相信，在那个激荡的年代，民心的转向主要是蒋介石政府不争气的结果。国民党"为渊驱鱼，为丛驱雀"，站在对立面的中国共产党只是"白捡了个便宜"而已。其实，在那个激荡澎湃的历史转折期，关于民心的争夺，既有国民党的民心之失，也有共产党的民心之得。故而，淮海战役精神的历史背景——民心得失——必须从两个方面来研究。

一、民心之失

千里之堤，溃于蚁穴，统治中国几十年的国民党，在抗战胜利后也曾获得国内民众的普遍支持。可是，这样的政权却在其后的几年时间内失去了民心，其速度之快，出乎意料。概括而言，国民党的民心之失主要体现在以下几点。

其一，接收之祸。抗战胜利，本是举国欢庆的事情，国民党的主要统治者却愁眉苦脸。因为他们深知接收广大沦陷区的难处。果不其然，接收很快变成"劫收"。在所谓复员的招牌下，收复区雨后春笋般冒出几十个互不相属的接收机关。首先，原在沦陷区的国民党特务从地下钻出来，选择油水最多的对象"劫收"。接着，航空司令部、海军部、后勤总部、战时运输局和前线部队，依仗现代化的交通工具和地利之便，以闪电战方式进入收复区，劫夺现金、物资、生产机构、仓库、住宅等。最后，再由陆军总司令部正式"劫收"。历经这几轮"劫收"，收复区的经济状况元气大伤。

至于接收中的乱象，其原因可以归纳为两个方面："一是政府无准备，至少是准备得太迟太不够；另一个是人的品质问题。"所谓"无准备"，就是国民党组织涣散，所谓"人的品质问题"，其实是指国民党政权的腐败。

因为组织涣散，无法有效、有序地进行接收，因此光复台湾的时候才会闹出笑话。当时，首批登陆基隆并进抵台北的第七十军，士兵穿着草鞋，背着雨伞，甚至挑着锅碗棉被。这不仅与台湾民众习见的日军军容相异，也与他们想象中历经苦战而赢得胜利的军队不同。六十二军抵达嘉义火车站时，车站门口立满了迎接的人潮。民众看见的却是零乱的队伍，一人走一边，晃晃悠悠地走了出来。有一个身穿棉袄的军官，拿着一支拐杖在部队行列旁叫吼，士兵完全不理会军官的叫骂。最后出来的是一群扛着火炉、茶壶的士兵，依旧没人理会那位叫喊的军官。被日本殖民统治五十年的台湾民众，将这些国军与刚刚投降并整齐离去的日军做对比，心底顿时凉了。这样重要的地区，蒋介石竟然派去如此孱弱且军纪涣散的军队收复，可见国民党政府对整个接收工作准备得多么不充分！

即便有所准备，仍免不了民心丧失，因为这是整个国民党政府组织系统的问题。贪污腐化已经像癌细胞一样，扩散到国民党政权的肌体内。诚实清廉的官员，要么被通货膨胀吞噬，要么变成贪官污吏。虽然，这种腐败作风，在抗战期间就很普遍，但是为了赢得反侵略战争，正直的官员和善良的百姓可以容忍，还会对国民党满怀热望。战后，情形不同了，当民众目睹了这些"劫收大虫"的劣行后，国民党的"白日"就迅速地从"青天"上坠落了。

一切正如国民党上海市市长吴国桢所说："日本投降后，一开始人们广泛地向国民党政府发出欢呼……接着威望就下降了，这都是因为在接收所谓的敌产中出现了腐败。""国民党政府开始很快失去威望。这种情况不仅在上海有，几乎各地都有。"

其二，知识阶层的背离。国民党败亡大陆时，曾将大批搜刮而来的黄金运往台湾，企图借此做长期顽抗之准备。不过，蒋介石明白，比黄金更值钱的是人才，特别是中央研究院的那些院士。问题在于，对国民党早已绝望的人才可不像黄金白银那样容易被搬走。数学家苏步青后来回忆道："虽然对共产党没有什么认识，对国民党是看透了的，再加上我有几个学生是地下党员，在他们的帮助下，我当然不会到台湾去。"最终，总共81名院士，除了一部分人选择流亡海外，只有9位随蒋去了台湾，留大陆者60人。无可奈何花落去，面对这样情形，也许蒋介石能够憬然有悟：原来，还有比人才更难搬走的东西，那就是人心！

其实，知识阶层对蒋介石集团的失望之情，早在抗战胜利初期就已经有所表露。教育复员过程中，由于所面对的主体是大中专院校的学生和教职工等知识群体，故当局在整个过程中显得张皇失措，畏首畏尾。究竟是侧重于士林气节，从严处理；还是侧重于沦陷区教育界过去曾反抗敌伪的事实，从宽处理，以收拾人心？国民党政府面临两难选择。经反复协商，当局决定采取带有歧视色彩的甄审政策。

1945年9月，国民党教育部公布了"伪专科以上学校在校学生、毕业生甄审办法"，规定凡敌伪所办专科以上学校的学生，一律需经过甄审合格后才能承认其学历，合格者由政府分发到指定学校学习，毕业生必须经集中受训后，各机关单位方可录用，敌伪政治性学校学生及赴敌国留学者一律不予登记。此令一出，立即引来收复区各学校学生的强烈反对，以北平的原北京大学和南京的原中央大学学生为中心，发起了"反甄审"运动。其实，清除日伪汉奸教育的影响固为正当，但将"汉奸"概念扩大化，比附为不能不求学、谋生的学生和教职工，确实突破了社会的承受力。而且，当时国民党政府在对汉奸的处理方面还有宽大之处，但却苛求单纯的学生，实在不妥，难免会引起社会各界的非议。

对此，费正清曾这样评述："国民党政府处理它的公民问题也极其不当，失掉大多数中国人的民心。它开始时是在日本投降后利用日本人和他们的傀儡伪军去打共产党。当人人都在谈论和渴望和平的时候，这种以中国人打中国人的办法极不得人心。在日本占领下供过职的中国人也曾经盼望着解放，而国民党把这些人一律看成敌人，认为不值得加以补偿。同样，在光复后中国的师生都被追究他们与日本合作的过错，而施以三民主义的思想改造。这就是把受日本统治的罪责加之于幸存下来的学生身上，而不去动员他们，争取他们的支持。"

其三，军心之失。军队是国家的支柱，如果军心涣散，那么政权就将失去重要的屏障。依靠黄埔军校发迹的蒋介石尤其倚重军队的支持，对军权的迷恋达到无以复加的程度，通常所称的"中央军"就是由蒋介石直接掌控的一支装备精良的部队。相比较，那些杂牌军则长期被蒋介石所猜忌、排挤，甚至吞并，故众多非嫡系部队反蒋倾向严重。

抗战胜利后，陈诚就任军政部长后的第一项重要命令，就是将收复区的伪军及抗战有功的游击队集中到指定地点，然后由中央军接洽，听候处置。由于中央军远在滇、缅一带，鞭长莫及，这些部队久候无着落。于是，在给养缺乏的情形下，一些人就解散归农，"凄怆情形，难以言状"。这种不近人情、鲁莽灭裂的做法，直接引发了一起"哭陵"事件。"从此在任将级军官中间，也对国民党当局逐渐失去了信心。"军人离心离德，不再信任政府，那么就意味着政权失去了军队的庇护，退化为没有獠牙的怪兽，成为真正的"纸老虎"了。

国民党政权的腐败和钩心斗角等还在部队中蔓延开来，搞得国军士气低落、军心动摇、纪律涣散。这表现在战场上，就是贪生怕死、消极避战，一旦战事吃紧，兵败犹如山倒。"鲁西大战益迫，双方皆集中大兵，但国军行动较缓，又闹家务，将帅互相攻击，将帅不和，前途可叹也！"深受蒋介石赏识，但心系革命的张克侠曾指出国军军心涣散的事实，并发出感慨。

对于军队的腐败现象，蒋介石也不否认："中外人士对于国军的观感，总以为我们军官没有一个不是贪污的，没有一个不是吃缺额的，经理的业务没有一个不是腐败的。国家发给士兵的粮饷，士兵总是不能全部得到，

而被军官从中克扣。""这种情况，怎么能使士兵信仰长官？怎么能使他们
见危授命，赴汤蹈火？"所以，贫困家庭的子弟不愿甘做嫁衣，为蒋介石
卖命，并争先恐后地等待着被解放军收编，也就是顺理成章的事情了。

二、民心之得

伴随国民党的失民心，是中国共产党的得民心。不过，争取民众的支
持，需要从许多方面做出努力。中国共产党不畏艰难，坚持走群众路线，
全心全意为民众服务，终于赢得了绝大多数民众的支持。

其一，妇女的支持。中国传统社会，妇女长期处于受压迫、受奴役的
地位。如果能够解放广大妇女，争取到这个半边天的支持，那么，中国共
产党领导的民主革命就如虎添翼。故而，中国共产党自创建初始，就将妇
女解放视为自身的奋斗目标之一，并把马克思主义学说运用于女权运动
中。那么，如何把社会中长期处于"失语"状态的妇女组织起来，塑造她
们的政治心理，号召她们参加革命活动，作为重要的一支力量撑起解放区
的半边天，则是中共必须面对的问题。

经过不断的摸索，中共党人发现，通过民主改革，可以唤醒广大妇女
同胞，激发她们的政治热情，赢取她们的"民心"。1946 年，苏皖边区政
府制定了《婚姻暂行条例》和《遗产继承暂行条例（草稿）》，明确规定
"实行一夫一妻制"，"禁止重婚、抢婚、买卖婚、纳妾、童养妻"；妇女与
男子同样享有财产继承权。一旦广大妇女意识到可以通过中共领导的革命
获得当家做主的地位，其生产积极性就会被完全释放，进而有力地支持革
命事业。毕竟，随着战争的日益激烈，男子青壮年都要奔赴前线，后方生
产、坚持原地斗争和支援前线等，都需要妇女承担。

"妇女解放的第一个先决条件就是一切女性重新回到公共的劳动中
去。"通过土地改革运动，中共党人还发现，分配土地可以彻底改变农村
妇女的经济地位，提高她们的自主意识和参政意识。对于妇女同样能分得
一份土地，大部分妇女的反映是："这真是男女平等啦，男人分一份，咱
妇女也要分一份土地，毛主席真好呀！过去谁管咱啦。"广大妇女由于有

了自己的土地，劳动热情也异常高涨，"嫁汉嫁汉，穿衣吃饭"的思想很快转变成"谁能劳动，谁就光荣"。

民主革命期间，中共江苏省党委就把妇女运动与土地改革运动紧密地结合起来，把深受封建制度压迫的妇女作为一支重要的依靠力量来看待。引导广大妇女参加"谁养活谁"问题的讨论，动员受苦最深的妇女参加诉苦会，启发和提高妇女的阶级觉悟。政治心理转变后的妇女，大都怀着极大的激情参与土改运动。

大约占解放区人口一半的妇女投入土改运动，也充分地显示了土改运动的广泛性和深刻性。许多妇女过去连名字都没有，通过土改，不仅有了自己的名字，而且还和男子一样分得了土地。当妇女们手捧着写有自己名字的土地证时，无不心潮激荡，斗志昂扬。正如邓颖超在全国土改会议上所说的那样："凡是土地改革进行得比较彻底的地方，发动妇女就比较充分，参加到土改中的妇女就很踊跃很积极，表现出她们的力量。"

伴随民主政权的巩固，政治觉悟得到提高的妇女真正地撑起了半边天，成为革命以及建设事业的有力支持者，展示了其强大的政治力量。1948年，中共中央做出的《关于目前解放区农村妇女工作的决定》中，强调了以生产为中心的妇女工作方针。解放区民主政府和各级妇联都把领导妇女搞好解放区的生产工作作为中心，出现了妇女运动大发展的新高潮。在男了大批参军、出工的情况下，妇女承担了农业生产的重任，成为生产主力，不但能做一般辅助性的农活，而且还学会了过去从来不做的犁田、播种等农活。解放区曾开展了妇女学耕田的热潮，当时有一个顺口溜，"妇女会耕田，说话才值钱；妇女扶犁梢，地位能提高"。与此同时，纺织运动也在各地开展起来，许多地方成立了妇女纺纱小组，开展纺织竞赛。

通过大生产运动，广大妇女为解放区创造了物质财富，为发展解放区的经济建设做出了巨大贡献，妇女在生产中所起到的作用，已远远超过了"半边天"的范围。因此，可以说，没有妇女的参加，没有普遍而切实的妇女工作，解放区就不可能有大生产运动；同时，大生产运动又使妇女得以更好地组织起来，充实了妇女工作的内容，从而提高了妇女的地位。

其二，少数民族的皈依。为了维护国家统一和民族团结，以及边疆地区的稳定，中国共产党尤其重视少数民族群众的政治诉求。不过，长期以来，由于这些民族和中共接触不多，加之深受反动势力错误宣传的影响，对共产党人的戒备心很强，甚至存在敌对行为。因此，进军少数民族地区，解放军及其干部特别强调，要尊重少数民族群众的风俗习惯和物质利益，以便争取他们的"民心"。

西北地区的回民作为中华民族大家庭的主要成员，民风彪悍。近代以来，长期和中央政府若即若离。兰州战役中，解放军在回民群众家里，或和戴白帽子的回民群众相遇时，总觉得他们怀有戒心，不是躲躲闪闪，就是拱手礼让，敬而远之。鉴于这种情况，解放军根据中共西北局的《回民工作手册》精神，于1949年8月颁发了各项规定，如保护清真寺、损坏家具要赔偿、不增加回民负担等。同时，开动宣传机器，由军队政工部门向回民群众广泛宣传，揭露了"马家军"所捏造的"杀回灭教"的不实之处。

进军中的部队为了尊重回族宗教信仰和生活习惯，令各炊事班都要清洗炊具，以免有任何油腥味。有的连队听说驻扎的村子里有散居的回民，甚至把来不及吃的猪油也毫不怜惜地埋掉。时值深秋，战役期间偏逢阴雨连绵，官兵宁可挖洞避雨和住宿，也不进屋扰民。与此同时，粮秣供给也出现了困难，部队所准备的食物吃光了，后勤又上不来。当地老百姓生活贫困，军粮很难征集，不少连队只好挖掘田里的山芋蛋充饥。因此，战役结束后，解放军立刻向该地区的群众赔偿三千余银圆。

解放军官兵自觉遵守纪律，特别是尊重民族风俗习惯的实际行动，深深感动了广大回民群众，取得了他们的信任，回民的疑虑和误解很快消除了。有的回民说："看人看心，看马看牙口，就凭你们不掏鸡撵狗的作为，我们都会拥护你们，你们跟马家军讲的完全不一样！"当一位年老的阿訇知道解放军关心回民的事情后，十分激动，还没有说话，先把右手搭在胸前，向着东方深深鞠了一躬，又默念了几句，然后说："我一生信仰安拉，念了一辈子《古兰经》中说的'一切赞颂，都归真主'，现在，我要代表教友们念一句'一切赞颂都归共产党，都归毛主席'，我想教友们不会以为我过分，即使安拉听见，也不会怪罪。过去一改朝换代，我们回族都是遭罪，国民党、马家军，说我们爱造反，不知杀了多少人，烧了多少屋。从古至今，只有共产党、解放军才尊重我们的信仰，保护我们的清真寺，不烧不杀，把我们当人看待。"

长期存在的民族隔阂被打破了，军民关系融洽了起来，这为顺利实现西北地区的统一奠定了良好的群众基础。解放军每到一个宿营地，民众就带着喜悦的神态围拢上来，诉说渴望解放的心情，看着部队久久不散。当得知解放军决心歼灭"二马"，解放大西北时，他们的脸不由露出希望的微笑，嘘寒问暖，关心备至。在解放军离开时，群众纷纷争相欢送。

其三，地主的转向。在中国传统社会，地主指家庭拥有土地，其成员不参加劳动的人。在广大农村地区，地主是指社会地位较低，拥有一部分土地，自己又必须勤于劳作，忙时也要雇人，没有多少政治特权的庶民地主。作为封建势力的代表，在民主革命阶段，地主阶级必然要被消灭、淘汰。不过，对于庶民地主，中国共产党的土地政策倾向于照顾。毕竟，土改旨在改造，而不是肉体惩罚和消灭。更为关键的是，这样的政策还有利于发扬人道主义精神，团结中小地主，争取他们对土改的支持。然而，由于信息的隔绝和敌对势力的虚假宣传，在土改中曾出现过火斗争的情况，致使一部分中小地主对土改存在恐惧心理，抵制、对抗、逃亡现象十分普遍。进而，引发了一些中间派人士的不满。

面对这样的问题，经反复斟酌后，毛泽东提出："为着粉碎蒋介石的进攻，必须和人民群众亲密合作，必须争取一切可能争取的人。……对一切生活困难的地主给以帮助，对逃亡地主招引其回来，给以生活出路，借以减少敌对分子，使解放区得到巩固。"故而，土改运动开始后，各个解放区在征收地主多余土地财产的同时，也对地主的生活给予一定照顾，即："按照正确政策……必须使一切主要阶层都感觉公道和合乎情理，地主阶级分子亦感觉生活有出路，有保障。"

政策实施收到了立竿见影的效果，通过宣传，中国共产党的政策逐渐赢得了一些地主的理解，加之他们了解到返乡地主都受到了款待，所以，因害怕土改而外逃城里的地主陆续返乡，恢复了正常的生产生活。更让返乡地主意想不到的是，各解放区对他们之前的外逃，并没有严加追责，反而是予以妥善安置，不少地方还归还了其地权和财权。对于这些"迷途知返"的地主及其子弟，解放区政府并没有歧视他们，而是"召开欢迎大会，庆祝他们重见光明。民主政府亦将彼等离家后代为保管之地权当即归还原主"。

有的地方政府鉴于地主被清算后，无人为其种地，自己又不会耕作，从此失去了生活来源，于是依据中央政策主动为这些地主寻找新的出路提供帮助。如苏皖边区政府曾"决定由华中银行发放贷款1亿元（合法币10亿元），帮助因退租清债出卖土地的地主顺利转业"。

对于地主经营的工商业，解放区政府也明确表示支持，以尽可能保证其继续发展。如邯郸武安城地主兼商业界巨子韩修礼曾将大批物资献出。鉴于韩修礼善于经营实业，思想开明，为了让其发挥自身优势，以推动解放区的经济发展，当地民主政府经过慎重讨论，广泛征求群众意见，决定让韩修礼继续经营工商业，并致函表示嘉勉，称："欢迎私人投资发展工商业，乃民主政府一贯政策。现经群众同意，除以先生所献物资之极小部分偿还群众外，其余绝大部分仍退还先生，望能以之兴办工商业，推进新民主主义经济发展。"同时，号召全县商人向韩修礼学习。解放区民主政府保护工商业的义举，使韩修礼很受感动。韩修礼说："我深感民主政府政策的真实与群众运动的合理，故以此物交还群众以偿往日损失。政府之宽大与群众的原宥使我深深感动。我决心以这批物资开办一机器纺纱，在政府与群众帮助下共同造福于社会。"

三、结 论

20世纪三四十年代的国共两党相争，也包含着民心之争。无论国民党还是共产党，都以"革命党"自居，都希望普罗大众接受自己的政治主张。相比较，中国共产党所倡导的理论、政策及其政治实践，在底层民众的社会动员中更有效率。民众将自己的利益与中共党人的命运紧密地联系在一起。中共的各项政策、纲领几乎成为民意的风向标。淮海战役，数百万民众推着独轮车输送物资的行为既是民心所向的表现，也是淮海战役精神的体现。

得民者昌，失民者亡！在革命战争年代，中国共产党处江湖之远，争取民心具有天然的便利性。不过，当转型为执政党后，特别是在实现中华民族复兴的关键阶段，争取、凝聚、巩固民心难度陡增。内外环境的变化，要求中共党人需要时刻倾听民声，察觉民意，在关涉民心的问题上花更多的时间，下更大的力气。正是基于对历史和现实的正确认识，习近平总书记才不断强调：民心是最大的政治！这既是中国共产党的执政基础，也是时代发展的要求。

人民自信——淮海战役精神的密码①

胡卫国②

  70 年前发生在以江苏徐州为中心的中原江淮大地上的淮海战役令华夏震动、世界举目，意义之重大，不言自明。徐州，地处中原，古九州之一。中国自古即有"得中原者得天下"的格言，蒋介石声称：徐淮会战是政权"存亡最大之关键"。毛泽东在淮海战役取得胜利后宣示：国民党统治即将土崩瓦解，归于消亡。淮海战役，国民党称"徐蚌会战"，是解放战争时期中国人民解放军华东野战军和中原野战军在华东军区、中原军区及华北军区所属冀鲁豫军区部队配合下，在以徐州为中心，东起江苏省海州（今属连云港），西迄河南省商丘，北至山东省临城（今枣庄市薛城），南达淮河的广大区域内，同国民党军刘峙、杜聿明集团进行的战略决战性战役，是解放战争中具有决定意义的三大战役之一。

  2017 年 12 月，中共中央总书记、国家主席、中央军委主席习近平来到江苏徐州凤凰山东麓，瞻仰淮海战役烈士纪念塔，向淮海战役烈士敬献花篮，并深有感触地说，革命胜利来之不易，靠有革命英雄主义精神的一大批将帅之才和战斗英雄，更靠人民的支持和奉献。淮海战役就是用小推车推出来的胜利。我们要好好回报人民，让人民过上幸福美好的生活。习主席的讲话，为我们在新时代弘扬淮海战役精神指明了根本方向、提供了根本遵循。淮海战役是一座光彩夺目的历史丰碑，在中国革命史上、在现

---

① 本文选自《淮海战役精神深刻内涵和时代价值·论文征集选编》，2018 年版。
② 作者单位：江苏省档案馆。

代战争史上都具有重要的地位，蕴含着宝贵的革命精神。淮海战役的胜利是革命必胜的人民自信精神的胜利。斯大林得悉淮海战役60万劣势装备的人民解放军战胜美械优势装备的80万国民党军，称之为奇迹！英国的著名学者巴特曼曾说："毛泽东是掌握打开这个时代军事奥秘之锁的全部钥匙的一个时代人物。"许多外国理论家认为，毛泽东的战略思想具有"罕见的洞察力"和"高度分析能力"，他的战略是"弱者转化为强者的战略"。解开这个战略奇迹的密码或钥匙就是人民自信。人民自信，立于高山之巅、远看朝日喷薄，是人民战争思想这一马克思列宁主义毛泽东思想的基本原理，在中国革命战争问题上的本质体现和具体运用，已成为并将永久地成为人类历史上的精神财富。

一、人民自信是淮海战役胜利的强大思想精神武器

马克思主义认为，无产阶级只有解放全人类，才能最后解放自己。人民自信是马克思主义在中国革命的淮海战役具体实践中的体现。人民自信精神内涵包括三个方面：一是人民自我觉醒；二是自我觉醒的人民唤醒一大批未觉醒的民众；三是被唤醒的民众又拥护率先觉醒的人民，逐步唤起全体人民自信。实质是只有真正为人民才能真正为自己。即只有一切为了人民群众，相信人民群众、依靠人民群众、组织人民群众，才是夺取战争胜利的根本动力。

马克思辩证唯物主义和历史唯物主义的科学战争观认为，"一切历史冲突都根源于生产力和交往形式之间的矛盾""生产关系决定政治暴力关系"；有史以来的一切战争其根本是"为着十分明确的物质的阶级利益而进行的"阶级斗争；同时，马克思依据历史唯物主义原理，深刻阐述了战争、人民群众在战争中的作用、战争与和平的关系等内容。

马克思主义的经典理论进一步阐明："真正的铜墙铁壁是什么？是群众，是千百万真心实意地拥护革命的群众。这是真正的铜墙铁壁，什么力量也打不破的，完全打不破的。"人民群众才是真正的英雄。诚然，淮海战役确实靠有革命英雄主义精神的一大批将帅之才和战斗英雄，但归根到

底，是依靠人民。没有人民自信，没有人民的支持，军队就成了无源之水，无本之木。以毛泽东为代表的共产党人来自人民，理解人民，团结人民，相信人民，组织人民，缔造了人民的军队，使人民自信地团结起来，组织起来，才形成了排山倒海、摧枯拉朽的巨大力量。人民自信地感受到，人民解放军真心为自己谋利益打天下，因此支持人民军队，踊跃参加人民军队。人民，只有人民，才是推动历史发展的动力。兵民是胜利之本。人民自信是一个最强大的思想武器。人民自信就是自信党是人民的利益的忠实代表，是全心全意地为人民谋幸福谋利益的，同时还自信我们是得到人民群众的支持、拥护和帮助的。正是人民自信，得到人民群众的广泛支持。正是人民自信，宽待俘虏，使被人民自信觉醒的国民党军官兵，在淮海战役中成批地投诚到人民军队，壮大人民的力量，促进人民自信精神的发扬光大。

强调人的精神因素对战争的影响，这个概念在西方最著名的军事理论家克劳塞维茨的《战争论》一书中就有战争是"双方精神力量和物质力量通过物质力量进行的一种较量"。毛泽东的人民战争思想精神与克劳塞维茨强调的精神较量最大的不同之处在于，后者认为精神较量在正规军进行的战争中起着一种辅助作用，而毛泽东则认为，人民战争本身的精神实质就是战争的主要形式，"决定的因素是人而不是物"，而人的决定作用主要在精神，并且负有持久战略性任务。即人民自信精神的决定作用。毛泽东这里所称的人，是指"千百万真心实意地拥护革命的群众"。淮海战役正是人民自信的代表——共产党人，以自己全心全意代表着人民利益的自信，自信地义无反顾地为人民而战，自信会得到人民的支持和拥护，自信人民会奋不顾身、舍生忘死地支持党和人民军队。信任和信心比黄金更重要！以此制敌，无坚不摧；以此人民自信，人民军队无往而不胜。

人民自信激发起无比磅礴的力量。人民战争的伟力，来源于人民自信的伟大力量。

从抗日战争中原徐淮敌后"陷敌于灭顶之灾的汪洋大海"，到解放战争"潮涌般的小推车和担架队"，再到抗美援朝"举国上下愿倾其物力财力"，正因为始终坚信"战争的伟力之最深厚的根源，存在于民众之中"，始终紧紧依靠和广泛地发动人民群众，军民风雨同舟、血脉相通、生死与共，人民军队才所向披靡、一往无前，从胜利不断走向胜利。淮海战役的胜利，使人民自信精神的光芒更加夺目。正如毛泽东在淮海战役胜利后的新年献词《将革命进行到底》中指出的："几千年以来的封建压迫，一百年以来的帝国主义压迫，将在我们的奋斗中彻底地推翻掉。"毛泽东因怀抱人民自信，以至形成"眼前朝阳悬升，胸中明月高胃"的伟岸人格与强大气场。正如 1939 年深入延安采访的美国记者斯诺所描绘的那样，当他与毛泽东主席深谈了一个通宵，于拂晓走出主席居住的那孔窑洞时，所看见的不仅是一位时代巨人内心的旖旎风景，而且简直就是一张无与伦比的大中华的脸。仿佛十里之外都能感觉到他的呼吸，都能被他所吸引和融化。毛泽东之所以能感染了中国、震撼了世界，因怀人民自信。

二、淮海战役的运筹策划是人民自信精神的升华

淮海战役的主要指挥员、为淮海战役立下"第一功"的粟裕，出身贫民，来自最底层的人民，是人民自信精神的杰出代表。决战淮海，正是粟裕 1948 年两次斗胆上书毛泽东暨中央军委首先提出的。史载，1947 年 12 月，中共中央在陕西米脂的杨家沟会议上已经做出分兵南进的战略决策，决定从中原战场上抽出一部分兵力渡江南下，并拟由粟裕率三个纵队渡江，深入江南，调动中原战场上的国民党主力部队，以改变中原战局，发展战略进攻。粟裕从当时敌我态势认为，要打大规模的歼灭战，分兵渡江南进是做不到的，华野三个纵队渡江南进，无疑会给敌人以相当的震惊、威胁和牵制，但是难以实现预定的战略企图，特别是调动不了国民党在中原战场上的四个主力军，同时又会分散和削弱我军在中原战场的兵力；而粟裕根据战役的态势及敌我双方力量的优劣，尽管在装备上和数量上仍然处于劣势，但在中原和黄淮地区有广大解放区的人民支持，打大歼灭战的条件日趋成熟。而在江南敌后则没有广大人民群众的支持。于是，1947 年 12 月上旬，粟裕拟将这一战略构想以及相应的建议上报中共中央军委，建议在作战和建军两方面采取措施以争取数量上和技术上的优势，在中原战

场上采取忽集忽分的战法，集中兵力打大仗。由于他的构想和建议不仅关系战略全局，而且与中共中央一再强调的避免打大仗的意图不同，所以在电报起草好以后，又经过40余天的斟酌酝酿，并通过平汉战役的实践证明集中兵力打大仗是可行的，才于翌年1月22日坚定自信地发出，并使用了"斗胆直陈"的措辞。按照中国电报地支代月、韵母代日的惯例，1月22日是为"子养"，史称"子养电"。

人民自信来自于在长期的人民战争中对战场情势连贯起来的分析判断决心。中央军委虽未及时讨论"子养电"建议，但粟裕综合分析后坚持自信地认为，中共中央的战略意图显然是为了进一步把战争引向敌人的深远后方，扭转中原战局，发展战略进攻。粟裕反复权衡利弊得失更加自信地认为，集中兵力在中原黄淮地区打大歼灭战，更有利于迅速改变中原战局，发展战略进攻，进而夺取全国胜利。因此，1948年4月18日，粟裕再次"斗胆直陈"，向中共中央军委建议，华东野战军三个纵队暂不渡江南进，而集中兵力在中原黄淮地区打几个大规模的歼灭战。同时提出，在打完第一个歼灭战以后，"除以一部相机攻占济南外，主力则可进逼徐州，与刘（伯承）、邓（小平）会师，寻求第二个歼灭战"。此时，粟裕的建议引起了毛泽东等中共中央领导人的高度重视。对外宾自称其一生的特长是"为人民服务"的毛泽东及中共中央毕竟和粟裕在代表人民根本利益上是一致的，于是在1948年4月底到5月初，毛泽东专门召开中共中央书记处会议听取粟裕的汇报，决定在既定战略方针不变的前提下，采纳他的建议，华东野战军三纵队暂不渡江南进，而集中兵力在有人民群众支持的中原黄淮地区打大歼灭战。是年9月，毛泽东主席审时度势，主持召开中共中央政治局会议进一步明确决定："人民解放军第三年仍然全部在长江以北和华东、东北作战。"是年6—7月豫东战役后，粟裕认为豫东战役的胜利，实现了由战略进攻向战略决战的转折，当前的问题是如何推动战局向战略决战方向发展，无论是正在酝酿的济南方向作战，还是未来的徐州方向作战，都要同南线战略决战联系起来考虑。因此，当中共中央军委拟令华野许世友、谭震林兵团迅速攻克济南，以保证豫东参战部队休整，然后配合华野主力打几个大仗，"争取于冬春夺取徐州"时，粟裕坚信，"只要济南能解决，打援方面又取得胜利，则战局可能迅速向南推移，今冬攻占徐州之计划似有极大可能"。是年 8 月 23 日，又提出"俟两月以后，我们即可举全力沿运河及津浦南下，以一个兵团攻占两淮及高（邮）宝（应）"，为下一步在徐州地区作战及渡江南进创造条件。在 1948 年 9 月的济南战役过程中，集结在徐州地区的国民党军 3 个兵团 17 万余人，在华野阻援打援部队阵地前面徘徊，不敢北上与华野交战，更增强了粟裕的自信：这说明敌人是避免在不利条件下与我军打大规模的仗，也表明我军对敌人进行战略决战的有利条件正在逐渐成熟。

因此，当济南城内巷战仍在激烈进行，但已胜券在握的时候，粟裕迅疾于 1948 年 9 月 24 日 7 时致电中共中央军委，"建议即进行淮海战役"。中共中央军委经过慎重考虑，于 9 月 25 日 19 时电示同意："我们认为举行淮海战役，甚为必要。"可见淮海战役未打响，胜负已判；以粟裕为代表的人民自信日渐增强，代表少数家族集团的国民党军的信心逐渐丧失。

三、淮海战役胜利的源泉是人民自信的主体——群众

人民自信的灵魂代表人物毛泽东指出，赢得战争胜利的源泉是人民群众。1964 年 8 月 29 日，来访的尼泊尔教育代表团成员请教毛泽东："您能不能告诉我们，您所以伟大的秘密是什么？您力量的源泉是什么？"毛泽东坦率地答道："我没有什么伟大，就是从老百姓那里学了一点知识而已。""力量的来源是人民群众。"诚如毛泽东指出的：决定的因素是人不是物。力量对比不但是军力和经济力的对比，更是人力和人心的对比。军力和经济力是要人去掌握的。拿中国的情形来说，我们所依靠的不过是小米加步枪，但是历史最后将证明，这小米加步枪比蒋介石的飞机加坦克还要强些。这原因不是别的，就在于反动派代表反动，而我们代表进步。优势在人民力量方面，不是在反动派方面。反动派的金钱和枪炮并不是什么真正的优势，人民讨厌反动派，不赞成反动派，人民团结起来反对反动派，并和反动派做斗争，这个力量才是真正的优势。这就是人民自信化劣势为优势取得胜利的原因所在。

兵民是胜利之本，战争的伟力之最深厚的根源，存在于民众之中。正如毛泽东指出，人民群众，才是真正的铜墙铁壁，什么力量也打不破的，完全打不破的。反革命打不破我们，我们却要打破反革命。在革命政府的周围团结起千千万万群众来，发展我们的革命战争，我们就能消灭一切反革命，我们就能夺取全中国。

唤起人民自信，结束民众无组织状态，成为战争胜利的力量源泉。毛泽东反复告诫，革命战争是群众的战争，只有动员群众才能进行战争，只有依靠群众才能进行战争。使千百万人民群众组织起来，就把敌人"置于我们数万万的站起来了的人民之前，使它像一匹野牛冲入火阵，我们一声唤也要把它吓一大跳，这匹野牛就非烧死不可。军队须和民众打成一片，使军队在民众眼中看成是自己的军队，这个军队便无敌于天下"。

人民自信精神武装起来的支前队伍是淮海战场上的另一支大军。在淮海战场上，人民解放军打到哪里，人民自信精神武装起来的支前队伍就指向哪里。据华东野战军副参谋长兼后勤司令员刘瑞龙写给淮海战役总前委的报告显示：仅就粮食而言，至 1948 年底，战役发起后 50 天消耗粮食约 2 亿 2000 万斤，其中山东供粮 8000 万斤，华中供粮 7000 万斤，豫皖苏供粮 6000 万斤，冀鲁豫及豫西各供 500 万斤。按照中原野战军和华东野战军人数，加之"新兵、俘虏及常备临时民工 130 万人统筹"，以 4 个月计，还"需吃粮 3 亿 1200 万斤"。除了粮食之外，支持战争需要的还有众多的物资，包括弹药、柴草、马料、木料、铁器、被服、担架、医疗用品和通讯器材等等。12 月 3 日，华东野战军致电华东局：此一战斗规模甚大，除对蚌埠警戒之六纵及归中野指挥之三个纵队外，我所有兵力全部展开，我们将尽力完成军委所予歼灭邱（清泉）李（弥）孙（元良）之任务。为保持炽盛火力与连续作战……请军区急送八二迫（击）炮弹 30 万发，山炮弹 5 万发，炸药 30 万斤（并附足够导火索雷管），到徐州以东大湖车站，我们派仓库接收。

运送如此巨大的作战物资，靠的是人民群众。东起黄海之滨，北到山东渤海，南至苏北江淮，西到豫西山区，支前的群众负载着规模巨大的战争所需要的每一样东西，一步不离地跟在解放军作战部队的身后，支持着前线每一分每一秒钟的攻击或者坚守。据战后统计，淮海战役期间，山东、中原、华中和冀鲁豫四个解放区，共出动支前民工 543 万人，其中随军常备民工 22 万人，二线转运民工 130 万人，后方临时民工 391 万人。

人民自信精神武装的支前队伍史无前例的强大。支前民工，根据任务的不同分成三种，即：随军常备民工，每期 3 个月；二线转运民工，每期 1 至 3 个月不等；后方临时民工，每期 1 个月。这些操着山东口音的青年农民，在通往战场的平原与丘陵之间走成了一眼望不到边的人流。他们为每个作战纵队备有随军行动的担架 500 副，每副担架配备民工 5 人，还准备了 7500 副备用机动担架。他们开辟出四条运送伤员的主要路线，每条线路上隔 30 里设一小站、60 里设一大站，各交通路口都有服务点，大量伤员被裹在棉被里，不断地变换着担架，一站接一站地转送下去，最后安置在后方野战医院或者农民们家中暖和的炕头上。山东民工运送粮食弹药和各种物资的路线多达 7 条：由临朐经临沂、郯城到新安镇和睢宁；由日照、沭水、大兴庄、陈镇到新安镇；由诸城、莒县、井家店到郯城；由曲阜、邹县、滕县、枣庄到邳县；由曲阜以东绕泗水、平邑、向城转向台儿庄、贾汪；由临沂的丰程镇、磨山、道河站、土山至双沟；由新安镇向西经炮车、运河站、曹八集到徐州，然后再到萧县、瓦子口、大吴集。一位名叫唐和恩的山东支前民工，手里拿着根从家乡带出来的竹棍子，在连续 5 个月的支前途中，把经过的每一站的地名都刻在竹棍上。他和他的运输队跋山涉水，行走千里，等把粮食完好无缺地交给解放军的时候，他的竹棍上已刻有 88 个城镇和乡村的名字。

人民自信精神克服了无数的艰难险阻。苏北地区的支前民工尤其艰苦危险，由于跋涉在淮海战场与国民党控制区之间，常常遭到敌人飞机的轰炸，于是常常只能在夜里出动。小推车上挂着小油灯，成千上万盏小油灯在漆黑的原野上形成一条延伸数十里的亮线。在一次运送大米的过程中，原来的目的地是宿迁，等这条亮线延伸到那里之后，部队已经向前推进了，于是亮线继续延伸，延伸到睢宁还没追上，延伸到符离集还是没追上，最后一直延伸到了濉溪口。这时候，民工们的鞋子已经全磨烂了。在此之前，这些青年农民从来没出过远门，支前让他们远离家乡 700 余里，而且他们还要走回去。

人民自信精神促使妇孺老幼齐支前。1948 年 12 月 12 日《新华日报》

载有六组里老人儿童 4 天争磨军粮 1500 斤的报道。运到战场上的每一粒粮食，都是百姓们用最原始的石磨磨出来的。由于所需数量巨大，淮海战场周边各省的乡村里，妇女、儿童和老人点灯熬油，日夜不停地碾米磨面。妇女们还要为前线缝制军衣和军鞋，上百万双鞋出自不同女人之手，由于各地风俗不同，各种各样的厚底大布鞋源源不断地送到解放军官兵手中，那些鞋帮上绣着鲜艳的花朵、鞋底上纳着"杀敌立功"字样的军鞋，让官兵们无论如何都舍不得穿，直到他们牺牲的时候还别在腰间。妇女们常常接到紧急任务，比如突然要缝制几万顶军帽，说是前线俘虏过来的国民党兵自愿参加解放军后要求戴上解放军的军帽，于是几十个村庄里油灯又是几夜未熄。

人民自信精神产生了无比磅礴的力量。前线宁可吃不上饭，也不能断了弹药供应。后方人员筹集的炮弹、子弹、炸药、手榴弹和各种枪支，在各个转运站内堆积如山，等待装车的民工们排队排出去几十里长。民工们就把它们当成宝贝，用自己的棉被和棉衣盖着，然后一路呵护，送到前线时尽管已经精疲力竭，还是不愿意走，非要看着自己运来的炮弹如何被推进炮膛打到敌人的阵地上去。他们为能运上去一箱子弹或一箱手榴弹感到很自豪自信，对身边那些车上装着油盐蔬菜的民工说起话来很是骄傲，而那些民工们也自信自豪地说，你那些是给老蒋吃的，我们这些是给咱大军吃的，谁也别饿肚子！老百姓知道人民解放军为什么打仗。中国的贫苦百姓也许和杜聿明一样，并不知道"四大家族"指的是谁，但是，他们知道村子里的地主恶霸是谁就足够了。他们眼看着共产党的工作队来了，那些欺压盘剥百姓的人威风扫地了，而且他们分到了世代梦想的土地，抬起了高昂自信的头。他们坚信这句话："打倒蒋介石，建立新中国。"当他们从战场上往回走的时候，见到国民党军的俘虏队伍就会停下来问："啥地方的？在家给地主干过吗？受过欺负吗？把帽子换了吧！"一回到村里，支前民工个个都成了见过世面的人，他们会自信地对村民们说："'人'是什么？就是叉开两腿站着，顶天立地地站着！"解放军和人民水乳交融，人民自信的威力锐不可当。

人民自信精神使国民党军残兵败将幡然醒悟。从国民党军第十二兵团十八军军长杨伯涛回忆被俘后的情景可知：第十二兵团 11 月由确山出发，经过豫皖边境时，老百姓逃避一空，几乎连个带路的向导都找不到……蒙城、永城一线，第十八军也光顾过，真有"军行所至，鸡犬为空"的惨状……这次我当了俘虏，被解放军由双堆集附近押送到临涣集，经过几十里的行程，举目四顾，不禁有江山依旧、面目全非之感。但见四面八方，熙熙攘攘，车水马龙，行人如织……通过村庄看见解放军和老百姓住在一起，像一家人那样亲切，除了所穿的衣服，便衣与军装制式不同外，简直分不出军与民的界限……我们这些国民党军将领，只有当了俘虏，才有机会看到这样的场面……十八军的败灭，非战之罪，应归咎于脱离人民群众，进而敌视人民群众，在人民群众的大海里淹没了！

人民自信精神使国民党军官兵军心动摇。1949 年元旦，陈毅和邓小平经过两天的行军，到达接近战场的一个名叫张菜园的村庄。前沿阵地上已经被官兵们装扮一新。炊事班正忙成一团，他们要让官兵们吃上饺子，而且还有四菜一汤，菜都是荤的，牛肉、猪肉、鸡肉和羊肉都有。文工团的同志们顺着战壕上来慰问演出。新年里对陈官庄包围圈里的国民党军发动政治攻势。喊话广播唱歌，给敌人的前沿送馒头；送俘虏兵和家属进包围圈里劝降，有纵队在包围圈上开了个小口子，插上写着"这是生路！"的标语牌。华东野战军一位年轻的排长让国民党军投诚人员带路，只身跑到敌人的战壕里当面做工作，很快，他就带着一个连的国民党军官兵回来了。大批官兵投诚，已经成为陈官庄包围圈里国民党军将领的一个巨大的心病。第二兵团司令官邱清泉接到报告说，早上的时候前沿阵地发现一头大肥猪，拉回来一看，大肥猪的肚子里放的全是"投诚证"。第十三兵团司令官李弥和第九军军长黄淑来到前沿，李弥对官兵们说："我和你们军长都来了，你们真的挨不下去，就把我和你们军长杀着吃了好了。"然后说，"有人如果实在受不了，要投共军，我绝不阻拦。"华东野战军第十纵二十九师政治委员李曼村讲述："国民党军第八军周开成军长以为是友军阵地，先派一名卫士排长前来联系。这个排长刚进我阵地，便当了俘虏。在我的命令下，敌排长回头向周开成等人招手，周开成在随从簇拥下走来，一到阵地，敌排长介绍：'这是我们军长。'我们风趣地回答：'军长来了，欢迎，欢迎！'这样，我们又抓了一个军长。"

在 1948 年的最后一天，陈官庄包围圈里已经犹如地狱。在这片十几平方公里的荒凉原野上，除了杜聿明集团的官兵之外，还有从徐州逃出来的军阀、官僚、银行家和地主，以及被裹挟而出的教员、学生、工人、小贩、和尚、戏子和妓女。跟随杜聿明跑出来的铜山县长耿继勋到处乞讨，在没有乞讨到任何食物的时候绝望地自杀了。学生、教员、工人身上的东西被搜光后，被补充到国民党军队里。更悲惨的是那些女学生，大部分以"女护士"的名义被补进各军师团部，为了能够得到一点食物，她们成了军官们的临时"太太"。在国民党军蹂躏下，人民连自尊都没有，遑论自信了，焉能不败。

四、淮海战役精神的启示

不忘初心，坚持为民宗旨。一切为了人民，是人民军队永不褪色的政治本色；一切依靠人民，是人民军队立于不败之地的坚固根基。要弘扬淮海战役一切为了人民，不怕牺牲的斗志、攻坚克难的勇气、坚如磐石的信念、敢于担当的品格、砥砺奋进的干劲、真抓实干的作风，当好为人民服务的忠实守护者、坚定传承者和自觉实践者。

牢记人民，不忘人民本色。刘伯承元帅曾说："老百姓不是命里注定要跟我们走的。"过去跟我们走，不一定永远跟我们走；现在跟我们走，不一定将来跟我们走。"乐民之乐者，民亦乐其乐；忧民之忧者，民亦忧其忧。"只要我们的目标始终为了人民，自始至终保持战略定力，"会当击水三千里"，发扬人民自信的钉子精神，坚持一张蓝图绘到底、埋头苦干抓落实，强化担当作为、锤炼过硬作风，激发创造活力、凝聚起团结向上的合力，就一定能打赢建设"强富美高"新江苏的新"淮海战役"。

人民自有回天力，亿万神州尽舜尧。在新时代，发扬淮海战役精神，必须牢记淮海战役精神的密码——人民自信，坚持走群众路线，发扬密切联系群众的优良传统，保持同人民群众水乳交融、生死与共的血肉联系，永远做人民利益的捍卫者。以实际行动为人民造福兴利，在不断发展坚如磐石的军政军民关系中，军爱民、民拥军，"军民团结如一人，试看天下谁能敌"，协力同心共命运，乱云飞渡自从容，为实现"两个一百年"奋斗目标、实现中华民族伟大复兴的中国梦奋勇前进。

淮海战役中民众的奉献精神及当代传扬①

邹雯娟②　　孟文静③

奉献精神是中国人民众多优良品质中的重要内容之一，它激励着无数的中华儿女先天下之忧而忧，后天下之乐而乐；商人们乐善好施，造福一方；当官者甘当公仆，为民请命……奉献精神是中华民族屹立不倒不断实现伟大梦想的重要文化基因。不仅中国共产党人为了梦想不惜奉献自己的一切甚至生命，广大人民群众为了实现自己的美好生活理想也乐于奉献自己的一切，伟大的淮海战役的胜利就源于这种伟大的奉献精神之力量，从而延续了人民军队以少胜多的战争奇迹。因而广大人民群众的奉献精神也成为淮海战役精神的重要组成部分。

一、淮海战役中民众的奉献精神及其巨大作用

奉献的原意是指恭敬地交付，呈献。在中华民族发展的长河中，乐于奉献逐渐成为一种对高尚品质的追求。奉献者付出的不仅有物质，更有青春、汗水、热情。"奉献"也是满怀感情地为他人服务，做出贡献，是不计回报的无偿服务。奉献是一种无私的爱心，甚至是无价的生命……因为有人奉献，社会的物质财富和精神财富才会不断增加，人类才会不断前进。在此基础上形成的奉献精神则上升为一种社会责任感，一种人生的态

---

① 本文选自《淮海战役精神深刻内涵和时代价值·论文征集选编》，2018 年版。
②③ 作者单位：江苏师范大学。

度、信念以及行动，更是一种巨大的精神力量，一种带来胜利、进步的巨大力量。1948 年 11 月至 1949 年 1 月的淮海战役中，广大人民群众就发挥了伟大的奉献精神，支持人民解放军取得了战役的最终胜利。正如习近平同志在瞻仰淮海战役烈士纪念塔时所说："革命胜利来之不易，靠有革命英雄主义精神的一大批将帅之才和战斗英雄，更靠人民的支持和奉献。"淮海战役中人民群众的奉献精神及其作用主要体现在以下方面：

首先是奉献人力，极大地支援了前线作战。淮海战役是一场规模巨大的大决战，战役的胜负直接影响整个解放战争的态势。而对于中国人民解放军而言，无论是军队数量、军事装备以及其他物质条件都处于劣势；从战争形式看，又只能是运动战。要打赢这样一场运动战，运动中的后勤输送能力是一种严重的制约。因为解放军没有正规的机械化装备提供后勤输送的保障，只能依靠大量的人力将战争物资输送配备到各个部队，这就要动员无数的民工来运送武器弹药及粮食等战争物资。动员一定数量的民工，这是战争能否取得胜利的关键因素之一。

在解放军及其根据地政府的动员下，广大民众踊跃支前，极大地满足了战争运输的需要。"淮海战役中不断涌现人民群众的支前场面，组成了一幅幅波澜壮阔的雄伟画卷。军队打到哪里，人民群众就支援到哪里，据统计，为支援淮海战役，动员起来的民工累计达 543 万人，向前线运送 1460 多万吨弹药、9.6 亿斤粮食等军需物资。"在这一次战役中，人民解放军和民工的数量之比达到 1 : 9。换言之，一个战士有九个民工的支持，这样的战争焉能不胜。

其次是奉献了粮食、鞋服、担架等物资，充分满足了解放军运动作战的物资需要。"骏马高车送粮食，随军旋转逐西东。"倾尽自己的力量、不惜一切牺牲来换取战争的胜利，充分体现了支前民工的奉献精神和牺牲精神。后方人民群众看得很清楚：没有战争的胜利，也就没有自己的一切；战争胜利了，不光有房子、粮食，日子还会越过越好。他们的口号是："倾家荡产，支援前线。"有的无偿提供车辆参加支前；有的把自己的银圆借给政府；有的自动把房子拆了，把横梁、门板送给部队做工事；有的把很少的一点点存粮，甚至是仅有的一点谷种拿出来供部队食用。这种决战时期毁家纾难的惊人之举，充分体现了民众的奉献精神。

据约900万人口的豫皖苏区不完全统计，当地人民在战役期间就曾支援粮食（米、麦）2.485亿斤，绿豆、黄豆、花生540万斤，派出民工约200万人，大车近11万辆，小车2万多辆，拖板车近6万辆，牲口近44万头，担架6万余副。在军管会的组织下，广大工人、市民、学生投入到了支前工作中，征集了1000多辆私营汽车和大量的平车、马车，把缴获的弹药、军需品及时送到前线部队；组成了千余做鞋小组、700多个缝衣小组赶做军衣和军鞋；医院负担治疗伤员的任务。人民群众的无私奉献，是后勤保障的前提和根本，是战争取得胜利的基础。

其三是奉献了智慧和能力，极大地配合了解放军战略战术有效地发挥。要打赢一场以少胜多的战争，依赖于正确的战略战术，其中政治工作就是一种十分有效的战略性工作。在政治工作中，瓦解敌军就是一项十分重要的工作。除了党的组织系统、军队系统的瓦解敌军工作外，还请一些普通民众通过各种方式劝诚国民党军人放弃抵抗，如有的动员民众写信给国民党军中的人员，用解放后生活的变化和喜悦等感染亲人，说服其投向光明的道路；有的在战场前线直接请老百姓面对国民党士兵开展攻心战，用通俗友善的话语讲述自身经历和感受，劝说他们或放下武器，或投奔解放军。

其四是奉献了热情和爱心，极大地鼓舞了解放军指战员的士气和胜利信念。"担架队，几夜不曾睡，稳步轻行问伤病。"关注伤病员的安危，不顾自己的身体，这就是支前民工基本态度的一个缩影。广大民工带着翻身的喜悦，向着胜利的曙光，怀着满腔的热情，奋战在各战线。在前线抢救伤员时，民工们冒着敌军的枪林弹雨和敌机的轰炸扫射，不怕牺牲，快抢快送。在后方运粮的民工即便吃"三红"——红高粱、红萝卜、红辣椒，也不动车上的一点米面；宁可自己顶风冒雨，也要确保不淋湿军粮。在家乡磨米磨面、制衣做鞋的乡亲们不分昼夜、保质保量地完成任务。这样的镜头数不胜数。其中，涌现了支前特等功臣石连生、钢铁担架队员朱正章、运输英雄杜效东、扛面模范窦方志等一大批英模人物。为了胜利，民工不惜献出一切，有一些人甚至冻死在运粮的路上，累倒在工作岗位上。

正是人民群众这种火一般的热情和不怕牺牲的爱心奉献，极大激发了广大指战员的战斗士气和获胜欲望，使他们在战场上表现出了超乎寻常的顽强和坚韧。

二、促进民众奉献精神发扬的动力

作为中华民族的一分子，人民群众对具有奉献精神的人们是极其敬仰的，而在他们身上也有各种各样的奉献意识和行为。但是对于战争及其某一方的支持，并非所有人都能够理解并实施。因此，淮海战役中人民群众表现出的对人民解放军作战的伟大奉献绝非必然或者偶然之举。这种精神的发挥是长期的影响和战时的激发所致。

首先，奉献传统是广大人民群众能够无私地支持人民解放军的源动力。虽然在长期的封建专制统治下，广大人民群众的当家做主意识、政治参与意识十分薄弱甚至完全缺失，还有所谓"好男不当兵"等等思想，但是对无私奉献品质的高度认同使得奉献精神在普通民众中不同程度地存在着，对父母、子女的奉献，对他人的奉献乃至对家国的奉献，一代代地传续着，奉献的精神已经成为一种潜在的精神力量被继承下来。所以，一旦人们认同了某种政治信念和力量，他们便会义无反顾地加以支持，奉献自己的一切。

其次，共产党的长期影响。这主要是指中国共产党及其领导的人民军队的所言所行对广大人民群众的影响。中国共产党诞生之初就明确了自己的党性及人民性，并要求始终坚持党性原则。从第一次工人运动高潮开始，到独立领导武装斗争，无论是在失败还是胜利的情况下，中央始终强调广大党员及党的各级组织都要坚持人民立场，全心全意为人民服务，为中华民族复兴大业奋斗不息。在根据地建设中，政治上试行人民民主，让广大民众尝试成为国家主人；在经济上或实现耕者有其田或减租减息，让广大农民阶级获得切切实实的物质利益；在思想文化上注重思想政治教育，让广大民众认同和接受新民主主义的革命主张和共产党的领导……长期的革命浸润和影响使共产党领导的军队赢得了广大民众的拥戴，所以当动员民众支援、支持淮海战役中人民解放军的作战时，他们能够发挥出巨大的奉献精神。

其三，人民群众对国民党反动统治的不满的积累和抗争的影响。战争的胜负是由民心决定的，而民心的向背又是由战争的性质决定的。蒋介石发动的反人民的内战，理所当然地受到人民的反对和制止。另一方面，国民党军队惨绝人寰的暴行激起了人民的无比仇恨，激发了革命的动力，国民党军队所到之处，往往奸淫烧杀，无恶不作，使广大人民遭受深重灾难。如国民党在进攻胶东解放区时，仅莱阳就有 3000 余人被杀害。国民党的暴行使人们意识到，自己的命运和战争的胜负连在一起，要想彻底翻身解放，必须推翻蒋王朝。许多翻身农民，杀鸡盟誓，啮指血书，坚决要求参军参战，支援前线。蒋介石的反动统治，给中国人民带来了深重的灾难，现在，广大人民群众亲眼看到，蒋介石加于中国人民的桎梏就要被砸碎了，觉得有了盼头，久已蕴藏在人民心中的巨大的革命动力像火山一样喷发出来，形成踊跃支前的强劲势头，为淮海战役的胜利做出了贡献。

其四，战时的激发动员和组织。这主要是指淮海战役的战前、战中共产党人对民众的广泛而有效的激发动员。毛泽东早就指出："革命战争是群众的战争，只有动员群众才能进行战争，只有依赖群众才能进行战争。"中共中央、中央军委对淮海战役支前工作非常重视，设立了支前领导机构，统筹安排支前工作，采取了有效的动员措施。

一是确立了支前政治动员的任务、目标和对策。在淮海战役即将发起之时，支前委员会为军队和地方党的各级组织制定了严格合理的民工供给办法与标准，但如何能征用民工 543 万人为支前服务，必须依靠群众路线的工作方法，对人民群众进行政治教育，充分动员群众。为此，支前委员会制定了民工政治工作的方针："稳定巩固民工情绪，提高民工支前积极性，保证完成各种复杂艰巨任务；另一方面，加强民工思想政治教育，提高民工政治阶级觉悟，培养积极分子，发展党员，提拔干部，将所有参战民工团队，成为我们训练民工干部的学校，适应形势需要，迎接更大胜利的到来。"这一方针明确了支前政治动员的任务、目标等等，各级支前委员会切实贯彻执行此项方针，从而有效地开展了支前动员工作。

二是合理编制民工队伍并充分保证民工的基本生活需要。华东支前委员会把征集的民工进行了合理的编制，对民工的供给也做了严格的规定，切实解决了民工支前途中吃饭、住宿、粮草补给、工具修理以及伤员治疗的各种困难。

三是通过奖惩机制激励民工的自觉奉献精神。一些区委还制定了民工支援前线奖惩条例，制定了民工立功标准与等级，更大地激发了民工的支前热情和动力。

总之，民工政治工作思想的确立，各地党政机关的坚决实施，加上对民工供应的合理安排，三管齐下，使得后方人民群众纷纷加入到支前民工队伍之中，为前方战线输送源源不断的后勤人员和物资供应。

三、奉献精神的当代传扬

诚然，奉献精神是中华民族优良精神品质的一部分，但是正如淮海战役中民众的奉献精神发挥的动力源泉的分析告示我们，民众奉献精神的承续和发挥是有对象性的，有条件的，他们不可能无缘无故地施以任何人或者"权威"。

中国共产党领导的革命是人民的革命，中国共产党领导的中国特色社会主义事业是伟大的民族复兴大业，事关全体中国人民的福祉。当下实现中华民族复兴大业进入关键期，改革开放进入攻坚期，无论是从经验还是从现实需求看，依然需要广大人民群众的积极参与，需要民众继续奉献其智慧、热情和爱，而这种奉献精神同样需要持续地影响和激发。

首先，作为激发主体的执政党和政府，必须坚持为人民服务的宗旨，塑造并巩固人民政党的新形象，吸引和感染民众为民族复兴大业自觉奉献。

奉献精神是一种崇高的共产主义精神，是共产党人所推崇和提倡的一种精神，作为这种精神的推崇者和倡导者，共产党人理所应当以身作则，自己首先牢固树立并积极践行这种精神，只有这样才有资格去要求广大群众响应党的号召、学习实践奉献精神。共产党员是广大群众中的先进分子，具有高于一般群众的思想觉悟、道德水平和行动意志，但先进不仅要靠说，更要靠做。执政党不仅要用明明白白的语言告诉人民本党及其党员的先进性，更要以实实在在的行动证明其先进性，吸引和感染民众为民族复兴大业自觉奉献。共产党既然以全心全意为人民服务为唯一宗旨，就要把人民的利益高高举过头顶，做到毫不利己专门利人、大公无私公而忘私，不折不扣地践行全心全意为人民的奉献精神。

此外，中国共产党是中国特色社会主义事业的坚强领导核心，肩负着推进我国经济社会全面发展和促进人的全面发展的重大使命。作为领导核心，唯有大力发扬全心全意为人民的奉献精神，才能不被任何风险所惧、不被任何困难所阻、不被任何干扰所惑，带领人民不断取得推进经济社会发展和促进人的全面发展的新胜利。

其次，通过物质和精神两方面的激励，激发民众积极参与中国特色社会主义建设的热情，奉献其智慧和力量。

在社会主义初级阶段，由于经济结构的多样化，利益主体的多元化，人们的道德水平参差不齐，客观地说，在现阶段，完全不计个人得失、甘于无私奉献的人毕竟是少数，对相当一部分社会成员来说，"奉献精神"不是"实然"状态，而是一种"应然"状态，具有一定的现实超越性。要使全体公民将奉献精神内化为内心的道德价值取向并表现在行为实践中，整个社会的舆论导向、制度政策要对奉献行为给予物质和精神两方面的褒奖和补偿。这种褒奖和补偿体现着社会的肯定，是有利于奉献精神的弘扬的。没有褒奖和补偿的奉献行为固然可以体现奉献者的崇高，却使其他人敬而远之，从而使奉献精神失去应有的感召力。社会媒体常有英雄流血又流泪的报道，对这种现象若不采取措施加以纠正，就无法激励人们去弘扬正义，见义勇为。

褒奖和补偿的形式可以是多样的，比如通过社会传播媒介赞颂，使奉献者的社会形象大放光彩；为奉献者设立相应的基金和奖励制度，并在学习深造、职称评定和干部选拔方面给予适当的优先考虑，等等。无论采取什么形式，目的都是一个，即要使人们在道德公正的环境中感到奉献行为高尚、做奉献者光荣。

其三，奉献精神的表现形式可以而且应该多样化，从而激发民众的奉献精神。在革命战争时代，特殊的任务和艰苦的斗争环境，奉献精神在党员方面更多地表现为牺牲个人生命以换取革命事业的成功，在人民群众方面主要表现为对共产党及其军队的认同和人力物力的支持。今天，社会上也时时涌现出这样的英雄人物，如大学生张华为抢救一个老农而英勇献身；在抗险救灾中，许多解放军战士用血肉之躯换来保护人民的生命财产安全等。但当下毕竟是处在和平年代，献身是奉献精神最高但不是最普遍的形式，奉献精神是可以多样化地融入人民大众的普通的工作生活之中。危急时刻的见义勇为是一种奉献；而日常生活中的助人为乐、扶贫济困，工作中敬业、勤恳，公共生活中谦让、宽容等，也都是奉献精神的表现。如果只强调献身的唯一性，而忽视奉献精神的广泛性、多样性，可能会导致两种结果：一是使人们感到奉献精神虽然崇高，但无法效仿，进而采取敬而远之的态度；二是造成对大量日常工作生活中的奉献行为的熟视无睹、漠然处之。无论哪一种结果，都不利于奉献精神的弘扬。

其四，要建立奖励、宣传民众奉献精神的良性运行机制，鼓励民众自觉奉献于中国特色社会主义建设事业。一是高度重视，提高认识。新中国成立以来，奉献精神的宣传和活动的开展取得了巨大成绩，比如学雷锋运动，但不可否认，其间也出现了一些不正常的现象：学雷锋就是"做几件好事"的表面化现象；学雷锋就是"树几个典型"的个人化现象；等等。之所以出现这些问题，与广大群众对奉献精神认识不全面、理解不深刻有关。因此，必须对当下民众奉献意识和奉献精神展开深入的研究，并加以宣传，使广大的党员和民众切实认识到奉献精神的重要性。

二是由相关机构制定合理和可操作的奖励发现和实施措施。如在发现典型事迹方面，以现代信息技术为依托，在社区、单位、企业、学校设立必要的机构，负责收集、统计、备案所属成员所做的善行义举开通热线电话、建立微博论坛，或组织专门人员深入群众走访调查，为广大群众反馈好人、好事提供便利渠道，然后以奉献数据库等形式将每个人的"奉献信息"进行整理备案，作为日后奖励表彰、享受福利的重要依据。在奖励实施方面，必须进一步加强专项的资金或物质奖励，公开奖励程序和办法等等。

三是及时的、适度的宣传。一方面要加大典型事迹的宣传报道，为此要明确宣传先进事例的途径和程序；另一方面要充分利用传统媒体和新兴媒体，积极构建奉献精神价值导向体系，各城市、各单位、各企业、各学校在提炼概括自己的城市精神、单位精神、企业精神、学校精神的同时，将其与奉献精神结合起来宣传和弘扬。此外，可以组织有关讲评和宣传的活动，如徐州市开展的评选好人活动，通过大众参与评选，在公共活动场所为好人塑像和宣传，这样的做法具有长远效应，一方面给好人带来了荣誉和精神鼓舞，更好地发挥其榜样作用；另一方面也会潜移默化地影响民众。

"小推车" 精神的内涵及其当代价值①

郜　快②

一、"小推车" 精神产生的背景

由于国民党政府及其领导下的军队，代表的是大地主、大资产阶级的利益，极力维护本阶级的私利，以致民不聊生，丧失了人民的支持。而中国共产党及其领导下的军队，代表中国广大劳动人民群众的利益，因而得到了广大人民群众的大力支持。特别是解放区广大人民群众在共产党的领导下进行土地改革，初尝到了胜利果实，农民分得了土地和财产，工农业生产得到了恢复，人民生活蒸蒸日上，政治上也翻了身，当家做了主人。在这种情况下，他们不愿意已经到手的胜利果实再被夺去，不愿意再遭受国民党军队的暴行，迫切希望解放军能打赢这场战争。

人民群众清楚地知道：没有战争的胜利，也就没有自己的一切；战争胜利了，不光有房子、粮食，日子还会越过越好。由于战争的正义性，军民团结一心，以忘我的热情，团结一致的步调与敌人展开斗争，争取战争的胜利。他们把自己的命运和战争的胜负紧紧连在一起，用实际行动全力支持战争。这是淮海战役能得到广大人民群众支持的最重要原因。

---

① 本文选自淮北师范大学·淮海区域党史专题学术研讨会资料，2022年6月。
② 作者单位：淮北市委党史和地方志研究室党史编研科。

二、"小推车"精神的内涵

在党领导人民的淮海战役支前实践中，不断孕育形成了伟大的"小推车"精神。由于"小推车"精神内涵丰富，可以有多种表述，目前还没有完全定论。根据我们多年的研究，现尝试着将其内涵概括为："勇往直前、信念坚定的革命精神，顾全大局、服务胜利的奉献精神，排除万难、舍生忘死的牺牲精神。"

（一）勇往直前、信念坚定的革命精神。淮海战役期间，淮北地区人民在党的领导下组织担架队，始终跟随部队抢救伤员。担架队员视伤员如亲人，冒枪林弹雨，顶风雪严寒，奔波在转运线上。宿西县（即今淮北市濉溪县）雁鸣区担架队随中原野战军第三纵队某团火线转运伤员，随时补充队员和担架，始终保持93副执行任务，直到战役结束，受到嘉奖。宿怀县两县区（现为淮北市濉溪县双堆集镇）60多副担架在谢子言的带领下，跟随豫皖苏军区独立旅活动，从阻击刘汝明兵团到歼灭黄维兵团，多次遭敌机、敌炮轰炸，无所畏惧。双堆集歼灭战大王庄之战，部队伤亡严重，队员们从废墟中救出伤员，抬到渡口及时送往后方医院。白天敌机对渡口封锁严密，在渡口上空来回盘旋扔炸弹，队员们冒着生命危险，利用敌机转弯的片刻空隙，穿梭往返渡口百余次，终于完成任务。

为了及时把粮面、军衣、军鞋送到前方，淮北人民还掀起了送物资热潮。在前线因牛、马车目标大，不好照看，就用手推小车和人力背运。是年天下大雪，车辆难行，就发动群众挑、扛、抬，赶送军粮，日日夜夜，风雨无阻。送粮队伍中有的民工的鞋湿结冰，有的磨掉了鞋底，就光穿袜子在雪地上行走，有的干脆把棉裤筒卷起来，用带子扎上赤脚走，脚被冰碴扎烂直流血。在运粮路上经常可以看见洒在冰雪上一滴一滴殷红的鲜血。千万双脚踏出来的雪地上，形成了一条条斩不断的"钢铁运输线"。

（二）顾全大局、服务胜利的奉献精神。淮海战役，是由中原和华东两个野战军和华东、中原、华北地方武装共同进行的一次大规模协同作战。它是三大战役中唯一一次以少胜多的战役。要取得战役的胜利，必须实行人民战争，取得人民群众的支持。在浩浩荡荡的支前人流里，有着多种打扮，讲着多种乡音的人们，他们推着小车，驾着牛车，赶着毛驴，按照战役的需求组成了一支强大的支前队伍。后方的人民群众将解放军看作是自己的子弟兵，节衣缩食支援前线。有的无偿提供车辆参加支前；有的把自己的银圆借给政府；有的自动把房子拆了，把横梁、门板送给部队做工事；有的把很少的一点点存粮，甚至是仅有的一点谷种拿来供部队食用。

淮海战役第二、三阶段，由于部队的调动，参战人员的剧增，战场的移动和扩大，山东、华中等地区所筹集的粮食，距离需要位置很远，一时接应不上。鉴于以上情况，11月22日，总前委立即命令豫皖苏分局就地筹集1亿至1.5亿斤粮食供应作战部队和民工。豫皖苏人民迅速行动起来，全区筹粮达3亿余斤，超额完成了一倍以上；并组织担架10万多副，小车1.8万多辆，出动民工200万人以上。1949年1月1日，《中原日报》载文称赞："豫皖苏人民贡献宏伟。"

刚解放不久的萧宿县（后撤销，现大部分属淮北市）仅有人口21万，在短短的20天中，就筹集面粉25万斤，杂粮15万斤，油料8万斤，柴草50万斤，棺木1000口，出动担架2600副，大小车2500辆，人力18200人，牲口1500头，十人中就有一人上前方。为了把伤员及时转运到后方医院，淮北地区共设立20多处转运站和五六个临时医院。转运站的工作人员对伤员也同样关怀备至，热情照顾。宿蒙县白沙（现属淮北市濉溪县五沟镇）转运站22名服务人员，每天接收、转运伤员百余人。他们热情服务，为伤员端茶喂饭，擦洗伤口，收到50多封表扬信。转运伤员经过的沿途村庄都设有服务点，群众捧茶送饭，热情慰问，充分体现了淮北人民对人民解放军的深情厚谊。人民群众的顾全大局、无私奉献，是淮海战役胜利的根本保证。

（三）排除万难、舍生忘死的牺牲精神。在前线抢救伤员时，民工们冒着敌军的枪林弹雨和敌机的轰炸扫射，快抢快运，涌现出很多英雄人物和可歌可泣的事迹。宿怀县两县区农民董万仲参加了担架队，临出发前一天，母亲不幸病逝，领导让他留下，办理丧事。他却表示："母亲丧事是小事，支前才是革命大事；没有共产党就没有咱们穷人的今天，我一定得上前线!"当晚他草草掩埋了母亲,毅然奔赴前线。此后,他率领担架队共赴战壕 1201 次,抢救伤员 856 人,抢运牺牲战士 355 人。为此,他受到中共宿怀县委的通报表扬,在火线上光荣地加入了中国共产党。

在双堆集战场小马庄火线,因双方炮火猛烈,担架队员站立就会中弹。白沙区担架队队长祝永宽带领 80 副担架的队员们匍匐前进,把伤员轻托在背上,再爬回离前沿一里多路的团指挥所,往返多次救出全部伤员。转运中,队员们把棉衣脱给伤员盖。有的担架队员在敌机空袭时,奋不顾身,扑在伤员身上掩护伤员,献出了自己的生命。宿西县小张庄担架队舍生忘死抢救伤员,有 3 人牺牲。据不完全统计,仅豫皖苏二分区就有 100 余名民工牺牲在战场上。

整个淮海战役中,华东、中原、华北三大战略区的人民群众共出动民工 543 万人,担架 20 万副,各种车子 88 万辆,筹运粮食 9.6 亿斤,为淮海战役的胜利提供了强有力的后勤保障。在党的领导和人民群众的全力支援下,60 万人民解放军和地方武装,经过 66 天的浴血奋战,打败了国民党 80 万正规军,歼敌 55.5 万人。创造了世界军事史上的奇迹。

三、"小推车"精神的历史启示

2017 年 12 月,习近平总书记在参观徐州淮海战役纪念馆时深有感触地说:"革命胜利来之不易,靠有革命英雄主义精神的一大批将帅之才和战斗英雄,更靠人民的支持和奉献。淮海战役就是小推车推出来的胜利。我们要好好回报人民,让人民过上幸福美好的生活。"2020 年 8 月 19 日,习近平总书记视察安徽期间参观渡江战役纪念馆时,指出:"淮海战役的胜利是靠老百姓用小车推出来的,渡江战役的胜利是靠老百姓用小船划出来的。任何时候我们都要不忘初心、牢记使命,都不能忘了人民这个根,永远做忠诚的人民服务员。"重温"小推车"精神,可以使我们得到许多有益的启示。

第一,坚定信念跟党走,就能取得胜利。淮海战役的胜利,是坚决执行中央军委战略方针的胜利,是参战各部队团结协作的胜利,是广大指战员不怕牺牲、英勇战斗的胜利，也是人民群众支援前线的胜利。广大人民群众在党的号召领导下，不惜一切奋勇支前，党指挥到哪里，小推车就推到哪里。今天，进行具有许多新的历史特点的伟大斗争，比以往任何时候都更加需要党员干部对党忠诚，以坚定的信仰和正确的政治立场，紧密团结在以习近平同志为核心的党中央周围，牢固树立"四个意识"，坚决维护党中央权威和集中统一领导。不忘初心、牢记使命，敢于担当，为党和人民的事业无私奉献、艰苦奋斗。

第二，民心向背决定着战争的胜负。据国民党十八军军长杨伯涛回忆，他在被俘后押往后方的路上，惊讶得好像到了另一个世界：以前经过这些地方时，门户紧闭，村镇静寂，现在却是车水马龙，熙熙攘攘。更让他不可思议的是，一辆辆大车满载猪肉，而他前不久通过这里时却连一头猪都没看到。他说："十八军的失败，非战之罪，是因为反共反人民，在人民群众的大海里淹没了。"在人民群众的支援下，我前线部队吃得饱，穿得暖，战士们感动地说："我们的父母忍饥挨饿，把好东西都拿出来支援我们，我们一定要打好仗，彻底消灭敌人，来报答父老乡亲。"与我军相比，国民党军的处境却极其悲惨。在双堆集空投场上，国民党官兵如饿犬争食，自相残杀，为了争一包食物，饿急的国民党军持枪争夺。国民党军士兵士气低落，整排整连地投降我军。

第三，人民群众是我们的力量源泉和胜利之本。正是广大人民群众以高度的政治热情和自觉行动，从人力、物力、精神等方面全力支持战争，才有了淮海战役的伟大胜利。淮海战役的胜利进一步印证了人民群众是历史的创造者，是物质财富和精神财富的创造者，是推动社会历史前进的决定力量这一真理。我们党遵循这一基本原理，深深地植根于人民群众之中，在长期革命实践中形成了密切联系群众的最大优势，从而获得了取之不尽、用之不竭的力量源泉。在新时代，人民群众是实现中华民族伟大复兴的主力军。我们只有密切联系群众，坚持以人民为中心的发展导向，把人民对美好生活的向往作为我们的奋斗目标，才能团结和带领亿万人民，把党的路线方针政策变成人民群众的自觉行动，不断把中国特色社会主义伟大事业推向前进。

第四，紧紧依靠群众，才能取得事业的成功。在 70 多年前这场关系中国前途命运的大决战中，能否做好后勤保障工作，是夺取胜利的一个至关重要的问题。淮海战场相邻的地区，很多是刚刚解放的新区，交通工具简陋，要完成几千万吨物资的运送和伤员的救护，任务是何等艰巨。当时的战勤机关、各级的党组织坚定地相信群众，紧紧依靠群众，迅速组织起 500 多万人的支前大军，用小推车推出了淮海战役的伟大胜利。历史反复证明，"从群众中来，到群众中去"的群众路线，过去是、现在是、将来仍然是我们共产党人最基本的工作方法。只要我们坚定地相信群众，紧紧地依靠群众，尊重群众的首创精神，发挥群众的积极性、主动性，不论什么困难都能克服、什么敌人都能战胜。

四、新时代如何弘扬"小推车"精神

在中国特色社会主义新时代，"小推车"精神仍然具有重要的现实价值。坚持弘扬"小推车"精神，是中国共产党人不忘初心、牢记使命，永葆党的先进性、纯洁性的本质需要，是践行党的群众路线，团结带领广大人民群众不断开创中国特色社会主义事业新局面，实现中华民族伟大复兴的时代要求。弘扬"小推车"精神，对于唤起广大群众的历史自豪感，凝聚人民群众的智慧力量，奋力推进中华民族伟大复兴的"中国梦"，都具有十分重要的历史和现实意义。

（一）弘扬"小推车"精神，就是要始终践行党的初心、使命。"小推车"精神生成的过程，也是中国共产党践行初心和使命的奋斗历程。回顾其生成过程可以看出，一方面广大人民对党和人民军队的深情厚谊，铸就了辉煌历史。另一方面为什么广大人民坚定地跟党走，无私奉献，最根本的就是党始终把人民利益放在第一位，为人民谋幸福。中国共产党和党领导下的人民军队，始终恪守全心全意为人民服务的根本宗旨，一切为了人民，一切依靠人民，一切服务于人民，与人民群众一道缔造了唇齿相依的党群关系和鱼水情深的军民关系，共同熔铸了"小推车"精神。身体力行，始终践行党的初心和使命，就是对"小推车"精神最好的传承和弘扬，也是让"小推车"精神焕发活力、助力新时代中国特色社会主义建设的根本路径。

（二）弘扬"小推车"精神，就是要弘扬无私奉献的精神。无私奉献的精神，概括了人民顾全大局、公而忘私、自我牺牲、勇于奉献的价值取向，这是"小推车"精神的核心。战争年代，广大人民为了建立新中国，不怕牺牲，留下了彪炳千秋的英雄事迹。新的历史时期，弘扬"小推车"精神，就要弘扬无私奉献的精神。广大党员干部要努力提高自身素质，树立无私奉献观念，树立正确的权力观、地位观、利益观，把个人理想追求同建设社会主义现代化强国的伟大事业紧密结合起来。时刻把群众的利益放在心上，想群众之所想，急群众之所急。

（三）弘扬"小推车"精神，就是要始终保持与人民群众的血肉联系。在淮海战役中，党关爱群众，群众跟党走，党心民心紧紧相连，化作无穷力量，赢得了战役胜利。党的根基在人民，血脉在人民，力量在人民，党和群众时刻不可分离，不能割裂。新时代坚持和发展中国特色社会主义，必然要坚持群众路线，每个共产党员必须始终牢记人民公仆身份，把实现好、维护好、发展好最广大人民的根本利益作为一切工作的出发点和落脚点，全心全意服务群众，把群众的安危冷暖时刻放在心上，始终密切党与人民群众的血肉联系，唯有如此，党的执政地位和基础才能不断巩固，党领导的事业才能攻坚克难，无往而不胜。

（四）弘扬"小推车"精神，就是要维护、实现好广大人民群众的根本利益。新时代，我国社会的主要矛盾已经转化为人民日益增长的美好生活需要和不平衡不充分的发展之间的矛盾。人民群众期盼的是要有更好的教育、更稳定的工作、更满意的收入、更可靠的社会保障、更高水平的医疗卫生服务、更舒适的居住条件、更优美的环境、更丰富的精神文化生活。习近平总书记指出："人民对美好生活的向往，就是我们的奋斗目标。"顺应人民对美好生活的向往，就要紧紧抓住并着力解决好这个主要矛盾，从人民群众最关心、最直接、最现实的利益权益问题入手，真心实意为群众谋利益，扎扎实实为群众办实事、办好事，使人民获得感、幸福感、安全感更加充实、更有保障、更可持续。

人民支前给我们的启示①

李生义②　狄玉增③

　　淮海战役中的人民支前工作，在中国革命战争史上是一个伟大的奇迹。这次战役人民支前规模之宏大，组织之良好，成效之显著都是空前的。认真回顾和总结这一历史经验，对于继承和发扬人民群众支援战争的优良传统，做好未来战争后勤保障工作有着深远的意义。

一

　　人民群众的支援，是我军后勤保障力量的源泉。把广大人民群众动员和组织起来参加战争，支援战争，以弥补我军武器装备和物资的不足，是保障淮海战役胜利的基本经验之一。淮海战役过程中，华东、中原、华北人民群众踊跃支前，解放军打到哪里，人民就支援到哪里，庞大的人民支前队伍成为我军后勤工作不可缺少的组成部分和重要力量。据不完全统计，当时的山东、华中、苏豫皖、冀鲁豫4个解放区的地方政府均成立了统一的支前指挥机构，动员民工543万之众，牲畜10万余头，担架7万余副，小车41万余辆，汽车几百台，马车近万辆，船员千余名。同时，还组织了粮站（油盐供应站）110余处，供粮9亿多斤，建立伤员转运站150余处，协助部队前运弹药物资1000余万吨，转运后送伤员11万余名。在

---

① 本文选自南京出版社1989年版《淮海战役研究》。
②③ 作者单位：某集团军后勤部。

较短的时间内，集中动员如此众多的人力、物力、财力投入战争，完成如此浩繁艰巨的战役保障任务，实为我军历史上所未有。

淮海战役的胜利是人民战争后勤思想的胜利。在今天新的历史条件下，尽管我军的地位、作战对象等发生了变化，武器装备有了明显改善，后方供应有国家作为依托，但依靠人民群众的支援做好后勤保障的光荣传统不能丢，在后勤保障中贯彻人民战争的后勤思想不能变。

人民战争的后勤思想，是毛泽东军事后勤思想的核心，是我军后勤建设的根本优势，也是在历次革命战争中战胜内外敌人的重要法宝。"军队打胜仗，人民是靠山"已成为颠扑不破的真理。因此，人民战争的后勤思想在未来战争中不仅没有过时，还要向前发展。目前我军强调的军民整体保障，就是人民战争的后勤思想在新时期向前发展的一个重要方面。新中国成立以来，从我国边境地区发生的几次局部战争看，依靠人民支援，走军政结合、军民结合的社会化后勤保障道路，是我们克敌制胜的一条重要经验。1969 年的珍宝岛自卫反击战，当地人民群众先后动员近千台汽车参加战地运输，铁路部门利用森林铁路运送物资弹药和后送伤员，各级政府组织上万名民工开新路修旧路，保证了通往珍宝岛的道路条条畅通。1979 年的对越自卫反击战，我军前方有民兵保障，后方有群众支援，也取得了一个又一个的胜利。事实证明，毛泽东同志提出的"只有坚决地广泛地发动民众，方能在战争的一切需要上给以无穷无尽的供给"的论断是无比正确的。

依靠人民群众的支援，做好现代条件下的后勤保障工作，是现代战争全民作战、军民整体保障的客观要求。现代战争的一个重要特点就是突发性、快节奏；消耗的武器、弹药、油料和其他物资不仅比以往需要量大，而且品种复杂；敌对双方都将把破坏对方的后勤保障作为重点，桥梁可能被炸，交通可能被封锁，战备仓库可能被毁坏等等。在这种情况下，要保证部队作战需要，单靠军队后方供应是不行的。因此，只有依靠人民群众的支援，依靠军民整体保障，才能取得战争的胜利。

二

随着部队装备和作战情况的发展变化，未来战争的后勤保障在依靠人民群众支援的问题上，将出现许多新情况、新问题。一是范围广。淮海战役中，部队后勤保障依靠人民群众的支援主要是给养物资、担架、人畜力运输。而今后需要人民群众支援的将包括多种物资、零配件、原材料、各种医疗、技术修理、各种运力、后方警戒、防护、防御等许多方面。二是数量大。在后勤保障和后方防卫等各方面，需要人民支前的物力、人力的数量将比以往大得多。三是时间紧。由于战场情况复杂多变，作战样式转换频繁，因而对时间的要求十分紧迫。四是要求高。由于现代战争的后勤保障任务繁重，技术复杂，对敌斗争的任务艰巨，因而对支前人员的思想、作风和技术、战术水平以及对支前工作的组织指挥等，都提出了很高的要求。

现代条件下，后勤保障在依靠人民群众支援的问题上，有许多困难，但也有许多有利条件。一是我军坚持积极防御的战略方针，立足本土作战，为人民支援战争提供了广阔的后方空间和环境。二是随着我国经济的迅速发展和改革的不断深入，建设进程不断加快，国力逐渐增强，为支援部队作战创造了雄厚的物质基础。三是城乡工农业、科学技术的迅速发展和战备设施的进一步完善，便于部队就近利用。特别是我国人民有着踊跃支前、积极参战的光荣传统和丰富经验，民兵建设和预备役体制不断加强和完善，为支援部队作战创造了有利的条件，只要我们依靠地方政府，充分动员和组织人民群众，实行军民一体的后勤保障，战争的胜利就有可靠的保证。

三

根据淮海战役动员和组织人民支前的历史经验，以及现代条件下人民支前工作出现的新情况、新问题，在未来战争中，动员、组织和使用支前力量应做好以下几项工作：

（一）建立党政军结合的支前指挥机构。从淮海战役的实践看，建立起有地方党、政领导和军队后勤部门领导参加的指挥机构，进行统一的组织指挥，才能把人民支前工作做好。淮海战役发起前，中央军委指派杨立三同志统一部署战役的后勤工作，各解放区分别成立了统一的支前指挥机构，从而保证了支前工作有组织、有计划、有秩序地进行，顺利地完成了大兵团连续作战的后勤保障工作，取得了整个战役的胜利。

未来战争，若战役规模较大，波及整个战区，更有必要由战区后勤出面牵头，与地方支前部门挂钩，组建各级联合支前委员会。战区内凡驻有部队及有保障任务的省、地（市）、县、区、乡（镇），都应由军地各级有关职能部门的主要领导参加，组成一个独立决策、反应灵敏、指挥畅通、具有权威性的精干高效的联合保障机构，统一组织和担负战区内的后勤保障；并要加强军地协同，规定各级支前机构的性质和权限，划分保障区域，明确保障关系、保障任务和协同方法，使各级支前机构任务明确，关系清楚，组织有序，以增强军民整体保障的合力。建立党、政、军结合的支前指挥机构，各级在平时（或战役发起之前）就应有预案。对预设战场应单独成立专门的指挥机构。战时，根据新开辟战场的需要，及时成立专门的支前机构，以便统一调配和科学组织使用支前力量。

（二）通力合作，抓好干部、预备役人员和民兵队伍的建设。地方干部、预备役人员和广大民兵是人民支前的骨干力量，把这些力量抓好了，人民支前工作就能产生巨大的威力。淮海战役中，由于各级支前组织重视抓干部队伍的建设，两个月中参加支前工作的干部就达两万多人，这就保证了支前队伍有足够的领导骨干，使支前工作很好地开展起来。民兵也发挥了巨大的作用，他们积极发展生产，大力支援前线，许多民兵还直接参加作战。因此，无论平时或战时都要重视民兵队伍建设，做到组织落实、政治落实、军事落实。

（三）建立军民一体的支前系统。军民一体的支前系统是军民联合保障的基本形式。建立科学合理的支前系统，将为战区独立作战、持久作战提供巩固的后方依托。

　　战争初期战区后勤要迅速形成一支完整、强大的保障力量，必须建立平战结合的扩编动员体制，设立精干的后勤动员机构，编制专职后勤动员干部，形成平战结合、上下衔接、军地协作的后勤动员组织系统。同时，完善后勤动员法规，落实动员预案。要以城镇为中心，有重点地组建预备役部（分）队，指定地方相应的建制单位为预备役医院、运输、维修等部（分）队；根据地区经济、资源、技术力量分布，划分后勤动员区域，就近、就地定点对口动员，逐步在各保障区内形成若干后勤技术人员储备基地、部队和后勤组扩编装备物资储备基地。

　　战区后勤要源源不断地得到地方力量的支援，必须建立军民结合的支前保障网，形成军民一体的支前保障系统，使未来战区作战的后勤保障工作深深地扎根于人民群众之中。

从民心到民力：淮海战役人民支前的启示①

贾 萍

淮海战役战场跨越苏鲁豫皖四省，运输线长数千公里，作战时间历经秋冬两季 66 天，两大野战军跨战区联合作战，战役规模巨大，参战部队加上民工人数最多时达 150 万人，支前任务艰巨而复杂。如何统筹各地支前工作，组织动员人民群众支援前线？历史表明：淮海战役的胜利取决于凝聚民力、赢得民心。

一、尊重人民主体地位，凝聚民力

人民群众的全力支援，是淮海战役取得胜利的根本保证。战前，华东、华北、中原三大解放区所属八大行政区纷纷建立健全支前后勤机构，颁发紧急动员令，号召人民群众全力以赴支援前线。根据参战部队高度集中、战区辽阔、地形复杂、物资消耗巨大、伤员转运任务繁重、运输工具落后等情况，分析了可能出现的情况，就民力动员、粮草筹集、弹药储备、伤病员转运等做出具体部署。战役发起后，党中央、毛主席指示，华东、华北、中原三方面应用全力保证我军的供给。参战兵力快速增长，补给线迅速延长，各级支前机构及时采取措施，加大全民动员力度，调整供应部署，紧急调拨物资，抢修交通干线，延伸运输路线，增设兵站、粮站、民站和转运站，增调民工。

---

① 本文选自《群众》2021 年第 18 期。

广大解放区人民在"一切为了前线，一切为了胜利"的精神指导下，积极响应党的号召，竭尽全力，支援前线。大规模的群众性支前运动，在东起黄海、西至豫西、北自渤海、南达长江北岸，纵横两三千公里、9000多万人口的广大地区轰轰烈烈地展开。据不完全统计，淮海战役中，共组织支前民工543万、大小车88.1万辆、担架20.6万副、挑子30.5万副，完成筹集粮食9.6亿斤、运输物资数百万吨、转送伤员近10万人的艰巨任务，创造了世界战勤史上以分散、落后的农村经济支援大规模战略决战的奇迹，显示了人民战争的巨大伟力。

淮海战役的胜利是人民的胜利，它充分证明：人民是创造历史的决定力量，是实践活动的主体，必须尊重人民的主体地位，充分调动人民群众的积极性，从思想深处解决"依靠谁"的问题。

二、秉承群众利益至上，赢得民心

淮海战役时，战事再紧急、经费再紧张，各级党组织始终以群众利益为最大利益，切实保护群众切身利益，用心用情用力为群众办实事。

战前，解放区进行了土地改革运动，广大贫雇农获得了相当于平均水平的土地和其他生产、生活资料。山东解放区2000多万贫苦农民分得了近3000万亩土地，革命积极性和生产热情空前高涨，迎来了1948年秋季大丰收，为支援淮海战役奠定了坚实的物质基础和民心基础。各级党组织紧紧围绕完成支前任务和解决群众实际问题，制定了一系列兼顾支前和生产、保障部队作战和群众切身利益的制度和措施。明确规定了转送伤员、运输物资、医院看护、洗血衣等的支付标准。运输物资中，不仅按定人定畜定运量的方法给以报酬，超额完成部分还按比例予以奖励。同时，实行"耕战互助"方针，开展代耕代种活动，解决民工出工后的土地耕种问题；建立民站制度，保障民工行进途中的食宿、医疗救治和工具维修；设立托儿所，妥善看护外出民工子女；组织前后方写信活动，抚慰民工心理，巩固民工队伍。

在保障群众物质利益的同时，我们党始终坚持"一面战争，一面建设"的方针，建立健全政治教育机构，强化群众政治工作。淮海战役适应新的形势要求，特别强调与重视民工中的政治工作，提出"把民工队当成学校办"的口号，开展了自上而下有组织有计划的领导。民工政治工作主要包括：政治教育。教育内容极其丰富，学习读本从《目前形势和我们的任务》《论共产党员的修养》《支部工作六讲》等政治读本，到怎样抬担架、怎样烧大米饭和常见病的预防等业务读本，到《淮海民工故事》等先进事迹材料，涵盖了思想、业务、文化、生活和精神的各方面。教育形式也多种多样，主要是组织学习、制发口号、宣传报道和组织写信等。党的建设。建立健全民工连队的支部组织，在支部周围成立评功、锄保、生活、文娱等群众组织，大力培养积极分子、发展党员、培养干部。开展教育活动。颁布支前奖惩条例，依据民工队具体情况制定立功条件，开展评功检过和奖功庆功活动；开展"军爱民、民拥军"的拥军爱民运动，巩固军民关系，提高新区人民对党的认识，开创新区工作的新局面；开展文娱活动，成立民工俱乐部，把党的政治教育和号召，编成快板、顺口溜、担架诗等，运用民工喜闻乐见的娱乐形式开展教育。群众拥护并自编歌谣传唱道，"土地回家乐洋洋，有田有屋又有粮，翻身不忘共产党，领导穷人把家当，当家得把学来上，好叫眼睛开开光"，"提高文化是正道，彻底翻身有保证"。在群众看来，共产党人带领他们走的是正道，正道上的先进力量吸引着他们紧紧相随。

三、水乳交融，与群众同甘苦共命运

群众看党好不好，一看党的政策好不好，二看身边的党员好不好。淮海战役时，广大党员干部扎根群众，调研了解群众想法，收集群众意见，制定了一系列科学、合理、务实的制度和规定。淮海战役时，除三大纪律八项注意外，制定了规范干部工作职责、经费使用、评先奖惩、提拔任用等制度。强化制度建设，确保党员干部的良好形象和先进性、纯洁性。

民力负担制度中明确了"干部党员同样要负担战勤"，对于工作繁重的干部，要"经群众民主评议后，可免除战勤负担"，"干部、党员，应起模范带头作用，如有发现干部、党员中，为包庇亲戚好友而使战勤负担分配不公，给予严格的批评与纠正"，干部中"非脱离生产者，其待遇与常备民工共同"。粮食征收中，对军、工、烈属、鳏、寡、孤、独者，对出租的土地，人不在解放区、地在解放区，对受灾、歉收等各种可能出现的情况做出了详细的规定，甚至还针对土地肥沃程度制定了相应的征收标准。办公经费中对墨水、纸张、油灯、火柴等的使用数量进行了详细规定。评功论奖时，区分干部和一般支前群众的立功标准，奖惩条例中将能否带领团结群众、不徇私情、认真执行制度、按时公开账目、工作是否能够创新列为干部立功标准。对干部的提拔和使用，强调培养和提拔相结合，规定要"通过立功运动，发现积极分子，有计划地经民选到各种组织领导中去，在工作过程中提高其觉悟与能力，培养成为基层干部"。有了这些制度和规定，群众对干部的工作职责和权力等一目了然，利于监督。支前过程中，党员干部坚持宗旨，严守制度规定。领导干部和群众同吃同住同劳动，随时听取群众意见，军民干群一家亲、党心民心水乳交融的情景十分动人。如豫西军区支前司令部政委李一清所说："尽管群众生活很苦，但是他们看到共产党和共产党领导的军队、党政干部和他们一样，同甘苦，共命运。因此，大家的革命意志是最坚强的，斗争情绪是高昂的。"

人民支援淮海战役的伟大壮举已被载入史册。战争年代，广大党员干部坚持理想信念，用心用情用力赢得群众的支持，并带领群众完成民族解放大业，这是历史留给我们的宝贵财富。今天，我们要深入学习和发扬革命先辈的优良传统和工作作风，创新群众工作的方法，切实走好新时代的群众路线，为实现中华民族伟大复兴而不懈奋斗。

党的群众路线与淮海战役人民支前的历史与经验①

汪 勇②

中国共产党领导的推翻国民党蒋介石反动统治的辽沈、淮海、平津战略决战基本消灭了国民党主力军队，决定了国民党政权的败亡命运，为新中国成立铺平了道路。三大战役中淮海战役规模最大、时间最长、战果最丰，是决战中的决战，决定并改变了中国的命运。淮海战役胜利原因很多，其中有一个重要原因是党领导下人民群众的全力支援和巨大牺牲。"战争的伟力之最深厚的根源，存在于民众之中。"淮海战役如果没有人民群众的踊跃支前提供保障，要取得胜利是不可想象的。正如陈毅元帅所说，淮海战役的胜利，是人民群众用小推车推出来的。

党的群众路线就是一切为了群众，一切依靠群众，从群众中来，到群众中去，把党的正确主张变为群众的自觉行动。淮海战役中各级党组织坚决贯彻党的群众路线，领导人民群众踊跃支前，为决战胜利提供了坚强保障。可以说，人民群众对淮海战役的鼎力支持和无私奉献是淮海战役胜利的根本原因，淮海战役的胜利是人民的胜利，是党的群众路线的胜利。

一、党的群众路线在淮海战役支前中的运用与实践

群众路线是中国共产党在长期革命活动中形成的工作路线和领导方

---

① 本文选自《党史党建》。
② 作者单位：安徽省委党校党史党建部。

法，是毛泽东思想活的灵魂，是党的优良传统和宝贵财富，贯穿于党的一切工作中。淮海战役中，人民群众的踊跃支前是党的群众路线成功运用与贯彻的体现，是淮海战役胜利的根本保证。

（一）从人民群众根本利益出发，开展战略决战，解放全中国

中国共产党始终代表着最广大人民群众的根本利益，这是党坚持群众路线的逻辑前提和基础。决策发起淮海战役的根本目的就是维护人民群众的根本利益，实现人民群众的彻底解放。

"中国共产党人的初心和使命，为中国人民谋幸福，就是为中华民族谋复兴。"中国共产党诞生后，开始了为实现民族独立，国家富强，人民解放而不懈奋斗的历程。旧中国国民党蒋介石贪污腐化，组织松弛，思想涣散，国统区经济凋敝，通货膨胀，民怨沸腾。抗日战争胜利后，悍然撕毁和平协议，发动内战。在这种背景下，充分考虑人民群众的民意基础和人心向背，中国共产党奋起自卫，发起包括淮海战役在内的三大战役，和国民党蒋介石反革命政权开展决战，建立新中国，正是执行群众路线，代表和维护最广大人民群众根本利益的体现。

（二）土地改革，满足人民根本要求，实现经济政治解放

土地问题是旧中国最大的问题。中国共产党始终高度重视土地问题。解放战争爆发后，党满足广大农民的根本需求，领导开展了土地改革。1947 年 9 月，中国共产党颁布《中国土地法大纲》，实行平分土地政策。到了 1949 年上半年，老解放区近 1 亿农民获得了土地。土地改革解决了贫苦农民的土地问题，满足了他们最大的愿望，彻底改变了旧中国农村的面貌和农民的精神世界。使翻身农民坚定地站在了共产党一边，积极参加革命，踊跃支前，为淮海战役胜利提供了有力保障。

靠着土地改革，解放区的 1.6 亿农民被最充分地动员起来支援战争，成为决定战争胜负的最伟大的源源不断的力量。毛泽东在中共七届三中全会上曾对土地改革与战争胜利的关系解释说："我们的胜利是从哪里来的呢？就是靠这一万万六千万人打胜的。这一万万六千万人给了他们什么东西呢？他们为什么能够发动起来呢？为什么能够组织这么大的军队？就是因为在这一万万六千万人中间进行了土改。"

（三）成立机构组织，统筹谋划，做好后勤保障

淮海战役所需人力物资空前，作战区域基本在农村。没有雄厚后勤支援，想要取胜几乎不可能。党依靠人民，精心组织和领导好数百万民工做好支前后勤工作，为战役胜利提供了坚实保障。

中共中央、中央军委对淮海战役支前工作高度重视，明确指出淮海战役"对全军作战所需包括全部后勤工作在内有充分之准备"，要求参战部队在后勤支前工作中必须贯彻"耕战互助"和兵员随战随补、随补随战的方针。1948 年 9 月 28 日，中央军委电示华东局对全军后勤工作应有充分准备。10 月 2 日，华东局决定把支援淮海战役作为头等任务，动员和组织人民全力支援前线。

为了做好统筹，周恩来委派杨立三，协同刘瑞龙和刘岱峰负责筹办淮海战役后勤与支前事宜。解放战争初期，山东省支前委员会成立，负责各级政府和支前机构部署支前任务，指导支前工作。委员会发布《山东省支援前线委员会组织大纲》，规定支前的任务、职权及工作范围。不久，各级支前领导机构相继建立。11 月 4 日，根据中央军委的指示，华东局成立新的最高支前领导机构华东支前委员会，下设政治、人力、粮食、财政、交通、民站等 6 个部，统一领导华东地区的支前工作，由傅秋涛任主任委员。各级党组织亦普遍调整了支前指挥机构，由党政军主要领导干部担任主要负责人。11 月 22 日，华中支前司令部成立，下设政治、民力动员、财粮 3 个部及参谋处。豫皖苏中央分局于 10 月 18 日发出《关于加强各级战勤组织机构的决定》，11 月 25 日下达《后勤司令部命令》，要求各县、区迅速建立支前指挥机构。随后，宿西、宿怀、宿蒙、萧宿等县及所属区（市）先后成立了支前指挥部。

为了便于领导，华东局将华东各地支前民工以县为基础，按照军队编制组成民工团，设团长、政委和政治处主任。团以下设营、连、排、班。在民工团党的组织领导上，团设党委，营设总支，连建支部，排、班成立党小组。为了提高支前效率，华东支前委员会对支前区域工作做出划分和安排，划分 8 个行政区，每个行政区分别成立后勤司令部或支前委员会，依据实际分管各区划的后勤支前，相互分工配合。为了保证粮食、弹药等

运输，支前委员会合理安排了民站、兵站、粮站、弹药库、被装库设置，组成了一个庞大的运输供应网。

各级支前组织机构的普遍建立，保证了民工支前工作统一的组织领导，使得支前工作紧张而有序地进行，为战役的胜利提供坚实保证。

（四）发扬民主，严明纪律，以优良作风做好民众表率

"政治路线确定之后，干部就是决定的因素。"淮海战役支前中，大量党员干部以身作则，率先垂范，始终和人民同甘共苦，发挥了先锋模范带头作用，涌现出一大批可歌可泣的英雄事迹。

在支前基层组织中，党注重将领导和群众工作紧密结合起来，让群众广泛参与到政治工作中。连队支部是支前队伍的领导核心，围绕支部，支前队伍建立了评功、锄奸、生活、文娱、民运等各种群众性组织，大批功臣和积极分子被选入这些组织，实现了党组织与群众性组织的紧密结合。支前队伍中共产党员领导干部率先垂范，以身作则，以良好形象和优良作风，感动、带动和影响人民群众拥护党、支持党。各级党政组织的主要负责同志往往亲自带领民工，与民工同吃同住，同甘苦共患难。豫皖苏二分区砀山县委书记鲁禹道，多次扛着面袋，冒着风雨，走在支前民工队伍的最前面。宿西县五铺区副书记李良良负责粮站，最繁忙时候，七天七夜未曾休息，无一句抱怨。同时，各级党组织严明群众纪律。如苏北行署规定在支前中实施"五不走运动"，即地不扫不走、水缸不满不走、借物不还不走、坏的东西不赔不走、不道谢不走。规定拉近了支前民工与当地百姓的距离，使新区老百姓对共产党及人民军队和群众组织有了全新的认知。

广大党员干部的优良作风和严明纪律，以及在支前中率先垂范，以实际行动带动了群众支前，党心民心紧密连在一起，最终转化成了淮海战役中无穷的克敌制胜强大力量。

（五）加强思想政治教育，提高民工觉悟

淮海战役中，华东各级党组织和支前领导机关形成了一套较为完整的政治工作制度，在民工队伍中开展丰富的思想政治工作，对于启发民工觉悟，巩固民工队伍，保证完成艰巨任务发挥了重要作用。

首先，以形势、阶级、政策、任务为基本教育内容，教育解放区群众

认识支援革命战争的伟大意义。通过"反蒋诉苦"教育、支前保田教育、形势教育和支前政策教育，使广大群众认识了夺取战争胜利的伟大意义，消除了思想顾虑，提高了政治觉悟和组织程度。其次，开展支前行军过程中的思想政治工作。通过开展谈心、思想教育、前后对比等多种方式启发民工支前觉悟。第三，开展火线运送粮食、弹药等军需物资和抢救伤员等常识性的教育，及时保证作战队伍的粮弹等供应和伤员的抢救。最后，通过提出政治口号、各种形式的慰劳活动、立功运动和党的建设，开展火线思想政治教育。

淮海战役中，数百万民工能在极其艰难险恶的环境下，将数十亿斤粮草、弹药等军需物资及时运往前线，胜利完成战役的支前任务，这是与华东各级党组织、人民政府和支前领导机关与各民工团党组织对支前民工队伍坚持不懈的思想政治工作密不可分的。

（六）制定政策措施，解决突出问题，保障群众权益

淮海战役中，各级党组织把完成支前任务与解决群众实际问题结合起来，制定政策措施，切实做好民工的组织、管理、调配、服务、轮换、供给等工作，保护好人民群众的合法权益，赢得民众真心拥护和支持。

随着战役规模扩大，支前工作面临很多变化和困难。各级党组织坚持依靠人民群众，探寻方法，解决问题。针对有些支前民工战场逃亡严重，抵触支前等状况，负责后勤的党员干部开展调研，分析原因，制定政策，解决问题。如华东支前委员会、华东财政经济办事处按照民工工作时间长短及工作内容，将民工分为随军常备民工、二线转运民工和后方临时民工三类，分别制定了各类民工的大队、中队、分队部编制，对民工的供给办法与供给标准做了严格的规定。关于民工的供给办法，中原军区发出《关于禁止无价派差，实行给资保运的布告》，规定任何机构，任何人所有的搬运武器、弹药、家具、机器及一切粮食物资，概应依照规定之运费按工给价，或按件给资，一律禁止无价派差，禁止只给伙食不给工资之义务运输制度，并详细规定了各项运费和劳务费用的标准和支取办法。华北人民政府，华北军区司令部联合发出命令，颁布战勤供给制度，对支前民工供给标准方法和手续，做出统一规定。同时，一些区委还制定民工支援前线

奖惩条例、民工立功标准与等级，这些措施激发了民工支前热情，使得后方民众纷纷加入到支前队伍中，为前线输送源源不断的物资。

淮海战役期间，各级党组织制定政策，采取措施，保证了农民的合法权益，调动了农民支前的积极性，为战役胜利打下坚实基础。

二、人民群众的踊跃支前是淮海战役胜利的根本保证

淮海战役中，随着党的群众路线的成功实践和运用，各解放区人民掀起了轰轰烈烈的支前运动，大批农民参军参战支前，淮海战役获得了取之不尽的人力、物力的支援。

（一）保卫胜利果实，参军入伍，源源不断提供兵源

解放战争时期党执行群众路线，制定路线、方针、政策代表了群众的利益，实现了支前和人民群众利益的高度融合。淮海战役大兵团决战需要大量兵员，解放军兵源来自百姓。解放区民众经过土改获得了梦寐以求的土地。他们从心底明白共产党代表他们的利益，参加人民军队，打倒国民党蒋介石，就是保卫土地，保卫家园，保卫家人。所以，一经党宣传员，特别是形势和阶级教育后，农民阶级觉悟普遍提高，他们提出"参军参战人人有责"口号，义无反顾参军入伍，保田卫家，投入决战。

淮海战役开战前，1948 年 10 月，山东老解放区 5 个月时间里 16.8 万名青壮年参军。开战后，胶东莒北从 12 月 18 日至 28 日，有 2800 名农民入伍；莱东有 1700 名青壮年立功上前线。同时，各地留守群众掀起拥军优属热潮，消除了新战士家庭生产的顾虑。

广大农民为了自己的根本利益积极参军入伍，参加革命斗争，增强了人民军队的力量，为人民军队战胜敌人，提供了源源不断的兵源。

（二）积极生产，筹集物资，支援前线

解放战争物资需求巨大，需要长期物质支撑和保障，例如淮海战役仅粮食一项，前方每天就需要 500 万斤粮食供应，这些主要依赖于后方生产发展。

淮海战役中，党高度重视领导生产工作，开展"耕战互助"，组织群

众统一安排支前和生产。解放区人民提出"要人有人，要粮有粮，要物有物，全力支援前线"的口号，掀起了积极生产、踊跃缴纳公粮、被服等物资的高潮。同时解放区工人们开展劳动竞赛，农民组织劳动互助，形成前方青壮年出征支前，后方群众在家生产，踊跃缴粮献粮，筹措油盐菜蔬，昼夜碾米磨面，赶做军衣军鞋，同心同力共同支前的奇观。

为了保障前线粮食供应，各地积极筹粮，纷纷制定了粮食征借政策和办法以及粮食供应计划。解放区人民节衣缩食，省下一碗一瓢粮食，踊跃纳粮。为了支前，有的人家不买年货，省下来支援前线；有的人家改年再娶媳妇，挤出粮食支援前线；一位老太太甚至一改过去烧香拜佛的习惯，为的是多借出粮食支援战争。老百姓甚至提出了"倾家荡产也要支援前线"的口号。据不完全统计，整个淮海战役期间，解放区人民共筹集粮食9.6亿斤，充分满足了战役对粮食的需求，战役胜利后，人民筹集的军粮还剩余约5亿斤。

为了保障前线被服和弹药供应，各兵工厂开展劳动竞赛，抢修机器，日夜突击生产，保障前方弹药供应。被服供应主要依靠后方人民日夜赶做。解放区的妇女们夜以继日赶做军衣军鞋，一些妇女因为长期连续做鞋导致手指残疾！据鲁西南、渤海、胶东部分资料显示，仅仅在1948—1949两年中，人民群众为前线做鞋700余万双，军袜200余万双，军衣20余万套，军被170万床。

解放区人民的生产支前，为前线将士源源不断地提供了用之不竭的粮食、弹药、军服军鞋，为淮海战役胜利提供了强大物资保障。

（三）支前运输，保证粮食和物资补给

淮海战役中，粮食弹药等物资补给几乎全部依靠人民群众用手推车运送，运送补给的群众不畏牺牲，英勇顽强，保证了解放军的补给。

淮海战役所需辎重装备、弹药粮秣等物资80%由支前民工以人背、肩挑、车推等方式完成。解放区老百姓们推着小推车，吃着自带的红高粱、红辣椒和红萝卜咸菜"三红"，带着蓑衣、竹竿、葫芦瓢支前"三件宝"，冒风雪，忍饥寒，翻山涉水，日夜奔走，勇往直前冲向战场。支前民工们车上装的是小米、白面，他们宁可自己挨饿，也不吃车上的小米、白面，把省下的小米、白面供应部队。

淮海战役期间，后方人民群众用小推车这种落后的运输工具肩扛背驮，克服无数困难，将300多万吨弹药物资、9.6亿斤粮食、156万斤油盐、86万斤猪肉及时送到前方，保证了战役的物资供给，为胜利打下坚实基础！

（四）抢修交通，转运护理伤员

畅通的交通运输对于战争胜负关系重大。淮海战役中，党领导广大人民群众在极为困难条件下突击抢修铁路、公路、桥梁，大大提高了支前物资的运输效率，保证了交通运输和通信联络畅通无阻。淮海战役发起前后，国民党破坏铁路线556公里，沿线给水、通讯、电网等设备破坏极大，被破坏的大小铁路桥梁达到85座之多。为了保证交通线畅通，济南战役结束后，党有计划地领导了铁路抢修工作，据不完全统计，淮海战役期间，铁路员工和后方人民群众共抢修铁桥68座，涵洞228座，修复铁路220华里，确保了战役期间交通运输线的畅通无阻和粮秣物资的供给运输，保证了部队的作战需要。

及时把负伤战士安全运送到后方医院进行治疗，恢复健康，重返前线是保持我军战斗力的重要内容。淮海战役发起前，华东局对伤员转运、医院设置和伤员治疗做出周密安排。当时转运伤员主要依靠支前民工抬运。为了安全及时转运伤员，支前担架民工和医务人员，视战士为亲人，不怕苦不怕累不怕牺牲，长途跋涉，转运途中军民一家亲，民工对伤员殷勤热情照顾，无微不至。当伤员安全转移后方后，后方百姓无微不至进行照顾，为伤员及时康复积极创造条件。

（五）配合作战，慰问将士，鼓舞战斗意志

民兵武装是支援部队作战的骨干力量。为了支援前线，各地纷纷建立健全组织机构，统一领导民兵和群众配合人民军队作战。广大民兵和战地群众在党的领导下，活跃在前线和后方，担任着保卫生产、肃清土匪、护送物资、保护交通、捕捉散兵、押运俘虏、打扫战场等重要任务，直接支援人民军队对敌作战，为战役胜利做出巨大贡献。

淮海战役打响后，各地积极调集民兵参军参战，组织了130多个武装子弟兵团随军远征，仅山东地区就动员了民兵近2.3万人，组织了17个子弟兵团开赴前线。他们有组织、有纪律、有觉悟，用缴获的武器武装自己，认真执行各项任务，被群众称为"不穿军装的解放军"。在押解俘虏中，民兵们严格遵守战俘政策和纪律，严厉拒绝战俘的金钱、物品利诱。山东沂水县一个民兵排，在淮海战役中服务3个月，押解俘虏2160人，圆满完成押解任务，全排人人立功。

除了积极支前，各地民众开展了关怀前线将士和参战民兵民工活动。战役期间，慰问信如雪花般飞向前线，慰问品堆积成山。据不完全统计，仅华东人民慰问团的慰问袋就多达1531袋，慰问信达10万多封。同时，各地民众还自发慰问将士。人民的慰问和期望极大地鼓舞了前线指战员的战斗意志和必胜的革命信念，为广大官兵奋勇杀敌、夺取胜利提供了强大的精神力量。

三、淮海战役中群众路线与人民支前的历史经验与启示

（一）必须不忘初心，牢记宗旨，始终站稳群众立场

党的群众路线在淮海战役中坚持、运用与实践是人民群众支前运动的根本原因，为淮海战役胜利提供了根本保证。这段历史给我们留下首要的经验与启示就是，共产党人无论什么时候都不能忘记立党初心，牢记肩负的使命和宗旨，始终站稳群众立场。

"中国共产党人的初心与使命，就是为中国人民谋幸福，为中华民族谋复兴。"中国共产党是人民的政党，是为了人民的解放而不懈奋斗的政党，全心全意为人民服务是党的宗旨。中国共产党近百年奋斗历程，相继取得革命、建设和改革的辉煌胜利，原因很多，但其根源在于党始终不忘初心、牢记使命，植根于人民群众之中，时刻代表人民群众的根本利益，为着人民群众的幸福而不懈奋斗，从而赢得了人民群众的认同、拥护和支持！淮海战役中人民群众的无私支前保证了战役的胜利，生动地验证了这一点。

不忘初心，方得始终。中国特色社会主义进入新时代，新时代新使

命，在实现"两个百年"奋斗目标的新征程中，共产党人要始终不忘"我是谁""依靠谁""为了谁"这个根本问题。始终站稳人民立场，把人民群众放在最高位置，时刻牢记为民宗旨，强化公仆意识，坚持以人为本、执政为民，真心真意为人民群众谋利益，增福祉；在工作中坚持问政于民，问计于民，从人民群众的实践中汲取智慧力量；时刻摆正同人民群众的关系，牢记共产党员身份，慎独慎初慎微，严于律己、服务群众。中国特色社会主义新时代，只有不忘初心、牢记使命，紧紧依靠人民，充分调动人民群众的积极性和主动性，才能赢得人民群众的拥护和支持，才能最终实现为中国人民谋幸福，为中华民族谋复兴的初心和使命。

（二）始终坚持一切为了人民，维护好和实现好最广大人民群众根本利益

得民心者得天下。中国共产党领导革命、建设和改革胜利的关键，就是始终代表和维护人民群众的利益，一切为了人民，一切依靠人民，从而赢取民心，赢得人民群众真正的拥护和支持。

旧中国农民最大的问题就是土地问题，谁能够解决农民最迫切的土地问题，谁就代表了农民的最根本利益，农民就会支持谁，拥护谁！解放战争时期，党开展土地改革运动，废除封建剥削土地制度，实现耕者有其田，彻底改变了几千年以来的封建土地所有制。广大农民获得了土地，经济上翻了身，人民群众的眼睛是雪亮的，他们从心底里知道只有共产党，才真正代表他们的根本利益。参加共产党领导的人民军队，对国民党蒋介石开展决战就是保卫自己胜利的果实，是自己的事业。于是人民群众的革命热情被激发出来，转化成无穷无尽的强大力量，转化成人民军队的兵源和衣服粮食，转化成支前民工的车轮滚滚。正如淮海战役时任华东野战军后勤部长的刘瑞龙在总结人民支前时在日记中写的那样："当人民把战争的最高目标和自身的最大利益联系起来的时候，认识到共产党是和他们呼吸相通的，只有打败蒋介石才能翻身得解放，过上好日子；支援前线是自己的根本利益所在，进行战争和自己生死存亡有关的时候，就能全力以赴地投入到战争中去。"

2017 年 12 月 13 日，习近平总书记在瞻仰淮海战役烈士纪念塔，向淮海战役英雄烈士敬献花篮后指出："淮海战役就是小推车推出来的胜利。我们要好好回报人民，让人民过上幸福美好的生活。"中国共产党一切活动的奋斗目标和出发点都是为了人民。新时代中国特色社会主义承载着新的历史使命，要完成新的历史任务，党必须始终坚持权为民所用、情为民所系、利为民所谋，坚持深入基层、深入群众，倾听群众呼声、关心群众疾苦，把落实党的宗旨、维护人民利益转化为办实事的实际行动上。就像习近平总书记指出的那样：只要我们"坚持党的群众路线，坚持人民主体地位，时刻把群众安危冷暖放在心上"，"切实把人民利益维护好、实现好、发展好，把好事办好、实事办实，让群众时刻感受到党和政府的关怀"，人民群众一定会过上幸福美好的生活，中华民族伟大复兴一定会最终实现。

（三）始终做好人民公仆，清正廉洁，密切与人民群众血肉联系

根深才能叶茂，树高千尺不能忘根。群众路线是党做好一切工作必须遵循的最根本的方法。习近平总书记指出："保持党的先进性和纯洁性、巩固党的执政基础和执政地位靠什么？最重要的就是靠坚持党的群众路线、密切联系群众。"

民主革命时期，中国共产党坚决贯彻群众路线，同人民群众保持血肉联系，为人民群众的利益浴血奋斗。人民群众反过来用小车推出中国革命的胜利。据统计，在淮海战役中，各地支前的民工达 543 万人，大小车辆 40 多万辆。党关爱群众，群众跟党走，党心民心紧紧相连，化作无穷力量，令解放军克敌制胜，赢得淮海战役胜利。

马克思主义执政党的最大危险就是脱离群众。"心系群众鱼得水，背离群众树断根。"党的根基在人民，血脉在人民，力量在人民，党和群众须臾不可分离，片刻不能割裂。中国特色社会主义进入新时代，新时代坚持和发展中国特色社会主义，必然要坚持群众路线，每个共产党员必须始终牢记人民公仆身份，在工作中摆正位置、把好方向，把实现好、维护好、发展好最广大人民的根本利益作为一切工作的出发点和落脚点，全心

全意服务群众，把群众的安危冷暖时刻放在心上，清正廉洁，力戒官僚主义、形式主义、享乐主义和奢靡之风，始终密切党与人民群众的血肉联系，唯有如此，党的执政地位和基础才能不断巩固，党领导的事业才能攻坚克难，无往而不利。

淮海战役中贯彻执行党的群众路线的经验与启示[①]

聂红琴[②]

群众路线是党的根本工作路线，是党在长期革命和建设中制胜的法宝。淮海战役是解放战争三大战役中战斗最为激烈的一次，经过 66 昼夜的浴血奋战，人民解放军共歼敌 55.5 万余人，取得了决定性的胜利。淮海战役的胜利是党的群众路线的胜利。群众工作的成功实践孕育了淮海战役的小推车精神。今天，再次回顾和讨论淮海战役中的群众路线，总结其成功的经验，无论对于正确认识淮海战役胜利的根本原因，还是对于执行党的群众路线，做好群众工作，落实习近平总书记的"民心是最大的政治"的告诫，都有十分重要的理论和现实意义。

一、淮海战役中执行群众路线的成功经验

淮海战役是人民战争的胜利，是执行党的群众路线的典范。时任豫西军区支前司令部政委李一清曾总结说："在这个时期，可以说，我们党自成立到现在，经过千锤百炼，党的威信、党内关系、党群关系、军民关系是最好的一个时期。尽管群众生活很苦，但是他们看到共产党和共产党领导的军队、党政干部和他们一样，同甘苦，共命运。因此，大家的革命意志是最坚强的，斗争情绪是高昂的。"这其中有着许多成功的经验。

① 本文选自《淮海战役精神深刻内涵和时代价值·论文征集选编》，2018 年版。
② 作者单位：中共江苏省委党史工作办公室。

（一）把战争的最高目标与群众自身的最大利益结合是淮海战役中执行群众路线成功的根本原因

马克思说："人们奋斗所争取的一切，都同他们的利益有关。"过上好日子，这是人类最基本的理想和追求。谁能让人民过上好日子，谁就会得到人民的拥护和支持。这是人民群众最朴素的情感和最简单的要求。农民，是中国社会的主体。土地，是他们赖以生存的根本所在。而千百年来，土地制度的极端荒谬和反动，是中国社会贫穷落后的主要根源。据统计，土地改革以前，占农村人口不到10%的地主、富农占有农村70%～80%的土地。而占农村人口90%以上的贫农、雇农和中农，却只占有20%～30%的耕地。地主、富农靠土地进行残酷剥削，广大农民终年辛勤劳动，却始终难以得到基本的温饱。能够拥有属于自己的土地，摆脱苦难，过上好日子，成为广大贫苦农民世世代代的梦想。抗战胜利不久，1946年，中共中央下达了《五四指示》，从而揭开了解放区土地立法的序幕。1947年10月10日，中共中央公布了《中国土地法大纲》，宣布彻底废除封建地主土地所有制，实行耕者有其田。1947年底，毛泽东在《目前形势和我们的任务》中指出："土地制度的彻底改革，是现阶段中国革命的一项基本任务，如果我们能够普遍地彻底地解决土地问题，我们就获得了足以战胜敌人的最基本的条件。"淮海战役发起的1948年的春天，从豫皖苏区的淮河两岸，到胶东半岛的黄河之滨；从白山黑水的东北大地，到沃野千里的冀中平原，在共产党领导下，解放区亿万农民拥有了属于自己的土地。广大农民获得了土地，政治上翻了身，革命积极性和生产热情空前高涨，这为动员人民支援前线提供了坚实的思想和经济基础。正如1948年12月豫皖苏区第五行政区后勤司令部赠予河南中牟县龙王庙村民工的锦旗上绣着的十个大字："支前是我们自己的事业。""要人出人，要钱出钱，要粮出粮""一切为了前线，一切为了战争胜利"，人民群众表现出高度的自觉性和主动性。据统计，淮海战役共出动民工543万人，其中常备民工22万人，二线转运民工130万人，后方临时民工391万人。他们不止是运输队，还是担架队、卫生队、预备役部队，国民党的80万军队需要对抗的远远不止中野和华野的60万大军。

中国共产党成立的初衷就是为了振兴中华，挽救民族危亡。除了代表最广大中国人民根本利益之外，没有任何私利。淮海战役中，党正是秉持以人为本、执政为民，始终代表人民的方向，顺应人民的要求，广大人民才能全力以赴地投入到战争中去。时任华东野战军后勤部部长刘瑞龙在日记中写道："当人民把战争的最高目标和自身的最大利益联系起来的时候，认识到共产党是和他们呼吸相通的，只有打败蒋介石，才能翻身得解放，过上好日子；支援前线是自己的根本利益所在，进行战争和自己生死存亡有关的时候，就能全力以赴地投入到战争中去。"

（二）高度的组织化和完备的制度是淮海战役中执行群众路线成功的关键

"没有组织便没有力量。"早在 1906 年 12 月，列宁就明确指出："工人阶级的力量在于组织。不组织群众，无产阶级就一事无成。组织起来的无产阶级就无所不能。"1943 年 11 月，毛泽东同志以《组织起来》为题做了重要讲话，强调要"把群众力量组织起来，这是一种方针"。我们党领导群众进行革命斗争的实践也证明"组织使力量增强十倍"。

淮海战役动用的人力之众、物资之多是前所未有的，支前战勤任务浩繁艰巨。为做好整个战役中人力和物资统筹安排工作，中央军委副主席周恩来委派总后勤部部长杨立三，协同华野后勤司令刘瑞龙和中野后勤司令刘岱峰负责筹办淮海战役后勤与支前事宜。11 月，淮海战役支前涉及的 8 个行政区，即渤海区、胶东区、鲁中南区、苏北区、江淮区、豫皖苏区、冀鲁豫区和豫西区，都陆续建立和健全了后勤司令部或支前委员会，各个地区的工作在总原则与要求的指导下，相互配合，相互分工，依据各自地区的实际情况分管各行政区的后勤支前工作。

同时，在淮海战役过程中，共设民站 132 个、兵站 36 个、粮站 165 个、弹药库 36 个、被装库 12 个，选定了十余条水陆交通运输干线，将兵站、民站、粮站、油盐供应站、伤员转运站、野战医院和后方医院等组成了一个庞大的运输供应网，部队后勤机构与地方支前机构之间、部队前方与后方之间明确分工，密切配合。特别是在战争发生的中心区域，徐州、陈官庄、宿县、碾庄附近设立了密密麻麻的粮站、兵站、民站，及时保证前线的需求，其中伤病员的医院和转运站更是随着战场的不断推进而迁移，战争打到哪里，医院就迁到哪里。这些机构的设立保证了前方源源不断的粮食、弹药等的供应，是后勤支前工作得以顺利进行的重要保障，是党的群众路线实施的重要平台。

大批民工来到前线，如何保障他们的生活？各级党的支前组织心系民工冷暖、关心民工生活，建立民站等后勤保障组织，制定并完善了民工供给制度、优抚制度等各项制度。由于民工动员体制不同，民工性质和任务不同，民工的生活供给制度也不同，大致分为四种。一是供给制，即支前民兵、民工的衣食住行等生活供给，由各级政府、部队供给的制度。二是给价包运制，即民工出工支前，依相关规定按工给价，或按件给资，其生活供给一切自理的制度。三是包运提成，即支前民工、民兵的生活自理，其报酬按运输量多少进行提成的制度。四是供给提奖制，即实行供给制的民工超额完成任务的那一部分，按规定进行奖励的制度。关于民工的供给标准，支前委员会对民工的伙食费、黄烟费、办公费、杂支费、宣教费、被服装具、医药费、负伤费、埋葬费、赔偿费、民工铺草及民工干部供给都做了明确详细的规定。民站的设立切实解决了民工支前途中吃饭、住宿、粮草补给、工具修理以及伤员治疗的各种困难。

民工到前方支援战争，如何解决他们的后顾之忧变得十分重要。各解放区党政支前机关，认真贯彻中共中央、中央军委"耕战互助"的方针，制定一系列政策规定，解决了人力、物力的合理负担，工具、牲畜合理顶工，支前工、生产工合理顶替，照顾好民工家属生产，禁止无价派差等，以此保护人民群众的实际利益，调动了广大人民群众的支前积极性。

从基层党组织的群众组织动员来看，以村为例，首先是建立村一级支前组织，有长工分队、短工分队、民兵分队、老人服务队、妇女服务队以及儿童团，将6岁至55岁的群众分别纳入对应的支前组织中。长工分队担负常备民工服务，短工分队担负后方临时军勤服务，民兵分队在保留原有组织基础上，根据个人条件分别加入长工分队和短工分队中；老人服务队担负向导、替部队找房子等工作；妇女服务队细分为承担磨面、缝洗、慰问等不同的任务小组；儿童团在老师指导下担负贴标语、呼口号等任务。

从党员到非党员，从农民到工人，从壮丁到妇女，从老人到小孩，从商户到医生，从船员到车工，各行各业的人民各司其职，出现了"家家户户齐动员，男女老少忙支前"的宏伟热烈场面。正如华东解放区1949年支前总结中所指出："没有强有力的领导，落后分散的农村经济要想完成大规模战役的后勤保障，是不可能的。"

（三）深入细致的思想动员以及党员干部的模范作用是淮海战役中执行群众路线成功的重要因素

在整个支前中，各级支前组织特别强调要进行深入细致的宣传动员，以达到自觉自愿的支前行动。党用群众看得见的事，听得懂的话，最能接受的方式进行宣传动员。在群众动员中，通俗易懂的宣传画、宣传标语和口号是经常使用的。淮海战役纪念馆展出了一幅当年张贴在解放区的宣传画："保卫我们的父母、老婆、儿子、粮食和耕牛。"画面急促有力的线条，生动而直白的构图，充满激情的画面，表达出坚定的信念：翻身的农民，拿起了武器，他们不惜一切，用自己的实际行动，来保卫自己的父母、老婆、儿子，保卫属于自己的土地、粮食和耕牛。在文献、档案和图书中，我们能够看到当年各种支前宣传标语和口号："反蒋、保田、保饭碗""挡大门，保田地""男女老少，一齐动手，一面生产，一面支前""努力支前，干部带头，负担公平，分工合理""帮助军属烈属出征民工解决困难"。这些具体的、明了的宣传标语在淮海战役的支前工作中，起到了极大的教育鼓舞作用。针对支前中的各种模糊思想，各地从上到下，从干部到群众反复动员，普遍采用了"大会动员、出题目，分组漫谈讨论、互相研究、以求得正确的认识"，用群众大会、祝捷大会、村政扩大会等民主方式和回忆诉苦的办法进行宣传，直到群众思想觉悟为止。深入细致的宣传教育是群众工作顺利开展的思想基础。

支前工作是一项非常艰苦而又危险的工作。在支前中，广大基层党员干部身先士卒、以身作则，与民工同甘共苦，和民工打成一片，以实际行动影响和带动群众。在民工队伍中，支队干部一般为县的主要干部或专署、行署的科长等；大队干部为区的主要干部或县的科长、科员等；中队干部多为区的主要干部和较强的一般区干；分队干部大部分为区的一般干部或不脱离生产的主要村干。每支民工队伍都配有 10% 左右的党员，最多的占到 20% 以上。各地、县的领导同志带头参加运粮队、担架队。如华中第五、六两专区（即盐阜、淮海两地区），从专员到县长、区乡负责干部先后约有 2 万人亲自率领民工上过前线。被华东支前委员会评为"模范担架团"的渤海第一专区第一担架团，全团原有党员 379 名，后又增加 319 名，全团干部大多是共产党员。他们从济南战役起，跟随三纵服务 8 个月，经历了河北、山东、江苏、安徽、河南 5 个省，行程 1 万余里。全团 3000 多人，95% 以上都在战场上立过功，其中 6 个特等功臣都是党员，在 351 名一等功臣中党员占了 216 名，复员时共荣获奖旗 65 面，被华东支前委员会授予"模范担架团"的光荣称号。从这些普通的基层干部和共产党员身上，民工们了解了共产党，加深了对共产党的认识。正是共产党员的先锋模范带头作用，才让人民无比信赖，义无反顾地跟随共产党一路前行。基层干部党员身处一线，是密切干群关系的重要力量。

二、淮海战役中执行群众路线对我们的启示

淮海战役中贯彻执行党的群众路线的成功经验为我们新时期贯彻党的群众路线，做好群众工作提供了诸多启示。

（一）执行党的群众路线，做好群众工作必须紧扣民心这个最大的政治

无论过去、现在和将来，以人民为本、密切联系群众都是我们党从胜利走向胜利的最大政治优势。陈毅元帅说：淮海战役的胜利，是人民群众用小车推出来的。这句话体现了淮海战役中党在赢得民心方面是成功的。

淮海战役中执行党的群众路线的成功经验告诉我们紧扣民心这个最大的政治就要始终把人民的愿望和期盼变成党的奋斗目标。新时代，人民群众期盼是要有更好的教育、更稳定的工作、更满意的收入、更可靠的社会保障、更高水平的医疗卫生服务、更舒适的居住条件、更优美的环境、更丰富的精神文化生活。习近平总书记指出："人民对美好生活的向往，就是我们的奋斗目标。"我国社会的主要矛盾已经转化为人民日益增长的美

好生活需要和不平衡不充分的发展之间的矛盾。顺应人民对美好生活的向往，就要紧紧抓住并着力解决好这个主要矛盾，从人民群众最关心、最直接、最现实的利益权益问题入手，真心实意为群众谋利益，扎扎实实为群众办实事、办好事，使人民获得感、幸福感、安全感更加充实、更有保障、更可持续。

赢得民心的另一项重要工作，是建立和维护公平与正义的社会生活秩序，让人民群众得到充分的安全保障，让群众生活得更美好，更有尊严。对于全社会来说，建立公平与正义，主要是通过公共道德建设和民主法治建设，逐步建立起崇德向善的公序良俗，不断扩大维护公平正义的正能量。对于基层组织而言，就是要进一步强化全心全意为人民服务的宗旨意识，心系人民，服务群众，及时解决群众生活中的热点难点问题，排忧解难，造福于民。要千方百计做好困难党员、职工、居民的救济与帮扶工作，尽最大努力搞好就业安排、大病医疗、住房安置等工作，让群众感受组织关怀的温暖。同时，要畅通申诉渠道，搞好信访接待，关注群众生活中遇到的各种委屈和不平等，维护群众的各种合法权益，解决好利益纠纷。

（二）执行党的群众路线，做好群众工作必须引导群众与党同心同德

党的群众工作的实质是要实现党对人民群众的政治引领、权益维护、素质提升、力量凝聚的作用，也就是做凝聚民心的工作。聚的方向就是朝着党中央确定的宏伟目标团结一心向前进；聚的目的就是把全党全国人民士气鼓舞起来、精神振奋起来；聚的方式和手段，就是坚持正确舆论导向，唱响主旋律，壮大正能量，做大做强主流思想舆论。当然，各方面各领域还存在一些困难，面临新的挑战，人民群众还有迫切需要解决的实际问题和思想问题。党员干部在做群众工作时，首先要做到以理服人。群众最服的就是理，而不是权；群众最怕的是理，而不是官。办每一件事、做每一项工作，首先要把道理对群众讲清楚、说明白。要通过宣传、教育、引导，把大的道理讲清楚，小的道理说明白，让群众明白事理，清楚惠在何处、惠从何来，群众才会配合我们的工作。而党员干部要做到这一点，首先要将自身业务学精，政策吃透，这样才能向群众讲全讲透，有说服

力；同时要尊重事实，不能偏听偏信，更不能主观臆断，而是要客观公正，用事实说话；最后还要注重方式方法，要善于用群众的语言，群众的方式去讲道理、讲政策，这样群众工作才会更加扎实、富有成效。

（三）执行党的群众路线，做好群众工作必须要用心、用情、用力

在新形势、新任务下，要做好群众工作必须准确地研判当前群众工作面临的问题和挑战，更新观念，转变思路，提出周密细致的制度保障。

要带着感情做群众工作，做到热情接待不摆架子、耐心说服不简单粗暴、诚心解决不敷衍推诿、真心帮助不拒之门外。要全身心地融入到群众中去，将心比心，换位思考，以心换心，真情抚慰。对待群众要热情接待，态度和蔼，以开阔的思路、敏捷的思维、良好的气质，耐心地听取群众诉求，准确地判断群众的意图，迅速做出适当的处理。真正做到在思想上尊重群众、感情上贴近群众、行动上深入群众、工作上依靠群众，从群众的愿望出发，倾听群众呼声和建议，把握群众思想脉搏，正确对待群众提出的各种要求，并将群众意愿作为思考问题、制定政策、开展工作的基本依据。

同时，要依法行政。依法行政，既是确保国家长治久安的重要手段，又是维护广大人民群众根本利益的有效手段。在群众工作中，一方面，党员干部要自觉遵守国家法律和党纪政纪，依法处理涉及群众切身利益的矛盾和纠纷，切实维护广大人民群众的合法权益，让群众真真切切感受到社会的公平正义。另一方面，要用法律、制度对群众的行为进行约束，在接访工作中要做到不卑不亢，原则面前不让步，坚决维护法律和党的政策、纪律的严肃性。对不守法纪的行为要旗帜鲜明、理直气壮，坚决果断地打击，确保人民群众根本利益不受侵害。

淮海战役精神与党的群众路线研究①

高 杰②

一、党的群众路线的基本概述

（一）群众路线的科学内涵

党的群众路线，是中国共产党人在长期的革命实践中，将马克思主义唯物史观和认识论同中国实际相结合，贯彻到党的领导方式和工作方法中，形成的根本工作路线，是马克思主义的立场、观点、方法的集中体现，是中国共产党坚持立党为公、执政为民全部实践的科学总结。1981年6月，中共中央做出的《关于建国以来党的若干历史问题的决议》中，将群众路线简明概括为"一切为了群众，一切依靠群众，从群众中来，到群众中去"。

1. 坚持一切为了群众。一切为了群众，是我们党从事一切工作的出发点和落脚点，是检验中国共产党人是否正确对待人民群众的根本标准，是群众路线的核心，突出强调了中国共产党应该具备怎样的群众观点，能否正确认识这个问题，是关系到党的性质和宗旨的根本问题。中国共产党作为中国人民和中华民族的先锋队，宗旨就是全心全意为人民服务。中国共产党自诞生之日起，就把实现民族解放和人民幸福作为奋斗目标写在自己

---

① 本文选自《淮海战役精神深刻内涵和时代价值·论文征集选编》，2018年版。
② 作者单位：国家统计局徐州调查队。

的旗帜上，融入全部的工作中，除了人民群众的利益以外，共产党本身没有任何私利，党的一切工作努力和奋斗牺牲，都是为了人民群众的利益。归根到底，共产党就是全心全意为人民服务的党。

一切为了群众，体现着中国共产党人的永恒信念和价值追求。一切为了人民群众的观点贯穿在整个共产主义运动的发展历史上，早在1848年发表的《共产党宣言》中，马克思就指出无产阶级的运动是绝大多数人参与的，为着绝大多数人谋取利益的独立运动。在中国共产党的奋斗历程中，1939年2月20日毛泽东在给张闻天的信中就谈到"为人民服务"。1945年，在党的第七次全国代表大会上把"全心全意为人民服务"写入党章，作为我们党的根本宗旨和每个党员都要遵守的行动准则。随后，党的历代领导人，也都将全心全意为人民服务当作制定和贯彻党的路线、方针、政策的出发点和最终归宿，贯穿整个执政过程中。可以说，党的整个历史就是共产党人坚持马克思主义唯物史观，全心全意为人民服务的历史。正是因为党始终坚持为人民服务的宗旨并能自觉遵守党的纪律，做好带头表率作用，才取得了人民的信任，并接受中国共产党的领导，才使得我们的党取得革命的胜利，最终取得执政地位。

2. 坚持一切依靠群众。马克思主义唯物史观认为，人民群众作为人类社会发展的决定性力量，是历史的创造者，是真正的英雄。坚持一切依靠群众，是我们党取得革命、建设和改革开放伟大成就的根本保证。纵观整个历史，近代中国为了推翻封建主义和帝国主义的压迫进行了多次轰轰烈烈的斗争，却都以失败告终，究其原因，最根本的就是没有将占人口90%以上的工农劳动大众发动起来。根据马克思主义历史唯物主义的观点，人民群众是社会变革的决定力量，无产阶级政党只有依靠人民群众才可能战无不胜。中国共产党从革命的实践过程中逐渐认识到，只有依靠最广大的人民群众才能进行革命并取得最后胜利。正如毛泽东指出："革命战争是群众的战争，只有动员群众才能进行战争，只有依靠群众才能进行战争。"并多次告诫全党，要重视人民群众的力量，尊重人民群众的主体地位，依靠群众开展人民战争才能打倒敌人。在社会主义建设时期，毛泽东依然重视依靠人民群众，他在总结党的历史时指出："共产党基本的一条，就是直接依靠广大革命人民群众。"

改革开放以后，我们党和国家建设面临着更加复杂的环境和更加艰巨的历史任务，历届领导人都意识到并强调，我们党只有密切联系群众，紧紧地依靠群众，听取群众的呼声，代表群众的利益，才能充分地调动起人民群众的积极性，团结起各族人民，集聚起强大的力量，带领人民群众共同奋斗，为建设社会主义现代化提供保障。同时，党要在工作过程中将人民群众满意度作为检验工作成果的第一标准。检验标准的实质是要对谁负责、让谁满意的问题，我们党作为代表最广大人民群众利益的党，一切工作的成败当然是由人民群众来检验，因此我们党在从事一切工作时，都要注重群众的意见，群众期盼什么就做好什么，群众赞成什么就坚持什么，群众反对什么就坚决不做。在工作的过程中，还要注意工作的方式方法，用群众喜闻乐见的方式来做好群众工作，把广大人民群众凝聚起来共同参与到社会主义建设中。

3. 坚持从群众中来，到群众中去。"从群众中来，到群众中去"是中国共产党根本的工作方法。从群众中来是坚持群众路线的基础和前提，到群众中去则是坚持群众路线的目标和归宿。马克思历史唯物主义认为，人民群众是历史的创造者，是全部物质和精神财富的创造者，无产阶级政党作为人民群众的领导核心，全部的工作都是为了人民群众的利益，而要做到全心全意为人民服务，党就必须坚持"从群众中来"，所有的领导干部，在做任何决定之前，必须要深入基层，深入到群众当中去，关心群众疾苦，听取群众意见和建议，只有这样才能真实地了解人民群众的所思所盼，才能满足人民的真实需求，才能有的放矢地去为人民服务。

群众特别是劳动群众是实践的主体和实行者，虽然群众由于个人经历、文化知识和认知水平的不同，所取得的经验可能是分散的、片面的、没有系统的，但他们的感知是真实的、符合实际的，我们的党员干部在做好调查和听取意见的基础上，运用马克思主义的方法，将取得的材料做"去伪存真、去粗取精、由此及彼、由表及里"的加工，使之从分散的、个别的感性认识上升到系统的、集中的理性认识，在这种认识的过程中，要保留人民群众所形成的正确的认识并继续发展和深化，修正群众认识中的片面意见，抛弃人民群众错误的认识，然后根据集中以后的理性认识来制定我们党全部的方针政策、计划办法。由此可以看出，调查研究、集中群众意见的过程不是简单地将群众的意见相罗列，而是领导干部在其中起一个"加工者"的作用，将收集的群众意见的"原材料"通过科学的加工，形成正确认识的"成品"，这个过程，既是领导干部向人民群众学习的过程，也是领导干部了解实际、发现真理的过程。

坚持"到群众中去"的过程，就是将党根据群众的智慧制定的符合群众期盼，维护群众利益的路线、方针、政策，通过贯彻实施回到群众中去，在实践过程中接受群众的检验，并在不断的实践过程中通过深化认识得以丰富和发展。"到群众中去"的过程，是领导干部使用制定的政策改造世界的过程，同时也是一个不断修正错误，坚持真理的过程，更是实现"一切为了群众"的过程。我们党要坚持一切为了群众，做到全心全意为人民群众服务，就必须做到到群众中去。否则，一切都是空谈。而到群众中去并不是完结，这是一个循环往复的过程，党把制定的方针政策贯彻下去，接受群众的检验之后，在实践中证明是正确的、符合实际的要继续贯彻，并通过群众的实践经验继续深化认识，在实践中证明是错误的，就要及时改正，并结合群众的实践，继续做好调查研究，制定新的政策再次接受群众检验，并不断地修正。只有这样，才能将党的意愿和要求转化为人民群众跟随党奋勇前进的坚定实践，我们党正是坚持"到群众中去"才带领人民群众推翻封建主义和帝国主义，取得革命的最终胜利。也正是坚持"到群众中去"，我们党的改革开放和社会主义建设才取得如此重大的成就。

（二）群众路线形成的具体过程

1. 党的群众路线的提出。1928 年党的六大的《政治决议案》《关于组织问题草案之决议》提出了"党的总路线是争取群众"，是最早提出的、从强调党的主要任务的角度来阐述的群众路线。这段阐述中对当时党的革命起义做出了重要指示，明确地将工人阶级列为革命起义的主要力量，将争取群众作为当时党的革命总路线和主要任务。1928 年 11 月，李立三首先提出了"群众路线"这一概念，他指出，"在总的群众路线之下，需要竭最大的努力到下层群众中去。"1929 年 9 月，在《中共中央给红军第四军前委的指示信》中，周恩来也明确使用了"群众路线"的概念，并强调了在党的各项工作中要"经过群众路线"。之后毛泽东虽然多次使用过"群众路线"的概念，但由于受到历史条件的局限，缺乏客观条件和实践基础，党的群众路线还没有形成理论体系，对群众路线的理解还仅停留在表象。

2. 党的群众路线的形成。进入延安时期之后，随着党和革命力量的迅速发展、国内外敌对势力的反扑和侵害日益猖獗，党的革命领导地位责任的日益加重，密切党与人民群众关系的任务也就越发迫切。延安时期，中国共产党第一代领导集体和政治理论素养得到了进一步的发展和成熟，已经具备了概括和实践群众路线思想的能力。在《中央给红军第四军前委的指示信——关于军阀混战的形势与红军的任务》《中国共产党红军第四军第九次党代表大会决议案》中，党的群众路线多次被提及，群众路线的含义已基本形成。比如，红军和群众之间的联系，要由红军以群众的生活所需为出发点，从生活实践逐步引导其进行政治斗争或是武装斗争。还有，发展经济也要通过群众路线"没收地主豪绅财产是红军给养的主要来源，但一定要经过群众路线"，红军第四军的《第九次党代表大会决议案》中"一切工作，在党的讨论和决议之后，再经过群众路线去执行"，这是首次群众路线作为党的具体工作方法正式地出现在党的文件中。

3. 党的群众路线成熟发展。1934 年 1 月，在毛泽东《关心群众生活，注意工作方法》中，群众路线的内涵已经相当丰富和广泛，并逐渐走向成熟。如代表群众利益方面，"都应该把它提到自己的议事日程上"，"使广大群众认识我们是代表他们利益的"。再如关于争取群众、发动群众方面，"群众，是千百万真心实意地拥护革命的群众"等等。1942 年 4 月，毛泽东指出："共产党的路线，就是人民的路线。"虽然此时的群众路线思想仍缺乏全面的、完整的表述，但它已经以党的革命路线和工作方法的形式得到了全党的广泛认可和普遍运用。1945 年 5 月，刘少奇在《论党》中对群众路线做了进一步概括，指出"所谓密切联系人民群众的路线，就是党的群众路线"，这一提法与以往相比，进步之处就是在于将党的工作与人民群众最大程度联系在一起，是将群众路线作为党的根本工作路线而提出的，标志着群众路线已经形成，并正式载入中国共产党和无产阶级革命的伟大历史篇章之中。

二、淮海战役时期党的群众路线的具体实践

（一）一切为了人民群众才能得到人民群众全力以赴的支持

我党制定的各项政策代表了广大人民群众的利益，特别是土地改革运动，反映了千百万贫苦农民的愿望。以山东解放区为例，1946 年，山东一些老解放区开始土地改革，1947 年进行土地复查，到 1948 年淮海战役前，解放区已经基本完成土地改革。据当时的不完全统计，鲁中南、胶东、渤海三个解放区就有 500 余万农民分得土地 600 余万亩。广大农民获得了土地，政治上翻了身，革命积极性和生产热情空前高涨。另一方面，解放军对人民群众支前的关心也是非常细致的，因为淮海战役跨越了农历新年，许多农民都思乡心切，当时就组织了许多文娱活动和慰问队，物质和精神都得到了保障，老百姓很清楚选择支持谁。他们一致表示："反蒋、保田、保饭碗""要人出人，要钱出钱，要粮出粮"。这些为人民支援前线提供了坚实的思想和物质基础。时任淮海战役华东支前委员会粮食部长的张劲夫讲："群众这种支援战争的积极性主要来源于两个方面：一方面是我党制定的各项政策代表了广大人民群众的利益，特别是土地改革运动，反映了千百万贫苦农民的愿望……为支援淮海战役奠定了一定的物质基础。"

淮海战役国民党军后勤供应始终处于极端的困难之中，以致后期被围困后完全依靠飞机空投，难以为继，一些军队因饥饿而涣散以致崩溃解体。相比之下，解放军在整个淮海战役期间筹运粮食共约 9.6 亿斤，前方实际用粮 43400 万斤。著名作家白桦曾讲过这样一个故事：1948 年初冬的一天，在进军淮海平原的路上，络绎不绝的小车和我军大队人马并行。我问一位推车的农民大嫂："你们小车推的是什么？""白面。""你们家还有存粮吗？""有，不在窖里。""在哪儿？""在地里。""地里，什么庄稼？""麦子。"我环顾白雪覆盖的中原大地，麦苗还没有出土呢！我情不自禁地

哭了。我相信，我们的军队必胜。为解决支前群众的生产和生活问题，我们党能为群众想的都想到了，该为群众做的都做到了。比如，在支前途中设立民站、转运站，解决民工行军途中食宿、医疗问题；完善民工优抚制度，解决民工负伤、牺牲和复员后的待遇问题；在后方大力开展代耕代种活动，解决民工出工后的土地耕种问题；成立托儿所，解决民工外出后照管孩子的问题；甚至为消除民工家属的心理担忧，发起了写信运动。民心的凝聚，正是从一点一滴的小事积累起来的。时任华东野战军后勤部部长刘瑞龙曾这样说："当人民把战争的最高目标和自身的最大利益联系起来的时候，认识到共产党是和他们呼吸相通的，只有打败蒋介石，才能翻身得解放，过上好日子；支援前线是自己的根本利益所在，进行战争和自己生死存亡有关的时候，就能全力以赴地投入到战争中去。"

（二）淮海战役的伟大胜利是小推车推出来的

淮海战役作为中国规模最大、歼敌最多的一场战役，粮食、弹药等物资的需求量是巨大惊人的。兵马未动，粮草先行。据统计，淮海战役期间，共动员"支前民工（包括随军民工、二线转运民工和后方临时民工）543万人，担架20.6万副，大小车辆88.1万辆，挑子30.5万副，牲畜76.7万头，船只8539只，汽车257辆，向前线运送弹药1460万斤、筹运粮食9.6亿斤，前方实际用粮43400万斤，向后方转运伤员11万余名。在战役的第三阶段，参战兵力与后方支前民工的比例为1：9，大大超过战役初期1：3的概算。

支前民工不止是运输队，还是担架队、卫生队、预备役部队，国民党的80万军队需要对抗的远远不止中野和华野的60万大军。当时民工中有句口号"队伍打到哪里，支前就跟到哪里"，这不光对作战部队带来单纯的物质上的支持，也让军队更加灵活机动。不管是华野、中野的部队采取什么样的行军路线，或者路过什么样的地形，民工都能跟上。反观国民党部队，在淮海战役之初，他们制订的作战计划是沿着铁路固守，就是因为他们后勤的补给彻底依靠铁路。当初黄维兵团赶往徐州，中野对黄维兵团的伏击目的性非常清楚，因为当地只有一条路可以通过坦克和拉后勤辎重的大卡车，在他们的必经之路设伏就行了。

淮海战役纪念馆里，有一根 1.2 米长的小竹竿，被列为国家一级文物。竹竿来自特等支前功臣、543 万支前民工的代表唐和恩。淮海战役期间，唐和恩带领小车队从他的家乡出发，随军跑遍了整个战场。每到一地，他就把地名刻在小竹竿上，共刻下了苏鲁皖三省 88 个地方的名称。这根看似不起眼的小竹竿，连同那奔走在千里淮海大地上的一辆辆小推车，背后所传递的正是民心的力量。2017 年 12 月 13 日，习近平同志在参观淮海战役纪念馆时指出，淮海战役就是小推车推出来的胜利。我们要好好守住人民的江山，好好回报人民，让人民过上幸福美好的生活。

（三）淮海战役支前工作中体现的组织力

早在 1906 年 12 月，列宁就明确指出："工人阶级的力量在于组织。不组织群众，无产阶级就一事无成。组织起来的无产阶级就无所不能。"1943 年 11 月，毛泽东同志以《组织起来》为题做了重要讲话，强调要"把群众力量组织起来，这是一种方针"。我们党领导群众进行革命斗争的实践也证明"组织使力量增强十倍"。淮海战役前夕，1948 年 9 月 8 日至13 日，中共中央在西柏坡召开政治局扩大会议（九月会议），围绕"军队向前进，生产长一寸，加强纪律性"议题进行了广泛的讨论，建立并实行了党内报告制度，这极大地加强了我们党的集中统一领导，保证了党的政策和决议有效执行。

淮海战役时期的基层党组织动员群众支前，以村为例首先是建立村一级支前组织，有长工分队、短工分队、民兵分队、老人服务队、妇女服务队以及儿童团，将 6 岁至 55 岁的群众分别纳入对应的支前组织中。长工分队担负常备民工服务，短工分队担负后方临时军勤服务，民兵分队在保留原有组织基础上，根据个人条件分别加入长工分队和短工分队中；老人服务队担负向导、替部队找房子等工作；妇女服务队细分为承担磨面、缝洗、慰问等不同的任务小组；儿童团在老师指导下担负贴标语、呼口号等任务。正副村长兼任正副分队长。村里召开动员会议也是由党内到党外开展，先打通党员的思想，村党支部召开支部大会、党小组会，根据上级部署和指示，用上党课、做报告、开会等形式进行动员。党内思想酝酿成熟后，转向党外召开宣传动员会，通过村政扩大会、群众大会、祝捷大会、乡村集会等，采取忆苦思甜的办法，使群众认识到贫苦的根源来自地主剥削，激发群众的阶级觉悟，提升群众思想认识，自觉投入战争的洪流。正如华东解放区 1949 年支前总结中所指出："没有强有力的领导，落后分散的农村经济要想完成大规模战役的后勤保障，是不可能的。"

（四）党员干部带头支前与带动群众支前

淮海战役中，干部、党员不但没有特殊的政策照顾，而且对其支前行为严格规范并公布于众。比如，民力负担政策中指出："干部党员同样要负担战勤"，对于工作繁重的干部，要"经群众民主评议后，可免除战勤负担"，"干部、党员，应起模范带头作用，如有发现干部、党员中为包庇亲戚好友而使战勤负担分配不公，给予严格的批评与纠正"，干部中"非脱离生产者，其待遇与常备民工同"。有了这样的明确制度，对党员干部来说，哪些是该做的，哪些是不该做的，该做的应该怎么做，有了执行标准；对群众来说，干部有哪些权利和义务，工作和职责是什么，有没有特殊的利益，公还是私，一目了然，自然也就赢得了老百姓的拥戴。时任豫西军区支前司令部政委李一清曾总结："在这个时期可以说，我们党自成立到现在，经过千锤百炼，党的威信、党内关系、党群关系、军民关系是最好的一个时期。尽管群众生活很苦，但是他们看到共产党和共产党领导的军队、党政干部和他们一样，同甘苦，共命运。因此，大家的革命意志是最坚强的，斗争情绪是高昂的。"

1948 年 10 月，淮海战役开战在即，山东解放区也迎来了土改完成后的一个丰收年。支前模范唐和恩收割完自家的粮食，扛起扁担就上了前线。在此后的 5 个月时间里，在党员和支前模范的带动下，大量的山东农民参加了支前队伍，此外山东解放区还有 16.8 万名青壮年参军，其中 8 万人补入主力部队。以至于许多国民党将领曾经发出哀叹："山东尽是老八路！"更让国民党政府无法预料的是，除了山东、苏北这些"匪区"，江淮、豫皖苏、冀鲁豫以及整个华东的农民都扛起扁担支持解放军。到了1948 年秋天，国民党原先的所谓"模范区"豫西一带，也成为另一个山东。据不完全统计，豫西人民支持淮海战役约粮食 2740 万斤，柴草 1200万斤，军鞋 79 万双，出动民工 16 万人，担架 17000 副，大小车辆 34000

辆，牲畜 23400 头，极大地支持了淮海战役战场。

三、淮海战役时期党的群众路线的现实启示

在新形势下，为更好实现立党为公、执政为民的执政理念，回顾和总结淮海战役中党的群众路线的经验，为解决社会内部矛盾，和谐党群、干群关系，保障人民群众共享改革开放成果、推进社会主义小康社会建设有着十分重要的启示意义。

（一）必须密切党与人民群众的血肉联系

淮海战役的胜利是人民战争的伟大胜利。党和人民的血肉联系，人民对革命战争的拥护支持是淮海战役胜利的根本保证。现阶段国内外形势发生了巨大变化。新形势下的中国正处于新的历史起点，坚定不移地走群众路线是党的生存和发展的基础性前提。作为长期执政的执政党，中国共产党面临着新时期的深刻变化，同样也面临着巨大考验。改革开放的四十年，是中国政治、经济、国防、科技、人才储备飞速发展、水平大幅提高的四十年，社会格局和阶层结构与解放战争时期相比，复杂化和多元化的特点更为鲜明，人民群众的需求也随之改变，我们缅怀革命先烈，为的是继承他们的遗志，发扬他们的精神，不忘初心、牢记使命，一切为了群众，一切依靠群众，让人民过上幸福美好的生活。

中国特色社会主义进入新时代，中国的发展也站到一个更高层级的历史起点，面对着国情、世情、党情的深刻变化，以及对党执政工作的领导方法和工作方法提出的新要求，深刻理解群众路线的科学内涵和指导思想，只有相信人民、依靠人民，始终与人民群众紧密联系在一起，集中力量解决和化解各种社会内部矛盾，加强党与人民群众的深厚感情和密切联系，最大限度地促进社会的和谐与稳定，形成中华民族的强大合力，才能使我国在国家层面决胜全面建成小康社会、进而全面建设社会主义现代化国家；在人民层面是不断创造美好生活、逐步实现全体人民共同富裕；在中华民族层面是奋力实现中华民族伟大复兴；在中国和世界的关系层面是中国日益走近世界舞台中央、不断为人类做出更大贡献。

（二）时刻践行党的群众路线

官僚主义、形式主义、主观主义最大的危害就是脱离群众、高高在上，一些领导为了迎合上级夸喜遮忧，回避矛盾，隐瞒问题，搞"形象工作""面子工程"，还有的在办公室里发号施令，凭经验办事，群众办事面临着"进门难、看脸难、办事难"的尴尬境地。

要彻底纠正不良工作作风，最直接的方法就是通过调查研究，对症下药，有的放矢，增强工作的实效性，总之，只有坚持不脱离人民群众，才能保证党的各项事业建设不脱离正确的方向。

始终秉承以"立党为公、执政为民"的核心价值取向。政策、制度上多听取人民群众的意见，实现人民群众的生存权和发展权，在细节处彰显"以人为本"理念的应有之义。集中精力解决就业、医疗、养老等社会保障问题，只有这样，人民群众才会对我们党的事业更加地有信心，更加主动和自觉地投入到建设事业当中去。正是由于群众工作的好坏是我们党做好一切工作的价值取向和根本标准，面对新时期所带来的由于主体和环境的变化，对党的人民工作提出了新课题和新挑战，创新群众工作的工作理念和工作方法就成为进一步践行群众路线的必然要求和紧迫任务。随着党的不同历史阶段的角色转换，作为群众工作的主体，党在积累一定的工作经验的同时，也存在某些不适应的地方。比如长期执政使部分党员缺乏危机意识，滋生了好逸恶劳、麻痹大意的情绪和倾向，忽略了人民群众的诉求和客观国内外环境所产生的变化。"以人为本"就是我党全心全意为人服务宗旨的概念外延，是新时期对群众路线的科学内涵的深刻解读和阐述。

（三）始终坚持调查研究的工作方法

畅通党群关系的沟通渠道，有助于纠正党风，保持党的先进性。毛泽东曾经倡导，放下臭架子，甘当人民群众的小学生，问问群众的家长里短，听听鸡毛蒜皮，只要涉及人民群众的利益，大事、小事都要重视。耐心地倾听他们的心声，认真地听取群众反映的情况，真诚地请群众提出意见，特别是那些最盼、最急、最忧、最怨的难点、焦点问题，更要拿出耐心进行调研和思考，真正与人民群众同呼吸，共命运，心连心。党群关系自然就会融洽和谐。

（四）充分发挥思想政治工作生命线的作用

全面的思想政治工作为战役取得胜利提供了保证，新时期我们更要做好思想政治工作。毛泽东曾讲过："关于思想政治工作是经济工作和其他一切工作的生命线。"由于人们所处的社会环境各不相同，在实际生活中要采取灵活多样的方法和途径，同时要树立新的理念推动思想政治工作的科学化保证其能发挥实效避免流于形式。我们要把思想政治工作当作重中之重，切实把思想政治工作贯穿于建设和改革的各个领域中激励人们现代化建设的积极性、创造性，保证我国沿着社会主义方向健康发展早日全面建成小康社会。

从淮海战役的胜利看党密切联系群众的优良作风①

谢廷有②　王开云③

一、淮海战役的胜利是紧紧依靠人民群众的胜利

淮海战役是人民解放军解放战争史上规模最大的一次战役，敌我双方重兵决战，人民解放军在兵力、装备、物力、财力等方面均不占优势的情况下，以伤亡 13 万余人的代价歼灭国民党 55 万余人，赢得了战役的胜利，在中外战争史上写下了光辉的一页。此战役的胜利是依靠人民群众的结果。广大人民群众以高度的政治热情和自觉的行动，从人力、物力、精神等方面全力支持战争，为胜利奠定了基础。

首先是物力支持。战争是敌我双方人力和物力的较量，在一定意义上战争就是打后勤，能否及时有效地提供物资保障是决定战争能否取胜的关键。由于解放军参战人员众多，加上民工有一百几十万人，这需要大量物资保证。仅粮食一项，每天需要 300 多万斤，有时要增加到 400 万~500 万斤，且战争要持续数月之久。此战役又是在经济落后的农村进行，这些地区久经国民党掠夺，民穷财尽，但是该地区广大人民群众却积极响应党中央的号召，团结一致，全力支前。一方面开展大生产运动，多收粮食支援前线；另一方面节衣缩食，宁可自己吃糠咽菜，也要把粮食省下来支援前

---

① 本文选自江苏文史资料第 100 辑附录《淮海战役新论》。
②③ 作者单位：空军勤务学院。

方。据资料统计，淮海战役人民群众支援前线的物资：大小车 881000 辆，挑子 305000 副，牲畜 767000 头，船只 8539 只，汽车 257 辆，筹集粮食 96000 万斤，实用数 43476 万斤，直到战役结束时，前线还存有 14000 万斤粮食。而当时三大解放区（中原、华东、华北）的总人口仅有 9000 多万。

其次，是人力支持。一是为战争补充了足够的兵源。淮海战役大兵团决战，人员伤亡数量很大，能否及时补充兵源，这是实现敌我双方力量转化，最终赢得战争胜利的关键。为补充主力部队的兵员，解放区人民积极行动起来，掀起轰轰烈烈的参军热潮，涌现出许多父送子、妻送郎、母亲送儿上前方的动人场面。大批的民兵和地方武装，源源不断地开赴前线，补充主力，壮大解放军队伍，保证作战部队的战斗力。在连续作战中解放军主力不仅随战随补，而且越打越壮，淮海战役开始时，华东野战军有 42 万人，到战役结束时，兵力不但没有减少，反而发展到 46 万人。二是为战争提供及时有效的服务。淮海战役中，人民群众支前规模的宏大是中外战争史上所罕见的。据史料统计，随军常备民工 22 万人，二线转送民工 130 万人，后方临时民工 391 万人，总共 543 万人，这就是说参加淮海战役勤务的民工与指战员的比例接近 9∶1，每个指战员有近 9 个民工为其服务。参加服务的人员不仅有壮年、青年，也有妇女、老人和儿童，有农民、工人、商人、学生、医生等各阶层人士。除了由男子组成的数百万民工在前方为解放军铺路架桥，运送粮草，抢抬伤员外，还有数以千万计的妇女在后方为解放军碾米磨面、缝制军衣、军鞋，许多儿童站岗放哨、传递情报等等。在整个战役期间，后方人民历尽艰辛用各种落后的运输工具，克服无数困难，将 300 多万吨弹药物资，5.7 亿斤粮食及时运往前方，满足了解放军作战的需要。

再就是精神上的支持。千百万人民群众支前，这本身就是对解放军官兵极大的精神鼓舞。支前小车不仅把物资源源不断地送上前线，在物质上保证解放军作战的需要，而且也把战无不胜的精神力量送到指战员们的心中。浩浩荡荡的支前大军日夜不停、川流不息地行进在淮海战场的所有道路上，似有排山倒海的气势，这使前线官兵真正地感受到如此众多的人民群众做后盾，必然充满必胜的信念。生活本来就很贫困的苏、鲁、豫、皖地区人民节衣缩食，把粮食一口一口地节省下来，筹集起来又经多次转手送到前方，怎能不使官兵感动？军队每到一地，老百姓扶老携幼，箪食壶浆，在激战的时刻，运输队冒着敌机轰炸扫射，蹚冰河，顶风雪，冒严寒，抢送粮、弹、药的那种排除万难，不怕牺牲的精神，怎能不使官兵受到鼓舞，为之动情？这一切都将化为巨大的精神力量，转化为战斗力，为战争胜利起到了重要作用。

淮海战役的胜利是依靠人民群众的胜利。陈毅说，淮海战役的胜利是老百姓用小车推出来的。人民群众用小车扁担保证了部队作战，这是我们的真正优势。

二、代表人民群众的根本利益是密切联系群众的前提和基础

人们的一切努力和奋斗都是和利益相联系的。代表大多数的人民群众的根本利益，是共产党联系群众的前提和基础。列宁说过："群众对战争的目的和原因认识，具有巨大的意义，这种认识是取得胜利的保证。"在淮海战役中，党和人民军队代表正义，始终站在人民群众这一边，代表人民群众的根本利益而战。抗日战争胜利后，长期遭受苦难的中国人民企盼和平，一致要求在抗战胜利后能得到休养生息，建立新中国。但是蒋介石及其国民党政府公然发动内战，在大举进攻解放区的同时，还对国统区人民实行残酷的镇压和血腥的统治。这种倒行逆施违背了广大人民群众的愿望和要求，必然遭到解放区和国统区人民的反对。解放区广大人民群众在党的领导下进行土地改革，初尝到了胜利果实，农民分得了土地和财产，工农业生产得到了恢复，人民生活蒸蒸日上，政治上也翻了身，当家做了主人。在这种情况下，他们不愿意已经到手的胜利果实再被夺去，不愿意再遭受国民党军队惨绝人寰的暴行和"还乡团"的反攻倒算，迫切希望解放军能打赢这场战争，他们把自己的命运和战争的胜负紧紧连在一起，并用实际行动全力支持战争，因此发自内心地提出"反蒋、保田""挡大门、保田地""解放军打到哪里，我们就支持到哪里"等行动口号。为了能打

赢战争，他们不惜做出一切巨大的牺牲，倾家荡产在所不惜，全力以赴。"要人出人，要钱出钱，要粮出粮""一切为了前线，一切为了战争胜利"，表现出高度的自觉性和主动性。广大国统区人民也不愿忍受国民党的黑暗统治。希望解放军能很快打赢这场战争，消灭蒋家王朝，推翻三座大山。解放全中国，建立人民民主政权，让人民过上好日子。这是淮海战役能得到广大人民群众支持的最重要原因。所谓"得道者多助，失道者寡助"，这个"道"就代表人民群众的根本利益，代表人民的愿望和要求。

三、关心群众是密切联系群众的基本要求

要赢得人民群众的拥护和支持，就要关心和爱护人民群众。淮海战役中，共产党的各级组织和干部党员，把关心群众的疾苦，保护群众的实际利益作为联系群众的最基本要求而贯彻于一切工作之中。这表现在两个方面：一是制定各项政策规定从人民群众的实际情况出发，保护人民群众的实际利益，调动了广大人民群众的支前积极性。各解放区党政支前机关，认真贯彻中共中央、中央军委"耕战互助"的方针，并结合本地实际情况，对民工的组织、管理、调配服务、轮换、供给等都做出政策规定，对民力、物力、畜力实现耕战互助，合理负担，对常备民工实行供给制度，对临时民工禁止无价派差，实行发价包运等等。这些政策和规定切实解决了支前民工、干部的生活供应等问题，调动了他们的积极性。为了减轻人民的负担，各大解放区实行精兵简政，与民生息。如山东解放区实行"精简编制""供给标准""清理资产"三大方案，在"不荒一亩地，不饿死一口人"的口号下，动员党政机关干部降低粮食标准，节省粮食，救济缺粮的农民。同时从公粮中拿出一部分补给缺粮农民，提出"生产节约、渡过灾荒、节衣缩食、减轻人民负担"的十项要求等。恢复和发展生产，为支持淮海战役奠定物质基础。对于违反政策规定损害农民利益的行为能及时予以纠正。战役初期，中原地区，由于形势发展很快，基层政权尚未建立，不得不利用旧的保甲机构支前，曾发生强迫摊派现象，引起群众不满，逃避支差，甚至发生民工逃亡。为此，中原野战军三令五申，要求严

格执行中原军区 1949 年 9 月 1 日发布的《关于禁止无价派差实行给价包运制度的命令》，按工给价，按件给资，禁止无偿摊派，只供应粮食不给工资，义务运输等现象。由于政策到位，人民群众的实际利益得到了保护，使民工受挫的积极性又重新调动起来，使党群关系更加密切。二是在实际工作中，坚持群众路线，深入到人民群众之中，关心人民群众的疾苦，想尽办法帮助群众解决实际困难，诸如柴、米、油、盐、酱、醋等。与人民群众打成一片，不摆官架子，平等待人。无论是地方干部，还是军队干部都保持和人民群众同吃、同住、同劳动的习惯，与民同饮一缸水，同吃一锅饭，人民群众也把他们当成自己的贴心人。由于共产党关心和爱护人民群众，人民群众也就更加相信和拥护共产党，与党同心同德，生死与共。

四、党员、干部的形象是沟通党群关系的桥梁

在淮海战役中，共产党得到人民群众的依赖、拥护和支持，也在于党员、干部在人民群众中有良好的形象。党在人民群众中的形象，往往是通过干部和党员的形象而表现出来的，这是沟通党群关系的桥梁。在淮海战役中，各级领导干部和广大党员，都是以人民的公仆出现在人民面前。哪里有困难，哪里最危险就在哪里出现。时刻把群众的利益和疾苦放在心上，随时随地为群众服务，真正做到了像刘少奇所说的那样"甘心给老百姓当牛马"。许多干部不分昼夜地工作，眼熬红了，嗓子喊哑了，人跑瘦了，从不叫苦叫累。有的几天几夜不睡觉，坚持工作；有的冒着敌机轰炸扫射，蹚过齐腰深的冰河护送伤员，抢运粮食弹药。在冰天雪地里，有的主动脱下自己仅有的衣服和鞋子，让给其他民工穿，自己宁可赤脚受冻。莒南担架团中的共产党员朱正章，忍着腿上疮痛，连续完成八次转运伤员任务，被滨海支前办事处授予"钢铁担架员"光荣称号。在服务前线的民工行列中，干部、党员立功受奖人数最多。被华东支前委员会评为"模范担架团"的渤海第一专区第一担架团的六个特等功臣全都是共产党员。该团 600 多名党员中，立一等功的 216 名、立二等功的 164 名、立三等功的 25 名。人民军队在人民心目中的形象也是光辉的，他们不仅代表军队的威

望，也代表党的威望。在长期的革命斗争中，军队和人民群众结下鱼水深情。解放军来自人民、服务人民、为人民扛枪，是人民依赖的工农子弟兵。解放军不管走到哪里都坚持为人民群众做好事，帮助老百姓挑水、打扫院子、助民劳动等等。严格遵守"三大纪律八项注意"，不拿群众一针一线。在淮海战役中，人民群众一听"老八路"来了，就像见到自己的亲人一样，热情地围上去问寒问暖，感到格外亲。参加淮海战役的人民解放军保持和发扬了老红军和老八路的传统，纪律严明，作风优良，军威严整，处处为人民群众做表率，深受人民群众的热爱。正因为共产党党员、干部模范作用发挥得好，在群众中有威信，人民群众才拥护和依赖共产党，全力支持共产党。淮海战役中，党员、干部模范作用为什么发挥得这么好，这主要在于：全心全意为人民服务这是党的根本立场和宗旨，是党的全部政策和实践活动的基本出发点和归宿点。

从淮海战役人民支前特点
看未来高技术战争支前力量保障方式[①]

孙智平　孙如银　查仲远[②]

人民战时支前主要是利用战争展开地域和我军大后方地域的人民群众力量直接参战与助战。如组织后备补充兵员、技术修理队、运输队、担架队、医疗救护队、后方防卫队等，把民力及时用于战争之中。在伟大的战略决战——淮海战役胜利 50 周年暨徐州解放 50 周年之际，认真研究淮海战役人民支前的特点，探讨未来高技术条件下人民支前的保障方式，对做好未来徐州人民支前工作具有重要意义。

一、淮海战役人民支前特点

后勤工作战略化。"兵马未动，粮草先行"，后勤保障直接影响战争的胜负。因此，在毛泽东亲自指挥的许多战役中，他总是十分关心后勤保障的落实。尤其是在淮海战役中，毛泽东把后勤在战役中的地位上升到战略位置来认识。这一点已被淮海战役所证实。在淮海战役的 64 份电文中，涉及后勤事宜的就有 10 份。其中，济南战役一结束，毛泽东开始部署淮海战役时，就对后勤保障从战略高度提出了明确的要求。他说："你们必须有相当时间使攻济兵团获得休整补充，并对全军作战所需包括全部后勤工作在内，有充分之准备，方能开始行动。""你们需准备两个月至两个半月的

---

① 本文选自江苏文史资料第 100 辑附录《淮海战役新论》。
② 作者单位：空军勤务学院。

粮秣用品。"淮海战役打响后,毛泽东同志又电示:"此战役为我南线空前大战役,时间可能要打两个月左右,伤员可能在 10 万以上,弹药、民工需要艰巨,请华东局、中原局全力组织支援工作。"在战役进程中,毛泽东同志又一再对中原、华东两军指示:"必须在现地区作战 3 个月至 5 个月(包括休整时间在内),吃饭人数连同俘虏在内,将达 80 万人左右,必须由你们会同华东局、苏北工委、中原局、豫皖苏分局、冀鲁豫区党委统筹解决。"而在淮海战役第一阶段作战刚结束,即开始下一阶段作战部署时,毛泽东又从战略高度指出:"必须准备全军部队及民夫 130 万人左右 3 个月至 5 个月的粮食、草料、弹药,10 万至 20 万伤员的医治。"淮海战役取得决定性胜利时,毛泽东在给中原、华东野战军下达渡江战役的作战任务时,仍把后勤保障作为重要内容对部队提出了具体要求。他指出:"在全歼黄、邱、李诸敌后,华野、中野两军休息两个月(分为四期,每半月为一期),并大致准备好渡江作战需要诸件(雨衣、货币、炮弹、治疗药品、汽船等)及初步完成政治动员。"这都表明,毛泽东同志在指挥战争时总是从战略高度关注后勤保障工作。在毛泽东同志的英明领导下,中原、华东、华北局和各级党政军机关从战略全局高度做了充分的准备。调拨征集了大批粮草,抽调了大批干部,建立健全了各级后勤支前机构,设置了兵站、粮站、民站、转运站、医院,科学地组织了民工、民兵队伍,及时抢修了交通运输干线,保证了部队兵员的补充,人力、物力、财力科学组织、管理和使用,并根据战役发展做了及时调整部署,使分散落后的农村经济能源源不断地供应规模巨大的战争需要,有效地保障了战争的胜利。

支前力量全民化。毛泽东指出:"战争的伟力之最深厚的根源,存在于民众之中。"因为民众是战争人力、物力和财力的源泉。在淮海战役中民众的伟力得到了充分的体现,支前群众真正达到了全民化。冀、鲁、苏、皖、豫亿万人民群众一切服务前线、一切为着前线;前线需要什么,就支援什么;解放军打到哪里,就支援到哪里,出色地完成了各项艰巨的支前任务。在支前群众中,一是民工为战争服务。按其服务期限和任务,组成了服务两三个月以上,配属部队建制,直接受部队调度使用的随军常备民工；服务一个月以上，由各转运站、支前机关民工管理部门掌握，执行前后方之间转运任务的二线转运民工；短期内在当地完成各种支前任务，受当地人民政府领导调度使用的后方临时民工。战区和临战区则由当地人民政府根据支前任务的需要，组成支前期限不等的一次性服务的民工队伍。二是解放区的妇女、儿童在解放区为前线服务。在解放区，家家户户齐动员，男女老少忙支前。广大妇女、儿童一心一意为前线，昼夜碾米磨面，赶做军鞋军衣。城镇广大职工开展劳动竞赛，加紧生产军需物资。冀鲁豫第五专区男女老幼齐动员，九天碾小米 1000 万斤。渤海区妇女为部队赶做军袜 60 万双，军棉被 20 万床。鲁中南区广大妇女赶做军鞋 100 万双，豫西被服三厂职工七天赶制军棉衣 10000 套，大批军需物资源源不断送往前线。未来高技术条件下局部战争与淮海战役有所不同，支前群众以技术型为主，人员构成向着专业方向发展。这是因为：高技术条件下的局部战争参战的军、兵种多，人员多，武器装备多，物资消耗量大，尤其是技术含量高的武器装备首次运用于战争，相应地要求地方支前力量也须以技术含量高的专业技术型人员为主，而依靠能完成任务的人员越来越少，加之高技术武器装置构造复杂，战时高频度的机动和使用，必然使武器装备损坏率大大提高，需要修理的武器装备数量庞大，品种多、型号各异，检测困难，这就要求有更多的支前技术人员。

支前装备简陋化。武器装备是战争胜负的重要因素，但决定胜负的因素是人而不是物。在生产力不够发达，武器装备比较落后的淮海战役之时，人民群众支援淮海战役的装备比较简陋。主要是挑子、担架、手推车、牲畜及少量的火车、汽车与船只。就是利用这些简陋的工具，因白天有国民党军队飞机的轰炸，不得不在夜间运输。太阳一落山，民工们就推起小车秩序井然地赶上前线，小车上的油灯在漆黑的原野上星星点点一望无际，煞是好看。被押送去后方的俘虏见了都止不住地感慨说：国民党不完，没天理。高技术条件下的局部战争，支前装备呈现出以技术密集型为主。这是因为：高技术条件下战争所使用的武器装备是部队的"拳头"力量和"杀手锏"，相应的地方支前保障装备也必须以技术密集型为主。当前地方在物资生产、工程技术、医疗救护、交通运输等许多领域的技术发展优先于部队的发展，许许多多的民用装备的技术性能优于部队装备的技术性能。如地方的通信事业，多数地区达到了有线通信程控化、无线通信网络化，为支援战争奠定了可靠的技术及物质基础。

力量储备兵站（民间）化。淮海战役中的支前力量储备包括人力和物力两个部分。一是物力储备呈现兵站化，战役支前机构组织设立了运输干线 10 余条，粮站 100 余处，兵站 100 余处，医院 30 余所，伤员转运站 40 余处，以及油盐供应站、弹药库、被装库、补给所等。一切弹药物资由中原、华东军区后勤部门组织民力从第三线运到距战地五六十公里的第二线屯集点；由各野战军后勤部门、支前机关组织二线转运民工，从第二线屯集点运到距战地 10~15 公里的第一线屯集点和前方补给站；再由各纵队组织随军常备民工接运到部队。在运输干线上，每隔 15 公里设一民站。两个民站之间设一茶水站。随着战场的转移，运输干线不断延长和增加，粮站、兵站、转运站、医院、民站等也不断调整、转移和增设。从后方到前方，从农村到城镇，形成一个完整的支前运输网点。数百万民工冒风雪、忍饥寒、跋泥泞、涉冰河、翻山越岭，日夜兼程。背扛、肩挑、车推、船载、担架抬、毛驴驮、牛车拉、汽车载、火车运，顽强活动在支前大地上。二是人力储备呈现民间化。各地掀起了"到前线去，到主力去"的热潮。出现了许许多多的父送子、妻送夫、兄弟争相上战场、地方武装光荣升入主力部队的生动情景。各地青壮年纷纷要求参军，千万子弟兵待命出征，强大后备兵团源源不断开赴前线。高技术条件下，民用力量储备呈现出区域模块化。因为高技术战争高消耗、高投入，仅靠军队建制内的后勤力量已远远不能满足战争的需要，必须广泛地利用强大的地方支前力量，建立补给、维修、回收、输送、卫生等以地方力量为主的后勤保障体系。力量储备以区域化储备和模块式编组为主。

支前组织庞大化。淮海战役中共有支前民工 543 万人。其中：随军常备民工 22 万人；二线转运民工 130 万人；后方临时民工 391 万人。担架 206000 副，大小车 881000 辆，挑子 305000 副，牲畜 767000 头，船只

8539只，汽车259辆。这些支前力量在中共华东、中原、华北中央局、华中工委及其所属的鲁中南、渤海、胶东、苏北、江淮、豫皖苏、豫西、冀鲁豫行政区和济南、潍坊、郑州、开封，及在战役中解放的徐州、商丘、连云港等城乡展开。在一个战役中有这样庞大的支前队伍是空前的，高技术条件下局部战争，支前组织呈现出小型化的趋势，这是因为：一方面，现代条件下支前人员的素质高、装备精，为小型化提供了可能；另一方面，大量高技术装备运用于作战，机械化运输程度大大提高，及各军种专业种类越来越多，每一种专业需要的人员相对减少，支前组织不必要过于庞大。

二、高技术条件下地方支前力量的保障方式

总结过去是为了未来，在伟大的淮海战役中，以徐州为中心的苏豫鲁皖人民为淮海战役做出了不朽的贡献。徐州人民具有优良的支前传统，在未来的高技术战争中，必然做出新的成绩，为做好新形势下的支前工作，必须了解高技术条件下的后勤保障方式。高技术条件下战争，人民支前的保障方式主要有：

在重要环节上，全力出动，唱好主角。重要环节是指对高技术战争有直接影响的阶段、内容和问题。在这些关键环节上，支前力量发挥着唱主角的作用。因此，支前力量要在重要环节上竭尽全力，唱好主角，保证战役的圆满完成。这些重要环节主要包括：一是运输保障。高技术条件下物资消耗大得惊人，后勤运输工具的需求量很大，仅靠军队现有的运输力量保障高技术战争的胜利是不可能的。可运输勤务军民通用性很强，运力可利用率高，因而，利用地方运力已成做好高技术战争后勤保障的基本措施。二是技术装备修理。高技术战争参战的军、兵种多，有大量的装备需要及时修理，但军队现有的修理技术有限，因此，地方的车辆、通信、工程机械等修理部门，已成为高技术战争后勤保障的中坚力量。三是卫勤力量。高技术武器装备杀伤力大，伤病员可能成倍增加。在此情况下，仅靠

军队的卫生力量是远不够的，地方各级卫生力量和人民群众成为伤病员救治、后送的重要力量。

在一般环节上，协助部队，唱好配角。一般环节是指对高技术战争有一般影响的阶段、内容与问题。在这些一般环节上，地方支前力量要配合军队后勤，唱好配角。一般环节主要包括：首先，物资供应，高技术战争庞大的物资消耗，除运输保障外，还有物资的筹措、供应、管理等环节，其内容主要是油料、弹药、器材、给养被装、药品、工程材料等，其中专用性较强的物资保障中，还有大量物资的装卸等任务。这些繁重的任务，必须依靠地方支前力量协助部队来完成。其次，机场、阵地、港口的抢修。其抢修时机主要有：一是上级命令紧急使用野战机场、阵地、港口时；二是永备（固）机场、阵地、港口遭敌人破坏时；三是敌特破坏和自身意外损坏时。再次，后勤防卫。高技术战争发起前，敌人可能先发制人，对我进行袭击。战役发起后，敌人随时可能进行反击；在整个战役过程中，敌特分子随时可能对我机场、阵地、港口、仓库、铁路、指挥机构等重要目标进行破坏，这都需要做好后勤防卫工作。部队官兵有限，保障任务繁重，大量的警戒防护、防敌特破坏等工作，必须由地方人民群众协助部队来完成。

在特殊环节上，派出技术人员，现场技术指导。特殊环节是指高技术战争中个别有影响的阶段、内容与问题。由于高技术战争所实施的武器装备、物资供应和工程建设等都呈现出技术密集形态，相当一部分是首次用于战场，有些问题还需要在战场上及时进行指导咨询和帮助。一方面，部队的技术力量解决不了；另一方面部队技术人员有限不能满足保障的需要，而地方许多部门技术密集，人员充足，且与部队的某些专业相通，这为地方协助部队解决某些疑难问题提供了可能。

在战区内外，紧急军品生产，保障作战所需。高技术战争，许多装备和物资器材很可能出现超标准需要，有些物资需求量比平时增加数十倍至上百倍，并且还有大量特殊需求品。这些物资器材除军工企业生产外，大量的还是民间企业进行紧急军品生产。仅靠战区、战役方向内的企业力量还不够，还必须动员战区外的企业进行生产。海湾战争中，美国动员数千家企业为军队进行突击生产，加速了弹药、给水系统、修理零配件、防化与环保系统、发电机、防护服装、方便食品、医疗用品、集装箱和电子器材等武器装备与器材的生产，还紧急动员贝尔直升机公司等高技术产业昼夜加班生产导弹、直升机和其他新装备零配件等。

附录

淮海战役支前大事记

1948 年 9 月

中原军区颁发《禁止无价派差，实行给资包运》。

1948 年 9 月 18 日

豫皖苏分局颁发《关于加强各级后勤组织机构的决定》。

1948 年 9 月 28 日

中央军委指示华东军区、华东野战军必须做好淮海战役的准备工作。

1948 年 10 月 2 日

华东局召开会议，对部队弹药补给、民工组织、运输等工作做出部署。

1948 年 10 月 13 日

华东局支前办公室拟定《对华野秋季第二战役支前工作计划》。

1948 年 10 月 18 日

豫皖苏分局颁发《关于加强各级后勤组织机构的决定》。

1948 年 10 月 25 日

华东局支前办公室颁发《关于民站工作的决定》。

1948 年 10 月 26 日

华东局支前办公室颁发《关于执行新颁支前经费供给标准会计系统及供给办法的通知》。

1948 年 11 月 1 日

华东支前委员会政治部颁发《关于民工政治工作的指示》。

1948 年 11 月 4 日

华东局正式成立统一的最高支前机构——华东支前委员会。

1948 年 11 月 9 日

中央军委指示"华东、华北、中原三方面应用全力保证我军的供给"。

1948 年 11 月 10 日

华东局指示华中工委全力支援前线。

1948 年 11 月 13 日

华中工委、苏北军区、华中行政办事处联合颁发《华中支前总动员令》。

1948 年 11 月 15 日

中原局颁发《关于全力支援淮海战役的紧急指示》《中原局对徐州会战之工作布置》。

1948 年 11 月 16 日

中原局颁发《关于战勤工作致豫皖苏分局的指示》。

1948 年 11 月 20 日

华东局颁发《关于紧急动员起来支援淮海前线的指示》。

1948 年 11 月 22 日

中央军委指示中原局迅速命令豫皖苏分局调集粮食。

华中支前司令部正式成立。

1948 年 11 月 24 日

中原军区颁发《关于加强后勤保障的命令》。

豫皖苏分局财办颁发《关于支前物资调度的决定》。

豫皖苏分局颁发《关于加强兵站工作的规定》。

1948 年 11 月 29 日

豫皖苏分局颁发《关于淮海战役支前工作的若干决定》。

1948 年 11 月 30 日

中原军区运输司令部成立。

1948 年 12 月 3 日

华野拟定《战役第二阶段后勤工作部署》。

1948 年 12 月 8 日

华东支前委员会成立油盐供应总站。

1948 年 12 月 13 日

华中工委颁发《关于筹借公粮确保战争供应的决定》。

1948 年 12 月 14 日

华北局颁发《关于拨运小米支援华野部队给冀鲁豫区党委的指示》。

冀鲁豫区党委颁发《关于运粮工作的紧急指示》。

1948 年 12 月 26 日

联合支前会议在徐州召开，至 29 日，会议结束。

1948 年 12 月 31 日

华东军区司令部、政治部颁发《给淮海前线全体指战员、伤病员的慰问信》。

1949 年 1 月 17 日

中共中央电贺淮海战役的伟大胜利。

淮海战役支前机构一览表

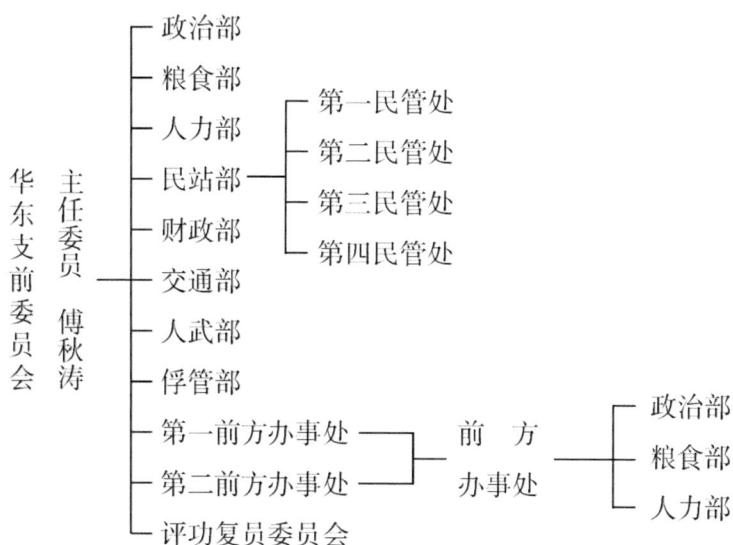

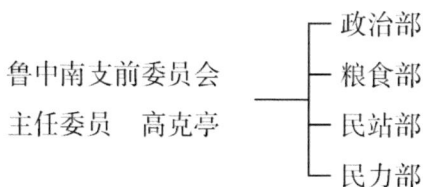

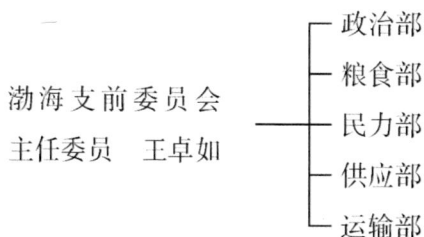

华东支前委员会　主任委员　傅秋涛
- 政治部
- 粮食部
- 人力部
- 民站部
  - 第一民管处
  - 第二民管处
  - 第三民管处
  - 第四民管处
- 财政部
- 交通部
- 人武部
- 俘管部
- 第一前方办事处
- 第二前方办事处
  - 前方办事处
    - 政治部
    - 粮食部
    - 人力部
- 评功复员委员会

鲁中南支前委员会　主任委员　高克亭
- 政治部
- 粮食部
- 民站部
- 民力部

渤海支前委员会　主任委员　王卓如
- 政治部
- 粮食部
- 民力部
- 供应部
- 运输部

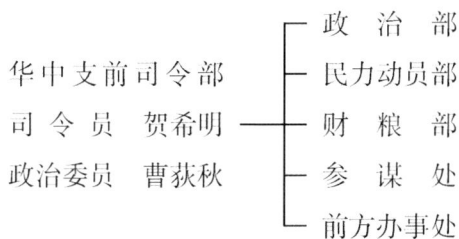

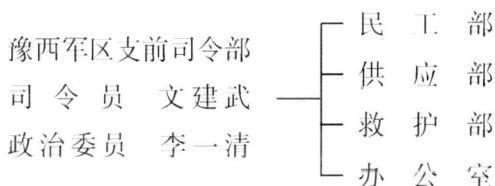

华中支前司令部
司　令　员　贺希明
政治委员　曹荻秋
- 政　治　部
- 民力动员部
- 财　粮　部
- 参　谋　处
- 前方办事处

豫皖苏后勤司令部
司　令　员　毕占云
政治委员　杨一辰
- 办　公　室
- 前方办事处
- 后方临时支前委员会
  - 秘　书　处
  - 民　力　部
  - 财　粮　部
  - 军区兵站部
  - 前　方　分　部

豫西军区支前司令部
司　令　员　文建武
政治委员　李一清
- 民　工　部
- 供　应　部
- 救　护　部
- 办　公　室

冀鲁豫战勤总指挥部
司　令　员　刘志远
政治委员　韩哲一
- 秘　书　处
- 供　给　部
- 动　员　部
- 河北战勤指挥部
  - 秘　书　处
  - 供　给　部
  - 动　员　部

说明：

1. 苏北、江淮两区淮海战役支前工作由华中支前司令部直接领导。

2. 胶东区淮海战役支前工作未设专门机构，由区党委、行署直接领导。

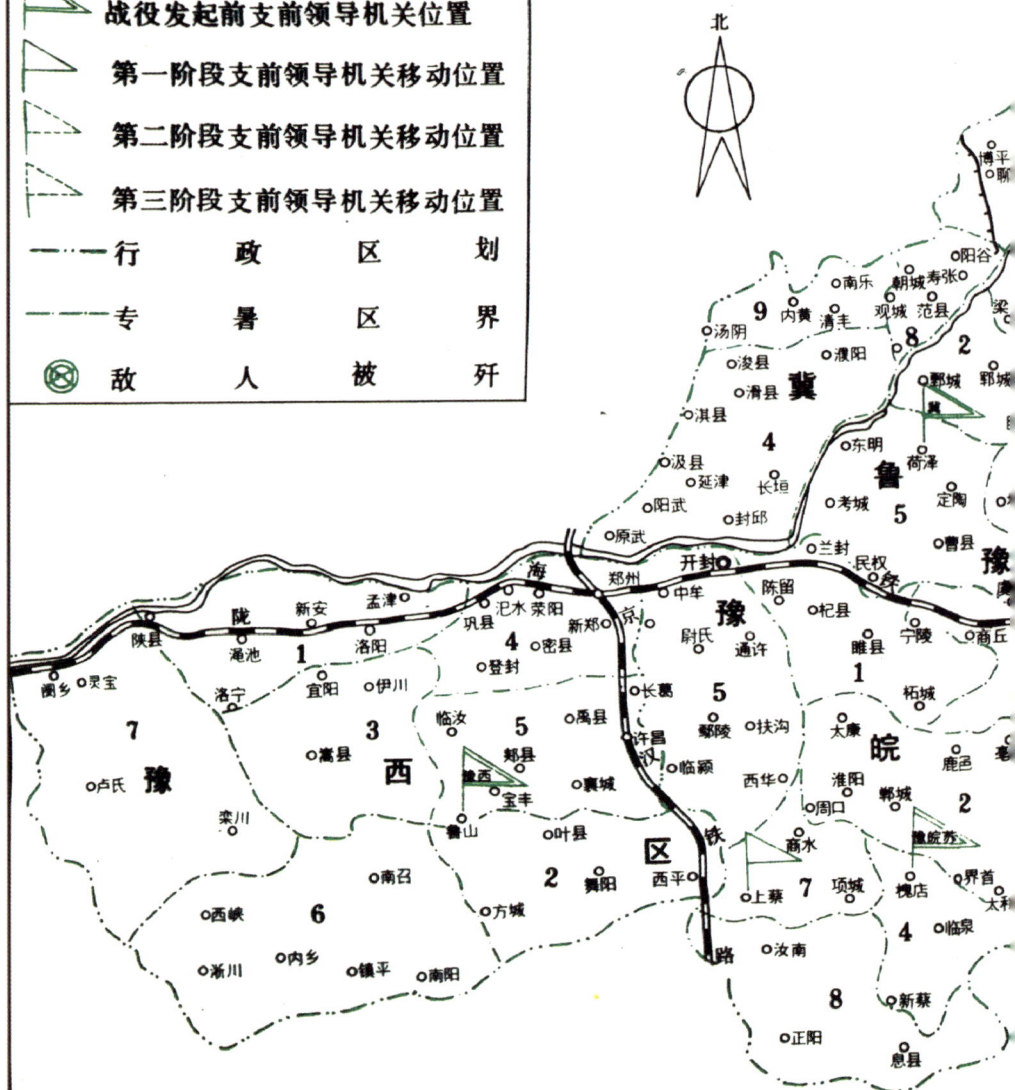

淮海战役支前区域图

图　　　　例

战役发起前支前领导机关位置

第一阶段支前领导机关移动位置

第二阶段支前领导机关移动位置

第三阶段支前领导机关移动位置

行　政　区　划

专　暑　区　界

敌　人　被　歼

北

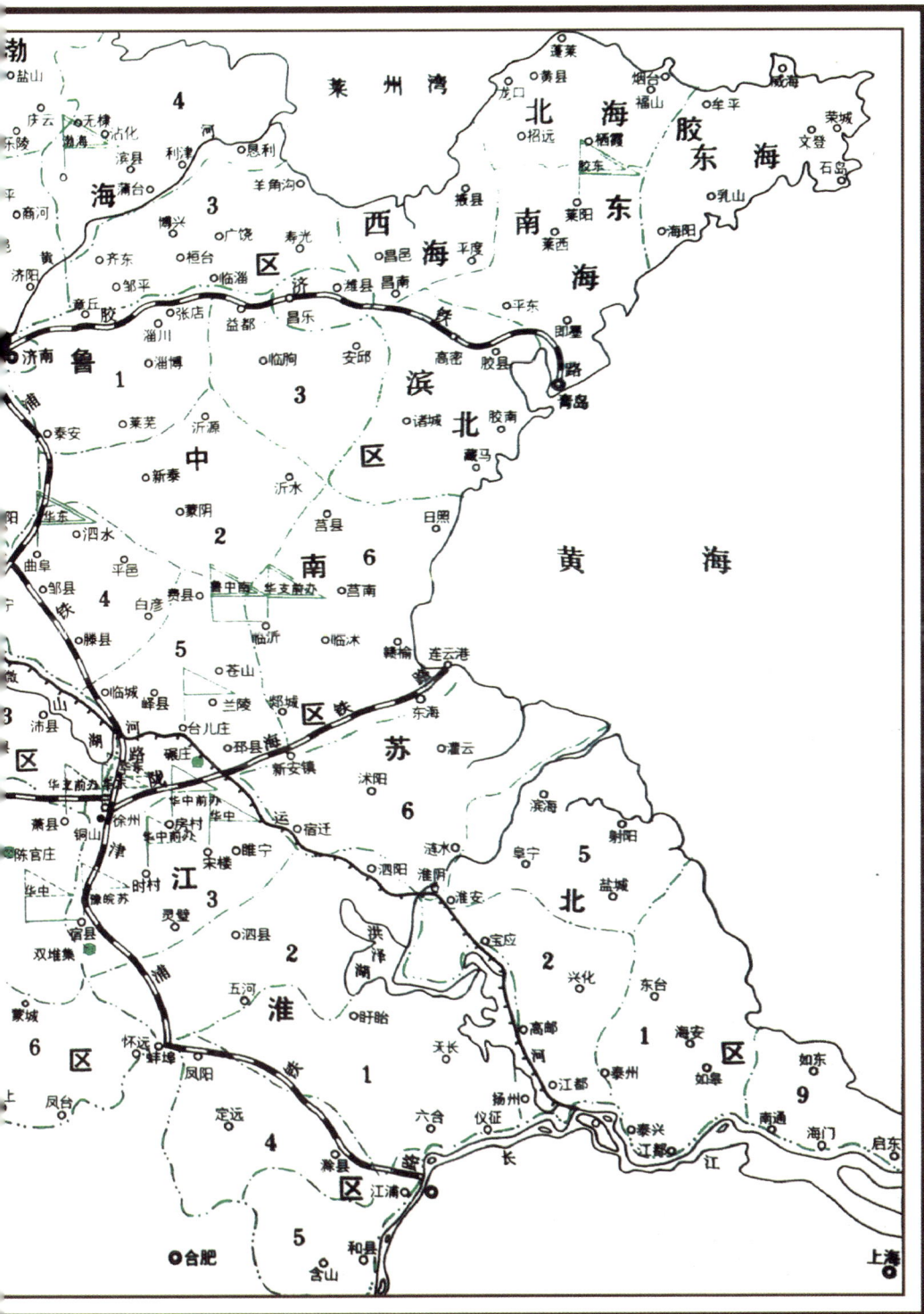

莱 州 湾

勃

盐山
庆云　无棣
乐陵　沾化
　　　阳信　利津
商河　　滨县
平　蒲台
济阳　　黄
　　　齐东
章丘　胶　张店
济南　　邹平　益都
泰安　　淄川
莱芜
新泰
华东
泗水
曲阜
邹县　平邑
　　　白彦　费县
临城　峄县
沛县　兰陵
山　台儿庄　郯城
萧县　华东前为驻地　新安镇
铜山　徐州　房村
陈官庄　华中　华中前为
华中　　宋楼
双堆集　宿县　灵璧
蒙城
怀远　蚌埠　凤阳
凤台
合肥　定远
舍山

4

海

4

3

区

1

中

2

南

4

5

区

3

区

6

津

江

3

淮

2

1

区

4

区

5

河

博兴　广饶　寿光
　　　桓台
临淄　昌邑
昌乐
临朐　安邱
　沂源
　　沂水
蒙阴
鲁中南　华支脚办
　　苍山
　　　　　　东海
　沭阳
　　　宿迁
睢宁
豫皖苏
泗县
五河
盱眙
天长

莱 州 湾

北 海

胶 东 海
蓬莱
龙口　黄县　烟台　威海
福山　　牟平　荣城
招远　栖霞　　文登
　　胶东　　　石岛
莱阳　　乳山
平度　莱西　海阳
昌南

西　海　区
平东
高密　团墨
胶县　即墨
胶南　青岛
诸城　　胶
藏马

滨　北　区
莒县
日照

黄　海

连云港
赣榆
海州
灌云
滨海
射阳
阜宁　盐城
淮阴　淮安
泗阳
洪泽湖
宝应
兴化　东台
高邮湖　海安
江都　泰州　如皋　如东
扬州　泰兴　南通
仪征　江都　海门　启东
六合　长　江
滁县　江浦
和县
上海

苏

6

北

5

区

2

1

区

9

上

区

5

淮海战役兵站民站支前线路示意图

图　　例
民　　　　　站
战役发起前设置兵站
第一阶段增设兵站
第二阶段增设兵站
第三阶段增设兵站
支　前　线　路

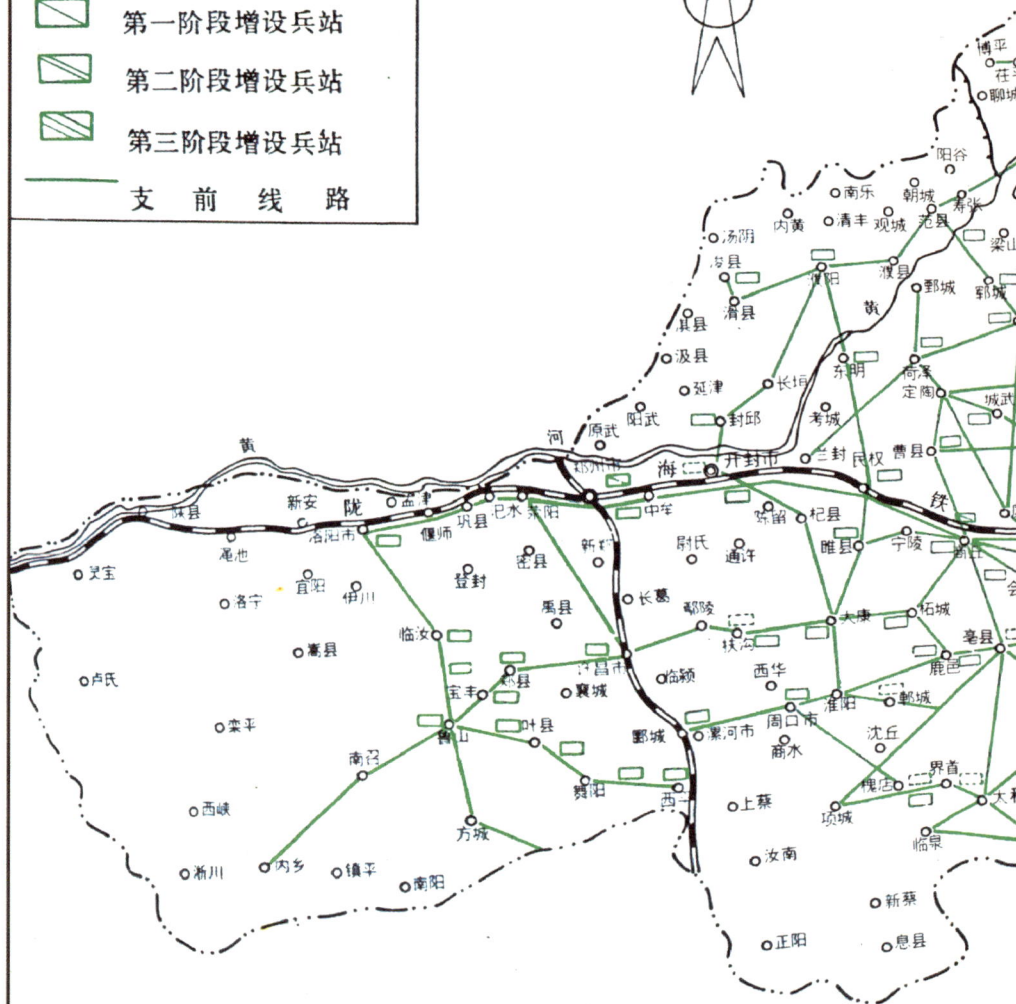

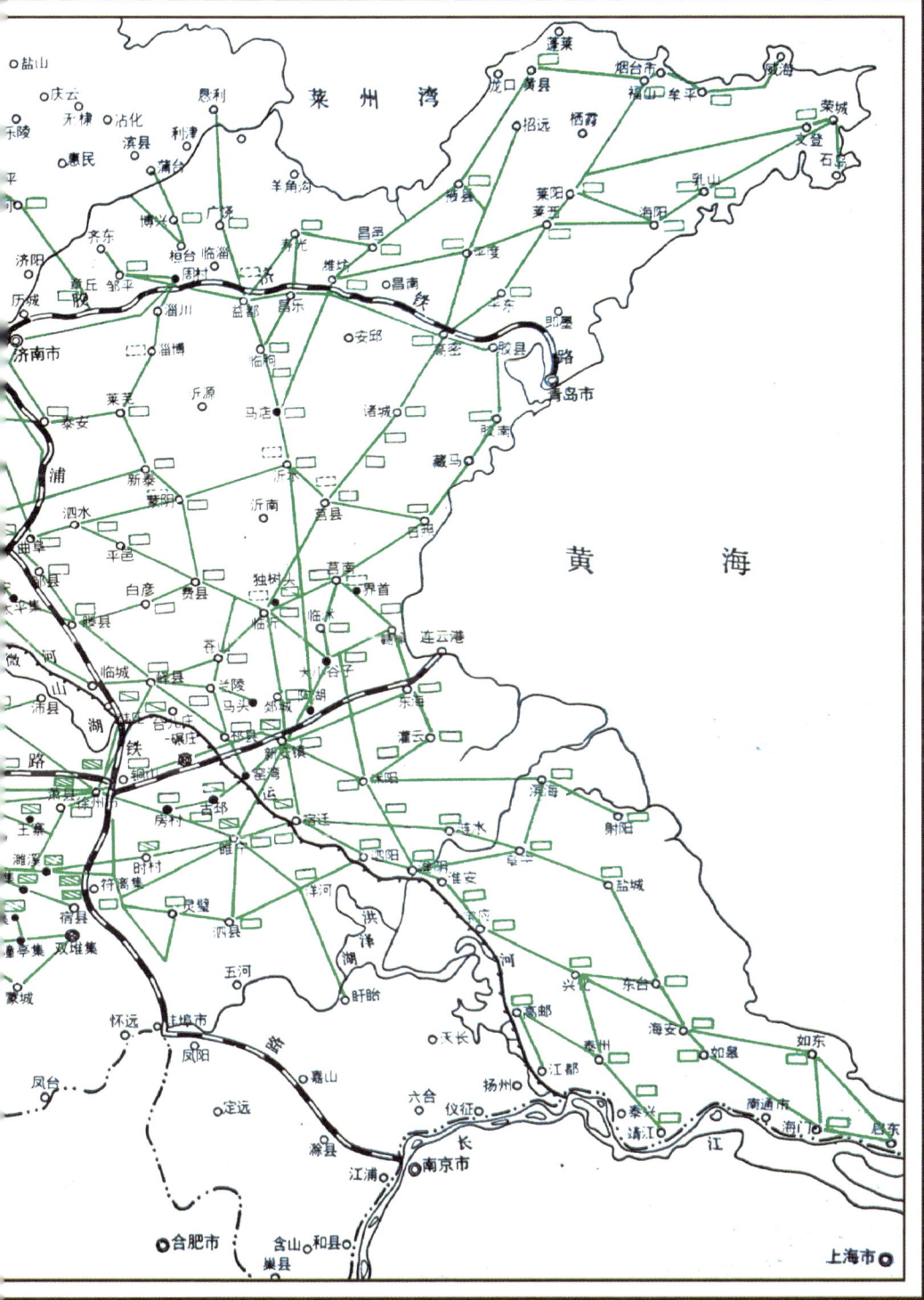

莱 州 湾

黄 海

盐山 庆云 乐陵 开棣 沾化 永陵 惠民 滨县 利津 平 济阳 齐东 博兴 广饶 蒲台 恩利 羊角沟 历城 章丘 邹平 桓台 临淄 昌邑 济南市 淄川 益都 昌乐 寿光 昌南 蓬莱 烟台市 龙口 黄县 威海 福山 牟平 荣城 招远 栖霞 文登 莱阳 石岛 莱芜 斤原 马店 诸城 安邱 临朐 胶县 高密 即墨 乳山 海阳 泰安 新泰 蒙阴 沂南 莒县 昌邑 藏马 青岛市 浦 泗水 平邑 曲阜 白彦 费县 独树 临沂 莒南 界首 大平集 滕县 谷山 赣榆 连云港 微 山 湖 沛县 临城 兰陵 郯城 东海 鲁 铁 路 徐州 萧县 滥山 郊城 宿阳 沭阳 灌云 砀山 房村 邳县 睢宁 涟水 阜宁 济海 射阳 萧城 灵璧 泗县 淮安 盐城 宿县 符离集 时村 羊河 涂阳 蒙城 五河 盱眙 洪泽湖 兴化 东台 海安 如东 怀远 蚌埠市 凤阳 嘉山 天长 高邮 泰州 如皋 凤台 定远 六合 仪征 扬州 江都 泰兴 南通市 启东 海 滁县 江浦 南京市 长 江 清江 合肥市 含山 和县 巢县 上海市

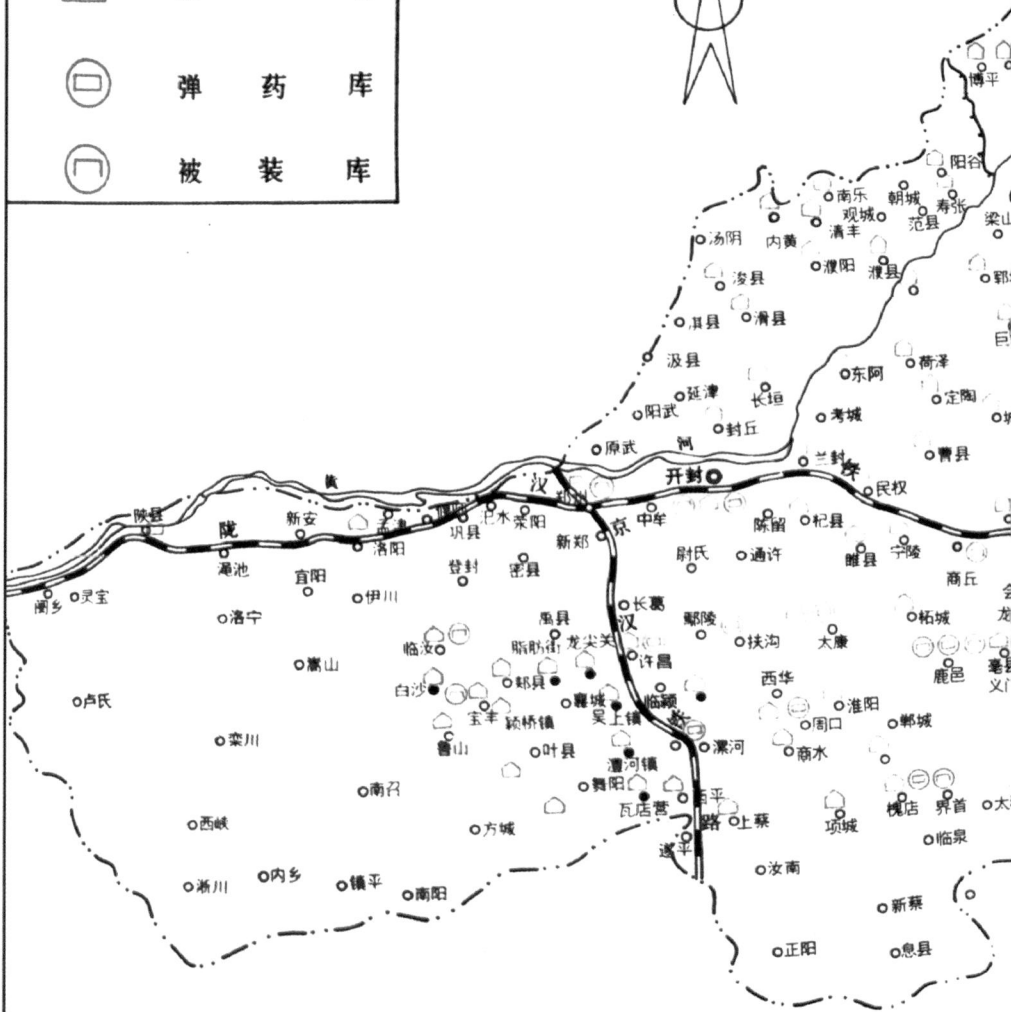

淮海战役粮弹被装屯置示意图

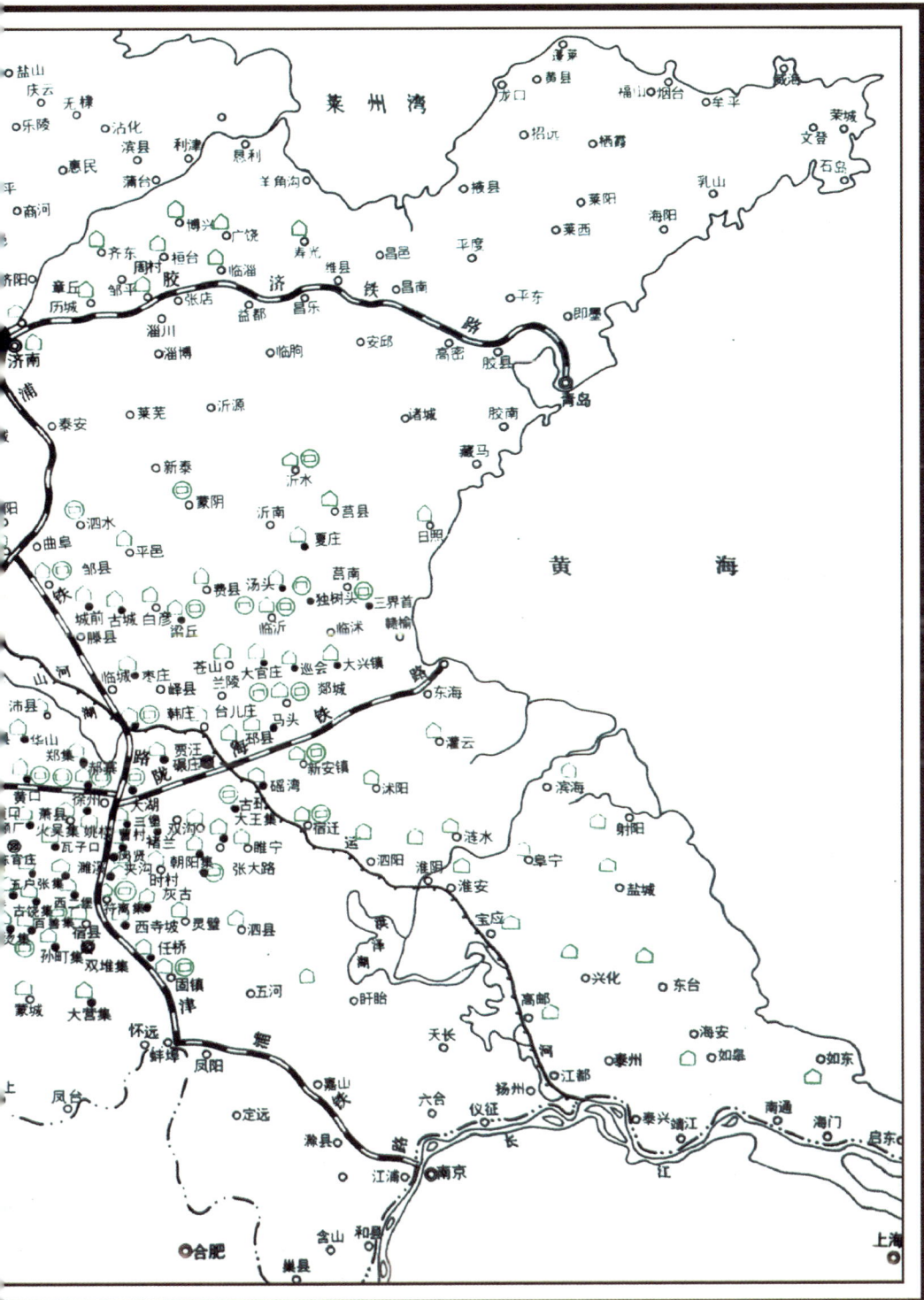

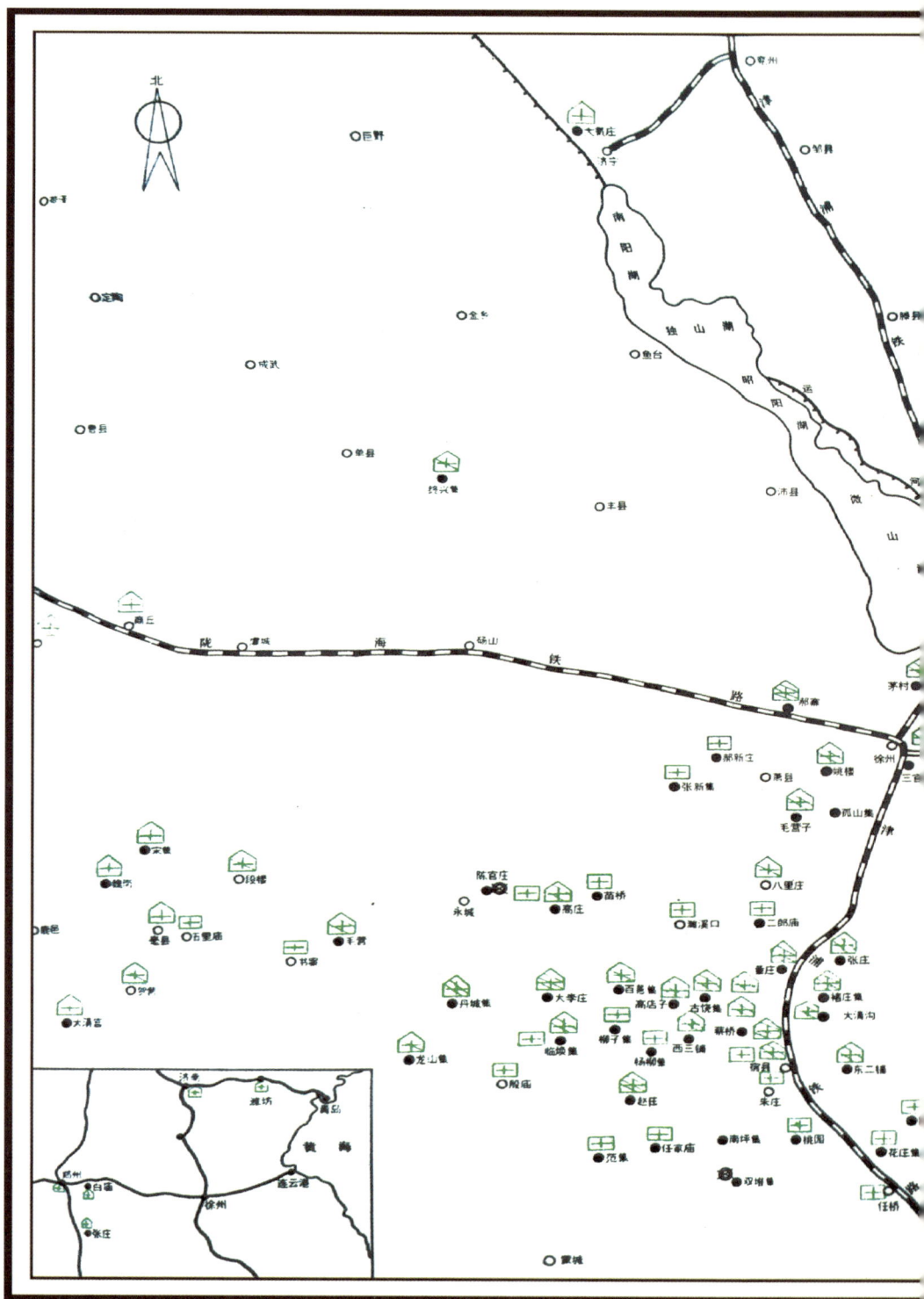

淮海战役医院伤员转运站示意图

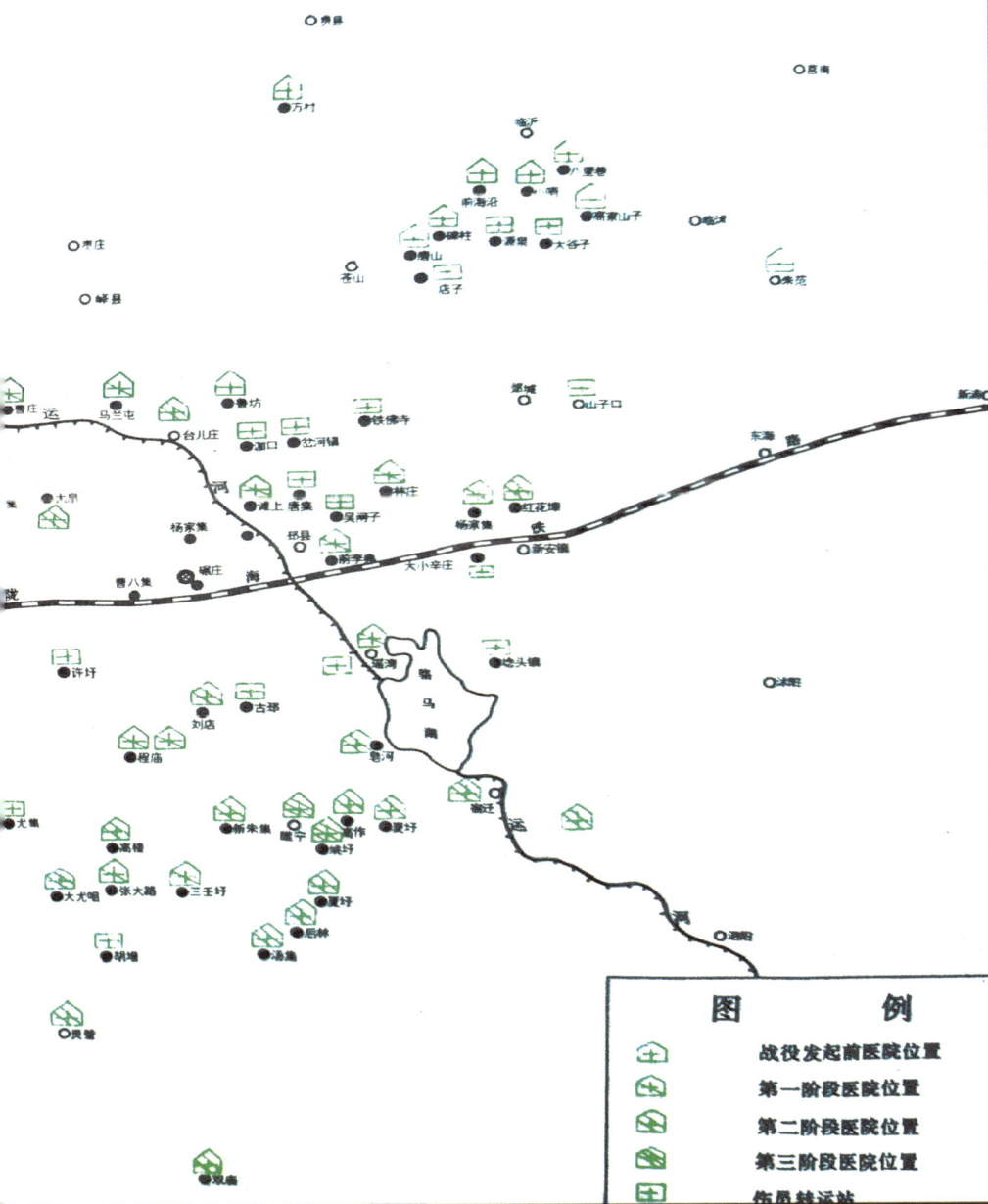

图	例
⊞	战役发起前医院位置
⬦	第一阶段医院位置
⬦	第二阶段医院位置
⬦	第三阶段医院位置
⊞	伤员转运站

后记

　　《小推车推出来的胜利——淮海战役支前纪实》由徐州市政协文化文史委员会、淮海战役烈士纪念塔管理中心共同编撰，以纪实方式再现了淮海战役中广大人民群众在党的领导下踊跃支前的恢宏历史，力求从卷帙浩繁的史料中撷取精华，为读者提供珍贵翔实的学习研究资料。

　　编撰本书是贯彻落实全国政协、省政协文史工作座谈会精神，加强对习近平总书记关于淮海战役就是小推车推出来的胜利这一重要论断研究阐释的实际行动，在编撰过程中得到了江苏省政协的关心支持和有力指导。中共徐州市委将其作为深化落实习近平总书记视察徐州重要指示精神的扎实举措，作为传承红色基因、赓续红色血脉的具体行动，对编撰工作给予高度重视和精心指导。

　　本书分为上下两册，包括综述篇、追忆篇、故事篇、报道篇、探研篇等。其中，综述篇反映了中国共产党组织领导人民群众全力支前的基本情况；追忆篇辑录了部分亲历者对战地生活、人民支前、后勤保障等的深情回忆；故事篇记录了人民群众踊跃支前的感人事迹；报道篇精选了关于支前工作的宣传报道；探研篇收录了部分专家学者研究探讨淮海战役支前运动的学术成果。

　　本书在编撰过程中，参阅了中共中央党史资料征集委员会主编的《淮海战役》，《星火燎原》编辑部编撰的《星火燎原·淮海战役专辑》，江苏省政协文史资料委员会编撰的《淮海战役新论》，江苏省档案馆、徐州市档案馆、淮海战役纪念馆编撰的《人民必胜——淮海战役支前档案选编》，"淮海战役丛书"编委会编著的《淮海战役丛书》，淮海战役纪念馆编撰的《淮海战役资料选》《淮海战役史料汇编》，何晓环、傅继俊、石征先编著的《淮海战役史》等大量文献史料和学术研究成果，为编撰工作奠定了坚实基础。

　　本书所用文史资料跨越数十年，为确保客观真实，部分文章所用地名、物名和出现的"×"等，皆为原文表述。对于文章中出现的方言、俚语和其他语言表达习惯等，在编撰中均予以保留。同时，编者在篇前增加了导语，在相关文章中添加了图表，以便读者更好阅读。由于编撰出版仓促，部分文章未能联系到作者或家属，舍之不恭，恐留遗憾，唯先行用之，望读到本书后及时联系我们，当赠书及薄酬以敬谢。

借本书付梓之际，谨向有关资料的编撰者、提供者和相关专家学者表示衷心感谢！由于水平有限，书中难免有疏漏或不当之处，敬请专家和读者批评指正。

编　者

2022 年 12 月

最后一碗米送去做军粮
最后一尺布送去做军装
最后一件老棉袄盖在担架上
最后一个亲骨肉送去上战场

小推车
推出来的
胜利

上册
淮海战役支前纪实

徐州市政协文化文史委员会
淮海战役烈士纪念塔管理中心
——★ 编

中国文史出版社

图书在版编目（CIP）数据

小推车推出来的胜利：淮海战役支前纪实：上下册/ 徐州市政协文化文史委员会，淮海战役烈士纪念塔管理中心编.
-- 北京：中国文史出版社，2023.2

ISBN 978-7-5205-3996-8

Ⅰ. ①小… Ⅱ. ①徐… ②淮… Ⅲ. ①淮海战役（1948-1949）-史料 Ⅳ. ①E297.43

中国版本图书馆 CIP 数据核字（2022）第 240768 号

责任编辑：薛媛媛　牟国煜

出版发行：中国文史出版社

社　　址：北京市海淀区西八里庄路 69 号院　　邮编：100142

电　　话：010-81136606　81136602　81136603（发行部）

传　　真：010-81136655

印　　装：北京新华印刷有限公司

经　　销：全国新华书店

开　　本：720×1020　1/16

印　　张：38　　　　插页：10

字　　数：581 千字

版　　次：2023 年 2 月第 1 版

印　　次：2023 年 2 月第 1 次印刷

定　　价：128.00 元（上下册）

《小推车推出来的胜利——淮海战役支前纪实》

编 委 会

顾　　　问：宋乐伟　王剑锋

主　　　任：王　强

副　主　任：毕于瑞　　王先正　　李淑侠　　李玉娟　　李靖华

　　　　　　张耀环　　孟铁林　　王海永　　张　农　　邱　成

　　　　　　金云女　　孙光永　　吴新福　　杨道君

主　　　编：李靖华

副　主　编：汪国强　　李成之　　李爱彬　　李华生　　宋小虎

执 行 主 编：宋余东　　蒋越锋

执行副主编：贾　萍　　姚冰阳　　赵海涛　　李元杰　　孙祥雷

　　　　　　黄小葵

编　　　辑：肖　岚　　王　瑶　　潘富群　　刘思防

淮海战役烈士纪念塔园林航拍图

淮海战役烈士纪念塔

淮海战役烈士纪念塔^①碑文

公元一千九百四十八年十一月六日至翌年一月十日，中国人民解放军在以徐州为中心，东起海州，西止商丘，北自临城，南达淮河的广大地区，进行了伟大的淮海战役。

淮海战役是在中国人民解放战争战略决战胜利展开之际发动的。国民党反革命军队南线主力猬集徐、海、蚌地区，妄图阻止人民解放军南下，屏障反动统治巢穴南京，疯狂挣扎，挽救其垂死命运。华东、中原两大野战军和华东、中原、华北的地方武装共六十余万人，在中国共产党中央委员会和毛泽东主席的英明领导下，会师淮海，决战中原，以气吞山河之势，首歼海州西撤敌军劲旅于碾庄圩，继歼豫南来援重兵于双堆集，再歼徐州倾巢西逃敌军主力于永城地区。在强大的军事打击和政治攻势面前，敌军四个半师先后起义。这次战役，人民解放军浴血苦战六十五昼夜，共歼灭敌军五个兵团、二十二个军、五十六个师，计五十五万五千余人。至此，蒋匪南线精锐部队被歼净尽，江、淮、河、汉广大地区遂告解放。这一战役，连同辽沈战役、平津战役的伟大战略决战的胜利，从根本上动摇了美帝国主义扶植下的蒋家王朝的反动统治，为中国人民解放军横渡长江、直捣南京、席卷江南、解放全中国奠定了胜利的基础。

淮海战役的胜利，是毛泽东同志伟大军事思想的光辉体现，是人

---

① 淮海战役烈士纪念塔坐落在江苏省徐州市凤凰山东麓。1959 年 4 月经国务院批准兴建，1965 年 10 月落成。塔身镶嵌着毛泽东同志亲笔题写的塔名"淮海战役烈士纪念塔"，塔座镌刻着张爱萍同志撰写、陈毅同志修改定稿的碑文。

民解放军和广大人民艰苦奋斗、英勇善战的结果。战役中，参战部队全体指战员敢于打大仗、打硬仗，不怕敌人的飞机、大炮、坦克、毒气，冒风雪，涉冰河，架人桥，闯火阵，逐村逐屋激战，一沟一堡争夺，前仆后继，奋不顾身，表现了一往无前、压倒一切敌人的英雄气概。被解放的蒋军士兵，立即加入人民解放军行列，控诉国民党反动派罪行，调转枪口，杀敌立功。华东、中原、华北地方党政机关和广大人民全力支援，要人有人，要粮有粮；二百万民兵、民工，冒枪林弹雨，忍风雪饥寒，千里远征，随军转战，对战役的胜利作出了巨人的贡献。

淮海战役中，许多中国人民的优秀儿女为人民解放事业献出了宝贵的生命，立下了不朽的功勋。烈士们的高风亮节，激励着我国人民在建设社会主义和共产主义的壮丽事业中奋勇前进！

英雄们的伟大业绩与日月争辉！

烈士们的革命精神万古常青！

目
录

上 册

故 事 篇

下　册

报　道　篇

探 研 篇

附　　录

前言

2017 年 12 月 13 日，习近平总书记在参观淮海战役纪念馆时指出，淮海战役就是小推车推出来的胜利。我们要好好回报人民，让人民过上幸福美好的生活。

值党的二十大胜利召开暨习近平总书记视察徐州五周年之际，徐州市政协文化文史委员会、淮海战役烈士纪念塔管理中心精心编撰了《小推车推出来的胜利——淮海战役支前纪实》一书，聚焦"人民的胜利"这一宏大主题，汇集亲历者对广大人民群众踊跃支前的深情追忆、解放区报刊对支前典型的鲜活报道、专家学者对支前事件和人物的探访追踪以及对支前历史和精神的研究探讨等，生动再现了在党的领导下广大人民群众全力支援淮海战役的壮丽史篇，深度挖掘了蕴含其中的革命精神和时代价值，将激励广大党员干部和人民群众为全面建设社会主义现代化国家、全面推进中华民族伟大复兴而团结奋斗。

74 年前，在中国人民解放战争夺取全国胜利的决定性阶段，黄淮大地上一场事关中国命运的大决战——淮海战役全面打响，中国共产党及其领导的人民解放军在广大人民群众的全力支持下，创造了以 60 万人民军队战胜 80 万国民党军队的伟大胜利。在淮海战役进程中，东起黄海之滨、西至豫西地区、北自山东渤海、南达苏北江岸，解放区广大人民群众在党的组织领导下积极投身支援前线热潮，掀起了轰轰烈烈的群众性支前运动，累计出动民工 543 万余人，大小车 88.1 万余辆，筹集粮食 9.6 亿余斤，转送伤员 9.8 万余人，圆满完成了艰巨的支前任务，为淮海战役的胜利做出了不可磨灭的贡献。

小推车承载了听党指挥、紧跟党走的革命精神，党的旗帜飘扬在哪里，小推车就追随到哪里。毛泽东同志指出，战争的伟力之最深厚的根源，存在于民众之中。人民群众辗转奔波，舍生忘死支援前线，源自对中国共产党和人民军队的高度信任和衷心拥护，根本在于我们党把人民利益放在第一位，为人民谋解放。各级党组织严格执行党的群众路线，正确实行土地改革、组织动员、教育宣传等方针政策，有效解除老百姓的后顾之忧，充分激发解放区群众的支前热情。莱阳县支前民工唐和恩推着小车，随军转战，行程 5000 余里，走遍淮海战场，他在随身携带的小竹竿上刻下了途经的 88 个城镇、乡村的名称，成为人民群众支前历程的生动见证。小推车推出来的胜利，彰显了广大人民群众真心听党话、跟党走的坚定信念，是党的群众路线全面贯彻和成功运用的生动体现。

小推车承载了排除万难、一往无前的斗争精神，战斗烽火燃起在哪里，小推车就挺进到哪里。毛泽东同志指出，唯有下定决心、不怕牺牲、排除万难，才能取得最终的胜利。淮海战役人民群众支援前线规模之巨大，任务之浩繁，动用人力物力之众多，为古今中外战争史上所罕见。数百万支前民工、民兵冒枪林弹雨，忍风雪饥寒，翻山越岭，破冰渡河，前送物资，后送伤员，谱写了一曲人民战争的动人凯歌。宿迁县大兴区运输队千余民工，在风雪泥泞中跋涉运粮，奋战 4 昼夜，将 9 万斤粮食运到部队；沂东招北担架六分队冒着风雪和炮击运送伤员 999 名，荣获"钢铁担架分队"称号。小推车推出来的胜利，彰显了广大人民群众不畏艰险、不怕牺牲的英雄气概，进一步印证了人民群众是推动社会历史前进的决定性力量。

小推车承载了顾全大局、倾其所有的奉献精神，前方补给需要在哪里，小推车就支援到哪里。习近平总书记指出，革命胜利来之不易，靠有革命英雄主义精神的一大批将帅之才和战斗英雄，更靠人民的支持和奉献。淮海战役在兵力、装备都不占优势的情况下赢得全面胜利，人民群众的无私奉献是最大保障。老百姓喊出了"倾家荡产，支援前线""要粮有粮，要钱有钱，要人有人""解放军打到哪里，我们就支援到哪里"的响亮口号，传唱着"最后一碗米送去做军粮，最后一尺布送去做军装，最后一件老棉袄盖在担架上，最后一个亲骨肉送去上战场"的感人歌谣，将物资一车车送向战场、送到前方最需要的地方。小推车推出来的胜利，彰显了广大人民群众舍生取义、无私奉献的高尚品格，有力推动了历史车轮滚滚向前。

小推车承载了军民同心、众志成城的团结精神，胜利号角吹响在哪里，小推车就集结在哪里。习近平总书记指出，坚如磐石的军政军民团结，永远是我们战胜一切艰难险阻、不断从胜利走向胜利的重要法宝。"军民团结如一人，试看天下谁能敌"，永远是颠扑不破的真理。淮海战役支前运动中，人民群众不仅帮助筹集运送物资，还配合解放军保卫生产、慰问伤兵、关怀战士，在并肩作战中建立了鱼水深情和血肉联系，形成了拥军支前的光荣传统，涌现出"人民战士的母亲"许秀英、特等支前功臣石连生等模范事迹，极大鼓舞了前线将士的战斗意志和必胜决心。小推车推出来的胜利，彰显了军民一条心、团结一致向前进的磅礴力量，巩固了军民团结熔铸成为坚不可摧的钢铁长城。

徐州是淮海战役的主战场，是一座红色之城、英雄之城。在新时代新征程上，我们将牢记初心使命，传承红色基因，赓续红色血脉，深刻汲取小推车承载的精神力量，高质量建设淮海经济区中心城市，全面推进中国式现代化徐州新实践，加快建设全面体现"强富美高"要求的现代化强市，用现代化建设过硬成果好好回报人民。我们要坚持和加强党的全面领导，深刻领悟"两个确立"的决定性意义，全面贯彻习近平新时代中国特色社会主义思想，坚决维护党中央权威和集中统一领导，推动党的二十大和习近平总书记视察徐州重要指示精神落地见效、走深走实，以实际行动和实际成效坚定拥护"两个确立"、坚决做到"两个维护"。我们要坚持以人民为中心的发展思想，始终牢记江山就是人民、人民就是江山，走好新时代党的群众路线，切实维护人民根本利益，为人民谋幸福，增进民生福祉，采取更多惠民生、暖民心举措，解决好人民群众急难愁盼问题，扎实推进共同富裕，不断实现人民对美好生活的向往。我们要坚持团结奋斗开创事业发展新天地，发扬斗争精神，增强斗争本领，始终敢为善为、务实落实，在党的旗帜下团结成"一块坚硬的钢铁"，集聚起万众一心、开拓进取的智慧力量，推动新时代的"小推车"风雨无阻向前行，战胜前进道路上的一切困难挑战，坚决打赢新征程上的"淮海战役"！

存史资政，启迪未来。小推车承载的革命精神、斗争精神、奉献精神、团结精神，永远是弥足珍贵的精神财富，更是奋进新征程、建功新时代的强大精神动力。今天，我们追忆党领导人民群众支援淮海战役的光辉历史，就是要充分认识人民的选择和人民的力量，深刻领悟中国革命成功和人民战争胜利的规律，认真学习当年广大党员干部忠于人民事业的坚强党性、组织领导人民的高超本领和密切联系群众的优良作风，深入挖掘利用人民支前的精神内涵和时代价值，坚定历史自信，增强历史主动，在新时代新征程上自信自强、守正创新、踔厉奋发、勇毅前行，努力创造新的更大的历史荣光！

综
述
篇

　　淮海战役是解放战争时期规模最大、历时最长、歼敌最多的一场战略决战。为保障战役的胜利，中国共产党在华东、中原、华北三大解放区周密部署，全力组织人民群众支援前线，为战役胜利做出了不可磨灭的历史贡献。正如习近平总书记所强调的，淮海战役就是小推车推出来的胜利。这一伟大胜利体现了人民战争的深厚伟力，也成为党同人民血肉联系的生动写照。

人民战争人民支援①

淮海战役是解放战争时期中国共产党同国民党在军事上进行战略决战的三大战役之一。这次战役是战场规模最大、参战兵力最多、历时时间最长、歼敌人数最多、战斗最惨烈的一场具有决定性意义的战役。在这次战役中，人民群众支援前线规模之巨大，任务之浩繁，动用人力物力财力之众多，是古今中外战争史上所罕见的。

1948 年，解放战争进行到了第三个年头，解放军在全国各战场取得一个又一个的胜利。特别经睢杞、济南、郑州等战役，使华东、中原、华北解放区基本上连成一片。辽沈战役胜利后，战争对垒的双方力量对比发生了根本的变化，从而加速了解放战争在全国胜利的进程。特别是毛泽东主席关于"再有一年左右时间，就可能将国民党反动政府从根本上打倒了"的英明预见，极大鼓舞了解放区广大军民。华东、中原、华北解放区人民，在中国共产党领导下，实行土地改革。世世代代渴望得到土地的农民，终于拥有了自己的土地，政治得到翻身，生活上有了保障。他们更加热爱中国共产党，热爱人民解放军。解放区人民为保卫胜利果实，为"打倒蒋介石，解放全中国"，参军参战、支援前线的热情空前高涨；工业、农业生产迅速恢复和发展，支援战争的人力物力财力得到极大的发展和提高。同时，解放区各级人民政府在历经战争的考验后，已经具有相应组织机构，积累了丰富的支前工作经验和方法，奠定了淮海战役支前工作的坚

① 本文为编者编撰，参考了中共党史资料出版社 1988 年版《中国共产党历史资料丛书·淮海战役》第三册《概述》。

实基础。

中共中央、中央军委对淮海战役人民支前和后勤工作高度重视，并指示华东、中原、华北局做好充分的准备工作，"应用全力保证我军的供给"，"必须准备全军部队及民夫130万人左右，3个月至5个月的粮食、草料、弹药，10万至20万伤员的医治"，"对于人民，必须实行耕战互助的方针"。为了做好统筹安排，中央军委派解放军总后勤部部长杨立三协同华东野战军后勤部部长刘瑞龙和中原野战军供给部部长刘岱峰筹办淮海战役的后勤和支前工作。淮海战役发起后，中央军委及时决定由刘伯承、陈毅、邓小平、粟裕、谭震林五位同志组成以邓小平为书记的总前委，统筹领导淮海前线解放军的作战和地方支前工作。中共中央、中央军委及总前委的正确领导，是淮海战役胜利的根本保证。

中共华东、中原、华北中央局，华中工委及其所属的鲁中南、渤海、胶东、苏北、江淮、豫皖苏、豫西、冀鲁豫行政区和济南、潍坊、郑州、洛阳、开封，以及在战役中解放的徐州、商丘、连云港等城市和地区，都坚决贯彻落实中共中央、中央军委及总前委的指示，先后建立华东支前委员会、华中支前司令部、鲁中南支前委员会、渤海支前委员会、豫皖苏后勤司令部、豫西军区支前司令部和冀鲁豫战勤总指挥部等支前机构，制定了各项支前具体政策和措施，对淮海战役物资供应、兵员补充、伤员救治、照顾民工家属生产等做出充分准备和周密部署。并号召全体党政军民紧急动员起来，集中一切人力物力财力，全力支援解放军作战，以确保此次决战的胜利。一场轰轰烈烈的人民支前运动，在东起黄海之滨、西至豫西地区、北自山东渤海、南达苏北长江沿岸的苏、鲁、豫、皖、冀五省大地上开展起来。

各地支前组织迅速组织起民工队伍，按照服务期限和任务需要，组成了随军常备民工，即服务期限在两三个月以上、配属部队建制、直接接受部队领导和调度使用的常备民力；二线转运民工，是指服务期限在1个月以上，由各转运站、民管部门掌握，执行前后方之间的一切转运任务的民工；后方临时民工，是指服务期限10天左右、在当地完成各种临时支前任务、受当地政府领导调度的民工；战区和临战区则由当地人民政府根据支前任务的需要，组成支前期限不等的一次性服务的民工。

切实落实"把支前民工队当成学校办"的方针，建立了党组织和政治工作制度；加强政治思想工作，开展形势教育、文化学习；举办立功创模、拥军爱民等活动，提高了民工的政治觉悟和文化水平，激发了广大民工的支前热情，涌现了大批英模功臣和英雄事迹，培养了干部，吸收了许多优秀分子加入中国共产党，保证了各项艰巨支前任务的完成。

解放区人民把搞好生产、支援前线两大任务紧密结合起来，广泛开展劳动互助。广大翻身农民战胜灾荒，赢得了秋收，踊跃缴纳公粮支援前线。广大妇女昼夜碾米磨面，赶做军鞋军衣。城镇广大职工开展劳动竞赛，加紧生产，保证了大批军需物资源源送往前线。解放区人民认真贯彻"加强建设，支援战争"的方针，突击抢修公路、铁路、桥梁，架设电话线路。随着战役的快速发展，广大新解放区人民将后方到淮海前线的所有公路迅速修竣。津浦、陇海、平汉、胶济铁路逐段相继提前通车，电话通讯线路及时架设修复，保证了前后方交通运输、通讯联络畅通无阻。

为了保证粮食供应，战前准备时期，华中第一、二、九专区就向淮海地区运粮2300万斤，山东自鲁中南、渤海行政区向前线调粮15300万斤。战役第二阶段后，中原、华东野战军和地方武装云集豫皖苏地区作战，前线每天吃粮人数达150万人，每天需原粮500万斤之多。中央军委及总前委、中原局、华东局、华北局又及时决定分别从豫西区调粮2700万斤，从豫皖苏、渤海、冀鲁豫区各调运1亿至1亿5000万斤粮食支援前线；并从华东、华北区调拨大批弹药补充参战部队。战役第三阶段，为全歼杜聿明集团，根据中央军委的指示，总前委在徐州召开了华东、华中、中原、华北四方面代表参加的联合支前会议，明确了任务，协商了各地区的支前工作，保证支前任务完成。这次会议对保证圆满完成淮海战役支前任务，起了重要作用。

为了确保前方供应和伤员的转运，各级支前领导机关和部队后勤部门共同组织设立了运输干线10余条，粮站110余处，兵站90余处，医院30余所，伤员转运站40余处，以及油盐供应站、弹药库、被服库、补给所等。在运输干线上，每隔15公里设一民站，两个民站之间设一茶水站。随着战场的转移，运输干线不断延长和增加，粮站、兵站、转运站、医院、民站等也不断调整、转移和增设，从后方到前方，从农村到城镇，形成一个完整的支前运输网。

数百万民工忍饥寒冒风雪，翻山越岭，日夜兼程，背扛、肩挑、车推、船载、担架抬、毛驴驮、牛车拉、汽车载、火车运，顽强奋战在运输线上。山东随军民工涉寒流攀崎岖，忍饥不吃车上军粮，华中民工战胜数百里风雪泥泞，豫皖苏民工冒雪扛运面粉，冀鲁豫运粮船破冰前进。他们冒敌机袭扰，克服千难万险，把大批粮食、弹药等军需物资及时运到前线，又将前线的伤员尽快转送后方治疗。

广大民工担架队员奋不顾身在前线抢救伤员，冒枪林弹雨将伤员背下火线。转送途中，遇到敌机轰炸扫射，总是先把伤员隐蔽好，来不及隐蔽时，就扑到伤员身上，用自己的身体掩护伤员。宁愿自己牺牲，也不让伤员第二次负伤。民工们还把本来就不多的面粉、菜金节省下来给伤员做面条、买鸡蛋吃。在雨雪交加的夜晚，民工总是脱下自己的蓑衣、棉袄给伤员盖在身上。后方人民热情接待、殷勤照料伤员，给伤员喂水喂饭、洗补衣裳。医务人员精心为伤员治疗，主动为伤员献血，到处涌现着军民鱼水之情的动人情景。

为了保证兵员补充，中央军委及总前委、华东局、中原局、华北局要求各级党组织和人民政府广泛发动群众参军参战。各地掀起了"到前线去，到主力去"的热潮，出现了许许多多父送子、妻送夫、兄弟争相上战场、地方武装光荣升入主力部队的生动情景。各地青壮年纷纷要求参军，万千子弟兵待命出征，强大后备兵团源源开赴前线。各地民兵还积极配合人民解放军作战。他们担负着保卫生产、维护治安、护送物资、肃清土匪、捕捉散兵、押送俘虏、打扫战场等战勤任务，成为人民解放军强大的后备力量和有力助手。

淮海战役期间，各地纷纷组织慰问团，带着解放区广大人民的深情厚谊奔赴前线，热情慰问前线指战员和参战的民工民兵。各地人民的慰问信雪片似的飞到前线，送到前方的慰劳品堆积如山。人民的慰问和期望，极大地鼓舞了前线指战员的战斗意志和将革命进行到底的必胜信念。

华东、中原、华北解放区人民，一心为支前，一切服从前线，要人有人，要粮有粮，全力以赴，支援淮海战役，为取得这次战役的胜利做出了巨大贡献。据战后统计，淮海战役共出动民工 543 万人（其中随军常备民工 22 万人，二线转运民工 130 万人，后方临时民工 391 万人），担架 20.6 万副，大小车 88.1 万辆，挑子 30.5 万副，牲畜 76.7 万头，船只 8539 只，汽车 257 辆，实用粮食 43476 万斤。各行政区为淮海战役筹运粮食 96000 万斤，做军鞋数百万双，运送弹药 300 多万吨，转运伤员 12 万人，有 10 余万青年参军参战。解放区人民为淮海战役的胜利做出了不可磨灭的卓越贡献。

这一切充分展示了："战争的伟力之最深厚的根源，存在于民众之中。"千百万人民全力以赴支援淮海战役，是战争胜利的根本保证；这不仅是人民军队的胜利，更是全体人民的胜利。淮海战役人民支援前线的伟大壮举，是中国人民宝贵的财富，是革命战争史中瑰丽的一章。

淮海战役人民支前的历史功勋永载史册！

淮海战役人民支前运动的开展[①]

人民支前运动的组织和动员

淮海战役是规模空前的伟大战役。几十万大军云集在淮海前线，需要有源源不断的粮食和军用物资的供应，需要有交通运输、伤员治疗以及后方安全等保障。没有源源不断的粮食和军用物资的供应，没有后勤和支前工作的充分保障，要取得淮海战役的胜利是不可能的。所有这些，都需要广大人民群众的全力支援。因此，在淮海战役发起之前和战役实施的过程中，中央军委和各级党委都十分重视后勤和支前工作。在运筹战役作战方针的同时，中央军委对后勤和支前工作发出了一系列的重要指示；中共中央华东局、中原局、华北局在党中央领导下，都把后勤和支前工作放在头等地位，他们以坚强的信心、极大的热忱，动员和组织人民全力支援前线。

早在 1948 年 9 月 25 日，即在批准发起淮海战役的指示中，中央军委即要求华野做好有关这一战役的充分准备工作。9 月 28 日，中央军委又明确指出，这次战役比济南战役要大，因此，华野和中野要对全军所需包括全部后勤工作在内有充分之准备后，方能开始行动。中央军委还强调指出，必须准备两个月至两个半月的粮秣用品，统筹安排好淮海战役的后勤事务。

---

① 本文选自上海人民出版社 1988 年版《淮海战役史》第五章。

根据中央军委的指示，中共中央华东局于 10 月 2 日专门召开了会议，决定在 20 日前必须完成各项准备工作，包括督促赶送冬衣和计划三个月以上近百万人的粮草供应。会议对各参战部队所必需的弹药补充，民工、担架、运输等动员和组织工作，及医院调整，伤兵、俘虏收容等工作均做了研究和安排。

接着，在华野前委举行曲阜扩大会议期间，华东局和华东军区连续召开了后勤、财办、支前、宣传、俘管等部门的主要领导干部会议，以支前、后勤为中心，为淮海战役进行紧张的准备。

10 月 13 日，华东局支前办公室拟订了《淮海战役支前工作计划》。《计划》明确提出：我军即将进行新的、更伟大的向敌出击战役，其规模之大，连续作战之久，均属空前；而战区的地形、群众条件较前均差，因此新的战役支前工作任务极为艰巨，各级党政支前机关必须以高度对战争负责的精神，紧张动员起来，克服一切困难，完成此次摆在我们面前的光荣的支前任务。《计划》共分粮食、人力、供应、交通等四个方面，对各地委、各县委都明确分配了任务。对于粮食的征集、加工、调运、分配等也都做了细致分工，提出了具体的措施；并根据情况，规定为每个纵队配备随军担架、挑子各 500 副，同时还组织了转运担架 7500 副，挑子 9000 副，小车 15000 辆。以纵队为单位设了随军供应站，保证部队油盐、蔬菜等物资的供应。为确保战时交通畅通，要求发动群众修筑永久性公路和半永久性公路以及临时性公路，架设有线电话，还对船只

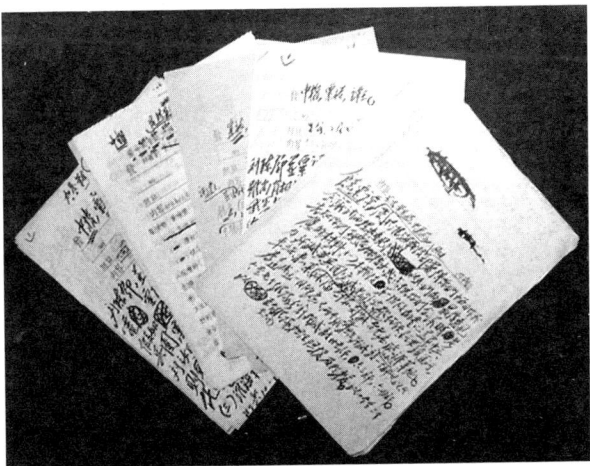

淮海战役是在毛泽东思想指导下、在中央军委和毛泽东主席的亲自领导和指挥下进行的。据不完全统计，毛泽东代表中央军委起草的淮海战役电文达 70 余封。图为其中的部分电文手稿

使用做了部署。

《计划》下达后，各级党组织及政府均派出得力干部具体组织实施。鲁中南区党委、行署及所属地委抽调300多名干部随军工作，300多名干部待机使用。胶东区党委召开地委委员及有支前经验的县长会议，研究部署支前工作。华东各区各村都开始征集军粮、组织训练民工、设立民站、训练自卫团、调整劳动负担。广大人民群众家家户户都动员起来，为支援前线争做贡献。

10月14日，即在毛泽东手拟的《关于淮海战役的作战方针》发出后的第四天，中央军委在给华野和华东局的指示中再次强调，后勤工作准备（粮食、弹药）及政治工作准备，力求比较完备周到。

华东局在接到中央军委指示后，继续加紧进行后勤和支前工作，并于10月20日致电华野负责人，提出了对淮海战役后勤工作部署的建议，提出前方和后方后勤任务必须明确分工。前方后勤主要掌握部队的情况需要，以及如何计划接受调度分配等项任务；后方后勤主要掌握筹划调度，向前方运送及了解后方生产情况；并依此分工实行前后方的密切协同。前方的供给、军械、卫生、运输等应统一由前方后勤司令部领导，后方物资运送至前线兵站基地为止。并提出调整、充实前方后勤机构，以周骏鸣、张震兼任前方后勤司令部正副司令，以便密切协同。

11月4日，华东局正式成立了统一的最高支前领导机构——华东支前委员会。以傅秋涛、张雨帆、魏思文、张劲夫、程照轩、赵锡纯、梁竹航7人为委员，以傅秋涛为主任，张雨帆兼政治部长，魏思文兼人力部长，张劲夫兼粮食部长，程照轩兼财政部长，赵锡纯兼交通部长，梁竹航兼秘书长及民站部长。华东支前委员会联络处开始设在临沂城内，称为临沂县政府联络处。

淮海战役发起后的第四天，11月9日，中央军委根据战场的形势，提出应极力争取在徐州附近歼灭敌人主力的战略要求，同时指示华东局、华北局、中原局三方面，应全力保证我军的供给。

华东局、中原局、华北局在接到中央军委指示后，采取切实措施，进一步部署了支前工作，人民支前运动更深入广泛地开展起来。

11月10日，华东局指示华中工委，华中应全力支援前线，争取胜利。13日，华中工委、苏北军区、华中行政办事处联合发出《华中支前总动员令》，要求华中全体党政军民都紧张地投入这一伟大的战役，在各自的岗位上，拿出所有的力量，坚决地全部完成自己在这次战役中所担负的光荣任务。为统一领导苏北、江淮人民支前工作，11月22日，正式成立了华中支前司令部。华中行政办事处副主任贺希明任司令员，陈国栋、万金培、吕镇中任副司令员，华中行政办事处主任、江淮军区政治委员曹荻秋任政治委员，李干臣任副政治委员。下设政治、民力动员、财粮三个部及参谋处。华中支前司令部并设立前方办事处。华中支前司令部成立后，全华中大规模的支前工作走向更全面、更有组织有计划的轨道。

中共中央中原局抽调大批主要负责干部组织了强有力的领导机构，中野副政委邓子恢、张际春，参谋长李达等把主要精力用于抓淮海战役的后勤支前工作方面。11月15日，中原局即提出了《中原局对徐州会战之工作布置》。

这个《工作布置》指出：我华野、中野现正集中力量进行徐州会战，以围歼国民党在长江以北之最大主力，这是一次最大的决战，也可能是最后一次大决战。此战役获全胜或大胜，则长江以南无大战，不仅使中原全境解放，而且要使全国解放更加顺利。所以，争取此次决战胜利，不仅是全中原人民的最高利益，而且是全中国人民的最高利益。

这个《工作布置》还指出：除了前方野战部队不惜一切牺牲，不顾任何疲劳，克服一切困难，以争取歼敌制胜，各地方部队遵照军区命令作战配合外，要求各地党政军民必须进行如下紧急工作：（一）要使全党全军及所有机关、学校、医院、企业等全体人员，认识此次决战的重大意义，要集中一切人力、物力、财力，高度发挥各人的积极性和热情智慧，争取此次决战取得完全胜利。（二）责成豫皖苏分局加强支前机构与支前工作，授权支前机关全权征调粮草、民工、担架，保证一切作战需要。（三）责成豫皖苏行署及皖西三、六专署，组织强大的供应站，配合地方合作社，并动员民众供应作战部队的油、盐、猪肉、菜蔬及黄烟叶、纸张等，保证

1948 年 11 月 4 日华东支前委员会成立的通知

部队必需的生活水准，以维持部队战斗力。（四）各地必须保证铁路、公路之畅通，尤其是陇海路及接通前线之公路桥梁，必须保证经常畅通无阻，未修者速修，损坏者修复，不平者填平，保证弹药及一切军用物资、伤员的前输后送，这是争取战争胜利的重要关键。（五）各后勤部门，必须依此次战役需要及现有城市交通状况，重新部署工作，以保证前方作战需要。（六）为保证上述各种工作需要，各有关党政军领导机关，必须征调干部，加强上述各方面组织，加强政工，保证派得力干部前往传达，具体布置，并严格检查督促，保证完成任务，以利战争。（七）各地应乘我军大胜、国民党军土崩瓦解、土匪特务惊慌失措之时机，加强对国民党军及土顽、土匪、特务的政治瓦解工作，以巩固后方。

豫皖苏分局根据中原局责成他们全权负责支前工作的指示，成立了豫皖苏后勤司令部，下设办公室和前方办事处。办事处下设军区兵站部前方分部、粮食部、民力部和秘书处。下属区、村政府都建立了支前机构。豫皖苏分局和军区负责人在战争紧张时亲临前方指挥后勤支前工作。

中共中央华北局责成冀鲁豫区党委负责淮海战役的支前工作，成立了冀鲁豫战勤总指挥部，下设秘书处、供给部、

1948 年 10 月 18 日豫皖苏分局《关于加强各级后勤组织机构的决定》

动员部及河北战勤指挥部。

在华东局、中原局、华北局以及各级支前委员会或后勤司令部的动员组织下，山东、江苏、河南、安徽、河北五省后方人民提出了"解放军打到哪里，我们就支援到哪里""倾家荡产也要支援淮海战役""全力以赴，支援前线"等口号，他们日夜不停地赶办粮秣军需，碾米，磨面，缝制军衣、军鞋，并迅速组织了后方医院、囤粮点儿。他们动员了大量的人力、物力、财力支援前线。他们还组织了民兵、自卫队配合主力部队作战，维护社会治安等；同时还组织了

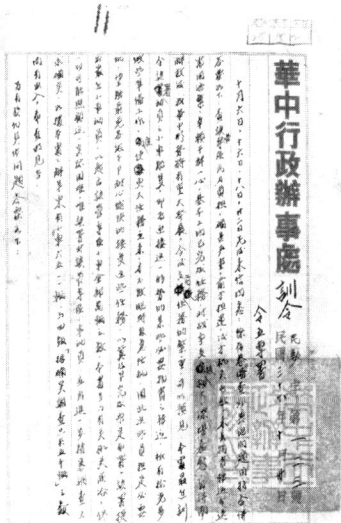

1948 年 10 月 30 日华中行政办事处关于后勤支前工作的训令

雄厚的后备兵团，准备随时补入主力部队。战役发起前，仅华东支前委员会就动员集中了 60 多万民工，建立了许多条民运线，筹集了大批的粮食、柴草，并将 1 亿 8000 多万斤粮食运到战区附近。从 10 月 2 日到 16 日两个星期之内，华东军区及地方群众共同完成了华野部队及伤员的全部冬衣、50 万双鞋子等供应任务。后方人民还大力抢修铁路、公路，架设了多条电话线路，沟通了前后方的联络。此外，后方医院的设置、俘虏的收容管理、后方保卫等也做了周密的部署。后方人民的全力支援，使前线广大指战员无后顾之忧，激发了他们英勇杀敌的革命精神，保证了淮海战役的顺利发动以及首歼黄百韬兵团作战的胜利。

人民支前运动的发展

淮海战役发起后，战局发生了很大的变化，交战双方的兵力都在不断增加，战争规模也在不断发展，战场迅速扩大到黄（河）、淮（河）之间。解放军华野、中野两大野战军已经在总前委的统一领导下，并肩协同作

解放区农民在自己的土地上生产

战。在这种情况下，及时地调整支前部署，保障粮弹供给，成为保证解放军连续作战，不断夺取战役胜利的关键。尤其是在第一阶段围歼黄百韬兵团胜利结束以后，华野按照中央军委的指示，将主力迅速南移，中野则在南平集地区将黄维兵团包围起来，而这时，蚌埠方面的李延年、刘汝明两个兵团也在北犯，这样，解放军主力位于徐州以东、以南一直到蚌埠以北、宿县附近，战场辽阔，运输线、供应线、粮站等一时跟不上战局的发展。

当第一阶段作战正在激烈进行的时候，11 月 16 日，中央军委鉴于战局的变化，即指示中野、华野负责准备在现地区作战 3 个月至 5 个月（包括休整时间在内），统筹解决连同俘虏在内约 80 万人左右的吃饭问题，并会同华东局、苏北工委、中原局、豫皖苏分局、冀鲁豫区党委统筹解决。

根据中央军委的指示，中共中央华东局对支前工作的部署做了进一步的调整。11 月 20 日，华东局发出了《紧急动员起来支援淮海前线的指示》，指出：淮海战役为我国空前大战，需准备付出 10 万以上的伤亡，及准备在现地区连续作战 3 个月至 5 个月。号召华东全体党政军民立即紧急动员起来，集中全力配合前线作战部队，力争淮海战役完全胜利。指示中向各级组织提出了六项紧急支前任务：（一）一切后方机关的运输汽车应服从后勤司令部调动运输弹药及其他军用物资，以保证前线需要。（二）抽调大批地方基干团及大批县区武装，补充主力，并保证扩军及归队任务的完成，使主力得到源源不断的补充。（三）动员足够民工、担架、小车、挑子及民兵子弟兵团到前线服务。（四）运送大批粮食供给前线，保证前线战士及民工不饿饭。
（五）抽调足够医院到
前线接收伤员。（六）
修筑铁路公路，架设
电话线路，保证运输
及通讯及时畅通。华
东局派专人分别到胶
东、渤海及鲁中南等
地区传达这一指示，
并要求各级党委立即
紧急动员起来，宣传
发动群众，造成广大

1948 年 11 月 19 日华东支前委员会关于统一常备民工编制的通知

群众支援战争的热潮，以保证支前任务的完成。

当时，因为部队的调动，参战人员的剧增，战场的移动和扩大，山东、华中等地区所筹集的粮食，距离需要位置很远，一时接应不上，因此，保证前线部队所需的粮食供应是个突出的重要任务。中央军委在 11 月 22 日，即全歼黄百韬兵团的当天，指示中原局迅速命令豫皖苏分局立即动手筹集和保证中野部队及华野转入豫皖苏地区作战部队的粮食，并应从豫西运粮食去。华北局应速令冀鲁豫区调集 1 亿至 1 亿 5000 万斤粮食，供应华野部队需要。第一阶段刚结束，11 月 23 日，中央军委致电刘伯承、陈毅、邓小平，必须准备全军部队及民夫 130 万人左右三个月至五个月的粮食、草料、弹药，10 万至 20 万伤员的医治。

中原局接到中央军委指示后，立即命令豫皖苏分局迅速筹集 1 亿 5000 千万斤粮食，供应作战部队和民工。中原军区也于 11 月 24 日对后方勤务工作重新做了部署，将后勤司令部置于商丘，统一指挥战勤工作。后勤司令部下设兵站、医院、伤兵转运站、粮站和弹药交付所等，分别执行各项战勤任务，同时建立了由魏岗分别至桃园集、临涣集、龙山集等三条运输干线，作为物资运送和伤员后送的运输线。各级领导机关还组织了大批干部、文工团（队）和勤务人员，积极参加支前工作及担负战地的粮食、弹药、伤员的短途运输。后方大量粮食和军用物资的集中、运输和医院勤务等工作，都由地方党政干部和人民群众直接担负起来。军队后勤部门则集中全力进行救护、医疗工作和弹药、作战物资的分配和运输。

华北局根据中央军委指示和战场要求，也立即命令冀鲁豫地区调拨1亿5000万斤粮食，迅速南运，供应前线作战部队和民工。

11月30日，徐州敌军弃城西撤，华野各路大军立即追赶至永城附近，后方粮食一时供应不上。华东支前委员会立即抽调400余干部、4000余民工积极分子，到附近400余个村庄协助政府就地筹粮，在短短四天中，即筹、征、运了300万斤粮食，并有240万斤加工后赶送到前方作战部队，解决了当时缺粮的严重困难。

12月3日，华野拟订了《战役第二阶段后勤工作部署》。这个《工作部署》分析了战场形势，指出此次战役是我军在长江以北最后的一次大战，对全国具有决定性的意义。因此，必须保证作战的供应，以争取战役的全胜。《工作部署》对弹药、粮食的供应，医院的设置，民力的安排，冬季补充运品的要求，以及交通线路的修复都提出了具体计划。《工作部署》根据战争西移的情况，拟定了华中支前委员会、华中支前司令部、华中前办、华东前办、华野后勤部、华东后勤司令部等后勤、支前领导机构的转移位置。

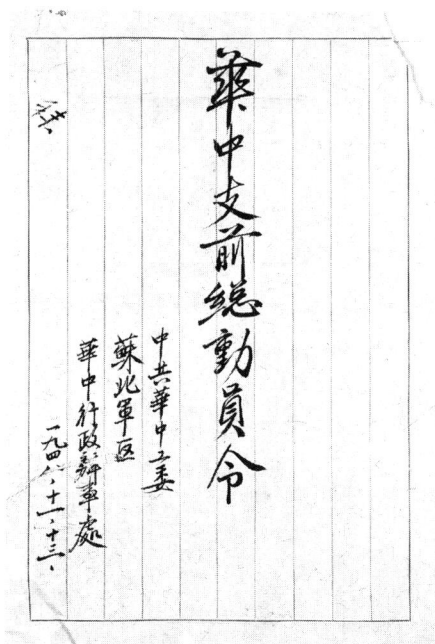

1948年11月13日中共华中工委、苏北军区、华中行政办事处《华中支前总动员令》

为了解决油盐的及时供应，12月8日，华东支前委员会成立了油盐供应总站，在前方设立三个分站随军行动，在后方设立三个转运站接受各地油盐，并将 800 辆小车统一调度使用。到 12 月 17 日，已送盐 37 万斤、油 17 万斤抵前线供应作战部队。

战役第二阶段开始后，中原、华东野战军得到了华东、中原、华北三大战略区党政军民的合力支援。三大区人民在党的领导下，踊跃支前。他们利用人抬、肩挑，利用小车、大车、船只等运输工具，并结合使用汽车、火车，把大量的粮食、柴草、弹药、器材送到前线，掀起了支前运动的新的热潮。

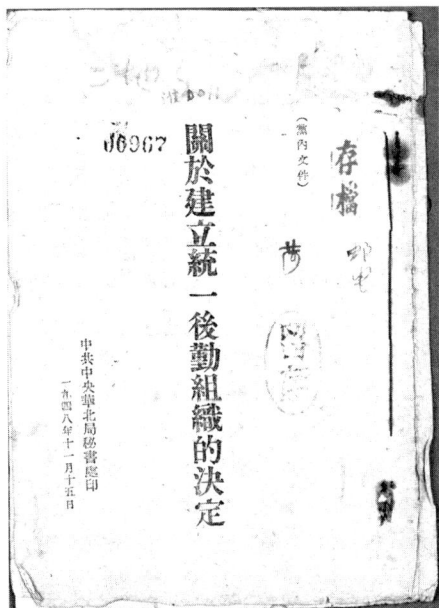

1948 年 11 月 15 日中共中央华北局
《关于建立统一后勤组织的决定》

刚刚解放的地区和战场附近的地区，也纷纷组织支前委员会，领导广大人民群众为人民解放军带路、磨面、送粮、抬担架。由于有人民群众全力以赴的支援，从而保障了解放军第二阶段作战的供应，提高了部队的战斗力，为夺取第二阶段的胜利奠定了基础。

徐州联合支前会议

淮海战役的进展，比原来预计的要发展得快，顺利得多。战役进入 12 月中旬以后，战线迅速西移，战局扩大，参战人员急剧增加，部队分散，后方和前方的距离愈来愈远，运输线延长数百里，加上时值雨雪交加之际，部队需筹足过冬粮草。这样，不仅粮草和军需物资的供应骤增，而且给运输带来不少困难。仅粮食一项，每天就需要二三百万斤。这些粮食除靠部队自己带、就地筹集、打胜仗缴获的一小部分外，主要是靠从后方运送。粮食从后方运到前方，要经过几百里路，经过背扛、肩挑、马驮、车船运输等六七道手续。落后的运输方法，给支前工作带来很多困难。特别是两大野战军集中在豫皖苏三分区地区并肩作战,这一地区大多处于新区和恢复区,物资供应发生困难。粮弹的供应和运输除豫皖苏地区外,要靠山东、华中、冀鲁豫地区的支前民工翻山越岭,长途跋涉,昼夜不停地赶运。

1948年12月1日徐州解放,12月2日徐州市人民政府成立

当时,粮食供应问题显得更为突出。战役第一阶段的供应,事先的布置,都是从战区在运河以东这一情况考虑的,华中粮食在涟水、沭阳筹运,山东粮食在郯城以北筹运。战役开始后,战场转向运河以西,粮食后运不继,开始就地筹集,但大部新恢复区、新战区经敌人抢掠,筹借有限,部队虽没有挨饿,但也曾出现过供应紧张现象。战役进入第二阶段后,中野及华野进入豫皖苏三分区战场,吃粮人数约在120万人,加上马匹等消耗,实际相当于140万人,以每人每天需2斤加工粮计,每日需加工粮280万斤,一个月共需加工粮8400万斤,合毛粮1亿1000余万斤,五个月需加工粮4亿2000万斤,合毛粮5亿5000万斤。战役已过去一个半月(从11月初到12月中旬),如果战役还需三个月,那尚需加工粮2亿9400万斤,合毛粮3亿8500万斤。而当时正值冬季,雨雪交加,运输线

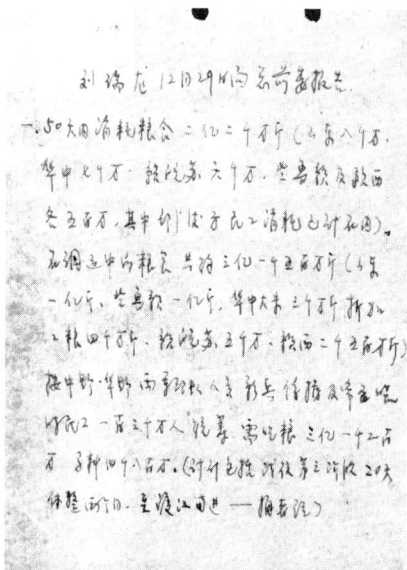

1948年12月29日刘瑞龙向总前委提交的支前联席会议报告

也逐渐拉长，供应单位分散。南战场围歼黄维及阻击李延年的部队有 14 个单位，北战场围歼邱清泉、李弥的部队有 13 个单位，中野后方位于亳县以西，华野后方位于古饶、符离集一带。这些部队的粮食需要，分别由冀鲁豫、豫皖苏、山东、华中等地区筹送。不仅要满足当时部队的需要，根据冬季雨雪较多、运输困难等情况，还必须立即将一个月的过冬粮筹足，只有这样，才能保证部队供应始终无误。

鉴于以上供应方面的复杂情况及战场要求，粟裕在 12 月 15 日给中央军委的报告中提出，应有一支前机构在总前委意图下通盘运筹，才能解决

1949 年 1 月 10 日淮海战役总前委书记邓小平给刘瑞龙的复信

好粮食等供应方面的复杂问题。粟裕建议迅速召开一次包括华东、中原、冀鲁豫、华中四方面代表参加的联合支前会议，并由宋任穷、傅秋涛负责了解情况，主持召开。

中央军委接到粟裕的报告后，于 12 月 20 日指示总前委：如刘伯承、陈毅尚未动身去西柏坡，请邓小平考虑召开一次总前委会议，讨论今后三个月的粮食供应、弹药补给、交通运输及其他有关后勤支前的工作。如你们认为有召开联合支前会议的必要，即由你们直接召开包括华东、华中、中原、冀鲁豫四方面支前代表的会议，解决具体问题并由总前委中一人主持。中央军委在发出这一指示后的第三天，12 月 22 日，再次电询华野和中野部队的给养情况和弹药准备情况。

根据中央军委的指示，总前委决定派刘瑞龙具体负责筹备和召开这一会议。总前委指示这次联合支前会议的任务，主要是解决统一调节中野、华野的粮食供应，协同徐州周围几个地区的支前工作，研究继续进军前有关支前的各种准备工作，以及部队南进时的支前机构等问题。

26 日至 29 日，联合支前会议在徐州召开。参加会议的有华东、中原、

华北有关地区和两大野战军的代表，会议由刘瑞龙、傅秋涛轮流主持。

徐州市人民集会庆祝淮海战役的伟大胜利

会议协商了共同支前方案，明确了四个地区的分工。徐州东、南两面，归华中负责；徐州东北方面由山东负责；徐州西南由豫皖苏负责；冀鲁豫作为后备。

会议还着重讨论了当时急需解决的粮食供应及民力安排两大具体问题，并通过了关于粮食、民工问题的共同意见。在粮食供应方面，据各地报告，自淮海战役发起至开会时的五十天内，共消耗粮食约 2 亿 2000 万斤。各区正在调动尚可供应前方的粮食共约 3 亿 1500 万斤。以上粮食准备分三期供应前方，一直计划到渡江作战。关于粮食供应数量、分布、时间、地点以及运、屯、接、管、拨、送等都做了具体的分工和明确的规定。关于民工的分配、接替、调换、建设和供给也都做了具体研究和安排。此外，对交通问题、统一货币问题以及部队南进时支前机构的领导和形式等项事宜，也都做了研究，提出了建议，并报请上级领导采择。会议对节日期间的部队供应也提出了要求。通过对以上问题的详细研究和讨论，规定了工作方向，明确了任务和分工，使各地区的支前工作更加通力合作，互相配合，步调一致。这对满足战场需要、圆满完成支前任务以及支援部队今后的作战，都起了重要作用。

1949 年元旦前夕，为了保证华野即将开始的总攻杜聿明的胜利，中央军委又在西柏坡召开了淮海战役前线后勤业务的专门会议，出席这次会议的是各野战军和军区的后勤部长。毛泽东和周恩来等参加了会议。大会由周恩来主持，毛泽东做了具体指示。这次会议，对进一步加强支前工作，做了统一部署，对于保证淮海战役的完全胜利具有十分重要的意义。

人民对战役胜利的巨大贡献①

保障前线粮食和物资供给

淮海战役是一场具有决定性意义的重大战役。由于它兵力多，战区广，时间长，规模大，战役中的粮食和物资消耗大大超过一般的战役。以粮食为例，战役发起时，每天需要供给原粮 300 万斤；随着战役的进展，参战部队和民工的每天吃粮，增加到近 400 万斤之多。这么多的粮食，都是由后方人民节衣缩食、踊跃支援的。因为淮海地区是国民党军长期掠夺和连年水害的灾荒地区，群众生活贫苦，粮食负担力薄弱，战地一般不征粮，主要向后方人民筹集粮食。粮食筹集后，再由民工从山东、江苏、安徽、河南、河北等遥远的地区运送到前线，中间要经过多次转运，通过好几种运输方法，使用好几种运输工具，才能运到目的地。

为了科学地组织和安排民力，以适应支援大规模战争的需要，保证粮食和物资及时从后方运往前线，华东支前委员会下专门设立了民站部，各地区、各县、各区也都设立了民站领导机关，负责组织管理民站的工作。在华中，是在华中支前司令部的民力动员部下设立民站科。

为了加强对民站工作的领导，安置民工在运输途中的饮食和住宿，10月 25 日，华东支前委员会发布了《关于民站的决定》。《决定》对民站的

---

① 本文选自上海人民出版社 1988 年版《淮海战役史》第五章。

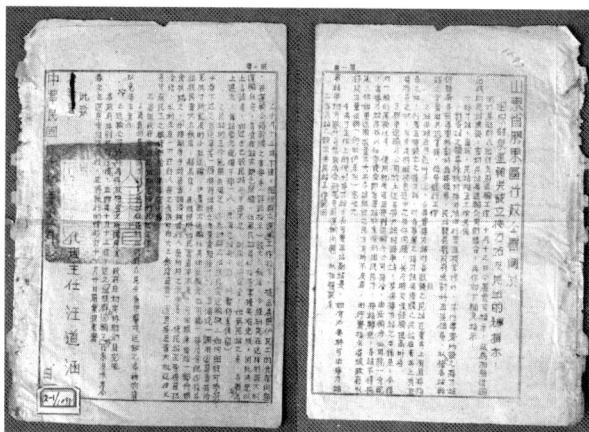

1948 年 11 月 7 日胶东行署《关于组织群众运输与设立接力站及民站的补充指示》

设置、民站的任务、民站的干部配备、民站和粮库的关系以及民站的经费等都做了具体规定。关于民站的任务,《决定》中规定有 6 项:

(一) 供应支前各项民工过往之食宿,并切实保证供应;(二) 教育民工与居民间之良好关系;(三) 帮助过往民工联络,传递报纸、文件,接近前方之民站,并须备向导,解决联络问题;(四) 主动与区政府配合,划分路段,随时检查并动员群众修补道路、桥梁,使道路畅通无阻;(五) 帮助民工解决疾病治疗及修理工具等困难;(六) 包运粮食民工,如遇大雨,民站应在雨阻粮证明单上盖章,并介绍民工队负责人向附近粮库领取雨阻粮。

淮海战役发起前后,在华东地区共建立了 7 条运输干线:

一条由临朐、马站往北折转经沂城、临沂、郯城,直到新安镇、睢宁县;

一条由日照、沭水镇、朱樊、大兴庄、李埝、陈镇至新安镇;

一条由诸城、莒县、大店、十字路、井家店至郯城;

一条由曲阜、邹县、滕县、枣庄、小仲村至邳县;

一条由曲阜东绕泗水、平邑、燕庄、向城,转向南至台儿庄、宿羊山、贾汪;

一条由临沂的半程镇柳庄、磨山、铁佛寺、道河站、土山、占城至双沟;

一条经新安镇往西经炮车、运河站、曹八集到徐州,然后再转向萧县、瓦子口、大吴集、黄口。

这 7 条运输干线，随着战役的发展变化，也不断延长或改变。华东地区百万民工，就是日夜奔走在这些干线上，来往运送粮弹和其他物资。在这些干线上，每 30 华里设一民站，民站与民站之间设一茶水站。淮海战役期间，华东地区共设立 197 个民站。这些民站，在支前工作中发挥了重大作用。它负责过往民工的吃饭和住宿，以及粮草的补给、伤员的治疗、工具的修理等一切具体问题，解决民工行军中的各种困难。通过民站，将几百万民工、几十万辆小车，调配得有头有绪，该来的来，该去的去，该休息的休息，该吃饭的吃饭，谁把粮送来，又是谁来接替，都安排得秩序井然。

在运送粮弹的过程中，民工们历尽艰辛，英雄辈出。如民工们运送山东鲁中南一分区的粮食到前线部队，先要用小车运到泰安，再由火车运到兖州，再用小车运到济宁，再用船运到韩庄，再由火车运到徐州，再用汽车运到萧县，从萧县用小车送到随军粮站，最后用小挑送到前线部队，中间要经过 8 次转运手续，经过无数个民站，才将分散在泰安附近的粮食送到前线部队。山东莒沂县民工用 400 辆小车运送 11 万斤白面上前线，路过新区时一时筹集不到吃粮，干部让民工们吃车上的白面，民工们一致拒绝，他们宁可自己挨饿，却丝毫未动车上的白面。宿迁县大兴区一个 907 辆小车的运粮队，冒着风雪，踏着淤泥、薄冰，经过 16 里宽的大泥荡子，在艰难的路程上奋战 4 个昼夜，走完了 400 里风雪淤泥路，圆满地将粮食送到了目的地。河南民工窦方志，带领 238 个民工，连续 4 次，冒着冰雪往返 400 里，用肩膀把 21000 斤面粉扛到前线。后方广大人民就是以这种顽强的革命精神，将战役所需的大批粮弹、物资送到前方阵地。仅粮食一项，用小车装运，每车装 200 斤，把这些小车排成行，可以排成从南京到北京那么长距离的 8 行。

淮海战役期间，后方人民用这种落后的运输工具，克服了无数困难，将 300 多万吨弹药物资、5 亿 7000 万斤粮食、156 万斤油盐、86 万斤猪肉，及时运到了前方，满足了战争的需要，直到战争结束时，我军前线还存有 1 亿 4000 万斤粮食。

抢修交通运输线

铁路、公路和其他大路，是战争的动脉。在战争期间，交通运输线是否畅通，后方粮草、弹药能否及时运到前方，满足战争的需要，这对战争胜负起着重要作用。在战役发起前后，国民党军对交通运输线进行了大肆破坏，仅铁路就破坏了556公里，沿线的给水、通讯、电网、号志等设备也遭到极大破坏。据津浦路徐（州）滁（县）段、兖（州）临（城）段，陇海路徐（州）新（安镇）段的统计，被破坏的大小铁桥有85座之多。

为了保证交通线的畅通，以适应战役中运输粮弹和其他物资的需要，在济南战役结束后，铁路抢修工作便有计划地进行。广大人民在党的领导组织下，首先修复了津浦路的济（南）兖（州）段和胶济路的济（南）坊（子）段。

10月22日，郑州解放。23日，中央军委即指示中野、中原局和华东局，派兵保护黄河铁桥，保护路轨车站及诸项设备。指示指出，郑州解放将永为我有，望派兵保护黄河铁桥，勿使游匪及特务分子破坏；平汉、陇海两路之路轨、车站及诸项设备，均须注意保护。华东局和中原局也多次指示各级党委和支前机构，要抢修铁路、公路，架设电话线，以保证运输和通讯的畅通。

1948年10月19日，太行山区邯（郸）涉（县）战备铁路建成通车，华北人民通过这条铁路及时将太行山区生产的炸药等军需物资送达淮海前线。图为铁路建成通车时部分工作人员合影

　　10月26日起，20000余民工和铁路员工，开始日夜抢修被破坏的陇海路西段的铁路桥梁，至12月初，开封、洛阳、新郑便完全通车，使后方的军需物资很快运到前线。当开封的铁路工人听到商丘解放（11月6日）的消息后，工程队连夜赶到民权县，在两天内即铺修好路轨，在徐州解放（12月1日）的第二天，便开出了第一列东进列车，和徐州接上通车。津浦路兖州至临城段的铁路被破坏得最为严重，但由于铁路员工及当地人民的共同奋战，自11月17日起动工抢修，至12月20日，仅用了33天时间，完成长达110公里47座大小桥梁的抢修工程，比计划提前一个月全部竣工，火车可以从济南直达徐州。当时，抢修这段铁路需枕木17万根，夹板25000副，道钉75万个，螺丝50000个，土方20000多。有的工程师和监工看到材料奇缺，对抢修缺乏信心。有人说："这些东西从美国运来，也得三个月！"但人民的力量是伟大的，沿线人民踊跃提供枕木，仅滋阳一县即拿出枕木15000根，沿线各县动员了240多个铁匠炉赶打夹板。由于广大农村人民和城市工人同心协力，所需器材源源不断从四面八方运来，17万根枕木，不到20天即全部送齐。铁路员工在"快修铁路，支援前线"的口号下，日夜奋战，终于创出了这一惊人的奇迹，保证了铁路提前通车，支援了淮海战役。被国民党军队撤退时炸毁的茅村铁路大桥，原计划用10天才能修好，由于铁路员工的努力奋战，不畏艰险，仅用三天半时间，就把茅村铁路大桥修好。徐州解放后，不到20天的时间里，以徐州为中心的铁路通车了。东到新安镇，西迄洛阳，南抵宿县，北达济南，陇海路和津浦路的联系很快沟通了。冀鲁豫和山东北部的人力、物资已经可以由津浦路加紧南运，中原地区的人力、物资也可由陇海路迅速东调。据不完全统计，淮海战役期间，铁路员工和后方人民共抢修了铁桥68座、涵洞228座，修复铁路220华里。

　　后方人民还以极大的革命热情，修复了通往前方的无数条大路、公路、水路。鲁中南地区广大人民，在10月20日至11月20日的一个月间，在陇海路以北的大片新解放区内修通临（沂）滋（阳）台（儿庄）潍（县）等长达1300余里的31条公路、95里的大路，开辟附路转道99处，修建桥梁380座，东至黄海，西至运河，南至陇海路，北至胶济路，全鲁中南地区之主要交通干线全部畅通无阻。苏北淮海、盐阜两区数十万人民，两个月中先后修好公路 950 里、大路 370 里、桥梁 150 座，保证了支前运输。洪泽湖、南阳湖、微山湖的渔民、船工，也驾驶着船只赶来参加水路运输。

由于广大人民的努力，被国民党军破坏的铁路和公路及时得到修复，因而确保了战役期间交通运输线畅通无阻，无数的粮秣和物资得以源源不断地从后方运往前方，保证了前线部队作战的需要。

转运和护理伤员

在战役期间，及时地把成千上万的伤员从前线运送到后方医院，进行有效的治疗，使伤员很快恢复健康，重返前线，是保持部队战斗力的重要保证。为此，在战役发起前，中共中央华东局对伤员的转运、医院的设置和伤员的医疗都做了周密的安排。由于当时交通条件的限制，伤员从前线转运后方，主要靠千万民工昼夜不停地抬送。

为了把前方伤员迅速地运送到后方医院治疗，各地都设立了转运总站和转运站。淮海战役期间，华东地区前后共设立 4 个转运总站。第一转运总站 1948 年 11 月 13 日建立，到次年 1 月 19 日结束，前后共移驻吴闸子、铁佛寺等三处。第二转运总站 1948 年 11 月 9 日建立，到次年 1 月 22 日结束，前后共移驻古邳、柳集两处。第三转运总站从 1949 年 1 月 7 日建立到 1 月 19 日结束，驻于二郎庙，突击完成 13 天的转运任务。第四转运总站 1948 年 11 月 1 日建立，到次年 1 月 15 日结束，共移驻铁佛寺、东村庄、徐塘集、朝阳集、张辛集、大张庄等 6 个地方。这 4 个转运总站共掌握脱离生产的二线担架 11400 余副。豫皖苏地区在段家庙、杨柳集、龙山集及桃园集等处设立了伤员转运站。各作战部队伤员分运就近各站，然后向后方转运。中原军区野战医院设在丹城及百善集，各转运站接收的伤员通过两条干线分别送到野战医院。中途每四五十里设一转运站，其所用民力，大部是就近征集，实行短途接力转运。

转运站随着战争情况的变化及医院的移动而不断变化。转运总站随野战军卫生部门统一行动，配合工作。转运总站和卫生部门建立统一的组织领导机构——转运委员会，并吸收当地区、乡干部及担架队负责人共同组成，以便做到统一指挥，及时转运。由于转运站的建立，使转运伤员的工作有组织有秩序地进行，做得既快又好，使前方伤员能够尽快地运送到后方医院，得到及时的抢救和治疗。

千百万担架民工和医务人员，在抢救转运伤员中，发扬了崇高的阶级友爱精神，视伤员如亲人，出入枪林弹雨，不怕牺牲，不畏艰险，奋勇抢救；冒着敌机轰炸射击、风雪严寒，日夜奔走，长途跋涉，进行转运，殷勤热情、细致入微地照料伤员。他们亲切地说：伤员为咱们流血，咱们为伤员流汗；伤员为咱，咱为伤员。

胶东招北担架队六分队，共转运伤员50 次 999 名，其中冒硝烟顶弹雨从火线转

《冀中导报》刊登的解放区人民转送伤员的经验做法

运的就有 483 名，全队民工有 7 名在抢救伤员过程中光荣牺牲，其余 143 人全部立了功。豫皖苏三地委亳龙岗区担架队，65 人随军 45 天，一直在前线抢运伤员，他们有时还帮助部队运弹药、挖战壕、送炸药，成了战士的得力助手。渤海一分区担架团特等功臣李省三，随军阻击国民党五军时，组织民工主动到火线抢救伤员，他一面抢救，一面向敌人射击，一夜连续三次到火线抢救。冀鲁豫区东明县的四个担架队员，在转运途中遇上敌人飞机轰炸射击，隐蔽已来不及，四个队员同时扑到伤员身上，用自己的身体保护伤员。他们宁可自己牺牲，也不让伤员再次负伤。

为了使伤员同志尽快地脱离火线，到后方医院治疗，民工们不辞劳

苦，日夜奔走转运。鲁中南沂东担架团，正值第一阶段战斗最紧张时刻开赴淮海前线。他们在 11 月 12 日至 25 日的 13 天转运中，每晚最短路程是往返 80 里，有时连续两趟往返 160 里。13 天时间里，每个担架队员平均跑路 1090 里。大部队员脚、腿都肿了，有的穿不上鞋，只得穿着袜子走路，没有人叫苦叫累。山东莒南县翻身农民朱正章，在抬运担架期间腿上生了疮，腿肿得很粗，让休息他不肯，忍受疼痛拄着拐棍抬担架，每夜往返 80 里，一连三夜不休不眠。他连续抬运八趟，跑了 600 里路程，坚持完成任务。

在转运伤员中，民工们无微不至地爱护伤员。为了减轻伤员们的痛苦，他们细心地琢磨在各种地形上对各种不同伤员抬放担架的办法。他们创制了各种形式的担架，有床式、棚式、靠背式、升降式、推抬两用式等，以适应各种不同的伤员。许多民工在转运伤员时，都将自己的棉袄脱下盖在伤员身上，自己穿着单衣顶风冒雪前进。鲁中南临朐县民工，由于将棉衣给伤员盖上，有 90 多件衣服上都留有伤员的血迹。民工还将自己仅有的一点钱或节约下的菜金，给伤员买糖果、鸡蛋等。

当伤员转运到战区医院或停留在转运站时，解放区人民对伤员同样关怀备至、热情照顾。当地群众组织成各种小组，为伤员服务，帮助医院医务人员给伤员喂水喂饭，洗血衣绑腿，打扫卫生，拆洗被褥，缝补鞋袜等。安徽省雪涡县妇女许秀英，动员自己的丈夫、儿子和村上的妇女，积极投入转运站的工作。她带领十几位妇女，砸开河冰为伤员洗血衣，第一次就洗血衣 600 多件，做鞋 30 多双，第二次又洗两小车加一挑子血衣。她废寝忘食，日夜操劳，连续 100 多天没有休息，伤员们尊敬地称她为"人民战士的母亲"。

新解放的济南、徐州等城市广大人民，也都以极大的热情投入了捐献慰劳活动，争先为伤员服务。济南和徐州两市人民共捐献 132 亿 3000 万元（北海币）慰劳部队和伤员。据不完全统计，仅济南市就有 500 余人自动报名给伤员输血，562 名私营医务人员报名为伤员服务，各区群众长期照顾伤员的有 800 余人，学校团体自动照顾伤员的有 5600 余人，其中长期照顾伤员的有 148 人，形成了群众性的爱护伤员运动。这些充分体现了人民军队和广大人民之间的血肉关系，表现了军民之间的鱼水之情。

补充兵员和维护后方安全

淮海战役期间，我军作战部队的兵员补充主要来自两个方面，一是解放区翻身农民参军的新兵和地方武装的补充，一是经过教育训练后的俘虏。

战役发起后的第二天，11 月 7 日，中央军委就明确指示了兵员补充的办法。中央军委指示说：为了连续作战歼灭大量敌人之目的，应仿照济南战役之办法，对我各作战部队随战随补，随补随战，使部队经常保有充足的兵员和旺盛的士气。为此应将后方补训兵团移到接近战场的位置，以便已训练好的新兵及俘虏能够迅速补充部队，同时令此次战役中所获俘虏迅速接受训练及补充部队。

11 月 19 日，中共中央华东局决定从胶东、渤海、鲁中南抽调 7 个团的地方武装，开往前方补充主力。21 日，华东局做出了《关于淮海战役期间兵员补充计划》。《计划》规定，华东局在淮海战役期间要动员 10 万以上兵员，分三期完成。第一期 29900 人，尽量从现有基干兵团中抽出；第二期 18000 人，从各地县区武装中抽调；第三期 65000 人，经动员参军及

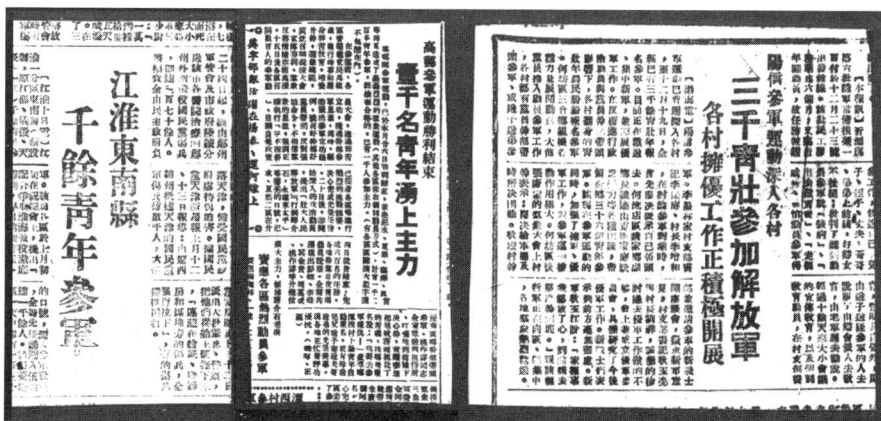

解放区参军热潮的报道

恢复与充实区县武装，升级过渡到后备兵团。以上三期兵员，分六批出发奔赴指定地点集中。

两天以后，中央军委复电华东局，表示完全同意。中央军委在复电中指示华东局，在动员地方基干团、县区武装及新兵当中，要进行公开动员，并由军区政治部发一政治动员的训令，责成各级军区政治部抓紧这一工作，亲自布置督促和检查，以保证11万人的补充计划的完全实现。中央军委还指示华野政治部，须准备政治工作计划，以欢迎和巩固这批地方团队和新兵的到来；华东军区应在地方基干团和县区武装逐步调往前线过程中，同时布置地方新的部队加紧进行肃清和瓦解地方土匪特务的武装，以巩固华东后方。

根据中央军委的指示，华东局、华东军区政治部于12月1日向各级党委、各级政治机关联合发出《关于动员兵员补充主力的政治工作指示》，以便保证兵员补充计划的如期完成。解放区各级党政机关均做出关于动员兵员补充主力的指示、决定或命令，拟发了参军动员讲话材料，制订了具体的宣传教育和组织工作计划，并逐级召开动员大会，向广大翻身农民宣讲胜利形势，鼓舞他们的参军热情。

解放区广大人民热烈响应党的伟大号召，掀起了轰轰烈烈的参军运动；大批地方武装荣升主力，源源不断开赴前线，补充主力，壮大我军队伍。

胶东区福山县冯家村妇女谭桂英，主动动员丈夫参军，在她的带动影响下，全村又有27名青年报名参军，县人民政府赠给谭桂英夫妇"夫妻两立功"奖旗一面。华中九分区东南县启西区有一对未婚夫妻，两人订婚多年，从未见过面讲过话。在参军运动中，两人见面后的第一句话，就是女方动员男方参军到前方杀敌，她表示会照顾好他的家庭。男方也表示他早已做好参军准备，提出等全国胜利后再回家团圆。

各区地方兵团在"向主力学习""向主力看齐"的口号下，纷纷要求开赴前线补充主力。在各地政府的领导下，他们组成了强大的后备兵团，经过训练开向战场。各地方兵团之间广泛掀起了挑战竞赛，订出杀敌计划，一致表示决心克服地域观念，上级叫打到哪里就打到哪里，坚决为解放全中国而战斗到底。一个又一个的地方后备兵团，从解放区源源不断开往淮海战场，补充着主力。在这些队伍中，有曾经多次配合野战军作战的地方武装；有在新形势鼓舞下，经过土地改革要求参军保田的翻身农民；也有在济南等战役中解放过来的新战士。他们经过反复深入的形势教育、阶级教育和军事教育，带着革命的激情和杀敌本领，补充到战斗部队。

由于我军在战役期间认真贯彻了"随战随补""随补随战"的办法，在艰苦的连续战斗中，兵员不断得到补充，并做到越打越壮大。淮海战役开始时，华野有42万人，到战役结束时，兵力不但没有减少，反而发展壮大到46万人。

在组织地方武装和翻身农民参军补充主力的同时，各地广大民兵、自卫队也积极地组织起来，在党的领导下形成了一支强大的地方武装，活跃在前线和后方，在前线积极配合和支援主力部队作战，在后方则加紧生产，清剿匪特，维持社会治安。同时组织了130多个武装子弟兵团随军远征奋勇参战，担负着运送弹药、抢救伤员、护送煤粮、押解战俘、警备铁路、保护交通、看守仓库、捕捉散兵、打扫战场等战勤任务。仅山东地区，就组织了17个子弟兵团22000余人开赴前线，他们有组织，有纪律，有觉悟，圆满地完成了各项工作。在押解俘虏时，民兵们严格遵守战俘政策和纪律，严厉拒绝了战俘的金钱、物品利诱。山东沂水县一个民兵排，在淮海前线服务3个月，押解俘虏2160名，圆满完成押解任务，全排人人立功。河南省的一个民兵担架队，在执行任务中发现一股逃敌，他们机智

民兵随军转战，配合解放军作战

勇敢，出敌不意，用扁担、杠子和仅有的两支土造步枪俘虏敌团长以下400余名，缴获炮1门，机枪5挺，长短枪200余支，手榴弹800余枚，子弹万余发。

在广大民兵中，还广泛地开展了"民爱民"运动，他们每到一处，都积极宣传，教育群众，协助群众开展各种活动。在新区，一方面帮助群众组织自卫团进行武装剿匪，一方面掩护干部征粮。他们不论住在哪里，都主动帮助那里的群众收割庄稼、推磨盖房、修理农具，并严格遵守"三大纪律八项注意"，被群众称赞为"不穿军装的解放军"。广大民兵，不论在前线还是在后方，都认真地执行着各项战勤任务，成为人民解放军的有力助手，为夺取淮海战役的胜利，做出了应有的贡献。

兵民是胜利之本

毛泽东指出："战争的伟力之最深厚的根源，存在于民众之中。"淮海战役的胜利，充分体现了人民战争的伟大威力。战役期间，集中了山东、江苏、河南、安徽、河北五省的财力民力，华东、中原、华北三大战略区的粮秣和军需物资源源不断地运往前线，保证了战役的持续与消耗。广大人民在"一切为了战争，一切为了前线，一切为了胜利"的精神指导下，竭尽全力，支援战争。据不完全统计，参加此战役勤务的民工共543万余人，这就是说，民工与指战员的比例接近九与一之比，每个指战员有将近9个民工为他服务。后方人民为战役提供了9亿6000多万斤粮食；动员了10万余子弟参加人民解放军，补充主力部队；出动了担架20.6万多副，小车、大车88.1万多辆，挑子30.54万副，牲畜76.7万头，船只8539艘，汽车257辆。广大民工用落后的运输工具将9亿多斤粮和300多万吨弹药物资，及时运到了前线。后方人民还组织了100多个强大的民兵团，执行战地勤务和保卫后方安全。尽管战役情况多变，战线不断拉长，但由于后方人民的热情支援，保证和适应了战争的一切需要。广大人民为战役的胜利做出了无法估计的伟大贡献。

1948年12月31日，华野副司令员粟裕在向中央军委汇报战役情况的

支前小车队翻山越岭运送粮弹物资

报告中，高度赞扬了人民支前运动，他说：地方党政军民不顾任何困难与代价，以全力支援前线，这是战役取得胜利的决定因素之一。这个仅在物质上使部队得到充分的供给，因而取得胜利，还在精神上给了部队以极大鼓励，使部队无所顾虑，使战士勇于杀敌而不怕负伤。这样，使我军战斗力亦大为增强。1949 年 9 月，中野（此时已改为第二野战军）在关于围歼黄维兵团作战中的支前与后勤工作总结中，也高度评价了人民支前运动。总结中说：这次作战中的物资供应，是达到较完满之要求的，无论在粮食弹药的接济与医术救济诸方面，都未感到意外的特殊困难，这是此次作战胜利的有力保障，没有这种保障，要想取得这次完满的胜利，是不能设想的。

人民赢得了战争，战争教育了人民。经过土地改革的广大翻身农民，带着对国民党反动派的刻骨仇恨和建立新生活的强烈愿望，离开家乡，踊跃参加支前行列。而人民支前运动又是一所大学校，广大民工在这所大学校里受到了教育和锻炼。在民工队伍中，老解放区一般都配备了 20% ~ 30% 的共产党员，新解放区根据条件尽量配备，因而在民工连队中，普遍建有党的支部，一切工作都通过党支部的核心作用来推动和进行。在党支部周围，建立了评功、锄保（锄奸保卫）、生活、文娱、民运等群众性组织，开展各方面的工作。大批积极分子被推选到这些组织里工作。经过战争环境的实际考验和党支部有效的政治思想教育，民工的阶级觉悟和组织纪律性不断提高。民工队伍中涌现了无数的模范人物和先进事迹，涌现了大批的无产阶级先进分子、积极分子和各类干部。据华东地区在 17 万民工中的调查统计，立特等功的有 197 名，立一等功的有 4646 名，立二等、三等功的有 2198 名。河南五分区 30000 名支前民工中，就有 1600 名被选为功臣、模范。山东沂中担架队对民工进行了党的基础知识教育，启发他们的共产主义觉悟，在短短一个月中，即发展新党员 29 名。中原地区界首担架队出发 4 个月中，发展党员 130 名，培养各种干部 40 余名。华东北海民工大队中，被提拔担任区村干部的就有 154 人。渤海三分区在民工中提拔村干部 225 人。人民支前运动为解放战争的彻底胜利和新中国的建设造就了大批的人才。

淮海战役人民支前统计表①

	总　计	543 万人	担　架	20.6 万副
民工	随军常备民工	22 万人	大小车	88.1 万辆
	二线转运民工	130 万人	挑　子	30.5 万副
	后方临时民工	391 万人	牲　畜	76.7 万头
粮食	筹运数	9.6 亿斤	船　只	8539 只
	实用数	4.3 亿斤	汽　车	257 辆

---

① 本表选自中共党史资料出版社 1988 年版《中国共产党历史资料丛书·淮海战役》第三册。

追忆篇

　　淮海战役是人民战争，为了人民、依靠人民，是淮海战役胜利的力量源泉。亲历淮海战役的老战士对战地生活、人民支前、后勤保障等场景的深情回忆，真实反映了人民群众真心拥护共产党，义无反顾投身推翻旧制度、建立新中国的伟大事业中的坚强信念和英雄气概，深刻诠释了"江山就是人民，人民就是江山"。

人民全力支前，保证了淮海战役的胜利①

刘瑞龙②

淮海战役是中国人民革命战争史上规模最大、歼敌最多的一次战役。我从这次战役中，深刻体会到中原、华东、华北三大解放区人民全力支援前线，是我军取得淮海战役胜利的重要保证。

一

1948年秋，我在中共豫皖苏中央分局担任财经办事处主任。10月，奉命调回华东野战军工作。因陇海铁路郑州至徐州段被国民党军队控制，只好经豫西、晋东南、冀南、冀鲁豫解放区回山东。近半个月的行程，沿途见到解放区一派积极生产支援前线的生机勃勃的景象。土地改革以后，翻身农民开展劳动互助，突击秋收秋种，踊跃缴纳公粮，浩浩荡荡的民工队伍赶运军需物资上前线。城镇工人开展劳动竞赛，抢修机器，日夜生产军需物资，支援前线。

10月29日，我到了华野指挥机关所在地山东曲阜。粟裕代司令员向我传达了中央军委关于淮海战役的作战方针和刚结束的华野前委扩大会议精神。张震副参谋长介绍了军委派后勤部长杨立三来曲阜研究淮海战役后

---

① 本文选自中共党史资料出版社1988年版《中国共产党历史资料丛书·淮海战役》第三册。

② 作者淮海战役时任华东野战军后勤部部长。

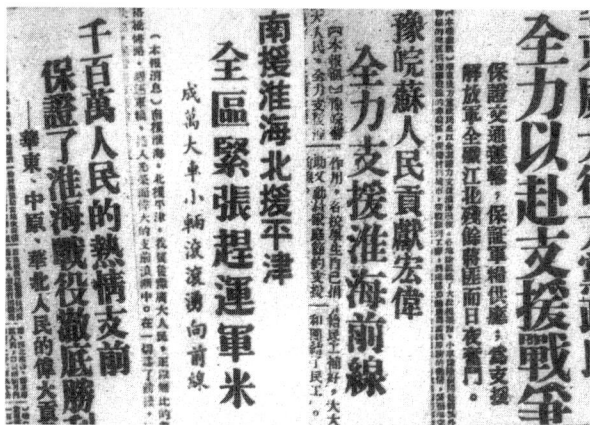

华东、中原、华北三大解放区人民全力以赴支援淮海战役的报道

勤和支前工作的准备情况，我和喻缦云分别担任华野后勤部部长、副部长。战役期间，我一直跟随华野指挥机关行动，便于及时看到中央军委的指示，随时贯彻华野首长的意图和部署后勤、支前工作。

一个多月来，前线捷报频传，济南、锦州、长春、郑州、开封相继解放。紧接着，辽沈战役胜利结束，连同华北、西北我军的胜利，再有一年左右的时间，就可以将国民党反动政府从根本上打倒了。人们无不欢欣鼓舞。这时，山东全境基本解放，华东、中原与华北解放区连成一片，我军战力和解放区人力、物力、财力都大大增强，创造了南下歼敌的基本条件。

二

淮海战役敌我重兵决战，我军参战的兵力、装备、物力、财力均不占优势。战役规模之大，时间之长，敌我参战兵力之多，战局发展变化之快，战果之辉煌，均前所未有。加之徐州之敌能够得到敌后方直接补给，这就决定了我支前后勤任务比以往任何战役都要艰巨和繁重。

中共中央、中央军委、毛泽东主席非常重视淮海战役的人民支前和部队后勤工作，战役发起前就一再指示做好充分的后勤准备工作，需准备两个月至两个半月的粮秣用品。战役发起后，又紧紧抓住有利战机，及时定下了"应极力争取在徐州附近歼灭敌人主力，勿使南窜"的决心，要求"华东、华北、中原三方面，应用全力保证我军的供给"。11月16日，中央军委又指出："中原、华东两军，必须准备在现地区作战3个月至5个月（包括休整时间在内），吃饭的人数连同俘虏在内，将达80万人左右，必须由你们会同华东局、苏北工委、中原局、豫皖苏分局、冀鲁豫区党委统筹解决。"此战胜利，不但长江以北局面大定，即全国战局亦可基本上解决。为了统一领导淮海前线的我军作战和地方支前工作，中共中央、中央军委决定成立由刘伯承、陈毅、邓小平、粟裕、谭震林组成，由邓小平为书记的总前委，以统筹一切。淮海战役第一阶段结束后，中央军委再次指示："必须准备全军部队及民夫130万人左右3个月至5个月的粮食、草料、弹药，10万至20万伤员的医治。""对于人民，必须实行耕战互助的方针。"

1948年12月26日，中央军委在河北省平山县西柏坡召开了全军后勤工作会议。同日，总前委在徐州召开了由华东、华中、中原、华北冀鲁豫四方面代表参加的联合支前会议。

党中央、中央军委及总前委的正确领导，是推动淮海战役支前后勤工作的关键。

总前委、中原局、华东局、华北局加强对淮海战役支前后勤工作的领导，统筹动员组织人力、物力、财力，一切服从前线的需要。11月初，邓小平、陈毅等亲临豫皖苏三地委指示支前工作，指出这次战役规模大、时间长、耗费物资多，仗打起来，会在这个地区投入千军万马。要组织人力、物力支援前线，成立支前指挥部，组织若干担架团、运输团，负责把弹药、粮食、柴草送到前线，将伤员及时转运后方。要保证公路运输、电话线路畅通。24日，刘伯承、陈毅、邓小平又下达了为彻底消灭黄维兵团的后勤工作命令。中原局、华东局、华北局分别颁发了全力支援淮海战役和调粮支援淮海前线的紧急指示。邓子恢、张际春、李达把主要精力用于抓战役的支前后勤工作。粟裕、谭震林、陈士榘、张震等多次向军委、总前委请示汇报这方面的工作，并签发指示、通令，确保支前后勤工作适应战役发展的需要。各级党政军支前领导机关坚决贯彻了党中央、军委、总前委和各中央局的指示，抽调大批得力干部，建立和健全了豫皖苏后勤司令部、豫西军区支前司令部、华东支前委员会、华中支前司令部、鲁中南支前委员会、渤海支前委员会、华北冀鲁豫战勤总指挥部等各级支前领导机构。同时，制定了支前后勤工作的各项政策和措施，分别发出紧急支前指示和动员令，号召党政军民紧急动员起来，集中一切力量，高度发挥各自的积极性与热情智慧，争取这次决战的完全胜利。

各级党组织、人民政府和支前后勤机构，为保证战役供应进行了紧张的准备工作。事先考虑到我军参战部队高度集中、战区辽阔、地形复杂、作战方式多变、战役持续时间长、粮弹物资消耗巨大、伤员转运任务繁重、民工众多、支前运输工具落后等情况，分析研究了战役可能出现的问题，就民力动员、粮草物资的筹集、弹药储备、伤病员的转运治疗、供应运输网的建立等方面做了具体部署。

各地对民工的组织、管理、调配、服务、轮换、供给及民工中的思想政治工作都做了安排。对民力、物力、畜力实行耕战互助、合理负担，对常备民工实行供给制度，对临时民力禁止无价派差，实行发价包运。民工队伍建立了严密的组织，各地民工队伍的组成，一般照顾到地区情况，由村、乡、区、县、专区分别组织小队、分队、中队、大队、支队不等，并由各级党政干部充任各级领导。在山东、苏北等地区，民工队伍又按任务区分为：归属部队领导调度使用的服务两三个月以上的随军常备民工（一般每个纵队配属有担架、挑子各500副，约3600人的1~2个随军担运团）；归属支前机关直接掌握的服务一个月以上的二线转运民工；归各地政府领导完成各项临时运输任务和修桥筑路的后方临时民工。豫皖苏、江淮等地区则根据支前任务的需要，组成支前期限不等的一次性服务的民工队伍。华东支前委员会除动员支援济南战役的山东常备民工团继续服务随军南征外，又从鲁中南、胶东、渤海地区组织动员了大批民工团队，苏北、江淮、豫皖苏、豫西、冀鲁豫地区的民工队伍也迅速组建，开赴前线，或在后方为战勤服务。

粮草等物资供应是件大事。战前，华中一、二、九专区即向战区调粮2300万斤。华东支前委员会由山东向战区调运粮食15000万斤，在苏北、江淮、豫皖苏的新解放区，实行了就地筹借粮草的政策，以解决部队到达新区作战的急需。同时组织各地广大群众夜以继日碾米，磨面，赶做军鞋、军衣，以满足前线供应。冀鲁豫五专区人民，突击九昼夜，碾小米

1000万斤。豫西被服三厂工人，七天赶做军棉衣1万套。胶东掖县妇女半个月赶做军鞋22万双。

这次战役，弹药补给量巨大，由中央军委统一调拨，部队后勤部门统一分发，按一、二、三线屯集

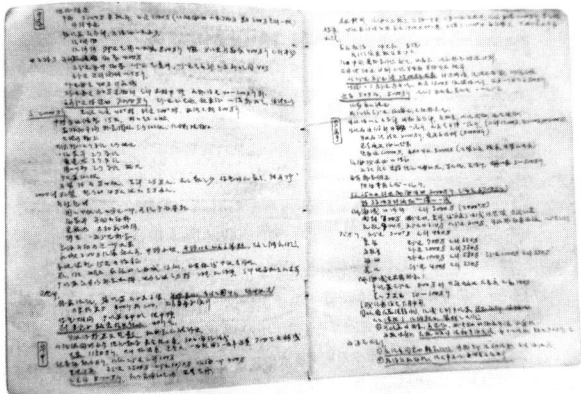

刘瑞龙淮海战役时期的日记

点储备了弹药，通过兵站网及时运往前线。为了保证供应，解放区军工厂日夜突击生产。早在1947年，华东局派朱毅等同志到大连组织建新公司，生产武器弹药。到淮海战役时，生产七五炮弹23万发，掷弹筒炮弹引信228000只，迫击炮900门，在淮海战役中发挥了重要作用。

我军后勤部门和各地支前领导机关加强了兵站网，选定了10余条水陆交通运输干线，根据战役的需要和发展，设立了兵站、粮站、民站、油盐供应站、伤员转运站、野战医院和后方医院，组成了一个庞大的运输供应网。战役中的粮弹供应、伤员转运，关键是运输问题。在部队后勤机构与地方支前机构之间，部队前方与后方之间，明确分工，密切配合。一切弹药物资由中原、华东军区后勤部门组织民力从第三线运到距战地五六十公里的第二线屯集点；由各野战军后勤部门、支前机关组织二线转运民工，从第二线屯集点运到距战地10至15公里的第一线屯集点和前方补给站；再由各纵队组织随军常备民工接运到部队。这样在收、发、管、运各个环节，环环紧扣，既节省了民力，又满足了战役的需要。

为保障前后方的交通运输和通信联络畅通无阻，发动人民突击抢修公路、铁路、桥梁，架设电话线路。解放军打到哪里，人民就把公路、铁路修复到哪里。战役前，山东、苏北人民已将后方通往前方的公路、桥梁、电话线路修复。随着战役的发展，江淮、豫皖苏、豫西、冀鲁豫地区从后方到前方的道路、桥梁也迅速修竣，从四面八方延伸到前方。铁路员工突

击抢修轨道、机车和通讯设施，使津浦、陇海、平汉、胶济铁路逐段相继提前通车。

大规模的群众性支前运动，在鲁、苏、豫、皖，东起黄海之滨，西至豫西地区，北自山东渤海，南达长江北岸（主要是苏北地区）的纵横两三千公里，九千多万人口的广大地区内，轰轰烈烈地展开了。这一地区包括当时中原的豫西、豫皖苏，华东的胶东、渤海、鲁中南、苏北、江淮，华北的冀鲁豫共8个行政区，和济南、潍坊、郑州、开封、洛阳，以及在战役中解放的徐州、商丘、连云港等城市。在这约35万平方公里的土地上，从后方到前方，从乡村到城镇，男女老幼齐上阵，家家户户忙支前。前方需要什么，后方就支援什么，解放军打到哪里，人民就支援到哪里，成了千百万人民的自觉行动。广大共产党员、干部、劳模带头支前，父子、兄弟争上前线，许多青年自动推迟婚期，丈夫奋勇去支前，妻子积极忙生产，保证支前、生产两不误，各地的模范事迹层出不穷。人人都在为争取这次决战的胜利，努力多做贡献，展现出一幅波澜壮阔的人民战争的宏伟图景。

三

1948年11月6日，淮海战役打响了，我中原、华东野战军在广大人民支援下，以排山倒海之势横扫鲁南、豫东之敌，威逼徐州，首歼黄百韬兵团。9日，我在临沂与鲁中南负责同志研究了该地区支前工作。16日抵宿迁。见到中共华中工委书记陈丕显和江淮区党委书记曹荻秋，老同志久别重逢，分外热情。共同研究了我军在追歼黄百韬兵团作战中，急需从华中地区筹措粮草、增调民工、延伸交通运输干线、增设供应站和健全支前机构等项工作，取得了一致的意见。

中原局责成豫皖苏分局加强支前工作，授权支前机关全权征调粮草、民工、担架，保证作战的一切需要。在中原人民全力支援下，中原野战军协同华东野战军完成了对徐州敌人的战略包围，切断了敌人的补给线。

战役第一阶段，由于战前做了充分准备，粮食、弹药、被服等军需物资比较充裕，部队的后勤供应和伤员转运工作，初期均未遇到太大的困难，只是在战役发起后，我军进展迅速，预设的粮站、兵站、医院被远远地甩在后面，运输线大大拉长了，小车、挑子、担架队伍赶不上急行军的部队，粮食供应问题分外突出。解决的办法是，除由华中地区动用预存粮食以应急外，一面由部队就地筹借，一面发动群众将一切可以使用的力量组织起来赶运粮食，连上前方的担架也得捎带粮食。还采取了增设粮站、分段运送和直接运送相结合的办法，将山东和华中的粮食抢运到前线部队。到 11 日黄百韬兵团被包围在碾庄地区时，各方供应都赶上来了。十余万随军常备民工，数十万二线转运民工和大批后方临时民工，历尽艰辛，克服困难，运粮食，送弹药，抬伤员，支援我军全歼了黄百韬兵团，取得了战役第一阶段作战的胜利。

四

黄百韬兵团被全歼后，由豫南赶来增援的黄维兵团，在宿县西南双堆集地区陷入我中原野战军的包围之中。蚌埠、徐州之敌的"南北对进"，均遭到我军坚强阻击。徐州杜聿明集团南援不成，遂放弃徐州向西南逃窜，被我华东野战军包围于永城东北陈官庄、青龙集地区。这时，战场迅速转移、集中到豫皖苏第三专区的范围。在南北仅 100 多公里的地区，我军分别阻击和包围了三个方面的敌人，遵照中央军委指示，即采取了歼灭黄维兵团，围住杜聿明集团，阻住蚌埠北援之李延年、刘汝明兵团的方针，对敌展开作战。

这一阶段，由于中原、华东野战军迅速转移集中于一个地区连续作战，前方有 150 万人吃粮，支前任务空前繁重，急需大批军需物资，每天仅粮食就需 500 万斤，运输工作极度紧张。前线部队连日激战，弹药供应也很紧张，前线缺粮、缺衣、缺弹药，伤员不能及时后运。针对这些情况，中央军委及时决定从豫皖苏、豫西、冀鲁豫、渤海解放区调运粮食，自华北、华东调运弹药。中原局邓子恢、李达立即令有关方面赶送中州币 2 亿元给华野，自郑汴收集现粮 65 万斤，车运砀山，令豫西调粮 1000 万斤赶运前线；豫皖苏分局也及时调拨粮食、柴草、油盐、服装等物资和经费，以满足战役发展的需要；我军后勤部门组织济南、徐州等地赶制了大批军帽、军衣，赶运前方。同时，为了赶运物资，后送伤员，我们调整了供应部署，赶修了交通干线，延伸了运输路线，组织了火车、汽车运输，调整、增设了兵站、粮站、民站、医院和转运站。各方面采取了这一系列紧急措施，确保了我军在双堆集、陈官庄、蚌西北三个战场的作战。

数十万民工从四面八方会集战场，他们来自不同地区，穿着不同服装，说着不同口音的话，但怀着一个共同的信念：支援解放军全歼敌人，争取战役的全胜。由于缺乏现代化交通工具，主要靠人背、肩挑、担架抬、小车推、牛车拉、骡马驮、车船载来解决运输问题。民工们冒枪林弹雨，忍风雪饥寒，日夜奋战在运输线上。陈毅《记淮海前线见闻》的词，再现了当年人民支援前线的壮丽情景：

> 几十万，民工走不通。
> 骏马高车送粮食，
> 随军旋转逐西东，
> 前线争立功。
> 担架队，几夜不曾睡，
> 稳步轻行问伤病：
> 同志带花最高贵，
> 疼痛可减退？

部队连续作战，急需兵员补充。解放区人民响应党提出的"到前线去，到主力去"的号召，鲁中南、渤海、胶东调了14个地方武装基干团和25000名新兵开赴前线，及时补充了主力。广大群众掀起了父送子、妻送郎、兄弟争相上战场的参军运动。劳动英雄郑信送子参军；贫农刘树铎、刘树厚兄弟二人争相入伍；区妇联主任钱秀清写信动员未婚夫上前线杀敌；尉氏县荣庄、南席两区400名青年自愿参军；豫西6000名青壮年光荣入伍；胶东万余子弟兵待命出征；渤海16000名青壮年源源开赴淮海前线。淮海战役前后，仅山东省就动员了 168000 名青壮年参军，从而保证了我军大兵团连续作战的兵员补充。

各地民兵积极配合我军作战，保卫生产，肃清土匪，维护社会治安，并组成子弟兵团，随军开赴前线，担负护送粮食、物资，押解俘虏，捕捉散兵，保护交通等战勤任务，成为我军强大的后备力量和有力助手。夏邑县王楼乡民兵担架队，机智勇敢，用手里的扁担、杠子和仅有的两支土造步枪，俘敌团长以下 400 余名。敌四十一军中将军长胡临聪，在全军覆没时两次化装潜逃，终被我豫皖苏民兵俘获。广大群众动员起来，敌人就陷入了我人民战争的汪洋大海。

有着光荣革命传统的战区群众，看见亲人子弟兵，异常亲热，向我军哭诉了敌人的暴行。村村户户，男女老少全力投入战勤服务。他们帮助我军带路，构筑工事，照料伤员，筹集粮草，烧水送饭。我军追歼逃敌到达萧永地区时，后方粮食一时供应不上。遭受敌人洗劫的当地群众把隐藏起来的口粮拿出来供应我军，三四天内就筹借粮食 300 多万斤，及时解决了部队缺粮的困难。

12 月 1 日，我军解放了战略要地徐州，这是一座有 30 多万人口的城市，是蒋介石进行反革命内战的重要军事基地。徐州的解放，对我们极为有利。国民党军仓皇西逃时，在这里还留下了大量的军需物资，成了我们支前后勤工作中一个新的极为有利的条件。徐州解放后，徐州市军管会迅速安定了社会秩序，恢复了生产和市场贸易，组织广大工人、市民、学生投入了紧张的支前工作。组成千余个做鞋小组，700 多个缝衣小组，赶做军鞋、军衣。有 100 多辆私营汽车，数以千计的平车、马车，投入支前行列。把在徐州缴获的大批弹药和被服装具迅速转运前线，及时补充我军。徐州铁路员工和铁路沿线广大农民，日夜抢修铁路、桥梁，不到 20 天时间，以徐州为中心的津浦、陇海两条铁路干线，东到新安镇，西迄洛阳，南抵宿县，北达济南，很快修复通车，大大加快了支前物资的运输速度。徐州的医院也迅速担负起接受伤员的任务。解放了的徐州，很快成为支援我军作战的重要基地。

在前后方人民的全力支援下，我军激战到 12 月 15 日，全歼了黄维兵团，击退了由蚌埠北援的李延年、刘汝明兵团，将杜聿明集团陷入我两大野战军的重围。

五

我军将黄维兵团全歼后，对包围在陈官庄、青龙集地区的杜聿明集团暂缓攻击，转入战场休整。

12 月下旬，连降大雪，包围圈内外的景象形成强烈对照。我军阵地上粮弹充裕，兵强马壮，近在咫尺的国民党军，士气颓丧，粮尽弹缺，已到了山穷水尽的地步。我军对敌展开强大的攻心战。在凛冽的寒风里，战士们把热馒头用刺刀挑出战壕向敌人喊话："国民党军弟兄们，快过来吧，解放军宽待俘虏，大米饭、白馒头尽你们吃。"这样，人民支援的大米饭、白馒头、热包子，也成了直接打击敌人的有力武器。

战役进入第三阶段后，时值雨雪交加，部队需要筹足过冬粮草。运输方法落后带来很多困难，部队粮食供应方面出现了一些问题，需要由冀鲁豫、豫皖苏、山东、华中等地筹运，我和华东支前委员会主任傅秋涛向粟裕报告了这些情况。粟裕 12 月 15 日向中央军委建议召开一次包括华东、华中、中原、冀鲁豫四方面代表参加的联合支前会议，中央军委 12 月 20 日指示总前委，同意召开会议。总前委派我具体负责筹备。会议于 12 月 26 日至 29 日在徐州召开。到会人员有华东局代表傅秋涛、华东军区代表周骏鸣及华东支前委员会政治部长张雨帆、粮食部长张劲夫、人力部长魏思文、财政部长程照轩，华中代表曹荻秋、贺希明、李干臣，中原代表杨一辰，冀鲁豫代表韩哲一（在会议期间赶到），中原野战军派一位姓苗的科长参加，总前委指定

支前民工日夜奋战在运输线上，将物资源源不断送往前线

我出席。会议由我和
傅秋涛轮流主持。我
报告了召集会议经过、
前方作战和支前供应
情况及关于会议内容
的建议。会议着重讨
论当时急需解决的粮

解放区人民踊跃参军，保证了前线兵员充足

食供应及民力安排问题。经过四天讨论，会议协商了共同支前方案，明确
了四个地区的分工，决定：战场的东南面由华中区负责供应；战场的东
面、北面由山东负责供应；战场的西面、西南面由豫皖苏区负责供应；冀
鲁豫区调小米1亿斤作为后备，由华东支前委员会统一调度。会议通过了
关于粮食、民工问题的共同意见。关于粮食问题，各地正在调运前方的粮
食尚有3.15亿斤，准备分三期供应部队。关于民工的分配、接替、调换、
供应问题，商定了一致的意见。考虑到正在前方服务的约50万民工绝大部
分已超期服务，计划战役结束后大部复员，另组调随军常备民工团。此
外，对交通问题，战场流通的六种货币的币值统一问题，部队元旦、春节
供应问题，以及部队南进时支前领导机构的组织形式等问题，也交换了意
见，提出了建议。这次会议明确了任务，协调了各地区的支前工作，这对
圆满完成淮海战役的支前后勤任务起了重要作用。

　　1949年1月3日，我返回华野指挥机关所在地蔡洼，向华野前委汇报
了徐州联合支前会议情况。晚间，将联合支前会议情况书面报告总前委。
10日，接到总前委书记邓小平给我的复信："送来联合支前会议各件，均
已阅悉。我完全同意该会所作各项决定，请即依照执行。"

　　战役期间，中共中央、中央军委和广大人民非常关怀前线将士，掀起
了劳军拥军热潮。1948年12月17日，中央军委指示华东局、中原局、华
北局，对浴血歼敌、辛劳备至的华东、中原参战部队、前线人员，每人慰
劳猪肉1斤、香烟5包。各地党政军民纷纷组成慰问团，奔赴前线，慰问
前线将士和参战的民工、民兵。大批猪肉等慰劳品堆积如山运往前线，慰
问信雪片似的飞到指战员手中。济南、徐州等市人民自动献金慰问部队。

广大群众和支前民工热爱子弟兵，他们全力以赴支援前线，付出了巨大代价。民工运粮途中，忍饥不吃车上粮，好让战士吃饱打胜仗。遇上敌机轰炸，民工总是先隐蔽好粮车，自己再去隐蔽。雨雪中运粮，民工就脱下蓑衣、棉衣盖好粮车，自己穿着单衣顶风冒雪推车前进。苏北宿迁县大兴区运输队千余民工，在风雪泥泞中跋涉运粮。有时一天只吃上一餐饭，奋战四昼夜，将9万斤大米运到部队。该县运输中队长高全忠，在一次敌机轰炸时，为保护粮车，以身殉职。豫皖苏区夏邑县万余民工雪地扛面支前。该县一等支前模范王登祥赤脚扛运，往返600里，冻烂了四个脚趾，仍坚持完成任务。渤海一专区民工丁自明在敌人火力封锁下，四次到火线抢救伤员。冀鲁豫区东明县担架队在转送伤员时，突然遭到敌机轰炸扫射，一副担架的四名民工同时扑到伤员身上掩护伤员。结果一个民工受伤，而伤员安然无恙。后方医务人员热情服侍伤员，精心为伤员治疗。济南市接收伤员6000人，而自动报名到医院服务的私营医护人员和市民、学生达7000多人，有500余人自动报名为伤员献血。雪涡县妇女会干部许秀英热情照料伤员，给伤员喂水喂饭、洗补衣裳，伤病员都尊称她是"人民战士的母亲"。人民的热爱，极大地鼓舞了全体指战员的斗志。

各地民工、民兵组织贯彻了"把支前民工队当成学校办"的方针，在民工队伍中建立了党组织，加强了思想政治教育，讲清"解放军为谁打仗，咱们为谁支前"的道理。通过揭发敌人的暴行，启发民工的阶级觉悟，使民工们认识到支前支得越远，胜利就越大。通过这些教育与政策文化学习，和在民工中开展拥军爱民、立功创模等活动，使广大民工、民兵在支前中接受了教育，经受了锻炼，提高了觉悟，涌现了大批的英模功臣。同时在民工、民兵中培养了积极分子，吸收了一批优秀分子加入中国共产党，提拔了大批干部。从而，大大激发了民工民兵的支前热情，保证了各项艰巨支前任务的圆满完成。渤海一专区担架团从1948年6月随军服务8个月，征战1万余里，全团3000余人，90%以上立功，荣获了65面奖旗，被华东支前委员会授予"模范担架团"的称号。战役结束时，仅华东支前委员会授予各模范单位的奖旗就有70余面。华东支前英雄胶东农民唐和恩支援淮海战役时用的一米来长的一根竹棍，刻下了他在支前中经过的包括山东、江苏、安徽 3 个省 88 个城镇和村庄的地名。它是数百万支前民工在淮海战役中走过的艰苦光荣的战斗历程的缩影，是淮海战役伟大胜利的见证。

战役第三阶段，时逢寒冬腊月，连降大雪，水上运输需破冰前进，陆上运输需跋泥踏雪，给运输带来了严重的困难。但由于战场固定，我军胜利在握，各地民工和我军后勤人员满怀胜利激情，经过艰苦卓绝的共同努力，克服了难以想象的困难，将大批粮食、弹药、慰劳物资及时运达前方。战士们在战壕里得到了充足的物资供应。我军阵地上一片欢腾，全军上下斗志昂扬，最后经四天激战，至 1 月 10 日拂晓，我军攻占了陈官庄。在萧县战地群众协助下，徐州"剿总"副总司令杜聿明被我军生俘，杜聿明集团全军覆没了。

战役中，我中原、华东两大野战军和地方武装，采取追击、截击、分割、包围、阻击、攻坚、围歼等多种作战形式，在东起海州、西止商丘、北自临城、南达淮河方圆数百公里的战场上，纵横驰骋，排除了敌人的顽抗和各种险阻危难，英勇善战。中原、华东、华北冀鲁豫解放区人民全力以赴，支援我军作战。前后方共出动民工约 543 万人（其中随军常备民工 22 万人，二线转运民工 130 万人，后方临时民工 391 万人），担架 20 万副，大小车 88 万辆，挑子 55000 副，牲畜 767000 头，船 8500 只，前方实用粮食 43400 万斤，各行政区筹运粮食 96000 万斤。战役最后阶段，我参战兵力与前后方支前民工的比例达到一兵九民，大大超过战役初期一兵三民的概算。仅筹集调运的粮食一项，若全部装上小车，每车装 200 斤，这个小车队伍即可以从南京到北京排成 8 行。战役中实用粮仅为解放区筹运粮的一半，这表明在广大人民的全力支援下，我军粮弹等军需物资供应充裕。这些数字也充分说明了人民的宏伟力量。全体军民团结一致，奋勇歼敌，使战役的发展越来越顺利，战役的规模越打越大，歼灭敌人的数量越来越多。仅仅经过 66 天激战，就战胜敌人 80 万重兵，歼敌 555000 余人，取得了全歼敌徐州集团主力于淮河以北的光辉胜利，解放了长江以北的华东、中原广大地区，促使蒋家王朝从此陷于土崩瓦解的状态。

六

淮海战役胜利至今，每当我回顾往昔，淮海战场上车轮滚滚的场面、人民支援战争和我军后勤保障的壮丽情景，总在脑际萦绕。探讨这一战役支前后勤工作获得成功的主要原因是：

首先是党中央、军委及总前委的正确领导。对战役的支前后勤工作一再做出明确的指示，及时调拨了大批粮食、弹药，批准召开了徐州联合支前会议，动员和组织了华东、中原、华北三大解放区的人力、物力、财力，全力保证我军供应。

二是中原、华东、华北局和各级党政军机关做了充分的准备和组织动员。一切服从前线，一切为了前线的胜利，要人有人，要粮有粮。调拨征借了大批粮草，抽调了大批干部，建立健全了各级支前后勤机构，设置了兵站、粮站、民站、转运站、医院，科学地组织了民工、民兵队伍，及时抢修了交通运输干线，保证了部队兵员的补充，人力、物力、财力的科学组织、管理和使用，并根据战役发展做了及时的调整部署。这样就使分散落后的农村经济能够源源不断地供应规模巨大、高度集中的现代化战争，争取了战役胜利。

三是各级党政支前机关贯彻了"耕战互助"的方针，制定了一系列正确的政策和制度。解决了人力、物力的合理负担，工具、牲畜合理顶工，支前工、生产工的合理顶替，照顾好民工家属生产，禁止无价派差，实行发价包运，以及支前民工、干部的生活供应等问题。从而，促进了支前、生产任务的圆满完成。

四是土改翻身后的广大人民群众认识到支前是自己的事业，迸发出空前的支前热情，特别是在民工、民兵队伍中，建立了党组织，加强了思想政治工作，激发了广大民工、民兵的革命积极性。前后方男女老幼一齐动员起来为战勤服务。广大民工、民兵顶风冒雪，忍饥耐寒，千里远征，随军转战。他们冒枪林弹雨，转运物资，抢救伤员，艰苦忘我，服务前线。不少支前干部、民工、民兵献出了宝贵的生命，对战役的胜利做出了巨大的贡献。

　　人民战争，人民支援，人民是革命战争胜利的源泉。1949年9月，第二野战军司令部在《淮海战役中双堆集歼灭战初步总结》中指出："这次作战中的物质供应，是达到较完满之要求的，无论在粮食弹药的接济与医术救济诸方面，都未感受到意外的特殊困难，这是此次作战胜利的有力保障。没有这种保障，要想取得这次的完满胜利，是不能设想的。"华东军区、第三野战军后勤司令部在淮海战役后勤工作初步总结中说："战场上吃的大米，是经过几百里用人背来用小车推来的，所以这一伟大胜利是'部队向前打，小车向前推'的总结果。"1951年2月，陈毅在南京接见苏联驻华大使尤金，讲到淮海战役胜利原因时说："支前民工达500万，遍地是运粮食、运弹药、抬伤员的群众，这是我们真正的优势。人民群众用小车、扁担保证了部队作战。"淮海战役是一次人民战争打败了反人民战争的典范，是人民战争思想光辉胜利的典范。"战争的伟力之最深厚的根源，存在于民众之中。"淮海战役证实了这条真理。

战役后勤的动脉①

杨国宇②

一

1948 年 9 月 25 日，毛泽东主席为中央军委起草的电报指出，我们认为举行淮海战役，甚为必要。28 日电报强调指出，对全军作战所需包括全部后勤工作在内，有充分之准备，方能开始行动。必须准备两个月至两个半月的粮秣用品。

淮海大战在徐州、蚌埠间展开，战场纵横数百里，我方部队战士民工百万。党中央、军委三令五申，统筹后勤支援。战前，10 月 14 日，中央军委电示，后勤工作准备（粮食、弹药等）及政治工作准备，力求比较完备周到。淮海战役打响后，11 月 14 日 23 时，中央军委又电示，此战役为我南线空前大战役，时间可能要打两个月左右，伤员可能在 10 万以上，弹药、民工需要极巨，请华东局、中原局用全力组织支援工作。当战斗进行时，11 月 23 日午夜，中央军委还在为后勤支援操心，在电报中提问，解决粮食问题，是实行此项总方针的重要环节，粮食情况如何？望告。紧接着，当天在电报中指示，必须准备全军部队及民夫 130 万人左右，3 个月

① 本文选自中共党史资料出版社 1988 年版《中国共产党历史资料丛书·淮海战役》第二册。
② 作者淮海战役时任中原野战军交通司令部副政治委员。

至 5 个月的粮食、草料、弹药，10 万至 20 万伤员的医治。

在西柏坡，军委副主席周恩来亲自主持召开了淮海战役后勤业务会议，毛泽东也在会上做了指示。中央军委指派杨立三协同华东野战军后勤部长刘瑞龙、中原野

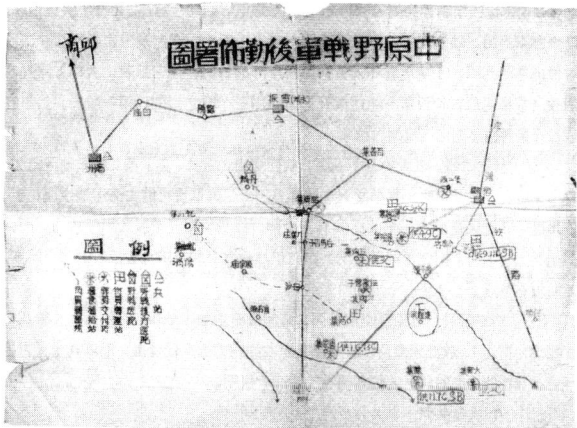

中原野战军后勤部署图

战军供给部长刘岱峰搞好战役的后勤保障。这次会议后，中原局成立了豫皖苏后勤司令部，各分局、各级党委及各专区、县、乡村成立了相应的支前组织。中原局发出了全区党政军民"一切为了战争，一切为了前线，一切为了胜利"的号召。

人民历来对自己的军队，是罄其所有，全力支援。每次战役，每次战斗，都提供了可能筹集的一切物资。特别是中原人民，饱经军阀混战、自然灾害、日寇劫掠、国民党军祸害，许多人食不果腹，衣不蔽体。但他们响亮地提出"决心忍受一切艰苦，克服一切困难，倾家荡产支援前线，争取战役全胜"。

整个决战的战勤保障工作，是总前委和中原、华东中央局统筹领导的，各地方党组织动员广大人民群众参战，依靠广大人民献出巨大的物质力量，保证了战役顺利进行，取得了伟大胜利。

中原野战军的后勤保障工作，是适应战役发展的需要，集中力量解决前方巨大消耗和运输缓慢、补给不上的矛盾，及时组建了军事运输司令部和所属部队、机构，转变干部思想，迅速完成由单纯依靠农村、依靠人力运输，到充分利用城市工人和各方面力量，尽可能使用近代交通工具，实施紧急军事运输的转变。

淮海战役后勤支援工作最突出的矛盾是物资不能及时运到前线。组织

供应如此大规模战役的需要，在我军历史上是空前的。战勤物资需要巨大，部队进展迅速，移动频繁，但是，道路被破坏，交通工具落后，加上气候恶劣，地冻天寒，更增加了运输的困难。

1948 年的冬天来得特别早。中原地区阴雨连绵，交通受阻，冬装不能及时运到部队，三、四、九纵队由方城、舞阳向北推进时，没有穿上棉衣，每个纵队都有上千人因寒致病，直到 10 月下旬穿上棉衣。二纵队担任牵制黄维兵团的任务，来不及补给，迟至 11 月中旬才穿上棉衣，有七个战士冻死，十分痛心。弹药补给更感到紧张。频繁的大规模战斗，消耗极大，而储存的弹药又远在豫西后方和山西盆地，运不上前线。当国民党军黄维兵团向宿县前进时，我军原拟趁其立足未稳发动攻击，由于弹药没有及时运到，战斗推迟了两天，攻击也未奏效。中原军区决定"大力建立战勤运输组织，不惜撕破与减弱其他机构，以加强前线运输之供应"；报经中央军委、总前委批准成立交通司令部，调豫西军区副司令员文建武任司令员兼政委，豫西三分区司令员李静宜为副司令员，中原军区军政处长杨国宇为副政委。在文建武到职前，由中原军区参谋长李达亲自兼任，立即展开工作，统筹铁路、公路、水路运输，动员、组织火车、汽车、马车、人力车等一切运输工具，抢运前方需要的物资。

以往作战，我们依靠解放区、老根据地的人民肩扛、手推，靠牛车、马车把成百上千吨粮食、弹药送上前线。今天，情况不同了，需要供应的已不是一个纵队，甚至不只是一个野战军，而是中原、华东两野战军协同作战。不是十万、几十万人，而是上百万的军队和民工。对手呢，虽已是惊弓之鸟，但究竟还是几十万人的重兵集团，美式的装备。要消灭这样的对手，必须有充裕的、及时的供应。消灭之后，还要供应俘虏的吃、穿、用。老的方法已经不能保证供应。当时，迫切需要干部转变认识，迅速适应形势发展的需要。李达参谋长亲自召开"诸葛亮会"，研究交通运输问题，确定集中管理使用汽车，抢修公路，探讨如何征调、雇用群众船只，利用水路运输。

10 月 22 日，陈毅和邓小平率领中野主力，攻克位于京汉、陇海铁路交叉十字架上的郑州，守敌弃城北逃，被我军全歼于郑州北的黄河南岸。

郑州东70多公里的开封守敌也仓皇弃城东逃。我军解放了洛阳、郑州、开封，控制了这一段战略交通要道。但是，当时铁路自开封向东不能通车。李达参谋长要求继续组织水路运输，将弹药运到阜阳交付前线部队。

郑州解放后，陈毅、邓小平率中野主力、华野三纵和两广纵队东出徐州、蚌埠线，11月5日进至商丘东南，11月6日解放商丘。这天，淮海战役第一阶段在徐州以东打响了，对战争物资的要求更多、更紧迫了。

11月15日，《中原局对徐州会战之工作布置》严格要求：各地必须保证铁路、公路畅通，尤其是陇海路及接通前线之公路桥梁，必须保证经常畅通无阻。未修者速修，损坏者速复，不平者补平。各地需按中原军区交通局之要求，密切配合，保证弹药及一切军用物资、伤员之前输后送，这是争取战争胜利的关键。

11月16日，我和中原军区干部46人，组成交通司令部第一批工作人员赶到郑州。在此之前，这里已集中300多辆汽车，组成了辎汽一团、二团和已有数百辆胶轮大车的辎重团。

二

军区首长为了加强对公路交通的管理，决定成立汽车工程管理处，由干家尧任处长，负责领导辎汽一团、二团。李达参谋长要求新成立的军事运输司令部管好交通运输，及时给前线以炮弹、炸药。李达参谋长还说：光依靠公路、水路供应不上，要充分利用已掌握在我军手中的铁路运输。试验一下，向前线运送弹药，从郑州上车，商丘下车，及时运到，及时分发。我们不懂铁路运输，要听铁路管理局和铁路工人的指挥，动员他们为打倒蒋介石，解放全中国出力。

11月17日，我和新任郑州铁路管理局局长的田裕民，找来原火车站负责人一起商量，他为难地说："一无煤，二路不通，三无火车头，没办法。从开封东去的火车，早已不能通行，铁路被截成一节一节的，上一站不知下一站的情况，火车怎么敢走？再说，国民党撤走时，把许多物资都运走了，现在连一台开得动的机车都没有了。"

我和田裕民来到火车站，直接找工人师傅求教，向他们说："只有打倒了蒋介石，我们才能过好日子。前面在打仗，需要往前线送弹药、运粮食，需要火车跑起来！"

"中！"工人们热情响应，做了肯定回答。

"有煤吗？"

工人师傅带领我们看了车站附近的煤栈，说："要是保证没有人私自运走，这些煤可以维持15天！"

工人师傅还说："司机、火车头都现成，就等着你们来，只是缺调度，没有人敢发车。"

田裕民说："我就是调度。铁路上的事，我也懂。"

不一会儿，找来了许多司机、司炉，他们个个面有菜色，衣衫褴褛。但是，支援解放军、打倒蒋介石的热情很高。为了解决他们的家庭困难，决定每人先发一块银圆，另发几十斤粮食，以后工资照付。工人们欢天喜地，积极准备机车。

有了能够开动的机车和司机，便连夜将50辆汽车的弹药紧急装运上火车。负责装运的高希林兴奋地说："火车真好，靠几十辆汽车、马车拉一个月也不够一列火车装的。"

11月18日下午5时，我带领装载弹药和警卫部队的第一列火车拉响汽笛，从郑州出发，驶向前线。

火车缓缓向东行进。工人们还把开封绥靖区司令官刘汝明专用的六号包车也弄来了，作为探路先行车，在前面开路。包车上的同志用红布包住手电筒，前后联络。

车行一夜，驶过开封150公里，来到兰考以东，民权附近。突然，从铁路两旁响起了枪声，子弹从头顶飞过，估计可能是豫皖苏的游击队。同志们高声喊道："我们是人民解放军！我们是人民解放军！"一面不断摇动红旗。从铁道两旁一下子涌过来许多游击队战士，听说是中原野战军，高兴极了，连忙把已经卸下的道钉重新安上，固定了铁轨，笑着说："好险！我们以为是逃跑的国民党军哩，火车再往前开，就要翻车了。"欢呼声中，火车拉响汽笛又滚滚向前了。

火车来到一个小站，车站上一片黑暗，没有任何信号灯光，火车不能前进，慢慢地停了下来。原来，站长听信了国民党的恐吓宣传，不了解我党政策，怕被抓起来治罪，躲了起来。在群众和游击队帮助下，终于找到了站长，向他讲明政策，解除其顾虑，站长又主持工作了。火车通过车站，继续前进。

火车走走停停，前面快要到达商丘了。但是，电话一直联系不通，司机不敢贸然开车。于是，让六号包车载一个班，试探着进到商丘，然后回头引导列车前进。11 月 20 日早晨，列车终于开进了商丘。

商丘，地处河南、安徽、江苏、山东省交界，是陇海铁路上一个重要车站，原名朱集车站，在商丘县城北 15 公里。西距已解放的郑州 203 公里，东去尚在敌手的徐州 146 公里。凭借陇海路和公路，可以将华北、华东、中原地区人民支援的军需物资集储起来，就近分送前线。这里是目前铁路运输最靠近前线的大站，是一个建立总兵站的适中地点。

商丘东站，一座法国式的站房，一段长约 400 米的站台。国民党军逃跑前，已将车站物资抢掠一空，机务器材、枕木、道钉、各种零件被劫走 30 多车厢，工程车也被劫走，连车站的门窗也被破坏了。国民党军还恐吓工人说，共产党来，会把人活活折磨死。还用预支薪饷为诱饵，欺骗员工随他们一起逃走。车站已无法保证行车。

商丘车站职工是有革命传统的。陇海铁路是 1911 年袁世凯政府同比利时、法国公司签约合资修筑的。直到 1927 年，才从法国人手里收回管理权。早在 1921 年 11 月 20 日，商丘车站工人和全线工人一起，在党的领导下，为"反虐待""争人格""光国体"举行大罢工，持续 7 天，争得了改善生活待遇的经济利益，迫使路局撤换了车站的法国总管。工人王连璧参加了罢工委员会，秘密参加了中国共产党，在工人中享有威信。解放前夕，被任命为副站长。

王连璧协助我们动员铁路员工立即恢复工作，宣布所有参加工作的铁路员工一律保持原职、原薪、原待遇。整个车站出现了"紧急抢修，支援前线"的热潮。工人们将暗地里保藏起来的夹板、枕木、铁钳、钻床等许多物资献了出来，还找到了失散的八吨机煤。朱集镇"一心池"浴室的老

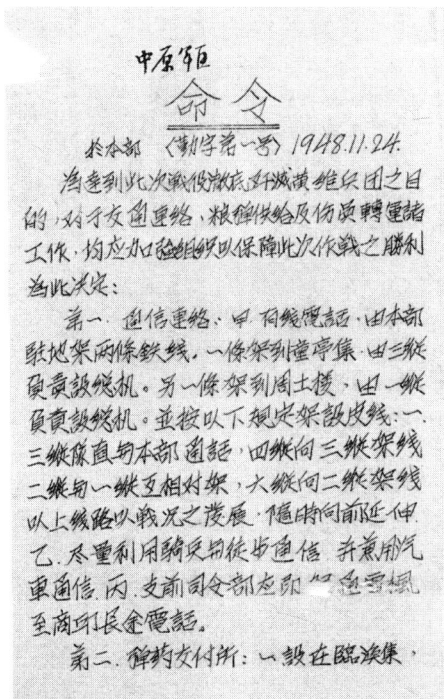

1948年11月24日中原野战军关于加强交通联络、粮弹供给及伤员转运等工作的命令

板也将5吨燃煤借给车站做燃料。车站开始运转了。

在站房旁的院子里挂起了"中国人民解放军商丘兵站"的牌子。由中共豫皖苏一地委组成的商丘军管会、市政府、朱集办事处专门派出一个工作组协助接收、调拨源源运来的各类物资。

兵站工作基本就绪，立即架起电台，向在前线的刘伯承、陈毅司令员、邓小平政委报告："第一列火车已从郑州进至商丘车站，并在此设立兵站。"同时，也向在后方主持工作的邓子恢副政委、李达参谋长做了报告。他们都不大相信兵站能够这么快地前进到商丘，来电查实后，刘、陈、邓首长十分高兴，发电指示：商丘兵站不仅要接收中原支援的物资，连华北杨恬那里、冀鲁豫段君毅那里的，甚至华东的、晋察冀的，不论是军队和地方支援的，不光是枪支弹药，包括粮秣、生活用品，都运到商丘转运。从此，我们利用铁路、火车近代化的运输工具，开始了紧张、繁忙的军运。

在着力开展铁路运输的同时，大力发展汽车公路运输。辎汽一团驻郑州，将根据地的弹药、物资、银圆等等转运至郑州，换乘火车，运往商丘。辎汽二团进驻商丘，建立了由商丘至临涣集、百善集、亳州3条运输线，汽车日夜不停地奔驰，不顾敌机轰炸扫射，将大批弹药、粮食、被服尽量往前送，保证作战需要。在追击黄百韬西逃，合围黄维兵团的战斗中，有的部队还利用截获的汽车，载运部队追歼敌人。与此同时，在豫皖苏分局后勤司令部的统一领导下，大力组织城市的汽车、三轮车、排子车运输，继续发动广大农民参加支前运输。特别是在 11 月 16 日解放宿县后，豫皖苏分局第二次发出紧急指示，要求克服应差观点，全力、全面、全心全意完成支前任务。依靠中原、华东、华北区三大解放区的广大人民群众，动员利用一切可以利用的运输工具，马车、木船、日行几十里的四轮牛车、独轮人力车，以至肩挑、人扛，汇成了浩浩荡荡的支前运输大军。

洛阳、郑州、开封、商丘及所有新解放的城市，动员了所有船只，利用一切通航河流向前线运送物资。如涡河船运，将大量物资通过水路运达前线。城市所有汽车、马车、三轮车、排子车全都被动员起来投入运输。仅商丘市，即出动了架子车 1300 辆，三轮车 600 辆。市商业联合会也组织了 27 部汽车，100 多辆马车参加支前运输。

千百万农民踊跃参战，运输支前。仅豫皖苏区即支出大车 106000 余辆，小车 22000 余辆，拖板车 58000 余辆，牲口 437000 头，担架 61000 余副，共出民工 160 万至 200 万人。在广阔的大地上，在风雪弥漫中，火车日夜奔驰，汽车来往不停，百船竞发，马车、四轮牛车、独轮手推车、人力拖车满载物资，滚滚向前。为保证前方需要，支援子弟兵作战，不少人牺牲了生命。涌现了许多可歌可泣的英雄模范。如禹县 5 万群众在 14 天里抢修了 207 公里的公路，使汽车能直驶登封、郏县、襄县、新郑、许昌。夏邑县 11000 民工在 130 里的雪地上一天一夜运粮 40 万斤。人民自觉地"支援前线，忍受一切痛苦，克服一切困难，争取战役全胜"。

人民群众千方百计保证部队供应。中原局要求"组织强大的供应站，配合地方合作社，并动员民众供应作战部队的油、盐、猪肉、蔬菜（至少要有黄豆、花生等），及黄烟叶、纸张等，保证部队生活必需，维持部队战斗力"。政府和人民为前线战士想得十分周到，大批补给食品，依靠人民扛运，一直送到前沿。四纵十一旅在围歼黄维兵团作战的十几天里，民工运去了足够供应 20 天的 43 万斤粮食，作战期间每人平均吃到猪肉 10 两，油 1.2 斤，盐 1.5 斤。1949 年新年中，所有部队战士都吃到了猪肉，改善了伙食。有的部队还包了饺子。这同国民党军饥寒交迫，坐以待毙，恰成鲜明对照。人民群众不怕牺牲，不畏严寒，日以继夜向前线我军运送弹药、给养，使我军有充裕的粮食供应，也为瓦解敌军起了重大作用。一些国民党军士兵、军官在吃了我前沿部队送给他们的饭食后纷纷爬越战壕，向我投降。

中原地区，特别是郑州以东邻近淮海战线的地方，多为新解放区，人民长期遭受国民党反动派的残酷压榨，迫切要求打倒蒋介石，过安生日子。我军注重在支前民工中反复进行打倒蒋介石，打好这一仗，江北就能太平的宣传，做细致的思想政治工作，开展立功、授奖活动，规定限额限期完成任务实行复员，尽量避免远离家乡支前，充分保护了广大群众的积极性。

战役初期，由于形势发展很快，基层政权尚未建立，不得不利用旧的保甲机构支前，曾发生强迫摊派现象，引起群众不满，逃避支差，甚至发生民工逃亡。如初期征集担架 5 万余副，竟有半数逃亡。为此，中原野战军三令五申，严格执行中原军区 1948 年 9 月 1 日发布的《关于禁止无价派差实行给价包运制度的命令》，"按工给价或按件给资，一律禁止无偿派差，禁止只供应伙食不给工资之义务运输制度"。明确规定："运送军械、弹药、被服、款项及贵重战利品，每百斤百里之运费：人力挑运为 32 斤，驮载 25 斤，各种车辆 20 斤。""运送公粮、柴草、煤铁等之运费：每百斤百里人力挑运为 30 斤，驮载为 23 斤，各种车辆为 18 斤。""在城市雇用商车及市民，均按当地市价办理。船只运费均按商价。"运送伤员"每转送一个人行程达 50 里者发给运价粮 30 斤，如用担架时，按每个伤员加发 10 斤"。依靠合理政策，保证了军事运输的顺利进行。

11 月 20 日，中原军区就已有军事运输经验，及时总结，向中央军委、毛主席报告："要预见到战争发展远景，先期进行必要的处置。同时要有坚强的工作机构与兵站机构，才能赶上需要，不致误事。（一）大力建立战勤运输组织，不惜撕破与减弱其他机构，以加强前线运输之供应……（二）充分利用和发挥城市与交通要道的力量。从各方动员和想办法首先支援前线，改变过去单纯依靠农村的观点，使城市为战争服务，也便利军需供应效能……（三）预计战况发展之趋势，将弹药与军需分置于交通要道适当地点，以便调用或就补，改变前者只放在山地后方的办法。"

11 月 24 日，中原军区根据中央军委《南线作战统筹指示》的精神，发布了《中原军区对淮海战役后勤部署》的指示："对于交通联络、粮弹供给及伤员转运诸工作，均应加强组织，以保障此次作战之胜利……商丘与郑州及雪枫县应组成兵站干线。商丘、雪枫县为主要兵站，应组织健全，以杨国宇同志在商丘统一负责，扶廷修同志在雪枫负责，亳州、临涣、百善三处由支前司令部派专人负责。本部汽车分驻商丘、雪枫两站，受杨、扶两同志指挥。"李达参谋长就此做了具体部署，将后勤司令部置于商丘，统一指挥战勤工作。建立了由魏岗分至桃园集、临涣集、龙山集3条运输干线，抽调大批干部、文工团员、勤务人员参加战勤工作，保证把前线需要的物资直接运送到前沿部队。

仗越打越大了，敌人面临全线崩溃，我们力争充分利用铁路的便利，尽可能把物资往前送。

砀山，东去商丘63公里，迫近徐州，但是，砀山车站的水泵房被敌人破坏了，东站附近的三座铁桥也被炸毁，列车无法通行。12月6日，商丘车站新任段长王云俊和工人吴德兴、殷芝格等在我军掩护下，冒着敌机扫射和流弹、炮火的威胁，加紧抢修。当晚，就从商丘车站装载了20多车厢的给养、弹药，运到了砀山，迅速转到前沿。许多铁路工人不顾炮火威胁，将大量物资尽量往前运，保证了部队的需要。

三

12月16日，新华社广播了我军全部歼灭蒋介石嫡系精锐部队黄维兵团的消息。最后歼灭杜聿明集团指日可待了。中央军委、毛泽东仍然十分关心后勤工作，12月20日晚10时发电询问，给养情况是否已有改善？弹药准备如何？望告。全军上下，对于支前运输，保障供应，不敢稍有松懈。

1949年新年前，大批被俘国民党军官、高级将领被押解到商丘。一天，国民党军兵团司令官黄维、副司令官吴绍周等高级战俘押到了，他们坐在商丘兵站门口，把头垂得低低的，惶恐？羞愧？群众奔走相告，欢欣鼓舞。我们由往前方运送弹药、粮秣，一变而为主要向后方输送俘虏军官和缴获物资了。

伟大的 1949 年来到了，华东野战军经四昼夜激战，于 1 月 10 日全部歼灭了杜聿明集团，淮海战役胜利结束。淮海战役前线司令部发言人谈淮海战役胜利时说："在这一次有历史意义的大决战中，由于中共中央毛主席、朱总司令及中共华东局、中原局的正确领导，中原、华东两大野战军和中原、华东、华北地方军并肩作战，各战场兄弟部队协同配合，华北、华东、中原三大解放区千百万人民全力支援，我军终于获得了空前的伟大胜利。"

这时，清点了一下物资，仅商丘兵站还库存炸弹 1811 箱，八二迫击炮弹 81 箱，炸药 38 箱，七九步枪子弹 1443 箱，汽油 595 桶，雷管 2 箱，粮食、布匹依然堆积如山。

1 月中旬，刘伯承司令员、邓小平政委和其他首长乘坐六号包车从徐州来到商丘。中原局将在商丘召开扩大会议。邓小平政委视察了兵站工作，详细地询问了弹药供应情况，高兴地笑了，鼓励说，打这样大的仗，幸好弹药充足，补充及时，现在竟然还有库存，你们是有功的！

保证粮食供应①

刘启雅②

1948 年 10 月，我接到参加支前委员会工作的命令。当时，我是华东军区供给部的副部长。

我去华东局，见到了秘书长郭子化同志。他高兴地说："马上要进行淮海战役，根据党中央的指示，华东局决定组建支前委员会，由傅秋涛同志负责。他请你马上到前方去。"郭秘书长还简要介绍了情况：支前委员会下设秘书处、政治部、粮食部、民政部、人武部，当前主要是解决粮食问题。我随即先去鲁中南行署，同马复堂主任谈了谈支前任务，接着去滨海专署找到专员谢辉同志，我们两人一起到郯城。在这里，我们见到了傅秋涛同志。他说："现在粮食是个大问题，我们一定要完成部队的粮食供应任务。"他还说，让我任粮食部副部长。

当时，淮海地区连年水灾，加之敌人掠夺，群众生活很苦，负担不了部队需要的粮食，大部分粮食要靠后方运来，火车只能运到兖州，离前方尚有 100 公里左右。部队每天需要 200 万斤粮食，运输问题主要靠小车推、肩膀挑来解决。

支前委员会认真研究了有关情况，确定了粮食调拨和转运的各项措施。当时，山东人民虽然也有灾荒，但生产措施有力，夏收、秋收是好的，鲁中南已经准备了 1 亿斤粮食。因此，首先从鲁中南几个区调拨粮食

① 本文选自解放军出版社 1987 年版《星火燎原·淮海战役专辑》。
② 作者淮海战役时任华东军区供给部副部长、粮食部副部长。

供应前方。为了组织一条粮食供应线，决定立即设立随军粮站、转运粮站、粮站管理处、粮食储备处等组织。实践证明，这些组织发挥了重要作用。

随军粮站是随部队行动的，人员由地方和部队共同组成，按照部队提出的数字调拨。转运粮站是囤粮点，是个重要环节，负有收、发、管的责任，根据随军粮站的需要调拨。转运粮站隐蔽囤粮，将各地运来的粮食分置待发，设在交通要道上，便于机动。转运粮站同转运伤员结合起来，这样可以节省人力物力，转运粮站接收过 60908 人。每隔 15 公里设一民站，两个民站之间设一茶水站。

当时还规定，一是部队每人带三天粮食，三天以外由随军民工团负责供应。民工团以县为单位组成，由县委书记或县长甚至地委书记带队负责。二是部队途中不要随便截留粮食，以免影响整个粮食供应计划。三是万一粮食供应不上，则以团为单位由政治机关和供给机关组成筹粮组筹粮，要求严格执行三大纪律八项注意。

经过一番部署，供粮线形成了。但在战役开始的几天，战局发展异常迅速，出现了转运站找不到部队，部队找不到转运站的情况。我们马上要求部队供给人员和民工团密切联系，保证部队打到哪里，粮食运送到哪里。这样就保证了粮食的及时供应，没有发生严重的问题，供应工作很快走上了轨道。

我来到黄口，直接指挥粮食供应工作。黄口位于徐州西，离徐州 22 公里，是江苏、安徽、河南三省

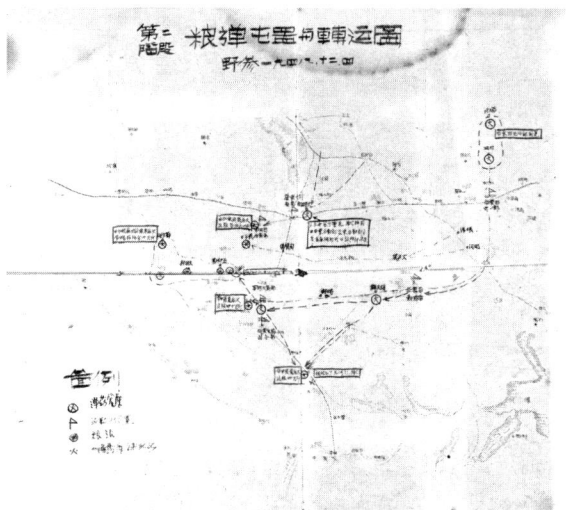

1948 年 12 月 4 日华东野战军淮海战役第二阶段粮弹屯置与转运图

粮站的粮食堆积如山

交界的地方，又是陇海铁路上的一个大镇。我们在这里集中豫、皖、苏、鲁四省粮食，并立即转运到各粮站。这里每天民工来往十几万人、几十万人，运粮几十万斤、几百万斤。为了防空，运来的粮食，大多是夜间装卸；运走的粮食，白天由民工团装好，等到夜间再起运。那时正是冬季，常常北风吹，大雪飘，天气寒冷，道路泥泞。民工团的同志们不畏艰险，克服种种困难，及时把粮食送到指定地点，使前方的粮食供应源源不断。

　　随着黄百韬兵团的被歼，部队位置不断移动。为了适应这种情况，粮食供应工作也采取了一些新的措施：坚持每人带三日口粮；民工团随军行动，抽调民工配合部队就地筹粮。我们还紧急从山东、苏北调粮 415 万多斤，尽可能利用汽车和水上交通工具运粮，并迅速修复铁路运输。这些措施灵活有力，保证了参战部队的粮食供应。广大民工历尽艰辛，夜以继日地运送粮食，为淮海战役的胜利做出了重大的贡献。

兵民是胜利之本①

张劲夫②

岁月流逝，在华东战场那硝烟弥漫的战斗生活有些虽然已经淡忘了，但是，山东人民那种无私无畏、不惜一切、全力支援淮海战役的动人情景，至今仍历历在目，激荡胸怀。

一

1948 年 9 月 24 日，我华东野战军一举攻克国民党军队坚固设防和重兵守御的济南。济南战役的胜利，不仅证明了人民解放军的攻坚能力已大大提高，而且影响和动摇了蒋介石反动军队的内部，为解放战争的战略决战揭开了胜利的序幕。济南战役胜利后，根据毛泽东同志和中央军委的伟大战略部署，我华东野战军挥戈南下，与中原野战军配合，在淮海地区与敌人展开了一场战略决战。这时，山东老解放区人民为了支援我军乘胜大量歼敌，推翻蒋家王朝，坚定而响亮地提出："解放军打到哪里，我们就支援到哪里！"弹坑还没有填平，断壁残垣还没有来得及休整，他们又抬着担架、推着小车，随军南下，奔赴淮海战场。

为确保淮海战役的胜利，中央军委对后勤支前工作非常重视，战役前就发出指示，要求华野、中野"对全军作战所需包括全部后勤工作在内，

———————————
① 本文选自解放军出版社 1987 年版《星火燎原·淮海战役专辑》。
② 作者淮海战役时任华东支前委员会委员、粮食部部长。

有充分之准备，方能开始行动"。10月初，华东局就设立了支前办公室。这时，我便从山东省支前委员会前方办事处来到华东局支前办公室。我们支前办的几个同志以对党、对人民高度负责的精神，经过调查，进行了周密而科学的计算，按粮食、人力、供应、交通等4个方面制订出一个淮海战役支前工作计划。计划中，对各地委、各县委都分配了明确的任务，对于粮食的征集、加工、调运、分配等都做了细致的分工，提出了具体措施。为了既保证部队需要又节省民力，规定每个纵队配备随军担架、挑子各500副；同时还组织了转运担架7500副、挑子9000副、小车15000辆。为确保部队的供应，以纵队为单位设了随军供应站，负责部队油盐、蔬菜等物资的供应。为确保战时交通畅通，要求各战略区发动群众修筑公路。11月4日，华东局正式成立了统一的最高支前领导机关——华东支前委员会。委员会由7人组成，傅秋涛任主任，张雨帆任政治部长，魏思文任人力部长，程照轩任财政部长，赵锡纯任交通部长，梁竹航任秘书长及民站站长，我任粮食部长。办公室地点设在临沂县城。华东支前委员会的成立，有利于统一调拨华东地区的民力和粮食，进一步加强了支前工作的领导。

虽然这次战役规模巨大，战场辽阔，参战兵力多，支前战勤任务浩繁艰巨，但我们对于搞好这次战役的支前是充满信心的。因为，这时解放战争进入了第三个年头，全国形势发生了重大变化，人民解放军在各地战场上捷报频传，连续取得胜利，人民群众已看到了全国胜利的曙光，支前的积极性空前高涨。特别是济南战役胜利后，山东全境基本解放，使华东与华北两大解放区连成一片，改善了华中与中原的战局，有利于我军继续胜利进

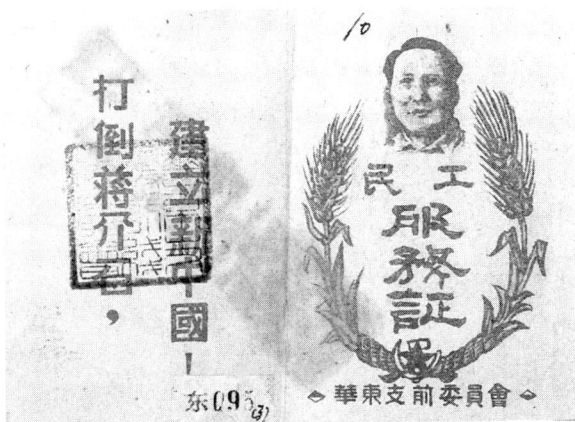

华东支前委员会印制的民工服务证

攻。山东人民能将更巨大的人力、物力迅速集中起来用于支援部队作战，其中最主要的因素，是山东人民具有积极支援战争的强烈愿望和要求，有坚实的思想基础。当时，群众这种支援战争的积极性主要来源于两个方面：一方面是我党制定的各项政策代表了广大人民群众的利益，特别是土地改革运动，反映了千百万贫苦农民的愿望。1946 年，山东一些老解放区开始土地改革，1947 年进行土地复查，到 1948 年淮海战役前，解放区已基本完成了土地改革。据鲁中南区部分县统计，有 200 多万亩土地分给贫苦农民；据胶东区部分县统计，有 100 万翻身农民得到 180 多万亩土地；据渤海区不完全统计，有 200 多万翻身农民分得土地 200 余万亩。广大农民获得了土地，政治上翻了身，表现出极大的革命积极性和生产热情，他们一致表示："反蒋、保田、保饭碗！""要人出人，要钱出钱，要粮出粮！""挡大门，保田地，解放军打到哪里，我们就支援到哪里！"这些是当时山东翻身农民一致的行动口号。另一方面，是国民党军队惨绝人寰的暴行激起了人民的无比仇恨。1947 年国民党军队重点进攻山东，他们所到之处，奸淫烧杀，无恶不作，使解放区人民遭受深重灾难。敌人在进攻胶东时，"还乡团"尾随还乡倒算，进行大屠杀，仅莱阳就有 3000 余人被杀害。敌人进攻鲁中南地区时，郯城县被活埋 1400 余人；临沭县城在敌人攻占两小时内，就有 130 多名妇女被强奸。仅据鲁中区 15 个县统计，就有近万个村庄被洗劫，被敌人杀害或抓走、骗走的干部和群众达 14 万人，损失其他牲口 13900 头，猪、羊 70000 多头。国民党反动派的暴行从反面教育了人民，使他们认识到，自己的命运和战争的胜负紧紧地连在一起，要想彻底翻身得解放，必须推翻蒋家王朝。许多基层干部和翻身农民，杀鸡盟誓，啮指血书，坚决要求参军参战，支援前线，为死难的父母兄弟姐妹报仇。渤海区一些随军民工打完济南战役后，已经服务期满，但他们坚决不肯复员，又随军到了淮海战场。他们在担架上贴着这样的誓言："淮海战役打不完，咱们坚决不复员，消灭蒋匪立大功，老婆孩子都喜咱！""一切为了前线，一切为了战争胜利！"

其次是山东解放区的生产得到了恢复和发展，为支援淮海战役奠定了一定的物质基础。根据中央指示，我华野 6 个纵队自 1947 年 7 月开始转向

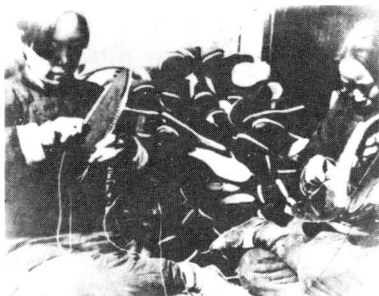

解放区妇女赶做军鞋　　　　　　　　解放区妇女碾米支前

外线，将战争引向蒋占区，仅留 3 个纵队在内线待机外敌，准备反攻，使山东境内敌我双方兵力大减，给山东人民以休养生息的机会。这时，华东局为了迅速发展生产，长期支援战争，正确地领导了山东党政军民进行了整党、整军与生产救灾，实行了三大方案，并提出"不荒一亩地，不饿死一口人"的政治口号，动员党政军机关干部降低粮食标准，节省粮食，救济缺粮的农民。同时，从公粮中拿出一部分补给缺粮农民。省政府认真贯彻执行华东局关于生产救灾的指示，颁布了八大禁令，提出"生产节约，度过灾荒，节衣缩食，减轻人民负担"的十项要求，开展了生产救灾运动。全省各地党政干部和军队干部组成工作队，纷纷深入农村，分片包干进行生产救灾。对于畜力不足的农户，工作队员和农民一起用人拉犁的办法耕地。他们与群众同饮一缸水，同吃一锅饭，患难与共，团结一致，密切了党群关系，增强了军民、军政之间的团结，战胜了国民党反动派给山东人民带来的大灾荒。据 1948 年 6 月鲁中、鲁南、滨海、渤海、胶东 5 个区的统计，共消灭荒地 1374497 亩。据鲁中南区统计，仅 1948 年 1 月至 3 月，群众副业收入就达 110 亿元（旧币）。寿光县在 1948 年上半年就买回牲口 2165 头，消灭荒地 15000 亩。经过生产救灾运动，大大激发了人民的支前热情，不少地方群众提出"倾家荡产，支援前线"的响亮口号。广大干部、群众积极响应党和政府的号召，大力支援前线工作。

再就是这时山东已有了丰富的支前经验。从 1946 年开始，先后在山东境内进行了鲁南、莱芜、泰安、孟良崮、南麻、临朐、胶河、莱阳、周张、昌潍、兖州、济南等诸大战役，各级支前组织比较健全，并且在实践中已摸索总结出支援大兵团作战的经验。在民工的动员体制上，根据民工性质任务不同，分编为随军、常备和临时三种民工组织。在民工队的组织管理上，按照军事编制配备一定比例的干部、党员、积极分子，集合后普遍轮训进行教育；还以民工连队为单位建立党支部，发展党员，选拔干部。在执行任务中开展了立功运动、民爱民运动和文化娱乐活动；在运粮草时，实行接力运输，减少了人力的浪费，并在运输线上设立民站，保证民工的食宿、医疗。在政策上，注意支前与生产相结合，实行了合理负担、工具顶工，统一调拨全省的民力。如在支前的合理负担方面，鲁中南地区总结出对生产互助中的欠工，采取"找""补"的办法。少出工的对多出工的要按定额补还；对支前出工少的和生产互助不够的采取"赶"的办法，努力赶上去。群众感到合理，比较满意。这些支援这次战役的有利条件，使我们对搞好淮海战役的支前工作充满了信心和力量。

二

华东支前办下达《淮海战役支前工作计划》后，山东各级党组织、政府均派出得力干部具体组织实施。鲁中南区党委、行署所属地委抽调300多名干部带领民工随军服务，另有300多名干部待机使用。胶东区党委召开部门会议，并吸收各专区专员及有支前经验的县委书记、县长参加，研究部署支前工作。渤海区党委、行署抽调800余名干部组织支前机构，专门服务前方。刚解放的济南市也成立了支前委员会，各级领导分头到各工厂组织工人抢修机器，为部队加工军粮，制造军需用品。各区党委及行署普遍发出支前紧急指示、动员令，充实健全各级支前领导机构，广泛地宣传群众、组织群众。

"兵马未动，粮草先行。"早在战役发起前的一个月，从黄海之滨到微山湖畔，从渤海平原到泰沂山区，在纵横1000公里的土地上，山东解放区的广大人民群众紧张行动起来，从乡村到城市，出现了"家家户户齐动员，男女老少忙支前"的宏伟热烈场面。各地妇女夜以继日地为部队加工军粮，滨海区数十万妇女一月内加工三批粮食，共2000余万斤，做到米中无糠无壳，面里无沙无麸。在碾米时，有的村庄碾子不够用，群众便以磨代碾，就是把破簸箕或秫秸锅盖做得和磨一样大，在中间剪一个孔，用水弄湿（这样耐用），套在磨脐上推，这样不仅解决了碾子少的困难，而且比碾快一倍多。渤海区有 28 个县，用 1800 盘碾子，为前方碾米 2077 万余斤。济南宝丰面粉厂的工人，以主人翁的姿态抢修机器，迅速恢复生产，两个多月的时间就为前方生产 1200 万斤面粉。各地妇女不仅负担着磨面、碾米的任务，还日夜不停地为部队缝制棉衣、棉被和鞋袜等。仅渤海区妇女就为部队缝制 60 万双军袜、20 万床棉被。有的群众还把自己的棉衣、棉被中的棉花取出来，絮在前方战士的棉衣、棉被里。夜晚，许多农村妇女，三人一组、五人一伙，聚集在油灯下，飞针走线赶做军鞋。有的还哼着自编的歌曲："针儿细，线儿长，识字班的姐妹做鞋忙。双双军鞋送亲人，战士穿上打胜仗。"她们眼熬红了，手指磨坏了，脚冻麻了，但谁也不肯停下针线。为了前线的战士穿上合脚的鞋子，她们常常通宵达旦忙个不停。不少妇女还在鞋上绣上"将革命进行到底""为人民杀敌立功""立功光荣"等口号，鼓励前线的战士奋勇杀敌。据统计，胶东掖县妇女半月赶做 22 万双军鞋，鲁中南区广大妇女做军鞋 100 万双。

在战争期间，交通运输是否畅通，关系到后方粮草、弹药能否及时运到前方，这对战争胜利起着重要作用。为了保障交通线的畅通，山东各地广大群众积极抢修铁路、公路和桥梁。在修复济南至兖州的铁路时，动员组织了 18 万多民工、35000 多名工人，突击 3 个月，就修好铁桥 31 座、铁路 128 公里，保证了按时通车。在修复陇海路东段时，仅滨海地区就动员组织了 8 万民工修路基，数万民工运送材料和加工零件。在修复兖州到临城铁路时，鲁中南四分区的群众提出"快修铁路，支援前线"的口号，男女老少齐动手，修路基，扒石子，铺道床，添土方。为了解决道木，群众把准备盖房的木材献出来，把自家院子里的树伐掉，一共献出了 17 万根道木。为了解决夹板与道钉，几百家铁匠炉日夜奋战，完成 2500 副夹板、75 万个道钉和 5 万个螺丝的加工任务。淮海战役前，敌人将徐州北边茅村铁路桥炸毁，妄图阻止我军前进，要修复需半月时间。战役开始后，我军

随军转战的担架队

为了迅速到达前线，围歼敌人，必须将桥迅速修好。陈毅司令员亲自打电话给鲁中南区党委副书记高克亭同志，要求三天之内将桥修好。鲁中南区党委派专人负责，发动群众，奋战两天半就把桥修通了，受到陈毅司令员的赞扬。

临近战区的鲁中南地区的广大群众，为了保障战时运输，从 10 月 20 日至 11 月 20 日，仅用一个月的时间，就在陇海路北的大片新解放区内修通了临沂到滋阳、台儿庄、潍县等长达 1300 余里的 31 条公路，及大路 95 里，开辟附路转道 99 处，修建桥梁 380 座，使鲁中南地区东至黄海、西至运河、南至陇海路、北至胶济路等主要交通干线全部畅通无阻。

为了保障战时的通讯联络，鲁中南区党委和支前委员会动员组织了 2600 余名民工，协同电话队员分别设立了临沂至沂水，临沂至十字路，临沂至郯城，临沂至兰陵再至邳县、通运河站、峄县、滕县，兰陵通台儿庄、贾汪、徐州等地的各条线路，全长 876 里。在抢修、架设电话线路时，民工们表现了高度的政治热情和顽强的革命精神。如：架设临沂至沂水 200 里长途电话线路时，计划 20 天的任务，18 天就完成了。当围歼黄百韬时，部队与支前机关紧急南下，又要保持与华东局的联系，急需架设兰陵至台儿庄 52 里的线路。接到任务后，民工与电话队员连夜奋战，翌日下午 4 点电话畅通。

在架设徐州至贾汪的电话线时，电话队员和民工在大雨中坚持作业，有的队员不顾寒冷，脱下棉衣下河放线，提前完成了任务。

三

这次战役，我军参战兵力和随军民工达 100 多万，战场东起海州，西至商丘，北起临城，南达淮河，纵横数百里，从战役准备到整个战役结束，前后几个月，粮食和其他军需物资消耗是巨大的。当时，仅粮食一项，每天就需 300 万斤原粮供给。淮海地区是敌人长期掠夺和连年闹水灾的灾荒区域，群众生活极苦，粮食负担力微弱，部队吃粮食主要靠山东各解放区。运输线是空前地延长了，但火车只能从济南到兖州，离前方尚有 200 余里。从山东解放区后方到前线，不仅要翻山越岭，而且还要通过水网湖泊。当时缺少现代化的运输工具，主要靠肩挑、牲畜驮和小车推，再加上时值寒冬季节，气候恶劣，常降雨雪，给运输带来不便。因此，当时对于淮海战役的粮食供应，上下都很担心。华野在通令中曾指出："这次战役的发起，是继济南战役胜利之后，根据目前全国形势与部队的思想情绪，均有胜利条件与信心。所感困难者，唯有粮食问题……我们为了胜利，此次战役的粮食工作应引起各级负责同志的注意。"能否保证前线作战部队的粮食供给，事关整个战役，直接影响着战役的胜败。一想到这些，我们深感身上的担子沉重，责任重大。根据当时的运输条件，全部依靠后方运粮或各地区平均摊派的办法，是不能完成粮食供应任务的。于是，我们研究决定，先从接近战区的鲁中南四、五、六专署征调粮食 1 亿斤作为一线粮食，在此基础上，再从渤海、胶东后方调运，以保证供应前线部队。鲁中南地区是敌人重点进攻山东时的重灾区，群众生活极为贫寒痛苦，但是一听说支援淮海战役打老蒋，群

小车队长途跋涉运送物资

情振奋，纷纷表示：要钱有钱，要人有人，要物有物，砸锅卖铁也要支援前线！他们宁肯自己吃糠咽菜，也要把节省下来的粮食一袋袋、一车车源源不断地送往前线。靠近战场的郯城县接到筹集 500 万斤粮食的任务，县府粮库只能拿出 100 万斤，剩下的 400 万斤全要靠群众筹集，按人口计算，全县平均每人需拿出 10 斤粮食以上，这在当时来说，真是个惊人的数字。但是，郯城县人民却表示：宁愿自己饿肚子，也要保证前线的战士吃饱饭。他们节衣缩食，勒紧腰带，把粮食一碗一瓢地省下来支援前线，超额完成了近 100 万斤的任务。渤海区为了完成 1 亿多斤粮食的征送任务，各专署专员、地委委员，各部部长均分头迅速下到各县帮助布置动员。全区男女老少立即行动起来，从 12 月 9 日到 25 日，用 16 个昼夜，共出动大车 70960 辆、小车 15582 辆、木船 1250 只，投入 170060 名民工，圆满完成了 1 亿余斤粮食的运送任务。整个渤海平原，到处人欢马叫，车轮滚滚，磨碾飞转，展现出一幅波澜壮阔的人民支援前线的宏伟画卷。

　　山东人民不仅节衣缩食，无私地献出大量粮食，而且发扬了艰苦奋斗精神，冒风雪，战严寒，翻山越岭，长途跋涉，将粮食、弹药及时运送到前线，在支前工作中表现出高度的牺牲精神，创造了许多可歌可泣的英雄事迹，涌现出大批模范人物。运粮途中，有的民工遇到风雪，就把自己带的蓑衣或把自己的棉衣盖在粮食上；遇到山高坡陡、道路泥泞，不便推车，就卸下粮食，改用肩扛；粮袋破了，就从自己穿的衣服上撕块布把粮袋补好。当年送粮民工自编的一首快板诗唱得好：

　　　　不怕苦，不怕难，爱护军粮理当然。
　　　　粮食就是命根子，打敌人的真本钱。

　　在淮海战役的第一阶段，我军于陇海路上、运河两岸围歼敌黄百韬兵团时，粮食要经过运河西运。民工们不顾长途跋涉的疲劳，在黑夜跳进冰冷的河水中，架起浮桥，保证粮食源源不断地运到河西岸，供应了我作战大军。为了提高运输效率，尽快把粮食送到前线，运粮民工人人多装，车车超载。原规定每车装载 200 斤，沂蒙山小车队则普遍装载 300 斤以上，有的装到 400 多斤。泗水县运输团，一次接受六天内运粮 90000 斤的任务，该团千余民工冒着敌机轰炸扫射，忍饥耐寒，破冰渡河，三天就运粮 112000 斤。淮海战役进行到第三阶段，当我华野部队追击敌人到萧县、永城地区，围歼杜聿明集团时，鲁中南一分区民工，不顾风雪严寒，从泰安经兖州、济宁、韩庄、徐州、萧

大批翻身农民加入人民解放军

县等地，使用小车、木船、汽车、小挑等各种运输工具，经过 7 道手续，征程千里，辗转换载，把粮食送到部队的炊事单位。莒沂县 400 辆小车，运送 110000 斤白面上前线，他们从山东出发，经江苏、安徽，长途跋涉千余里，当走到新区时，吃完了随身带的"三红"，即红高粱、红辣椒、红萝卜咸菜。干部为了爱护民工，叫吃车上的面，但民工们一致拒绝说："这面我们已经经过山东、江苏、安徽三省运到这里，还没有送到部队，前方同志正等着我们的粮食吃，我们无论怎样饿，也不能吃车上的面。"他们在两天一夜中，只吃了一顿饭，车上的面一点也没动，如数送到了前线。胶东莱阳县支前特等功臣唐和恩，在运粮中不怕苦，不怕累，处处起带头作用，鞋子磨烂了，就赤脚推车，从不叫苦。他把自己能参加支援淮海战役当作义不容辞的责任，感到无上光荣与自豪。为了纪念这段光荣的历程，他从家出发时带了一根小竹竿，每到一地，就在上面刻上地名，到支前结束时，上面刻满了山东、江苏、安徽 3 个省 88 个城镇和乡村的名字。这不是普通的里程记录，而是山东人民支援前线卓著功勋的见证！

1949 年春节前夕，正值淮海战役第三阶段，部队正集中于萧县、永城

地区围歼敌人。为保证每个战士过年能够吃上 1 斤猪肉，鼓励部队战斗情绪，华东支前委员会决定从鲁中南地区紧急征调 862000 余斤猪肉，以保证部队在春节中的肉食供应。山东的民工为了把猪肉、白面及时送到前线，冒雨踏雪，日夜兼程，超额完成了这一任务。由于各区人民的大力支援，使我军与敌军形成了强烈的对照。我军阵地上粮足饭香，兵强马壮，士高气昂；而敌军阵地在我军重重围困之中，因断粮而互相殴斗火并，甚至掘坟取棺木为柴，烤烧战马充饥。就在这时候，我军对敌人展开了强大的政治攻势。我们的大米饭、白馒头、肥猪肉也成了直接打击敌人的武器，它伴随着我军的俘虏政策，有效地动摇和瓦解了敌人军心。在 1949 年元旦前后的 20 天中，前来投诚的敌军达 14000 多人，相当于敌军两个师的兵力。

四

淮海战役中，部队连续作战，出现一些伤亡，及时把这些伤员抢救并转运下来的艰巨任务，大部分落到了山东数十万民工身上。这些民工中有不少是夏、秋两季从家里出来的，早已到了服务期限。济南战役胜利后，又随着华野大军来到淮海战场，这时天气转寒，不少民工家里还未捎来棉衣，但这并没有动摇他们支前到底的决心。民工们一致表示：淮海战役打不完，我们坚决不复员。胶东 3000 多名常备随军民工服务期满后不回家。其中有个姓郭的民工在执行任务时被炸伤，痊愈后，上级决定要他复员回家，他说什么也不肯。他被送出 300 多里路后，又赶回原部队。民工们在执行任务中，视伤员如亲人，出入枪林弹雨，冒着生命危险，及时地把伤员从火线上抢救下来。在围歼邱清泉、李弥兵团时，渤海一分区担架团特等功臣李省三主动组织民工到火线抢救伤员。在接近敌人时，他们一面抢救伤员，一面向敌人射击，一夜就连续三次上火线进行抢救。当敌人的炮火封锁了道路时，李省三趴在地上，让其他民工将伤员架在他背上，顺着地堰慢慢地往前爬行，终于冲出了敌人的火力网。胶东北海民工团有 4 个民工在一次转运伤员时，遇上敌机轰炸扫射，隐蔽来不及，队员们就都扑到伤员身上，用自己的身体掩护伤员，并说："同志，打不死我就打不死你!"胶东招北担架队六分队,在一次往前线送鞋时,遭到敌机轰炸,7 名民工牺牲,担架被炸毁 7 副。民工们不但没有被吓倒,反而激发了对敌人的无比仇恨。他们从地上爬起来,掩埋了战友的尸体,响亮地提出:"要为死者报仇,减人不减担架,不彻底歼灭敌人不回家。"担架少了,他们就用自己节省下来的菜金买来木料,连夜赶制;前线买不到麻绳,就用自己的背包带扎担架;人员不足,就由原来的 5 人一副改为 4 人一副。就这样,他们克服重重困难,忍饥耐寒,出入炮火之中,共抢运伤员 50 次,计999 名,其中从火线上转运下来的就有 483 名。追歼徐州逃敌时,他们急行军 400 余里,紧随部队完成任务,被东海部队四十二支队授予"轰不垮,拖不乱,担架越毁越多,从无逃亡"的"钢铁分队",全队 143 人都立了功。

为了使伤员尽快后运,担架队的民工不辞劳苦,冒着敌机轰炸与风雪严寒,日夜奔走,长途跋涉,进行转运。鲁中南沂中担架团在转运伤员时,往返 80 里,有时一昼夜往返两趟,在 13 天内,每个担架队员平均跑路 1090 里,有的队员脚都累肿了,穿不上鞋子,便穿着袜子赶路。莒南县担架队员朱正章,脚生了疮,腿肿得很粗,领导让他休息,他不肯,拄着拐棍坚持抬担架,每夜往返 80 里,一连三夜不休不眠,被誉为"钢铁担架队员"。莒南县担架一团,从 11 月 11 日至 28 日,连续执行伤员转运任务,其中有七昼夜没有休息,天气寒冷,全团 1200 人没有穿上棉裤,半数民工缺少鞋穿,但是他们却精神振奋,忍饥耐寒,赤脚抬担架,按时完成了上级交给的任务。

在转运伤员的过程中,民工们发扬了崇高的阶级友爱精神,视伤员如亲人,无微不至地照顾伤员。为了减轻伤员的痛苦,不少民工用嘴给伤员吸痰,用自己吃饭的小瓢给伤员接屎接尿;许多民工在接受任务前练习轻步、快步抬担架的动作,反复做实地试验,想方设法减轻伤员的痛苦。同时,他们还琢磨出在各种不同地形上,对各样不同伤员抬放担架的方法,编成担架号子。在运转途中,遇到石头或坑洼时,前头的民工便喊一声:"路不平!"后面的民工随应一声:"高抬脚喽!"遇到上崖下坡,前面的民工喊一声:"上崖喽!"后面的民工也相应一声:"上崖喽!"随着喊声,前面的民工将担架放低了，后面的民工就将担架抬高了。前面的民工喊一声："下坡喽！"后面的民工也随应一声，随即，后面的民工又将担架放低了，与前面抬起的一端保持平衡。伤员们在担架上既不倒控头，又不滑趟。这种号子，前抬传后抬，一抬传一抬，整个队伍的每一抬担架都保持平衡，避免了颠簸，减少了伤的痛苦。在转运过程中，他们还创造出适应各种不同伤员的担架，有床式、棚式、靠背式、升降式、推拉两用式等。在转运途中休息时，他们编小席、草帘子和草枕头，放在担架上给伤员用。有的小席上面还写着自己编的小快板："小草席，亮光光，祝伤员，早健康。我编小席你打仗，争取全国早解放。"以此鼓励伤员与伤病做斗争，争取早日回到前线。他们还把自己的被子、狗皮给伤员垫在身下，脱下身穿的棉衣盖在伤员身上，自己穿着单衣，顶风冒雪前进。鲁中南临朐县民工，由于将棉衣给伤员盖，有90多件衣服都留下了伤员的血迹。渤海一分区担架团每次转送伤员时，每副担架伤员的身上总是盖着三四件大袄，民工们只穿一件单褂抬担架。民工们还拿出自己从家带来的零钱和节省下来的菜金，买红糖、白糖给伤员冲开水喝。该团特等功臣石连生，将自己棉袍中的棉花撕下来，给伤员擦污物、血迹，一件长袍竟撕掉了半截。当伤员送到后方医院时，山东解放区人民对伤员照料得更是无微不至。医院周围的群众组成各种服务小组，为伤员服务，帮助医务人员喂水喂饭，洗血衣，拆被褥，补鞋袜。据不完全统计，仅济南市3个月内就治疗伤员6000名，有500多名群众自动报名为伤员输血，各机关、团体、学校自动参加护理伤员的有5656人，形成了一个群众性的爱护伤员运动。这些充分体现了人民军队和广大人民群众之间的血肉关系，表现了军民之间的鱼水之情。

五

在淮海战场，由于大兵团作战，部队伤亡大，需要随战随补，随补随战。为了使我军有充足的兵源，保持部队战斗力，11月19日，华东局决定从山东的胶东、渤海、鲁中南抽7个团的地方武装开往前方补充主力。

21 日，华东局又做出了《关于淮海战役期间兵员补充计划》，提出在淮海战役期间要去山东动员 11 万兵员补充主力。山东解放区人民热烈响应党提出的"到前线去，到主力去"的号召，把参军当作自己高尚的使命、神圣的职责、光荣的义务，争先恐后，积极报名，掀起了轰轰烈烈的参军运动。大批地方武装荣升主力，源源不断地开赴前线。在参军运动中，涌现出许许多多"父母送子""妻子送郎""兄弟相争""村干带头"的动人事迹。有不少村庄荣获"武状元村""扩军模范村""动参模范村"等光荣称号。胶东高密县仅 5 个区的统计，就有 885 名青壮年参军，其中有 103 名是父母送的，有 126 名村干带头参军。朱汪庄有位刘大娘说："咱穷人以前受的压迫、遭的罪，都是蒋介石加给咱的。在一年左右就能打倒蒋介石，现在不干再等啥时干！我大儿子早已参军。二儿子长到 18 岁，这次我要送他到部队去，在淮海前线立个功！"威海俚口区动员后，三天内，全区有 400 多名青壮年报名参军。莱东县仅 6 个区的统计，一次就有 970 名青壮年报名参军。这个县的南泗庄是一个仅有 1008 人的村子，一次就有 53 名青年参了军。胶东区福山县冯家庄妇女谭桂英，主动动员丈夫参军，在她的带动影响下，全村又有 27 名青年报名参军。县人民政府赠给谭桂英夫妇"夫妻两立功"奖旗一面。鲁中南区沂县西台村有位刘大爷，家中有两个儿子争着参军，互不相让，只得由群众评议决定。在这次参军运动中，从 1948 年 10 月至 1949 年 3 月期间，山东解放区有 168180 名青壮年参军，其中 80000 人补入主力部队。

山东在组织地方武装和翻身农民参军补充主力的同时，还从各地抽调选拔了 22000 余名优秀学生组成 17 个子弟兵团开赴前线，担负押解战俘、警备铁路、保护交通、看守仓库、捕捉散兵、打扫战场等战勤任务，积极配合和支援部队作战。

在押解战俘时，民兵们严格遵守俘虏政策，纪律严明。沂水县一个民兵排，在淮海前线服务 3 个月，押解俘虏 2160 名，圆满地完成了任务，全排人人立功。胶东子弟兵团一营百余人，押送 3200 名战俘，有些俘虏军官将身上带的财物送给民兵，都被坚决拒绝了。有个俘虏想以 4 个金戒指、3 块现大洋和 2 支钢笔收买一个姓孙的民兵，那个姓孙的民兵严厉地对俘虏说："你看错人了，俺不是你们那种贪财的人。"这些都充分表现了山东解放区人民具有高度的政治思想觉悟。

人民支援了战争，战争教育、锻炼了人民。各民工团认真贯彻了华东支前委员会关于"把支前民工队当成学校办"的方针，在民工队伍中建立了政治工作制度，对民工进行了政治教育，开展了立功运动、民爱民运动，发展了党员，提拔了干部，培养了积极分子，从而大大激发了民工、民兵的支前热情，保证了各项艰巨支前任务的圆满完成。经过战争环境的实际考验和党组织有效的政治思想教育，民工的阶级觉悟不断提高，组织纪律性不断加强，在民工队中涌现出了无数英雄模范人物和大批先进分子。招北民工队在淮海战场，先后遭敌人飞机 5 次轰炸及炮击，伤亡 50 余人，但由于及时对民工教育，使民工稳定了思想情绪，出色地完成了上级交给的任务。渤海有个分区担架团在济南战役前就随军服务，他们执行任务坚决认真，爱护伤员亲如兄弟，遵守政策，纪律严明，全团 3000 余人，90% 以上立功，共荣获了 65 面奖旗，被华东支前委员会授予"模范担架团"的光荣称号。鲁中南沂中担架队，在民工中进行了党的基础知识教育，启发他们的共产主义觉悟，在短短 1 个月中，即发展新党员 29 名，培养各级干部 40 余名。在胶东北海民工大队中，被提拔担任区、村干部的就有 154 人。仅据华支直接掌握的 174305 名复员民工的调查统计，荣立特等功者 197 名，荣立一等功者 4646 名，荣立二等功、三等功者 90982 名，发展党员 5811 人，提拔干部 6760 名。

人民战争，人民支援。据不完全统计，山东在淮海战役期间出动民工 183 万余人，担架 58224 副，大、小车 409810 辆，挑子 41575 副，牲畜 175755 头，船只 3250 艘，汽车 257 辆；调运粮食 2 亿 3020 万斤，柴草 4 亿 1000 多万斤，食油 726551 斤，食盐 839207 斤，猪肉 863000 余斤。

每当我回忆起山东人民对淮海战役的全力支援和所做出的巨大贡献，我就仿佛回到当年的淮海战场，看到那车轮滚滚、浩浩荡荡的小车队踊跃支前的宏伟场面，看到那英勇的担架队员冒着炮火奋勇抢救伤员的动人情景，也仿佛听到民工呼喊着的洪亮的担架号子和千百辆小车发出的"吱吱扭扭"的有节奏的声响，使我充满了对山东人民崇高的敬意和深深的感激之情。

渤海运粮支前的日日夜夜①

王卓如②

淮海战役期间，我在渤海行政区担任行署主任，并和陈放一起负责支前工作。当时渤海区党委的中心任务是支前和生产。全区人民为支援淮海战役，不怕困难，团结战斗，"一切为了前线，一切为了战争的胜利"，坚决保证："解放军打到哪里，我们就支援到哪里！"

时光如流，转瞬间四十个春秋过去了。当年那种艰苦卓绝的斗争已成为历史，但每当追忆那些紧张战斗的日日夜夜，渤海区的共产党员、干部和人民群众那种顾全大局、为支援淮海战役无私奉献的精神，总有一种岁月难却的眷眷之情。渤海区人民在解放战争中，不论是参军拥军、出民工抬担架，还是筹运军粮、供应作战物资，都做出卓越贡献。这里，我仅将淮海战役中渤海人民突击筹运军粮的情形，做一些片段的回忆。

淮海战役，是中国人民解放战争中具有重大意义的一次战略决战。在淮海战役期间，渤海区和其他兄弟地区一样，在支前方面做出了很大的贡献。尤其在筹集粮食，火速运送，保证我军供应方面，成绩更为突出。1948 年 11 月中旬，我们接到上级的命令，要我们在一个月内筹集 1 亿斤粮食运往济南的历城、黄台、鹊山等地，支援淮海战役。任务艰巨，急如星火，我们感到担子沉重。当时，渤海区辖有 38 个县市，820 多万人口。解放战争爆发以来，国民党军队两次进犯，并侵占了渤海区黄河以南地

---

① 本文选自中共党史资料出版社 1988 年版《中国共产党历史资料丛书·淮海战役》第三册。

② 作者淮海战役时任渤海支前委员会主任委员。

渤海某运输队运输途中

区，使当地人民遭受了巨大的灾难。渤海区人民在极其困难的情况下，不仅保证供应了于 1947 年秋季在渤海区黄河以北休整的华野部队和华东局等机关 40 余万人的粮食和物资，而且在历次战役中还支援了前方大批的粮食，仅据鲁南、兖州、济南三次战役的统计，就支援粮食达 12000 万斤。由于长期的战争消耗，国库存粮甚少，现在又要筹集 1 亿斤粮食，不仅要做好群众工作，从农民手中现征、现借、现加工，而且还要组织大量的装运工具和人力，其困难程度是可想而知的。因而，在少数干部和群众中产生了一些畏难情绪，认为"战勤负担已经'够劲'，再筹运这么多粮食很难办"等。针对上述情况，渤海区党委和行署的负责同志认真分析了全区的实际情况和干部群众的思想状况，认为尽管筹运军粮存在着一些困难，但同时也具备完成任务的有利因素：土地改革的完成，激发了广大农民反蒋保田的积极性；济南战役的胜利，淮海前线捷报频传，鼓舞了群众的支前热情；当年夏秋粮食丰收，为完成任务奠定了物质基础。从而统一了思想，坚定了完成任务的信心。为了尽快完成任务，区党委和行署立即行动起来，分头召开会议，进行动员和部署。11 月 19 日，区党委书记张晔在全区组织、宣传干部会议上做了《紧急动员起来，争取淮海战役的彻底胜利》的动员报告，要求各级党组织加强全局观念，团结和依靠群众，克服各种困难，全力以赴地完成支前任务。行署也在同一天召开紧急会议，发布命令，具体部署，把任务落实到第二、三、四专区各县，并严令专员、县长、粮食局长要亲自动员、亲自安排、亲自掌握，要围绕支援战争这一中心，把一切力量集中到这项工作上来，认真落实，切实抓好，务于 12 月 25 日前保证完成任务。会议结束后，粮食局的负责同志和行署干部 12 人，就带领渤海干校学员 102 人，分赴各专区帮助筹粮。渤海第四专区立即召开了县长联席会议，认真贯彻上级会议精神，畅谈淮海战役大好的胜利形势，讨论部署筹粮运粮任务，不仅顺利地落实了筹粮任务，而且各县还争先恐后地多要任务。中共桓台县委上午接到命令，下午即召开区委书记、区长会议进行部署。随后，县委书记、县长、粮食局长等又分别率领近400名干部、县校学员、民兵深入到各乡村筹粮，接受筹运粮食任务的各县、区也都迅速行动起来，广泛深入地向人民群众进行时事形势教育、阶级教育，讲明打胜淮海战役同保卫土改胜利果实、推翻国民党反动统治的关系，号召人民群众以筹粮运粮的实际行动全力支援前线。这样一来，发动群众，依靠群众，克服种种困难，很快形成了"要人有人、要粮有粮"，宁肯自己勒紧腰带，也要保证完成任务的支前热潮。第二专区各地边筹粮边加工，全区动用石碾18000台，日夜不停地碾米，任务很快就完成了。临邑县朱楼村粮食筹齐后，男女老少齐上阵，20天内碾谷子18000斤。该县宿安镇的袁振芬，因为是烈属，村里没分配他筹粮碾米任务，但他听说是前方需要的粮食，就把自己的300多斤谷子连夜碾成米，天明送到区粮站，粮站的同志不收他的粮食，他倒下小米就走，连秤也不过。他说："支援淮海战役人人有份，我也有一份责任！"惠民县何坊区谷家安村共有80户，70户自动报名借粮。一位双目失明的翻身农民，没有分配他借粮任务，他挂着拐棍，摸到会场上，硬是把自己的100多斤谷子献上。他说："要是没有解放军在前方打仗，咱分的宅子、地都保不住，咱自己吃点糠菜，也得让在前方打仗的同志们吃饱。"当时，渤海区流传着一首歌谣："吱咯吱，碾儿响，家家碾米忙得慌，推的推来簸的簸，倒的倒来装的装。快快送到前方去，同志吃饱身强壮，为了前方打胜仗，人人筹粮出力理应当。"这首歌谣充分反映了渤海区人民筹粮碾米支援淮海战役的真实心情和动人情景。

在集中力量、深入动员筹集粮食的同时，各专区、县、区、乡、村层层建立了运粮委员会，制定了运粮方案、运粮报告制度和奖励办法。在运粮报告制度中规定：运粮计划不经上级批准，任何个人任何情况下都不得擅改。各级都设立统计报告员，村向乡每天报告一次；乡向区每两天报告一次；区向县三天报告一次；县运粮委员会五天召开一次会议，检查研究完成运粮计划的情况。渤海粮食分局划定了运粮路线和运粮站、点，制定了保证完成运粮任务的具体措施。第二专区的济阳、齐河、商河、临邑等县，用大车、小车陆路运输，把粮食直接运往鹊山、王而镇车站。第三专区东部寿光、广饶、博兴等县的粮食，由小清河水运至黄台车站；西部之章丘、齐东等县，则就近陆运至郭店。第四专区的利津、沾化、阳信、无棣等县，均将粮食运至黄河沿岸码头——利津、王平口、清河镇等，再由黄河水运至洛口。陆运或水运沿途的粮站均建立粮草补给站和露天仓房，以保证运粮民工、车船的粮草、物资供应。运粮中所需粮袋，除调黄河河务局之麻袋外，由工商局调拨土布，发动群众自制。同时，还规定了支前运粮的奖励办法，在运粮中定人定畜定运量，给以报酬，切实和群众兑现。例如：每日给每个运粮民工4斤粮食，每运粮百斤百里，给8斤粮食，水路运输每百里百斤给粮食5斤。两套的骡马车定额为1000斤，三套的为1200斤，日行60华里；铁木轮牛驴车，定额为800斤，日行50华里，超额完成任务部分按5%给粮，小车按8%给粮。大船、小船运粮，顺风或逆风行驶等都做了具体的奖励规定。这样，建立了一套系统的运粮机构，划定了运粮路线，做了一些合理的规定，进一步调动了群众的支前积极性，保证了粮食运输的顺利进行。

在运粮过程中，党员、干部身先士卒，走在前列，用自己的行动鼓舞了群众，大大加快了工作进程。第二专区在地、县委领导的亲自率领下，除外出支前的劳力外，全区男女老幼都投入了运粮活动。他们赶制粮袋932000条，出动18000辆大车来往奔驰，半月内就完成了运粮任务。第三专区的民工第二团有3400名民工，其中有370名是区、乡干部，400名党员，700名积极分子，在运粮中起到了骨干作用。桓台县崔楼乡的粮库主任，白天发粮、收粮，晚上和民工一样装粮袋，连续四天四夜没上床合过眼，有时忙得顾不上吃饭，一天只喝一顿粥，他四天发粮13万斤，累得嘴上起泡，两眼肿成一条缝，仍坚持工作。他说："吃不了苦，负不了责，当干部就得带头吃苦。"临淄县的民工小车队15天中往返运粮十趟，行程1390里。该县民工第三营八班班长张殿鳌，连续7次执行任务，别人挑45斤，他挑110斤，宿营时让出好房给别人，自己在寒冷的院子中露宿。桓台县民工班长崔兴贵推木轮小车，别人装200斤，他装400斤，带动全班运粮 11940 斤。临淄民工营在党员、干部带领下，开展创模立功运动，提出："模从劳中得，功从苦中生，支前是炼金炉，看谁钢崩崩。"全营 392 名民工，就有229 人立了功，并提前超额完成72925 斤的运粮任务。党员、干部率先垂范，群众支前热情更加高涨，许多群众自愿组织起来运粮。商河县白集乡的群众在负担任务之外，多出大车 34 辆参加运粮；桓台县滨湖区的群众推迟自己杀割苇子的时间，自愿组织了50 条船参加运粮。为了运粮、碾米，许多群众自动集资购置牲畜

1948 年 10 月 13 日渤海区支前委员会
关于支援淮海战役给各地的紧急动员指示

和车辆。商河县的刘安乡在运粮中新增添毛驴 21 头。桓台县原有大车 700辆，运粮中增加到 1400 辆；原有小车 500 辆，运粮中发展到 1700 辆。群众在运粮中，自编自唱道：

"一串小车一条龙，吱悠吱悠向前游，一天走不断，一眼望不到头。"

"小车吱吱赛凤凰，披星戴月赶路忙，咱把军粮送前方，同志吃饱打胜仗。"

由于干部、群众支前热情的空前高涨，夜以继日、废寝忘食地抢运粮食，原定日运 500 万斤，达到 690 万斤，最高日运 760 万斤。从 11 月 28日起，至 12 月 13 日，全区共出动大车 70000 余辆，小车 19000 余辆，木船 1250 艘，投入 17 万民工，水陆并进，奋战了 16 昼夜，比原定计划提前10 多天圆满完成了筹运 1 亿斤军粮的光荣任务。

前言往事，并不希冀逝去的艰难岁月的重复，而是温故知新，继承、发扬战争年代艰苦奋斗、无私奉献的光荣传统，使之成为建设四化大业的精神力量。

鲁中南支援淮海战役回忆片段①

高克亭②

1948 年 6 月，由鲁中、鲁南区和滨海、泰西两个专署合并成鲁中南区，辖七个专署，兖州、济宁两个市和淄博特区。它东至黄海，西到运河，南起陇海路，北止胶济铁路，纵横 600 余里，是一个地域广阔、人口众多的地区。在淮海战役期间，临处前线的鲁中南担负着艰巨而繁重的支前任务。当时，在中共华东中央局的领导下，鲁中南区党委发出了一切为了前线胜利的指示，号召人民群众一手抓支前，一手抓生产。鲁中南人民积极响应，全力以赴，出工出物，为保证淮海战役胜利做出了突出贡献。岁月流逝，淮海战火纷飞的年代已经过去。但是，我作为鲁中南区党委副书记，直接参加了支前工作，每当想起那时的情景，想起鲁中南人民那种无私无畏的牺牲精神和全力以赴支援前线的动人场面，总是心潮起伏，思绪翩翩。今值淮海战役胜利 40 周年之际，谨把我记忆的片段撰写出来，以纪念这次伟大的战役，并告慰为这次战役做出突出贡献的鲁中南人民。

淮海战役是我军战史上的一次重大战役，也是解放战争时期我党同国民党在军事上的一次战略决战。辽沈战役结束后，蒋介石为了挽救败局，提出了"守江必守淮"的作战方针，把一切可能集中的兵力蜷缩在徐州地区，企图扼守中原，防御江北，屏障南京，在以徐州为中心的津浦与陇海

---

① 本文选自中共党史资料出版社 1988 年版《中国共产党历史资料丛书·淮海战役》第三册。

② 作者淮海战役时任鲁中南支前委员会主任委员。

两条铁路相交的十字架上摆下了数十万军队。根据国民党的军事部署态势，毛泽东于 1948 年 10 月 11 日为中共中央军委起草了《关于淮海战役的作战方针》；11 月 16 日，中央军委决定由刘伯承、陈毅、邓小平、粟裕、谭震林组成总前委，邓小平为书记，统筹一切，领导和指挥华东和中原野战军，加上华北军区所属冀鲁豫军区的地方武装，约有 60 万人的参战部队，在淮海地区拉开了战略决战的帷幕。

为了搞好这次战役的支前工作，华东局除专门召开会议研究部署外，还加强了支前的组织领导。11 月 4 日，正式下达文件，组建了华东支前委员会，其联络处设在鲁中南区党委驻地临沂城内。华东支前委员会由傅秋涛、张雨帆、魏思文、张劲夫、程照轩、赵锡纯、梁竹航七位同志组成，傅秋涛为主任。这些同志除梁竹航外，都是从鲁中南直接抽调出来的。傅秋涛是鲁中南区党委副书记、鲁中南军区司令员，张雨帆是区党委秘书长，魏思文是组织部长，张劲夫、程照轩都是鲁中南行署的副主任，赵锡纯是鲁中南军区的参谋处长。抽调这些同志负责支前工作，不仅有利于统一领导和组织华东的支前，而且有利于在接战区的鲁中南就近调动人力、物力和财力，解决支前中急需解决的问题。

这些同志调华东支前委员会后，鲁中南区党委在后方的只有张光中、钱钧、李乐平和我等几位同志，主要工作就是支援前线、搞好土改和生产；前方的人力物力的供应，由我们具体组织实施。当时，由于国民党军队的连年进犯和还乡团的烧杀破坏，加上严重的灾荒，鲁中南人民的生产、生活极其困难。1948 年 9 月 1 日，区党委根据鲁中南的实际情况，发出了《关于支前生产工作的指示》，向各级党组织提出了战争支前

1948 年 9 月 25 日鲁中南支援前线委员会《关于目前工作的指示》

和秋收秋种已成为鲁中南全党目前的紧急任务，要求"首应集中全力完成战争支前和秋收秋耕秋种两大任务；至于土改整党虽很重要，而因客观情况与主观条件势难兼顾，暂可推迟进行。但在秋收秋耕秋种中固定地权，与执行中心任务中通过组织及建设地方武装仍须结合进行"。9月27日，华东局把这个指示加上批语转发到各地党委，并在《大众日报》上发表，要求参照执行，努力生产，搞好支前，保证生产、支前两不误。区党委还对加强支前组织领导专门做了部署，要求地委设支前司令部，县设支前指挥部，区设支前站，村设支前生产委员会，充实了支前干部，配备了人员。接战区的各地委还专门增设了支前供应部，每隔30里设置一个民工站，15里设一个茶水站；有的县区还组织了支前工作队。与此同时，在全区广泛深入地开展了时事形势教育，宣传淮海战役的伟大意义，提出了"解放军打到哪里，我们就支援到哪里""以忘我的精神争取光荣地完成支前任务"的号召，迅速地在党员、干部和群众中形成了"为了战役胜利，

莒南县民工队开赴前线

要人有人、要钱有钱、要粮有粮"全力支前的热潮。不少区、村还纷纷制定了拥军公约。那期间,真是全党动员、全民动员,从地委到区镇,从村庄到各家各户,组织民工担架,筹集粮草物料,为大力支援淮海战役积极行动起来。

淮海战役开始。当我军围歼黄百韬兵团时,其他兄弟地区的民工正在陆续赶到,粮食、弹药的运输,伤员的转运任务很重。这时,鲁中南区党委、行署和各地委抽调了300多名干部,组织起支前的挑子队、小车连、担架团,率领浩浩荡荡的民工队伍奔赴前线。还派区党委党校教育长周星夫带领200多名学员干部奔赴淮海前线参加支前工作。沂东县战役前就已组织常备担架1130副,5859人,编成45个担架连;小车3067辆,6043人;民兵10个连,1860人;另外还组织了临时民工5682人。全县共组织起担负各种支前任务的民工19000多人。这些民工在歼灭黄百韬兵团时,干部身先士卒,党员模范带头,抢运伤员,赶送军用物资,胜利完成了任务,受到了上级的表扬和奖励。临朐县南流区支前运粮,出动299辆小车,在往返640里的路途上,10天完成了96000多斤军粮的调运任务。在整个战役期间,鲁中南区共调用随军常备和二线转运民工34万多人,临时民工达140多万人。党的思想政治工作是完成政治任务的重要保证。鲁中南各级党组织重视民工的思想政治工作,配备了一定数量的政治工作干部,深入进行形势教育,开展诉苦运动,制定了《支前奖惩条例》,启发民工的阶级觉悟,大大鼓舞了广大民工争取立功受奖,为解放全中国做贡献的革命热情。久负盛名的莒南担架团,全团2797人,就有1428人在支前中立了功,其中有128人荣获"钢铁担架员"称号。平邑小车团全部民工1379人,人人立功受奖。沂山担架团民工孙永海荣立特等功,并光荣地加入了中国共产党。在淮海战役中,鲁中南民工的模范事迹至今仍广为流传。

动员群众参军,补充前方部队兵员,是鲁中南人民支援前线的一项重要任务。区党委专门召开了建军补兵会议,对这项任务做了具体布置。各地、县委也都把这项工作安排到议事日程上,组织干部深入农村,进行参军动员。当时,鲁中南的广大党员、干部和群众,纷起响应党的号召,把推翻国民党反动统治、解放全中国的心愿变成"胜利人人有份,参军人人有责"的自觉行动，迅速出现了父送子、妻送郎、兄弟争相上战场的动人场面。莒南县动参任务下达后，青壮年自愿报名，踊跃参军，五天就扩军1200人。这个县的洙边区在参军的137人中，有30多家是兄弟三人或两人同时入伍，

民工队破冰河，运输物资

还有7家把自己唯一的儿子送上前线。人民群众热爱解放军，自愿入伍，支援前方，其情景是非常感人的。10月份，鲁中南全区即扩军17000余人，11月份又完成8000多人的参军任务。12月，区党委抽调了地方武装组成4个团，兼程开赴前线。同时又在总结前段动参工作的基础上，向各级党委发出了《关于目前建军工作的几个意见》，进一步明确建军工作的指导原则和要求，又继续扩军11000多人，补充了主力部队，受到华东支前委员会的表扬。

保证参战部队充足的粮食供应，是支前工作中的又一项重要任务。华东野战军在通令中指出，这次战役"所感困难者，唯有粮食问题"。因此，整个战役期间，各级支前组织始终把粮食问题作为头等任务去抓。淮海战役第一、第二阶段，鲁中南区共筹粮28000万斤，供应华东野战军的大部分部队。这在当时是相当困难的。但是，鲁中南人民听说是支援淮海战役，宁肯自己吃糠咽菜，也挤出粮食支前。接受任务的四、五、六三个地委，都先后发出了筹粮运粮、支援前线的紧急通知，动员各专区群众筹集粮食，并夜以继日地为部队加工军粮。因为加工粮食数量大，碾不够用，还及时推广了日照县以磨代碾的五种方法，大大加快了进度。装粮运粮的工具不足，莒南县组织人力赶制了67000多条口袋，十字路的妇女识字班帮助县粮局裁好了15万尺布，当夜就缝好了1500条口袋；许多群众还以

油篓、柜子代替口袋，装运粮食。郯城县吕家村妇女会长连自己的枕头套都拿出来装粮支前。人民战争，人民支援，大批粮食及时运到了指定地点，保证了我参战部队的需要。同时，还供应了生油 10 万多斤，食盐118000 多斤。地处沂河西岸的五地委，有 25 万部队过境，每天需要供应部队粮食 75 万斤，要持续供应一个月，共需要粮食 2500 万斤。当时，五地委有三分之一的县遭受水灾，完成任务困难很大，但他们加强思想工作，发动群众，克服了种种困难，终于完成了任务。一地委向前方运粮要经过 8 次转运，民工们更换交替，顶风冒雪，风餐露宿，把粮食运到了部队。费县运输支队 5000 多民工接受了 20 多万斤的运粮任务，由于部队前进很快，运输线延长 200 多里，民工们连续四昼夜急行军，抢渡运河，终于提前把粮运送到了部队，返回后又第二次完成了 20 多万斤的运粮任务。在急行运粮中，19 岁的民工鞠三，脚磨破了，就把鞋扔掉，光着脚走了两昼夜，排长发现后让他休息，他说啥也不干，坚持完成了任务。整个淮海战役期间，鲁中南人民节衣缩食，支援前线，供应军队 28000 万斤粮食，还有近 70 万斤食油，72 万斤盐和 100 多万双军鞋等物资。

大兵团作战，保证交通运输畅通很重要。鲁中南人民在淮海战役中，积极抢修铁路、公路和桥梁，使部队行军作战畅通无阻。国民党军队逃出徐州时，把北边 20 里津浦路上的茅村铁路桥炸毁了。茅村铁路桥断了，前方急需的大批粮食、弹药无法运出，军情十万火急。这时，陈毅亲自给我打电话，要抢修茅村铁路桥，15 天的任务限期 5 天完成。我立即召集区党委的同志开紧急会议，研究布置抢修任务。接着，就一面派鲁中南军区参谋处处长赵锡纯迅速赶往现场，指挥抢修工作；一面又给几个地委打电话，要求把群众过去破路时保存的枕木、铁轨收集起来，送到茅村。许多群众还自动伐掉自己的树木，拿出大大小小的口袋运石子、土方，兼程赶运。那时，没有工程技术人员，就请来一些铁路老工人共同研究，攻克了种种难关，经过昼夜奋战，3 天半就完成了修桥任务，受到了陈毅和华东局的表扬。鲁中南人民抢修沭河之洪瑞桥也很感人。10 月下旬，大雨连绵，河水上涨为 2 米多深，水流湍急，冲毁了洪瑞桥，由重火器组成的华东野战军特种兵纵队行进到河边，被阻止不能过河。六地委和莒南县委闻讯后，就火速组织抢修。洪瑞区广大党员、干部首当其冲，带领 7000 多人上阵，运来大量的木桩和沙包，拦洪修桥。开始用沙包截水，投进去即被洪水冲走，又动员出一部分棺材，装上沙土投到水中，仍然解决不了问题，洪水滚滚流急，人心火急如焚。此时，分区书记王文田、乡支书庄树全带头奋身跳进水中，一时间，众多的党员、群众也纷纷下水，用绳子把装满沙土的棺材和沙包绑在木桩上，截流堵水。82 岁的王大爷抖擞着身子亲自下水指导绑桩，一场同洪水做斗争的激战打响了。经过 8 个小时的拼搏，筑起了一条 70 米长、3 米多高、2 米多宽的河堤，迫使洪水改道，使特种兵纵队顺利通过。沂中县在修复青（州）沂（水）、泰（安）石（臼所）两条公路时，组织了 15000 名民工，只用了 5 天时间，就修复了全长 130 余里的公路及沿途的桥梁。沂南、沂东、蒙阴等地群众，抢修公路 170 多里，大小桥梁 40 多座。沂源县还组织起老人和儿童，成立了护路队，保障公路畅通。从 10 月 20 日到 11 月 20 日，鲁中南人民共修通公路 30 多条，长达 1300 余里，开辟附路转道 99 处，修建桥梁 380 座，还组织了 3600 多名民工抢修和架设了 5 条电话线路，全长近 900 里，使鲁中南区主要交通、通讯干线畅通无阻。

1948 年 12 月 1 日，徐州市解放了。当时，徐州归鲁中南管辖。华东局和鲁中南区党委共同配备了徐州市的领导班子。华东局调济南市委副书记张北华任徐州市长，周林任市委书记，我们派鲁中南军区联络部长华诚一到徐州任市委副书记。徐州是个军事要地，我军占领后，敌机不断狂轰滥炸，市面很不安定。徐州市委建立后，就加强措施，领导群众进行防空、恢复生产，维护城市治安等各项工作。徐州解放后，我经常来往于临沂和徐州之间，除了检查工作外，还同徐州军管会主任傅秋涛交换支前工作意见，同时向华东局汇报鲁中南区的工作。那时，前后方关系非常密切，只要前方提出需要什么，后方即使有困难，也要千方百计地支援，及时完成支前任务。华东局派秘书长郭子化来专门检查支前情况，给予鲁中南人民的支前工作很高的赞扬。

1948 年 12 月 16 日，中央军委电令慰劳参战部队，每人供应 1 斤猪肉，分两批调运，共需 80 多万斤。华东局就把征调猪肉的任务交给鲁中南区。当我们接到第二批征调猪肉 40 万斤的通知时，已是 1 月中旬，29 日是春节，当地群众已经准备过年，任务相当紧迫。为了完成这一任务，我们采取了紧急措施：一面迅速把任务分配给各地委，从群众手中直接征购；一面组织力量直接到集市上收购，以 4 斤麦子换 1 斤猪肉。在这期间，鲁中南地区从城镇到乡村，从干部到群众，屠宰生猪，购集猪肉，到处熙熙攘攘，热闹非常。广大党员、干部和群众异口同声地说，宁愿自家春节不吃肉，也要前方战士过好节，以实际行动慰问在淮海战场立下卓越功绩的指战员。泰西县委召开区长联席会议，发动群众收购猪肉，很快就完成了任务，并超额征购 27000 多斤。全区从 1 月 21 日收集猪肉到 28 日送到部队，前后共用了 8 天时间。在这样短的时间内，大批猪肉运往前方，引起了新区人民的很大反响。新安镇车站站长说，我在车站 20 多年，从未见过运送这么多的猪肉给战士吃。可见人民群众同解放军的水乳交融的亲密关系。徐州市民看到堆积如山的猪肉，感慨地说：淮海战役的胜利，是人民的强大支援，人民拥护共产党，热爱解放军，真是人心所向，力大无穷。

淮海战役虽然已经过去 40 年了，但是，鲁中南人民在支援淮海战役中所表现的那种公而忘私的共产主义品格，那种艰苦奋斗、不怕牺牲的革命精神，那种对人民子弟兵的深切情意，我们永远不能忘记。鲁中南人民的伟大历史功绩将永载史册。在今天的社会主义现代化建设中，我们要继承和发扬这种革命的光荣传统，使之发挥出巨大的精神威力，激励我们开拓前进。

胶东常备民工随军出征①

汪道涵②

1948 年冬，在徐海地区一场伟大的战略决战——淮海战役开始了。遵照华东支前委员会的指示，胶东人民掀起了轰轰烈烈的支前活动。当时，"一切为了前线，一切为了胜利"的口号响彻了胶东大地，男女老少齐上阵，筹集军粮，赶做军鞋，缝制军衣送往前线；民兵子弟兵团、大车队、小车队、担架队、挑子队、医疗队络绎不绝，源源不断地开赴前线。胶东人民为淮海战役的胜利写下了支前的光辉篇章。

一

1948 年 11 月 6 日，淮海战役打响后，为确保战役胜利，中共华东、中原、华北中央局分别发出指示，发动苏、鲁、豫、皖四省人民全力支援淮海战役。15 日，华东支前委员会急电胶东行政公署：调胶东随军常备民工担架 2500 副，挑子 2500 副，服务于前线。我作为行署主任，深感任务重大而紧急，在看到电文后，我和胶东区党委书记向明便立即召开了区党委、行署会议，讨论议定了执行计划。当日，我签发了《胶东行政公署命令》，对这次支前任务做了具体部署。16 日即派出了数十名干部前往各专区帮助落实。17 日华支又急电胶东，由于陇海前线战争发展迅速，战争规

---

① 本文选自中共党史资料出版社 1988 年版《中国共产党历史资料丛书·淮海战役》第三册。

② 作者淮海战役时任胶东区行政公署代主任。

模空前扩大，为适应紧急支前任务的要求，决定调集胶东随军常备民工的任务增加一倍，改为担架 5000 副、挑子 5000 副……此批民工之半数需提前 10 天出发，保证于 12 月 12 日前到达临沂待命。随后，又来急电：调集大车 800 辆，子弟兵团 2400 人……

前方急电不断传来，我们一面为前线战争胜利而兴奋，一面又感到胶东支前任务的艰巨。因为，1947 年秋，国民党反动派集中 6 个师 18 个旅和数以万计的还乡团向胶东重点进攻，使胶东人民遭受的重大损失还没有得到恢复。1948 年上半年，胶东人民又以不畏艰难、勇于牺牲的无私精神，要人有人，要钱出钱，要物交物，支援胶东我军作战近百次。下半年我主力部队奔赴其他战场，地方武装升级扩充，数以万计的青年入伍参军。并且，为了支援本区我军作战，已有 40000 余名民工在前线；支援济南战役的 80000 民工中的大部分在战役结束后，又随军南下，奔赴淮海战场。此时，胶东的烟台、威海、福山、莱阳等地区刚刚解放，南海地区还面临青岛之敌，尚不时激战中。当时，胶东地区在人力、物力、财力等方面都是相当困难的。我们看到了这些困难，但没有被困难吓倒。我们认为胶东人民是英雄的人民，有着革命斗争的光荣传统，只要我们相信人民、依靠人民，把支前工作组织好、发动好，是能够胜利完成任务的。

于是，我们再次召开了区党委、行署和民政、工、青、妇等各部门负责同志参加的联席会议，对支前的组织计划、宣传发动及各方面的工作都做了全面的研究和安排。11 月 18 日，我又签发了《胶东行政公署命令》，对支前任务重新做了调整和部署。决定：第一批民工由西海专署、南海专署派出，西海民工担架 1500 副、挑子 1000 副，按华支支前民工大队编制，编为胶东支前民工第一、第二两个

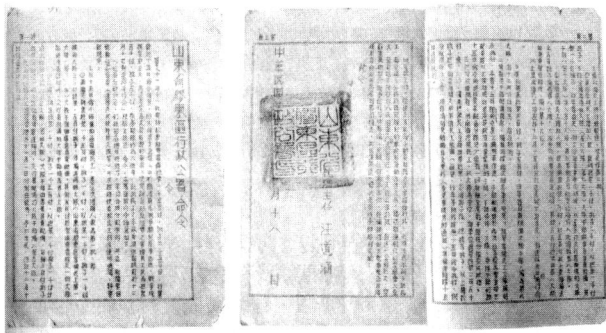

1948 年 11 月 18 日胶东区行署关于支前工作的命令

大队（每大队担架 500 副，挑子 500 副）后，其余编为第五大队；南海民工担架 1000 副，挑子 1500 副，编为第三、第四大队后，其余编入第五大队。第二批民工由东海专署、北海专署、滨北专署派出，东海担架 1000 副，挑子 2000 副，编为第六、第七大队后，所余 1000 副挑子平分编入第八、第十大队；北海民工担架 1000 副平分编入第八、第十大队；滨北民工担架、挑子各 500 副，编为第九大队。大车 800 辆分别由东海、北海、西海分担，编为三个大队。我们要求第一批支前民工于 12 月 10 日、第二批民工于 12 月 15 日前分别到达临沂待命。同时，还要求各民工大队队长要由政治素质坚强的干部担任；各大队要按编制配足人员和用具；要教育干部、民工充分认识淮海战役的重大意义，保证支前任务的完成。

为了保证民工的运输和供给，我们还曾签发了《关于组织群众运输与建立接力站的指示》，对军用物资运输和民工食宿做了妥善的安排。行署各直属部门也都分头进行组织发动工作，区党委组织部再次强调切实加强民工中支部工作，民政处拟定了《胶东民站工作人员立功暂行办法》，工、青、妇等群众团体也先后发出了相应的指示、动员令，各系统、各部门都为做好支前工作积极行动起来了。

为保证完成支前的各项任务，我们做了深入细致的组织工作和思想发动工作。11 月 26 日，胶东区党委、行署，胶东军区联合召开了直属机关干部大会，由区党委书记向明做了《全力支援淮海战役，迎接全国解放》的动员报告。由于从上而下反复进行思想动员，讲清支援淮海战役的重要意义，极大地鼓舞了胶东人民的支前热情，掀起了全力支前的热潮。

二

一切部署停当后，向明等同志即赴南海前线，我和区党委、行署的一些领导同志分别带领工作团、工作队深入到各专区、县帮助落实支前工作。各地委、专署对支前工作极为重视。行署命令发出后，都立即召开各种会议，层层部署发动，村村户户动员，在短短的时间里，华东支前委员会下达的支前任务、行署的支前命令就迅速传达到千家万户，出现了争相报名去支前的动人场面和许多感人的事迹。例如：栖霞县温泉区口子村，只有 4 名支前民工任务，而报名要求支前的达 20 多人；松山村只有 5 名支前民工任务，由于共产党员张福海带头报名，群众纷纷响应，报名支前的多达 37 人；莱西县孙受村已经复员的二等荣军吴导毅，不顾身有残疾，也坚决要求去支前；莱阳、莱东、莱西等县还有 200 多名妇女坚决要求上前线照顾伤员。据统计，这时胶东各区仅青壮年主动报名支前的就有近 10 万人。有不少家庭荣获一门三"状元"、二"状元"，不少村荣获"支前模范村"的光荣称号。

为了把民工队伍组织成拖不烂、拉不垮的战斗集体，行署为各民工大队抽调配备了得力的县、区级领导干部或武装干部，在各民工大队中建立了党的组织，形成了坚强的领导核心和战斗堡垒。村、镇党组织按照自报公议和在民工中保持相当数量的党员力量的原则，确定民工名单。据统计，石岛 491 名民工中，有共产党员 141 人，占 29%；荣成县 726 名民工中，有共产党员 253 人，占 35%；文登县 711 名民工中，有共产党员 250 名，也占 35%。同时，各级政府对民工的衣食用具和家庭困难都采取了妥善的解决办法。例如：各县妇女在为部队加工棉衣的同时，又为民工们加工了棉衣。仅掖县文烽、大山、沙河等 8 个区的万余名妇女，在短短几天里就缝成棉衣 10 万多件，保证了民工的急需。

11 月 25 日，各地民工集结到县编组、整训。12 月 3 日后，各队民工、各民兵子弟兵团陆续开赴前线。同日，西海民工 11000 人出发，常溪萍专员亲自组织了盛大的欢送仪式。南海民工 7800 余人出发，

送军粮的小车队

南海专署在坚持边沿战地工作的同时，派崔子范副专员赶到民工集合地点
欢送。东海民工于 12 月 11 日晨，在群众的欢送声中冒雨踏上了南下的征
程。临行前，刘群专员组织召开了誓师大会，并代表地委、专署讲了话，
号召民工发扬大无畏革命精神，圆满完成支前任务，要求民工服从领导，
爱护伤员，遵守纪律，争取人人立功，队队受奖。全体民工表示，坚决响
应党和政府的号召，部队打到哪里，我们就支援到哪里，保证完成支前任
务。截至 12 月 15 日，胶东区开赴淮海战役前线的常备民工 37693 人，担
架 5000 副，挑子 5000 副，马车 800 辆，民兵子弟兵团 2400 人，按时完成
了华东支前委员会赋予胶东区的支前任务。

三

我虽未亲临淮海前线，但我从前方来的信件、报告和报刊上了解到，
胶东民工和其他地区民工一样，不愧是英雄的民工，他们不怕艰难困苦，
不怕流血牺牲，写下了可歌可泣的人民战争人民支援的光辉篇章。

淮海战役战斗激烈，部队连续作战，出现了一批又一批的伤员。为了
抢救这些伤员，他们像战士一样，冒着生命危险，在弹雨纷飞的战场上，
从前沿阵地把一个个伤员抢救下来。为了把伤员尽快转运到后方治疗，他
们在严寒的冬天，破冰涉水，千里奔波，抬运伤员。招北担架大队二中队
第一小队的队员们抬伤员时，两手扶稳担架杠，步调一致，行走如飞，40
分钟走了 18 里路，提前到达目的地，从此得了"快速小队"的称号。一
次从苏庄向后王堂转运时，来回 24 里，别的小队转运两趟，他们却连运了
三趟，还早回来一个多钟头。当淮海战役第一阶段结束的时候，他们共转
运伤员 108 名，比其他小队多运 20 多名。因而，荣获部队奖给他们的"快
速小队"红旗一面。

在转运伤员中，民工视伤员如亲人，想方设法爱护、保护伤员，减少
了伤员途中的痛苦。在歼灭运河东岸西逃的敌人时，四大队民工冒着敌机
的轰炸，跳入冰冷的河水中，架起座座人桥，把伤员一个一个地托过河
去，使伤员及时地到达了安全地带。蓬、黄、掖三县民工由于病号减员

多，他们减人不减担架，三个人或两个人抬一副担架，肩压肿了不叫苦，腿累肿了不停脚。蓬莱民工转运伤员时遇到敌机轰炸扫射，四排长董星一和班长李长爱等迅速趴在担架上，用自己的身躯护住伤员，说："同志，请放心，打不死我就打不死你。"为了减少伤员的痛苦，北海民工还创造了三种新式担架，因伤制宜地抬运伤员。东海民工提出"伤员为人民流了血，咱为伤员多流汗，我们多吃一份苦，伤员少受一份罪，支前立大功，回家也光荣"的口号，并总结出了"走得快，抬得稳，伤员不晃又不颠"的转运伤员的经验。数九寒天，为防伤员冻伤，许多民工还脱下棉衣盖在伤员身上御寒，自己却穿着单衣奔波在风雪中，使伤员深受感动。

淮海战役规模大，参战部队多，运输线长，物资保障任务十分繁重。民工们为了把部队急需的弹药、粮食等物资运上前线，在敌人的炮火下，建立起了一条又一条的钢铁运输线。跟随华东野战军第六纵队的胶东民工大队，东至江苏邳县，南至安徽固镇，西至河南永城，转战几千里，抢运物资、伤员，无一人掉队，全体民工被评为功臣，其中特等功臣 15 人，一等功臣 158 人，二等功臣 249 人，三等功臣 353 人。莱阳县支前特等功臣唐和恩，当上级号召组织支前队伍时，他头一个报名参加了支前小车队，大家选他当了小队长。他带领这个小车队冒风雪，忍饥寒，兼程前进。唐和恩不怕苦不怕累，处处起带头作用，鞋子磨烂了，就赤着脚推车，从不叫苦。在雨雪天运粮途中，他和队员们把自己穿的蓑衣、棉衣脱下来，盖在粮车上，宁愿自己身上淋透，也不让军粮淋湿。他拉的一辆小车陷进了泥坑，一连推拉了六次都没上来，最后，他憋足劲猛力一拉，

日夜不停转送伤员的随军担架队

"咔嚓"一声，绳子断了，他一头栽到泥窝里，嘴磕破了，牙齿磕掉了一颗，鲜血直流，他从泥窝里爬起来说："前方战士身上穿个窟窿，还照样冲锋，咱磕掉颗牙算得啥！"在这一次运粮中，被一条大河挡住了去路，如绕道20多里过桥太耽误时间，当时，河面上已结了一层薄冰，唐和恩带头脱掉棉衣，扛起一包粮食，第一个跳入河中，破冰涉水，探路前进，队员们也扛起粮食，抬起小车，紧紧跟上。刚到对岸，还未来得及穿衣服，敌机就来了，他们敏捷地隐蔽了粮车，散开了队伍，避开了敌机的袭击。尽管他们冻得直打冷战，但大伙精神抖擞，又继续前进了。唐和恩把参加支援淮海战役当作义不容辞的责任，感到无上光荣。他在出发时，带上了一根小竹棍，跑遍了淮海战场，不仅在行军时用它当拐棍，过河、涉水、踏雪时用它探路，有时还用它绑上树枝防空和引路，而且每到一地，就在上面刻上地名。到支前结束时，上面已刻满了山东、江苏、安徽三省的88个城镇和村庄的名字，这不是普通的里程记录，而是胶东人民支援前线功绩卓著的丰碑。

在前方，胶东民工不仅担负了大量的伤员和物资的转运任务，而且还担负了捕捉俘虏、护路架桥等任务。东海民工在配合部队作战时，遇到了大批被我军击溃的敌人，李振江率领民工一个半排用铁锹、镐头与敌人摆开了迷魂阵，智捉敌兵143名，缴获步枪34支、银圆3000块和其他军需用品。

胶东民工在支援前线，开展"民爱民"运动中，也表现了解放区劳动人民高度的阶级觉悟和高尚的道德品质。每到一地都向群众宣传共产党的政策和解放区群众翻身过好日子的情形，帮助群众劳动，给新区群众以很大教育和启发。威海民工团在民工中提出"支前生产，来了任务就上前线，没有任务就帮群众生产"的要求。民工们说："天下农民是一家，这里多打粮，咱们也有光。"东海民工团开进指定的防地是刚刚解放了的新区，开始当地群众对他们不了解，态度很冷淡。有一位老大娘借口不让民工住她的房子。后来，她看到民工们帮助房东挑水、铡草、抬粪等，对老百姓的东西一点不要，就又主动去劝说民工到她家里去住。这个团在这一带驻了11天，共帮助群众挑水6000多担，抬粪拾泥10000多筐，捣粪运粪 9000 多车，刨地 19 亩多，拾草 2700 多斤，扎笤帚、编筐篓 400 余件，还帮助群众铡草喂牲口、磨刀等。临走时，当地几个村的广大群众献上大小旗子 18 面，还开了联欢会、欢送会，依依不舍。

淮海战役取得了歼灭国民党精锐部队 55.5 万余人的光辉战果，这一伟大胜利，是毛泽东人民战争思想的伟大胜利，是我前方将士浴血奋战的结果。同时，也是广大人民群众全力支援的结果。胶东人民全力支援前线，胶东常备民工不畏艰险，随军转战的丰功伟绩将永载史册，激励我们在社会主义现代化的征程上奋勇前进！

华中人民支援淮海战役①

陈国栋②　李干臣③

　　1948 年 11 月 6 日，我人民解放军以徐州为中心，发起了淮海战役。这次战役我军经过 66 昼夜的浴血奋战，取得了歼灭国民党军队 55.5 万余人的伟大胜利，给国民党统治以沉重打击，与辽沈、平津战役的胜利一起为解放全中国奠定了基础。

　　这次战役之所以能够取得如此伟大的胜利，其原因之一就是，在战役的整个过程中，有华东、中原、华北三大解放区的千百万人民的积极支援，为战役提供了巨大的人力、物力，使得这场战争成为一场真正的人民战争。在战役打响之前和战役进行过程中，中共中央、中央军委及中共华东、中原、华北中央局都对战役的支前工作始终十分重视并做出过许多指示和部署。我华中地区的支前工作在华东支前委员会和中共华中工委的领导下，和其他地区一样，也做了大量的工作，做出了应有的贡献。

　　这次战役，由于集中的兵力多，战区广，时间长，规模大，部队转移频繁，所以战争中的支前工作与以往历次战争相比要求高得多。过去，我华中地区的支前工作一般都是战争发生在哪里，就在哪里组织支前，范围较小，民工人数较少，各级政府也没有设立专门的支前机构，有任务时，往往临时组织突击一下，显然这种做法不能适应新的形势和任务。淮海战

---

① 本文选自中共党史资料出版社 1988 年版《中国共产党历史资料丛书·淮海战役》第三册。

② 作者淮海战役时任华中支前司令部副司令。

③ 作者淮海战役时任华中支前司令部副政治委员。

役发起不久，根据华东局"华中应全力支援前线，争取胜利"的指示，华中工委、苏北军区、华中行政办事处于 1948 年 11 月 13 日发出了《华中支前总动员令》，要求华中各级党委、各级政府和全体人民都紧张地投入到伟大的淮海战役之中去，在各自的岗位上，拿出所有的力量，坚决完成自己在这次战役中所担负的光荣任务。为了统一领导苏北、江淮人民的支前工作，11 月 22 日正式成立了华中支前司令部。由华中行政办事处副主任贺希明任司令员，陈国栋、万金培、吕镇中任副司令员，华中行政办事处主任、江淮区党委书记曹荻秋任政治委员，李干臣任副政治委员。为了便于领导和开展支前工作，我们把司令部设在离战区较近的睢宁城西的宋楼（以后移宿县）。支前司令部下设政治、民力动员、财粮三个部及参谋处，在睢宁县房村还设立了前方办事处（随着战争的西移，办事处转入江淮地区之时村、烈山），派万金培为主任，李干臣和江淮三地委书记李任之为副主任，负责与前方各部队的联系。各专区、县也相继成立了支前领导机构，地、县领导兼任支前组织的领导，首先从组织上保证做到全华中大规模的支前工作有组织、有计划地全面展开。支前司令部成立以后，我们即进行了紧张的工作，颁布指示、计划、条例、规定，指导支前工作的开展，领导同志也纷纷深入到支前工作的第一线。华中工委书记陈丕显、贺希明从东海边合德镇赶来前线，了解支前工作情况，解决支前工作中的问题。曹荻秋在宿县东北八里张亲自给县以上干部做了动员。为支援淮海战役，各地、县的领导同志更日夜奔波操劳，带头参加运粮队、担架队。如在第五、六两专区（即盐阜、淮海两地区），从专员到县长、区乡负责干部先后约有 20000 人都曾亲自率领民工上过前线。

当时为了动员和组织千千万万的民工支援前线，华中工委根据华东支前委员会的指示，首先在广大群众中进行了深入的思想动员工作，同时妥善解决了"人力合理负担；工具牲口合理顶工；照顾夫属家庭生产"三大问题，很快掀起了报名上前线的热潮，出现了许多父子争着当民工、妻子送夫当民工、小伙子推迟婚期当民工的动人事迹。民工动员集中以后，经过一个阶段的整训，向他们说明形势和任务，同时精减老弱，配备工具，然后根据军队和战争的需要，分编成随军常备、二线转运和后方临时三种组织。随军常备民工配属部队，每个纵队配备 500 副担架，500 副挑子，3000 余人；二线转运民工由各级支前司令部自己掌握，作为地方支前的基本力量；后方临时民工则是根据战场的需要，作为临时性突击的力量。整个淮海战役间，华中共动员了 168 万余人。其中苏北地区就出动民工 107 万人，除 68000 人为第一、二、九专区（即苏中地区）的外，其余均系靠近战区的第五、六专区（即盐阜、淮海地区）负担的。第五、六专区所出民工数字，约占当时这两个专区总人口 600 万人的 16%。在第六专区绝大多数地区及第五专区西部的涟东、

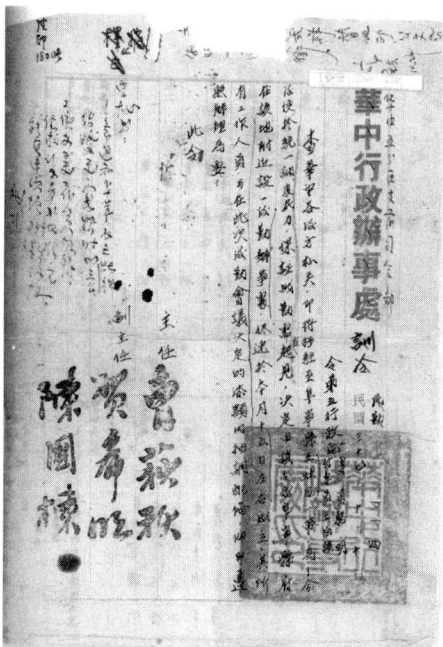

1948 年 10 月 10 日华中五分区支前司令部关于在阜宁县设后勤办事处的训令

滨海、阜东、阜宁等地区，在淮海战役最紧张的第三阶段时，完全是全民动员，所有全劳力几乎都参加了为前方服务，不少妇女也上了前线。为了科学地组织和安排民力，以适应支援大规模战争的需要，华中支前司令部民力动员部设立了民站科，在各地建立起了民站，解决了民工支前途中吃饭、住宿、粮草补给、工具修理以及伤员治疗的各种困难和问题。在民工队伍中，还注重开展思想政治工作，开展立功运动，发展民工中的积极分子入党，使民工队伍的政治素质有了很大的提高，民工队伍得到巩固，数以万计的民工立了功，许多优秀分子加入了中国共产党，不少人被提拔到各级领导岗位上来。如第五专区在民工队伍中就有 3600 余名加入中国共产党，提拔了区乡干部 300 余人。

筹集粮食也是支援前线的一个重要任务。淮海战役发起时，先后有 12 个纵队在徐州东南作战，每天需要供给原粮 300 万斤，随着战役的进展，参战部队和民工每天吃的粮增加到 500 万斤之多。那年秋天，华中不少地

方遭受了水灾，特别是靠近战场的第五、六专区连年遭灾，存粮很少，加之苏北兵团从6月份开始即在这一地区连续作战达三个多月之久，人力物力已消耗很大。9月份战役发起前，我们先是在产粮地区第一、二、九专区筹集粮食2300万斤，用船运往第五、六专区。战役打响后，粮食需求量增加，仅靠第一、二、九专区的粮食供应远不能解决问题。12月13日，华中工委就粮食供应问题颁布了《关于筹借公粮确保战争供应的决定》。《决定》一方面指出要拿出一切力量来保证前线的给养，这是我华中党和人民当前最紧急也是最光荣而神圣的任务；另一方面规定了各地筹粮任务。如：江淮地区借粮25万担，第一专区借粮18万担，第二专区借粮17万担，第九专区借粮14万担，第五专区借粮20万担，第六专区借粮6万担。淮海地区由于当时敌人长期掠夺和连年涝灾，群众生活十分贫苦，粮食负担力薄弱。但是那里的人民为了早日打败国民党反动派，获得翻身解放，满怀激情地提出了"倾家荡产也要支援前线"的口号。想尽各种各样的办法，完成征粮、借粮任务。甚至不少人家宁可自己忍饥挨饿，也要留下口粮来支援前线。作为后方的第一、二、九三个专区，也在"节衣缩食，支援前线"的口号鼓舞下，有的人家不买年货，省下来支援前线；有的人家改年再娶媳妇，挤出粮食支援前线；有一个老太太，一改过去烧香拜佛的习惯，为的是多借出些粮食支援战争。当战役发展到第三阶段时，急需大批粮食供应。一是战场转向运河以西，粮食前运不继；一是战场需粮又有增加，在新区筹粮有限，不能满足战争的需要。鉴于粮食供应方面的复杂情况及战场要求，中共中央军委指示总前委，召开华东、中原、冀鲁豫、华中四方代表参加的联合支前会议。12月26日至29日，联合支前会议在徐州召开，会议由刘瑞龙、傅秋涛轮流主持。华中由曹荻秋、贺希明、李干臣参加会议。徐州联合会议上提出，华中区的支前任务，战场东、南两面的支前工作由华中负责。支前任务更艰巨繁重了，华中党政军民总动员，一切为了前线，一切为了战争胜利，采取了一切措施，圆满地完成了支前任务。整个战役期间，华中地区就筹集了粮食13700多万斤。

在筹集战争需要的其他物品时，也同样得到了人民的支持。比如前线指战员们穿的鞋，大部分都由地方供给的。妇女们在这方面做出了特殊的贡献，她们日日夜夜赶做了大批军鞋。在寒冷的冬天里，有的把自己的棉衣、棉被拆了用于做军鞋。第六专区妇女仅在 11、12 两个月中，就做了 17393 双军鞋。妇女们还起早带晚地碾米、磨面，任务紧迫时采取"歇人歇驴不歇磨"，做到米中无糠无壳，面里无沙无麸。

筹集来的粮食、打仗需要的弹药要运往前线，当时还没有多少现代化运输工具，主要是靠民工肩挑手推，只有少部分用汽车、船只运送。我们在苏北地区前后集中的小车约有 80000 辆。当时淮海大地正值千里冰封的隆冬季节，白天因有国民党军队飞机的轰炸，不能运输。太阳一落山，民工们就推起小车秩序井然地冒着严寒，踏着冰雪，吱吱呀呀逶迤数里赶上前线，小车上的油灯在漆黑的原野上星星点点，一望无际，煞是好看。被押送去后方的俘虏见了都止不住感慨地说：国民党不完，没天理。在这送粮食、弹药、物资的过程中，民工们历尽艰辛，涌现出许多可歌可泣的动人事迹。华中第五专区的民工，经过 700 里的长途运送一批大米到前方，他们的任务是将大米运到宿迁，当这批大米运到时部队西开了，要他们再运到睢宁。他们运到睢宁时，部队又西开了，他们就尾随部队到了符离集，最后运到濉溪口，长途行程 700 里才完成任务回去。宿迁县大兴区有一个 907 辆小车的运粮队，冒着风雪，踏着淤泥、薄冰，经过 16 里宽的大泥荡子，在艰难的路上奋战了四昼夜，走完了 400 里风雪淤泥路，其中有一条仅一丈宽的旱河，就用了一夜带半天的时间才通过，圆满地将 90000 斤大米运到战地。淮阴县张集乡女英雄李兰贞是一名担架队员。她在转运伤员的过程中，视伤员如亲人，精心照料护理，别人两人抬一头，她却一人抬一头，还不要别人换肩。到了驻地，别人休息了，她却烧茶、弄饭、喂伤员，从不叫苦叫累。在支前中，她一人就立了两次一等功。在那英雄辈出的年代里，这种动人事迹真是屡见不鲜。

为了取得淮海战役的胜利，华中各级组织做到了前方需要什么，就不折不扣地支援什么，从不讲价钱，不讲困难。而干部和群众本身的生活却十分艰苦，吃不饱穿不暖，还要在冰天雪地中完成繁重的支前任务。当时，各级领导干部都加入了支前行列，不仅与群众同甘共苦，还尽可能地解决民工的困难，鼓舞和提高了群众支前的干劲。那时，人们常吃冰冷的

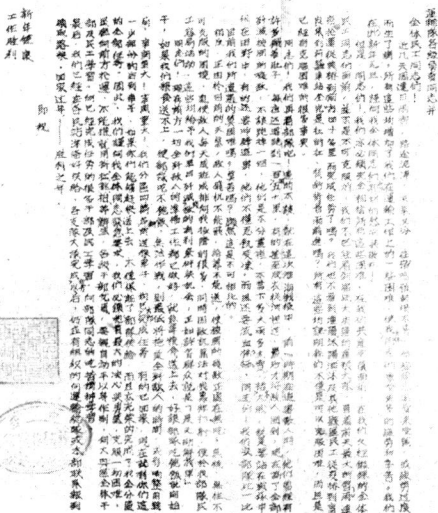

1949年1月华中支前司令部前方工作委员会和办事处
为紧急动员抢运军粮给各级带民工干部的信

高粱面、玉米面、小麦面掺和在一起做的饼，我们美其名曰"三色冰淇淋"。有时连这种"三色冰淇淋"也吃不上。特别是在运粮途中往往会出现民工断粮的情况，这时民工们宁可自己挨饿，也不动用车上的一粒军粮。滨海县民工在运粮途中，干粮吃完了，他们就沿途讨饭回家，回家后又继续支前。不少民工因家境困难没有棉衣，他们冒着凛冽的寒风完成了一次又一次支前任务。鞋底磨穿了，就赤着脚踏在冰碴上继续前进。生病了，就咬咬牙坚持上前方。支前中，不少民工负了伤，有的甚至献出了宝贵的生命。

淮海战役作为中国人民推翻蒋介石集团黑暗统治的一场规模宏大的斗争，将永远载入革命的史册。当年人民群众手推肩挑支前物资踏着淮海大地的冰雪，与中国人民解放军一起解放了的华中、中原广大地区，而今已成了一块生机勃勃的社会主义建设阵地。作为这场伟大斗争的历史见证人，每每想起当年轰轰烈烈的支前场景，都止不住激情满怀，思念不已。

一切为了前线的江淮儿女①

李世农②

淮海战役期间，江淮地区党组织和广大人民群众同其他兄弟地区一样，肩负着浩繁而光荣的支前任务。他们排除万难，竭尽最大努力，动员和组织起数以万计的人力、物力、财力，筹运粮草、抬送伤员、修桥筑路，日夜奋战在前线和后方，为中国人民的解放事业做出了很大的贡献，写下了人民战争人民支援的光辉篇章。

一

1947年春，根据中共华东中央局的决定，我率领一部分同志从山东回到淮宝，与在那里坚持游击斗争的杨效椿会合，成立了淮南工委，经过几个月的艰苦斗争，在洪泽湖边建立了游击根据地。1947年8月，刘邓大军挺进大别山，由饶子健率领的淮北挺进支队及时向洪泽湖西发展；华东野战军第十二纵队一部，在李世焱率领下到达淮南，收复了部分失地，局面开始好转。当解放战争进入第三个年头，我淮北津浦路东地区已建立了淮宝、洪泽、淮泗、泗阳、泗宿、泗南、泗五灵凤、盱凤嘉、泗灵睢等县的民主政权；在淮南津浦路东地区控制了高邮湖以西、金沟河以东的大片地区，为全面恢复淮南，建立了前进基地。

---

① 本文选自中共党史资料出版社1988年版《中国共产党历史资料丛书·淮海战役》第三册。

② 作者淮海战役时任中共江淮区党委副书记。

　　为了加强对敌斗争，
适应战略进攻形势，统一
江淮地区党、政、军的领
导，根据华东局通知，于
1948 年 6 月 4 日，成立了
中共江淮区党委。江淮区
党委由曹荻秋、陈庆先
（江淮军区司令员）、饶子
健（江淮军区副司令员）、
梁从学（江淮军区副司令
员）、杨光池（江淮军区副

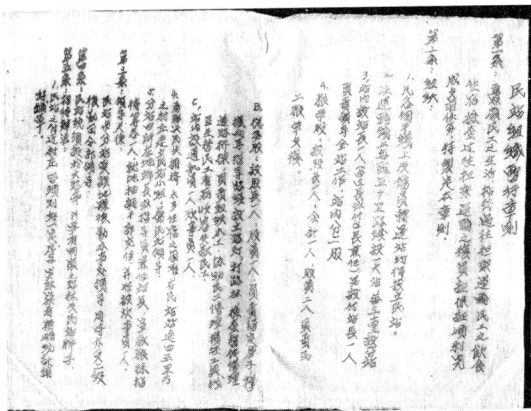

1948 年 12 月 8 日江淮二分区后勤司令部关于
民站组织暂行章则的训令

政委）、赵汇川（江淮军区参谋长）和我 7 人组成。曹荻秋任书记，我任
副书记。区党委成立时下辖第一、二、三、四 4 个地委，由陈雨田、张灿
明、李仟之、杨效椿分任地委书记。

　　江淮区党委所辖地区，包括长江以北，陇海路以南，运河以西，津浦
铁路和淮南铁路以东之安徽省东北部、江苏省西北部地区，面积约 90000
多平方公里，人口 1000 多万。它处在国民党首都南京、重镇徐州及中原锁
钥大别山的外围，战略地位极其重要。江淮区党委的成立，对支援淮海战
役起了重要作用。

　　淮海战役是大兵团作战，规模之大是我军历史上前所未有的。战役开
始，我军在江淮地区投下千军万马，需要巨大的人力、物力支援，然而随
着战局的发展，战线飞快西移，后方供应不及，小车、担架、囤粮点儿、
兵站、医院远远抛在作战部队后边，部队的军需物资供应，必须首先从江
淮地区就地解决。然而，江淮地区大部分是新恢复区，周围敌情比较紧
张，陇海、津浦路沿线常驻国民党军五六个师的兵力，淮宝、盱凤嘉、淮
泗等地又不断遭到敌人扫荡；加之连年灾荒，广大农民极端贫困，致动员
民力支前存在许多实际困难。

　　当时面临的最大问题，是粮食供应。苏北的粮食因战场西移而一时供
应不上；江淮二专区的粮食因运输力的限制，远不能及时解决前线的需

要；三专区因秋粮未征起，我大军即涌进，新区正扩大，按部就班地征粮、送粮亦不能适应部队之急需。据此，江淮区党委及时决定就地临时征借，并具体规定：好地除基地半亩、孬地除基地一亩不征粮；贫农征借粮食不超过其收入 8%，中农不超过 15%，地主、富农则按 15% 以上征借。在刚收复的新区，这些办法是通过旧保甲长执行的，而大部分旧保甲长不能贯彻执行党的支前政策，侵犯中农、贫农利益的现象几乎普遍发生。以后部队供应急迫，又改为按区、乡摊派；为避免中农、贫农负担过重，采取先由大户负担，确定各户任务，限期集中，下余任务则由中农、贫农按亩摊派。这样，负担不公平、不合理的现象基本得到解决。其次，是民工动员问题。由于江淮地区刚恢复，不少县、区干部事先缺乏打大仗的思想准备和大规模支前的经验，政治思想动员不够深入细致，以致不少民工缺乏长期支前的打算。

针对上述问题，江淮区党委及时做出《关于加强支前工作的指示》，并和江淮军区联合发出支前紧急动员令，组织和健全县、区、乡各级支前领导机构，从上到下、从干部到群众反复进行动员，从国家、民族、阶级前途和命运的高度，深入进行淮海战役重大意义的教育，提倡艰苦奋斗的革命精神，强调党员、干部起模范带头作用，保证做到"战役不结束不复员"，号召广大民工在支前中立功创模，使民工的政治动员和组织工作，建立在全党动员、全民动员、全力支前的基础上。同时，从各级机关抽调大批干部深入基层指导支前工作。区党委书记曹荻秋任华中支前司令部政治委员，加强支前工作的领导；新区尽快建立政权，成立农民协会等群众团体；积极恢复和发展生产，完成秋征任务；开展和做好地方上一些开明人士的统战工作，使之为支前服务；动员知识青年参加支前宣传鼓动工作……于是，一幅人民战争人民支援的波澜壮阔的图景，展现在江淮大地上。

二

淮海战役发动前夕，江淮人民在"一切为了前线，一切为了胜利"的口号下紧张地行动起来。曹荻秋亲临宿县东北的八里张召开县以上干部大会，部署支前工作，号召全区党政军民"全力以赴，做好工作，倾其所有，支援前线"。当时，运输队、担架队、粮站、兵站等所有支前组织，均按作战需要进行编制，常备民工担架团按营、连、排、班建制组织起来。各县以区建立支前大队，按乡成立支前中队，由各县、区领导干部带队的数百支民工支前队伍日夜奋战在水陆运输线上。

淮海战役打响以后，11月8日，江淮军区部队配合华野第十一纵进入邳（县）睢（宁）铜（山）地区，国民党黄百韬兵团逃窜碾庄，华野跟踪追击。随后江淮军区部队又移至萧（县）铜（山）一带，苏北兵团进入徐州西南之潘塘、房村一线，华野第三纵对邱清泉、李弥兵团展开阻击战。15日，中野一部攻克宿城。22日围歼黄百韬兵团后，华野第十三纵协同江淮军区部队攻克灵璧，派其一部至固镇阻击李延年兵团。接着，中野大军包围黄维兵团于双堆集。这样，江淮地区特别是地处战区一侧的江淮三专区，一度面临着碾庄围歼黄百韬，潘塘、房村阻击邱（清泉）李（弥），攻宿城、破击津浦铁路，攻灵璧、打固镇阻击李（延年）、刘（汝明）等几个战场，几乎在同一个时期内担负起繁重的支前任务，仅粮食一项平均每天保证百余万斤。

江淮地区广大人民群众急部队之所急，千家万户节衣缩食，把节省下来的一把粮食、一瓢面、一篮山芋，都集中起来，送到前线；为了保证我军连续作战的需要，解放区人民家家户户，男女老少，昼夜不停地为前方加工军粮、缝制衣被、赶做军鞋，姑娘们有的不惜把留做嫁衣裳的新布拿出来做军鞋；泗宿县等新收复区各交通要道均设立了粮站、民站，每天集中数万斤粮食供应部队、民工食用；为了保证前后方交通运输、通讯联络畅通无阻，前后方人民冒着严寒修筑公路、桥梁、电话线路；广大青年热烈响应党提出的"到前线去，到主力去"的号召，踊跃报名参军；各地民兵在后方积极参加保卫生产，捕捉逃敌，维持社会治安。

战役发展过程中，我率领江淮区党委机关干部来到灵璧、宿县一带，正遇华野后勤部长刘瑞龙，他驱车到附近各处巡视，指导我区支前工作。我们所到之处，呈现一片热气沸腾的支前景象。中野第三、第九纵兵临宿县城下，郊区所有村庄住满了子弟兵，军民亲如一家，家家户户腾房子、让锅灶、出柴草、磨面粉、煮饭。群众掩护我军侦察敌情，南乡三里湾庄地下党员，把宿城周围50多个国民党军暗堡位置，详细地提供给部队指挥机关。11月15日下午4时30分，我军从东西两面开始攻城，从炮火轰击至突破城垣仅费时40多分钟。经过激烈战斗，22时许，我东西两面部队在街心会师，万余敌军全部被歼。这时，全城骤然沸腾，四周响彻群众欢笑声。

当黄维兵团被中原野战军包围在双堆集地区时，为顺利地消灭该敌，江淮第一、三、四军分区沿津浦铁路各县，集中大量人力，配合江淮军区地方武装，开展了大规模的津浦铁路破击战。三分区的宿东县任桥区组织铁路沿线1200多群众，采取绳索拴轨，前拉后撬办法，使16公里长的铁路"大翻身"，被彻底破坏，切断了徐蚌之间的联系；四分区定凤怀县民兵在地方部队掩护下，炸毁门台子至临淮关铁路一段；12月11日，一分区军民彻底破坏张八岭至管店间铁路近50华里；淮南铁路西侧两次出动3000多人，将罗集到朱巷段铁轨拆毁。由于津浦铁路南段屡遭破坏，国民党军队交通运输受阻，有助于我大军顺利地围歼黄维兵团。同时，国民党军因用于保护交通线的兵力增多，战场上的机动兵力日益减少，从而造成我敌后顺利发展的客观条件。占据盱眙、天长之国民党军第六十六师，即因抽出控制铁路，而于12月13日、14日相继全部撤至明光，使我一弹未发，次第收复以上两城。

徐州解放后，徐州、山东、苏北等地军用物资亟待南运，已毁路段亟待修复。12月14日，区党委及三地委先后发出抢修津浦铁路徐蚌段的紧急指示，要求党、政、军、民及铁路员工紧急行动起来，筹集枕木50000根及其他材料，全力以赴，奋战抢修。铁路两侧广大群众，男女老少齐动手，挑土方、修路基、运枕木、抬石子、铺铁轨，日夜抢修，如期通车。

淮海战役节节胜利，我军云集。时值寒冬腊月，大雪纷飞，我区支前任务更为繁重。前线不仅需要粮食，而且急需木柴、秫秸、草料等，华中工委通知限期完成2000万斤上述物资，江淮二地委、三地委及其所属各县干部群众，从接到任务到筹集完成，总共只用了3天时间。在围歼杜聿明集团前夕，江淮支前民工顶风冒雪，不断向前沿阵地运送粮草、木料、门板，修筑工事；1949 年元旦，及时地把党中央、中央军委的慰劳品送到指战员手中，迎接最后总攻的胜利。淮海战役胜利结束后，国民党军一溃千里，纷纷南逃，被国民党军长期占领的来安、六合、仪征、嘉山、凤阳、定远、全椒、巢县、含山、和县、蚌埠、合肥等县（市）城迅速解放，接管城市已成为我江淮地区又一项重要任务。

回想当年千百万群众支援革命战争的情景，真是雄伟壮丽！江淮大地炮声隆隆，一支支由小车、牛车、担架、肩挑人抬混合组成的支前民工队伍，浩浩荡荡，从四面八方奔赴百里疆场，把部队作战需要的大批物资送到前线，又迅速安全地将伤员转移到后方……此时此刻，从前方到后方、从城镇到乡村，各阶层人民所有的力量全部动员起来了，使敌军陷入人民战争的汪洋大海，而无法逃脱灭顶之灾。

三

富有革命斗争传统而又灾难深重的江淮人民，对国民党反动派怀有刻骨仇恨，他们在重获解放之后，迸发出来的革命热情和积极性非常之高，他们对解放战争的援助是巨大的。据历史资料不完全统计：江淮地区在淮海战役中，共动员民工 605000 多人，支出粮食 8000 万斤，出担架 27000 多副，大、小车 136000 余辆，挑子 112000 多副，牲畜 106000 多头，船只 1800 多艘。同时，转运了从山东、苏北老解放区送来的大批支前物资。

江淮人民和其他解放区人民一样，为了"打倒蒋介石，解放全中国"，他们在"后方多吃一点苦，减少部队一分困难，增加前线一分胜利"的口号鼓舞下，涌现出许许多多的支前英雄、模范人物和可歌可泣的事迹。灵北县高楼区小王庄是个贫穷小村庄，30 户人家，147 口人，全村人民宁愿自己吃糠菜充饥，把节省下来的 23000 斤粮食、30000 斤柴草，用 38 个劳力、28 辆小车、10 头毛驴，运送到前线。灵北县尹集乡一位民兵队长带领 300 多名支前民工，先后到萧县、永城一带，3 个月中运送伤员数百人，没有发生一起事故。泗南县孙元乡和泗宿县朱湖区两位女乡长，带队出征

1948年11月江淮财经办事处印制的提草凭证

支前；泗宿县刘圩区民工在护送伤员途中，遇到敌机扫射，不怕牺牲，掩护伤员；宿东县柏山区一位老大娘爱伤员如亲子，洗衣服，喂茶饭，不嫌脏不怕累，深受伤员爱戴；泗阳太平乡、宿东李圹乡两个青年民工，为了支援前线，把已择定的婚期推迟；泗五灵凤县抢修公路时，县长、县委书记亲自参加，仅用了一昼夜时间，就把公路修复通车。为了革命战争的胜利，许多民工在支前中英勇地献出了自己的宝贵生命，仅江淮三专区就有46位民工在支前战斗中光荣牺牲。可以说民工们参加这样大规模的支前工作，如果没有团结，没有严密的组织和统一指挥，没有高度的而又建立在自觉基础上的纪律，要取得这样伟大的胜利是不可能的。

江淮人民之所以能取得如此重大的支前成绩，归根到底是靠中国共产党的领导，而思想动员的成熟和正确贯彻执行党的各项政策，则是实现党的领导的基本保证。把思想政治工作做到千家万户和每个民工，党员、干部起模范带头作用，党组织发挥战斗堡垒作用，特别是通过广大党员、干部、群众的"诉苦"教育，宣传支援淮海战役夺取战略决战全胜的伟大意义，开展评比、立功竞赛等活动，使广大群众真正认识到支前是自己解放自己的事业，使支前成为群众的自觉行动。这样，以农民为主体的支前民工队伍，在先进思想的武装下，就能够起着先进战斗队的作用，变成一种巨大的物质力量。从实际出发，实事求是，严格遵守和执行党的各项支前政策，正确规定和实行"人计工，地出资""地多人多，多出工；地少人少，少出工；无地无劳力，不出工"的合理负担政策和记工、算工、还粮政策以及新区征借粮政策，及时发现和纠正支前工作中一切违反政策的现象，使人民群众从亲身经验中，看到中国共产党的一举一动是真正代表人民群众的根本利益的。这样，在人力、物力有限的江淮地区，就能够最大限度地把人民群众的支前积极性调动起来，为支援整个淮海战役，做出应有的贡献。

伟大的淮海战役考验了江淮人民，广大江淮人民支援淮海战役的实际行动，再一次证实了人民战争的伟大思想是无往而不胜的真理。

豫皖苏人民全力支前①

陈明义②

淮海战役一展开，几十万大军云集前线，粮草和各种军需物资的供应、伤病员的运送等成为一件大事。为此，中央军委、总前委十分重视后勤保障工作。战役前夕，邓小平、陈毅、张际春和陈赓四位首长，亲临前线部署支前工作。邓小平指示说："这次战役规模大、时间长，需要耗费的物资多，地委、专署和军分区要全力以赴，组织人力、物力支援前线作战。"邓政委向三分区领导询问了永城县城的房子情况，指示豫皖苏军区要在永城设立总兵站，各军分区都要设立兵站，各县设立分兵站，要挂牌子，便于部队和群众识别和寻找。邓政委对军需物资的运输和伤病员的转送等工作都做了具体指示。

根据邓小平的指示和战区的实际情况，中共中央中原局向中原解放区党政军民发出号召：集中一切人力、物力、财力，以保证淮海战役的胜利。并对支前工作做了周密部署。中原局对豫皖苏分局的指示概要如下：第一，责成中共豫皖苏分局组建支前机构，加强对支前工作的领导，还授权支前机关全权征调粮草、民夫、担架，以保证作战需要；第二，责成豫皖苏行署及第三专署、第六专署设立供应站，配合地方合作社，保证部队的油、盐、猪肉、蔬菜及烟叶、纸张等的供应；第三，维护交通，保证铁路、公路、通信线路的畅通，保证弹药及一切军用物资运输线路的畅通，保证伤病员的安全后送；第四，维护地方治安，加强对国民党军及土顽、匪特的打击和政治瓦解，以巩固后方。

遵照总前委和中原局的指示，豫皖苏分局成立了支前委员会。军区和行署联合成立了支前司令部，由刘瑞龙负责，参加司令部工作的有毕占云、陈明义、彭富千、杨一辰等同志。支前司令部设办公室和前方办事处，办事处设兵站部前方分部、财粮部、民力部、秘书处。各军分区和专署成立支前司令部，各县成立支前指挥部，区成立后勤指挥部，乡、村均设后勤委员。同时，党、政、军和各群众团体广泛深入地开展了支前宣传动员工作。

豫皖苏地区本是富庶之地，但因连年灾荒、兵燹，人民生活十分艰苦。但他们一听说解放军要打徐州，要打国民党军，都十分高兴，个个喜形于色，奔走相告，并坚决表示"全力支援前线""解放军打到哪里，我们就支援到哪里""保证作战部队吃饱、穿暖"。群众纷纷报名参加担架团、运输队，各区乡都超报几百人、上千人，只好动员他们留在家乡，保证了支前民工按要求开赴集合地点。豫皖苏分局和军区为保护群众支前的积极性，规定了奖励、优抚办法。

支前工作主要有以下几个方面：一是筹集粮草、制食品。从山东、华中运粮路程较远，战场移动，部队调动变化快，一时接应不上，所以大批粮食都需豫皖苏区就地筹集。11 月 22 日，即全歼黄百韬兵团的当天，中央军委向豫皖苏分局和行署下达了筹集 1 亿至 1 亿 5000 万斤

豫皖苏民工雪中扛运面粉支前

粮食的命令，并规定在老解放区征公粮，在新解放区征借的政策。征借的实施方法是，先宣传政策，号召党团员和干部带头交粮，然后发动群众自报公议，发给统一印制的票证，利用旧保甲系统征借。刚解放的萧县、宿县在五六天内就筹集粮千余万斤，三专区达 1 亿余斤，六专区近亿斤。全区筹粮达 3 亿余斤，超额完成一倍以上，占整个淮海战役筹粮的五分之三。战后，剩余的粮食多达 14000 万斤，都返回救济群众。柴草的筹集采取"估堆折价"，发给票证据，战后付款的办法，很快筹集到 65000 万斤。各地筹集的肉食品、蔬菜、油盐等副食品的数量也很大，基本满足了部队的需要。六专区筹集牛羊肉几十万斤，各种蔬菜百余万斤，还有大量大豆。他们为前线子弟兵想得十分周到，到处设立油盐供给站，方便部队采买，还准备了烟、酒、糖、红枣等，附有慰问袋，热情地送到每个战士手里。全区筹集的食油有 100 万斤，食盐达 74 万多斤。

二是组织担架团。豫皖苏组织的担架达 10 多万副。其中，每个军分区保持有一二千副常备担架，全区共 12000 多副常备担架活跃在前线。常备担架称"火线担架"，又称"一线担架"，组织严密，战斗力强，一般以县为单位编成常备担架团，由县的主要领导任团长和政委，每副担架由 6 个人轮换着抬。三副担架为一小队，从火线上抢救到伤员后，采用一站接一站的传递方法，快速后送到包扎所。他们还常常帮助部队作战，捕捉俘虏，立下了战功。二线担架负责把伤员从包扎所送到野战医院，三线担架负责把伤员从野战医院送到后方医院。担架队员们把伤员当作亲人，为了把亲人尽快转送到后方，他们不分昼夜，冒着严寒，蹚过冰河、泥潭，鞋磨破了，脚磨出了血，仍坚持每天行走几十至百多里，不叫苦不叫累。遇到敌机轰炸，他们就以身护伤员；遇到大雪天气，他们宁愿自己受冻，把棉衣盖在伤病员身上；还自己花钱买柴草烧火，供伤员取暖，买营养品给伤员补身子。

三是组织运输队。豫皖苏地区组织的支前小车有 18000 多辆，还征借了大批的牛、马、驴子、骡子用于运输。由于畜力驮运的目标大，在一线多用车推、人背，把物资抢运到前线。很多民工带的干粮不够了，尽管身上背着粮食，都不肯动用一粒，仍忍着饥饿把粮送到部队。

四是组织妇女、儿童为前线服务。前线需要的上千万斤面粉，大多是后方妇女、儿童一斤一斤磨出来的。宿县阎桥、百善、古城三个区的妇女磨面10多万斤。我军解放开封后，成立了豫皖苏军区供给部开封被服局，开办了印染厂、裁剪厂，赶制了50多万套军服，还组织妇女赶制军鞋、棉衣和被褥。村村户户都在赶制军衣，在很短的时间里，制军鞋60多万双和大批棉衣、被褥。淮海战役参战人员多，但很快都能穿上新衣新鞋，挡住了寒冷。妇女还担任护理伤病员的任务，雪涡县丹城转运站的许秀英，为照顾重伤员，三天三夜没合眼，还发动妇女为伤员洗血衣，端水送饭，大家都感动地称她是"好妈妈"。雪涡县苏平楼、万楼两所小学组织40余名同学到转运站护理伤员，在一个多月的护理中，有的同学疲劳过度，给伤员喂饭时睡着了，校长组织大家唱唱歌提提神，又继续工作。妇女和儿童还担任了站岗放哨、传递情报等工作。

此外，豫皖苏分局、行署和军区还组织群众抢修公路、铁路，架设、维护电话线路等。短时间内抢修铁路170余公里，抢修公路1100多公里，修桥69座，架设电话线1150余公里。支前民工有100多万，保证了作战的需要。为鼓舞部队，还组织群众到部队行军必经之地，到炮弹呼啸的前沿线阵地，慰问我军将士。他们把节省下来的白面做成大白馍，烧成可口的菜，送到将士们手上。部队需要铺草、门板、水、鲜菜等，他们争着送去；部队需要人带路，他们踊跃报名，处处都充满了支前的热烈气氛。

我军得到人民群众的热烈支援，不管走到哪里，都能吃得饱，穿得暖，消息灵，弹药足，斗志旺盛，这是淮海战役胜利的一个重要原因。正如陈毅所说，淮海战役的胜利，是人民群众用小车推出来的。豫皖苏军民以杰出的贡献证实了一个伟大的真理："战争的伟力之最深厚的根源，存在于民众之中。"

远隔千里为前线①

李一清②

1948 年秋，中国人民解放军在全国各个战场上发动了大规模的秋季攻势，取得了伟大胜利。特别是南线的睢杞战役、济南战役和北线的辽沈战役，以及西北、华北战场上的胜利，给国民党军队以沉重的打击。在中原战场上，睢杞战役胜利、郑州及河南省省会开封相继解放后，按照中共中央军委的部署，中原野战军挥师东进，协同华东野战军发起淮海战役，与国民党军队展开空前的战略决战。这是一场革命与反革命的决战，是人民战争即将胜利与蒋家王朝将要灭亡之前夜的决战。我各路大军，以雷霆万钧之势，从豫东、鲁南、苏北向淮海战场挺进。几十万大军云集前线拉开了淮海决战的序幕。

为了保证淮海战役的胜利，中共华东、中原、华北中央局在党中央的统一领导下，认真贯彻中央军委"华东、华北、中原三方面，应用全力保证我军的供给"的指示，发布了一系列紧急指示和通知，动员和组织广大人民全力以赴，组成了强大的支前大军，支援淮海战役。豫西解放区 1000 万人民虽然离战场较远，也积极支援淮海战役。他们在淮海战役中，做出了较大的人力、物力、财力的贡献。有的冒风雪、忍饥饿，千里远征；有的淋弹雨、洒热血，随军转战。在几个月的支前工作中，他们经受住了考

① 本文选自中共党史资料出版社 1988 年版《中国共产党历史资料丛书·淮海战役》第三册。
② 作者淮海战役时任豫西军区支前司令部政治委员。

验。每逢想起这些难忘的情景，我久久不能平静。

豫西区党委、豫西行署、豫西军区是 1948 年 6 月 1 日在鲁山县正式成立的。中央决定由我担任豫西行署主任。那时，我们的主要工作是发动群众剿匪，反霸，建立人民政权，扩军，地方武装升级，补充野战军部队兵员。支前工作的任务是繁重而紧急的。为了更好地支援前线，保证我军有足够的粮食，豫西行署、豫西军区于 1948 年 8 月 11 日发出《关于今后战勤工作的指示》。《指示》中指出："豫西根据地战勤任务很重，有经常的、大量的，也有零星分散的"，要求"明确认识支前的意义，有组织、有计划地完成目前我区党、政、军、民的共同重要任务"。当时，豫西军区和各分区、各县都成立了战勤司令部，区设战勤委员，村设战勤组，并分别确定了各级支前机构领导干部名单和主要职责，制定了《加强民工参战领导与组织和战勤纪律》的条例。1948 年 9 月 8 日，豫西军区战勤司令部改为中原豫西军区支前司令部。司令员由豫西军区副司令员文建武兼任，政委由豫西行署主任李一清兼任，副政委由巩丕基担任，参谋长由豫西军区参谋长李懋之兼任，副参谋长由贾一平担任。支前司令部分设民工部、供应部、救护部、办公室。民工部负责人力、畜力的组织、动员、训练及转运伤员、物资；供应部负责地方军、野战军粮食、柴草的供给及民工工资；救护部负责组织医生、转送伤员及医疗；办公室负责调整、检查支前工作。豫西行署又于 9 月 13 日发布了《豫西各级支前组织暂行条例》，并建立了兵站和粮站。当时支前司令部决定设立洛阳经临汝至鲁山、许昌经郏县到鲁山、西平经叶县、舞阳到鲁山、泌阳经方城到鲁山、内乡经南召到鲁山 5 条兵站干线，并在每条线上 30 里为一小站，60 里为一大站。建立以鲁山为中心至洛阳线，设白沙、临汝城站；至许昌设颍桥镇、郏县、脂肪街、龙尖关、宝丰 5 个站；鲁山至西平线，设吴上镇、澧河店（舞阳县属）、瓦店营（叶县属）3 个站；站与站相距 50 里至 60 里的 4 条运输粮食线。为了战略上的需要，洛阳、许昌、郑州、西平粮食屯集站均设在铁路线上。10 月 15 日，豫西支前司令部又颁发了支前工作中民工组织、政治、纪律、奖惩、战时转运站组织等几个条例。这样，整个豫西就形成了一个有组织、有计划、有纪律、自上而下的支前网。

1948 年 11 月 13 日，中共中央中原局发出《关于全力支援淮海战役的紧急指示》。我们根据中原局的指示，立即召开由各专区、县的领导干部和各级支前负责人参加的紧急会议，传达了中原局的指示，讲明了淮海战役的重大意义，指出这次战役如获全胜或大胜，则长江以北将无大战，不仅使中原全境解放，而且要加速全国解放的进程。到会的各级领导同志欢欣鼓舞，情绪激昂，他们说：豫西地区不但是中原局的基地，而且要做淮海战役的后方。一致表示要千方百计支援大军作战，要什么给什么，要多少给多少，什么时候要什么时候给。为了确保完成上级交给的支前任务，全力支援淮海战役，要求各级党委在思想上、组织上做好充分的准备，把支援淮海战役作为当前的一切工作的中心。支前工作做得好坏，既关系着战争的胜利与否，又影响着党、政和群众的联系，一定要竭尽全力做好支前工作。在这个时期可以说，我们党自成立到现在，经过千锤百炼，党的威信、党内关系、党群关系、军民关系是最好的一个时期。尽管群众生活很苦，但是他们看到共产党和共产党领导的军队、党政干部和他们一样，同甘苦，共命运。因此，大家的革命意志是坚强的，斗争情绪是高昂的。这是党的模范作用、带头作用的结果啊！

当各级党委、政府及广大群众都认识到淮海战役的伟大意义后，他们纷纷表示：一切服从战争，一切为了战争胜利，全力支援前线，争取淮海战役彻底胜利，这是中原人民最高利益，是全国人民最高利益。我们虽离淮海战场 1000 多里，支前任务重、路途远、负担大，但一定要保证完成运粮、运柴草、出民工、抬担架、做军鞋等各项支前任务，不让前方子弟兵饿着、冻着。一句话："支援前方打胜仗，争取全国早解放。"我记得 1948年 12 月中旬，豫西军区支前司令部接到"东运砀山小米 700 万斤"的命令后，迅速布置给第一、二、四、五专区，他们在几天里就聚集 480 余万斤粮食。豫西人民在东运粮食中，采用大车拉、小车推、人肩挑

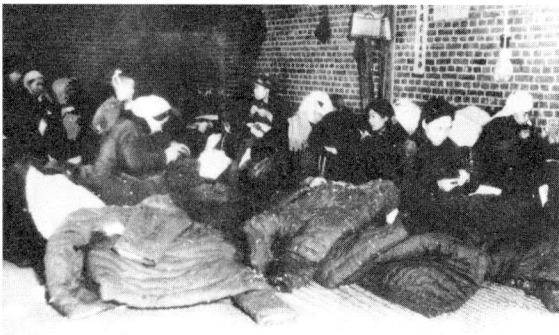

被服厂工人日夜赶做被装

的办法，按时完成了运粮任务。豫西山路较多，大部分是用人扛粮食，集中到附近的粮站，然后以村为单位，由村干部带领，按照规定的运输线，分别集中到洛阳、许昌、郑州，然后通过公路、铁路运送到砀山车站。当时正值天寒地冻，送粮的民工饿了，啃口冻硬的干馍；渴了，敲块冰凌咽肚。他们的行动，充分表现了豫西人民为了革命胜利不怕吃苦的精神。豫西第二专区贾子宽带领民工送粮，路上由于土匪和国民党散兵的骚扰，加之民工赶路心切，都想及早把粮食送到前方，民工顾不上吃热饭，他趁休息时，与驻在村里的干部商量，暂借粮食做稀饭，别人问他："你们车上拉的是小米，为什么不用？"他严肃地说："车上的粮食是豫西人民支援解放军的，我们一粒也不能动。"多好的同志啊！像这样的干部身先士卒，关心民工，像这样的群众宁肯自己吃苦，不愿动用支前物资的模范行为，在支前工作中比比皆是。从商水县出发的豫西担架队赴前线，去时带运支前粮食，他们一到战场不顾休息，卸下粮食就转运伤员，冒着枪林弹雨，把伤员从阵地上抬下来，跑着送往医院，抢救治疗。对伤员来说，时间就是生命；对民工来说，抢救伤员就是参加了战斗。当时淮海战场大雪纷飞，民工怕冻着伤员，脱下自己的棉袄盖在伤员身上，而自己仅穿一件夹衣。有的伤员看到这种情景，感动得流下热泪，民工们却笑着说："你在战场流血都不怕，俺是向你学习哩！"郑州专区支前民工在战场上看到有的战士脚上鞋破了，他们脱下自己的鞋让战士穿上，自己光着脚从前线返回郑州。郾城县第三区的群众，3 天完成支前粮食 80000 斤、木柴 170000 斤、马草 20000 斤的运输任务。豫西被服第三厂，7 天完成 10000 套棉衣。洛阳利群鞋厂、庆丰鞋厂、协丰鞋厂半个月赶做军鞋 100000 双。豫西人民支援前线的光荣事迹，1948 年 11 月 23 日《雪枫报》曾专门做过报道，给予表扬。除此之外，豫西人民在豫西行署铁路局、公路局领导带领下，积极参加修筑公路、铁路，抢修桥梁，捐献枕木的工作。禹县发动 50000 群众 14 天完成修筑公路 207 公里，并又修通禹县至登封、郏县、襄县、新郑、许昌等 5 条公路，修木桥 10 座、石桥 1 座。郏县万余名民工除完成运送粮食、军服、弹药外，又修筑公路 90 公里，修公路桥 8 座，保证支前车辆、部队装备通行无阻。他们修理好国民党军队留下的汽车，承担运输粮秣到前方、转运伤员来后方的任务。1948 年 12 月 19 日《豫西日报》刊载："豫西第一、三、五专区群众，日夜赶运铁道枕木和修筑公路，陇海线洛阳站 3 天收到伊川、孟津、宜南、洛阳等县送来的 5000 根枕木。"1948 年 1 月 3 日《中原日报》刊载："十几天，新安县已交枕木 13257 根。"新安县翻身农民于书堂老人，年近七十，他让两个儿子把自己准备做棺材的圆木锯成四方四正的枕木，抬着送到车站。别人问他："你百年以后，用什么东西装着送终？"于老汉风趣地说："我死后，用石头做寿棺，不怕雨，不怕晒，安安稳稳逛西天。"临汝县第四区余庄接受修长 120 米、宽 14 米的河滩任务后，70 个民工跳在冰冻的河水中搬石头。民工魏明说："不怕冷，下劲干，国民党不久就完蛋。"

值得一提的是，在支前工作中，我们根据中原局的指示和豫西的情况，动用民工时，由供给制改为包运制，即"废止无偿支差，实行发价包运"。无偿支差只供给伙食，不发运费，不管运多少东西，走多少路，都是每人每天 3 斤粮食。发价包运除了供应伙食外，还要发工资或运费。当时规定，送转伤员 1 人走 50 里，运价为 30 斤粮食，如用担架则为 40 斤；运军械、弹药及贵重战利品，每百斤百里运费是：人力挑运为 32 斤粮食，驮载为 23 斤粮食，各种车辆运送为 20 斤粮食；运送公粮、柴草，每百斤百里人力挑运为 30 斤粮食，驮载为 23 斤粮食，用各种车辆运送为 18 斤粮食。这样做的好处是：一、激发群众的积极性，提高运输效率；二、对国民党及其军队奴役人民是一个政治打击，对我们内部可以有效地克服乱支差乱派差的现象；三、减轻人民负担，节省人力、物力；四、比较公平合理地报偿民工。由于这一办法的实施，共产党在群众中的威望更高了，豫西人民支前的热情也更高涨了。群众信赖我们的党，我们动员组织民工支援战争更有利。这是争取战争胜利的可靠保证和巨大的后盾力量。人民战争人民支援，战争也教育了人民。

淮海战役结束后，中原局对豫西人民的支前工作表示满意，豫西人民不但圆满地完成了上级下达的各项支前任务，而且也得到了锻炼。据不完全统计，豫西人民支援淮海战役：粮食 2740 万斤，柴草 1200 万斤，军鞋 79 万双，出动民工 16 万人，担架 17000 副，大、小车辆 34000 辆，牲畜 24500 头。

豫西人民支援淮海战役做出的贡献将永远值得我们怀念，他们崇高的革命精神将永远激励我们。

冀鲁豫人民支前的壮丽画卷①

韩哲一②

淮海战役第二阶段胜利结束后，刘伯承、陈毅于 1948 年 12 月 21 日，由淮海战役前线途经冀鲁豫区，去河北省平山县西柏坡村向党中央汇报工作路过单县时分别题词，对我区支前工作给予高度评价和赞誉。刘伯承的题词是："冀鲁豫人民为完成解放战争的胜利，尽了最大的努力，现在还是努力于支前工作，十分难得，特致敬佩。"陈毅的题词是："胜利在望，继续作战，继续支前。"英雄的冀鲁豫人民没有辜负两位老总的最大褒奖和鼓励，胜利地完成了淮海战役的各项支前任务。

一、数十万民工、担架队随军出征

淮海战役，是由华东、中原两大野战军和豫皖苏、冀鲁豫、江淮、豫西、陕南等军区部队参加，在以徐州为中心，东起海州，西迄商丘，北自临城，南达淮河，方圆几百里的广阔地带进行的。战役从 11 月 6 日开始，我军首歼国民党军黄百韬兵团，切断徐蚌线；继歼黄维兵团于预设战场，再歼杜聿明集团于逃跑途中。整个战役历时 66 天，到 1949 年 1 月 10 日结束。国民党军队投入战场的 7 个兵团和 2 个绥靖区，计 34 个军，约 80 万

---

① 本文选自中共党史资料出版社 1988 年版《中国共产党历史资料丛书·淮海战役》第三册。

② 作者淮海战役时任冀鲁豫战勤总指挥部政治委员。

人，被我歼灭了 55.5 万余人。至此，长江以北的残敌纷纷溃逃，我军基本上解放了华东、中原地区，使华北、华东和中原三大解放区连成一片，人民解放军百万雄师进至长江北岸。

淮海战役有两条主要战线：一条是我野战军和地方部队的前线作战；一条是人民群众的后勤支援。我军参加此次战役的部队有 60 万人，加上民兵、民工等，在前方的总人数达 150 余万人。每天消耗粮食约 350 万斤到 500 万斤。这么多的军队和后勤人员，云集在如此广大的战场上高度机动作战，通常需在很短的时间里，将众多的人力、大量的物资集中于某一地区，需要有源源不断的粮食、草料和军用物资的供应，有伤员的抢救护理和后方转移，有人抬车推的交通运输的保证，以及后方安全的保障等，离开广大人民群众的支援和强有力的后勤组织工作是难以办到的。为适应战役的需要，华东、中原、华北冀鲁豫的人民都做出了最大的努力。

淮海战役前，冀鲁豫区就开始了淮海战役的支前准备工作。冀鲁豫区党委根据上级意图，向下属各级党组织发出指示："具有历史意义的淮海战役即将开始，我区党政军民必须从思想上、组织上做好足够的准备，尽一切人力、物力，完成艰巨复杂的支前任务，以保证战役的彻底胜利。" 10 月中旬，区党委、行署召开后勤会议，对支前工作所需柴粮油盐、被服鞋袜、弹药棺木的准备，对车辆、担架、民工的动员，对公路、桥梁的修护等，一一做了详尽的研究和周密的布置。根据中共中央军委 11 月 9 日的指示，区党委采取切实措施，进一步加强了支前工作，并抽调大批干部，充实了冀鲁豫战勤总指挥部。此时，战勤总指挥部由刘致远任司令员，袁子扬任副司令员，韩哲一任政治委员。区党委再次明确由我们共同承担冀鲁豫区支援淮海战役的具体组织领导工作。

淮海战役打响后，冀鲁豫区所属黄河以南、陇海路以北地区，成为淮海战役战场的一个组成部分。党中央指示我区主要负责在这一地区作战的华东野战军第三纵队、两广纵队和冀鲁豫军区所辖两个独立旅的粮食供应，以及全部战勤支援。我区数十万经过短期集中训练的成建制的常备民工、担架团按时随军出征，开赴前线。时逢秋末，细雨连绵，广大支前人员不畏道路泥泞难行等困难，在数百里战场上，夜以继日地给我军运送给养弹药，转运伤员。

勇敢的担架队员们，在火线上冒着枪林弹雨，舍命抢救伤员。在途中，他们不休息，不睡觉，甚至忘掉吃饭，尽快将伤员早日送进医院；在夜间，有些担架队员情愿冒风受寒，将自己携带的被褥、大衣给伤员盖上，使伤员睡暖睡好。第六专区担架团班长王兰彬在卫家河战斗中，带领两副担架冲过敌人的机枪封锁，接连抢救了9名伤员。东明县一副担架，在转运伤员的途中，遇到敌机尾随扫射，他们四人护在伤员身上，一人受伤，掩护了伤员的安全。黄河以北第六、八专区两个担架团，有担架队员3500余名，随军转战3个多月，行程7000余华里，抢救转运伤员近万名，使伤员及时得到了住院治疗。

英勇的运粮民工们积极响应"保证前线吃饱穿暖"的号召，冒着敌机的轰炸和炮火威胁，日夜不息地把粮草、弹药、被服和鞋袜等运往前线，涌现出许多可歌可泣的动人事迹。

二、一亿斤小米赶运前线

随着战役的顺利进行，战场的迅速扩大，我华东、中原两大野战军在淮海战役总前委统一领导下，并肩协同作战。到12月间，因为部队频繁的调动，参战人员的剧增，战场的移动，前后方越距越远，出现了支前物资一时接应不上的情况，如何保证前线部队的供应，便成了一个突出的问题。这时，华东、中原野战军已进入豫皖苏地区作战，吃粮人数在150万人以上，加上马匹等消耗，每日需要加工粮500万斤。当时，数九隆冬，天寒地冻，运输线延长，供应单位分散。南战场围歼黄维兵团和阻击李延年兵团的我军，就有14个作战单位；北战场围歼邱清泉、李弥、孙元良3个兵团的我军，有13个作战单位；中原野战军指挥部位于亳县以西，华东野战军指挥部位于古饶、符离集一带。加之气候影响，运输艰难，还必须使每个部队备足1个月的过冬粮，才能保证战役的顺利进行。这么多部队需要粮食，分别由山东、冀鲁豫、豫皖苏、华中等地区筹集起来，并由支前民工用小车推，担子挑，翻山越岭，长途跋涉，不停地赶运到战地，确

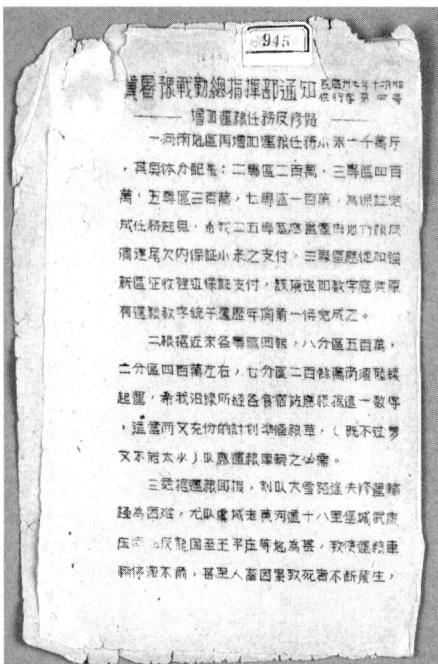

1948 年 12 月 30 日冀鲁豫战勤总指挥部关于增加运粮任务及修路的通知

实是一项非常困难和十分繁重的任务。

为了解决这个问题，粟裕于 12 月 15 日在给中央军委的报告中提出，应有一个支前机构在总前委的直接指导下，统盘运筹，解决粮食等供应中的复杂问题；并建议召开一次华东、中原、冀鲁豫、华中四方面代表参加的联合支前会议。中央军委于 12 月 20 日指示总前委：如刘伯承、陈毅尚未动身去西柏坡，请邓小平考虑召开一次总前委会议，讨论今后 3 个月的粮食供应、弹药补给、交通运输及其他有关后勤支援问题；并指示：如你们认为有开联合支前会议的必要，即由你们直接召开华东、华中、中原和冀鲁豫四方面支前代表会议，商讨解决有关问题。总前委根据中央军委的指示，决定由华东野战军后勤部部长刘瑞龙负责筹备和召集这次会议，主要研究解决统一调节中原、华东野战军的粮食供应，几个地区支前工作的协同配合，继续作战中的支前准备工作等问题；参加会议的代表有华东野战军后勤部长刘瑞龙、华东支前委员会主任傅秋涛、政治部长张雨帆、粮食部长张劲夫、人力部长魏思文、财政部长程照轩，豫皖苏行署副主任杨一辰，江淮区党委书记曹荻秋，华中支前司令部司令贺希明和副政委李干臣，冀鲁豫行署副主任韩哲一。

联合支前会议于 12 月 26 日至 29 日在刚解放的徐州召开，刘瑞龙、傅秋涛轮流主持会议。就战役后期大围歼战中的军需问题、民工组织、人力和物力使用、其他后勤工作等问题，做了通盘安排，与会地区和单位分别承担了筹运粮食、出担架、派车辆及收容伤员等任务。我在会上汇报了冀鲁豫区前段支前情况，说明已供给淮海战役前线小米 500 万斤，华北局决定我区继续支援前线小米 1 亿斤。为保证战役胜利，我们一定完成任务，其他均按会议决定执行。会议结束的当晚，刘瑞龙、张劲夫等同志和我，骑马赶到前方指挥部，粟裕接见了我们，并交代了战勤支援工作的具体任务及要求。而后，我即速返回，向冀鲁豫区党委做了汇报。1 月 10 日，邓小平对徐州联合支前会议做了"我完全同意该会所作决定，请即依照执行"的批示。区党委据此召开紧急会议，认真讨论和研究了这项重大任务的组织领导，决定由冀鲁豫战勤总指挥部负责，按地区分配我区所承担的支前物资，规定运输方法等，并在会后逐级进行了动员。

华北局于 11 月下旬下达冀鲁豫区调拨 1 亿斤小米，火速南运的命令，我们已布置下去。华北局还决定我区筹运部分粮食，支援平津战役，我们增加了靠近淮海战役南线各专区的任务，免得将来南粮北运，过多增加劳力负担。此外，在陇海路以南地区，我区支前民工所需柴草，也由我们自筹供应。冀鲁豫战勤总指挥部对如何运粮做了具体安排，要求各专区必须在 1 至 1 个半月内，把 1 亿斤小米运到陇海铁路沿线各粮站和屯集点。其中，第二专区的 2000 万斤运至马牧集，第三专区的 1400 万斤运至黄口和李庄，第五专区的 1000 万斤运至朱集子，第七专区的 1000 万斤运至砀山，第四专区的 700 万斤运至开封，第八专区将昆吾、尚和、濮阳三县的 600 万斤运至民权，第六专区的 2500 万斤和第九专区的 800 万斤分别由陆运或河运运到济南。如果我军移动，追击敌军，再由各粮站负责转运、跟运上去，确保军队需要。徐州会议决定，由我区负责从鲁西地区运粮 1000 万斤到涡阳、蒙城和阜阳一带，供应中原野战军作战部队；已运到开封至黄口间的 6700 万斤粮食中，第一批拨送 2000 万斤，第二批拨送 1050 万斤，给华东野战军北线部队和徐州、砀山的休整部队。根据会议要求，我们又调整了运粮计划，给第二、三、五、七专区，就是黄河以南地区，增加了 1000 斤的运粮任务；并具体确立了嘉祥至砀山、巨野至砀山、郓城至马牧、鄄城至马牧、聂谷堆至民权 5 条运粮干线，明确了各干线所承担的运输数量，避免了运输拥挤的问题。各专署分别于 12 月上旬召开各县指挥长、财经科长、仓库主任紧急联席会议，落实了筹集粮食、设置粮站等事宜，并号召为完成这一光荣任务而做出最大努力。

冀鲁豫区人民碾米用的碾

任务下达后，冀鲁豫全区立即行动起来，筹集粮食。后方机关为完成这一任务，每人都自动减少了食粮定量，改吃粗粮。黄河以北各专区、县、区、村，由党员、干部带头，展开了广泛的筹粮碾米热潮。第六专署首先提出了"快筹、快碾、快交、快运"的口号，并创造了由专署筹发统一粮袋到村，写明县、区、村的经验。其好处是，每袋粮食数量一样，便于统计和检查，战勤总指挥部推广了这一经验。大部分县、区因为每个村只有一两盘碾子，群众怕误了时间，便划分小组，在碾子上轮流碾米，在场地上挖坑轮流舂米。没有牲口的小组就用人推碾。八专署在布置到县、区、村的三天内，就碾米 104 万斤。寿张县东金斗营村接受的是4000 斤的碾米任务，四天时间便碾好 5000 斤小米。该村还领取了 300 条装米布袋的缝制任务，村妇女会主任张秀英组织妇女小组，连夜挨家按市价收购足布匹，次日全村妇女连裁带缝，半天就做齐了。在碾米运米中，这个村的干部还分了工，有的收米，有的派车，有的装载。用 300 条口袋，7 辆大车，以最快的速度将 5000 斤小米运往前方。

长期坚持游击战争的黄河以南地区的广大群众，连年遭受国民党军队的蹂躏，生活极为困苦。当听到淮海战役前线大捷的消息，他们欣喜若狂，主动把藏粮从地洞里扒出来，连夜碾米、舂米，圆满地完成了筹运粮米的任务。

在筹粮碾米热潮中，有 200 多万名妇女参加了碾米、磨面和做军鞋等活动。黄河以南的妇女表现得尤为突出。当筹粮碾米任务下达到齐滨县二区时，各村男女老幼争先恐后地碾米、舂米。大家边碾米边唱歌，欢天喜地，像过年一样。有些妇女的手磨出血泡不肯休息；有些儿童忘掉劳累，推着碾子睡着了。该县妇女还想出了用新砖搓米、用磨盘上扇拐米等好办法，加快了碾米任务的完成。曹县五区后张庄村70多岁的翻身妇女张大娘，土改分得11亩地，过上了好日子。她见村里装米急需口袋，便把给新媳妇做的新被子剪开做成了口袋装米，并对儿媳说："前方用米当紧，咱在家怎么都好对付，等打倒蒋介石后，咱再不用趴豆棵了，不愁没好日子过。"

到12月14、15日，各县都先后开始运米。运米一般以区为单位，组成班、排、连、营，不分昼夜地运往前方。巨南县堂村区是新解放区，群众刚从敌人的长期残害下解放出来，支前积极性特别高，他们将分到的30万斤粮的运输任务分三批、用五昼夜的时间就运完了。曹县、齐滨、复程等县，在12月底以前亦都完成了运粮任务。全区在运粮中，涌现了很多护粮模范。安陵集梁玉家有两辆手推车，运粮途中蒙蒙细雨下个不停，他们怕把米淋湿，便将自己穿的棉袄脱下，盖在米袋上，说："棉袄淋湿了还可以晒干，米要淋湿了，就不好吃了。"他这一举动对运粮民工启发很大，不少人用被子、棉袄盖在米袋上，保护了军粮。

冀鲁豫区在淮海战役支前工作中，除保证供应了粮草、弹药、担架、棉衣和鞋袜外，在筑路修桥、充当向导、补充兵员等方面，也胜利地完成了任务。整个战役期间，冀鲁豫区先后共出动民工30余万人，畜工1243万多个，担架10000多副，大小车15万多辆，筹运小米14285万斤。

冀鲁豫区人民在淮海战役的支前工作中，展现了一幅人民战争的壮丽画面。冀鲁豫人民和华东、中原解放区的人民一样，在党的领导下，是全力以赴支援淮海战役的。在整个支前过程中，上万民工立了功，许多人被评为英雄模范，大批积极分子成长为干部，部分先进分子加入了中国共产党，还有不少人献出了宝贵的生命，牺牲在支前途中或战争前线。我们将永远怀念为支援前线而流血牺牲的革命烈士！

率支前大军辗转淮海战场①

骆 明②

淮海战役自 1948 年 11 月 6 日起至 1949 年 1 月 10 日止，历时两个多月，历经三个阶段，是我军在解放战争中的大围歼战之一，也是规模最大的具有战略意义的一次战役。在这场大规模的战略决战中，我受组织委派为华中五分区支前司令、支前前委书记，亲自参与组织并率领 12 万民兵、民工支前大军，辗转在淮海战场。

调兵遣将做好战前准备

为了赢得这场大规模战略决战的胜利，各路紧锣密鼓做好战前的充分准备工作。

1948 年 4 月，华中五分区专员公署专员茅蕴辉调华中行政办事处工作，我接任华中五分区专员公署专员。

5 月前后，从山东南下的华东野战军已陆续到达陇海路东段南北待命。华中五地委迅速下达紧急动员令，要求各县限期组成担架队、运输队、参战民兵，到指定地点集中，随时准备出发。

6 月，华中工委决定，由郑平、冯国柱、高峰、骆明、温逢山、刘扬生、周一萍组成华中五地委。郑平任书记兼军分区政委。

---

① 本文选自凤凰出版传媒集团凤凰出版社 2008 年版《淮海大战亲历记》。
② 作者淮海战役时任华中五分区支前司令部司令。

10月12日，华中五地委根据上级指示精神，做出《建立健全支前组织机构的决定》，要求从分区到县、区、乡、村都建立支前组织，对自卫战争以来各地陆续建立的支前组织，要进行整顿和加强，保证支前任务一旦到来，即能迅速行动。为此，华中五地委决定成立华中五分区支前司令部，由我兼司令，郑平兼政委，高峰任副政委，王伯兼任副司令员，庄屯任第二副司令员。为加强支前工作中的政治思想和党的组织工作的领导，地委还决定成立支前工作委员会，我任前委书记。并抽调一批干部，成立支前司令部办公室、政治处、后方勤务处、运输处、担架处、民兵处。专署和各县均增设支前处和科，并建立了相应的组织机构，各区、乡也均建立了支前中队、大队。各级支前组织都应有党政主要负责人担任支前领导，带队出征，保证支前任务的完成。

为了迅速落实地委关于加强支前工作的指示，根据前段支前工作的经验，我向地委建议，以地委、专署的名义，再次颁发了《关于整顿后勤，组织常备民工的指示》《关于加强支前工作的指示》《关于支前合理负担的指示》《关于常备民工报酬的决定》，以及地方党政机关使用常备民工，必须经地委、县委批准，避免浪费民力、影响生产等规定。当我们下去检查工作时，所到的几个县，他们都在日夜开会，以贯彻落实这些指示，只要一声令下，支前大军即可出征。

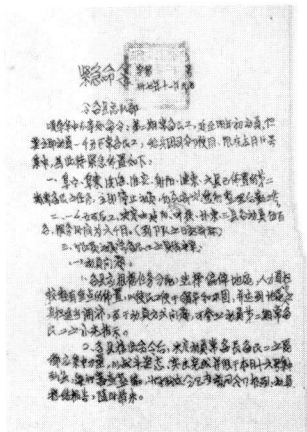

1948年11月9日华中五分区支前司令部关于动员1500名常备民工的紧急命令

为切实做好支前准备工作，当我从各县检查工作回到司令部后，立即研究决定，从淮安到陇海铁路沿线，每隔50华里设一转运站，共设6个转运站。每个转运站配备200副担架、500辆独轮车、3000名民工。随后，又督促粮食转运站，一方面做好苏中粮食的接运工作，立即分给各县去加工；另一方面把加工好的粮食迅速运送给陇海路南的解放军。

全民动员支援淮海战役

1948 年 11 月 6 日，以徐州为中心的淮海战役打响。华中工委、华中行政办事处、苏北军区司令部，联合发出华中支前紧急动员令，号召华中党、政、军、民立即行动起来，为争取淮海战役的胜利而斗争。据此，地委立即指示全地区将支前作为当前的中心任务，要求各级党委必须配备坚强的党员干部到各级支前组织中去，率领常备民工、民兵上前线，必须加强思想政治工作和组织工作，切实保证完成各项支前任务。

华中五分区支前司令部相继发出紧急通知，再次重申，各级组织的支前队伍，必须由县、区、乡主要领导干部带队出征。在支前队伍出发前，我又召开了各县主要领导干部的紧急动员会，做战前思想动员，指出国民党反动派已经到了总崩溃的前夜，淮海战役的胜利，必将加速其灭亡，我们必须集中一切力量，打赢这个战役。为此，要求前方后方一起做好思想发动工作，开展立功运动。为进一步调动前方民工、民兵的积极性，提出"不丢一个伤员，不丢一粒粮食，不误一分钟"的口号，要争分夺秒抢运伤员，运送粮食、弹药和军用物资；要求认真学习解放军的"三大纪律八项注意"，搞好与当地群众的关系；要求后方安置好伤员，抓紧加工粮食，缝制棉衣、棉被、做军鞋、架桥梁、修公路、防奸防特、组织互助组、代耕队，为缺乏劳动力的军烈属和出征民工、民兵代耕代种，搞好生产，民兵要维持好社会秩序、站岗放哨、防奸防特等，争取做支前模范。这些规定来不及传达的，要求出发后在宿地抓紧传达讨论，并且定出具体办法执行。

在华中工委、苏北军区、华中行政办事处发出的"一切为了前线，一切为了战争胜利"支前总动员令的号召下，全区党政军民全力投入了这场"南线战略大决战"的淮海战役。苏北的淮海分区（六分区）和盐阜分区（五分区）靠淮海战场最近，是直接后方，毋庸置疑，应该承担更多的任

翻身农民随军转战支援前线

务。五分区这次出征淮海前线的民工、民兵计 11 万余人（其中不包括常备民工、民兵）、担架 8600 副、独轮木车 1.5 万辆、挑子 8000 副、小船 1000 多只。各县成立一个民兵营，一半带有长短枪等武器。分区司令部和各县还都带了个医务所。支前的任务十分紧急、繁重，后方的支前任务也同样紧急、繁重。既要修公路，架桥梁，加工粮食，缝制棉衣、棉被，做军鞋，还要协助出征的民工、民兵家属搞好生产，民兵还要维持后方秩序、站岗放哨、防奸防特等。甚至连 10 岁以上的儿童团员也动员起来了，他们在民兵的带领下，参加白天的站岗放哨。把全区所有的劳动力、半劳动力都动员起来了，真可谓男女老少齐发动，全力以赴支援前线。

我作为华中五分区淮海战役的支前司令和前委书记，带领一支这么庞大的未经过正规训练的民工、民兵队伍，参加这场大规模运动战的支前工作，对我这个知识分子出身的干部来说，深感任务艰巨，是个严峻考验，也是一次很好的锻炼，我丝毫不敢怠慢。

我们从驻地出发到战场，有 300 多华里，每天行程五六十里，要走 6 天。要自带粮食（政府规定，常备民工每天配 6 斤玉米，其中 3 斤留在家里）和玉米秆（当地没有木柴）。来回一趟 12 天，就要吃 36 斤。往前线运粮的任务十分繁重。这时，农民分得了土地，不再受地主的压迫和剥削，而且他们又看到解放战争不断取得胜利，情绪空前高涨，就什么困难都不怕了。

根据战争的需要，我们把民工编为随军常备民工、二线转运民工和后方临时需要的民工等三种组织。二线转运民工，作为地方支前的基本力量，由各级支前组织掌握；后方临时民工，作为临时性突击力量。二线转运民工和临时民工由支前司令部留下来的同志负责指挥，我主要是带领常备民工随军随时听从后勤部的调遣。

1948年11月9日，打前站的第一批民工、民兵在淮安、滨海两县的领导同志带领下出发。我则于11日率领司令部的工作人员和一个民兵连（由9个县民兵组成，半数人配有长短枪）从驻地出发。民兵连配了1个通讯排，还有15匹马、10辆自行车，供传递通知、命令和通讯联络之用。出发时，地委、专署的同志们前来欢送。队伍浩浩荡荡，整齐威武，群情振奋，士气高昂，情景十分感人。因为支前队伍庞大，行军时连绵十数里，晚上宿营时，要分散住在十几个村庄。为了及时掌握情况，司令部政治处的同志分到9个县的民工、民兵中去随队工作。每天晚上宿营时，要利用时间讨论开展立功运动，同时检查执行"三大纪律八项注意"的情况。每完成一次具体任务，就要进行评比，表扬先进，鼓舞士气。

民工、民兵出征后，个个都以实际行动争当模范，争做支前功臣。他们提出了"两不回家"：不完成任务不回家，不立功不回家；"五不走"：在宿营地借物不还不走，院子不打扫干净不走，水缸不挑满不走，损坏东西不赔不走，不向房东道谢不走；"三比"：比贡献，比互相帮助，比团结友爱。还有的提出，执行"三大纪律八项注意"一定要严格，要做到一切行动听指挥，不许虐待俘虏，不许搜俘虏腰包，缴获的战利品要交给解放军。我们的民兵、民工，真俨如训练有素的解放军。

支前大军辗转淮海战场

1948年11月6日，我华东野战军对正向徐州（国民党徐州"剿总"

所在地）撤退的黄百韬部发起进攻，淮海战役打响。我军强大火力的阻击，将黄百韬兵团约 10 万人压缩到纵横不到 10 公里的碾庄圩。此时，我军正在进行坑道作业，对黄百韬兵团发动总攻。我们马上跟着投入战斗，挖战壕，抓敌军散兵游勇，看押俘虏，收缴枪支弹药，抢运伤员等等。在抢运伤员时，我们的民工、民兵像护士一样照顾重伤员，给他们喂水、喂饭，用自己的碗给伤员接尿，实在感人。22 日，我军攻占了碾庄圩，全歼守敌，其兵团司令黄百韬被击毙，结束了淮海战役的第一阶段。

这时，苏北、淮海区的各路支前大军，部分先完成各项支前任务。我们五分区的担架队担负转运伤员的任务，把伤员转运到淮海、盐阜分区安置。我进入战后的碾庄看到，在大炮和炸弹的轰击下，整个碾庄的大地都被翻了过来，已没有一间完整的房子和一棵树。

随后，我军向南进军。解放军后勤部通知我们，迅速跟随部队向南转移。我在布置好粮食转运站向安徽宿县地区转移之后，即率领民工、民兵经过两天两夜急行军，到达宿县以南地区。首先把粮食供应给解放军。接着，按解放军每个纵队配备担架 500 副、挑子 500 副、约 3000 人，随车行动。这时，我军已把从河南赶来增援的国民党军黄维兵团包围在双堆集地区。此时，我率民工、民兵日夜兼程紧跟部队，奔赴战场。我们的转运站也跟部队转向安徽双堆集。黄维兵团共 12 万人，是蒋介石的嫡系部队，其中的第 18 军，是国民党精锐的主力军之一。但该兵团孤军转进，11 月 25 日，被我军三面包围，一面设伏。经半个多月激战，于 12 月 15 日全歼黄维兵团，黄维被俘。淮海战役第二阶段又宣告结束。

在歼灭黄维兵团期间，国民党徐州"剿总"副总司令杜聿明率领驻在徐州的邱清泉、李弥、孙元良三个兵团，撤离徐州，向西南逃窜。我华东野战军将这三个兵团合围在河南永城陈官庄一带，开始了淮海战役的第三阶段。

随着战线的北移，我也率领民工、民兵向北转移，到达战场附近的濉侯地区，迅速同解放军取得联系，接受任务。这时，从南京起飞的敌机，天一亮就来骚扰。我命令民工、民兵隐蔽，但他们不顾个人安危，当敌机低空飞行时，民兵还用步枪还击。

在这一阶段开始时，解放军暂不对杜聿明发动进攻，主要开展政治攻势，敦促杜聿明率部投降。同时，解放军也利用这个时机进行休整。政治攻势采取了多种多样的办法，如在战线前沿的战壕中喊话，投掷劝降书，劝告蒋军士兵不要再为蒋介石卖命，宣布解放军对放下武器的国民党军实行优待的政策。从抓来的国民党士兵口中得知，蒋军被包围后吃不饱，解放军就喊话叫他们过来吃大米饭、白面馒头。当他们吃饱后，就向他们宣传解放军优待俘虏的政策，然后放他们回去，劝说饥饿的蒋军官兵过来吃饭。

那时被围困的蒋军，既缺粮食，又缺燃料，连村里的房子和汽车上的木板都拆来烧了。但是，他们的高级军官却在吃罐头、喝洋酒，有的还在聚赌。我们把这种情况写成传单，投掷过去。这些做法，对被我军紧紧包围、饥饿不堪、军心动摇的蒋军起了很大的瓦解作用。偷越战壕过来投诚的蒋军士兵一天一天多起来。这一来，又增加了我们运粮的任务。

那时，国民党每天从南京派飞机往陈官庄空投大米、白面、木柴，后来还空投做好的大饼。但是，敌机不敢低飞，以致很多食物投到了我军的阵地上。有些投到蒋军阵地上的食品，饥饿难耐的蒋军官兵就互相争夺，打斗起来。民工们看着这些情景，都嘲笑国民党快要完蛋了。

在总攻之前的战斗中，我们的担架队民工随同部队一起冲杀，抢运伤员，毫无畏惧。他们在刺骨的寒风中，脱下棉袄给伤员盖上，先送到包扎所包扎之后，再向后方医院转送。民工把伤员看作亲人，百般爱护。转运时，想方设法保持担架平衡，脚步平稳，上坡时前面的民工躬身前进，下坡时后面的民工弯腰行走。对生活不能自理的伤员，民工们给他们喂水、喂饭，悉心照料。有的重伤员小便，民工们用自己的碗为他们接尿已成常事。民工的这种精神，大大感动了伤员。有些伤员经包扎后，能走路的都主动不坐担架，自己走路，有的还帮助民工护理重伤员。

在总攻的前三天，天气很冷，下了大雪，阵地积雪达一米多深，运送粮食用独轮车、挑子都不行了。怎么办？我们的民工就把穿在身上的棉裤、夹裤、长裤全部脱下来，用绳子把裤脚绑扎紧，把大米灌到裤脚里去，自己穿着短裤，不顾寒冷，把粮食背到战地前沿。当时，解放军指战员正为担心运不来大米而发愁，当看到这种情景，十分激动，有的流下了眼泪，抱着我们的民工高喊："民工万岁!"民工也大喊："解放军万岁!"场面十分热烈，动人心弦。有的指战员还把民工的姓名、地址记下来，用部队领导的名义写信交给我们，为他们请功。

因为杜聿明拒不投降，1949 年 1 月 6 日，我军发起总攻。经过四昼夜的激战，尖刀队直捣杜聿明的指挥部，打烂了他的指挥系统。失去指挥的国民党军队乱成一团，真可说是兵败如山倒，纷纷缴械投降。全歼了邱清泉、李弥两个兵团，其中包括国民党五大精锐主力之一的第五军，生俘杜聿明。这时，我带领民兵进到陈官庄等几个村庄，把俘虏集中起来，令其放下武器，严加看管。当天下午，我在一个村庄外面，看到当地的一个小脚老太太，扛着一根扁担，在指挥 200 多名背着武器的国民党军，要他们放下武器，并集中在一起，然后跟随她去指定的村庄吃饭，俘虏们老老实实地听她指挥。

那个村子里面，已经没有一间完整的房子，树被砍光，房子的木板都被拆掉了，甚至连坟墓里的棺材也被挖出来当木柴烧。到处都是武器、弹药，还有美国的救济物资，如奶粉、罐头等。许多军用的大衣、睡袋、毛毯、毡靴等等，还未打开包装，全是新的。汽车是道奇六轮大卡车，有七八成新，还有汽油，但是车上的木板，都被国民党军队拆下来当木柴烧了。这些战利品，全部由民兵们看守着，最后交给解放军后勤部门接管。1 月 10 日，淮海战役胜利结束，整个战役历时 66 天，歼灭国民党军 55 万余人。其中包括国民党军第二、七、十二、十三、十六等 5 个兵团。生俘徐州"剿总"副总司令杜聿明和第十二兵团司令黄维，击毙第七兵团司令黄百韬和第二兵团司令邱清泉。至此，国民党军在华东和中原战场上的精锐部队丧失殆尽，国民党的反动统治土崩瓦解!

当战役结束时，我们的支前民兵和部分担负运输任务的民工，帮助解放军看押俘虏，打扫战场，把缴获的武器、弹药、物资集中起来，一起运到解放军后勤部。

在我们向解放军告别时，解放军后勤部的同志代表所属部队感谢我们，感谢华中五分区党政军民对淮海战役的巨大支持，并用兵团司令的名义送给我们一批长枪、子弹、大衣、军毯等战利品，要我们分给各县。

当支前任务宣告胜利结束，我们即着手安排支前大军复员回家的工作。在回家的途中，各县民工、民兵在县前委委员等领导的带领下，仍旧有组织地行军。晚上宿营时，热烈展开立功评比活动。通过评比，我们的民工、民兵和县、区、乡、村干部，在"一切为了前线，一切为了解放战争胜利"的号召下，不怕苦，不怕死，历尽艰难险阻，全力支前，涌现了许许多多的团结友爱、助人为乐、舍己为人等可歌可泣的英雄业绩，评出了大量的功臣、模范，并经县前委委员的批准，吸收一批积极分子入党，提拔了一批干部。

在这里，特别要提到的是妇女在支前工作中发挥了重大作用。在淮海战役期间，仅淮安、阜东、滨海3个县，广大妇女在妇联的领导下，全靠手工磨米160多万公斤、面粉325多万公斤，沿途送交转运站，转运到淮海前线。

我在检查担架队抢救、转运伤员时，还发现盐城县有500多名妇女参加了担架队。妇女担架队的大队长、教导员，都是各区的副区长、区委副书记，她们对伤员的爱护、照顾极为细心。我问她们辛苦不辛苦，她们回答说："解放军在战斗中有的献出了生命，有的流血负伤，我们有什么辛苦！"阜宁县三灶区合兴村妇联主任沈秀珍，在后方积极组织妇女生产，使出征民工、民兵安心支前，在全县支前评功会上被评为一等功臣，被评为二、三等功臣的妇女就更多了。不少妇女入了党，有的担任了乡长、村长。

据华东支前司令部的统计，参加这次支前工作的苏、鲁、豫、皖四省解放区的民工、民兵达543万人，担架20多万副，独轮车41万辆，挑子30多万副，供应粮食9.6亿斤，运送伤员11万多人，物资、弹药1000多万吨。苏北解放区的党、政、军、民在支前工作方面，不论前方和后方，都做出了巨大贡献。总计出动的民工达107万。其中靠近战区的华中第五行政区（即盐阜分区）、第六行政区（即淮海分区），出动民工达96万人，占两区总人口的16%。五分区预借公粮1000万公斤，结果超额30万公斤。运送伤员主要靠担架抬，都做到风雪不误，安全运达作战的后方。如果没有全民动员和各地的全力支援，是无法打赢这样大规模的运动战的。这就是人民战争的威力。

华东野战军司令员陈毅同志在总结淮海战役胜利的报告中指出："淮海战役取得伟大胜利的最后一个原因，是人民群众的广泛支前。支前民工达 500 多万人，遍地是运粮、运弹、抬伤员的群众。他们不惜倾家荡产，历尽艰辛，冒着枪林弹雨，忍着风雪饥寒，支援子弟兵作战。这是我军的真正优势。人民群众用小车、扁担保障了部队作战。"这个评价是确切的。

1949 年 1 月 18 日，华中五分区支前司令部在东沟召开了有各县、区带队出征的领导和一些干部、民工、民兵代表参加的盛大的万人庆祝淮海战役胜利大会。在会上，我根据陈毅同志总结报告的精神，做了支前工作总结。在总结中指出，这次淮海战役的支前工作，任务空前艰巨，队伍空前浩大，全民发动，更可贵的是我们有一支翻身后思想过硬的支前大军。并对支前功臣做了表彰、颁奖，欢送民工、民兵光荣复员。据统计，在整个淮海战役支前工作中，民工、民兵立功受奖的一、二、三等功臣有 1 万多人，加入中国共产党的 4780 人，提为区、乡干部的 600 多人，提为村干部 800 多人。最后，号召大家，为了迎接全国的解放，应该再接再厉，迎接新的战斗。

在这里值得一提的是，盐城有个 550 人的民工营和一些民兵，在双堆集歼灭黄维兵团后，用担架把中原野战军（后改称第二野战军）的伤员，一直用肩扛手抬送到河南鹿邑县和郑州安置。淮海战役结束后，这批常备民工，在县区干部领导下，又继续参加渡江战役，历时 230 天。其中有 401 人，直到 1949 年 7 月才复员回来。他们这种公而忘私的精神，受到地委、专署和县委、县政府的奖励。有的人被吸收入党，有的人被提拔为区乡干部，成为革命的骨干力量。

淮海战役结束后，苏北全境解放。

豫皖苏三分区人民支前纪事①

李时庄②

一、三分区概况

豫皖苏三分区位于陇海铁路以南，涡河以北，东抵津浦铁路，西至商丘。土地面积 2 万平方公里，人口 340 万。这里土地肥沃，物产丰富，人口众多，且处于商丘、徐州、宿县、蚌埠、阜阳等重镇之间，直接控制陇海、津浦两大铁路动脉，战略地位十分重要，为历代兵家必争之地。因此，早在抗日战争时期，我党就在这里建立了抗日民主根据地，并以此为中心和立足点，向外发展。

抗日战争和解放战争时期，党领导三分区人民进行减租减息、反奸清算、土地改革、剿匪反霸和参军运动，党内进行了"三查三整"等教育运动。三分区党的力量较为雄厚，基础牢固坚实；武装力量较强，有 3 个基干团，各县区武装也不下万人；群众经过多次革命斗争的锻炼，又分得了土地，翻了身，思想进步，阶级觉悟高，热爱共产党及其领导的人民军队，对国民党及其军队怀有极大的阶级仇恨。因此，在历次斗争中，三分区人民都表现得十分突出，特别是淮海战役打响后，三分区人民热烈响应我党的号召，积极投入到支前运动之中，并做出了巨大的贡献。

---

① 本文选自河南人民出版社 1989 年版《中共河南党史资料丛书·人民壮军威》。
② 作者淮海战役时任豫皖苏三专署副专员。

二、支前简述

1948 年 11 月 3 日，中原军区首长陈毅、邓小平、张际春、陈赓等人来到三地委驻地永城西南裴桥集，传达毛主席、中央军委关于发动淮海战役及组织人民群众支援的指示。随后，三分区即成立了后勤司令部，许西连任司令员，李时庄任副司令员，寿松涛任政委，王光宇任副政委，并设立宣传动员、民力管理、财粮供应和秘书处等办事机构，抽调专人办公。各县也相应地成立了战勤指挥部，由县长和县委书记分任指挥长和政委。

战役刚打响，地委即号召党政军民"一切为了战争，一切为了前方胜利""全党动员，全民发动，倾家荡产，保证徐州会战的胜利"。各县分别召开了紧急动员会议，发动群众投入支前运动。为了便于领导支前工作，地委、军分区、专署和后勤机关移到永城县城附近分驻。支前机关就设在城里教堂里。后来，党政军民所有机关和领导干部全部投入了以支前为中心的工作，确实是全力以赴了。

淮海战役第一阶段的张公店战斗，第二阶段的围歼黄维兵团和第三阶段陈官庄地区围歼杜聿明集团及蚌埠北阻击李延年、刘汝明两兵团北援的战斗，都是在三分区境内进行的。三分区军民为支援战争出了大力。据战后不完全统计，全区共筹集粮食 1.8 亿多斤（实际用 1.55 亿斤），柴草是粮食的三倍多，有 6 亿多斤；支前担架 61387 副（其中随军担架 2 万多副），牛车 11 万多辆，小推车、拖车 22270 辆；出牲口 437000 头；在前线服务的民工约百万人，后方的妇女、儿童、老人全部参加了支前工作。

战役中，三分区及中原野战军在永城、商丘设立了总兵站，豫皖苏区后勤司令部在百善、临涣、陈集等地也设立了兵站，另外在砀山、黄口也设立了兵站，供应前线军队弹药、粮食等军用物资。三分区境内还设立了不少转运站，如永城、书案店、丹城、白庙、会亭、马头寺、百善、临涣、周口集、三铺、鹿邑、涡阳、柘城等 10 余个，接收前线转运下来的伤病员，经过初步治疗后再转运到后方医院。每个转运站经常都有数千副担架，万余名民工等着转运。

支前中出现了许多英雄人物和模范事迹。如雪枫县县长李品立带领的担架团受到豫皖苏区后勤司令部的通令嘉奖；雪商亳县县委书记丁希凌带领民工冒雪往返百里，扛面供应前方；龙岗区委书记徐学忠、丹城转运站的许秀英和书案店转运站的苏平楼、万楼两小学的学生等都曾受到《雪枫报》《中原日报》载文表扬。

三分区的地方武装和民兵也在战役中发挥了巨大作用。战役刚打响，军分区副司令员邢天仁就带领分区主力和夏邑县大队包围了夏邑县城，在军事打击和政治攻势的威力下，迫使守城敌人投降，解放了夏邑。随后，邢天仁副司令员又带领三十六团在双堆集南阻击李延年兵团的北援，打得异常激烈艰苦，但很顽强，终于阻住了敌人。宿怀县大队配合主力击落了敌人1架飞机；商亳鹿柘县大队和民兵活捉了敌人中将军长胡临聪和副军长李家英；王光宇带领分区部队在太丘附近围歼了敌孙元良部2000余人。特别是雪枫、萧县、宿怀等处于战区中心的民兵、群众，抓俘虏，捉散兵，送消息，当向导，配合主力作战，立了大功。整个战役期间，三分区军民共歼敌2万余人，直接配合了大军作战。

三、参加战勤会议

淮海战役第二阶段初期，豫皖苏三分区接到上级通知，前往临涣参加战勤会议。会议在临涣东七八里许的一个村庄召开。参加会议的有中野各纵队的负责人和二、三、四、六分区的负责人，三分区是我带队参加的。会上，中野负责后勤工作的参谋处长姚继鸣讲话，他简述了淮海战役形势，说：黄维兵团奉蒋介石之命，从武汉赶来，企图增援徐州，现在其兵团司令部已到双堆集，前哨部队抵朱口，受我军阻击又缩了回去。我中野迅速赶到，将敌人包围起来了。

会议期间，刘伯承司令员到会做了重要讲话，他说：去年中野抢渡黄河挺进大别山，是为了引开敌人的主力，分散其力量，以便华野更有力地歼灭敌人。现在黄维兵团被我们引来了，我们决定在涡河北干掉它，因为这里是我们的根据地，有群众支持。各纵队要做好充分准备，下大决心全歼黄维兵团。刘司令员最后强调，我们就在三分区打，三分区来开会的同志回去要抓紧布置，保证做好后勤工作和粮食供应，交通不能中断。

会后，姚继鸣要各部队后勤负责人和三分区的同志留下，询问了三分区的支前工作情况，进行具体布置。他说，战勤任务已用电报通知了豫皖苏军区张国华副司令员。我说："我们来开会时，军区已经布置二、三、四、六分区负责支援双堆集战场。粮食保证供应，无论如何要保证麦面和肉类的供应。"根据各部队后勤负责人的意见，讨论分配了各分区支前担架和面粉等供应任务。我们三分区 8 个县共出担架 2 万副。姚处长还提出一个很重要的问题，就是架通电线和贯通交通运输线。他说："这次打仗是中野和华野共同配合作战。黄维在双堆集距我们有六七十里路，要保证道路畅通。这中间挖的沟坎，三分区要设法解决，三日内完成。"我们提出完成任务的意见："我们先后两次破击津浦、陇海铁路，搞了不少电话线交给了军区。请你们打电话给军区，让他们将电话线、电话员派车送来。电线杆由我们负责解决，并请给我们画张线路图，印千余份，派骑兵按图通知各县、区就地伐树竖杆，铺路修桥。动用多少工，砍了多少树，打过仗后再和群众结账，要钱给钱，要粮给粮。命令各县、区、乡就地负责，完不成任务撤职查办。"姚处长同意了我们的意见，并派给两个骑兵班。我们分三批到沿途各区、乡布置，接连干了三天三夜，架好了线路，打通了交通线。

四、双堆集战场

双堆集战役展开后，我军紧缩包围圈，迫使敌人吃水靠挖井，吃饭靠空投。由于敌我双方相距很近，我们就采取馒头战术，即用馒头包着纸条掷向敌人，或用话筒喊话，宣传党的政策。当时敌人又冷又饿，尽管敌军官说馒头有毒不能吃，但也无法阻止。有的敌军官还派人到我们这里要吃的，后来又整排整连地跑过来。馒头战术对瓦解敌人起了重要作用。

当双方正在鏖战时，蒋介石派李延年兵团来援助黄维。我军张国华带豫皖苏军区部队进行阻击，我三分区三十六团也参加了战斗，在离双堆集

13 里多的地方（宿怀县境）与敌展开激战。随后，华野派一个纵队赶来增援。军区部队战斗力量是很强的，打退了敌人一次又一次进攻，取得了阻击战的胜利。黄维见援军被打退，杜聿明被包围在陈官庄一带，便仓皇突围逃跑，被我一举消灭。

阻击胜利后，张国华路经支前司令部，询问三分区支前工作有什么困难，并要我们去慰问独立旅，解决供应问题。第二天，陈明义参谋长和行署杨一辰也来了。我带领六七个同志到宿怀县，和县的负责人一道去独立旅，进行慰问。冯志芳政委正带部队休整。我们随即又动员群众送了几头猪，安排了部队的供应，于第二天晚上返回。天亮时，我们到达双堆集附近，听说黄维坐的坦克突围掉进水沟里，被我军战士捉住。双堆集墙倒屋塌，一片废墟，还存放几十辆坦克。我军正将一群群俘虏集中起来，进行教育。双堆集战役胜利结束了，我们在支前中做出了重大贡献。但由于战斗异常激烈，我方也有很大伤亡，三分区的 2 万副担架和支前民工也损失了一部分。

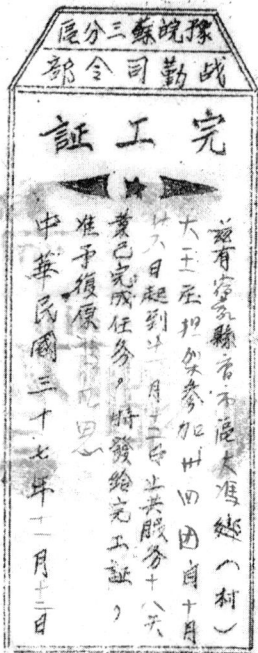

豫皖苏三分区战勤司令部印制的完工证

五、善后救灾

淮海战役于 1949 年 1 月 10 日胜利结束。根据豫皖苏分局决定，三地委成立了留守处，负责支前的善后工作，由地委秘书兼城工部副部长李华农具体负责，成员有谢道章、胡方岭等同志。主要任务是清理、接收四省（鲁、豫、苏北、皖北）粮站。这些粮站均分设在战场周围，剩余很多面粉、粮食等物资，清理后上报，然后分配下去，发给战争中受灾地区灾民。

三专署成立了救灾委员会总会，由我负总责，总会下设萧永（北战

商丘人民组建河上运输队运送支前物资

场）和萧宿永（南战场）两个分会，分别负责南北两个战场的战区救灾和恢复生产的工作，主要是打扫战场，掩埋敌尸体，救济灾民，重建家园。任务十分艰巨，受灾村庄 300 多个，灾民 30 多万人，无房住，无饭吃。组织救灾人员下乡登记，将灾民分为轻灾、半灾、重灾三种，重灾每人发急救粮 50 斤，半灾发 25 斤，轻灾暂不发。我们本着"救灾如救火"的精神，日夜工作，使受灾群众有饭吃，有住处，并给治疗疾病。地、县、区各级党组织都集中力量搞这项工作。

六、战后的会议

淮海战役结束后，有几次重要的会议值得提一下。

一是总前委召开的中野、华野各纵队司令员和后勤负责人会议。刘伯承、邓小平、陈毅参加了会议。会议由刘伯承司令员主持，他代表党中央、中央军委表扬我们打了大胜仗。邓小平讲话时，要求部队一面休息，一面整训，准备迎接新的战斗。陈毅做了建军报告，他提出将淮海战役中新缴获的大炮、坦克再成立一支特种纵队，交给中野。这样，使中野和华野在装备上都有了相当数量的重型武器，战斗力大大加强。

第二次会议是成立十八军，由王幼平主持。为了扩充主力部队，以豫皖苏军区部队为基础，建立了中国人民解放军第十八军。刘伯承在会上宣布了十八军和各师的负责人名单，他讲了我军长征的历史，论述了如何打过长江去。讲地方建设问题时，他问地方还留多少部队，王幼平说军区和分区武装全部上升，地方部队重新建立。刘伯承说："这个地方国民党盘踞多年，特务和反动残余势力还会趁机捣乱，我的意见给地方留一个团的兵力。大军过江，多一个团少一个团关系不大。"结果地方上留了两个团。

第三次会议是三地委在永城召开的各县党政军负责人会议。根据中央通知，会议决定归还原建制，撤销三分区，将其分别划归河南和安徽。通过研究，三分区干部分为三部分，即：寿松涛带领部分干部随军南下，过江后接收南京；王光宇和我带部分干部到安徽组建阜阳地委；许西连带一部分干部到河南。接着，召集各县县长、县委书记开会，进一步落实今后工作，并合影留念。

第四次是安徽省委召开的会议。由省委书记宋任穷主持，组织部长宣布了各地委、专署领导人员的任职。后因形势变化，安徽省委很快撤销了，随之成立皖北区党委。3月25日，阜阳地委正式成立，王光宇任地委书记，我任专署专员。

忆徐州解放及其在支援前线中的作用[1]

周 林[2]

徐州，古称彭城，已有 4000 多年历史，解放时有人口 40 万。它地处江苏省西北部，扼江苏、山东、河南、安徽四省之咽喉，是津浦、陇海两大铁路干线的枢纽，且四面环山，地理位置险要。古往今来，徐州以其特殊的战略地位，一直是兵家必争之地，从楚汉相争就是逐鹿中原的战场。

抗日战争胜利后，徐州成为蒋介石进行反革命内战的重要军事基地，是国民党南京政府的门户。在这里，国民党反动派不仅有重兵据守，而且是他们发动全面内战、重点进攻山东和中原解放区的战略出发点及物资、兵源的重要供给站。1948 年，当国民党军队在东北、山东、河南等战场节节失利后，蒋介石孤注一掷，集结 80 万兵力于徐州地区，妄图与人民解放军决战，以挽回败局。徐州又一次成为国共双方决战淮海的焦点和中心。但是，人民解放军先发制人，解放济南后，迅速挥师南下，在碾庄全歼国民党军黄百韬兵团。淮海战役第一回合的胜利，彻底粉碎了蒋介石的战略计划。国民党军为了免遭被人民解放军四面包围、分割全歼的命运，将其主力杜聿明集团撤出徐州企图与黄维兵团会师。蒋介石一着之差，失去了具有重要战略地位的徐州古城，从而加速了黄维、邱清泉两个主力兵团的全军覆没。

徐州解放时，中国共产党、中国人民解放军迅速顺利地实行了接管，进而动员人民抢修铁路，恢复生产，全力以赴支援前线。光荣的徐州人民

---

[1] 本文选自国家图书馆出版社 2013 年版《淮海战役史料汇编·追忆卷》。

[2] 作者淮海战役时任徐州市市委书记兼市长。

为此做出了巨大贡献。当年，我参与了接管徐州的工作，对这段历史做以下简要回顾。

徐州人民赶做军衣军帽

1948 年 10 月底，我奉命从山东三地委到济南学习城市接管工作，准备南下。同年 11 月，淮海战役打响。11 月底得知杜聿明集团西逃的消息后，华东局立即命我星夜兼程南下。我们一行 500 人，大部分同志乘火车，我率警卫员、司机乘汽车从济南出发，12 月 1 日凌晨赶到徐州。乘火车的同志因徐州以北的茅村铁路大桥被破坏，只得下火车步行 20 多里，比我稍晚赶到。

到达徐州后，我们才知道徐州国民党驻军已全部逃窜，人民解放军渤海纵队已迅速占领了徐州，并且成立了中国人民解放军徐州军事管制委员会（以下简称"军管会"）。我们首先与军管会取得联系，军管会主任是傅秋涛同志（鲁南区党委书记），还有张劲夫同志（鲁南区行署主任）、方毅同志（华东局财经委员会副主任）等。我任徐州市委书记兼市长，华诚一任市委副书记，刘基干同志任市政府秘书长。市委下设组织部、宣传部。市公安局局长是唐竞实同志。邝任农同志任市警备司令员，负责城防、清剿散匪、收容战俘、保护市民财产安全、稳定社会秩序等工作。沙洪同志带了报社几位新闻工作同志，随我从济南一起南下，到达徐州后即组织出版《新徐日报》。许多重要的消息、评论都是利用晚上时间交给我审查把关。《新徐日报》作为徐州解放后党领导下的第一家人民自己的报纸，在及时宣传党的政策，稳定社会秩序，动员人民恢复生产、支援前线等方面起了很大作用。现我写的回忆，多半也用它当时的报道为素材。

刚刚获得解放的徐州城，由于国民党反动派的残酷统治、连年战乱和国民党军弃城时的抢劫和破坏，工厂停工，交通、通讯、邮电中断，学校停课，生活物品短缺，物价飞涨，商店、银行关闭，社会秩序混乱不堪。由于我们入城接管仓促，几天之后才贴出安民告示《约法七章》，人心方安定下来。在人民解放军横渡长江之后，接管大城市时都注意了这条经验。当时摆在我们面前的首要任务是集中力量恢复秩序、维持治安、停止破坏，立即着手复工、复业、复课。市人民政府成立后，与军管会一起，立即宣布了军事戒严。对退伍军人、伪国民党、三青团组织进行登记，很快制止了国民党军的抢劫和破坏，控制了局面。邮电、通讯等部门的职工，由于受到中国共产党接管开封、济南等城市正确执行政策的影响，在国民党军逃跑时，积极组织起来，保护设备物资，减小了被国民党军破坏所造成的损失，接管后不久即恢复了通话、通邮。在动员复工、复业的过程中，我们坚持发动群众，依靠群众，走群众路线。号召工人阶级团结起来结成强大的、钢铁般的力量，同时还要团结农民兄弟、知识分子和拥护革命的民族资产阶级、开明绅士等，迅速复工、复业，为建设新徐州出力。我们反复地向各界工人宣传，工人和农民是新民主主义国家的主体，世界是劳动者用血汗创造出来的；解放后的工厂、铁路是国家的财产，是工人自己的财产，工人在这里做工，就是为人民、为自己的幸福做工，工人阶级是国家的主人翁。在组织恢复生产的过程中，遇到的突出问题是工资问题。由于国民党反动派统治时工资五花八门，极不统一，我们又不能等制定出完备的政策条文后再发，因为春节将至，不发工资工人生活有困难，只得发放临时工资，以解决职工生活之急需。发放临时工资对尽快复工、复业起了促进作用。如平板车夫在运送油料时，按运量及时发放临时工钱，一个车夫干一天的工资能买一斗麦子，可养活七八口人，他们高兴地说："有人民政府领导，我们穷苦人生活有保障了。"我们刚进城时，由于连年战乱，金融市场十分混乱，伪金圆券贬值，银圆充市，转手投机行为盛行，广大人民群众深受其苦。针对上述问题，我们便集中力量打击伪金圆券，仅在两周内就基本肃清伪金圆券并宣告禁止使用。后来，又运用动员复工、复业，扩大银行吞吐调剂等手段，较快地控制了银圆的流通，从而稳定了市场和物价。

1948 年 12 月 19 日，中共徐州市委在中山堂召开慰问各业工人大会，总结徐州解放 19 天来的工作，提出会后的任务。1500 多名工人、职员参加了大会。会上，我代表徐州市委、市政府向徐州全体工人表示慰问，并充分肯定了广大工人在国民党军仓皇逃跑，疯狂破坏工厂、机器及各种城市设施时，奋力保护，减少损失，解放后迅速恢复的光荣功绩。接着，向工人们分析介绍了当时的军事形势，指出：徐州是历代兵家必争之地，谁得到了徐州，谁就有了获取胜利的基地。徐州的解放对加速解放战争的胜利具有重大意义。最后，有针对性地回答了当时工人们普遍关心的工资问题和工会问题，号召工人紧密团结在中国共产党周围，恢复发展生产，支援前线，为革命胜利做出更大贡献。

至 1949 年 1 月底，城市接管工作大体完成，重建工作亦获得相当的成绩。接管工作从上而下，共设金融、工商、财粮、军械、军实、文教、铁道、邮电、工矿、出版、生产、卫生、公安、公路运输、实业、政务等 16 个部门。将属于国民党政府及四大家族的财产全部接管，属于私人的物资予以保护。发电、自来水、修械、火柴、制糖等 9 个公营工厂，接管后已有 5 个厂复工；18 家私营面粉厂有 14 家复工；全部商店 80% 复业；73 所公私立中小学复课，在校学生达 2600 人。接管工作在傅秋涛、方毅同志的领导下，取得很大成绩。至于我，只做了部分工作。当时我们曾向华东局写了总结报告。

在动员复工、复业、复课，恢复正常的社会秩序的同时，我们所肩负的另一重要任务是全力以赴支援前线作战。虽然国民党军在逃跑时有计划地运走和破坏了大量物资设备，但仍可收集、修理出大量物资装备供前方所用。因此，当时的市委、市政府与军管会协同一致，紧密配合，一面接管，一面支前，边接管边支前，使刚刚解放的徐州古城迅速成为支援淮海战役的前哨基地。

当时，最重要、最紧迫的事情是抢修铁路。国民党军为了苟延残喘，阻击人民解放军大规模的进击，在逃跑时对徐州附近的铁路、桥梁实施了有计划的破坏，使南北、东西两大铁路干线陷入瘫痪。中国共产党接管徐州后，立即成立了津浦、陇海铁路干线临时管理委员会，统一领导指挥抢修任务，动员了上万名铁路员工和民工昼夜不停、争分夺秒、顶风冒雪地进行抢修。十几天内即顺利实现了以徐州为中心，北起济南，南到宿县，西起郑州，东到新安镇的通车任务。当时，津浦路上的茅村铁路大桥，被国民党军炸毁8个桥孔，有7个桥孔的钢梁损坏和变形，无法再用。桥下水深达6米，原计划至少14天才能修复，但由于指挥得当，人们团结协作，昼夜奋战，仅用3天就修复竣工。市委、市政府送去猪肉奖赏参加抢修的铁路员工和民工。两大铁路干线的修复，极大地提高了前线部队的机动作战能力和后方物资供给能力，为推进江北广大地区的解放和南下渡江战役的胜利做出了贡献。

其次是依靠群众，动员各个方面的力量收集物资，修复设备，送往前线。当时的口号是"一切为了前线""对革命负责，对战争负责"。军械部的百余名干部及两个运输队，在徐州解放时，迅速接收并清理了子房山国民党的4个弹药库，并发动群众清查，发现了大批被国民党军扔进河里、埋入地下的枪支、弹药，清点包装后运往前线；军实部在进城后几天内即清理了国民党军留下的被服仓库，收集棉军衣8万多件、棉被8000件、棉大衣12000件、防毒面具1000箱，迅速调拨到前方；市服装合作社等单位的1500多名工人在一个月中为在前线被俘、投诚后愿意参加人民解放军的国民党官兵赶制军帽12万顶；卫生部为前线收集包装药品200余箱；公路运输部接收汽油数万桶，组织300多辆汽车将徐州解放时缴获的弹药、油料运往前线，解决了前线部队由于战场转移而急需弹药、油料的困难。徐州还建立

解放后的徐州迅速成立粮站管理处，接收津浦、陇海铁路线运来的粮食，成为重要的囤粮站和粮食转运中心。图为大批军需物资通过火车运往前线

了粮站管理处，统一领导各方面的粮站，接收自津浦、陇海两铁路运来的粮食。徐州成了有规模的囤粮基地和运转中心。从华北、山东等地区运来的粮食都先运到徐

装运粮食的平车队

州，再转运到前线。从徐州至萧县的公路上，每天有几百辆汽车来往运粮。在徐州解放的 28 天里，运往前方的粮食就达 400 多万斤。解放后的徐州，对支援淮海战役发挥了重要作用。

1949 年 1 月 10 日，具有历史意义的淮海战役胜利结束。淮海战役的胜利，不但消灭了蒋介石的主力，而且为渡江战役打下了基础，从根本上动摇了蒋家王朝的反动统治。现在，当我回忆当年进城接管徐州和淮海决战胜利时的心情，吟诗一首抒怀：

　　　　仓皇逃走弃徐州，死生未卜将士愁。
　　　　胜败不由总统定，淮海决战大势休。

中共徐州市委为庆祝胜利，发起了声势浩大的祝捷拥军运动，并成立了祝捷拥军运动筹备委员会。号召全体党政军民认真学习毛泽东同志的元旦祝词《将革命进行到底》，揭穿蒋介石假和平的面具，拥军优属，发展生产，支援前线，为彻底打败蒋介石，解放全中国贡献力量。

支前三忆①

汪冰石②　谢子言③　陈希文　肖凤龙

在解放战争决战时刻的那些日月里，久经战火锻炼的宿怀县人民，在"全力支援前线，一切为了胜利"的号召下，全县上下总动员，男女老少齐上阵，全力以赴地支援人民子弟兵，为夺取淮海战役的胜利做出了贡献，留下了令人永难忘却的记忆。

随军担架队

我们宿怀县两县区（今濉溪县双堆集镇——编者注）区委和区政府，接到了中共宿怀县委、县政府的紧急通知。这个通知明确指出：全县当前压倒一切的中心任务，就是集中一切人力、物力、财力，全力以赴支援前线，夺取淮海战役的全胜。指定我区在三天内组织200副担架，以60副奔赴前线随豫皖苏军区独立旅行动，并归独立旅指挥调用；以140副留在后方，按指定地点转运伤员。

区里接到通知后，连夜召开紧急会议，迅速分头到各乡动员民工和赶制担架。只用了两天两夜，全区200多副担架已组织起来，第三天就全部集中了。区委书记兼区长谢子言立即率领60副担架出发，当天夜里赶到蕲

---

① 本文选自解放军出版社1987版《星火燎原·淮海战役专辑》。
② 作者淮海战役时任中共宿怀县县委书记。
③ 作者淮海战役时任中共宿怀县两县区区委书记兼区长。

担架队冒着敌机轰炸抢救伤员

县以东、浍河南岸的刘圩孜一带，与独立旅接上了关系。这时传来了宿县解放的消息，全体担架队员受到了极大鼓舞，支援前线的劲头更足了。

归随独立旅的第一个行动，是在浍河岸边的湖沟阻击北援的刘汝明兵团。在激烈的战斗中，担架队员冒着敌人的猛烈炮火，多次穿越战壕抢救伤员和抢运烈士的遗体，表现了英勇顽强、不怕牺牲的革命精神。一中队中队长董万仲在浍河中抢救一个落水的伤员时，十几个敌人追了上来，他赶紧把伤员从水中背起放在担架上，机智勇敢地抢渡过了河，保护伤员脱离了危险。这次，经过四天四夜的浴血奋战，胜利地完成了阻击任务。

新的战斗任务是阻击、围歼黄维兵团。一天中午，担架队奉命开赴旅后勤司令部驻地浍河岸上的沈家寨。我们进行了简短的战前动员和防空教育，用芋头秧、绿豆秸把帽子和担架伪装起来，立即向沈家寨开进。在行军途中，敌机死死盯着我们不放，飞来飞去，一阵阵地朝我们俯冲、扫射和投弹。大家没有被吓倒，敌机来了就蹲下、卧倒，敌机一离开再继续前进，就这样，直到暮色降临，我们才走到了沈家寨。检查人数和担架的时候，发现六中队中队长杨祥等四人不知去向。三天之后他们回来了，原来他们被敌机打散失去了联系，遇到兄弟部队便帮其抬了两天担架，打听到了担架队的驻地马上就回来了。在这些普通农民身上，体现了坚定的革命精神。

在沈家寨，担架队同旅后勤司令部住在一起，随时随地执行抢救任务。一天上午，谢子言同志带领部分担架队到浍河南岸的大王庄抢救伤员。大王庄遭到敌机的狂轰滥炸，已没有一间完好的房屋。我们从一片废墟中把受伤的战士们扒出来，都抬送到浍河北的转运站。当时，敌机严密地封锁着渡口，担架队员们利用敌机拐弯的机会，上百次往返，闯过渡口。有的民工绕到距离渡口稍远的地方，选择水浅处，卷起裤子，蹚水过河。时值隆冬，天寒地冻，河水冰冷刺骨，但是为了伤员的安全，大家全然不顾自己受冷受冻。在抢运途中，有时敌机突然俯冲，担架来不及隐蔽，担架队员们就趴在伤员身上，用自己的身体保护伤员。

支前结束后，区委、区政府召开了支前评功大会，评选出一、二、三等功60余人，董万仲等10名同志荣立一等功。中共宿怀县委通报表彰了这支英勇的担架队。

铁路大翻身

豫皖苏军区三分区给我们宿怀县军民下达了一项重要任务，就是想尽一切办法，集中调配一切力量，破坏津浦铁路，切断敌人的交通线。当时，我军已攻占宿县，拦腰斩断了津浦路徐州至蚌埠的铁路线，完成了对徐州的战略包围。黄维兵团被我军包围在宿县西南的双堆集地区，面临被围歼的厄运，蒋介石命令蚌埠、徐州之敌南北驰援。这时，能否切断津浦路蚌宿段，已成为能否阻止敌人迅速增援、保证我围歼黄维兵团的关键。宿怀县军民迅速动员起来，决心大力完成破路任务，组织了民工3000多人，还有县大队5个连，以及华东野战军某部三十六团，总共5000余人的破路大军，由包集地区出发，向南起曹老集、北至新马桥车站一线开进。首先全歼了这段铁路沿线的敌交警部队，再在我军重兵把守下，

民兵破袭国民党铁路线

展开了群众性的破路活动。先将铁轨的夹板铁去掉，再一起用撬棍把枕木连同铁轨一同撬起，然后听从统一口令，将这一段像老式梯子模样的铁道来个大翻身，一下子掀到路基外面的沟里。就这样，掀翻一段，再掀翻一段，经过两天三夜的紧张劳动，从新马桥至曹老集车站长达15公里的铁路，全部被我们彻底破坏了。

这段铁路被我全部彻底翻掉，敌人在短时间内是不可能修复通车的。因此，从蚌埠向北增援黄维兵团的李延年、刘汝明兵团，无法利用铁路运输，众多的步兵、炮兵、坦克拥挤在一起，混乱不堪。我军有计划地节节阻击，敌军行动迟滞，进展极其缓慢。黄维兵团被我全歼之后，北援的敌人也就退缩回去了。

军民协力打敌人

黄维兵团钻进了我军预先布好的"口袋"，多次突围失败，仍在做垂死的挣扎。这时，双堆集战场到处响着隆隆的炮声，弥漫着滚滚硝烟，敌机也不时地飞来投弹和扫射。

12月初的一天，大约下午2点钟，敌人的一架小型战斗机对沈家寨反复进行俯冲扫射。宿怀县县大队和两县区持有枪支的担架队员们，同豫皖苏军区独立旅后勤司令部的指战员一同向敌机开火。步枪、轻机枪、重机枪子弹从地堡、房屋门窗里，一齐射向敌机。敌机在第四次俯冲扫射时，被县大队机枪打中，敌机机身剧烈地颠簸了几下，带着一股浓烟向东南飞去。同志们齐声欢呼："好！好！打中了！"霎时，敌机从四五百米下降到一二百米，飞到刘碾上空时，驾驶员跳伞了。当时敌机离地面太近，降落伞来不及张开，驾驶员摔死了，敌机也坠毁了。敌机残骸与驾驶员尸体相距不过300米远。

军民协力打下敌机的消息，很快传向四面八方。周围的人民群众成群结队地拥向现场，以无比喜悦的心情观看敌机的残骸及驾驶员的手枪、手表等战利品，赞赏我们取得的战果。

淮海战役期间固镇市的支前工作^①

王 涛^②

淮海战役期间，淮北人民在江淮区党委的组织领导下，紧急动员起来，积极配合我野战地方部队围歼、阻击国民党军，在抢修铁路、恢复交通、救护伤员、运送弹药、供给粮草诸方面做出了重大贡献。现就我在固镇市工作期间组织群众支前的有关情况粗略回忆如下：

接受任务 设立粮站

1948 年 11 月中旬，淮海战役全面打响之后，驰援徐州国民党军的黄维兵团，被我牵到宿县西南的南坪集一带团团围住。我军同时拿下宿县城，扫清宿县至固镇一线的国民党军，形成对徐海地区国民党军的战略包围，切断了徐蚌之间国民党军的联系，使徐海地区的国民党军成了釜中游鱼、瓮中之鳖，束手待毙。黄维兵团也欲援不能，欲罢不忍。根据战争迅猛发展的形势，为了战争的需要，我江淮区党委决定成立支前办事处，组织群众的支前工作。

当时，我在二地委公安处任侦察科长，一天，地委负责同志找我谈话，其主要内容是要我带一个排的兵力到固镇市设立支前粮站，负责前线部队的粮食供应工作。俗话说"兵马未动，粮草先行"，我深知粮食在战

---

① 本文选自国家图书馆出版社 2013 年版《淮海战役史料汇编·追忆卷》。
② 作者淮海战役时任江淮区二地委公安处侦察科长。

解放区民兵配合部队侦察地形

争年代的重要和身负此任的责任重大,当时在干部奇缺的情况下,也不好推辞。我就于 11 月下旬带一个保卫排（30 多人枪）赶到固镇。由于当时华野九纵配合饶子健旅已打下灵璧,固镇的国民党军已闻风而逃,所以我们没受到什么阻击就进入市区了。固镇长期属于敌占区,市区刚解放,我方政权尚未建立起来,整个市面上有"三多",即散兵游勇多、流氓乞丐多、逃亡地主多。灵璧、泗县以南,五河以西,怀远东北,宿县东南部的土财主、富商豪绅大都携带眷属及浮财逃亡到固镇。因此,固镇人口畸形发展,由原来的 2000 多人猛增至 3 万多人,物价飞涨,粮食供应困难,社会秩序混乱,抢劫、绑架、暗杀事件接连不断,夜晚还可听到零星的枪声。为了维持社会秩序,稳定人心,我们采取了三条措施:一、设立政权;二、开仓济贫;三、收缴遗落在群众手中的武器弹药。全市设立了解放、新街、洋桥三个镇,通过登记户口、检举坏人、盘查过往行人、开仓济贫、收缴武器、遣送外籍人口等措施,基本压缩了全市人口,稳定了社会局势。接着我们又在火车站设立了兵运粮站。粮食都是苏北、山东、泗五灵凤县、泗南、河北等老解放区人民肩挑、手推、驴驮转运过来的。开始没有油吃,经调查了解得知固镇洋行有一部分食油,因淮海战役打响后,铁路交通中断,没能运走,于是经研究决定先借洋行的食油用。几部平板车,到洋行拉了几百斤,解决了食油问题。当时,我们也没有固定的供应对象,哪个部队来,持连以上单位证明,打个借条或收据就将食油领走了。有华野的九纵、十一纵、十三纵等部队。当时部队供应的 80% 是小米、高粱等粗粮,记得中野某个纵队想多搞点细粮,我们考虑到前方战士爬冰卧雪、浴血奋战,十分艰苦,没有强健的身体怎么能行呢?于是我们研究决定从后方机关的供给中缩减调剂点给他们。最后我们以 50% 的细粮供应给该部队。该部队来领粮的同志激动地表示：一定要以多杀敌人的优异成绩来报答后方同志的关怀和支持。由于我们粮站供应工作做得好，受到了有关部队及区党委的表扬。当时我们每天要接收上百万斤军粮，接待千百名送粮的群众和来领粮的同志，工作繁忙而紧张，劳动强度大，虽然很累，但心情很愉快，因为我们进行的是前所未有的伟大事业。看到从战场上押下来的一队队俘虏，想着千百万群众从国民党军统治下被拯救出来，认识到蒋家王朝的统治不会太长了，心里感到由衷的高兴。1949 年的元旦我们就是在固镇度过的。

灵活机动　追歼逃跑的国民党军

淮海战役已近尾声，蒋军胡琏兵团一部八九百人从淮海战场溃退南逃，他们得知固镇驻有解放军兵站，不敢沿铁路线逃窜，而是从清凉、仲兴、石湖绕道避开固镇潜行南逃。解放军刘邓大军一个营兵力跟踪追击，终因连续作战，部队减员过半，又加之得不到休息，将士十分疲惫，与国民党军拉开了一定距离。待解放军追击部队赶到固镇时，国民党军已越过浍河，先锋已达澥河，并在潜逃过程中将泗五灵凤县县委书记吴汝宏和一个文书挟持走了。吴及文书是从五河赶往固镇，途经石湖住宿被国民党军挟持走的。吴是淮北人，一身农民装束，自称是老百姓，没引起国民党军怀疑，在行军途中乘敌不意溜走了。而那位文书，因高度近视，戴一副眼镜，一副知识分子模样，国民党军以为是我重要干部，就重点看管，将其带到蚌埠枪杀了，并声称逮到的是我们一位县长。当我听到这一消息时，建议追击部队停下来休息，接替我们看守粮站，由我们看守排追歼逃跑的国民党军，但终因当时供应任务太紧张，在讨论研究时拖延了时间，没有及时地追上敌人，致使其一部渡过澥河南逃蚌埠，一部被我追击部队缴械。至今回想起来，没能全歼该部引为憾事。

发动组织群众　抢修铁路恢复交通

淮海战役前期，为了阻止徐州的国民党军南逃，防御蚌埠国民党军北援，淮北人民在地方军和民兵的配合下将蚌埠至徐州一线的铁路破坏殆尽，使国民党军交通中断，不能南逃北援。淮海战役后期，为了适应战争的需要，必须尽快地将铁路交通恢复起来，以便把华北、山东等老根据地的物资尽快地运往战争前线。江淮区党委决定尽快地修复铁路，恢复交通，并把修复宿固段的任务交予固镇市。在当时一无交通工具，二无起重设备，三无技术力量的情况下，尽快地修复铁路，困难确实是很大的，且在扒路时，铁轨枕木已经散失，道钉也不齐全。但时间不等人，于是我们就召开全市群众大会，号召群众献计献策，捐献道钉枕木。

大家一致认为：铁路是发动群众扒的，相信群众一定能将它修复起来。于是我们将修路任务分到各个村、镇，奖励群众将扒路时散失的枕木、道钉捐献出来，枕木不够，就砍伐够料的树木，道钉不够，就发动铁匠支起火炉打道钉。起先，有些群众想不通，认为以前扒路怎么现在又修了呢。我们就耐心细致地做思想工作，说以前扒是为了阻断国民党军交通，阻止国民党军逃跑，现在修则是为了恢复交通，尽快地消灭他们；并解释说，这次铁路修好以后，就属于我们自己的了。群众思想做通了以后，干劲也就来了，一个自然村，几十个人，套上 10 多头耕牛，用大牛缰（粗绳）拴住十几米长的一段铁轨，一声号子，人畜齐用力，牛拉、人撬就将铁轨从路基下拖上路基确定位置，砸上道钉。固镇东站两位工人，将收藏的 100 多根枕木完好无损地捐献出来，得到市里的表扬。在修路时，国民党军飞机经常来袭击修路群众。于是我们就派上武装岗哨，监视飞机动向，并动员群众在路基两旁挖了防空洞，飞机从东面来了，就蹲路基西面的防空洞，飞机从西面来了，就蹲路基东面的防空洞。国民党军一走，马上就出来工作。有时白天飞机活动频繁，就白天休息，黄昏时上工，一直干到天亮。就这样，军民齐心协力，日夜奋战，加速了修路进程，终于按时完成了修路任务。在修路过程中，涌现出许多劳动模范和先进人物。

我记得解放军某部七师来了个工程师，做业务指导，我每天陪着他坐轧道车，来回检查巡视，在抢修路段上，检查验收修路质量，确保铁路按时通车。

接受新任务　奔赴新战场

淮海战役结束后，我中原、华东野战军兵驻淮河北岸，形成对蚌埠国民党军的包围，而蚌埠国民党军刘汝明、李延年二兵团封锁了淮河，收缴了全部船只，企图借淮河与解放军顽抗。我江淮二地委针对蚌埠指日可下的形势，召开紧急会议，研究如何保护蚌埠铁路大桥以及供水、供电等设施不被国民党军破坏，想叫我到蚌埠工作，但终因当时兵站工作没人接替而耽搁下来，于是就派来宋明高同志化装潜入蚌埠，与蚌埠地下党取得联系，开展护桥、护厂等斗争，而我也于1949年3月因工作需要调回二地委，奔赴新的工作岗位。

支前小记①

于　浩②

　　我们胶东民兵团，是由昆嵛、牙前、乳山、栖霞、海阳五县基干民兵组成的。在 1948 年中秋节就离开了家乡。那时，"反蒋保田""爬山头，立大功"的口号喊得真响亮，全团同志都有一个共同的誓愿："犁不到头不卸牛，打不倒老蒋不家走!"像我们这样的子弟兵团，仅山东省就出动了 37 个，在前线分担着各种各样的任务。有的管运输，有的管筑路，有的管警戒后方机关、仓库，有的维持社会治安……我们团，从出发以来，一直是看管俘虏。

　　开始，许多人讨厌和俘虏打交道。谁都不会忘记，1947 年秋天，蒋介石向山东重点进攻，家乡遭受蹂躏的惨景。仅胶东的南海一个区，就有 3400 多个村庄被血洗，几千人被杀，70000 多人流离失所……同志们说，看见蒋军心里就发恨。经过学习，认识到大多数俘虏原是被蒋介石抓来的劳动人民。这些人经过教育和改造，很快就会变成自觉战斗的人民战士。特别是济南战役后，大家亲眼看到，自己管教过的那些俘虏一批批补充到主力部队，更明白了自己所执行的任务是光荣的。这不仅可以让主力部队腾出手来，投入整训和战斗，而且还以大量具有一定战斗技术的兵员支援了前线。因此，我们都把接管的俘虏称为"同学"。

　　济南战役管理俘虏的任务完成后，我们又请求延长服务期限，开赴淮

---

　　① 本文选自江苏人民出版社 1979 年版《革命斗争回忆录·决战淮海》。
　　② 作者淮海战役时任胶东民兵团副主任。

民兵押送俘虏途经徐州城

海战场。前线捷报催人，全团在夜以继日地往前赶路。一路上，支前的人流往返不绝。挎着匣子枪的地方干部们，有的穿军装，有的着便衣，带着各式各样的民工队，在烟尘滚滚的路上呼哧呼哧地奔跑。

支前大队中，有背粮食的，有牵牲口的，有挑箩筐的，有抬担架的，有推小车的……觉醒了的千百万人民，用庞杂的运输工具，把大量分散的农村物资，从四面八方运往前线。夜晚行军，看不清人脸，只能听见人与人、队与队相互招呼：

"你们是哪里的？"

"鲁西南担架团。"

"哪里的？"

"渤海民工团。"

"哪里的？"

"啊哈！老乡，老乡……"

千里遇乡人，格外亲热，大家就趁空唠几句家常。前边传来一声"跑步！"又快步往前赶。

一个深夜，我们赶到了淮海前线的朱楼。已经记不清这朱楼属哪个县了，只记得我们到达时，到处是点燃的火堆，巨大的烟柱，把天空熏得灰蒙蒙的，不见月亮和星星。不远处，爆炸声还在响，广场上坐满了刚从火线上带下来的俘虏。来接管俘虏的民工团、地方武装部队也有好多，我们匆匆接收了一批俘虏，领着他们快速地离开了朱楼。

同志们前前后后地奔跑着照顾俘虏。三连三排一个同志擦过我身边时，兴奋地说："副主任，俘虏老鼻子（山东土话，形容多的意思）哩！咱排两个班就分得了 1060 多个！"我回答他一句："好啊！要好好照看他们。"他说："你就放心好啦，保证一个也不会丢掉！"

蒋军的美造夜航轰炸机，在上空盘旋、投弹，巨大的爆炸声震撼大地。俘虏像逃命似的，快速地奔跑。在战地，他们非常听指挥，叫停立即就停，叫走拔腿就走。可是，远离了火线，就不那么听指挥了。加上走了许多路，又累又饿，脚步就放慢了。更严重的是，一座笔架山突然出现在前头。

根据经验，翻山涉水是俘虏发生问题最多的时候。我们立即召开了一个紧急干部会议，研究了可能发生的问题和防范的措施。总的精神是，对俘虏要坚持说服教育的原则。我们干部和党员要以身作则，保证胜利地翻过大山，使俘虏一个不少地到达目的地。

几个月来的日夜转战，长途跋涉，同志们睡眠不足，眼里都布满了红丝网。走破了鞋，冻伤了脚，河里的冰凌割破了皮肉，露出了点点血痕。干粮袋也瘪了，吃的是地瓜稀饭，穿的还是中秋节时那一身单薄的衣裳，有的已经破了；口袋里的钱，有的早已全部捐献出来，救济了新解放区卖儿卖女的人民……但大家仍鼓足了劲头。

队伍一踏上崎岖的山路，速度慢得简直称不上个走字。爬上山坡，秩序就混乱起来。有的俘虏往地上一躺，不起来了。呻吟、哭叫，满山有人声。这时，我们的同志苦口婆心地劝说：

"同学们，起来吧！翻过山去就宿营了！"

"同学们，山头风大，你们躺下会冻坏的！"

"同学们，你们在战场上没被打死，可不要再冻死！"

躺倒的俘虏，有的被感动了，又爬起来；有的接过给他们的一块窝窝头或贴饼子，啃着又朝前走。同志们对那些实在不能走的，就搀扶着，并向他们解释我军的政策，讲说他们的前途，有的甚至把俘虏背起来走……

顶着凌厉的寒风，翻过笔架山，来到了一个新的宿营地。刚到村头，正在扫雪的几个设营的同志就来报告：庄子太小，人是住不下的，但是，前后左右的村庄都看过了，太分散，不宜设营……

这就是说，我们民兵团的全体同志和所看管的俘虏，不能全部进入民房休息，必然有一部分人要在雪地上露营。听到这消息，有的俘虏就发慌了，总以为这一夜晚的"罪"该他们受了。但是，还是和往常一样，一阵哨音和口令之后，俘虏们被带进了打扫得干干净净的民房，民兵团的同志们除了岗哨以外，自觉地找一个背风的地方，背靠背地坐在雪地上。这个行动，使俘虏们大吃一惊。他们不能理解我们的行动。有一个俘虏起来借口小便想逃跑，他走到门边，问哨兵姜茂寿："同志，你们不想家吗？"

姜茂寿同志握紧着枪，注视着他说："同学呀，咱家乡都组织起来了，我们出来支前，家属有人照顾，受优待，田地有人代耕……天不早了，明天还要行军，你快去休息吧！"

"老弟，看你这身单薄的衣服，怎能过冬！"说着，这俘虏掏出三块银圆，两支钢笔，递给小姜，说，"拿去换件棉衣穿吧！"姜茂寿同志眼一瞪，把他的手推开。那俘虏惊奇地望着他，悄声问：

"你……你到底要什么？"

"我要打倒蒋介石！"

这俘虏无可奈何，只好把钢笔、银圆装进兜里，尿也不撒了，又爬回去睡下。

姜茂寿同志刚转身，门里又伸出一个头来："同志呀，你们都没穿军装，像是老百姓呀，你们什么都不要，出来为的什么呀？"

"我们都是翻了身的老百姓。为什么，你看我在站岗，还不知道为什么吗？"

在许多俘虏眼里，我们这些连棉衣都没穿的"土八路"，应该是爱财的。有的俘虏兵开始心怀疑虑，想逃跑，便三番五次拿财物收买民兵，要求"给个方便"。全团同志几乎全都遇到过这种事。三连一班长王延鼎同志先后斥退过18个俘虏的收买活动。这些事，曾使许多俘虏感慨不已，有一个俘虏说："你们这些人真怪，卖东西给你们，不买；送礼不收。我们把东西丢在路上，你们拾起来，又归还原主……"他们哪里知道，我们的一切行动，都是以人民军队——中国人民解放军为榜样的，切实做到买卖公平，不拿群众一针一线；每到一地，帮助群众扫院子、打水、喂牲口，做宣传工作。一句话，解放军怎么做，我们也怎么做。在我们团里，也像主力部队一样，轰轰烈烈地开展着立功运动。行起军来，头里飘着许多奖旗，有上级奖的，有人民群众赠送的："遵守纪律模范""团结如钢""完成任务优胜"……许多同志在各方面立了功当了模范，有不少同志光荣地加入了中国共产党。一等功臣孙乐胜同志说得好："咱们虽然是农民，可没有'农民意识'啊！"

我们团就是这样，把一批批的俘虏从主力部队的手里接收过来，领着他们到一个适当的地区，进行教育改造。我们用在旧社会身受的痛苦引导他们倒出苦水，认清苦根，启发他们的阶级觉悟；我们用解放区的生活和斗争带动他们对新社会、新生活的向往，鼓起他们推翻旧社会、创造新世界的信心和决心。在提高他们觉悟的过程中，同志们的模范行动也起着很大的作用。又一次翻越笔架山时，我们在山腰上休息，一个负了伤的俘虏被我们的同志背上山，他喃喃地对我说："长官呀，同志呀，我算明白过来了，你们都是好人！我们那些当官的说过，八路军杀俘虏，土八路更厉害，都他妈的骗人！我这样子，要是在那边，小命早完了！"说着，连声道谢，眼泪都流出来了。

"还谢什么呢！"他旁边的另一个俘虏说，"伤好了，我们一道参加解放军就是了！"

"对，我们也一道干！"另外几个俘虏也附和着，互相搀扶着，向晨光初露的笔架山巅走去。

当一批一批俘虏提高了觉悟，自愿加入解放军时，我们就分别把他们补充到主力部队，不能补入的也分别做了安顿。我们曾经一再请求延长服务期限，上前线接收新的俘虏。我们曾步行或乘车往返于胶济线上、津浦线上，在我们的队列里，常常回响着自己编成的歌：

翻了身，上前线，

个个都是英雄汉，

浩浩荡荡出山东，

踏遍鲁苏豫皖四大省

······

这歌声，一直唱到我人民解放军横渡长江，唱到南京解放，唱到国民党政权覆灭！

活跃在前线的华东支前办战邮局①

李民先②　曹玉泰③

　　1948 年 9、10 月间，淮海战役序幕已经拉开，由党中央、毛主席直接指挥的战略部署已经完成。华东地区支援前线的组织、人力和物资准备工作大体就绪，华东支前司令部为适应前线部队军事行动的需要，决定成立华东支前司令部前方办事处。办事处主任由原滨海行署主任谢辉同志担任。办事处战邮局调莒南县邮局曹玉泰同志组建，并从东海武交队抽调武装交通员 15 人。11 月 5 日，华东支前司令部邮局派李民先同志任前办战邮局局长，曹玉泰任收发员，陶明车、王景堂同志分任武装交通班正副班长。前办战邮局受华支邮局和前办事处双重领导。

　　我们前办战邮局的主要任务是：负责沟通与前方各野战军、民工团队、子弟兵团的通信联系，及时准确无误地完成前后方党政军机关之间的作战命令、战况通报、公文要件、胜利捷报、宣传品、报纸杂志及野战军、民工团队、子弟兵团指战员书信、包裹、立功喜报、奖状、烈士遗物等的传递任务。我们前办战邮局，面对传递工作面广、野战部队调动频繁、行动迅速、驻地多变的情况。在交通人员缺少，运输工具落后（数百斤重的邮件包裹，全靠肩挑人背的办法），要准确无误完成传递任务的难度可想而知。但全局干部战士以一不怕苦、二不怕死，勇敢拼搏的大无畏

---

① 本文选自凤凰出版传媒集团凤凰出版社 2008 年版《淮海大战亲历记》。
② 作者淮海战役时任华东支前司令部前方办事处战邮局局长。
③ 作者淮海战役时任华东支前司令部前方办事处战邮局收发员责人。

的革命精神战胜了种种困难险阻，出色地完成了战地通信任务，为淮海战役胜利做出了贡献。

奋勇跟进不掉队，为歼灭黄百韬兵团做贡献

华东支前办的主要任务是负责华野东线兵团的后援工作。10月底机关驻在郯城北50华里叫沙墩的村庄。前办战邮局刚刚组成，干部战士之间彼此不熟悉，一切收发传递制度都是在行军过程中建立起来的，工作十分紧张。前办战邮局这支由17名干部战士组织起来的战斗集体，都是25岁以下的年轻人，个个意气风发，生龙活虎，在"打倒蒋介石，解放全中国"的口号的鼓舞下干劲十足，一致表示，不怕艰难险阻，不怕流血牺牲，坚决完成战地通信任务。

1948年11月6日，党中央、毛主席一声令下，淮海战场各路野战大军、支前机关和民工队，按预定行动方向迅猛前进，犹如无数把钢刀插入敌人群中。11月8日，华野东线兵团一举歼灭蒋军驻郯城王洪九保安旅5000余人。这时盘踞海州、连云港的黄百韬兵团发现不妙，仓皇沿陇海路向西逃窜。为围歼黄百韬兵团，我野战部队彻底轻装，日夜兼程，以昼夜180里的行速紧追不舍。我们前办机关的口号是："奋勇跟进不掉队，围歼敌军做贡献。"前办战邮局全体同志为了多负担邮件，把棉裤的棉絮抽掉，并采取两人合铺的办法，两人抽调一床棉絮。我们前办机关11月7、8两日连续急行军，除每天早晚两餐和短暂休息外，都在向前行进。所经地区均是新区，搞不到粮食，大半是

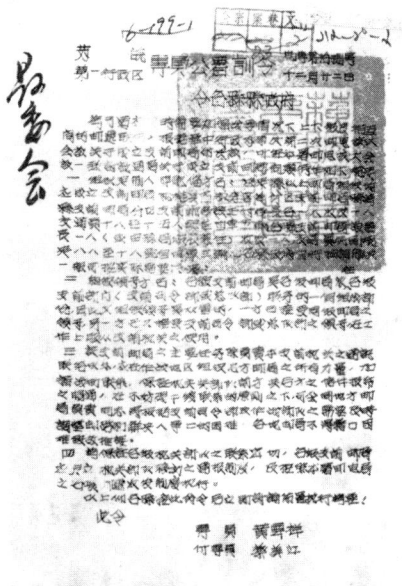

1948年12月22日苏皖第一行政区专员公署关于成立支前邮局的训令

吃红薯，为了赶路，边走边吃不停步。同志们忍受着饥饿、疲劳拼命向前，9日凌晨4点，进驻新安镇。因战斗刚刚结束，燃烧的房子余火未尽，一住下顾不上休息，就派人与支前民工团队联系，天一亮就去找地方邮局联系。该镇旧邮局较小，年轻些的职工早已躲避，留下两个老年人做不了什么事。我们一方面向他们宣传党的政策，动员把门打开，将一般邮件存放邮局待取；另一方面全体同志齐动手，分发重要文件。因为战线西移，只好将送不出的要件带走。第三天与山东战邮沟通联系，才把大批邮件运向后方。至11月12日，我们前办战邮局同前办机关，经瓦窑、草桥，进驻炮车。此时，我野战部队包围黄百韬兵团的态势已形成，野战部队进入紧张的进攻准备工作。我们迅速沟通了前方通信联系，开始派人去新安镇送取邮件（后到炮车车站送取邮件）。11月22日黄百韬兵团被全歼这段时间，我们前办战邮局以炮车为中心组成通信网，完成了战地通信任务。由于两军对峙，军事势态相对稳定，前后方交流报刊、信函、包裹等邮件骤然增加，我们的任务繁重而艰巨。野战部队虽有军邮，却因他们人手少，部队行动迅速，往往由我们前办战邮局直接送到纵队甚至个别师部。子弟兵团、民工团队的邮件和指示命令等均由我们派人专送。交通员和民工挑着或背着沉重的邮件行进已经够累的了，还要随时对付敌机的轰炸扫射和小股匪特的骚扰袭击，但同志们战胜困难，一次次地完成了通信任务，曾多次受到前办机关的表扬。特别值得一提的是，11月6日至22日围歼、消灭黄百韬兵团这段时间里，野战部队民工团队、子弟兵团多数都处在高速运动之中，前办邮局无任何通信设备，甚至连个收音机都没有，要做到及时掌握各作战部队、民工团队、子弟兵团所在具体方位，准确地把邮件送出去，不是件容易做到的事。前办邮局全体同志开动脑筋想办法，不怕劳累，不怕麻烦，利用行军或执行传递任务途中，随时打听部队、民工所在地点，回局把了解的情况汇集起来立即组织投递。这样一来就大大避免了很容易出现的邮件迂回、往返积压现象。前办战邮局全体同志既是交通员又是战斗员，记得11月15日晨，全局十多位同志从驻地到炮车抢运邮件，在返回的路上遇到敌机空袭，两架"红头苍蝇"低头对正在押送俘虏的队伍投弹扫射，顿时队伍大乱，400多名俘虏企图乘机逃跑。同志们看到这种局势，冒着敌机扫射，协助押运俘虏的同志包围了企图逃跑的俘虏群。交通副班长王景堂机智地大喊"一排从正面包抄，二排从东西包抄"，结果竟把企图逃跑的俘虏镇住了，经过一番喊话宣传，制止了一场即将发生的骚乱。负责押送俘虏的同志一再对我们表

送往前方的慰问袋

示感谢。11 月 15 日之后，随着围歼黄百韬兵团包围圈不断缩小，前办机关及前办邮局沿铁路西移，大约 11 月 20 日，从邳县过运河。大桥早已被炸毁，我们通过的是蒋匪军逃跑时临时搭起的浮桥，所谓"桥"，实际上是用钢轨、石头、麻袋、牛马车加死尸搭起来的通道，混合积水成了血红色，可叹的是蒋军士兵，成了我们通向埋葬蒋家王朝大道上的垫脚石。过了运河，我们进驻距碾庄圩更近的赵墩一带村庄，继续完成我们的通信任务。

大约在 11 月 22 日夜，我们接到传递调动华野二纵、十三纵队迅速支援围歼黄维兵团的命令。这是异常重要的事，不是情况紧急不会采取通过我们前办邮局的方法传达此类命令的。我们接到任务，立即派三名富有战斗经验的交通员冒雨摸夜路，及时将命令送到纵队司令部，受到首长的称赞和表扬。

这里讲一个真实的小故事，就是我们接受任务，派交通员专送华野总前委急调华野二纵、十三纵立即支援中野围歼国民党黄维兵团命令的第二天一大早，我局曹玉泰同志在路上偶然遇到十多个民工，说话间，听出他们是沂蒙山区来的担架队。问他们是哪个县来的，回答说莒南、沂水来

的，并说他们支前出来参加孟良崮战役和济南战役后又接着来参加淮海战役，半年多了没有回家，现在又要马上跟随二纵攻打黄维兵团，几十人的家信包裹无法寄回。曹玉泰同志被他们为解放战争胜利舍小家顾大家，不怕吃苦受累流血牺牲的精神所感动，立即帮助他们写信和寄包裹。时隔几十年，当曹玉泰同志1980年回家探亲时，当年支前的那些民工赶来表示感谢。其实应该感谢的是他们。人民战争靠人民支持，淮海战役的胜利与数百万民工的支援分不开。陈毅元帅说得好，从某种意义上讲，淮海战役的胜利是广大人民群众用小车推出来的。

11月22日凌晨，我华野四、八、九纵队攻克黄百韬兵团最后一个据点，黄百韬亦在逃跑中毙命，至此蒋介石在淮海战场的主力兵团11个师12万人全部被歼。前办邮局全体同志为这一伟大胜利欢喜若狂，顾不上吃饭、休息，立即用最快的行军速度把捷报、传单传送到各支前机关、民工团队组织，大大鼓舞了大家的斗志和对淮海战役的必胜信心，同志们的干劲更足了。11月23日早晨，碾庄地区大雾弥漫，我们前办机关从赵墩一带村庄出发，沿铁路向西行进。一上碾庄南端铁路即看到一片焦土，碾庄远远望去除几根烧煳的树干之外，几个大村庄不见了。再看方圆约两公里的开阔地带则是横尸遍野，河沟浅处各种流弹五颜六色地铺满一地，这一切都说明是一场空前恶战。11月25日，南线围歼黄维兵团的战斗打响了，我们前办机关和前办邮局已进驻大许家一带，稍事休整，待命西进。

疾进徐州参加围歼杜聿明集团的战斗

黄百韬兵团被歼，黄维兵团又被我军围住，徐州守敌恐慌万状，"剿总"副司令杜聿明及邱、李、孙兵团为避免全军覆灭的危险，于1948年11月30日仓皇弃城逃跑，向徐州的萧县、永城方向逃窜。12月1日，我十二纵队占领徐州，此时我们接到疾速西进的命令，立即从大许家出发，于12月2日下午从徐州东站进入市区，除派人与徐州邮局军管会取得联系外，全体同志跑步穿过徐州淮海大路闹市区，沿徐萧公路向萧县疾进。一踏上徐萧公路，一片蒋军弃城逃跑的狼狈场面就呈现在我们面前，坦克、装甲车、卡车因夺路撞毁被遗弃路旁，各种枪支、弹药、物资比比皆是。在公路正中，竟有一摩登女人被坦克碾成人肉条，紧紧陷进公路地上，头发、耳环、旗袍、高跟鞋都清楚可见。因争相逃命而被踏死或受伤的人被丢弃在路旁。我们看到一个受伤未死的伤兵在水塘边叫喊呻吟，无人理睬。我们前办机关随同野战部队一起行动，步兵、炮兵、民工团队齐头并进。宣传队的同志们站在高处进行宣传、鼓动。快板拉拉词多彩多样，他们同大家同唱新编的淮海战役组曲："三个兵团挤一团，妄想逃过长江南，有个老二叫李弥，老大就叫邱清泉，孙元良数老三，他们慌慌张张把路赶，哎咳哎咳，哎咳……小兵腊子打头阵，大官小官随后跟，汽车坦克挤不开，那个没吃没住真为难，官太太一大串，连滚带爬真难堪……"还有一首《乘胜追击》更让人欢欣鼓舞："追上去！追上去！不让敌人喘气！追上去！追上去！不让敌人跑掉！看！敌人动摇了！敌人混乱了！敌人溃退了！敌人逃跑了！同志们！追上去！不怕困难，不怕饥寒，逢山过山，逢水过水，乘胜追击，迅速赶上，包围它！歼灭它！"前办邮局的同志们越走越带劲，有几个同志的鞋子磨穿了，干脆把鞋了甩掉，只穿布袜了前进。中午连饭也未吃，饿着肚子行进，深夜赶到萧县城北驻地才吃上饭。在行军途中，我们派人设法买了一批"力士"牌胶鞋发给交通员，解决了他们赤脚行军之苦。我们前办邮局在萧县城北驻地住了两天，一住下就派人与徐州邮局军管会取得联系，并立即分封、处理邮件，迅速送到军邮和各民工团队。12月4日，我野战军已完成包围杜聿明集团三个兵团于永城东北青龙集、陈官庄地区的任务。12月5日，前办机关调整布置，移驻徐州西40公里的黄口车站一线。此地东靠徐州，南通主战场东南各野战部队，西通主战场各野战部队，距主战场9里，位置适中，机动性大。我们前办邮局以此为枢纽，组成了一个通信网，出色地完成了战地通信任务。

从1948年12月5日至1949年1月10日，淮海战役胜利结束时，我们前办邮局一直驻在黄口车站南面杜牌坊、赵庄、王老家一带。由于战场的扩大，野战部队和民工团队数量增大，随之而来的是报刊、邮件、宣传品数量的不断增加。前办邮局不满20人的力量，显然是承受不了这一繁重任务，所以，在向徐州进军途中进行了组织调整。前办征得华支邮局同

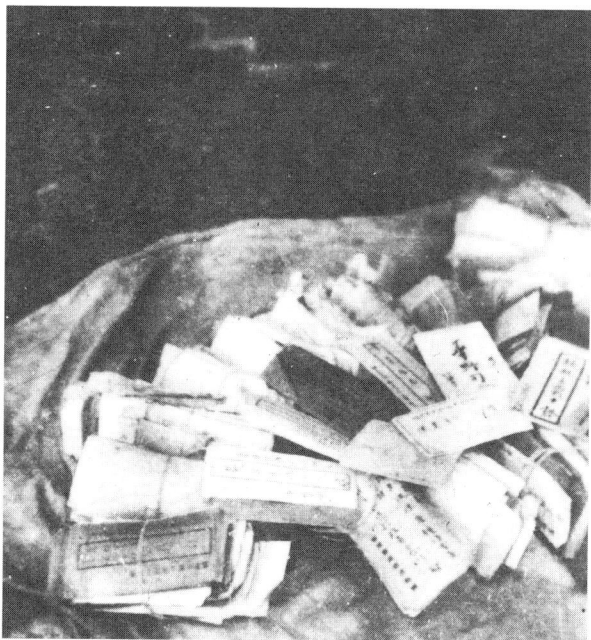

送往前方的慰问信

意，任命冯文同志为前办邮局局长，李民先同志为副局长，曹玉泰同志为收发负责人，并增加收发员王延宾、孙继华（女）、贾献坤、纪洪信等同志。交通队又增加了刘德芳、季锡等比较老的同志。另外又从渤海子弟兵团调来两个排，负责邮件传送工作。同时，为减轻交通员的负担，又从缴获的马匹中抽给川马数匹，专驮邮件之用。

12月的淮海平原已是隆冬季节，23号开始又下起了大雪。交通员执行任务时面临的最大困难是风雪交加的天气和敌机的狂轰滥炸。由于我们负责的四条邮路都是在敌人空袭重点封锁区内，这对身负邮件重担，又要争分夺秒赶路的交通员来说，无疑是很大的威胁，但同志们没有被困难所吓倒。为了圆满完成任务，开动脑筋想办法创造出如何伪装、隐蔽、与敌机周旋以及如何在大雨雪夜、泥泞道路上防潮、防滑保证邮件安全的种种办法。全局同志为了不积压前后方来往邮件，往往是全体同志一齐动手，不分昼夜连续干，收发员同志完成分拣封发任务，还时常协助交通员送短途邮件。

我们前办邮局通向徐州、通向主战场东南野战兵团和通向主战场北西野战兵团以及通向华东支前司令部邮局的四条邮路，均采取双轨对向互投的办法。邮件随到随送，歇人不歇马。有一段时间敌机轰炸特别厉害，从黎明到下午4点前连续不停地轮番轰炸，我们就在下午4点出发，利用夜间把邮件送往各部队和单位。

另外需要特别提一下的是前办邮局为配合政治攻势，瓦解敌军，迅速传递大批宣传品的事。1948 年 12 月中旬，淮海前线总前委遵照党中央、毛主席关于配合平津战役作战对杜聿明集团暂缓攻击的指示，决定华野各部队于 12 月 16 日起停止对杜聿明集团的攻击。在对敌军"围而不攻，隔而不围"的同时，对敌军展开了强大的政治宣传攻势。由毛主席亲自起草，以中野和华野名义公开发表了《敦促杜聿明等投降书》，同时发表了以陈毅、粟裕同志署名的对杜聿明集团官兵的劝降信，并号召全军大力开展一个群众性的火线劝降、瓦解敌军的政治运动。顿时整个战场前沿竖起了各式各样的巨幅标语、宣传牌，写着"放下武器一律优待!""死守突围都是死路!"等等。并用六〇炮、枪榴弹、弓箭等武器把各种宣传品和来向我军阵地投诚的"招待证""通行证"打向敌人阵地。蒋军官兵一批批跑向我军阵地。这宣传品大部分是我们前办战邮局运送的。平常报刊、邮件就有相当数量，宣传品一来就是一大批，人挑马驮还运不完。遇到这种情况，全局干部战士一齐动手，宁肯自己辛苦多跑一趟也不让宣传品积压，不少同志刚回来又上路，总是圆满完成任务。同志们看到前线部队机关及时收到宣传品的喜悦笑脸和一批批放下武器来投降的俘虏，内心有说不出的高兴，深切地感到前线每一个胜利都与自己的工作息息相关。

1949 年 1 月 6 日，我军全线向杜聿明集团发起总攻。包围圈不断在缩小，大批俘虏和各类轻重武器、物资源源不断地送下来。1 月 10 日全歼杜聿明集团，杜聿明本人也被我军活捉。淮海战役彻底胜利了，前办邮局的同志们兴高采烈地传送着捷报，与野战部队和支前民工团队的同志们分享着胜利的喜悦，把指战员的家信、立功喜报源源不断地传送到后方。

淮海战役胜利结束，野战部队进入休整阶段。我们支前机关进行了简短的总结和休整。同志们通过学习《将革命进行到底》的元旦献词，更加清楚地看清了解放战争的大好形势，只能是"宜将剩勇追穷寇"，打过长江去，解放全中国，决不能半途而废。同志们纷纷表示要继续前进，打过长江去，为解放全中国再立新功。

跟随支前机关去前方①

邱　光②

淮海战役前，苏北的一些城市，一些大的镇，还在国民党手里。1948年时，我在华中工委，书记是陈丕显。像我们这些干部，还不晓得淮海战役是我们进攻，下面都传说是黄百韬要来打我们，黄百韬在苏北一直进攻打我们。淮海战役以前，也就是1948年下半年，我的同学，大学土木工程专业出来的，已经在往前修公路了，修公路就是准备打仗。到涟水的公路，我们去的时候早就修起来了，已经通了。公路不是今天讲明天就能通的。后来之所以从阜宁、涟水坐汽车一夜走300里路走得这样快，就是因为事先在那里修公路了，就是因为上级晓得我们要反攻了。路上的桥梁、公路都修起来了，早就为打仗做准备了，可我们不知道，脑子里还以为国民党要来打我们。

当时华中支前机关向前移动，我们跟着走，积极性很高，都是自愿报名上前方的。国民党军主要是拉夫，年纪稍微轻一点的就拉去当壮丁，叫你往前线去。我们这边不一样，上前方是要经过批准的，不是说你愿意去就让你去。打的报告领导批准了，才能上前方。记得吃午饭的时候批准我上前方的，下午就让我去领棉制服。棉制服早就运过来了，堆在那个地方，不发。我们是后方，虽然我身上没有棉制服，但是按当时的规矩，前方士兵身上没有穿棉制服的时候，后方干部的棉制服是不能发的，有也不

① 本文选自《淮海战役亲历者口述史》第一辑。
② 作者淮海战役时为华中支前司令部工作人员。

发，天冷也不发，先给前方战士。前方战士穿上棉制服了，才发给后方干部。但要上前方的时候可以发。勤务班说，你快点去领棉制服。下午去领，晚上就穿上了。就这么小小的一条，国民党军就办不到。

那时候，机关大部分干部没坐过汽车，上了汽车，都不肯坐下来，站着感受乘汽车是什么味道。淮海战役前，我们缴获的国民党军汽车在那地方没什么用处，就让老百姓、干部去坐坐，反正有俘虏的国民党兵开车，开来开去几十里路，来来回回地开开，大家乘乘，就这么玩玩，公路都被破坏了，根本没什么公路可以开汽车。我们这些江南的大学生看惯了汽车，觉得你们开来开去不是浪费吗，首长就教育我们："你们有些事情，不要用国民党大学生的观点来看，你们不要笑我们，这里就是这个情况。"

在苏北，走路都得老百姓带着。公路都在国民党手里，遇到公路都是穿过，只能在乡下小路上转来转去，在乡下走就得当地老百姓带路。淮海战役前，市政、公路、交通都在敌人手里，铁路更没有，苏北的老百姓从来没见过铁路。解放战争时期，解放区根据交通线划分，交通线都在国民党手里，铁路横在中间，来来去去不方便，所以我们跟山东只能以铁路为界，陇海铁路以北归山东，陇海铁路以南归华中。

我们在一个地方停下来后，吃饭，这时候有馒头吃了，这对我们来讲是一件大事。馒头是小麦做的，相当于江南的大米饭，淮海战役之前，一天三顿大麦稀饭，好久都不曾吃到干饭，终于有干的东西吃了。那时候我们才二十来岁，一天到晚吃稀饭，吃不饱，但那时候干部们都是这样吃的。至于菜，公家维持不了，一部分靠自己种。条件好转了，最不了解情况的人从吃的改变也晓得这是形势好转的标志。宿迁到睢宁没有公路，我们步行去的，开头几天睢宁还在敌人手里，到那里时睢宁已经解放了。据说守卫睢宁的孙良诚投降了，听说他想起义的。孙良诚在抗战中翻来覆去，一下子投降日本人，一下子又起义，也曾经到我们这边过。

发动群众，巩固民工。当时华中行政公署跨越江苏和安徽两个省，有苏北五分区、六分区等，以铁路为界，苏北地区有陇海铁路，只有苏北的老百姓见过铁路。到宿县后，也不睡觉，都跑去看铁路。铁路作用很大，装运东西，不管是军火、军粮，还是伤兵，运起来速度快。要真正靠火车，我们跟国民党军没办法比，铁路都在他们手里。我们的工作是做后勤，从基层发动开始，依靠老百姓，我们只有这样的力量，就像陈毅同志讲的：淮海战役的胜利是小车推出来的。

当时的情况是白天找不到人，每天都有轰炸，宿县城的老百姓早上打仗的时候就离开，逃到乡下去了，所以要完成任务就得等傍晚老百姓回到城里后，再去找他们，给他们交代做什么事情。宿县老百姓，有些睡在柴堆里头，向南开一个门，当中挖空，挖成棺材的样子，人从南面脚先进去，再一点点进去，躺在里头睡觉。晚上一看外头堆了很多柴草，里头肯定有人睡。我也去睡过一次，冬天冰天雪地，睡在那里，就那么几根草棍、木头棍和草，也不觉得冷。害怕离开部队，如果机关头晚上有行动，来找你找不到，就麻烦了。当时机关里大家都很一致，团结在一起，服从组织的号令，非常自觉。机关不少人都是临时从各个地方调来的，我也叫不上名字，都为了一个目标，执行上面的命令，大家一起去完成。那时候只想完成任务，其他都不想，完成了我就高兴得不得了。有一次，十几里路，晚上走，根本无所谓，又碰到敌人轰炸，在防空洞里待着，任务完成后，月亮已经在天上了，一到驻地才晓得，驻地的人早就急了，派人出去找我了。回到驻地迟了，尽管自己觉得没什么，但还是觉得应该早点回去，10点不回去，驻地的人不急吗？那件事后心理上觉得跟机关的关系更加密切了，知道大家十分关心我。

我们还办报纸，好像有个报纸叫《支前报》，一个礼拜出两期，主要发到下面，传达上面的意思，反映下面的情况，指导工作。有些事会登在报纸上，飞机来了怎么办，不能够乱跑，在报纸上登，就是要保护民工。我们还做民工巩固工作，就是让大家齐心在那里，不巩固就会开小差，实在开小差了，也不好处理他，没办法。还会在战役期间发锦旗，提高士气。

我们的军需、军粮都靠老百姓运输，我在宿县还碰到过河北省的民工，山东的更不用讲。山东人不但多，而且比苏北人还要能吃苦。为了动员苏北老百姓上前方，苏北军区文工团还专门编了歌。有首歌叫《上前方》，唱的就是支前的事情，推小车"吱嘎吱嘎"响啊，毛驴"叮当叮当叮叮当"。当时苏北去了好多人，挑担子的也不少。这首歌我还会唱呢：

快呀快呀上前方，

快呀快呀上前方，

上前方呀运军火，

上前方呀运军粮，

上前方呀抬担架，

上前方呀，上前方呀，上前方，上前方。

吱嘎吱嘎，你看那小车儿，吱嘎吱嘎，吱嘎吱嘎响；

叮当叮当，你听那毛驴儿，叮当叮当，叮当叮当，叮叮当；

大路上，小路上，挑的挑来扛的扛，来的来啊往的往。

不分昼，不分夜；

不怕那北风迎面吹，不怕那寒雪和冰霜。

蒋军兵败如山倒，解放军士气高万丈；

军民团结齐努力，生产支前理应当。

老婆伢儿忙庄稼，

年轻的汉子上前方。

快也快呀上前方，

快呀快呀上前方，

上前方呀运军火，

上前方呀运军粮，

上前方呀抬担架，

上前方呀，上前方呀，上前方，上前方。

　　不能忘记烈士。现在回想，牺牲的人不少。别看推车、挑担，也要牺牲人的。尤其淮海战役，制空权完全在国民党手里。老百姓不懂，没那么多防空知识，不晓得怎么保护自己。飞机来了，机关枪一扫，炸弹一丢，民工就四面乱跑，越乱越暴露自己，死伤更加多。还有坏人。有一次，部队骑兵晚上到一个村子，没有东西给马吃，就去找草。敲开一个人家的门，大门打开了，哪晓得那家人是地主，门一开就是一枪，一枪就把战士打死了。所以到村子后，凡是大户人家，看到有炮楼那种，我们就不去。打仗结束后，部队全部下来了，我在那里看，穿我们解放军制服的大约20%，绝对不超过30%，其他都穿国民党军制服，戴国民党军帽子。后来我看了迟浩田写淮海战役的文章，他当时是连指导员，他们连队伤亡的情况就是我看到的情况，牺牲的有百分之七八十，留下了百分之二三十。现在条件多好，享福了，从前真没想到还能享起这样的福。想到当年牺牲的那些烈士，不能忘记过去的事情。

粟裕将军称赞大连生产的大炮弹[①]

吴凡吾[②]

1948 年 12 月，朱德总司令员在全军军工生产会议上对朱毅同志说："你们建新公司造的炮弹在几个战场上都用上了，前方反映很好。"粟裕同志说过："华东的解放，特别是淮海战役的胜利，离不开山东民工的小推车和大连生产的大炮弹。"值此淮海战役胜利 60 年之际，作为建新公司（大连兵工总厂对外称大连建新工业股份有限公司，简称建新公司）一员的我，每当回忆起这段经历，便心潮起伏，浮想联翩。

原来旅顺、大连地区自 1945 年 8 月获得解放后，苏联红军即按照当时苏联政府同国民党政府订立的《中苏友好同盟条约》及有关协定，在这一地区长期驻守并实行军事管制。我党充分利用这个条件，很快在大连建立地方党委和人民政权。根据党中央的决策，东北局和华东局决定，要利用大连近代化的工业基础和海上运输等便利条件，发展兵工生产。由旅大地委出面与苏军交涉，接管了一批战后待产的化学、炼钢、机械等工厂，先后从华东、华北、东北派来大批干部，投入大量资金，逐步建立起我党领导下的以兵工生产为主体的大型联合企业，为了隐蔽，对外称"大连建新公司"。职工人数有 8000 多人，总经理朱毅，副总经理张珍。

1948 年解放战争进入第三个年头，我军由防御转入进攻，为取得解放

---

① 本文选自凤凰出版传媒集团凤凰出版社 2008 年版《淮海大战亲历记》。
② 作者曾任大连兵工厂（大连建新工业股份有限公司）党委办公室主任兼人事部组织科长。

战争的全面胜利，就要求我们的兵工厂生产大量的炮弹，尤其是威力强大的后膛炮弹。大连建新公司承担了这个具有重大战略意义的光荣任务。

大连建新公司所属的工厂，都安排了炮弹零部件的制造任务，但炮弹引信的雷管、扩炸管的火工品装配技术均是关键性的。建新公司下属的引信工厂设在大连市甘井子区，是生产引信体的工厂，仿制日本造八八式引信体的外壳和它的机械零件。经过一段时间试制，技术问题一个个得到解决以后，半成品基本定型，并投入批量生产，但还不能大批量生产。其主要原因是，引信体内的引炸机构雷管的技术问题还未解决，不能装配成完整的引信体。所以生产出的不少半成品却在积压待装。当时这项技术研制工作一直还没有物色到相应的技术人员进行研制，好似"万事俱备，只欠东风"的局面。于是建新公司工程部兵工实验室主任徐厚梓同志挺身而出，在引信工厂的边缘地段腾出两间房，作为引信工厂火工品研制的场所，临时组成了试验室。什么试验手段都没有，只有用来装药的大帽壳、雷管壳和扩炸壳等金属半成品。当时为了要仿制别国的炮弹，就要从拆原件认识开始，从部件组成分析。装配结构原理与迫击炮弹引信火工品相似，但各有特点，他想火帽的装配可以利用迫击炮弹上的火帽装药的技术规程，能达到发火灵敏又安全可行。对雷管和扩炸雷管的装药，除其理化性能外，主要是操作性能要符合技术要求。可是没有技术规程资料，只能与原件比较来完成。爆炸性能的实验项目很多，有灵敏度、爆速、爆热、威力、猛度和安全等等。当时条件有限，同时考虑到实际使用的要求，一个是灵敏度，一个是猛度，另一个就是安全度。徐厚梓同志就以这

兵工厂工人正在制造炮弹

三项作为明确的主攻目标。

雷管制造用的土办法，工具简单，人工操作，装药用的压力机，采用小型手扳螺旋压力机，没有压力表，就凭自己所使的臂力和在压力机的螺旋样上画上记号做准绳，每次装几个压几个，就做爆炸试验。开始达不到日本造的那种爆炸力，就再装几个试试，还不理想，再试试，还不行，就从头检查。为了弄清究竟，他把雷管里的雷汞一层层地抠下来，称其重量，测其密度。一个多月的日日夜夜，反复琢磨试验，终于使猛度达到了要求。为了测验其安全度，他们又通过靶场射击试验来鉴定，结果证明，发射药试制成功。弹体加工、装管以及药筒制造等各方面零部件均定型后，完成了全弹的大批量生产条件。

1948 年 1 月，"七五式"山炮弹要找一个合适的靶场，进行炮弹的实弹发射试验，才能证明生产的炮弹是否符合质量要求。公司党委决定，此项任务交给炮弹厂厂长吴屏周和引信厂厂长吴运铎。在试验过程中，前六发炮弹均爆炸成功，最后一发，半晌不见爆炸。两位厂长即前往观察，不料刚走到跟前，炮弹突然爆炸，吴屏周厂长不幸当场被炸死，吴运铎厂长的左胳膊被炸断，从头部到脚趾，以及右腿下部均受伤不轻，当场昏迷过去。紧急送医院后，经过医生护士的精心治疗，病情逐渐好转。这次炮弹试验付出了沉痛代价，但试验结果，质量鉴定完全合格。

大连建新兵工厂制造炮弹的车床

1948 年，大连建新公司实际完成了"七五式"炮弹 23 万发，引信 32 万多个，无烟药 110 吨，源源不断供应前线。炮弹在淮海战役中使用的数量最多，仅在消灭黄百韬兵团那一次战役中，就打了 8 万余发"七五式"炮弹。当得知从 1948 年 11 月 6 日到 1949 年 1 月 10 日，历时 66 天的淮海战役结束后，粟裕将军在总结大会上夸赞大连兵工总厂生产的炮弹威力巨大立了功时，大连建新公司职工无不欢呼雀跃。

大连建新公司能在很短时间内，克服重重困难，生产出如此高质量的钢质后膛山炮弹，这是总经理朱毅同志领导有方、团结全公司职工的结果。在立功建模运动中，涌现出大批功臣和模范，大大激发起全公司职工的爱国热情，他们辛勤劳动、加班加点，体现了一切为了前线胜利的大公无私的精神。当时我在建新公司任党委办公室主任兼人事部组织科长，具体主管立功创模运动，并亲自到大连化工厂蹲点，积累了不少经验，大连媒体广为传播。我还率领由功臣、模范组成的代表团赴哈尔滨出席东北军第一届职工代表大会，并在会上做立功创模运动的经验介绍，会后又与军工部长何长工、政委伍修权共同出席全国第六次劳动代表大会。

大连建新公司从 1947 年 5 月开始建厂，到 1950 年 12 月撤销建制，前后经历了 3 年零 7 个月。我于 1947 年 9 月从胶东调到大连建新公司工作，1949 年国庆节后，我与吴运铎等六位厂长离开建新公司，调到北京工业部门工作。在沈阳照相馆我们七人集体照了一张合影，如今这七人中大部分已去世了，不胜感慨。值此淮海战役胜利 60 周年之际，回顾我们同在大连兵工总厂为生产大型炮弹出过一份力，做了一些有益的工作，立过功，但比起当时因公牺牲的战友和劳动模范、功臣来说，我们的贡献不过是沧海一粟罢了。

后方保障　胜利之源①

马德举②

到过徐州，参观过淮海战役烈士纪念塔的同志，就会看到，碑文中清楚地记载着："华东、中原、华北地方党政机关和广大人民全力支援，要人有人，要粮有粮；二百万民工、民兵，冒枪林弹雨，忍风雪饥寒，千里远征，随军转战，对战役的胜利，作出了巨大的贡献。"

这是对战役期间，解放区党政人民全力以赴，支援前线作战的生动描写。功载史册，并刻在碑上。怎么来理解它之含义呢？我深有体会。本人是淮海战役的参战者。当时在华野七纵队二十一师六十三团三营营部任军需，主要任务是做好伙食保障。今天重点回忆一下吃饭问题。

部队进入新区作战，是否会一时中断军粮供应呢？我们部队是做了两手准备的。进入新区前，以师为单位，集中了全师连队司务长、营部军需、团后勤处长，学习、研究新区就地筹粮方法、措施和政策。我们是经过三天培训之后方进入新区作战地域的。

那时部队行进一般都要带足三天口粮，即不分官兵，每人发给一条米袋，装足4.5市斤小米。进入新区，到第三天晚上，将要断粮了，我营各连还没有就地筹措到粮食。因为新区人民原有的粮食，除被敌军耗费外，存粮都收藏或埋入地下了。正在心急火燎时，接到团后勤处电话通知："地方随军粮站，已于×日在××村开设。"这种通知真是及时雨呢！从那以

① 本文选自凤凰出版传媒集团凤凰出版社2008年版《淮海大战亲历记》。
② 作者淮海战役时任华东野战军第七纵队二十一师六十三团三营军需。

2004 年马德举纪念淮海战役
胜利 55 周年题词

后，我们部队每转移一个新地域，过不了三天，团后勤处准会通知我们，地方随军粮站在何处开设。地方随军粮站随军行动，供应品种很齐全，米、面、油盐、调料、饲料、副食、干菜都有，后来又扩建随军供应站，可以在供应站里买到肥皂、牙膏、牙刷、香烟、食具等物品。按战时需求，应该说是完全保障了前方所需。

自从有了随军粮站和随军供应站后，我们这些在部队做后勤保障的同志再也不用为断粮无米下锅而发愁了。从司务长、给养员，到炊事班的全体同志，按分工买生办熟，一日三餐把饭菜做好，送到坚守阵地的同志们面前，从不间断。

淮海决战于 1948 年 11 月 6 日发起，到战役转入围歼敌第十二兵团，即黄维兵团时，我部从偏北方面进入阵地。出发前，从先头部队传下信息来，一线地域，部队密集，是无法借到铁锅做饭吃的。那时，我部连队伙房内还没有自己的行军锅，着急得很。营长叫我们返原地向群众借，并说，驻村解决不了时，就再向后边原驻地借，一定要有锅做饭吃。经过各连分头出觅，总算解决了这一实际困难。各连都有了大小不等的锅，携带前进。部队这个实际困难，可能被地方支前工作人员发现了，引起了重视，后来我们再去随军供应站时，发现也有铁锅供应了。

1948 年 12 月 4 日起，徐州南逃之敌 30 万余，被华野合围在永城东北狭小地域内，围而不歼，叫战地休整。当时，一连数日大雪，天寒地冻。战斗人员休整，我们这些后勤人员又干什么呢？天天动脑筋，利用战斗间隙，研究改善伙食。首先是按上级规定的伙食费标准，全部用于采购副食，供应站买不到的，即派员远地采购，战役期间不准节约伙食费；要多办面食，如馒头、蒸包、油饼、面条等；病号饭一定要另外做，还要做得好吃；阵地上饭菜要保温，尽量不叫战士吃冷食；总之，要保证官兵吃饱吃好。有的司务长发誓，过新年时我叫同志们吃上四菜一汤。炊事班的同志都表态，战地休整，那是班、排的事，我们炊事班不但不休，还要加班苦干，把饭菜做得格外好吃。那时，几个连队的伙房同驻一个村子，送饭出发前，我都到各个连队伙房看，有时还要组织互相观摩和交流，促进激发后勤人员积极上进，以保证战时伙食的改善。直到战役结束，从未发生过供不上伙食的事。要说我们圆满完成了战时伙食保障任务的话，靠的就是随军粮站和随军供应站源源不断的物资供应。当时就有人喊："地方支前万岁！"

可敌军的后方保障就是另一个样子了。淮海战役三个阶段，合围了三堆敌军，被围之敌一次比一次苦，合围圈内敌军的后方保障也一次比一次惨。前沿阵地上，零星分散来降的敌军士兵，不少是饥肠辘辘，饿得坚持不住，找机会逃往我前沿阵地。最突出的是第三阶段，徐州南逃之杜聿明集团，从12月4日被合围，到1949年1月10日被全歼，这37天，断绝陆上运输，后方保障靠空投，吃饭问题成了首要难题。就地筹措谈不上，在被围狭小的地域内，群众的粮草及一切，很快就被抢劫一空。为空运修的临时飞机场，总共降落了三次飞机。因地域狭小，每降落一次，即被我军火炮集中打靶一次，第三次打中了飞机，飞不走了，以后就只空投不降落。靠空投的后方保障是没有保障的，供不应求。抢夺食品，互相残杀。军内军马不管是饿死的病死的，统统来吃，先是吃肉、喝马血，后是吃马皮、啃骨头，

解放区人民将大量粮食送到随军粮站

解放军炊事员将热饭、热菜、热水送上火线

连埋在地下的也扒出来吃，总之，凡是能吃的物品统统弄来吃。真正饥不择食哟！惨状难以描述。

据我军战地记者的报道称："在这座活地狱内，是地无草木，人无柴米，更看不见飞禽走兽，听不见狗叫鸡鸣——在活地狱内，最苦的是当地老百姓了，他们的粮食抢光了，衣服被剥光，家具、门框、屋顶全被拆光，连祖先的尸骨也被挖了当柴烧……"

合围圈内外，两军对垒，有无后方保障，两重天地，两种结局。

我地方随军粮站和随军供应站，能够在60多天的时间里，不分昼夜，源源不断随军保障，它之物资来源，又是怎么解决的呢？见淮海战役纪念馆内有个展出数字："动员民兵、民工543万、担架20.6万副、大小车子88.1万辆，筹集粮食9.6亿斤……"就是靠其中的民工，用大小车子，夜以继日地从老解放区翻山涉水送达的啊！

地方的党、政府，抽调大批干部，专门组织支前机构，并派出干部把民兵民工编成大队、中队、小队，随军运送粮草、弹药，转送伤员，看管俘虏等，随时随地保障着战斗需要。所以，陈毅老总在军内有一句广为流传的话即：淮海战役的胜利，是人民用小车推出来的。在淮海战役胜利60多年的今天，也让我再一次喊一句："人民战争，地方支前保障万岁！"

万里征程①

石连生②

我是山东省乐陵县城关镇的一个普通农民，今年 67 岁了。在我这一生中，最难忘的是征战万里参加了淮海战役支前，最光荣的是受到了毛泽东主席的接见。每当我想起这些往事，心情就万分激动。

报名出征

1948 年初夏，上级动员组织担架队上前线抬伤员。在报名会上，大伙七言八语，争相发言。这个说："咱乐陵是老解放区，已经翻身得解放，咱翻身不忘共产党，幸福不忘解放军。"那个说："支援解放军多打胜仗，解放天下穷苦人，是咱们的本分。咱不去支前，谁去！"我对大家说："我是个共产党员，坚决响应党的号召。我第一个报名。"尽管当时有些地主、坏人乘机捣乱，说前线枪林弹雨，去了就回不来了，但乡亲们谁也不理会，为了普天下穷苦人的早日解放，仍然踊跃报名参加担架队。我们乡很快就准备好了 36 副担架，有 100 多人参加，组织了担架连。我们这个连，编为渤海一分区第一担架团二营六连。我在三排，大家选我当了八班班长。

我们担架团编成五个营，共有 417 副担架、3156 人，其中共产党员

---

① 本文选自解放军出版社 1987 年版《星火燎原·淮海战役专辑》。
② 作者淮海战役时为渤海一分区第一担架团二营六连三排八班班长。

379 名，邱岳亭、周国栋担任正、副团长，李艺林担任政委。5 月的一天，我们担架团从家乡出发了。先是南下参加打开封，而后又北上参加打济南。经过几个月的南征北战，我们这支由翻身农民组成的随军常备民工队伍，学习了解放军的政治工作经验，在团、营、连各级建立了党组织和连队俱乐部，开展了拥军爱民、立功创模等群众性的活动。通过诉苦教育和时事政策学习，大家进一步懂得了解放军为人民打仗，人民群众为战争胜利支前的道理，提高了思想觉悟和政策水平。大家纷纷表决心，保证同心协力，坚决完成各项支前任务。

在开封、济南战役中，全团同志圆满地完成了抬伤员、运物资、押俘虏、帮助驻地群众生产等项任务，多次受到上级的表扬和驻地群众的称赞。

济南战役结束后，上级动员我们南下参加淮海战役。全团欢欣鼓舞，展开了竞赛活动。我们八班向七班提出挑战，一致表示：只有彻底打倒蒋介石，才能永远过好日子。支前支得越远，前方的胜利就越大。犁不到头不卸牛，完不成任务不家走。解放军打到哪里，我们就支援到哪里。

一心为伤员

经过连日行军，到达了淮海战场。战斗越来越激烈，伤员也日益增多。连续 35 天，我们每天最少抬送一趟伤员，往返近百里。在徐州附近，有一次我们 12 个民工到火线上抢救伤员，敌人的火力压得我们抬不起头来，两人一副担架，时而跃起飞奔，时而爬行前进，爬了二三百米，才爬出了敌人的火力网。有一次抢救伤员时，敌人向我们打了 100 多发炮弹，好不容易才把伤员抬下火线，敌机又突然向我们俯冲扫射，隐蔽已经来不及了，我就纵身扑到担架上，用自己的身体护住伤员。敌机发射的机枪子弹在我耳边直叫，击起的泥土不断飞溅到身上、脸上。我当时只有一个念头：伤员已经为我们挂花，宁愿自己牺牲，也不能再叫伤员同志二次负伤。

为了避开敌机的袭扰，转送伤员多在夜间进行。我眼睛近视，脚上还打满了血泡，夜里行军深一脚、浅一脚，异常艰难。为了减轻伤员痛苦，我们就拄着木棍，稳步轻行，以保持担架的平稳。有一次，一夜过了20多条河，翻过十几座山，走了70多里。过河时水深，就把担架直接扛在肩上。上坡时，前面的同志弯着腰，后面的挺着身子，尽量把担架抬平稳。第二天，大伙不顾两脚红肿，又继续抬着伤员走。这一夜走了130多里，才把伤员送到了医院。大伙累得疲惫不堪，有的鞋穿烂了，就拿出自己替换的单衣撕开包脚，有的干脆赤着脚抬运。民工们一个个像铁拐李一样，走起路来一拐一拐的，但大家没有任何怨言。

12月一个漆黑的寒夜，我们担架连来到老黄河边，发现河上的桥被炸毁了，河面有五六百米宽，结了一层薄冰。为了争取时间，及早把伤员送到后方医院，大家决定破冰蹚水过河。我第一个脱下棉裤，用木棍打破冰凌，涉水前进。河水寒冷彻骨，冰凌把双腿划出一道道血口子。大伙说："比起伤员同志的流血牺牲，咱这点困难又算得了什么！"大家互相鼓励，互相帮助，终于蹚过了冰河，又继续前进了。

在我们担架队员中，热爱伤员的事迹数不尽，说不完。大伙都说："伤员为咱流血，咱要为伤员流汗。"同志们把伤员当成自己的亲兄弟，有些老大爷爱护伤员胜过自己的亲儿子。当时，我们每人每天有点菜金，有点细粮，但大伙都不舍得吃，宁愿自己吃红高粱面窝窝头、红萝卜、红辣椒，而把细粮和菜金节省下来，用来买鸡蛋、红糖、饼干和香烟给伤员同志。在转送伤员的途中，有时雨雪交加，西北风夹着雪片迎面扑来，大伙冻得脸上发疼，浑身发抖，却把自己的蓑衣、棉袄脱下来盖在伤员身上。

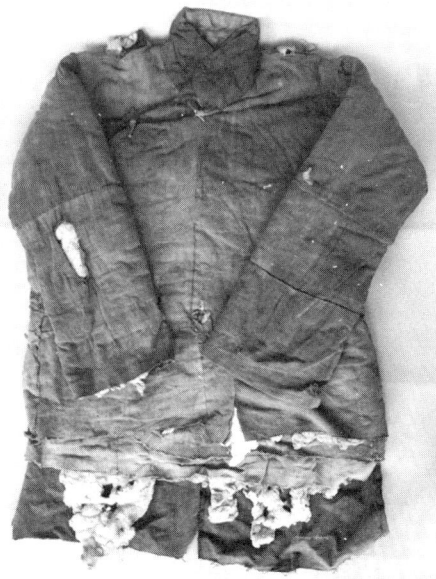

淮海战役中山东渤海区模范担架团
特等支前模范石连生支前时穿的棉袄

有时，一个伤员身上盖着三四件棉袄，而我们自己却只穿件单褂，顶风冒雪抬伤员。我的一件长袍，也说不清给多少个伤员同志用过了，不是垫在伤员的身下，就是盖在伤员的身上。伤员同志感动地说："你们都给我盖上，你们能行吗？"大伙说："同志啊，只要你不冷，我们就放心了。"伤员同志负了伤，一动伤口就痛。为了减轻伤员的痛苦，大伙发扬了崇高的阶级友爱精神，用自己吃饭的碗、喝水的小水瓢，给伤员同志接大小便。没有纸给伤员擦血污，我就把长袍中的棉花和布条撕下来用，一件长袍撕来撕去，撕掉了半截。剩下的这半截长袍，后来收集文物时，被拿去陈列在淮海战役纪念馆里了。

有一次，转送伤员来到一个刚解放的村庄，要做饭找不到柴草，我就拿出自己仅有的钱买了七斤柴草，给伤员做饭吃。我还买了一把小勺，一口一口地给伤员喂饭，接连喂了三个伤员。大伙因无柴草，吃不上热饭，便啃冷窝窝头，但看到伤员吃上了热面条，喝上了热粥，心里都美滋滋的。

还有一次，转送的一位重伤员大小便不通，腹部胀得很厉害，我看他非常痛苦，而且有生命危险，心里有说不出的难过。转运途中找不到导尿和灌肠的医疗器具，没有别的办法可想，我就用嘴给伤员吸小便，用手指头给伤员抠大便，终于解除了伤员的痛苦，挽救了伤员的生命。

担架队员对伤病员无微不至的关怀和无限的热爱，感动得伤病员一个个热泪盈眶。他们说："我们的亲生父母、亲兄弟，对我们就是再好也不过如此。只要我们还能动，哪怕只有一只眼、一条胳膊，也要重返前线，为人民杀敌立功。"

无上光荣

我们担架队员还学习解放军的光荣传统，开展了民爱民运动。每到驻地，就帮助当地群众干活。天下农民是一家，大伙帮驻地群众干活，就像干自己家的活一样。挑水、扫地、铡草、打场、推磨、碾米、秋收、秋种、喂牲口、盖房子、修家具等等，可以说无活不干。当离开一个驻地时，做到房东的水缸不满不走，院子不打扫干净不走，借了东西不还不走，损坏了群众的东西不赔偿不走，不向老乡道谢不走。各地群众给担架团赠送了 59 面锦旗，上面写着"军民团结""亲如家人""劳苦功高""感德不忘""全民榜样""劳动模范"等等，高度赞扬了我们的爱民行动。

淮海战役胜利结束后，我们担架团在兖州召开了庆功大会。全团支前服务 8 个月，历经山东、河北、河南、安徽、江苏 5 个省，征战 1 万余里，圆满地完成了任务。华东支前委员会授予我们团"模范担架团"的光荣称号。全团有 90% 以上的同志立功，其中一等功就有 351 人。我和王泽钤、李省三、张墨贤、赵洪喜、丁自名 6 位同志荣立特等功，华东支前委员会授予了"支前英雄"奖章。经过 8 个月的支前活动，全团新发展党员 319 名，提拔脱产干部 177 人。我们八班无一减员，人人立功。

1951 年国庆节，上级叫我到北京参加国庆观礼。在伟大的首都北京，我怀着无限激动的心情，四次见到了敬爱的毛主席。中央首长在怀仁堂宴请我们时，毛主席、刘少奇副主席、周恩来总理、朱德总司令等中央领导同志和我们一一握手。我含着热泪，沉浸在无比欢乐和幸福之中。随后，还组织我们到全国各地参观学习了 46 天。

故事篇

烽烟滚滚，遍地英雄。历时两个多月的淮海战役，涌现出许多支前英雄和模范。他们一切为了前线，一切为了胜利，前方需要什么，后方就支援什么；他们冒枪林弹雨，忍风雪饥寒，千里远征，随军转战，展开了人民支前波澜壮阔的宏伟画卷。一个个感人肺腑的支前故事，向我们展现了人民的伟力，诠释了信仰的力量，传递着精神的光芒。

推出了胜利的功劳车①

每个重大历史变革的到来，必然是由波澜壮阔、势不可当的力量来推波助澜，必然会产生一大批伟大的历史人物和意想不到的奇迹。中国在进入解放战争以后，整个社会发生了翻天覆地的变化，这样一场伟大而又巨大的社会变革，无疑是由许多个空前绝后的奇迹造就的。

在淮海战役这场史无前例、规模巨大的战略决战中，同样有着诸多的壮观和空前绝后。一是解放军频繁的大兵团、大规模的作战，往往是几十万，甚至是上百万的部队集中在不大的地域内，进行连续不间断的作战。战役发起时，华东、中原两大野战军共计60万，再加上国民党军的80万军队，总共超过百万之众，会集在东起海州、西迄商丘、北自临城、南达淮河的纵横百里的战场，声势之浩大、场面之宏伟是空前绝后的，此为壮观之一。另外一个壮观就是浩浩荡荡的支前民工的队伍。在江淮平原的大路、小路、田野，到处是一眼望不到头的支前民工队伍，成千上万辆吱吱呀呀的独轮车车轮的声浪，在隆隆的炮声中，随同大地往前涌动。担架队、小车队、挑子队川流不息，远远近近，潮汐般涌向前线。人与车摩肩接踵，车与人连成一片，分不出一个个人影。一袋袋的粮食、用品，一捆捆军服、军鞋，一箱箱炸药、炮弹就这样用独轮小车推到前线。从后方到前方，从乡村到城镇，数百万支前民工响亮地提出"部队打到哪里就支援到哪里"的口号，到处是"家家户户齐动员，男女老少忙支前"的宏伟壮观的场面。在淮海战役中人民群众支援前方作战的规模之巨大，动用人

---

① 本文选自江苏人民出版社2009年版《淮海战役丛书·文物故事》。

力、物力、财力之众多，是古今中外战争史上罕见的。

支前民工分为三种情况：第一种是临时民工，当地政府根据支前任务的需要，临时征集的民工，活动范围仅限于本地区。第二种是常备民工，也称为随军民工，由当地政府组织挑选出来，跟随作战部队一起行动，也被称为"出夫"或"服役"，一般半年为一个服役期。第三种是二线常备民工，这种情况机动性比较大，往往根据支前任务需要或做临时民工或做随军民工。

这些支前民工就是把这种独轮车作为最主要的交通和运输工具，跟随解放军南征北战。与国民党军的汽车赛跑，源源不断地将粮食、弹药、衣物等军需物资送到前线，为解放战争的胜利起到了决定性的作用。陈毅元帅曾高度评价说："以落后的农村工具条件来供应现代化大兵团作战，这是自卫战争中最伟大的一面。"

淮海战役发起后，随着战役的发展，参战人员剧增，作战部队调动频繁，战场快速移动和扩大，战场补给成了决定战争胜利的关键。为了保证战场物资能够安全、及时地从后方运到前线，必须有一套完整、系统、科学的方法统一领导和组织建设。支前民工来自山东、江苏、安徽、河南、河北等广大地区，如何做到使来自不同地区的几百万人能够有条不紊，各负其责，并使民力能最大限度地调动起来，同时又能充分调动和利用陆路、水路和铁路运输能力，绝非易事，所以一个统一的领导组织、建制就异常重要。

战役发起前后，在华东地区共建立七条运输干线，随着战役的变化，这些运输干线也在不断地延长或改变。在这些干线上，每15公里设置一个民站，民站与民站之间设一个茶水站。

山东省泗水县模范运输团运粮用过的功劳车

淮海战役期间，华东地区共设立了 197 个民站。这些民站主要负责过往民工的食宿、粮食补给、伤员救治、运输工具修理和民工在行军中需要解决的困难。通过民站将几百万民工、几十万辆小车调理得井然有序。每项工作都有专人来负责，民工吃饭、休息，粮食运送的线路和分段线路的接替等等，都安排得妥妥帖帖，有条不紊。

以粮食为例，在战役发起时，每天需要供给的原粮 300 万斤，随着战役的发展，参战部队和民工每天吃粮，增加到近 400 万斤之多。这么多的粮食从后方筹集后，再由民工运送到前线，中间要经过多次转运，通过多种运输方式，使用多种的运输工具，才能到达目的地。以山东鲁中南一分区为例，他们的任务是将筹集到的粮食运到淮海前线。首先各县民工用独轮小车将粮食运到泰安火车站，再用火车运到兖州，再用独轮小车运到济宁，再装船经由运河运到韩庄，再用火车运到徐州，再用汽车运到萧县，再换独轮小车分别运送到各部队的随军粮站后，再分别用独轮车或挑子送到前沿部队。这中间经过八次转运手续和几十个民工站，才能将分散在泰安附近的粮食运到淮海前线部队。广大民工就是这样将战役所需粮食、弹药和各种物资运送到前线的。而这中间最多使用的就是独轮小推车。

被斯大林誉为"战争之神"的炮兵在解放战争时期，特别是淮海战役中也充分展现出了特有的"神气"。那么，几十万发大连生产的炮弹是怎样从东北运往山东半岛再转运到华东战场淮海战役前线的呢？

当时东北绝大多数地区还处在国民党军的控制下，而苏军驻守的大连就如同一个隐蔽的解放区，较稳定的战略后方，成为东北地区唯一畅通的出海口。因此，海路运送炮弹也就成了唯一安全的线路，即把大连生产的军需物资海运至山东半岛海上登陆点的港口小镇——威海市俚岛的解放军军需物资中转站，再由支前民工用成千上万辆小推车一站又一站地运往华东淮海前线。但是在解放军尚无海上作战能力的情况下，黄海和渤海的制海权被国民党军控制，为了绕过国民党海军的封锁，运送炮弹、物资的船乔装成商船，从大连出发向东驶入朝鲜海域，这样可以使国民党军误认为是驶向朝鲜半岛的商船，然后掉头向西南方向的俚岛行驶，这样又会让国民党军误以为是从朝鲜来的商船,从而放松警惕。同时由于国民党军也没有足够的舰艇对这一海域进行全面的封锁,疏而有漏。就这样,解放军的军需运输船一次次绕过封锁,驶向了山东半岛最东端的老解放区俚岛,再由地下党组织周密安排,组织当地群众把炮弹或军需物资运送到指定地点。然后再由常备民工或随军民工通过运输干线运送到下一站,最后到淮海战场前线。

在整个淮海战役中,后方广大的人民群众用这种原始的运输工具,克服了千难万险,向淮海前线运送了300多万吨的弹药物资、9.6亿斤的粮食、156万斤油盐、86万斤猪肉,满足了战争的需要。淮海战役结束后,解放军前线还有1.4亿斤的储备粮。在整个战役中,支援解放军作战的民工多达543万人。战役结束时参战兵力与支前民工的比例高达1:9,约9位民工支援1位解放军战士作战,这样的支前规模在解放战争史上是唯一的,在世界战争史上也是罕见的。

1951年2月,陈毅元帅在会见苏联驻华大使尤金时谈起淮海战役的胜利时激动地说:"支前民工达500多万,遍地是运粮食、运弹药、抬伤员的群众,这是我们真正的优势。人民群众用小车、扁担保证了部队作战。"粟裕将军也曾说过:"华东战场,特别是淮海战役的胜利,离不开山东人民的小推车和大连生产的炮弹。"

现在保存在淮海战役纪念馆中的因运粮有功而被誉为"功劳车"的独轮小推车,是山东省泗水县模范运输团使用的。在支援淮海战役时,他们接受了一个艰巨的任务,要六天内运9万斤粮食。泗水县模范运输团千余民工冒着敌机袭击,破冰渡河,长途转运,三天就运粮11.2万斤,圆满完成了粮食转运任务。这辆作为红色文物的小推车仅仅是淮海战役中支援前线运输的280多万辆独轮小推车中的一辆。据不完全统计,如果将所有运粮食的独轮小推车排列起来,可以从北京到南京排两行。

现在,当我们面对这辆见证人民英雄足迹、已成为爱国主义教育最好教具的独轮小推车时,似乎看得到车身若隐若现的血痕和弹痕,仿佛又看到支前民工们俯首推车,奔走在风雪弥漫、枪林弹雨的支前路上……耳边回荡着毛泽东主席发自肺腑的声音:"人民,只有人民才是推动历史前进的动力。"

千船百舸送粮忙①

　　现在存放在淮海战役纪念馆展出的运粮木船，是淮海战役期间山东微山县南阳镇建闸村人民支援淮海前线运送粮食、物资用过的木船。这艘普通木船作为微山湖区人民在解放战争中踊跃支前的辉煌历史见证，展放在淮海战役纪念馆展览大厅里，默默讲述着那个年代、那些故事……

　　淮海战役期间，随着战役规模越来越大，参战人数越来越多，为了能够确保大兵团连续作战中的供应及时，就必须不断扩大运输队伍，增加运输线路，以满足战争物资补给的需要。各级地方党政组织和部队后勤系统遵照华东局全力支前的指示，进行了全面的、大规模的动员组织工作，并建立以淮海战场为中心的庞大的供应运输线，设立了许多民工站。水上运输就是这些运输线上的一条主要通道。

　　淮海战役发起时，山东西、南，鲁中南和整个苏北地区的人民群众都被动员起来了，在"人人动手，个个支前""解放军打到哪里，就支援到哪里"的号召的鼓舞下，几十万群众都积极踊跃地参加到支前的队伍中来。广大地方群众用最短的时间，不仅修复了被国民党军破坏的公路干线，而且还在山岭、平原和河道交错的水域开辟了新的运输线。洪泽湖、南阳湖、微山湖的渔民、船工也组织了运输队，驾驶着船只加入了运输的洪流中。

　　船运粮食载重大、损耗小，比小车运输的效率高，按照每只船用 4 个船工，往返 12 天，根据船只大小载重不同，可运粮食 4000~10000 斤。而

---

① 本文选自江苏人民出版社 2009 年版《淮海战役丛书·文物故事》。

民工从运粮船上搬运粮食

每辆小车满载仅 300 斤左右，需要 2 个民工运送往返 20 天。相比之下船运的效率之高是非常明显的。

淮海战役第一阶段胜利后，鲁西南、鲁西地区的各县相继参加军粮、物资转运的船只就有 1194 艘。从 12 月 2 日开始仅 20 天时间，仅军粮一项就转运了 1353 万斤。运河道上、广阔的微山湖面，到处都是万人竞渡、千帆齐发的繁忙景象。

特别是在 1948 年 11 月 10 日后，韩庄、台儿庄一线全部解放，运河从济宁至台儿庄一段航道完全通航后，新解放区深受国民党统治和压迫的渔民、船工，经过不断的政策宣传和政治思想教育以及解放军在前线不断取得一个又一个战斗的胜利，被极大地鼓舞了积极性，船民们将支前当作自己的事情来做，使支前成为广大干部和群众的自觉行动。同时支前委员会根据具体情况，采取一些具体有效措施。一面给运粮的船工一定的收益，一面做深入细致的动员工作，这样极大地调动了船工的积极性。1949 年 1 月 9 日的《大众日报》上刊登了一篇题为"千艘民船扬帆送军粮"的报道，对新解放区船民的思想教育问题文章中这样说："每次出发前，领导都要进行一次集体动员，说明前方战争形势的发展及任务的重大意义，卸货以后进行小结，贯彻了为什么要打国民党反动派，解放军为谁打仗，咱们应当怎样支援前线等战争教育与评成绩活动等，收效很大，使船民从单纯的雇佣思想，提高到认识运粮支前是自己应承担的责任和应尽的义务。"

同时人民政府还将船只组织起来，加强行政管理，以指挥站为单位，编成大队，下辖中队、分队、班。为了照顾船工和比较熟悉的人一起工作的意愿，中队编制基本按照原"船帮"组织的模式，以 40~60 只船组成一个中队；分队、班采取自愿结合，并民主推选分队长和班长。在中队配备脱产干部 3 人，分任船管员、调拨员、中队长。为了保证船只运输和船工的安全，船上专门配备干部和部队武装押运。各级干部和战士分散于各船，和船民吃一锅饭，睡一条船，装船卸船时一齐动手。干部们总是能做到吃苦在前，装卸物资总是抢在前面，船民们深受感动，干起活来更加积极、主动、热情。对于运送粮食物资过程中，船只因风浪大、流冰或过船闸而造成的损坏，政府根据损失轻重予以补偿。这样共产党的政策深入人心，也深得人心，参加支援前线的船只、船工越来越多。一时间微山湖上、大运河上舟楫往来，一片繁忙。

在河中航行的运输船不可能都是顺风顺水地轻松行驶，当逆风、逆水，船上载重的时候行船是非常困难的。而这些解放了的船工不畏艰苦、不怕困难、不惧危险，极大地发挥了支前的热情，星夜兼程。在他们心里只有一个信念，就是要及时把粮食运到前方，不能让战士们饿着肚子打仗；军队吃饱饭，才能多打胜仗。在每个转运站上，到处都是码头工人和支前民工忙碌的身影。他们冒着寒风、昼夜不停地一趟又一趟装卸粮食、物资。在从济宁到韩庄、从南阳湖到微山湖的航道上，运送武器弹药和粮食的船队冒着敌机轰炸，顶着流冰破船的危险，为了前线他们彻夜不眠地航行。

多次参加运粮任务的船工任立荣说："国民党在这里时，船工没饭吃，没有自由，给商家装点货，国民党'湖警队'就扣住要钱，挣点工钱还不够他敲诈的。现在运军粮，支援前线，是给自己干活，早一天打倒蒋介石，咱也过个好光景。"参加运粮的船工，过去都是贫苦的渔民。抗日战争胜利后，民主政府给他们贷款、发救济粮，有的分得了土地，有的参加了工会。但不久国民党军队侵占了运河沿线以及微山湖地区，又从他们手里夺走了土地，夺去了安宁的日子。这些备受国民党统治压迫的船工，生活艰难，所以他们更加怀念共产党。因此，当动员运粮时，他们积极踊跃地参加到支前行列中来。74 岁的老船工胡四洗说："咱船工还得依靠共产党，要不哪有个出头的日子。这次运粮，大家都从心里乐意，知道是给自己干的。"他们临开船前，还是按照祖传的习惯，敬上一炉香，祈祷着"一路平安""送上军粮支援前线，打倒蒋贼过太平年"……

徐州解放时，参加运粮的船只越来越多，运送粮食的速度也越来越快。在第一次运送时270里运程往返要用半个多月的时间，而第二次仅用了10天。船工们爱惜军粮、保护军粮。一次装船时一个码头工人不慎把一袋米掉到河里，船民胡怀玉马上脱下棉衣，冒着刺骨的严寒跳到水里打捞，他上岸后第一句话

千艘民船扬帆送军粮的报道

是："这是给咱军队吃了打仗的军粮，一粒也不能抛撒的。"每当连日雨雪，船工们把自家船上的席拿到岸上或铺地或盖米，宁可船舱漏雨，不让军粮受潮。

据战后统计，淮海战役期间微山湖区组织民兵2600多人，木船487艘，编成3个水上运输中队，43天完成9趟运输任务，共运军粮1300万斤，武器弹药140万斤。

今天，这条船作为诠释人民战争胜利秘诀的无字教科书被藏展淮海战役纪念馆，代代相传，它记载着山东人民对解放战争的巨大贡献和牺牲，记载着微山湖人民勇于支前的奉献精神和光荣传统。同时在诠释着一个永恒不变的真理：无论现代科学技术怎样地发展，将来作战方法怎样地变革，未来的反侵略战争与过去的革命战争有多么大的不同，如果是不代表人民大众利益的战争终将要失败，只有为了人民利益的战争才是正义的战争。要赢得战争的胜利，就必须赢得人民的支持。正如毛泽东主席早年所说："战争的伟力之最深厚的根源，存在于民众之中。军队须和民众打成一片，使军队在民众眼睛中看成是自己的军队，这个军队便无敌于天下。"

四百里风雪只等闲①

　　宿迁大兴区运输大队,上下千余人,共推907辆小车,在淮海战役支前运动中,他们负责向包围和歼灭杜聿明集团的我军将士输送给养。从宿迁到陈官庄周围我军阵地,大约有400里的长途运输,他们克服了风雪泥泞、饥饿寒冷等种种艰难困苦,终于胜利地把给养运到指定的战地,受到所在部队首长的亲切勉励和热情赞扬。

　　1948年12月23日晚上,运输大队开始出发的时候,西北风夹着凌空飞舞的雪花迎面扑来,逼得大家头难抬眼难睁,只好弓着腰往前拱,同时还要步步留神脚底下。因为土路泥泞不堪,只能循着辙印走,大家一个个眯缝起眼睛还要不时瞭着前面的黑影子脚跟脚行军。民工于成高攒足劲头,两手握紧车把,双腿像绷紧的弓一样挺得有力,一根绳勒紧的破棉裤,早被汗水和雪水湿透了。40多岁的刘秀生有湿热眼,一颗水珠"扑哧"一下迷糊了眼睛,心里一急,脚下一滑,连人带车跌进了二尺多深的路埂子下。中队长老李连忙跑过去帮扶着把他拉起来,急忙问:"摔得怎么样,哪点破了没?"刘秀生抖抖胳膊腿:"没事没事,一个跟跄还能把人怎么了?"说罢重又推起车子大步小摇继续赶路,生怕被别人撇远了。一中队女分队长朱永兰,专门负责在队前摸路,摸着摸着,眼一花就滑跌进腿肚子深的泥窝子里。车子翻倒了,马上爬起来,别人帮助扶正车,她挂上襻继续往前摸路。

　　12月24日以后,他们以中队为单位,分头向徐州西南角的三个接收

────────────

　　① 本文选自江苏人民出版社2009年版《淮海战役丛书·英模颂》。

站出发。只有 30 里路程了，距离前方越来越近，但路途却越发困难起来。一中队走出一里多地，碰到个大泓子，因为烂泥越陷越深，后面的车子就掉转了车头，另行改道追上去。长时间在泥窝里扑腾，民工们太劳累了，有的人几乎撑不住了。施训凡作为共产党员深知需要给大伙鼓劲，于是一面加劲往前推，一面喊着自编的口号："同志们，加把劲，打倒老蒋咱有份！前面就到接收站，完成任务当模范。"你甭说，他这一喊呼，大家的劲头还真上来了。

迎面解放军从前方押下一队队的俘虏，俘虏们一个个歪头耷脑的模样儿令人看起来直想笑。大家估摸着杜聿明没几天盘腾了。胜利更加鼓起了民工的劲头，虽然不远处机关枪"嗒嗒嗒"地在响，却没有一个人表现出畏惧的神情，相反大家信心百倍，个个忘却了疲劳和饥饿，你追我赶，争先恐后，满脚黄泥，一身污水，喝着号子，跋涉前进。

到了张湾河，前线已经在望了。张湾河没有水，从河底到河坡，共有六丈多宽。年近花甲的李厴推到河中央，因为累和冷，腿麻木得失去了知觉，晃晃悠悠跌倒在一尺多深的淤泥里，爬起来喘几口大气，又一鼓劲继续前进。魏乐堂小组五辆车子全陷进泥里，虽然又饿又累又冻，但五个人相互协作连扛带拉，终究把车子拖上河坡。王青云夫妻俩同推四斛米，掉在了队后，推也不动，拉也不动。实在没办法了，王青云让老婆看车子，他先把车上的粮袋扛到坡上一部分，再试着往前挪动，最后终于把车子推了上去。

另外两个队 300 余辆小车，12 月 25 日过一里多的乱石山路。两个队有三分之一的人打着赤脚，过了乱石山，许多人的脚硌得滴血。接着又要过前后 16 里的两个大荡子，最浅的泥水也漫过小腿肚子，小车则过了车耳，两个队折腾了一天才

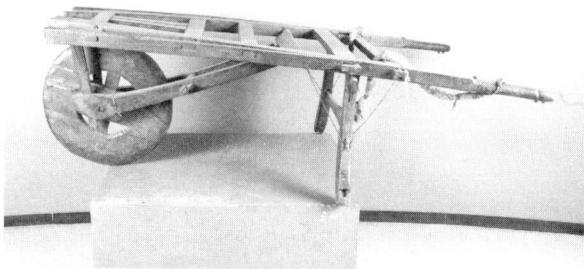

江苏宿迁县大兴区运输队运粮用的小车

过去。泥水拔坏了不少人的鞋子，赤脚的增到了三分之二。破了脚的更加难拔难走，车子推不上几步就得停下来。大家把腰带束紧，有的把车上的米卸下来扛，有的互相抬。这样用了一天才走出了八里荡，一天只吃上一顿饭。

12 月 26 日下午，离交米地点只有 20 里了，可前面又碰上一条丈余宽的旱河，是最后的一道难关。这河的河底淤泥更深，即便是空身人陷进去也难自拔。梯陡竖崖的河堤，使推车人不敢把车襻套在脖子上。因此，每辆车过河，至少要四个人互相帮助。这时，已没有了队形，大家漫河而过。在这里跌倒的人也最多，有一个小队 20 多人就跌倒了 19 个。

当离接收站还有十几里路时，前方部队得知民工们的情况后大为感动，连夜派数百名常备民工前来迎接。有个骑马路过的战士看到他们的艰难，急忙下马把粮袋放在马背上。部队的同志在黄昏时看到民工在泥水中艰苦抢运，不少人感动得忍不住流下泪。战士们立马劈柴引火给乡亲们烤暖，然后帮着找房找锅，让大伙好早一点歇息吃顿饱饭。某部队还腾出住房，拨来 358 斤大米给民工做饭吃。

四天的泥水路，27 日终于把 9 万多斤米送到了前方。在阵地上，部队的同志吃上了新送来的大米，心里都是暖融融的。同志们看到民工们大都赤着脚，便纷纷自动献鞋，单第一中队就有十多人穿上新鞋子。民工们打听胜利的消息时，战士们拍着胸膛说："杜聿明现在只有吃马皮的命啦，俺们保证尽早把他们解决掉，让大家过胜利年。"

要分别了，部队的同志还挺不过意，某纵某师供给处主任特意写信给民工大队负责同志，表示真诚的谢意。还有师领导同志也写信再三叮嘱全体民工同志回去休整好，争取再立新功。

刻字铭心走淮海[①]

华东支前英雄唐和恩支援淮海战役时用的一根小竹棍，上面用刀尖刻满了密密麻麻的小字。不知情的人还以为是随手刻着玩的呢，仔细打量，嘿，原来开头刻着唐和恩从家乡出发的地点——山东省胶东地区莱东县陶障区，接下去刻的是他支前经过的路线：水沟头—平度—临淄—蒙阴—临沂—徐州—萧县—宿县—濉溪口等等城镇地名。这些地名包括了山东、江苏、安徽三省88个城镇和村庄。这可不是一般的行程记录，而是数百万支前民工在淮海战役中走过的艰苦卓绝的战斗历程的缩影。这根小竹棍是淮海战役伟大胜利的见证，是毛泽东人民战争光辉思想的生动体现。

1948年秋，山东解放区广大翻身农民正在欢天喜地忙碌着土改翻身后第一个大丰收季节时，适逢上级政府号召组织支前队伍。这时共产党员唐和恩又像支援莱芜、孟良崮、济南战役一样，第一个报名参加支前小车队。凭着他的声誉和威信，大伙选他当了小车队长。出发上路时，大伙都坚决表示："犁不到头不卸牛，完不成任务不回头""人民解放军打到哪里，俺们就支援到哪里"。心情格外激奋的唐和恩随手带上了那根在旧社会讨饭用的小竹棍，计划在上面刻字铭心，记下支前路线，以便传给子孙后代，要让他们永远不忘毛主席指引的闹翻身求解放的革命道路。

唐和恩带领的小车队和千千万万个支前队伍一样，忍饥寒，冒风雪，翻山涉水，日夜不停，只想着早一天赶到前线。一路上，唐和恩和他的乡亲们想尽办法节省粮米，饥一顿饱一顿也没谁皱皱眉头。他们吃"三

---

① 本文选自江苏人民出版社2009年版《淮海战役丛书·英模颂》。

红"——红高粱饼、红辣椒、红萝卜咸菜，省下小米、白面给子弟兵吃。风风雨雨的运粮途中，他们一个个把身上穿的蓑衣、棉衣脱下来盖在粮车上，宁愿淋得眼睫毛滴水，也不让淋湿一粒军粮。泥泞过踝的土路上，满载军粮的独轮车一轧一条沟，一步两个窝坑。大伙深一脚浅一脚，鞋拔掉了，脚磨破了，照旧狠劲地拉，拼命地推。一次过一道土岗子，唐和恩的小车一下子陷进泥窝子里，推也推不动，拉也拉不转，一连六个来回，小车只管在泥窝了里爬不出来。唐和恩真是

山东特等支前功臣唐和恩

有点急了，便憋足劲猛地一拉，只听"咯嘣"一声，绳子被拉断了，他一头栽到泥坑里，脸磕破了，牙齿也磕掉了一颗。唐和恩真不含糊，从泥窝里一个鲤鱼打挺爬起来，抹一把脸上的血泥说："前方战士身上穿个窟窿照样冲锋，咱磕掉颗牙算啥！"

有一次小车队被一条大河挡住了去路，如果绕道过桥就得多走 20 里。唐和恩一琢磨，不行，前线正吃紧，时间耽误不起。他振臂一呼，大伙都一叠连声应："对，蹚水过河！"说起来轻巧，可当时北风萧萧，雪花飘飘，河面上已结了一层薄冰。唐和恩说："红军能爬雪山，过草地，飞渡金沙江，强渡大渡河，咱们还能叫这么条小毛毛沟挡住前进路吗？"他带头脱下棉衣，扛起一包粮食下到河里，在前面破冰涉水，探路前进。大伙见队长带了头，也一个个扛起粮包，抬起小车，一趟一趟，紧紧跟上唐和恩。可刚到对岸，还没来得及穿衣，敌人的飞机就过来了。为了保护粮车，唐和恩当机立断，迅速疏散队伍，一口气跑了半里多路，才避开敌机。尽管他们个个冻得唇青脸紫，可粮食没损失一粒，心里反倒暖融融

的，抖擞精神继续上路。

在支援淮海战役的战斗中，唐和恩和他的小车队，拼死拼活，顽强无畏，为解放战争的伟大胜利立下了不朽的功勋。唐和恩携带那根小竹棍，跑遍了淮海战场，记录了风雪中的坚毅，严寒中的顽强，生死考验中的无畏，完成任务后的喜悦。唐和恩的小竹棍也因此以闪闪发光的形象载入革命史册。

红旗漫卷风雪路①

杜聿明集团被人民解放军围困在陈官庄地区后，尽管仍在做着垂死挣扎，然而覆灭的结局已成定数。淮海战役就像一盘黑白对决的棋子，已经到了收官之时。

擒敌之王虽说指日可待，可人民解放军的将士们面对仅仅一步之遥的胜利结局，从未放松攻击，一步步紧缩包围圈，绝不给其留下喘息的机会。

为了支援人民解放军的淮海最后一战，保证前线战士的给养，睢宁县姚集区按照县委的指示精神，迅速组成了一支拥有 1200 辆小车的支前小车队，负责前线某部的粮秣弹药供应。小车队誓师出征提出响亮的四句口号：

枪林弹雨不惧！
千难万险不怕！
争当支前英雄！
刀山火海敢跨！

这支千辆之众的支前小车队，满怀激情，人人车头上插着一面小旗，由副区长戴大德率领，从区政府门前出发，连夜赶到距姚集 50 多里的县城北边庙湾粮站。队员们脚不停，手不闲，半个小时装好车，戴副区长一声令下，一条长龙似的车队，摸黑踏上了风雪路。

从睢宁到前线，300 里路程只多不少。车队刚刚上路，扑头盖脸的鹅毛

---

① 本文选自江苏人民出版社 2009 年版《淮海战役丛书·英模颂》。

运送物资的平车队

片似的大雪便纷纷扬扬下个不停，小刀子般割人肌肤的西北风也紧一阵慢一阵刮起来。民工们全然不把这恶劣的天气放在眼里，一个个抖擞精神，推起压得"吱扭吱扭"的小车健步向前。开头的两天，离战场较远，可以没有顾忌地白天赶路。后来临近战区，不时有敌机头顶盘旋俯冲，狂轰滥炸，为了避免无谓的伤亡，戴副区长和几个副手研究决定，改为白天休息，夜晚上路。人生地不熟，走黑路当然便陡增了难度，可民工们一心一意想着支前，困难变成了脚下的烂泥，深一脚浅一脚地一走就是一整夜也不休息。

数九寒天，风缠雪裹，路面结上薄冰碴子，民工们脚上的草鞋、毛窝，走不了两天就磨穿了底，崴破了帮。由于上路急，不少人就随脚一双草鞋，磨破了也只得甩掉，干脆打起赤脚推车继续前行。带队的领导看着心疼也一时没有办法，被蒋军抢掠得十室九空的村子，很少能见到人影，到哪里去为赤脚的民工找到一双鞋子？

鲍捻乡的卢丙树，临来前没估计到路途的艰难，就随脚穿着一双旧草鞋，仅仅一天的光景，鞋底透了，鞋帮烂了，咋也挂不上脚脸儿，第二天只好当了"赤脚大仙"。寒冬里赤脚板在冰雪上行走，那是一番什么滋味，恐怕不只卢丙树一人尝到，小车队的其他战友也都分享了只有战争年代才能碰到的困苦。他们中不少人整个脚掌和腿踝被冰碴、砂石刺扎得烂梨似的，有的十个脚趾个个带伤，有的脚跟被啃去了一块，可他们咬咬牙忍住钻心的疼痛，迈开几近麻木到失去知觉的双腿，一步一个血印地向前挺进。

车队通过禅堂湖，面临着一场更大的考验。绕开拣好道儿走吧，可路途远了一大截子，势必影响上级规定的到达时间；不绕吧，禅堂湖可不是好惹的。经过和大伙商量，车队决定是龙是虎也要骑它个背上！

禅堂湖里，烂泥没膝，稀泥上面结出的一层薄冰，一经车轧人踏，薄冰碎裂，下面的烂泥涌了上来，淹没了车轴，任你使上九牛二虎的力气，小车也动弹不得。没办法了，只好三个人对付一辆车，前面两个人使足力捧着车头，后面一个攒足劲儿推。就这样你帮我、我帮你，金蝉蜕皮一样一辆接一辆送往对岸。通过这段湖荡地，有的民工长吁一口气说："国民党几十万军队都被咱解放军赶出了徐州，你禅堂湖再怎么厉害也掼不过咱们！"

接近陈官庄地区，路上会集的民工多起来，争先恐后地往前赶，挤巴得路面越发显得狭窄了。一天深夜过桥时，民工刘延美脚下一打滑，"咔嚓"一声被挤到河里，不用说一身棉衣全被浸透了。深更半夜，前不着村后不着店，他只好穿着几十斤重的棉袄棉裤，咬紧牙关推起车子赶，一步也没落下，直到天亮住下来，查查粮食没受损失，才买来柴草把棉衣烘干，没耽误晚间上路。

伴随着苏北、鲁南、胶东等地支前民工的洪流，车队一程程向战场贴近。当车队路过鲍山东侧铁路边上时，突然遭到敌机的轰炸扫射。他们目睹了一位北方来的民工中弹牺牲时，两手还紧紧握住车把跪在小车前。民工们望着眼前悲壮的一幕，仰首怒视垂死前发疯的敌机，新仇旧恨一齐涌上心头，沉重如大山般压得人一时透不过气来。他们胸口喷火，鼻孔冒烟，牙齿咬出了响声，待敌机一溜，跃起推着小车，脚下有如神助，更加飞快地奔向接收站。

在"一切为了前线"的推动下，在"一切为了胜利"的鼓舞下，姚集区支前车队的1200辆小车滚滚向前的车轮，碾碎风雪严寒，碾碎千辛万苦，冲破敌机的轰炸，终于把30万斤粮秣军需按时如数地送达前线接收总站。

完成任务归来的姚集小车队，千辆小轮车越过冰封的原野，红旗漫卷满天的飞雪，平添了队员们的激越豪情。戴副区长鼓动大家说："咱们只要不趴下，小车只管往前推！推过长江去，推到岭南去。解放军打到哪里，咱就推到哪里！"

"对，为解放全中国咱推下去！"1200名队员的回应如山呼海啸般在淮海战场上响起。

一等功臣陈继谟①

1949 年元月 8 日，华东支前汽车管理处在中山堂召开庆功大会，为徐州市商车支援淮海战役中立功的车主、经理、司机、助手等 85 位功臣庆功，表彰他们做出的巨大贡献。

在这 85 位功臣中，司机陈继谟的事迹感动着与会的全体同志，所有的人无不竖起大拇指啧啧夸赞说："这位同志了不起啊，了不起！人家身残志坚，比咱们身手全活的还出色，18 天的支前运输中竟然没掉链子，克服了常人难以想象的种种困难，硬是为我们做出了榜样。"

汽车管理处的王主任在介绍陈继谟的事迹时更是难以抑制感情，激动得声音打战："陈继谟同志好样的，不折不扣的人民功臣！由于有这样的同志带头，我们才能在短短的 18 天中顺利完成了 600 多万斤军需的运输任务，保证了前方粮食弹药的供给。从陈继谟同志的身上让我们看到了过去受压迫、受剥削、没有政治地位的工人阶级一旦解放得到翻身，便将释放出主人翁的巨大能量！"

陈继谟腿脚有残疾，平时行路要靠一根拐杖支撑。但是在这次支前运输中，他热情似火，以惊人的毅力投入其中，前后发车 8 次，超过公司一般司机发车平均数的一倍。而且每次出发，车子能装多少就装多少，别人拉 4 吨他拉 5 吨。为了支援前线多出力，他是摽上劲了！

寒冬腊月，加上绵绵不绝的雨雪，运输途中什么样预料不到的事都会发生。有一次去萧县送军需返回途中，开着开着车灯突然坏了，车头前一

---

① 本文选自江苏人民出版社 2009 年版《淮海战役丛书·英模颂》。

片散光亮不了几尺远。这怎么办？陈继谟没辙了，只好慢速行驶。可他心里比谁都急呀，老牛破车样地晃悠，啥时候能回到徐州呀！下一趟运送弹药的任务还等着他呢。不行，得想个办法解决一下。漆黑的夜晚，他孤独一个站在寒风里，前察看后察看，左琢磨右琢磨，终于灵机一动生出个鲜点子：吃饭喝水用的搪瓷大茶碗不是可以用来把灯光折射向前吗？于是找准方位弄好，果然，车头前的灯光一下子蹿出好几丈远。路面清晰好多，车速加快了些许，当夜颇为顺利地回到市里。

有一次运送弹药，经过一座小桥时出了问题。原来这座简易小桥经众多车辆一次次碾轧，早已是坑洼凹凸，泥泞的辙沟深达半尺，车子如老牛喘气左拧右拐，结果车身斜侧在泥浆里再也动弹不得。陈继谟二话没说，甩掉小袄，四下里寻找石头垫轮胎。这里前不着村，后不着店，想找块石头都要跑好远的路。他跌跌撞撞拄着单拐来回不知跑了多少趟，单臂挟来的石块堆了一堆，然后再一块块往轮子下垫。黑暗笼盖四野，寒鸦不时啼叫。他整整忙了一夜，汗水湿透了衣衫，冷风一吹透心凉。然而他始终坚持，直到东方发白，终于把车子开过小桥，赶赴到前方。

一次次运送途中，常常碰到雨雪天。可他从未让车子上的一包粮米淋雨、一箱弹药受潮。有人说陈继谟爱护军用物资像爱护自己的眼珠子一样，哪怕淋了一颗米粒他都心疼得要命。有一次运粮，他看看天色，估摸着雨雪就要临头，他赶紧把车停到一处村庄边，掏出腰中仅有的千把元北币，和乡亲们诚恳商量买下几领席箔盖在车上。车子上路了，他还是有点不踏实，下了车前后左右反复检查，发现两个前角还有不够严实的缝隙，便又脱下身上的坎肩、罩衣，一一把缝隙掖实，方才放心上路。

陈继谟除了自己跑好运输外，还热心帮助别人，大伙都说他心眼好，好助人为乐。可他却谦虚地说："帮别人一点小忙算什么，90万斤军需不是哪一个人干得了的，靠的是大家齐心协力任务才能完成。"他这样想的也是这样做的。一次途中见一辆大道奇车陷进泥窝里，车主一旁唉声叹气抽着闷烟，着实是一点办法没有了。他走过去拍拍那人的肩说："兄弟别愁，我来帮你拖。"于是一条钢丝绳连起两颗心，发动机吼叫着，两个人一喝号，把趴窝的大道奇拖出了泥窝。还有一次到徐州东北大吴集去运粮，途中见一辆满载粮食的车子发生故障，熄火在路旁，司机急得团团转，左三番右三次总是打不起火来。陈继谟凑上前说："听声音你这发动机还不是小毛病哩，干脆，就把粮食卸到我车上，我来拉，任务算你的！行不？"那司机听了感激得不知说什么好："大哥，瞧你也不容易，修好车我再多跑两趟补你的损失。"陈继谟呵呵笑了，笑得很真诚、很灿烂："瞧你想哪去了，一家人不说两家话，你的任务不也就是我的任务吗！"两个人办妥移交手续，挥挥手便上路了。

陈继谟乐于助人的事迹在全市各商车公司间传开了，有人一夸他，他便脸红红地说："咱现在跑运输不像以前，单单为了挣钱养家糊口，那时候谁不是各顾各。如今咱是为解放事业的胜利，为前线送给养，是集体的大事业，所以就应该密切合作，团结互助，如果再光打自己的小算盘，那就对不起前线拼命杀敌的战士们了。"

听，陈继谟说得多在理，一等功臣就是一等功臣！

打不乱拖不垮的担架队①

　　为了支援前线，在胶东行署的领导下，我们招北县（招远县当时分为招南、招北两县）组织了 1800 多人的支前担架大队，副县长李苹实带领这个大队，随华东野战军东海部队四十二支队南下，参加了淮海决战。

　　我所在的六分队，由 148 名队员组成，其中党员 25 名，共有担架 25 副，编成 5 个小队。出发前，全队开展了诉苦活动，进行了支前立功教育，大家的政治觉悟有了很大提高。全体队员抱着"打败蒋介石，解放全中国"的决心，于 9 月 12 日随军踏上了征途。

　　从招远到鲁南前线相距千里，一路之上，翻山越岭，全靠两只脚板丈量。我们的队员尽管都是风里滚、雨里爬的庄稼汉，也禁不住长时间的长途跋涉，大多数队员脚底下都打了血泡，每走一步都揪心痛，但大家为了早日赶到前线，都咬紧牙关，昼夜兼程。进入沂蒙山区后，山势渐陡，道路弯弯曲曲，有的地方只能走过一个人，时而荆棘扯衣，时而滚石坠涧，越往前走，山越高，路越陡。虽然路难行，我们还是平均每天行军七八十里。腰酸腿痛还是小事，顶讨厌的是逢上下雨，干粮、衣服淋湿了，负担加重不算，尤其是冷风一吹，冻得直打哆嗦。记得第一次夜行军，大家浑身淋个透湿，天黑路滑，不是被泥拔掉了鞋，就是摔跤。一小队队员李克皆留心数了数，一夜竟摔了七十二跤。他风趣地说："我都赶上孙悟空了。"这还不算，最糟糕的是没有鞋穿。山石锋利，鞋底磨损很快，从家里带来的两双鞋子没过几天就磨透了，没有办法，只好凑钱向当地老乡买

---

　　① 本文选自解放军出版社 1987 年版《星火燎原·淮海战役专辑》。

点生牛皮，剪成小块，把脚包起来走。可是，生牛皮太硬，常常把脚磨出血，有些人就干脆打赤脚。二小队队员于桂荣光着脚丫夜行军，脚被扎破，裂开一条又大又深的口子，血流不止。同志们劝他上担架，他坚决不肯。他说，担架是用来抬咱子弟兵的，我这点伤算什么，还是多留点力气抬咱解放军吧。后来，他脚上的伤口灌进了沙土，化了脓，就折根木棍拄着，一瘸一拐，硬是和大家一起赶到了前线。

我们的第一个任务是支援碾庄战斗。当时，黄百韬兵团的20万人马，被解放军结结实实地困在徐州以东的碾庄地区。总攻发起后，战斗异常激烈。敌人的火力很猛，机枪一个劲儿地扫，天上敌人的飞机一个劲儿地往下扔炸弹。我们紧跟在部队后面往里冲。开始，我们这些初上战场的人，心"扑腾扑腾"地跳，一阵阵发慌。可是，看到战士们冒着敌人的枪林弹雨冲锋陷阵，我们的恐惧心理也都一扫而光。这时，大家只有一个念头，就是快把伤员抢救下去，不能让伤员再多流一滴血。我们把经过简单包扎的伤员抬上担架，迅速向后方转运。

团卫生所离前沿有30多里，中途要经过一条60多米宽的运河，若要找桥过河，就得绕很远的路，势必耽误时间。当时，我和指导员刘培舵问大家怎么办，大家齐声喊："下河!"我们迅速脱下棉衣，把担架和衣服举在头顶，摸索过河。

此时，正值初冬，河面结着薄冰，河水齐腰深，一下水，冷得像刀扎皮肉一样，走不多远，身子就麻木了，许多人一上岸就倒下了。大家怕被冻伤，赶紧互相拉起来，一个劲儿地猛跑，直到出了一身汗，才敢喘气。伤员送到了团卫生所，马上往回返。一个来回40里路，一夜要跑两个来回。

11月13日，天快亮了，我们这一夜已经运了两趟伤员，可是听说前沿还有一部分伤员没撤下来，立即要求去抬。因为白天敌机活动猖狂，负责转运伤员的孙科长不让我们去。想到伤员得不到抢救的痛苦，谁也不肯这样等下去。小队长刘培典是个急性子，他冲着孙科长喊："伤员是咱们的阶级兄弟，他们流血，你不心疼?"经过大伙软缠硬磨，孙科长只好答应了。当我们把伤员抬上担架的时候，天已大亮。远处传来敌机的"嗡嗡"声和重磅炸弹爆炸声，我们马上折了些树枝盖在担架上，做好了伪装。走到半路，飞来了12架敌机，我们派了几个人注意观察敌机动向。敌机俯冲时，我们卧倒隐蔽；敌机一抬头，爬起来再走。就这样，一路上和敌机"捉迷藏"，把伤员迅速送到了后方医院。

在支前中，随时受到死亡的威胁，我们没有被吓倒，更没有一个人逃跑。一小队在官湖一带运送军鞋时，遭到了敌机的轰炸，7人牺牲，有几副担架也被炸毁了。我们召开追悼会，大家宣誓："要为牺牲的同志报仇！不彻底歼灭敌人不回家！"担架炸毁了，我们重新制作。在小队长刘培典的提议下，我们用节约的菜金买来木材，赶制了3副担架；人员不够，我们就由原来的一副担架5人减为4人，保证了任务的完成。

经过战场的锻炼，我们的胆量大了，不但抬担架，有时还能帮助部队抓俘虏。一天，我们正在休息，突然看到有6名国民党兵从包围圈中逃出来。我和小队长王希贤带领两个人悄悄摸上去，用一支土造步枪逼住敌人，高喊："缴枪不杀！"被吓破了胆的敌人乖乖地举起了双手，成了我们的"战利品"。

平时，我们在家锄地时扎伤了脚，收麦子时割破了皮，都觉得痛得不得了。可是我们的战士腿被炸断了，肠子被打出来，却不吭一声。在运送伤员时，我们多少次被伤员们的坚毅精神感动得热泪盈眶。我们总是先问清伤在什么部位，在移动伤员时异常仔细，生怕再给他们增加痛苦。我们总是把自己的被子铺在担架上，尽量让伤员躺得舒服一些。有一次，我们在徐州东南运送伤员，正逢上刮西北风，大雪铺天盖地飘舞，我们都脱下棉衣盖在伤员身上，自己穿着单衣在风雪里奔波，许多伤员感动得流下了热泪。一些重伤员活动不便，有的同志就拿出自己的饭碗为伤员接大小便。有一次，二小队队长王希贤为一个重伤员接完小便后，那个伤员感激地说："老乡，我真不知道该怎样感谢你才好。我兜里有3支烟卷，这是炸碉堡之前首长奖给我的，你拿出来吸吧！"在当时，这恐怕算是最高的奖赏了。

全歼黄百韬兵团以后，我们六分队随军南下，参加了徐南、蚌西北阻击和追击围歼杜聿明集团等大大小小战斗，共运送伤员50次，计999人，其中火线转运的就有 483 名。在大风、大雨、大雪和敌人轰炸、炮击等多种环境中，我们都出色地完成了任务。

战役结束后，东海部队四十二支队奖给我们一面锦旗，上面写着"轰不垮，拖不乱，担架越毁越多，从无逃亡的钢铁分队" 21 个大字。1949 春节前夕，全体支前民工在兖州隆重举行庆功大会。会上，华东支前委员会授予我们六分队"打不乱拖不垮的钢铁分队"光荣称号，奖给我们一面"坚如钢铁"的锦旗。我们分队 7 人光荣牺牲，人人立了功，其中有 2 个特等功、40 个二等功、91 个三等功。

（作者王龙山，淮海战役时为招北县支前担架大队六分队队员。）

个个都是好样的①

> 咱们沂东担架团，
> 个顶个的英雄汉；
> 营连排里任你拣，
> 全是功臣加模范。

这四句头快板诗，大抵出自沂东担架团的民工之手，只是作者没有具名。也许他觉得没必要，因为淮海战役的恢宏巨篇里，已经有他们支前民工书写下的精彩一笔。作者何许人也，那就留给后人揣摩了。

其实也没必要考证这四句头的来龙去脉。它是写实的，大白话，没有一丝浮躁，没有半点矫情。沂东担架团就是由模范、功臣、英雄所组成的特别能战斗的群体。

沂东担架团开到淮海战场前线时，正是黄百韬兵团行将覆灭、邱清泉和李弥兵团由徐州向东增援的节骨眼上。那时，支前的担架队赶到前线的还很少，他们在阻击线上的转运便担负起特别繁重的任务。从 1948 年 11 月 12 日，到当月 25 日的 13 天中，他们每晚跑出的最短路程是往返 80 里，其中还有几个晚上转运两趟，那就是 160 里。这样就要四次上下担架，得不到片刻的休息。为避敌人飞机轰炸，原定为晚上行动，阻击战的激烈加大了转运任务，只能白天黑夜连轴儿转。

这种情况下，民工们占半数的人腿脚都跑肿了，个别人连胳膊也肿起

---

① 本文选自江苏人民出版社 2009 年版《淮海战役丛书·英模颂》。

来。按常理本当休整几天，可任务吃紧，15 日还是赶运了两趟，16 日任务更重，团里包括翟政委、副团长在内的所有领导干部，一律编成干部担架队，和民工一样一齐上前线。

时间紧迫，任务一天比一天重，沂东担架团的每个民工，细算起来，13 天当中个个都走了往返双程不下 1000 里路，仅据一营的统计，全营转运双程总路程 772483 里，平均每人达到 1090 里。全营 53 位干部全都加入了担架队。也许有人讲，这都是些统计数字嘛，枯燥得很。不，这些枯燥数字的背后，都有着一个个感人至深的故事。

故事可歌可泣，下面略举一二。

一营四连有个叫孙振荣的排长，他 13 天中参加转运 12 次（按规定排长不抬担架），往返 482 里。腿跑肿了，人消瘦了，依旧坚持干下去。其他干部都纷纷出面劝他休息，说他哪能这样玩命。他却坚决表示："咱还能说累，咱要嫌累民工就不嫌累？大家都是普通的群众，我也是其中的一员，没那么金贵！"

一连排长陈达是二等荣军，担架队缺人手，他忙说："我也算一个呀！瞧我这结实劲，保险跟得上队伍。"结果他担运路程 720 里，和普通民工没什么两样。

三连排长杨乐华，参加抬运 13 次，担架路过水沟停下来，他怕耽误时间，二话没说，鞋一脱就下到水里，东摸西摸，找了些石头垫起来当桥，站在水里让民工扶着他肩膀过水沟。

一排班长高振荣，接受任务时就发了疥毒，别人睡觉休息，他只能仰在床上，使手撑着被子，困得厉害也无法合上眼，可他还是坚持抬担架。班里人劝他就地休息还是别去了吧，可他说："咱不去谁去，咱是共产党员啊，不去怎么带动群众？"担架到了台儿庄，实在撑不下去了，排长替下他，他已经抬不起脚步了，只能沿着路边往前爬。排长说："振荣，你就在路边等着吧，我们卸下担架回头再抬你。"可他到底还是挣扎着到达了目的地。

三连三排五班的郭奎三，脚面子肿得穿不上鞋子，干脆，他光套着袜子，跟大家一起上路。回来袜子磨烂了，又光着脚丫子抬。别人说他犟劲还真不小，他回说："谁叫咱是个军属呀，孩子在前方流血，老子流点汗还不应该？"

在干部和积极分子的带动下，民工们都说："上级也用不着动员，只要能爬动俺就得干，考验人的时候谁愿意当孬熊？"

沂东担架团在转运中特别关心爱护伤员。

一营四连排长郭东余经常提醒民工："咱们虽然累得不轻，还是能受得住的，可你们看看咱抬的伤员，身上的伤一个比一个重，住院治疗少说也得三个月，俗话说伤筋动骨一百天，咱要有一丝畏难，能对得起伤员同志吗？"

五连有个叫朱立明的班长是军属，挂在嘴角上的话是："咱不干谁干，咱儿子在部队里，抬着伤员还不和抬着自家人一样！""此话不假！"五连六班的郭西广接下话茬："俺哥也是部队上的，打兖州挂了彩，我虽没亲眼看见，可今天看着这些负伤的同志，就像看见俺哥一样，心里直觉得亲。"

就是郭西广的六班，人人待伤员都比自己的亲兄弟还亲。有一次出发路上碰上下雨，全班的被子、衣服都拿出来给伤员遮盖。到了八里屯，又生上火为伤员烤。伤员们说："你们都湿透了，应该你们先烤，俺别说没湿透，就是淋湿了点也不能先烤哇！"郭西广解释说："俺们没伤没病，身子骨好好的，经点雨淋，权当洗次冷水澡，你们就不同了，有伤在身啊。"

一营二连有一次在汴塘接受任务，因医院转移，和团部失去联系两天，连饭也吃不上的民工，首先考虑的是想办法照顾好伤员。于是有的买点心给伤员吃，有的伤员嘴部负伤，就到群众家找稀饭用竹筒喂。伤员们感动得直嚷着要见指导员，说是要亲口对指导员说："他们饿着肚子，却想尽办法照顾好我们，让我们比平时吃得更好。我们心里的滋味，不是用'感激'两个字能够表达清楚的。这些同志回去后，千万别忘了给他们记功发奖啊！"

指导员见伤员们情绪过于激动，反复安慰说："照顾好你们是我们必须做到的，你们为打倒反动派流血负伤，假若照顾不好，我们心里不是更有愧吗？我们哪点没做好的，还要请你们多多批评指正呢。"

有一个年龄最小的伤员呜呜哭了，要指导员到他这边来。指导员帮他抹泪，他拉住指导员的手说："我这条小命就是你们从死人堆里抢出来的。当时血都要流完了，不是你们及时抢运，还不像国民党伤兵那样抛尸荒野？如果愿意听我们的意见，我就提上一条：你们也要照顾好自己，你们身体棒棒的，我们心里才会更舒坦！"

指导员紧握小战士的手，摇一摇，再摇一摇："听你的，我的小弟弟！我会照顾好我们的民工，可你们也要听从他们的安排。咱军民团结呀，胜仗就能一个接一个地打！"

听着指导员的表述，不少民工围拢来了，这个用手掌贴贴小战士的额头，那个掖掖小战士的被角，那股亲情像热流一样在民工和战士的脉管里流动。

沂东担架团啊，在淮海战役 60 多天里，和人民解放军战士结下了生死情谊！

沂东担架团，的确个个都是好样的。

杨丙信和他的 "生金第一班"①

　　杨丙信是渤海四分区担架二团六营一连一班的班长，团的特等功臣。杨丙信所领的这个班，就是名扬淮海战场的"生金第一班"。

　　这生金第一班共 10 个人，其中 8 个是自告奋勇参加支前的。从淮海战役开始到结束，不但没发生一例掉队的，而且成为鼓动、助推全连全营乃至全团工作的核心。

　　担架团过陇海路时，有的民工情绪开始动荡，不时有人讲怪话。杨丙信就组织本班民工讨论：咱们出工为了谁？大家是否愿意当模范班？他在讨论会上首先表了决心："上次出工回来评功时，人家都评了功，就落下咱没评上，这回要再不立功回去可就没脸见人啦！"经他一鼓动，全班人都保证说："咱报名出来为的啥？这回要不立功就不回家！说什么也一定跟班长干到底。"接着，全班一合计就写了挑战书，贴到营部门口，表示向全营挑战，开展支前竞赛。第二天，应战的一个个站出来了，半天的工夫，应战书便贴满了营部门口，三连提出了"十大保证"，二连提出了"五不怕"……全营立马掀起了一场热烈的挑战立功运动。

　　二连没一人掉队，大家都称他们是"钢二连"。杨丙信向全班同志说："咱都是一样的，他们能成为'钢二连'，咱就不能和人家赛赛吗？他们是'钢二连'，咱就是'生金第一班'。"于是，他就和全班商量分成宣传、劳动、学习三个组，分工不分家，合力推动全班的工作。

　　到宿县丁村时，四分区二团三个月的服务期已满，当时有的民工对延

---

　　① 本文选自江苏人民出版社 2009 年版《淮海战役丛书·英模颂》。

期复员想不通。杨丙信就先在本班中展开讨论，打通思想，并向全团提出倡议：坚持到底，到淮海战役结束再复员。接着他又和孙风文、王金中、杨景三等五个人拟出了统一的宣传提纲，用拉闲呱的方式分头到各班去宣传鼓动，做活做细思想工作。

杨丙信先和大家拉起了共产党给人民带来的好处。他说："这几年要不是共产党、民主政府为咱想办法、放贷款，咱早就饿毁了。就拿今年春天的生产救灾来说吧，上级不知为咱们贷了多少款，帮助咱们度过了春荒。现今支前是为了打倒国民党反动派，保住咱们的安稳日子。眼下，支前的新民工还没来，咱们多待几天算个啥？部队上的战士拼命流血多少年都捞不到回家一趟，咱大家伙凭凭良心吧！"杨丙信一番发自肺腑的谈话感动了大家。民工陈宏义拍着胸脯说："咱怎么就想不起这些事来呢？怎么咱就忘了本呢？"杨丙信一班通过了向团部要求上前线的请战书，其他四个班也都不甘落后，说："好吧，你老大哥怎么做咱就怎么做！"以后，一切工作的开展，都通过杨丙信的一班带头，然后再推广到全连全营。一班成了全连的火车头。

停驻在新解放的曲阜于村时，杨丙信就利用一切机会向群众宣传共产党领导的民主政府帮助劳动人民翻身的诸多动人事实。村里有个18岁的贫苦青年张先明，听说解放区光景这般好，高兴得一跳多高，表示一定要跟着杨丙信去支前，直到杨丙信复员他再回家跟着到老解放区去看看。

因为有了学习组的推动，所以大家的学习都非常认真，即使接受的任务再繁重，每天也能学得两三个生字。学习组长王金中还创造了一种新的教学方法。例如，先教一个"口"字，再在中间添一横，就是个"日"字，再添一竖，就是个"田"字……这样，既容易记，又有兴趣。一个月里，学员杨经山就学会了150个字，卢玉西学会了120个字，大家都高兴地说："你瞧瞧，咱不光支前，还提高了文化。"

劳动组经常推动大家帮助驻地群众干活，每到一地，他们首先就问房东有什么活没有。在宿县木佛庄住下时，三天便帮房东刨了二亩花生，种了一亩麦子，还打了两次场；至于挑水、扫地、垫牲口圈就成了家常活。

对于照顾伤员，杨丙信的一班更是没说的。每次接受任务前，杨丙信总要和大伙讨论商量，怎样才能做到无微不至地关爱伤员，而且让宣传组的成员到各班去做义务宣传。在曲阜转运伤员时，那时还没套被子，他们就把被单缝起来装上铡碎的麦穰给伤员铺。在一班的带领下，全连直到全营都这么做了。至于关心伤员的饥渴冷暖，帮助伤员大小便，出钱买东西给伤员调胃口，都成了人人躬行的平常事了。

杨丙信特别注意爱护与节约公物。为华野第三野战医院运毛毯时，杨丙信就号召全班人员脱掉小袄包好毛毯。有一次，他们班随华野卫生部到宿县西南某地运药品，由于那里买不到菜，民工们经常断炊，四天中就节约下 400 斤 12 两小米，1000 元菜金，50 斤烧柴，回来就全部交了公。

杨丙信的一班坚持他们的会议制度，每晚睡觉前，都要开个会检查一天的工作，看谁"五爱"（爱护伤员、爱护群众、爱护担架、爱护资财、爱护功劳）做得好，杨丙信就把他记在功劳簿上。

由于第一班在杨丙信带领下，积极、努力、认真和坚持到底的支前热忱，在评功大会上被评为全团的模范班，荣获团部赠予的"生金第一班"的光荣称号。

女中豪杰李兰贞①

李兰贞是淮阴县张集乡人，33岁了还像个姑娘一样活跃。别看她是个女同志，先后四次参加担架队上前线，回回立功受奖，连大老爷们也比不上。这次淮海战役一打响，她又踊跃报名参加支前担架团。

1948年11月13日，西追逃敌的人民解放军路过张集村，李兰贞和村里的陈义敬、姜干等四个青年壮汉，像过去一样，二话不说抬起担架跟着解放军就走，连天加夜行程400里赶到前线。在前线32天，辗转700里长途行军中，李兰贞无论转运军需、抢抬伤员，都表现出过人的勇气和惊人的毅力。李兰贞所在的小组四个男人，有三个抬不过她。

有一天晚上40里急行军，陈义敬、姜干两人抬一头，她一人独抬一头，而且还不断敲敲打打他们两个："义敬，脚步再放快点。小姜，行走再稳当些，前后得讲究个配合。"李兰贞后面敲打，陈义敬前面就有意寻开心："嫂子，俺那哥哥怎么就舍得放你出来的，你摸摸你那裤腰带准让汗水给浸透了，他要是知道了会心疼得吃不下饭的。""贫嘴货，别要你的小聪明，把能耐放在抬担架上，你等着，到驻地休息时看嫂子怎么拾掇你！""嫂子，该拾掇！他背地里说你的坏话呢。"姜干用手肘捣了一下陈义敬。"说我的坏话男人长了个长舌头！哈哈……"李兰贞放声笑起来。"你听他胡呲！从你身上我能扒拉出坏话？我真是心疼你，埋怨二哥怎么不来，让嫂子顶替去战场冲锋陷阵的。"李兰贞一听这话乐了："你二哥的斤斤两两你还掂不出来，就他个赖胳膊赖腿像棵姜芽似的，能跟你摽力

---

① 本文选自江苏人民出版社2009年版《淮海战役丛书·英模颂》。

气？每次我出来他服气，出来就是想多出力的。"

到了驻地，李兰贞有忙不完的事，哪里顾得上收拾陈义敬，她听说民工李一新想家闹情绪，便把他拉到没人处苦口婆心劝说："你李一新当真不如你二嫂吗？不打倒国民党蒋介石，消灭他的反动军队，咱们可没太平日子过呀！再说了，家里有地方上照顾着呢，要不了你操心！退一步说，一无吃奶的孩子，二无抱病的老娘，你挂心什么家啊？往后，应该把心搁在支前上，咱姓李的百家姓上可前的呢，可不能丢李姓的脸面哇！"李一新被打动了，脸红到脖子，挺不好意思地说："二嫂，俺表现不咋样，亏你的指点，往后俺李一新一定争口气，跟上你也立功受奖。"

离家出行十多天了，天气越来越冷，姜干一身单衣服，风口里不时冻得打哆嗦。李兰贞看着心疼，埋怨自己上路前怎么就没提醒他多带两件衣服。还好，她有一件没上身的新夹袄，不容姜干拒绝，拽过胳膊为他强行穿上。姜干带着几分感激向她说："不好好干，不立功受奖，对不起帮咱翻身的共产党！对不起贴心暖肠的李二嫂！"

每一次到驻地休息，大家因过度疲劳，躺倒就呼噜连天进入梦乡。叫李兰贞不能睡，她要烧水、操办饭、洗衣服、喂伤员，忙得两脚不着地。不少民工鞋子破了不会补，套棉裤不会填棉花，她就趁饭后的空闲凑在油灯下补鞋子、套棉裤。新渡区的听说李兰贞肯帮助人，也纷纷找上门来请她帮助。套棉衣以及琐碎的缝缝补补针线活，不管什么人求助，她概不拒绝，并且还打发得求帮的人满心高兴，喜笑颜开离去。

县担架团在一次总结会上对李兰贞做了大力表扬，特别是在爱护伤员方面堪称全国的模范。这一条恰恰就是李兰贞的闪光点。李兰贞抬担架格外小心，走起来拿准脚步，风摆杨柳一样轻快，前后配合得四平八稳，决不让伤员有丝毫颠荡不适的感觉。她心眼儿细，对伤员亲如大姐，处处关心，事事留意。伤员要吃饭，她怕男人做出的汤菜没胃口，总是抢着下厨，有一次一连做了二十多号伤员的饭，累得她都动弹不得了。她自掏腰包买油盐酱醋麻辣香辛调料，只想着让伤员吃得舒适，吃得舒心。有时捎带着还买些花生、瓜子、糖块等零食哄着劝着让伤员吃，会抽烟的她还不忘捎包香烟。伤员们感动地向她倾诉心里的话："你这位嫂子心眼太好了，就是亲娘亲姐姐也赶不上你照顾得周到啊!"有的伤员过意不去,一见李兰贞就连声道谢。这样的时候,李兰贞就掏心掏肺对伤员说:"怎么能说'谢谢',咱们都是一样的目的,打垮国民党,保住好日子。你们流了血,受了伤,俺们伺候伺候一百个应该!谁叫咱是一家人的,一家人就是骨肉亲呀!"一席话说得伤员们一个个泪眼盈盈的。

担架团的领导不止一次感叹,抬担架实在委屈了李兰贞,她应当是一个最会做群众工作的女干部。事实正是如此,担架队在哪儿落脚,李兰贞就帮哪儿的群众分忧解难。刷锅洗碗,打扫庭院,抱孩子,喂牲口,没有她不干的活。即使坐下来拉家常,她那双闲不住的手也要为房东放鞋样、锥鞋底。一次担架队住在大王庄,一户王姓的堂屋破了没人修,赶上孬天雨漏风灌的愁得户主直叹气。李兰贞便动员民工孙宝星、胡三等六个人挑土的挑土,和泥的和泥,苫草的苫草,一天就把房子给摆弄好了。王家的老人感激不尽地说:"你这位嫂子心眼太善了,俺一百年也忘不了您的大恩大德啊!"李兰贞连忙打断老人的话:"哎呀呀,这话说得折我的阳寿了,什么大恩大德的呀,芝麻绿豆大的一丁点的小事儿,若是赶上,您老人家也会这么做的!"

担架队在赵捻庄歇脚的当天,乡亲们见到男子汉堆里多个女担架,觉得挺稀罕,一群姊妹娘们凑过来看她,她便大大方方地唱《十里好风光》《十劝郎》给她们听,甩开胳膊扭起秧歌让她们乐,还给她们讲老解放区的翻身情景和土改政策。她们听得入了迷,一个个眼神亮亮的,有个姑娘为表心意偷偷跑回家拿来煎饼、小菜让她垫垫肚子。有户姓左的人家还特地让出一间陈设最好的房子请她住进去,拱拱手拉着她说:"让客三千里,贵人请进来!"

几百万支援淮海战役的民工中,作为女担架员,李兰贞可算是一枝独秀了。可贵的是,她巾帼不让须眉,不仅是个模范担架员,而且还是个模范看护员、模范群众工作者。

李兰贞以她的独特身份,超乎常人的拼命精神,誉满淮阴县担架团,名扬淮海战场。

特等功臣董力生①

　　董力生，女，因早期只有姓没有名，所以大家都喊她董大姐。她出生于1923年，江苏省赣榆县城头镇董青墩村人，幼时家中贫寒，12岁时随史嫂到青岛做童工。抗日战争后，她打工的工厂关闭，她就回家以挑盐为生。1942年，她担任村妇救会主任，动员组织妇女开荒种地，支援抗日。1943年，她被评为滨海区劳动模范，受到肖华表扬，并奖励给她一头毛驴。1947年春，国民党军队进攻解放区，她在村里第一个报名支援前线，区长看她是女的，未予批准，她就硬跟着队伍出发。在执行任务中，她沉着勇敢，不怕艰苦，大家就选她当班长。在孟良崮战役中，她带领担架队绕行几百里，深入前沿阵地救护伤员。下雨时，她把蓑衣、斗篷盖在伤员身上，自己挨雨淋。遇到河流，她就带头蹚进齐腰深的水里，鞋子掉了，她就赤脚赶路，饿了啃地瓜干，渴了喝山泉水。在孟良崮战役中，她连续18个昼夜奋战，胜利完成支前任务。为此，她获得中共华东局授予的"担架英雄"称号，并荣立特等功。在淮海战役中，她推着独轮车为解放军运送给养、炮弹，奔波在战场上，直到淮海战役全面胜利。至今，她当年支前用的独轮车被中国军事博物馆收藏。

　　1949年3月，她出席了中国妇女第一次全国代表大会。喜欢给人起名的毛泽东主席知道她的事迹后，亲切和她握手，并当场为她起了"力生"这个名字。

---

① 本文选自江苏人民出版社2009年版《淮海战役丛书·英模颂》。

扶伤皆因鱼水情①

人民解放军为阻击国民党军队东援黄百韬兵团，在徐州东南张集附近的小店村与敌第五军一部展开激战。

小店，这个连分省地图上也找不到的弹丸之地，几十户人家紧挨着黄河故道，古老得无声无息，不是战争的缘故，极少有人知道这个地方。

站在故黄河大堤上远远望去，整个村庄被国民党军的飞机轮番狂轰滥炸后，几乎变成一片焦土。

越过一片汪塘，村子西头住着一家阎姓刘大娘。刘大娘年过半百，膝下无儿女，战前刚收养了一个闺女，母女俩相依为命，过着饥一顿饱一顿的日子，生活相当艰难。老伴被国民党反动派抓走后，一直杳无音信，再加上最近第五军在这一带横行无忌，作恶多端，刘大娘心里充满了对国民党军刻骨的仇恨。

11月22日，太阳落山的时分，阻击东援黄百韬兵团的邱李兵团的我人民解放军，出于战术上的需要突然主动撤离小店阵地向东开去。小村子暂时恢复了平静，偶尔远近传来几声零星枪响，经历一天枪炮轰鸣的小村，似乎也疲倦得打不起精神了。

夜幕开始拉下了，刘大娘侧耳听听，外面没有了一丝动静，只有寒风拍打柴门的声音。她心里盘算一阵子，觉得不会再有什么危险，轻手轻脚从门前的防空地洞里爬出来，四下里张望一番，没发现什么异样情况，便躬身进了家院。刘大娘打开房门，忽然听到从床底下传出窸窸窣窣的轻微

---

① 本文选自江苏人民出版社 2009 年版《淮海战役丛书·英模颂》。

响动。

刘大娘一颗心悬了起来，壮起胆子放大嗓门问道："你到底是什么人，只管出来！"

"大娘，我是解放军，您老人家不用害怕。"床下的人答道。

"你果真是解放军就赶快出来吧！"刘大娘边说边点亮了油灯。

一阵响动，只见从床下出来的那人一身泥污还带着血痕，看样子眼下这个人是负了伤后爬到她家来的。如果没猜错的话，那人说话讲规矩，肯定不是国民党兵。

刘大娘上下左右仔仔细细打量了一番，确信是解放军无疑，便换了平和的语气，分外关切地问道："你是什么时候进到俺家来的？"

那人回说："我的腿被敌人打伤后，咋也站不起来，没能赶上部队一起东撤，到了天擦黑，见你家门敞着，就躲了进来，不过一袋烟的工夫，您老人家就来了。"

刘大娘无限心疼地唏嘘着："咱们的队伍都向东开走了。小哥哥，伤得不轻吧？米给你把伤包好。"

刘大娘话音没落便找出来一块新布俯身给他包扎。

战士见慈祥和蔼的刘大娘那么精心地用凉开水给他清洗伤口，那么动作轻盈地给他缠上白布，心里一激动，眼里打转的泪花便止不住流下来。

为了应对敌人可能的搜查，刘大娘做了热饭，打上俩荷包蛋，先让战士吃饱，然后出门转了一圈，回来东瞅瞅西瞧瞧，打定主意把饱餐后的受伤战士藏在东屋北间一大堆麦草后边，然后端个针线箩，就着油灯若无其事地做起针线活来。

大约过了半个时辰，村边由远及近传来杂沓的脚步声。伴着吆喝，果然是几个国民党兵端着枪闯进来。

为首的一个凶神恶煞地问："家里面有共军没有？"

"这家里就俺跟闺女娘俩，哪里有什么共军！"刘大娘面不改色，沉着镇定，毋庸置疑地回答着。

领头的敌人指着床上摊开的被子问："这床上睡着的是什么人？"

"是俺小丫，正病着哩！"刘大娘扮作一脸愁苦。

敌人又乱翻了一阵，还往那黑乎乎的东屋里瞥了一眼。这一眼刘大娘的心被揪到了嗓子眼儿，万一让敌人看出了什么破绽那不就糟了！还好，敌人终究没发现疑点，加上刘大娘家清贫，没什么值钱的东西，便悻悻地离去了。

第二天，东边刚放亮，敌人全都撤远了。负伤的战士经刘大娘精心着意地调理，又吃了两顿饱饭，疼痛减轻了许多，找了一根白蜡棍一拐一瘸硬是要去追赶部队。

刘大娘见实在留不住，虽依依难舍，还是只好放战士走。

刘大娘心眼细得很，唯恐一路上再遇上什么不测，于是翻拣出老伴穿过的衣服给战士换上，再把腰带一扎，打扮成本地庄户人模样，再拾掇一包干粮送出庄。

临别前，战士依依不舍，重复着一句话："大娘，真好！"

"你要是国民党兵，我才不打算救呢！"刘大娘和颜悦色地说。

太阳露红，东边天上霞光闪耀。

霞光里的刘大娘频频向战士招着手，直到战士消失在视线之外。

朱家楼边的军粮站①

"一切为了把军粮送上前线！"这是狮杜区发粮站提出的战斗口号。狮杜区发粮站坐落在朱家楼的西北角。每天从拂晓到深夜，这里的男人们、女人们都在忙着缴米、收米、装袋、缝袋、运米……6 天的时间，45000 斤米收下来又发出去，900 条米袋都是用一块一块的土布一针针一线线缝起来的。

刚开始的时候，运委会的同志都没有经验，面临着这样紧迫、艰巨的任务，真有些手忙脚乱的。不过，由于每个同志都认真负责，积极主动，加上每天晚上检查、研究找不足，不断改进工作方法，很快便走上了正轨。

缝袋子的妇女们，开初有些乱，缝一条，在地上画一道记号，最后往往与总袋子数合不上龙门，账便没法结算。后来运委会想了个土办法，用秫秸制成大小两种秆子，改用发秆子的办法，按秆给资。装袋的人用谁缝的一条袋子即给谁一根秆，累积到十，用 1 根大的换回 10 根小的，每晚按秆结算。负责撕袋子的赵连志，因为布匹的宽度不一，每条袋子 5 平方尺半的面积，需要各种不同的长度，很不方便。但赵连志这个人头脑挺管用，实践中不断改进，由原来每个钟头撕 500 平方尺，后来提高到 2000 平方尺。不几天，各个环节协调有序，整个粮站便像一部机器紧张有序地运作起来。

由于任务来得紧迫，一开始动员民工方法上过于强硬，忽视了对群众

① 本文选自江苏人民出版社 2009 年版《淮海战役丛书·英模颂》。

的思想开导。运委会的同志经过认真的检讨，首先建立健全了对民工的思想政治教育制度。民工们经过思想政治教育后，觉悟有了很大的提高。缝袋组的妇女们，由开初单纯的赚钱观点，转变为支援前线光荣，支援前线是一种神圣的义务。认识到缝好米袋，密密的针脚与前方的胜利紧紧相连。组长丁玉兰更是处处留意，每一个粮袋她都要仔细检查一遍，一旦发现针脚过疏的或者开了缝的，都要重新返工，并教育组员们要一丝不苟，认真做活儿。

粮库主任杨文斗是个办事特别认真特别精细的老头儿。他负责的收米组，从来未出现过差错。每天晚上，别的同志下班走了，他和会计凑在小马灯下，把全天的工作情况过滤一遍。收粮、发车、装袋、缝袋等等的小件，哪一点、哪一个环节稍有疑问，他都要查出个究竟，直到准确无误，再落笔一一记在日记本上。有一天合龙门时，差了半斤粮食，他一个人拨拉着算盘珠，把各村的花账和收据存根对照算了几遍，整整忙活了一宿，直到把存根上少写的半斤粮食查找出来才作罢。

杨文斗对每一粒军粮惜如珍珠，就好像前方的战士爱护每一颗子弹一样。在战士的眼里，一颗子弹可以消灭一个敌人，在杨文斗的心里，粒米渡三关，前方的战士饱饭精精的更有力杀伤敌人。一次，他发完谷米回来天已经很晚了，觉得脚底下唰啦唰啦响，下腰摸一摸，是撒下的米粒子。他立即拿扫帚小心翼翼地扫起来。六大过去，经他一扫帚一扫帚地竟扫了三口袋。他琢磨着，这三口袋米肯定掺进了沙粒、石子、小坷垃头儿，如果不上碾子再碾碾，就放入大堆里和净米一块儿发出去，怎能对得住在前方浴血奋战的亲人解放军？于是，他把三袋子米运到碾坊里，上碾子碾好了，然后再用扇车去尘，簸箕颠沙，直到和净米一样再发出去。

区长刘玉山平时就爱惜粮食，一首《锄禾》唐诗背诵得滚瓜烂熟。粮食是劳苦农民的血汗凝成的，暴殄天物、糟蹋粮食那是天理不容的，更何况是运往前线的军粮。

粮站里老是米袋跟不上，眼看发米就要停下来。刘区长到处瞅，找来一些旧麻袋装装试试，可麻袋经纬太稀，多处往外漏米。他皱着眉头自言自语道："当地方领导的要有战争观念，也要有群众观念，糟蹋了粮食就是对群众的犯罪。"可前方等着这批米，耽误了时间怎么得了？急得他团团转。办法往往是憋出来的，他一拍脑瓜："对，解决困难还得依靠群众！"他马上让办事员发通知，发动各村群众做袋子，同时搜集散落各家的旧袋子，很快便解决了燃眉之急。

朱家楼的西北角——狮杜区发粮站，一个坚定的支前堡垒，那里每个人的意志和行动，都和淮海战役前线血肉相连。

勇敢支前的儿童团①

在淮海战役发起时，各军区地方组织的支前动员已经有条不紊地开展起来，各地人民群众以极大的热情投身到支前运动中，无论男女老幼，能出力的出力，能出粮的出粮。大街小巷忙着送米，推的推，扛的扛；推磨、推碾子的声音此起彼伏，一片忙碌景象。为了保证前线打胜仗，全民都动员起来。

山东鄄城县苏集村的村民们也加入到了这滚滚的支前热潮中。年仅15岁的儿童团长苏华敬在全村大会上表示：儿童团也要为支援淮海战役出把力，半个月要完成5000斤的碾米任务，要与妇女会比赛，看谁能又快又好地完成任务。这一群娃娃们在团长的带领下进行了分工，年龄大一些的组织了舂米组，共分3个小组，每组5人轮流推磨；那些年龄只有八九岁的就组成了宣传组，唱着儿歌鼓舞干劲儿。

淮海战役最激烈的时候正值寒冬腊月，天上飘着鹅毛大雪，西北风打着旋地一阵阵地吹来，碾道泥泞难走，身体强壮的大人推着碾子都很吃力，何况这些孩子们呢！可是小儿童团员们没有畏惧困难，他们争着抢着地一圈又一圈地推碾子。由于碾米的工具少，他们就轮流着干，人歇碾子不歇，为淮海战役多做贡献。小团员们把碾好的谷子用簸箕把谷中的糠皮簸得干干净净，又仔细地把糠中的米一粒粒地拣出来，这样干虽说劳动强度大了，但是每袋谷子就可以多碾出4公斤大米来。

寒冷、疲劳、饥饿不断地侵袭着他们幼小的身体，有的小团员生病

---

① 本文选自江苏人民出版社2009年版《淮海战役丛书·文物故事》。

了，有的小团员累倒了，这样也没有一个喊累叫苦的。一天晚上，小团员们又冷又饿，一个年龄最小的团员实在是忍不住了，说："天太冷了，肚子饿得咕咕叫，咱们烧点米汤喝吧。"他的话还没有说完，大家七嘴八舌地批评开了："解放军叔叔在前方打仗流血，我们冷一点、饿一点又算什么，这些粮食是送到前线给解放军吃了打敌人的，一粒也不能动。"为了鼓舞大家，忘掉寒冷饥饿，团长鼓励宣传组的小团员不停地给大家唱儿歌："儿童团，不怕寒，碾好米，送前线，同志们吃了有力量，消灭敌人不费难。"他们就这样不分昼夜地一边唱一边推着碾。

碾好的米要送到支前粮站去。一袋米是 100 斤，大人扛都很费劲，何况这些孩子。他们一个人扛不动，就两个人用杠子抬。15 岁的苏华敬硬是咬着牙，憋足了劲，扛起米袋子就往前走，由于米袋太重，路又很滑，一下子失去了重心，一头栽倒在地上。小伙伴们急忙把他扶起来，看到苏华敬满脸是泥，嘴里一个劲地往外流血，吓得慌了神，大声地喊："团长，你受伤了！"这时苏华敬才觉得嘴里火辣辣的，原来摔掉了两颗门牙。他用袖口擦了一下嘴上的血说："解放军叔叔在前方打仗流血，身上被子弹打了窟窿还照样冲锋，我这点小伤有啥关系。"说完扛起米袋子往粮站走去。

就这样儿童团的任务是 15 天碾 5000 斤米，可是他们克服重重困难，用勇敢和毅力，用智慧和勤劳，仅用 11 天就碾米 9500 斤，提前三天超额完成了支前任务。

自古英雄出少年，在中国革命几十年的烽火征途上，中华民族涌现出无数少年英雄。在革命历史的每个时期，在民族危亡的时刻，在革命艰难的瞬间，这些

山东鄄城县苏集村儿童团加工粮食用的碾

少年英雄跟父辈们一起，用自己稚嫩的肩膀扛起了沉重的使命。时势造英雄，中华民族几千年的优秀传统，中国共产党人和中国人民在革命洗礼中所积淀的优良传统和高尚品格，浸染着少年儿童的品格，也注入了他们的灵魂。在中国革命胜利宏伟壮丽的历史画廊里，必然会镌刻下少年儿童坚强而伟大的稚嫩的身影。

建立功勋的山东新华制药厂①

解放战争时期，各根据地以及解放区基本上都建立了自己的药厂。1946 年，冀中军区在河北建立了旗帜药厂（现保定制药厂前身）；冀鲁豫军区卫生部在濮阳成立了亚光制药厂；东北民主联军接管了当地的药厂，建立了东北卫生技术厂。西北地区的联卫材料厂、晋绥军区制药厂、晋绥卫生试验所、山西的西北人民制药厂等一大批制药厂也相继建立起来。

山东新华制药厂建立的时间更早一些，1943 年，华东地区胶东军区卫生部在山东成立制药厂。1944 年，胶东区卫生部正式给药厂命名为山东"新华制药厂"。"新华"这个名字取意就是用新中国代替旧中国，建立一个人民当家做主的新中华之意。

其实，早在大革命时期，中国共产党的领袖们就已经开始为建立自己的制药厂而积极努力准备。在革命根据地建立初期，由于根据地或解放区经常处于敌人的扫荡和封锁之下，而且大大小小的战斗从未中断过，伤员不断增加；部队所处的环境恶劣，没有衣食保障，生活艰苦，生病人员也在不断增加；根据地或解放区的老百姓长期处在军阀、侵华日军、国民党的统治下，生灵涂炭，生活艰难，生病无法就医，多是自生自灭。在这样的情况下，当务之急就是解决缺医少药的问题。为了克服这个困难，最直接有效的办法就是生产自救，自力更生地解决军民的医药需求。

中国共产党领导的医药工作者们在极其艰苦的条件下，开始因地制宜，就地取材。利用中草药为原料建立药厂，生产药品和简单的卫生材

---

① 本文选自江苏人民出版社 2009 年版《淮海战役丛书·文物故事》。

制药厂工人开展支前劳动竞赛

料，以解决根据地和解放区军民的需要。1931年，中国工农红军在井冈山根据地创办了中国工农红军医药卫生器材厂，生产苏区急需的药品、简单器材。到了抗日战争时期，各个革命根据地也都先后建立了制药厂。1938年，八路军总部卫生部在陕西建立八路军卫生材料厂（现在西安制药厂的前身）；同年，陕甘宁边区政府在延安建立光华药厂；与此同时，冀中军区卫生部建立冀中军区制药厂，后并入晋察冀军区伯华制药厂。1939年，山西八路军前线卫生部创办卫生材料厂，后与八路军一二九师卫生部建立的制药厂合并为利华制药厂；同时，西北的晋绥军区也建立制药厂等。

在抗战结束时，这些制药厂都已经取得很大的发展，基本上都能生产一些基本的消毒器械和药品。这时的新华制药厂已经能够生产部队急需的乙醚、氯仿、水杨酸钠、小苏打、麻黄素、甘油磷酸钙等药品和手术刀、听诊器、止血钳、手术剪刀等器械，基本可以满足所属部队所需药品、器械的50%以上。到了解放战争开始，新华药厂生产的药品、器械已经能够满足部队需要的60%以上了。随着根据地、解放区的制药工业日益发展壮大，基本保证了解放军医院战时医疗救治的需要，也基本满足了根据地和解放区军民的医药问题。同时也为新中国发展制药工业打下了良好的基础，培养了大批专业干部。

淮海战役是解放战争中参战兵力最多、战场规模最大、战争最惨烈的一场大决战。有战斗就会有负伤，有牺牲，更何况是几十万人的大兵团作战。而且解放军面对的是用美械、日械装备起来的国民党军精锐部队。战斗激烈和惨烈的程度都是以往战争中极其少见的。这样的战争会有多少伤病员，对于医药的需求量，特别是战地救护药品、消炎和麻醉药品需求量有多大都是难预料、不可想象的。

1948 年初冬，新华药厂接到胶东军区的紧急指示：突击生产敷料、救急包等战场紧急救援的物资，支援淮海战役。为了保证战争的需要，这个功勋制药厂在生产条件差、设备缺乏、技术人员不足、时间紧任务重的情况下，全体干部职工克服困难，以高昂的革命斗志，想方设法组织生产。全厂职工在厂党委发出的"一切为了前线""我们多流汗，战士少流血"口号的鼓励下，群情激昂，迎着困难上。

在这里，一场别样的"战斗"打响了。那么在生产设备简陋的情况下，怎样才能生产出安全合格的医疗用品？全体职工群策群力、想方设法、因陋就简、因地制宜地保质保量地完成任务。生产救急包时没有灭菌器，他们自己动手砌锅灶，用笼屉像蒸馒头一样进行灭菌消毒；没有干燥设备，他们就将 4 个柴油桶砸掉盖子，周围用砖砌好，用火烧加热，进行干燥……当时，最困难的还是生产敷料车间的工人们。厂里原有的几口井，都被国民党军在撤退时用土填死无法使用，导致严重缺水。时值寒冬腊月，工人们在封冻的雪地里，进行人工挖井，自己造辘轳提水。他们用一个柴油桶焊上嘴子，并接上皮管通往室内，再把柴油桶垫高，这样水倒上后就自动流入洗涤池里。在滴水成冰的隆冬季节，北风呼啸，天寒地冻，没有手套、胶鞋和工作服，他们坚持在井台上光着双手摇辘轳提水，双脚终日踩在冰块上，手浸在冰冷水里，许多工人的手脚都被冻伤。但是工人们忍着伤痛，没有一个人离开自己的工作岗位。

为了能够按时完成生产任务，全厂开展了轰轰烈烈的劳动竞赛活动。厂领导为了保证工人的身体健康，强调每个人每天工作不能超过 10 小时。可是厂领导们却经常昼夜不停地工作在车间，他们的行动鼓舞着全体职工。工人们经常加班干到深夜，早晨天不亮又来到车间工作起来。就这样，全体干部职工艰苦奋战 4 个月，生产出急救包 96 万个、医用纱布 25 万米、医用脱脂棉 5000 公斤，超额完成了上级下达的生产任务，直接有力地支援了淮海战役。

生产医疗器械的干部职工，为了保障淮海战场的需要，刻苦钻研，自

制药厂工人将药品装箱

力更生。为了赶制战场急救的医疗器械，他们用简单原始的方法，手工打制出手术镊子、止血钳、探针等医疗器械并及时运到淮海前线。为战场救护人员解决了医疗器械缺乏的困难，为受伤的指战员能及时得到有效的救助，减轻他们的痛苦和牺牲做出了卓越的贡献。

新华制药厂的创立者之一、时任八路军胶东军区参谋长、解放后任中国人民解放军军事学院副院长的贾若瑜将军曾这样评价山东新华制药厂："在战争年代，山东新华制药厂几乎参加了八路军、解放军在山东境内组织的所有的大战役，积极支援了淮海战役，是个名副其实的功勋药厂。"

立下汗马功劳的兵工厂①

　　解放战争初期，解放军的武器装备整体上落后于国民党军队很多，但是随着在战场上的不断胜利，到了战略反攻时期，解放军的大炮数量和质量，特别是炮弹数量已经得到明显提升，在以少胜多的淮海战役中，华东野战军的各种大炮与国民党军队已经相差不大了。这些重型武器装备主要来源，一是战场缴获，二是自己建立的军工厂生产制造。大连建新公司就是我党出资组建的第一个大型兵工联合企业，也是华东野战军重型武器弹药与工业原料的重要来源地。时任淮海战役总前委委员，华东野战军代司令员、代政委粟裕将军在总结淮海战役时指出："淮海战役的胜利是和人民的支援分不开的，离不开山东民工的小推车和大连制造的大炮弹。"

　　早在抗日战争即将结束时，毛泽东主席把目光投向了当时中国工业最发达的东北地区。在那里有雄厚的资源、门类齐全的工业企业、较尖端的技术力量、较多的熟练技术工人，而且海上运输又比较便利。1945 年 9 月，中央军委就发出《关于加强炮兵建设的指示》，要求凡是有条件的地区争取用最快速度建立现代化的重武器装备，特别是生产能打阵地战的野炮和所需的野炮炮弹；要把炮兵、工兵等特种兵建设作为"军事建设方面的中心任务"。

　　到了解放战争初期，我党建立的军事工业比抗日战争时期有了很大的发展，随着邯郸、临沂、烟台、德州等一批工业城市的解放，解放军没收了敌伪的兵工厂，并以此为基础建立了一批能够生产子弹、手榴弹、迫击

---

　　① 本文选自江苏人民出版社 2009 年版《淮海战役丛书·文物故事》。

炮弹的军工厂，但是其产量远远无法满足规模不断扩大的解放战争的需求。在没有重炮的解放军部队中，进攻时往往依靠战士突击到前沿阵地，用炸药包来摧毁国民党军队的堡垒、工事和城墙。这样的战斗伤亡大，进展缓慢。而在这一时期的解放军已经拥有了自己的炮兵部队，这支年轻的队伍勇猛善战，机智顽强，有力地配合了步兵作战。但他们往往受炮弹的质量与数量的限制而无法施展更大的威力。但是随着解放战争的不断发展，解放军日益强大，战争规模必然越来越大，大规模的运动战、防御战、城市攻坚战越来越多。特别是在城池攻坚的战斗中，国民党军往往依托高厚的城墙固守，重炮的使用愈发重要。

从1947年7月至11月，毛泽东主席就三次电示林彪和东北局建立大规模的军事工业，其迫切之情溢于言表。从此东北军工白手起家，在中、朝、苏三国交界的小城珲春建立起最早的东北军工基地。同时在佳木斯以北的兴山、鸡西、东安、图们、齐齐哈尔、牡丹江、哈尔滨、辽东辑安等地也相继建立起不同生产能力的军工企业，为东北野战军的发展和进行大规模的军事战役提供了物资保障。但是这些工厂距离内地路途遥远，不能满足关内解放军作战的需求。而大连所处的战略地位和政治形势，对于解放军控制东北胜利地进行解放战争，有着极为重要的作用。大连是日本占领时期南满的工业基地，工业基础良好；大连地处海陆交通要冲，

工人将造好的手榴弹装箱

是连接东北、华北两大战场的枢纽，水路交通便利；与山东解放区的胶东半岛隔海相望，往来畅通。于是，中央军委决定在大连建立大型的军工基地。

在 1945 年 5 月，为了配合中国人民夺取抗日战争的最后胜利，苏联红军出兵我国东北，于 8 月 22 日解放了旅（顺）大（连）。苏联红军根据《雅尔塔协定》和与国民党政府签订的《中苏友好同盟条约》的规定：旅大地区为苏军租借作军事基地；苏军进驻旅大地享有驻兵权，并在这一地区实行长期军事管制，国民党军队不能进入这个地区。这样当时的旅大地区实际已经成为由苏军军管、由中国共产党领导的一个隐蔽的军工基地、稳定的战略后方、特殊的解放区。

根据这一有利时机，1945 年 10 月，中共秘密进入大连，得到苏军的支持和帮助，在旅大地区迅速地建立地下组织和民主政权。利用大连原有的工业基础，建立军工生产基地，逐渐从苏军手中接管了一批钢铁、化工、机械制造、金属制品等战后停产企业。同时，注入资金组建的引信厂、弹药厂陆续投产。1946 年 11 月 13 日，朱德总司令以中央军委的名义致电华东、华北和晋冀鲁豫军区负责人派干部携带资金前往大连开办兵工企业等。在这个指示号召下，一大批干部从延安和各个解放区奔赴大连。1947 年 7 月 1 日，在中共的领导下，以民办企业的名义组建的规模庞大的联合企业"大连建新公司"成立了，中国共产党、中国人民解放军历史上第一个规模最大、现代化程度最高的大型军工联合企业诞生了。从此，这些勇敢的军工人艰苦创业，勤奋钻研，把工厂当战场，创造出无数可歌可泣的英雄业绩。

建新公司最主要的任务之一是生产其他解放区无法生产的，而在解放战争的阵地攻坚战中迫切需要的七五口径炮的炮弹。建新公司的干部、技术人员和试验室分析员以及工人们冒着生命危险，经过多次试验，获得了准确的数据，于 1948 年 1 月 24 日，终于试制完成无烟药、药筒等全装炮弹零部件。为了纪念这个有意义的日子，建新公司将自行生产的全装炮弹命名为"一·二四"式炮弹。这种全装钢质后膛炮弹，比前膛炮弹在技术、工艺上更科学，杀伤威力也更大。

　　淮海战役发起前夕，建新公司在"一切为了前线"的号召和鼓舞下，与全国人民一起投入到生产支前运动中。兵工厂全体干部职工，废寝忘食，保证质量，抓紧炮弹的生产和研制工作。当时兵工厂生产出来的炮弹都要经过层层检验，由技术人员抽查、实弹发射、打靶合格才能出厂送往淮海前线。在当时艰苦的条件下，每一批炮弹的质量检验都是在极其危险的条件下进行。没有正规靶场，没有精准的测试仪器，只能凭借望远镜、测量经纬仪等简单工具计算炮弹的初速值和最大射程，为此军工人付出了惨痛代价。著名劳动英雄，被称为"中国保尔"的吴运铎，在新中国成立初期所写的《把一切献给党》一书中详细描述了为军工事业献身的壮烈场面。时任大连建新公司炮弹引信厂厂长的吴运铎和炮弹厂厂长吴屏周，在一次炮弹试爆过程中，因为没有大炮进行试射，只能采用绳子拉火引爆，致使吴屏周同志当场牺牲，吴运铎同志被炸得全身血肉模糊，左胳膊被炸断，右腿下部被弹片削去了一截。为了兵工事业，吴运铎同志多次身负重伤，眼睛也被炸瞎，但他却坦然地接受了这一次又一次的考验和不幸，用他自己的话说：当成为兵工人的那一刻起，就已经准备随时为事业而牺牲。

　　集中优势兵力歼灭敌人的战术原则，一方面体现在人的数量上，另一方面也体现在武器装备上。即以优势的炮火压制对方的火力，为步兵的攻击提供保障，二者缺一不可。在淮海战役中的一个显著特点，就是将国民党军包围、压缩在狭小地域内，这样一发炮弹落下，便能发挥几十倍的能量。解放军炮兵在这次战役中发挥了巨大的威力，大连建新公司生产的"一·二四"炮弹安全性好、质量高、威力大，起到了关键的作用，受到了参战官兵的赞誉。

　　建新公司从 1947 年成立至 1950 年 12 月撤销建制，4 年间，共生产日式"三八""九四""一·二四"和美式"七五"山炮炮弹共 54 万余发，药筒 26 万余个；自配 M 式野山加引信 9.5 万个，改产掷弹引信 55.6 万个，修理旧引信 16.2 万个；生产美式、日式底火 60.9 万个，雷管 24 万只，"六〇"迫击炮 1430 门，苏式冲锋枪 1563 支；生产弹体钢 3000 多吨，各种型号无烟药 450 吨。其中，除为辽沈战役提供百余吨炸药外，绝大部分经海路越过国民党军队的封锁，送到山东半岛东端俚岛的解放军物资接送站，再由山东支前大军用成百上千辆小推车运往华东前线和淮海战场。

建新公司全体职工竭尽全力，生产了大批炮弹及其他兵工材料，确保了全国解放战争的胜利。虽然建新公司历史不长，但是它所创造出的卓越的、历史性的功绩将永载史册。

在淮海战役纪念馆里展放着一台建新公司制造炮弹的老式车床，如今的它默默地凝视着一代又一代兵工人，述说着弥漫着硝烟的淮海战场，纪念着那些为了中国兵工事业、为了新中国而牺牲了生命的英雄们。

吃苦受累心里甜[①]

杜聿明逃跑了！徐州解放了！1948 年 12 月 1 日，整个徐州古城欢声雷动，群情激奋。人们风传着胜利消息的同时，便开始谋划如何以实际行动支援前线，以便早日取得淮海战役的最后胜利。

搜集弹药赶修枪械

12 月 1 日当天，军械二中队一小队的全体员工，接到"一面接收，一面支前"的上级指示后，立即投入搜集国民党军遗留下的弹药枪械。他们没让民工协助，亲自动手，多头并进，一天中便取得非常可观的战绩。负责挖地雷的一小组，仅仅用了半天的时间，便探到并挖出地雷 950 多个。四个人齐动手，两把铁锹不够用，他们就轮流用手扒，结果四个人的指头都磨出了血。俗话说，十指连心，怎么能不疼？可他们把疼痛放在一边，一心想着快挖多挖，用实际行动表达支前的决心。二小组在骆驼山下领头儿和民工们一样出力流汗，一天当中扒出美造一〇五榴弹 400 余颗。这个组的胡玉桂还细心调查研究，经和群众交谈求证，结果发现四处地窖里的弹药。经向军管会汇报，四窖弹药得以重见天日，并及时运往前线。

第二天，一小队的全体人员被调拨去装运弹药。正常情况下，一人扛两箱轻轻快快的，可热情高涨的荣军葛宝山却扛四箱、五箱，最多一次竟然扛了七箱，他来去小跑，喝着号子，额上黄豆大的汗珠直往下淌。队长

---

① 本文选自江苏人民出版社 2009 年版《淮海战役丛书·英模颂》。

怕累坏他，一旁不断提醒："宝山，可不能拼命呀，累坏了身子不是闹着玩的！"民工们见他干活下茬，还以为是个搬运工人哩，指指点点地说："瞧这位，白白净净像个书生模样儿，可虎实劲跟黑旋风李逵似的，一准儿是搬运公司的老把式！"一小队的人听了都哈哈大笑："玩技术的葛宝山啥时变成搬运工啦？"大家说说笑笑，干劲更足，忘了休息，忘了吃饭，等到把仓库里的弹药全部搬完，已是深夜 12 点。

原国民党联勤徐州修械厂的老工人，解放前夕积极保护工厂，一解放他们不用说服动员，立即复工赶修军械。这个厂在国民党临逃前曾强迫工人将重要机器运到车站企图弄往南京，但未及实施，慑于解放车神速入城，主管人遂带着一批亲信逃走。混乱中，曾有一批流氓趁火打劫厂内物资，留下的老工人们便立即把修存的机枪、步枪拉出来，并对流氓们说："谁想动厂里的一根汗毛，就别想爬出这个大门！"枪栓"哗啦"一响，流氓们脸色蜡黄地逃跑了。军管会派员接管，工人们异常兴奋，便将修存的千余支步枪、10 挺机枪、日式榴弹炮等武器如数点交，接着又把被拆卸的机器重新安装复工。复工有两个困难，一是机师不在，二是没有修炮用的汽表。但他们表示：没有机师不要紧，我们老工人凭多年的实践经验可以替代。接着大伙又千方百计凑了 1 万元北币买来一只旧汽表，马上校好。短短几天内，工人们便将国民党顽军遗弃的炮械和几十挺高射机枪逐一修好，及时运往围歼杜聿明的前线。

十二万顶军帽送前方

市被服合作社、制成服装店及其他各裁缝工人 1500 余人，自动组织了"工人合作社"，日夜为前线赶制军帽。

自从人民解放军在淮海战役中取得一个个阶段性胜利，歼灭黄百韬、黄维、孙元良三个兵团后，俘虏与日俱增，被迫为国民党裹胁到战场的青壮年受俘解放后，便立即参加了人民解放军。因人员数目庞大来不及改换服装，带来战场上的诸多不便。为避免敌友误会，新战士纷纷要求发给他们一顶解放军的军帽。他们把戴一顶解放军军帽视为无上荣光。一个被解放的新参军战士在英勇作战于阵地上负伤时道出了心声："我现在不要求别的,只希望发给一顶解放军的军帽戴在头上,别说被打伤,就是打死了我也瞑目!"为满足千百万个被解放的新参军战士的愿望,由华野某部牵头,全市1500余裁缝工人积极参与,很快形成了一股支前热潮。工人们不辞劳苦,从早上7点到夜晚12点,机声轧轧响,赶制人倍忙,几乎到了废寝忘食的地步。

"工人合作社"的马姓和钟姓两位师傅,向华野某部的领导表示说:"我们希望再多派些活,我们现在已动员了1100台机子,而且一天天还在增加,准备给咱们的军队多出点力,早一天打过长江去。"

几天的光景,12万顶军帽便赶制完成。

碾碎风雪运军粮

前线不断传来的捷报极大地鼓舞了全市各商车公司的员工们。他们顶风披雪运粮支前,每天都有百余辆汽车启动,日运粮都在六七十万斤左右。员工们对支前都有明确的认识,执行任务特别积极负责。工会的马继光会长不但指挥装车,还和普通员工一样亲自扛粮。天新公司经理抹着额头的汗水说:"为人民服务,累点也觉不着。"青年公司经理密切配合汽车管理处的同志一口气装了四大汽车小米。铜山公司经理生怕落在别人后面,每天带领车队及早赶到粮站等候任务。豫合公司副经理陈绍南因第一天雨雪,汽车未能出发,但他表示,一定提前完成运输任务,第二天清晨头一个到工会要求出车。在他的带领下,百余辆汽车下午5时全部出发。合众公司经理于达忠因未接到工会通知,自己就心急火燎地到汽车管理处面谈工作。听到出发消息时,公司汽车已经分散,但他立即冒雪四方联络,终于将汽车全部召到一起。

在整个支前运输过程中,商车全体工人和车主表现出了勇敢无畏的精神,不惧敌机扫射轰炸,不怕风雪严寒、道路泥泞,于元月3日便光荣完成第一阶段任务,并超过原定运输计划。尽管因雨雪耽误三四天,但一能行动车马上就上路。元月2日一天,仅徐州公会就出车150辆。新海及铜山公司，在工人努力下，三天便完成五天的任务，并且远远超过原定运输量。

在支前运输中，工人们的积极性特别高，天新公司的杜春和、新海公司的梁建山，白天市内忙一天，夜晚仍参加长途运输，两人每天只休息三四个小时，仅杜春和的一部车在 20 多天中即运弹药、粮食 10 万斤。华支政治部汽车管理处为表彰商车支前功绩，特召开徐州市商车全体工人、车主评功大会。会上，华支代表说："商车在此次支前中不怕雨雪阻隔，不惧战火纷飞，坚决完成任务，保证了前方的供应，对此次淮海战役的胜利做出了很大的贡献。"工人代表刘日成说："这次支前虽然受苦受累，可心里特别甜！因为这是为我们自己的解放。"评功之后的庆功大会上，85 人分别荣立一、二、三等功。

永远的光荣①

　　在战略决战的三大战役中，淮海战役无论在规模、战斗的激烈程度、参战人数和伤亡人数都是空前的，此次战役中伤亡的人数是辽沈和平津两大战役伤亡人数的总和。特别是碾庄和双堆集围歼战，战斗之艰苦、伤亡之惨烈，都是前所未有的。比如，在碾庄围歼战、徐东阻击战等战斗中，仅 12 个昼夜，华野就伤亡高达 5 万人。在后来许多的回忆文章、文史研究资料和纪实作品中常常用很惨烈的字眼用作文章的标题，像"血战曹八集""浴血碾庄圩""浴血蚌西北""血战大王庄""喋血双堆集"等。在这些文章里更不乏像这样的描述：整连、整营地发起攻击，一次攻击下来一个连只剩下十几人或几人，甚至是全连壮烈牺牲；一个营也只剩下几十人甚至十几人。在淮海战役围歼黄维兵团的大王庄战斗中，中野六纵和华野七纵的两个主力团参加战斗的三个营进行十几次猛烈的冲杀，干部官兵所剩无几，最后华野七纵将仅有的一支预备队警卫连全部压上才攻下大王庄。但是 150 人的警卫连，一色的 20 多岁的年轻人，最后只剩下 17 人。由此可见，连续不间断地进行这样的战斗，而且又是时间长、规模大的战斗，部队的伤亡程度是我们难以想象的。

　　部队战斗减员如此之大，如何补充就成了一个关乎胜利的关键问题。当时补充兵员的主要渠道，一是抗日战争时期的各个地方的游击大队、游击小队、军区地方武装荣升主力；二是通过"动参""扩军"等参军运动鼓励人民群众自愿参军；三是将俘虏的国民党军士兵经过教育吸收到解放

---

　　① 本文选自江苏人民出版社 2009 年版《淮海战役丛书·文物故事》。

军队伍中来，也被称为"新
解放战士"。

早在淮海战役发起的第
二天，关于兵员补充的办法，
中央军委就做出明确指示：
为了连续作战歼灭大量的敌
人之目的，应仿照济南战役
之法对我军各部队随战随补、
随补随战，使部队经常保有
充足兵员和旺盛的士气。为
此，华东局做出《关于淮海
战役期间兵员补充计划》，规
定华东局在淮海战役期间要
动员 10 万以上兵员分三期完
成。11 月 19 日，华东局从胶

冀鲁豫行政区曹县六区李集村荣获的"扩
军模范村"奖旗

东、渤海、鲁中南抽调 7 个团的地方武装，补充到主力部队。同时华东局、
华东军区政治部联合做出了《关于动员兵员补充主力的政治工作指示》，
以确保兵员补充计划的如期完成。解放区的广大人民，热烈响应党的"到
前线去，到主力去"的伟大号召，把参军当作自己高尚的使命、人生的光
荣和神圣的职责，争先恐后，积极报名，掀起了轰轰烈烈的参军运动。一
批又一批地方后备兵团荣升主力，源源不断地开赴前线补充主力部队。在
这些队伍中，有曾经多次配合野战军作战的地方武装，也有经过土改解放
了的农民。在参军运动中涌现出了许许多多"父母送子""妻子送夫"
"兄弟、父子争着上前线""村干部带头参军"的动人事迹。有不少的村庄
荣获"武状元村""扩军模范村""动参模范村"等光荣称号。

沂源县历山区西台村的刘秉全大爷家为了争着参军就开了这样一场家
庭会。刘秉全大爷家是 12 口人的大家庭，在支前中老的少的争先恐后。二
儿子树铎是个共产党员，支前立过一次功的"老"模范。这次淮海战役一
打响，区里动员参军，树铎即刻表示："我家兄弟四个，我保证带个好头，

先去!"第二天,村里召开村民大会。大会还没正式进入程序,树铎就找到村长,抢先一步表态说:"村里不必研究,俺家我是去定了!"

"二哥,三次支前都让你去了,这回参军该轮到我去了!"四弟树厚拉开架势和二哥较了真。树铎依旧当仁不让:"我和家人都打点过了,你二嫂也很支持,你想去等以后的机会吧!"树厚涨红了脸据理力争:"这事不能你说了算,从哪点上说,这次都该我去!"

兄弟二人各说各的理争持不下,最后还是树铎让了步,当着大伙的面说:"咱兄弟俩再争下去也没意思,让村上的老少爷们发表意见,赞成谁去谁就去。"村民们同意举手表决的办法。村长台上点数,120人中超过百人赞成树厚去,因为老四年轻力壮有前途。

刘秉乾大爷听说树厚要去参军,喜得急忙赶到会场,手臂扬起老高:"我来送子参军!"他激动得眼里泛起了泪花,"我送子参军是有道理的。我 66 岁的人了,国民党害了我,共产党救了我,翻身还能忘了本吗? 1944 年,汉奸队在咱们这里霸道,我挣俩钱不够他们坑的,弄得一年到头没吃没喝,家里病倒四五个。后来汉奸队逃跑了,又把我家毁坏得不成样子。大儿和三儿被抓走,全家七零五散。树铎他妈又疼东西又想儿,连病加气,当年(农历)四月二十二就走了。后来两个儿子虽然都跑回来,还是穷得揭不开锅,直到投奔咱八路军十一团的工厂里干才找到了活路。谁知 1947 年老蒋又进攻咱解放区,把我家织布的铁机砸坏,家具毁尽,全家又四处逃亡。幸亏解放军打过来,发给我救济粮,贷钱又贷种子,日子才又有了头绪。想想过去,看看眼前,咱不参军支前谁参军支前?听说小四去我高兴哇!前方成千成万解放军不都是咱的子弟吗?没有解放军作战上哪捞胜利?没有胜利哪能过上幸福日子?再说,树厚是个小青年,出去一方面给我报仇出气,一方面自己也能锻炼锻炼。"

听了父亲一番话,树厚早就蹲不住了,呼啦蹿上台说:"我就觉得今天参军又光荣又恣儿!我是个青年,到部队里好好学习,英勇战斗,为解放全中国人民干到底!我光荣家里也光荣,全庄老少都光荣!"

父子这一番表白,引起群众一阵热烈的掌声。欢送老四参军家里开了个会,刘大爷当然被选为主席。主席发话说:"树厚参军去,家里对他都有些什么想法，以后日子怎么过得更好，咱都提提，好两方面进步。"然后又向着树厚说，"四啊，你去参军得多讲点！"树厚看了看哥嫂、媳妇，还有区里的左同志，对着一屋子的人说："我这次参军很高兴，只希望哥嫂们团结好，孝敬咱父亲；他四婶子，俺爹和哥嫂们对她都照顾着呢，吃穿先依她，我是很放心的，往后还希望哥嫂多帮助教育她。"

大嫂连忙说："四兄弟，你放心，我保证俺妯娌们和他四婶子团结和睦，以后他四婶子吃的、穿的，在家的地位都要比现在提高一步，保证不让她受屈。"老二树铎检讨似的说："以前我对四弟的态度不够好，性子急，好训人，自己除了织布外，零散活多都推给四弟，这很不对。今后，我保证纠正我的个人英雄主义，好好团结全家，并且要每天多织半个布。"最后还郑重提议，"老四参军了，原先分家过的弟兄们现今得合起来过。"这个意见立刻得到全家的认同。

老大树惠接着发言："二弟检讨，我也想起了自己有自高自大的地方，以后一定要警惕，做活上保证早起晚睡，明年参加变工组、养猪、积肥，保证攒 15 车子粪……农业生产算我的，并愿意和四弟挑战。望四弟打破家庭观念，坚决为人民服务，不打垮蒋介石不回家！"

听了老大的话，刘大爷绷起脸严肃地对着老四："要是开小差回来，丑话在前，家里可没有你立脚的地方！"树厚像发誓似的说："我坚决和大哥应战，参军就干到底！到了前方我还要向别的同志挑战。我相信我会处处积极，起模范带头作用。"

14 岁的侄子小安登说："俺四叔参军好生地干，我以后也不耍滑了，早起晚睡、捡柴、拾粪、做线穗子。"10 岁的小孙子看着爷爷稚气地说："我也能烧锅哄孩子，纺线搓麻绳，不再吃闲饭。"

最后树厚媳妇发表意见："这次他参军开始还不跟我说，早让我知道我早欢送他了。我希望他到前方好好工作，加油干，我在家也觉得光荣。"

一屋子人几乎发言一遍，刘大爷看看到了火候，喜得胡子直支棱，认真做总结说："大家意见都很好，总起来说，副业生产、支前工作由二份负责，农业生产由大份负责，三份身体不好帮衬着干，四份的大伙选她当妇女组长我也同意。不过要紧的是大家要说到办到，解放军讲纪律，咱们庄户人也得有个纪律。四啊，你到前线去，可得好好遵守纪律，对老百姓态度要好，服从领导，千万别贪酒色财，虽然这套共产党、解放军不兴，咱也得有言在先提个醒，这样我才放心。"

挺热闹的一场家庭会眼看结束了，大嫂笑着说："他四叔参军打老蒋去，我得做点糕给他吃，权当送行，好让他进步提高!"这一说大家都笑得合不拢嘴。

就这样，无数个母亲毅然将儿子送上了前线，也许送别时就是永别；无数个妻子将丈夫送上了前线，也许分别时相看的泪眼就是诀别；多少个家庭一个儿子牺牲了，又毅然决然把另一个儿子送上前线。这些伟大的女性，或许没有多少文化，或许没有姣好的容貌，或许太过于普通。但是，她们是崇高的，因为她们是无私的，她们贡献出的是一生的依靠和幸福；她们是伟大的，因为她们懂得有了人民当家做主的国家，才会有真正属于自己的家园。

架　桥①

　　邳县北部一带，是华东野战军从山东临沂向陇海路进军的必经之地。部队提出的口号是："快跑快追，敌人跑到哪里，坚决追到哪里！全歼黄兵团，活捉黄百韬！"当时，邳县人民的首要任务就是铺路架桥，保证大军畅通无阻。

　　在历史上，邳县是有名的"洪水走廊"。沂河、运河两岸沟渠河汊纵横，成为部队前进的严重障碍。为了保障大军迅速追歼敌人，中共邳县县委根据华中支前司令部的指示，迅速集中力量在邳北七个区境内的城河及张道口、龙凤鸭、吴埝、大营子、依宿、铁佛、刘家沟、下墩等八条河流上抢架河桥。11月1日晚上，县长孙树芝带领县政府战勤科的同志，连夜赶到建桥四区周庄村召开紧急会议。邳北七个区的区长参加了这次会议。因为任务紧迫，会议只开个把小时就结束了。会议研究决定，小桥一至两天建成，大桥三至五天完工。这是一个事关重大的问题，只能提前，不准推后，否则，就要贻误战机。

　　会议结束后，各区区长连夜赶回去召开乡、村干部会议，讲清架桥的战略意义，交代架桥任务，并立即组织动员民工架桥。人民群众支援前线的热情很高，天还未亮，这一带就组织了近4000名民工，奔赴架桥工地。各区还分别成立了架桥突击队，下设砍树组、送料组、架桥组和修桥面组，昼夜不停，轮流施工。

　　我当时是省政府战勤助理，具体负责了解整个施工的进度，县长还把

————————

　　① 本文选自解放军出版社1987年版《星火燎原丛书·淮海战役专辑》。

支前民工冒着严寒在激流中架设大桥

最艰巨的城河架桥任务交给我指挥。城河水深流急，这座桥长达 150 米，工程艰巨。部队要求，架好的桥，不只步兵可以畅行无阻，还要能让载重汽车、炮车安全通过。要架好长度这么大、质量这么高的桥，在当时缺乏材料和工具，又不大懂架桥技术的条件下，确是相当困难的。加上敌机不断轰炸扫射，民工们多数只得在夜间架桥。但是，大家上下一心，群策群力，决心克服一切困难，按时完成任务。我和区、乡、村干部带领 500 名民工，热火朝天地干了起来。架桥的主要材料是树木、高粱秸和泥土，用树木做桥桩和横梁，将高粱秸铺在桥面的横木上，再铺上一层厚厚的泥土。初冬的天气，寒风刺骨，民工们下水作业十分艰苦。人民群众支前的热情战胜了寒冷，共产党员和乡、村干部带头下水打桩。河中间水深近 2 米，村长周友恩在腰间系上绳子，拴在岸边的木桩上，在深水里作业，一干就是几个小时。民工抡大锤虎口震裂了，在凉水里腿冻麻了，没有人叫苦叫累。白天敌机来轰炸，民工来不及上岸，就把身子藏在水里，等敌机过去了，又接着干起来。大家只有一个心愿：为了胜利，为了解放，就是累死、冻死，也要保证把桥梁架好。

城河这座工程较大的桥，经过五天五夜苦战，按照要求的质量完成了。我大军源源不断地顺利安全通过，直插陇海路。敌军黄百韬兵团遭到人民子弟兵的追击围困，十多天之后，就在我县的碾庄圩地区全部被歼。当时部队首长表扬我们说：人民群众给战役赢得了时间，赢得了胜利。

（作者丁如浩，淮海战役时任省政府战勤助理。）

奋勇支前的铁路工人①

在任何一场战争中，交通运输是否畅通，后方的粮秣、弹药、补给是否能及时、安全地运送到前方满足战争和战争进程的需要，往往是决定着战争胜负的重要因素。在淮海战役发起后，国民党军就已经开始对战场可能到达的各种交通运输线进行了毁坏，他们强行劫运火车机车、车辆、机器、设备等，并对铁路线、桥梁等设施进行毁坏。仅徐州周边的铁路就有556公里被毁坏，沿线的给水、通讯、电网、号志等设备均遭到破坏。特别是通往徐州的进出路段更是破坏严重，仅津浦路徐（州）滁（县）段、兖（州）临（城）段、陇海路徐（州）新（安镇）段的统计，被国民党军破坏的铁路桥就有85座之多。

早在济南战役结束后（1948年9月24日），为了保证交通畅通，以适应更大战役的需要，广大解放区的人民在党组织的领导下，就开始了有组织、有计划的铁路、公路和通讯的抢修工作。

郑州自解放后的10月26日起，2万多民工和铁路工人不分昼夜、加班加点，至12月初，开封、洛阳、新郑就完全通车，并将后方的军需物资运送到前线。为了使济南至徐州段能提前通车，支援淮海战场，在"快修铁路，支援前线""建设一条人民铁路"的号召鼓舞下，广大地方群众和铁路工人们团结协作，艰苦奋战，创造出了惊人的奇迹，迸发出了惊人的力量。他们仅用33天，将长达110公里、大小47座桥梁完全修复竣工，使济南至徐州段提前了一个月通车。修复这段铁路需要枕木17万根、夹板

---

① 本文选自江苏人民出版社2009年版《淮海战役丛书·文物故事》。

2.5 万副、道钉 75 万颗、螺丝 5 万颗、土方 2 万立方米。有些工程师、监工觉得材料奇缺，对完成抢修任务信心不足，有人说："这些东西从美国运来至少也得三个月。"

然而铁路工人和人民群众的力量是不可估量的，沿铁路线的人民群众得知为支援淮海决战需要抢修铁路用的枕木，便积极行动起来。滋阳一县就征购枕木达 15000 根；离山（滕县西北新设县）、邹县、滕县、济北（济宁北战前新设县）、曲阜等县，一边准备木材，一边发动木匠集体赶制枕木，同时组织大小车辆抢时间运送。同时各县动员了 240 多个铁匠炉昼夜打制夹板、道钉。许多铁匠铺自发合炉成立不同工序小组进行流水作业。这种方法使工作效率大大提高，保证了任务的完成。抢修铁路所需的其他各种器材，由于农村广大人民群众和城市工人齐心协力，这些物资很快就从四面八方源源不断运来，17 万根枕木在不到 20 天的时间就全部落实并送到铁路线上。

11 月 6 日，开封的 2 万多铁路工人们，听到商丘解放的消息，更是备受鼓舞，他们的工程队连夜赶到民权县，仅用两天的时间就铺修好被破坏的路轨，在徐州解放第二天，第一趟东去的列车就从这里开出了。平汉路郑州段铁路抢修队的 800 多名工人，冒着持续数日的大风雪，在路基、路轨全掩埋进厚厚的积雪里的情况下，不畏冰雪严寒，顶风冒雪，克服困难抢修铁路，一段一段完好的铁路在他们的抢修中不断向前伸展。

陇平路开封桥梁队和徐州站坚守岗位的 200 多位工人，在徐州解放的第二天，与津浦路工程队共同奋战，在三天内就修复了被国民党军严重破坏的茅村铁路大

铁路员工和广大群众在抢修被毁坏的铁路

桥，紧接着又南下抢修通往宿县的铁路线。修配厂的翻砂工人，为抢修洛河桥梁，仅用一天时间就完成50根桩尖的任务，创造出新的生产纪录。津浦路第二桥工队，只有50多人，一个月内就修复大小铁桥20座。

商丘火车站是郑州与徐州之间的交通枢纽，是陇海线上二等大站。邱清泉国民党军第二兵团在撤出商丘时，进行抢劫和破坏，将火车站所有的仓库连同枕木、道钉、钢轨等各种物资零件抢劫一空。商丘解放后，全体干部职工在"紧急抢修，支援前线"的口号的鼓舞下，冒着敌机轰炸，加紧抢修。工人们克服工具、物资极度匮乏的困难，使铁路尽快通车，把军需的给养、弹药源源不断运送到徐州前线。

特别是徐州铁路工人们，在淮海战役中用他们的勇敢和智慧保护了大量的铁路机车、车辆以及机器设备等，这些机器设备在淮海战役第三阶段陈官庄围歼杜聿明集团的战斗中发挥了重要的作用。他们为解放军运输部队，运粮食补给，运武器装备，为淮海战役的最后胜利，立下了卓著的不朽功勋。

在徐州解放后不到20天的时间里，以徐州为中心的东到新安镇、西至洛阳、南抵宿县、北达济南的铁路全部通车，陇海和津浦路也得以贯通。据不完全统计，铁路工人和后方人民群众共抢修铁桥68座，涵洞228座，修复铁路220华里。同时通往前线的大路、公路、桥梁也已修复。苏北淮海、盐阜数十万群众两个月中先后修好公路950里、大路370里、桥梁150座。10月20日至11月20日的一个月时间，在陇海路北大片新解放区内修通临（沂）滋（阳）、台（儿庄）潍（县）等长达1300余里的31条公路及大路95里，开辟附路转道99处，修建桥梁380座。东从黄海，西至运河，南到陇海路，北达胶济路，数万平方公里地区的主要交通干线全部畅通。

在中国共产党领导下的各个革命时期，工人阶级始终作为最坚决、最先进、最彻底的革命力量活跃在中国历史舞台上。在淮海战役中，工人阶级的先进性和特点、历史使命和地位再一次凸显出来。事实证明，工人阶级是我们党最坚实、最可靠的阶级基础，是我们国家当之无愧的领导阶级。同样，工人阶级为中国人民的翻身解放，为新中国的建立，无私地奉献力量与智慧。

通邮通话通电　一切为了前线①

为了保证战时前后方的交通运输、通讯联络，为了鼓舞士气、安定民心，徐州一解放，全市人民便在新市委、军管会领导下，动员组织有关人员抢修被国民党军破坏的邮路、话路、电路。在短短几天的时间内即全部修复，及时有力地支援了前线。

32 小时架线 150 里

军管会邮电部接上级命令，抢架三堡至宿县 150 里电话线。奉命即日，电讯科便组织 18 位同志，分成四组，分头准备铜线、胶皮线等一切材料、工具，于 12 时便赶到三堡开始抢架。

一经投入战斗，大家都表现出了高度的责任心和积极性。他们每人身上虽然携带着七八十斤的铜线、杆子等架材，却没有一个人叫苦叫累的。新参加工作的王介生正生着病，可是当得知符离集与李家庄间线路发生故障后，二话没说，便涉渡齐腰深的冰冷河水，将线路理顺接通，然后又不避深夜严寒，赶到李家庄继续作业。工友宋润生、郑云卿也是刚参加工作的新同志，他们两个摽着膀子干，爬杆子、接线争着上。干完自己手下的活又主动去帮别的小组。他俩说："过去咱是给老蒋干的，今天是为人民工作，这就大不一样啦！这劲不鼓就自动上来了。"郑云卿放线时曾多次从数尺高的铁路基上滚下来，手脚上多处擦伤也不在乎，风风火火比谁干

---

① 本文选自江苏人民出版社 2009 年版《淮海战役丛书·英模颂》。

得都卖力。不少同志因出发仓促没顾上带棉衣，白天还好过，一到晚上，直冻得瑟瑟发抖，有的甚至打起牙巴骨来。他们一天一夜只吃上一顿饭，只想着提前完成任务，也就坚持了下来。按常规作业的话，一个小组紧赶慢赶每小时也就是二里半。此次 18 个人，经 32 小时突击，竟架线 150 余里。按一线四个人计算，等于每小时五里，工效整整提高了一倍。

800 里电话瞬间通

徐州解放了，可杜聿明集团还没解决，解放军步步紧逼，顽军困兽犹斗。这当口前后方的联络尤为重要。市邮电部接上级命令，必须以最快的速度抢修好徐（州）济（南）宿（县）间 800 里长途电话线。于是电讯科即时组织起包括线佐、技工、小工及武装交通队员在内的 150 余人的抢修队伍，下分五个小队分头进行突击。经员工们的积极奋战，徐宿段、徐临段、临邹段相继修竣。

此次繁重的抢修任务中，涌现出一大批英模，从这些人身上生动地体现出徐州人民支援前线的决心和毅力。运输组长张义德及谢世堂、张丕举等，白天干了一整天，夜晚照常在工地上忙，仿佛有用不完的精力。队长劝他们休息，他们一致表示，咱们抢时间就等于为前方的胜利添一分力量。南线的 37 位新老同志，连续两天冒着雨雪严寒，扛着沾满泥污的木杆、电线，一刻也不怠慢地追赶进度。棉衣湿透了，鞋壳里全是泥水，晚上回宿营地烤干再穿上，第二天湿透了再烤干穿上，始终坚持作业不掉劲。佐尹俊、陈德俊由夹沟向北收皮线，雨雪两袖，泥浆满膝，沉重的皮线压在肩上，膀子酸疼得几乎撑不下去了，可他俩一想到前线吃紧的战事，脚下便陡增了力气。尹俊说得好："为了早一天和前线通上话，吃再大的苦、受再大的累也心甘啊！"架线要焊线的木柴，在尹俊、陈德俊两人的带头推动下，南线的 37 位同志动手拾干棒、捡柴火，节省下价值 5 万元的木柴钱。北线的杨应元、张丹旭、汤华亭他们，无菜缺汤水，一口口干咽高粱饼不嫌苦，并且还激励其他同志说："老百姓吃山芋叶窝窝，我们能吃到高粱面已经强多了。参加革命工作嘛，就应该先吃苦后享福。"

汤华亭在茅村—韩庄间查线，来回 50 里特别辛苦，上级发给他餐票要他及时吃上热饭，可他竟然一天没吃一顿饭。问他什么原因，他笑笑说："吃饭耽误时间，怕完不成任务啊！"

电灯是这样亮的

国民党军逃窜时，破坏了徐州与贾汪之间的电路，从茅村到柳泉之间即被毁坏 26 根线杆，高压线 8000 多米。

军管会要求尽快复电，最迟不能超过 16 日。员工会上工矿部的方部长强调："全市人民都盼望着迅速送电，更好地支援前线，歼灭逃敌！"群情沸腾了："行，一定要让电灯亮起来！只要把材料备好，保证完成任务。"

电厂保管委员会主任张士麒，外线股长黄士光，供电科解之新，工矿部尹傅武、李正朴等人身先士卒，立马开始了抢修。因为茅村南的大河阻滞，运杆汽车来回不方便，领班的宋文泉想出了法子，向东站借来一辆轧道车，很快将一车皮杆子运到了缺杆子处。工友们一见，热情上来了，一个个像小老虎一样，挖土方、镶瓷瓶、上螺丝、埋杆子……线杆上涂的防腐臭油沾满手，把一个个工友弄成了小黑人。有的衣服磨破，汗溜子爬满前胸后背，可还是喝着号子："同志们哪，加油干呀！咱们辛苦，为发电哪！"五十多岁的老工人郇恒月和郭恒高，干起来比年轻小伙子还来劲，每天泡在工地上，直到黑灯瞎火看不见人影才下来咬两口凉饼子垫垫肚子。

拉高压线时，地不平很难拉，工友们倾着身子，两腿狠劲蹬，双腿累酸了，累木了，也不顾喘口气。晚上回茅村休息，一边吃饭，一边还研究着："明天就到期了，若是发不了电，丢咱们的脸呀！"这一提，便引起了一场争论，有的说今晚马上去干，有的说晚上不得眼目干不出活来。争来议去，黄股长拍板：明天起个大早干！工友们的急躁情绪才得以平缓下来。

这一夜大多数工友睡不着觉，不少人坐在院子里烤火等待天亮。时间在难耐中一点点过去，夜似乎变得漫长起来。好容易挨到 5 点，大家匆匆吃完饭，天还没放亮就出发了。到了拉线地以后，一个个不言不语只顾埋头干，一气干到下午 4 点多，8000 米高压线升了空，工友们情不自禁地手舞足蹈起来："这下子可好了，徐州全城的电灯都会亮起来了！做军鞋、缝军服、加工米面再不用摸瞎了！"

当晚，贾汪热电厂的电流，沿着高压线顺畅地来到徐州。像千万颗星星辉映全城，徐州的电灯亮了！

激战旋涡中的碾庄人①

碾庄，本来是个普普通通的乡村，淮海战役第一阶段，由于身处激战旋涡，历经 12 个昼夜的搏杀，十几万国民党军终于覆灭于此，国民党中将司令官黄百韬殒命于此。于是，在中国人民解放战争的历史册页里，碾庄这个名字，顿时变得响亮鲜活起来，成为震惊中外的战争托起的名镇。

碾庄人为这一惨烈的战役付出了昂贵的代价。然而，面对血与火、生与死的考验，他们始终高昂头颅，挺直腰身，不屈不挠地配合我们的军队战斗在弹雨横飞的最前沿，谱写出一曲感天动地的壮歌。

1948 年 11 月 10 日，从新安镇方向企图亡命西逃徐州的黄百韬兵团，被我军围追堵截在碾庄及其周围十多个村子的狭小地区，听命于固守待援。惶惶不可终日的逃敌，垂死之时变得更加穷凶极恶，幻想凭借高筑壁垒，做一番负隅顽抗求条生路。他们砍光了碾庄周围十几个村庄的大小树木，强迫群众为其修鹿寨，做工事，筑地堡，挖战壕。他们抢光了百姓的粮食，吃尽了百姓的禽畜，拆净了家家的门窗，翻遍了户户的细软……一句话，恶行比当年的日本鬼子过犹不及。抓丁拉夫，不知有多少无辜群众被毒打，兽性发作，国民党军的残忍无道，激起了碾庄人无比的仇恨和坚决的反抗。他们面对刺刀枪口，不畏强暴，敢作敢当，给了敌人以沉重的打击。绝不让敌人打个安稳的盹儿和吃上一顿安生饭，碾庄人心里这么盘算也是这么行动的。窥其粗疏，雅庄村群众把敌军布设的电话线割断 300 余米，造成敌军的联系中断；乘其不备，小吴庄群众放水冲塌敌军修筑在

---

① 本文选自江苏人民出版社 2009 年版《淮海战役丛书·英模颂》。

汪塘边的工事；趁着夜色，圩里的群众悄悄刺破汽车轮胎；瞅准时机，小院上的群众放跑了国民党军的战马……

围歼黄百韬兵团的战斗打响后，碾庄地区的群众，有的参加支前运输，成为战斗的一员；有的自发行动，为前沿我军出力流汗。战区外的群众在邳睢县委、赵墩区委的动员组织下，千百担架、小车队，积极为解放军运粮草、抬伤员。战区内的群众主动为解放军当向导，送子弹，挖战壕。十三天的刀兵鏖战里，他们中间涌现出许多模范人物和感人至深的事迹。大雅庄的刘兴祥，听说攻打吴庄的前方战士整天整夜凉汤热水没吃上一口，哪里还能沉住气，不由分说从炊事员肩上接过饭挑子，不顾耳边密集的枪声，大步流星往阵地赶。炊事班长一再叮咛他一路多加小心，他满不在乎地说："我土生土长这里，闭上眼也摸得到沟沟坎坎的方向，火线上送饭我干得了。"滕丙田身患水臌病，平时躺在床上静养，当他听说解放军首长急需人带路上前线，顿时来了精神，竟忘了重病在身，主动站出来当向导，整整跑了一夜，连续五次把有关同志带到前沿阵地，最后一次几乎挪不动脚步了。阵地上的一位连长对他的忘我精神一再表示谢意，并从身上解下干粮袋让他带走算作酬劳。可滕丙田坚辞不受，气喘吁吁地说："首长，为咱们的军队带带路理所当然，若是国民党军，枪口抵着胸口我也不干！"大宋村的衡印彬、衡印璞、李华山三个人，被敌人抓去出苦力，在瞅机会逃出的路上遇到了解放军，二话不讲立即加入转运伤员的行列，一夜之间往返60里，一鼓作气赶运了三趟。直到天亮炊事人员要他们吃口热饭垫垫饥，他们只喝了碗热水便又接着上了路。韩庄村的韩守坤，不顾危险跑到阵地上帮助解放军战士挖战壕，白天挖了一天，入夜仍不肯停手。当战士们强行夺下他手中的铁锹时，他便不顾嗖嗖过顶的流弹，站在前边指点战壕走向。战士们按照指点，非常顺利地从韩庄村挖到戴场村、大宋村、小庄、雅庄，最后一直推进到距离敌人一箭之地的前沿，占据下歼敌最得力的地点。随着土工作业的完成，战斗变得更为激烈，战士们不放心他的安全，都劝他回家去看看。韩守坤无限深情地说："你们不是都有家吗，为什么都不能回家瞧瞧？你们要打国民党反动派，我呢，帮你们运运子弹、递递手榴弹不行吗？"

人民拥护解放军，解放军更加爱护人民。刘良信在解放军攻打郭台子敌堡时，正站在一截断墙边观看，一架敌机拖着刺耳的怪声向他俯冲而来。一旁的一个解放军战士见状，纵身而起，一把把他拖入战壕。敌机呼啸而过，一梭子子弹打在断墙边，噗噗地冒出一溜火舌和烟尘。刘良信得救了，事后逢人便讲："好险哪！晚一韭菜叶子的时间就玩儿完了。我这条命是解放军从敌人枪口下抢救出来的。"刘良元从敌人的鹿寨里跑出来给解放军报信被敌人打伤。危难关头，解放军战士冲上来，背起他一口气跑到包扎所，处理好伤口包扎后，又一直护送他到安全地带。

碾庄战斗从 11 月 12 日开始，历时十多个昼夜，一锅端掉黄百韬兵团十数万之众。蒋介石的得力干将黄百韬也陈尸在碾庄以北、尤家湖以南的一片荒野上。在这场规模空前的聚歼围敌的战斗中，碾庄人做出的牺牲是巨大的：有 39 个村庄 220 多户 30000 多人经受了炮火的洗礼和严峻的战争考验，其中 514 名群众或死或伤，6200 多间房屋被烧毁或炸塌，被抢粮食59 万余斤，被砍树木 28 万多株，被宰杀耕畜 3200 多头。碾庄、尤家湖、小吴、大兴、大小院上等 9 个村庄几乎被夷为平地。

然而，坚忍倔强的碾庄人不但没被灾祸所击倒，相反，他们深明大义，勇敢面对，知道这场战争将会给他们带来一个崭新的未来，所以身临炮火硝烟中，无所畏惧地冒死支援解放军，为这场战争的胜利尽其所能，做出巨大的贡献。

碾庄人，是淮海战役中一个闪闪发光的群体！

赤手空拳斗残敌①

　　淮海战役第三阶段，被困陈官庄地区的杜聿明集团已是命运危浅，朝不虑夕，完全陷入了绝望的境地。其所仰赖的邱清泉、李弥两兵团不断遭到人民解放军的重拳出击，损兵折将，元气尽伤，只能苟延残喘。官兵们度日如年，大势已去之下，为求生路，不少人集群结伙，成连成排出逃，或主动向解放军缴械投降，或作鸟兽状四散而奔。一时间萧永地区会经常出现一小股一小股或十来个或二三十数的国民党散兵群。这一拨拨的散兵残伍，出没战场边缘，因长期被饥饿所折磨，不是打家劫舍，骚扰百姓，寻找果腹食物，就是偷袭支前民工，掠抢活命口粮。手无寸铁的民工队员碰上他们少不了一番斗勇斗智，化险为夷。

　　下面要说的就是一则民工遇险的故事。

　　1949 年 1 月 13 日下午，从宿县二郎庙出发的淮阴担架第二大队，抬着在歼灭李弥兵团中负伤的某纵同志们转运去夹沟。因为连日的抢运，不少队员疲劳过度，赶不上行军速度，三三两两落了下来。掉在大队后面老远的两副担架，是四连的第一担架组。组长陈寿贵原来在家当村长，是个共产党员；另外一位民工李长庆，也是共产党员。他们俩加入担架队后正好是搭档，工作上配合得非常默契。

　　下午 4 点钟光景，大队到吴山附近，突然发现了敌情，便决定暂且在吴山南边不远的山洼里避一避。21 个蒋军散兵，有敌八军四十二师的、二七三师的，营的番号十几个。几天前这伙散兵从萧县西南祖老楼一带逃出来，行军的东西大多丢光了，狼狈不堪地带有十支步枪，子弹很少，最多的

---

　　① 本文选自江苏人民出版社 2009 年版《淮海战役丛书·英模颂》。

一支枪也就是一排子弹，有的只剩两发。当发现担运大队时，他们妄想拦截抢一把，但是心虚又不敢正面碰，于是盘算一番，做起了"剪尾队"来。

"砰！砰！"一排枪对着四连一组打过来，组长陈寿贵眼见南面的敌兵迎面扑来。四周是旷野，没有好藏的去处；前头离大队又很远了，赶也赶不上去了。幸好北面有座小山，就由李长庆领头，两副担架穿梭般加快脚步奔上弯曲的山路。队员吴万明脚上被碎石刺裂了小孩子嘴大的口子，也不肯急慢一步，迅速地跑进了山顶上的一座破庙里。

这座叫吴山的小山头，远看像个馒头，不很高，西边坡缓，东边陡峭没有路，再往东十几丈远，横着一条小河。南边和北边都仅有一条人迹稀少的小路。山顶上的破庙是一座建有四合院的观音庙，大殿比较完好，东西厢房显得破败。庙南边、西边还有机枪阵地，估计是过去蒋军为了封锁庄南边的大路构筑的。

一进庙，队员们便手脚麻利地把伤员隐蔽进大殿东侧墙角处，并且安慰伤员说："同志，放心吧，我们坚决保护你们！"陈寿贵说罢转身走出庙门，向南张望，只见一小队敌兵已到南山脚下，有三四个向上张望，另外有的向北，有的向西，分头想爬上来。陈寿贵着急得很，怎么办？南、北、西边都被敌人包围了，东边又无路可突围出去。危难关头，陈寿贵首先想到团、营领导的指示：就是牺牲自己，也要保护好伤员的安全。但是，空着两只手怎么和武装敌人拼呢？他发现脚下一堆堆的乱石，情急智生，忽然想到了说书故事里的滚木礌石，随即对大家说："只有拼，才有生路；没有武器，就用石头砸向敌人！"李长庆、周永吉等庙里庙外跑了几圈，连一根棍子也找不到，急得满头大汗，听陈寿贵一说，便捡起可手的石头试试，嘿，还挺管用。陈寿贵根据地形、敌情，便布置大家到蒋军以前挖的单人壕里去。老汤、老周监视南边的敌人；老李、吕荣康看守北边；他带领田太祥等六人到西边抵抗。

西边的敌人已冲到山腰了，子弹呜噜呜噜地打过来。陈寿贵他们一齐用石头块子往下砸，乒里乓啦地落到敌兵身前身后，敌人不敢再贸然行动了。周围的碎石砸光了，吴万明跳出工事，把远一些的石块一趟一趟向工事边搬运。王金楼刚举起右手，掌心被一颗子弹穿了个洞，鲜血直冒，他撕掉衣服上的一块布扎好伤口，接着就用左手往下砸。这时候敌兵子弹快打完了，也拿石头向上扔。嘿，扔不巧还落个自砸自呢！北边吕荣康赶来增援，石头越砸越猛烈，敌兵一个两个地倒下去，结果有 3 个敌人受伤了，便打怯往下退去。敌人攻下小山头的企图在如雨的石块反击下失败了。

太阳落山了，刺骨的西北风越刮越紧，有 4 个敌兵不敢再进攻，缩头缩脑拖着空枪向南逃去了。还有 11 个敌兵，抱着五六支很少子弹的空枪，像痴狗守窟一样，呆呆地蜷伏在山脚下。

天黑下来，战斗也沉静下来。

虽说敌人被砸倒和逃走的共有七八个，可还是不能冒险突围呀！他们你看看我，我看看你，都没想出好办法。这时，陈寿贵把李长庆手一拉："走，到东边望望去。"两人在清冷的月光下，猫着腰来到东山头，仔细察看，眼下全是齐腰深的黄草，整个东坡尽是悬崖陡壁，连条羊肠小道也没有。呼呼一阵大风卷过来，险些把他俩刮倒，脚下踩动的一块石头，骨碌碌地滚下山去。李长庆心中一激灵，对陈寿贵说："哎！组长，我们不也能像石头一样滚下山去吗？""对！可以……"两人琢磨着有道理，便回来和大家凑在一起谋划了一番。

大约已过了半夜，他们忘了饥饿、寒冷和疲劳，先把两位伤员用棉被裹起来，大家都脱下小棉袄包好头部，拆了担架的网、竹竿和扁担、绳子，抱在怀里，卧下身子一直滚下去。到了山根，又把担架扎牢，把伤员安顿好，轻手轻脚抬上肩。正当他们庆幸脱险的时候，忽然后面山上响起"嘶嘶"声，好像有人追过来。田太祥着急地催道："快！快走！"陈寿贵扭头一看，三条黑影已到面前，不由一惊。可其中一个黑影说："组长，我们刚离开吴山，敌人乒乒打了两枪，就把观音庙占了。"原来是负责断后的三个人也撤回来了。

陈寿贵快步跑到河边，一条船也没有，便脱裤下水，一步步蹚到河心，腿麻木了，牙齿连连打战。到了对岸，担架也赶到了河边。他双手卷起喇叭筒轻声说："同志们，水只到………到心口，快……过来！"李长庆等 9 位民工纷纷下河，将担架举过头顶，稳稳当当地把伤员抬过了河。

陈寿贵担架组终于脱险了！

第二天上午，暖融融的太阳笑脸一般挂在东天，两位伤员已安逸地躺在纵队的医疗室里。

战火中的华山情报站①

　　1948 年 10 月中旬，冀鲁豫军区湖西军分区情报总站在单县北张庄召开全区情报站长会议。总站站长袁文超布置任务说，最近我人民解放军准备在徐州一带组织一场大战役，军分区要求情报站查明徐州至商丘段沿陇海铁路国民党军各个据点情况。情报内容包括：各据点敌人兵种、兵力、装备及据点构造（包括碉堡的位置、数量，寨圩外沟的宽、深度，有无水，沟外鹿寨布雷情况）。分配给华山县情报站的任务是：负责查明徐州以西的黄口、李庄、砀山等沿陇海线敌据点以及铜山西北的新圩子、丰县的丰城等敌人情况。要求以最快的速度完成任务，于战役打响前为我军提供可靠的情报。会议一结束，站长李性真便立即赶回情报站驻地，召开情报员会议布置任务。丰城敌据点由刘绪节摸清，徐州至黄口敌据点由申振华侦察，其他敌据点由另外几个侦察员分头完成。

　　在侦察黄口敌据点时，申振华经历了一场惊险的考验。一天夜晚，他刚把情报写就，准备马上送出去的当口，黄口敌警察局长和敌伞兵部队政训处处长带着十几个国民党兵敲起门来。申振华感到情况不妙，随即将情报塞进皮鞋筒里。敌人破门入室到处搜查，没发现可疑之物，又要了证件左看右看，即把申振华带到伞兵司令部。在去敌司令部途中，申振华急中生智，借口小便，把情报塞进厕所尿桶内。敌伞兵司令马师恭对申振华进行审问，从姓名、学历、职业、工作单位到上司的姓名、身材面貌、语言特征，提了一系列问题。申振华对答如流，无懈可击。申振华当时的身份

　　① 本文选自江苏人民出版社 2009 年版《淮海战役丛书·英模颂》。

是国民党郑州绥靖公署上尉附员，任务是在黄口采购物资。当申振华把郑州绥靖公署主任孙震的相貌特征讲完以后，马师恭态度马上由严肃转为谦和，并让座递烟敬茶。原来孙震是马师恭在黄埔军校的同班同学，关系甚密，因此就把申振华看成是自己人。次日凌晨3点把申振华送了回去，并再三嘱托见到孙震代为问好。申振华化险为夷，天亮前重新写好情报，交给联络员李敬伦送到情报站，顺利完成了对黄口一带敌据点的侦察任务。

淮海战役打响后，军分区情报总站又命令华山县情报站对邱清泉兵团进行跟踪侦察。站里的大部分侦察员都没有文化，有的连阿拉伯字码都分不清。为了从敌人的臂章上弄清敌人的番号，他们就用大家熟悉的实物形象教认阿拉伯字码。如"3"像人的一个耳朵；"2"像犁杖上的倒挂钩；"5"像木杆秤的秤钩；"7"像把镰刀；"8"像个细腰葫芦；"6"像正放着的葫芦；"9"像倒放的葫芦等。

邱清泉兵团由砀北大寨一带跑到砀南的邵寨、卞楼、回龙集一带。我们的侦察员化装尾随其后。敌军沿陇海路西侧跳跃徘徊，又进到砀山东北

民兵为解放军当向导

的唐寨、周寨一带。侦察员崔树贵、王贵金两人直接跟踪，一直尾追到铜山腰老王庄、云南王庄一带。他们历尽艰险弄清了敌人的番号和动向，及时向总站做了汇报。由于我军掌握了敌邱清泉兵团企图增援黄百韬兵团的动向，及时地进行了阻击，为全歼黄百韬兵团发挥了重大的作用。

完成跟踪邱清泉兵团侦察任务后，华山站又奉命随华野第三纵队侦察营前进。把三纵送到陇海铁路南，回头又随两广纵队侦察营一道侦察。站里的同志充分利用平时在群众中建立的联络关系，及时向部队提供了砀山、黄口等敌据点的情况。由于砀山、黄口之敌不战而逃，华山站的侦察任务也随之完成。

冀鲁豫军区前线指挥部率领一、三独立旅和鲁西南、湖西军分区等部队组成强大的地方兵团，沿徐丰公路向徐州推进。军分区情报总站指示李性真带一名侦察员到军区前线指挥部侦察队接受任务。李性真挑选了素来胆大心细的老情报员朱殿银到侦察队报到。侦察队领导要他们俩当夜潜伏新圩子附近，了解敌据点的动态变化，随时与侦察队联系。新圩子据点是以国民党铜山县县长耿继勋为首筑建的。此据点是丰、沛、鱼台等县土杂顽的避风港。接受任务后，李性真和朱殿银规定了联络点和联系信号立即出发。他们越过黄河故道北岸的梁寨，直奔新圩子，很快摸清了敌情，连夜向军区前线指挥部侦察队做了汇报。军区地方兵团当夜就把新圩子包围了。那些惊魂未定的敌人本来就预感到徐州难保，固守待援无望，便如鸟兽散，通过地道弃穴逃窜。

新圩子围剿战结束后，军区前线指挥部除留下湖西军分区部队剿匪外，连夜率部越过陇海铁路，配合中原野战军侧击徐州去了。李性真等人被留到军分区侦察队参加清剿残匪。

从新圩子逃出来的一帮残敌大多隐藏在黄河故道两侧的村寨里，对隐藏起来的残敌必须逐村清剿。丰县保安团长穆伯仁、铜山县保安团长李乐文陆续被清剿出来。李性真带两名刚刚解放过来的新战士到李乐文小老婆的住处清剿武器。刚走进李乐文小老婆居住的一家地主大院，只见那家地主紧张得很，不时地向东屋门张望。李性真估计其中必定有鬼，于是他疾步跨到东屋门口，猛一脚把门踢开，发现屋里有七个正酣睡的散兵。他立即命令敌散兵爬起来举手投降，把所有的武器交出来。吓傻了的敌散兵哆哆嗦嗦、结结巴巴地说："枪……枪放……放在房顶上……"李性真示意两个新战士上到房顶取下枪弹，然后打发一名新战士和一名群众将枪弹护送到敬安集兵站。这七名散兵要求给开个证明，回家好向当地政府交代武器的下落。李性真以华山县武工队的名义给他们开了证明信，打发他们走了。这时又有群众报告，村南一处独立房子里有好几个散兵躲藏着呢。李性真立即带着另一名新战士前去捉拿。通过喊话，宣讲我军优待俘虏的政策，敌人便一个个哈着腰钻出房门举手投降。短短几天，徐州西北地区的敌散兵游勇基本被肃清。

1948 年 12 月 1 日徐州解放。1949 年 1 月 10 日，伟大的淮海战役胜利结束。华山县情报站为此次战役做出了应有的贡献，担起了历史赋予的重任。

民兵两捉胡临聪①

胡临聪，国民党军中将，孙元良第十六兵团四十一军军长。淮海战役第三阶段，被包围在陈官庄地区，突围时全军覆没后两次化装潜逃，均没有逃出淮北民兵布下的天罗地网。

一捉胡临聪

12月4日，华野将11月30日从徐州向西撤离的杜聿明集团近30万人包围在距徐州约65公里的陈官庄地区。6日夜幕降临，孙元良第十六兵团3万多人开始突围。预定方案是向西北方向突围，但慌乱中部队竟然偏向西南方向突围。胡临聪的第四十一军突围竟突到第二兵团邱清泉第五军第二〇〇师的防区内，结果刚过警戒线，该师炮弹、机枪子弹就劈头盖脸地打了过来，立即死伤无数。被打蒙了的士兵慌不择路突入华野八纵的阵地。严阵以待的八纵阵地顿时枪炮齐鸣，爆炸声、喊杀声震耳欲聋。胡临聪的部队早已溃不成军，四散逃命了。此刻的胡临聪军长已不知去向，参谋长也下落不明。胡临聪收拢200余名残兵，在荒山野地里朝着枪声稀疏的地方逃命。天亮时胡临聪换上士兵军服，混在乱兵中逃命。8日凌晨，这些逃兵全部被淮北的民兵截获。在押送俘虏的路上，胡临聪借口方便，乘机逃脱了。他躲在一间牛棚里，看到有个农民从牛棚前经过，就叫住老乡，用自己的金手表换了老乡的衣服鞋袜，装扮成一个商贩逃命。

---

① 本文选自江苏人民出版社2009年版《淮海战役丛书·秘闻轶事》。

二捉胡临聪

12 月 10 日下午，装扮成商贩的胡临聪逃到亳县天王一庄，混在牛车队里，胆战心惊地跟在牛车后面。亳县三台楼的王克进等 8 名民兵正迎面走来，看到跟在大车后的两个人，神情怪异，目光躲闪，形迹可疑，衣服也不合体。王克进等人当即上前盘问。民兵问他是干什么的，胡临聪说自己是个商贩。问他是做什么生意的，他俩吞吞吐吐，前言不搭后语。这时那个矮个子慌忙摘下马虎帽，从夹层里取出两只金戒指，企图收买民兵。王克进在那矮个子取下马虎帽时，发现他光秃的头上，有一道明显的印圈，于是便猜定他是国民党军官，民兵们把他押送到豫皖苏第三分区政治部审问。胡临聪一会儿说自己是个商贩，一会儿又说自己是个少校军需。军分区的干部向他说明了解放军对俘虏的政策。此刻胡临聪心里明白，躲是躲不过去了，他抬起头轻声地说："我就是四十一军军长胡临聪。"另一个人则是他的军需官。当把他押送到看押所，他的副军长陈远湘比他到得还要早。

淮北民兵在淮海战役中为配合解放军作战做出了许多的贡献，为此受到豫皖苏第三分区政治部的表扬和嘉奖。

俘虏国民党军中将军长胡临聪的 8 位民兵

淮海战役秘密战中的徐州民盟①

在淮海战役中，战斗在秘密战线上的徐州民盟的盟员们与中共地下党员们通力合作、并肩战斗，共同谱写了一曲可歌可泣的光辉篇章。

1946 年 6 月 26 日，国民党以 30 万大军围攻中原解放区，全面内战爆发。为了配合解放战争，同年 10 月，盟员江涛声被民盟总部指派到徐州工作，他的公开身份是国民党徐州陆军总医院的院长。同时民盟盟员莫少彰、邹铎也被派往徐州，潜伏到陆军总医院配合江涛声的工作，并成立了民盟徐州支部。不久，民盟徐州支部通过中共地下党员徐州第二工委书记李凯与地下党组织取得联系，从此党盟合作以陆军总医院为依托开展工作。国民党陆军总医院是日本占领时期修建的，医院可容纳 1000 多病人，全院编制官兵 600 多人。徐州民盟支部利用工作之便，在医院的官兵中宣传反对内战，发展进步人士加入民盟组织。

1947 年 9 月，陈粟、刘邓、陈谢三支大军挺进中原呈"品"字形展开，与国民党军进行中原逐鹿。为了获取国民党军情报和开展瓦解敌对阵营的内部策反工作，华野联络部派出一个外线工作组即徐州办事处（后为砀山办事处）在徐州附近活动，组长邵晓平。他们很快与徐州地下党取得联系，共同开展秘密情报、策反等工作。

到淮海战役前夕，华野徐州办事处在战略情报方面已经形成了严密的情报系统，可提供情报的联络点共有六处，其中有两处是民盟地下组织，一处是国民党陆军总医院，另一处是徐州剿总司令部警卫团。

---

① 本文发表在《群言》2016 年江苏专刊，作者姚冰阳。

作战双方，两军对垒，情报工作对于战争胜负起着至关重要的作用，大到战略性情报，小到士兵的一句话，都有可能成为战役指挥者做出判断或下达命令的依据。因此，情报是决定战役胜负的重要因素之一。

徐州民盟地下组织的三位主要负责人，都在国民党陆军总医院任职，方便了他们的情报搜集工作。当时主委江涛声任少将院长，副主委莫少彰任少校注册登记股长，委员邹铎任事务主任。

在战争时期，陆军医院收治各种级别不同的国民党受伤官兵，从这些官兵中可以获得大量的细致情报，如国民党高级将领间的关系和矛盾，各部队的作战特点和战斗实力，部队中新老兵比例，官兵士气以及国民党军在占领区和群众关系等等。

为了准备发起淮海地区的作战，华野外线工作组根据徐州地下党组织及各系统收集的情报材料，汇编成一份《徐州敌军防御工事》报送给华野司令部。但是，代司令员、代政委粟裕对这份材料提出一些疑问。徐州是国民党的"剿总"所在地，其战略地位远比济南更重要。当时从其他渠道获得的情报表明，国民党决策机关也准备死守徐州，而解放军部队也在积极准备攻城。而从这份《徐州敌军防御工事》汇编中所反映的情况看，徐州的防御工事无论是射击工事、掩蔽工事和交通工事等，都比济南防御工事差了很多，甚至有点不堪一击的感觉。因此，粟裕司令员责成外线工作组再进行一次认真的复查。中共徐州第二工委书记李凯同志接受任务后，和邹铎一起研究具体方案。由邹铎利用在陆军医院的合法身份负责对陆军医院周围的光山、骆驼山、狮子山、小巴山、子房山及火车站做了详尽的调查，又通过民盟秘密情报线、徐州"剿总"司令部警卫团的顾柏衡利用警卫团一段核心阵地完备的条件，对周围云龙山、泰山、凤凰山、小吴庄、豆芽庄、段庄、关庄等处防御工事做了切实的考察。

依据这些材料，又会同其他同志了解的情况，重新查实后与原来上报的汇编基本相同。根据这一情报，华野司令部得出"徐州是一个敌军非设防城市"的判断。正是这个重要情报使徐州这一古城免受炮火而得以完好保存下来，同时对淮海战役的全面部署起到了关键的作用。

1948 年 11 月 22 日，黄百韬兵团被歼灭在碾庄地区；25 日，黄维兵团被中野包围在双堆集。30 日，徐州国民党"剿总"裹胁 30 万余人，从徐州向西南永城方向撤退，欲以绕到东南中原野战军侧面，以解救黄维兵团。为了彻底消灭杜聿明集团，华野展开了大规模的西线追击，终于在 12 月 4 日，将其包围在徐州以西的陈官庄地区。

潜伏在国民党徐州"剿总"司令部警卫二团狙击连的盟员顾柏衡和已经打入国民党"剿总"警卫连并任职的中共地下党员刘进，也随"剿总"一起到达陈官庄，继续隐蔽在敌营。

顾柏衡是一个有正义感的青年，徐州民盟成立不久便与民盟组织建立了密切关系，并与地下党员并肩战斗在隐蔽战线上。当时，顾柏衡担任"剿总"警卫团狙击连的连长，一直担任内部警卫和总司令公馆及一些国民党高级将领公馆住处守卫任务。他很受顾祝同的器重信任，可以自由进出顾公馆，以至于被人误认为是顾祝同的侄子。顾祝同离开徐州后，刘峙任"剿总"司令，顾柏衡继续担任刘峙的警卫连长，成了刘峙的"自己人"。顾柏衡利用特殊身份，将徐州郊区区委书记刘进和中共党员刘以立安插到"剿总"警卫连任职，以此掩护情报搜集和策反工作。顾柏衡与刘进单线联系。顾柏衡为人仗义，对人慷慨，够朋友，重义气，在国民党下级官兵中树立了极好的威信。因此，他能够及时了解国民党军队内部中上层军官所在部队的调动、开拔等重要军情，并通过刘进、刘以立将情报送出，曾受到华野联络部领导机关的赞扬。

国民党"剿总"司令部在撤出徐州的第二天晚上，宿营在一个叫孟集的村庄，由顾柏衡所在的狙击连担任警戒。当时，刘进和顾柏衡了解到约 50 米外是蒋经国的独立装甲团驻地。两个人商量决定在国民党军宿营地内"干他一下"。当天晚上 11 点左右，刘进和顾柏衡在夜色的掩护下，用这边打几枪，换个地方再打几枪的方法扰乱敌人。在撤退途中的国民党军早已经是风声鹤唳，草木皆兵，听到枪声以为是解放军追赶上来袭击，慌乱中各个驻地上轻重机枪、冲锋枪、步枪同时开火，独立装甲团更是乱作一团，由于没有明确目标，多数自伤。折腾到下半夜，枪声稀疏后，也没有找到共军的影子，只能不了了之。而刘进和顾柏衡早已安然回到驻地，他们俩高兴地说："这样搞他们一下，收获还真不小。"

国民党杜聿明集团到达河南永城陈官庄后，"剿总"警卫团的任务改由邱清泉的第五军骑兵旅接替，狙击连被编入二〇〇师五九八团，顾柏衡当了副团长，这样一来职务提升了，但却没有了实权。这给刘进和顾柏衡地下工作的开展带来了极大的不便。但是，为了更好地完成秘密任务，刘进和顾柏衡从狙击连挑选出十几个可靠军官和士兵，组成了一支战斗队伍，在陈官庄的北面与团部同住一个堡垒，以备不时之需。

当时，国民党军近 30 万人被华野包围在陈官庄一个不大的区域内，粮食、后勤补给靠空投。包围圈内的国民党军为了抢夺空投物资不断发生火拼，士兵饥寒交迫，伤员无医无药。各级军官更是怨声载道，丧失斗志。内无粮草，外无援兵，加之风雪交加，天寒地冻，包围圈内的国民党军已毫无战斗力可言。刘进和顾柏衡非常急切地想把这些情报送出去。但是在包围圈内，已经与上级党组织完全失去了联系，把情报送出去难度极大，刘进和顾柏衡焦急万分。

12 月 18 日，刘进和顾柏衡又得到一个消息，邱清泉、李弥兵团将于两天后突围，届时南京将派大批的飞机从包围圈的东南方炸出一个通道，而后出动大批坦克、装甲车开路，遇到解放军阻击就施放毒气。这个情报十万火急，如果不能及时通知解放军，后果不堪设想。刘进和顾柏衡经过秘密磋商，制订出一个方案：由刘进设法越过国民党的阵地找到附近的解放军，取得联系后发出白色信号弹，顾柏衡按信号弹方向去找解放军。两人约定，无论是谁先与解放军取得联系，都要尽快将情报送到华东野战军联络部部长吴宪、副部长徐宗田或是十纵联络部部长廖卓之、华野联络部外线工作组组长邵晓平等任何一个人。

于是，在当晚刘进率先带上狙击连上士班长黄金兰，两个人相互掩护，沿交通沟摸向解放军的阵地。可是交通沟呈网状纵横相连，且敌我双方阵地犬牙交错，又是冰天雪地，没有明显标志，走着走着就迷失了方向。结果摸到了邱清泉第五军二〇〇师五九九团的阵地上，当哨兵大声问口令时，刘进误以为是解放军的哨兵，暴露了身份，当场被敌人抓住。

黄金兰原来是紧跟着刘进的，结果途中走散了，只好回到原驻地，将情况汇报给了顾柏衡。顾柏衡立即带领警卫班突围去找解放军，不料途中被士兵发现，开枪射击，顾柏衡腿部受伤。他忍着枪伤，终于摸到了华野九纵的一个师部，报告了敌人将于两天后突围并施放毒气弹的情报，同时汇报了刘进同志被捕的情况。

刘进被抓住后，敌人从他身上搜出了徐州"剿总"狙击连上士文书的符号和顾柏衡的印章。国民党二〇〇师少将师长周朗听说抓到了一个"共产党间谍"，当即亲自审讯。周朗一面对刘进进行严刑拷打，要他供出军中其他中共地下党，一面下令立即逮捕顾柏衡。而此时的顾柏衡已经将情报送到华野九纵的阵地上，安全脱险了。

共产党员刘进在审讯过程中大义凛然，坚贞不屈，至死也没有出卖其他同志，直至英勇牺牲，在淮海战场上为了传送情报献出了宝贵的生命。23 天后杜聿明集团全军覆没，淮海战役取得最后的胜利，从俘虏的口中得知刘进同志壮烈牺牲。

在淮海战役秘密战中，有多少像刘进这样的烈士，又有多少像顾柏衡这样的民盟英雄，这些民主党派英雄们同共产党人战斗在一起，血也流在一起！

夜过古城唱大风①

——记光荣复员的民工路经徐州

一支洪流

　　1949 年 1 月 12 日晚上，宽阔的淮海路上灯花初放。突然，一阵阵潮水般的欢呼声从淮海路的西首传过来，渐渐地由远而近，一支四路纵队的民工行列，无尽头地沿着马路向东挺进。这支队伍的前锋涌到哪里，哪里就挤满了围观的群众。马路两边，人头攒动，仅仅能使这支四路并行的纵队从中间缓缓通过。他们高举手臂，振奋地欢呼着：

　　"人民战争，人民支援！"

　　"支前立大功，回家做模范！"

　　"打倒蒋介石，建立新中国！"

　　"毛主席万岁！"

　　"朱总司令万岁！"

　　"中国共产党万岁！"

　　威武雄壮的队列从围观群众面前慢慢地涌过去，胜利的欢呼激扬出人们高昂的情绪与革命到底的信心。

　　不用任何说明，大家都会知道，这是一支支援伟大的淮海战役胜利完成任务后光荣复员的民工大队。这支远征军迈开整齐划一的步伐，擎着红

---

　　① 本文选自江苏人民出版社 2009 年版《淮海战役丛书·英模颂》。

旗，扛着武器，抬着担架杆，挑着担子，背着行军锅、粮食，在一浪高过一浪的欢呼声中气宇轩昂地前进、前进⋯⋯

连续不断的一列列队伍过去了，每一个队列的前首都飘扬着鲜艳的红旗。

"哪里的，同志？"观众们问。

"胶东的！"队列中骄傲地回答。

又是一列队伍，又是一面横空招展的大旗。

"哪里的，同志？"

"鲁中南的！"

"渤海的！"

"潍坊的！"

这支显示人民力量的队伍，让围观的市民欢呼雀跃，激动不已；这支队伍给徐州人民带来了淮海大捷的胜利消息，那激越豪迈的场景永远定格在历史的苍穹上。

"胜利门"下

中山路东首鑫记商店附近路正中，矗立着一座灯光璀璨的松门，高高的横额上写着"胜利门"三个行书大字，两旁竖联写着"人民战争，人民支援""完成任务，光荣复员"。毛主席和朱总司令的巨幅画像在夺目的灯光下格外和蔼可亲，激励着人们夺取最后胜利的信心和对光明未来的憧憬。这是专门为迎接凯旋的民工大队特扎的松坊。

后来，这支无尽头的队列被欢迎者围得寸步难行，只好停了下来。人们拥挤着过来问长问短，亲如家人一样。

一位胶东民工对市民说："本来是服务两个月的，为了完全的胜利俺又自动提出再延长两个月。消灭了江北的敌人，咱们才能过太平日子啊！"

另一位民工说："咱们回家过个胜利年，然后再随大部队打过长江去，解放全中国！"

忽然，东车站那边火车呼啸了几声。胶东民工宋学才和李锦章说："去年在鲁南复员时，咱还要偷偷摸摸地转着走，今年就正大光明地坐上火车走，以后的日子哪，都是咱们的啦！"

一位商人模样的人问宋学才："你们在前方也听说老蒋要求讲和吗？"

"讲和？那是蒋介石的'老把戏'，人民不听他那一套。毛主席、朱总司令也不会答应！"宋学才的话语气壮如牛。

另一位留着胡须的民工一旁抢着说："我岁数大了，按理说就不必出工了，为了早早打倒老蒋，我在村民大会上自动要求支援前线的。现在，蒋介石眼看着快完蛋了，还要耍老花招，咱可不跟他玩猫腻！就得一下子打到底，咱才能永远翻身过太平日子。"

突然，人群向交叉路口的圆形广场上涌动起来。原来是华野某部文工团的"胜利腰鼓"开演了。锣鼓喧天，军乐齐奏。娃娃剧团的孩子们也奶声奶气地呼起了口号，接着是稚嫩的大合唱歌声。树德中学的教职员工们排成一列，也挥着小红旗欢迎来了。在舞蹈、歌唱、欢呼声中，民工队列开始向东站挺进。

人们发现队伍中有列武装整齐的民工，肩扛着枪，头戴钢盔，雄赳赳地迈着经过操练的步伐。记者询问后才知道，他们来自鲁中南苍山县。民工董德分、刘庆若告诉记者："军队打了胜仗，咱们也装备起来啦，带着战利品，回去好好保家乡！"

在行列中，多数民工穿着蒋军的服装，有的披着蒋军各式各样的大氅……有个商人看得怪对味，就侧起脸对另外几个商人说："老蒋把解放区的民夫也装备好了，嘻嘻，看这样子，就知道'中央军'全被歼灭了！"

军乐还在和着民工的步伐在后面不断地演奏着，一面面红旗随着步伐的移动在灯光下如海浪般翻卷。"支前模范""坚强的后盾""节约归公，行动先锋"……一面面奖旗红底白字格外吸引人们的视线。这一面面奖旗是民工们胜利完成任务的骄傲标志。

步上月台

已经是深夜了，民工们陆续踏进了车站，津浦路上的火车在用汽笛不断地问候着、招呼着胜利归来的民工。站内灯火一片，一列列长龙似的车

复员民工自徐州火车站乘车返乡

厢，静候着光荣支前立功返乡的民工同志，几个火车头似乎也像人们一样激动，在轨道上冒着浓烟来回地游动着。

月台西边的入口处，又是一处璀璨华美披彩挂绸的凯旋门，彩门上五颜六色的灯泡眨着眼睛，向民工们亲昵地微笑着。队伍飞速地登上月台时，鲁中南文工团在彩门的西边高呼口号，奏响军乐，热烈地鼓掌，表达了人们对民工们艰苦完成支前任务的无限崇敬与爱戴。每一位从这里经过的民工都咧着嘴笑，步履轻捷，表露出无限的光荣。

"坐上火车回家过新年啦！"市民们对着民工说。

"辛苦啦，同志。"又有人说。

"有苦才有甜哪！"一位民工踏上月台的第一道台阶时回头笑着答。

光荣列车

一挂挂的列车在静静地等待着这支队伍的洪流分批地涌上车厢。这支洪流在伟大的淮海战役史上写下了自己光荣的一页。这一列列光荣的列车，载着光荣复员的民工就要北下齐鲁，民工们就要很快回到久别的家乡。他们在前线是支前的英雄，回到家乡又将是生产及各种工作领域里的模范。

一声长鸣，车头突突地吐出一缕迤逦舒展的浓烟，渐渐地移动起来。

"再见了，淮海战场的中心徐州！"有的民工把手伸出车窗，竟然眼含着泪花。因为徐州曾是他们艰苦奋战过的热土，是让他们终生铭记的兵家必争的历史名城！